LE TRAITÉ RUSTICA DU
potager

Préface

Pour les légumes de son jardin, Victor Renaud, c'est le Bon Dieu ! C'est une tomate oubliée en fin de saison qui me l'a dit. Voilà un jardinier comme je les aime, précis, attentif aux autres, patient, pas savant mais plein de savoir, enrichi encore par une longue pratique du jardinage.

Chapeau de paille l'été, vieux feutre décoloré l'hiver cachant son front de philosophe, Victor Renaud est de ces hommes avec qui on aime parler, auprès d'un bon feu de cheminée, avec qui l'on aime s'attarder dans une allée pour évoquer quelque culture réussie ou un semis raté ! Car ce modeste sait que la nature nous rend au centuple, quand on la respecte.

C'est pourquoi, dans ce *Traité du potager*, il chante exclusivement les mérites d'un jardinage naturel, que nos contemporains retrouvent avec bonheur aujourd'hui.

En Victor, j'ai reconnu, il y a bien longtemps déjà, un de mes pairs. Les chemins qu'il fréquente pour se rendre à son jardin sentent toujours la noisette, de sa terre monte une bonne odeur d'humus, de celle que l'on hume avec bonheur dans un verre de Margaux ou de Haut-Brion.

Ce Traité est un grand cru, et j'avoue ma fierté d'avoir pu en déguster les premières gorgées.

Les auteurs ne se contentent pas de parler vrai dans ce livre, ils nous disent que le jardinage est l'art des secrets partagés. Faire son jardin n'est pas, en effet, un bonheur solitaire ; pour s'épanouir pleinement, il a besoin d'être raconté, tout simplement, tout naturellement.

Victor Renaud et Christian Dudouet nous adressent ici un message important pour l'avenir de nos jardins : « N'insultez pas la terre ! »

Michel Lis, le Jardinier.

Les insectes et les insecticides

Un jour, les hommes déclarèrent la guerre
Sans distinction d'espèces ou bien de race
À tous les insectes qui sur la terre
Étaient soi-disant des parasites voraces.

Tuez-les tous, la science est infinie
Après on verra bien si cette arme brutale
Même si certains la qualifient d'infamie
Nous accorde une victoire totale.

Les insectes moururent par milliers,
Seuls quelques-uns en réchappèrent,
Immunisés et refusant d'être humiliés,
En plus grand nombre se multiplièrent.

Les hommes alors dans les laboratoires,
Inventèrent de nouvelles molécules,
Plus toxiques promettant la victoire,
En augmentant sensiblement leur pécule.

Hélas, les insectes sont dans la nature,
Comme nous des parasites utiles,
Impossible de séparer d'une façon sûre,
Ce qu'on garde de ce que l'on mutile.

La nature est une grande démocratie
Qui refuse les décisions totalitaires,
Ayant ses lois et ses hiérarchies,
Incontournables mais aussi salutaires.

Il en est de même en politique,
Vouloir détruire ses adversaires,
Les rend souvent plus prolifiques,
Dans la nature tout est nécessaire.

Raymond Godefroy,
Membre de l'Association des écrivains et artistes paysans.

Victor Renaud
Chevalier du mérite agricole,
Technicien d'agriculture biologique, collectionneur de plantes légumières anciennes rares,
Lauréat 1998 des « Bravos de l'accueil » région Île-de-France,
Membre des pionniers de l'agriculture biologique,
Membre de l'Association des écrivains et artistes paysans,
et
Christian Dudouet
Professeur certifié en productions animales,
Secrétaire général de l'Association des écrivains et artistes paysans.

Avant-propos

En cette période tourmentée de dérive alimentaire où l'adjonction de produits chimiques de synthèse dévaste les fondements de notre alimentation, dopée et transformée, cet ouvrage arrive à point pour réapprendre les techniques naturelles, qui permettent de se nourrir correctement.

La première partie, « Jardiner au naturel », permet au lecteur d'appréhender l'ensemble des méthodes à appliquer pour jardiner sainement.
Elle explique notamment :

- comment concevoir son potager pour répondre au mieux aux besoins de ses plantes ;
- comment le sol se constitue et se structure, et comment on peut l'enrichir et le préserver en respectant l'environnement ;
- comment planter et multiplier les plantes, pour optimiser sa production au potager ;
- comment soigner son potager ;
- comment préserver ses cultures ;
- comment lutter naturellement contre les parasites des cultures à l'aide de recettes à préparer soi-même.

Ces quelques pages permettent aussi de mieux saisir l'importance de la rotation des cultures, des apports d'engrais verts, des fertilisations foliaires, de l'influence de la Lune sur les semis.

Enfin, le lecteur découvrira le rôle important que tiennent les légumes dans l'alimentation.

La seconde partie, « Les plantes du potager », présente **cent trente huit** plantes légumières. Pour chacune d'entre elles, on trouvera de nombreuses informations :

- ses propriétés nutritionnelles, sa carte d'identité, son origine, le sol, le climat et les modes de multiplication… ;
- sa description, comment la cultiver, le voisinage des autres plantes, la rotation, la fertilisation, l'entretien, la lutte contre les maladies et parasites qui lui sont propres, comment faire ses graines, la récolter et la conserver… ;
- son utilisation en cuisine ;
- les variétés[1], les notes du jardinier.

(1) Un certain nombre de variétés ne sont peut-être plus dans les catalogues ou seulement dans certains ; elles sont maintenues dans cet ouvrage en raison de leurs valeurs nutritives et gustatives. Ayant fait leurs preuves dans le passé, elles mériteraient d'être de nouveau à la portée de chaque jardinier conscient de la biodiversité si importante pour notre capital santé. En outre, les jardiniers collectionneurs les cultivent encore.

Les noms botaniques des différents légumes sont accompagnés de numéros qui signifient qu'ils ont été établis :
(1) D'après le Prodrome à l'énumération des espèces agricoles et horticoles, à l'exception des plantes ornementales, *Rudolf Mansfeld, Berlin, Akademie Verlag, 1962 (664 pages).*
*(2) D'après l'*Encyclopédie des plantes comestibles du monde, *Tanaka, Tokyo, Keigaku, publication collective, 1976 (928 pages).*

Sommaire

Annexes

Jardiner au naturel

Jardiner « bio » ou organique

La culture biologique ou organique est une culture en accord avec la vie. Elle n'emploie aucun produit chimique, seulement des éléments naturels dont les engrais organiques. Jardiner biologique ou organique permet de produire des végétaux sains, sans apport de produits toxiques, sans engrais chimiques de synthèse et exempts de résidus.

Avoir « l'esprit bio »

Le jardinier adepte des méthodes biologique et organique :

- prépare son sol en tenant compte de l'immense population microbienne qui transforme les éléments en les rendant assimilables pour les animaux et les hommes ;
- respecte l'eau, source et base de la vie, sang de la terre et des plantes légumières, indispensables à l'alimentation des humains ;
- est soucieux de son alimentation et de sa santé en produisant et en mangeant des légumes de meilleure qualité nutritionnelle et de bonne valeur nutritive ;
- considère que les animaux ont droit eux aussi à une alimentation saine, adaptée à leur nature.

En agissant ainsi, il montre son respect envers autrui, sa famille, ses amis, auxquels il propose des produits sains et savoureux.

Des légumes sains pour toute la famille.

Comment cultiver bio ?

Celui qui cultive « bio » choisit de faire corps avec la nature. Son but n'est pas le rendement à tout prix au détriment de la qualité :

- il cherche à comprendre pourquoi se produisent une maladie ou une attaque parasitaire ;
- il ne traite pas dès la moindre apparition d'un insecte ennemi des cultures ;
- il prépare le sol différemment, sans retournement, afin de protéger les micro-organismes qui vivent avec l'oxygène de l'air et ceux qui le redoutent ;
- il emploie de « l'huile de coude » pour désherber manuellement et non des herbicides, nocifs pour tous les infiniment petits et notre santé ;
- il respecte la rotation des cultures, si importante pour éviter l'épuisement du sol, les maladies et le parasitisme ;
- il recourt aux engrais minéraux ou organiques qui, par la coopération des micro-organismes, fournissent aux plantes potagères une nourriture équilibrée ; plantes qui, à leur tour, fourniront des aliments sains, riches en minéraux et oligo-éléments, sources d'une bonne santé ;
- il associe les plantes qui se stimulent ou s'entraident mutuellement ;
- il ne jette dans la poubelle aucun déchet de légumes, mais les ajoute sur le tas de compost afin qu'ils deviennent une source d'humus ;
- il cultive les engrais verts qui apportent au sol une couverture végétale protectrice contre les intempéries et, par leur végétation, fournissent de l'humus.

LE SAVIEZ-VOUS ?

L'expression « culture biologique ou organique » est en fait un simple jeu de mots. Dans certains pays, ce type de culture n'est caractérisé que par un seul des deux termes.

Exposition et surface du potager

Un jardin potager doit, de préférence, être ensoleillé, ne pas être situé sur une pente, sinon du côté sud ; sa terre doit être fertile, profonde et riche si possible. Il sera, selon la surface occupée, divisé en parcelles ou soles, pour faciliter la rotation des cultures indispensable à l'équilibre de nos plantes. Petits ou grands potagers, tout est question de composition.

Le choix de l'emplacement

La situation doit être la plus ensoleillée possible, et le terrain de préférence plat. S'il a une légère pente, veiller à une orientation vers le midi. En effet, les versants sud sont préférables aux pentes exposées au sud-est ou sud-ouest.

Éviter les versants exposés au nord ou à l'est, souvent peu ou mal ensoleillés.

Lorsque la pente est trop abrupte, le jardinage par paliers (en escalier ou terrasses) devient nécessaire.

Dans un jardin en légère pente, les semis s'effectuent perpendiculairement à celle-ci, afin d'éviter le ravinement en cas de fortes pluies ou d'orages. Les pluies dévalantes, peuvent être freinées par le buttage de certaines plantes.

Choisir un site éloigné des routes encombrées ou d'une autoroute en raison des rejets polluants des voitures. Les mêmes précautions sont à prendre vis-à-vis des usines ou des zones industrielles rejetant des fumées peu compatibles avec une culture potagère.

La qualité de la terre

Opter si possible pour une terre fertile, riche, profonde et pas trop calcaire.

Éviter les endroits trop humides ou souvent inondés ainsi que les anciens emplacements industriels. Si votre jardin se trouve à la limite d'un champ de culture conventionnelle, penser à planter (selon la réglementation, voir le chapitre consacré à ce sujet, page 18) une haie d'arbustes à feuillage persistant qui vous abritera des éventuels traitements susceptibles d'être déportés par le vent.

Si possible, faire en sorte que le potager ne soit pas trop éloigné de la maison pour éviter les pertes de temps.

En effet, un jardin proche, voire attenant à sa demeure, apporte de nombreux avantages :
- si, à un moment de la journée, on dispose d'un peu de temps, on peut y travailler ;
- la surveillance des légumes est facilitée ;
- la cueillette des herbes condimentaires et des plantes est possible à toute heure de la journée.

Mieux vaut posséder un petit jardin bien entretenu qu'un grand envahi par les herbes faute de temps disponible pour l'entretenir.

Comment composer un jardin potager

Le jardin potager s'établit de différentes façons, selon sa surface et les goûts de son propriétaire.

Un petit jardin (moins de 100 m^2), où les places sont chères, sera partagé en deux parcelles ; celles-ci sont même parfois supprimées pour éviter les pertes de place.

Si le jardin potager est grand, on créera aisément différentes parcelles séparées par de petites allées. Ces parcelles, de surfaces inégales, iront de 1,30 m^2 à plusieurs mètres carrés.

Certaines espèces potagères, comme les courges, demandent beaucoup de place. Dans ce cas, il est préférable de délimiter les planches ou tout simplement de séparer le jardin en quatre ou six parcelles définitives, ce qui facilite les rotations (voir « La rotation des cultures », page 34).

Les grands potagers bénéficiant d'une largeur importante nécessitent une allée principale. On la prévoit souvent au centre ou sur le côté le moins ensoleillé. Il peut aussi être agréable d'avoir une allée de chaque côté.

Ces allées peuvent être ensemencées de gazon que l'on tondra régulièrement. Au-delà de l'aspect esthétique, cela permet de rapporter moins de terre sous les sabots ! Dans ce cas, il est conseillé de séparer planches et allées par des bordures en ciment, en pierre, ou tout autre matériau afin que les racines du gazon n'empiètent pas sur le terrain cultivé. Ces allées engazonnées s'aèrent une ou deux fois par an, à la grelinette par exemple.

Les allées des petits jardins peuvent se recouvrir de dalles, de gravillons ou autres matériaux.

Le rôle des haies

Les haies constituent les meilleurs brise-vent. Elles sont beaucoup plus efficaces qu'un mur que le vent vient frapper, puis escalader, pour redescendre derrière en tourbillonnant. Elles se composent de préférence d'arbustes à feuilles persistantes et d'essences variées (thuyas, houx, laurier, troènes...), à sélectionner selon la région de culture.

La protection d'une haie

Une haie (à feuilles persistantes) protège mieux qu'un mur car elle laisse le vent s'infiltrer, le freinant au passage. Elle préserve donc un espace plus important qui peut aller jusqu'à 10 à 20 fois sa hauteur ; ainsi, selon sa perméabilité, une haie haute de 2 mètres protégera une bande de terre large de 20 à 40 mètres.

Les autres avantages de la haie

En plus de leur effet protecteur, les arbres et les arbustes constituant les haies sont de puissants « échangeurs » d'énergie entre la terre et l'atmosphère ; ils sont absolument nécessaires à la vie humaine.

Les haies rendent d'immenses services :
- en régularisant les climats, créant ainsi des microclimats plus tempérés ;
- en freinant les vents, adoucissant ainsi la température ;
- en favorisant les pluies et les rosées ;
- en régulant la circulation de l'eau grâce aux racines des arbustes, facilitant ainsi sa pénétration dans les nappes phréatiques et aidant au maintien des sources.

En outre, les haies abritent les prédateurs comme les orvets, les hérissons, les crapauds et de nombreux oiseaux... les grands amis de l'homme.

Les haies, comme les talus, tiennent une place importante dans l'équilibre cultural.

Réussir l'implantation d'une haie

Pour réussir une haie, il est nécessaire de donner la priorité :
- aux espèces locales acclimatées à la nature du sol ;
- aux végétaux résistants aux facteurs climatiques de la région, à l'exposition ;
- aux végétaux qui résistent aux maladies et au parasitisme ;
- à ceux qui confèrent une harmonie paysagère.

Une haie doit être composée de plusieurs espèces ou essences d'arbres ou arbustes : ainsi elle offrira une meilleure résistance aux maladies et parasites ; n'hésitez pas à alterner des familles différentes.

Choisir de préférence des arbustes à feuilles persistantes bien garnis du sommet à la base qui se révéleront d'excellents coupe-vent.

Planter les haies en quinconce, pour offrir une meilleure protection aux cultures : les haies occuperont ainsi plus d'espace en largeur et seront plus touffues.

LA RÉGLEMENTATION POUR LA PLANTATION ET L'ENTRETIEN DES HAIES ET DES ARBRES

La législation établit certaines règles à respecter concernant la plantation et l'entretien des haies et des arbres entre les propriétés.

Extrait des articles 670 et 673 du Code civil : « [...] les plantations (sauvages ou volontaires) ne peuvent être conservées ou effectuées à moins de deux mètres par rapport à la ligne séparative si les arbres ou arbustes ont une hauteur supérieure à deux mètres, à moins d'un accord entre les deux riverains. Les arbustes de moins de deux mètres pourront être plantés à 50 cm de la ligne séparative ; si la hauteur est dépassée ils devront être taillés. »

- Les branches ne doivent pas s'étendre au-delà des limites de la propriété.
- Il est interdit de tailler soi-même les haies ou les branches des arbres de son voisin lorsqu'elles empiètent sur son terrain, mais on est à même d'exiger que le propriétaire y procède.
- Concernant les feuilles des arbres des voisins qui tombent dans votre jardin, il n'y a aucun recours. La seule solution est de les ramasser !
- Si ces arbres sont porteurs de fruits et que les branches dépassent la limite séparatrice, il est interdit de les cueillir sans l'accord préalable du propriétaire, sauf s'ils sont tombés sur le sol de votre jardin. Dans ce cas, il ne peut vous empêcher de les ramasser ni en demander la restitution.

Ne pas oublier que les haies sont de précieux refuges pour les animaux prédateurs des parasites des cultures et pour les oiseaux, si utiles.

Les propriétés séparées par un mur

Le possesseur d'un mur a le droit d'y appuyer des arbres en espaliers sans avoir à respecter la moindre distance.

Si le mur séparateur est mitoyen (appartenant aux deux propriétaires), chaque propriétaire pourra utiliser ce mur pour y adosser ses arbres fruitiers en espaliers ; cependant ceux-ci ne devront pas dépasser la hauteur du mur.

La réglementation locale

Avant d'entreprendre la plantation d'une haie, principalement en façade, il est préférable d'interroger la mairie pour connaître les usages locaux.

Par ailleurs, des règles particulières existent dans certaines régions : on peut se renseigner auprès de la chambre d'Agriculture ou de la direction départementale de l'Agriculture et de la Forêt. Ces organismes sont en mesure d'indiquer les règles à respecter.

Lorsqu'un litige survient, toujours tenter, dans un premier temps, un arrangement à l'amiable ; si la démarche n'aboutit pas, le tribunal d'instance dont dépend le domicile des parties peut être saisi afin de faire appliquer la réglementation en la matière.

LE SAVIEZ-VOUS ?

La zone, au sol, protégée par un mur ne dépasse guère le double de sa hauteur. Ainsi, la protection offerte par un mur haut de 2 mètres ne dépassera pas les 4 mètres.

Pour protéger un potager, une haie est idéale.

ZOOM SUR... LA RÉGLEMENTATION CONCERNANT LES RACINES

Aucune autorisation n'est nécessaire pour couper les racines des arbres qui se propagent au-delà de la limite de séparation lorsque les plantations respectent les distances normales ; et on ne peut pas non plus contraindre son voisin à y procéder.
Ce dernier étant malgré tout responsable des dommages causés par les racines de ses arbres, il est possible de demander réparation en cas de litige.

Les exigences des plantes potagères

Pour vivre, l'homme a besoin de respirer, de se nourrir, de l'énergie solaire, de l'eau, fonctions et éléments qui lui sont vitaux. Nos plantes légumières, elles aussi, vivent au milieu d'un ensemble de conditions indispensables à leur bon développement.

Les éléments indispensables

Grâce au phénomène de la photosynthèse (assimilation chlorophyllienne), les feuilles synthétisent la matière organique. Pour y parvenir, la lumière (l'énergie solaire), le gaz carbonique de l'air et les minéraux puisés dans le sol par les racines, leur sont indispensables. C'est ainsi que se fabriquent les matières vivantes que sont les plantes.

- **L'air** est un élément essentiel à la bonne croissance des plantes potagères. Par leur feuillage, elles peuvent ainsi assimiler leur premier aliment : le gaz carbonique.

ZOOM SUR... LES FEUILLES, « POUMONS » DES PLANTES

Les parties aériennes des plantes, principalement les feuilles, respirent l'air, mais aussi absorbent l'eau, puis transpirent par la voie de leurs stomates (orifices microscopiques se trouvant principalement sur l'épiderme de la face inférieure des feuilles). En période chaude, cette caractéristique permet un certain rafraîchissement de leurs parties aériennes.

- **L'humidité de l'air et du sol** (sans excès) joue un très grand rôle dans leur croissance.
- **La luminosité** est indispensable aux plantes, mêmes si certaines préfèrent l'ombre. C'est grâce à la lumière qu'elles synthétisent leurs protéines avec la chlorophylle ; l'exposition est donc cruciale.
- **La température** du milieu (de l'air et du sol) est aussi primordiale ; lorsque celle-ci est trop élevée ou trop basse (selon les espèces), certaines plantes peuvent en mourir !
- **L'eau** (surtout de pluie et la rosée) est l'une des substances les plus précieuses pour les plantes. D'ailleurs, leur sève (qui constitue le sang de la plante) est constituée d'eau et de substances dissoutes dans celle-ci.
- Les plantes ont besoin de se nourrir grâce à **la terre fertile**, « mère nourricière » qui va mettre à leur disposition les éléments vitaux apportés notamment par l'homme sous forme d'amendements et d'engrais. Ce sont les micro-organismes du sol qui rendent les minéraux des engrais ou des amendements assimilables par les plantes ; c'est ensuite en consommant celles-ci que d'autres êtres vivants comme les animaux et les hommes vont pouvoir assimiler ces éléments indispensables. Il est donc essentiel d'amender et de fertiliser naturellement sa terre !

Amender la terre

Amender signifie rendre meilleur, corriger ou modifier son sol. Les amendements apportent un peu d'éléments nutritifs, mais leur rôle est essentiellement d'améliorer la structure physique du sol.

La composition des amendements

Les amendements, comme le compost, étant des améliorants du sol, ils sont moins riches en éléments nutritifs ; pour cette raison, les apports sont plus élevés que s'il s'agissait d'engrais. En outre, la quantité à apporter varie selon le mode de fabrication. Ainsi, le compost du commerce s'incorpore à raison de 50 à 100 kg pour un are, tandis que le compost fait maison s'incorpore à raison de 250 kg pour un are (soit environ 5 brouettes).

- **Les composts** : à base de fumiers riches en paille (de chevaux, de moutons, de bovins, de volailles, de lapins...), de déchets de culture, d'écorces broyées, de goémon, ils sont plus ou moins pauvres en nutriments.
- **Les poudres de roches** : ces amendements de diverses origines deviennent de véritables engrais, riches en éléments

CONSEIL

Tous les amendements et les engrais doivent être superficiellement mélangés à la surface du sol à l'aide d'une fourche crochue (ou croc).

L'eau, une resource précieuse pour les plantes.

nutritifs, lorsqu'ils sont associés à d'autres matières minérales, végétales ou animales.

- **La poudre de roches issues des éruptions volcaniques :** les apports de cet amendement spécifique peuvent varier de 50 à 300 g/m^2 ou 5 à 30 kg/are.
- **Les terreaux :** aujourd'hui la norme NF U 44-551 autorise l'apport d'engrais dans ces supports de culture. Vérifier sur l'étiquette des produits que les engrais sont mentionnés ; si tel n'est pas le cas, prévoir d'ajouter une pincée d'engrais par godet 15 jours après la levée de vos plantations. Griffer avec une fourchette pour mélanger. En principe, le terreau devrait provenir de la décomposition des feuilles, du fumier, de divers débris organiques ; pourtant, il est de plus en plus difficile, aujourd'hui, de trouver des terreaux corrects. La plupart sont en effet fabriqués avec de la tourbe, qui souvent est de mauvaise qualité !
- **La terre de bruyère :** c'est un support de culture dont le but est de recréer artificiellement une nature du sol à pH acide.
- **La tourbe :** ce support de culture particulièrement pauvre en nutriments est à utiliser très modérément.

Fertiliser la terre

Fertiliser sa terre signifie « rendre fertile son sol en le nourrissant avec des engrais d'origine naturelle qui seront rendus assimilables par les plantes grâce à la vie microbienne du sol si importante ». Les engrais, à la base de l'alimentation des plantes, sont riches en nutriments (c'est-à-dire en macro-éléments et en oligo-éléments), et modifient donc la structure chimique du sol.

La composition des engrais

N, **P** et **K** sont les symboles chimiques des principaux éléments nutritifs apportés en général par les engrais : **N** : azote ; **P** : acide phosphorique ; **K** : potasse.

Ils apparaissent toujours dans le même ordre sur les sacs ; chacun est précédé ou suivi d'un chiffre indiquant en pourcentage la quantité employée.

D'autres éléments fertilisants sont également nécessaires à la croissance des plantes :

- **Les macro-éléments** : le calcium (**Ca**), le magnésium (**Mg**), le fer (**Fe**), le sodium (**Na**), le soufre (**S**).
- **Les oligo-éléments :** le cobalt (**Co**), le cuivre (**Cu**), le bore (**B**), l'iode (**I**), le manganèse (**Mn**), le chlore (**Cl**), le zinc (**Zn**), le molybdène (**Mo**) et l'aluminium (**Al**).

La fonction des fertilisants

Dès qu'une carence apparaît en un seul de ces éléments, il en résulte un déséquilibre. Ils remplissent tous un rôle fondamental dans la croissance des végétaux et leur présence est indispensable dans le sol et dans les plantes.

- **Le NPK**
  - *L'azote :* il participe à la fabrication des protéines, et agit sur la croissance des plantes et sur la photosynthèse des végétaux (chlorophylle).
  - *Le phosphore :* il intervient dans la fabrication des cellules, dans la germination des plantes, dans le développement

La fertilisation des plantations.

des racines. Il est bénéfique à la floraison et au développement des graines et des fruits. C'est l'un des constituants indispensables des végétaux.

- *Le potassium* : participe à la fabrication des protéines, augmente la résistance des végétaux au gel, aux parasites et aux maladies. Avec l'azote, il intervient dans le processus de la photosynthèse.

• **Les macro-éléments**

- *Le calcium* : il participe à la fabrication des protéines. Il lie les cellules entre elles, et joue un rôle important dans la physiologie des plantes.
- *Le magnésium* : il intervient dans la formation de la chlorophylle, des glucides et des protides et joue un grand rôle sur la résistance aux maladies des végétaux.
- *Le fer* : activateur d'enzymes, il influence la synthèse de la chlorophylle.
- *Le sodium* : il agit sur la croissance des végétaux.
- *Le soufre* : son rôle est très important dans la synthèse des protéines ; il est indispensable à la vie des végétaux.

• **Les oligo-éléments**

Ils sont indispensables, en très petite quantité, à la nutrition et au développement des végétaux.

Les engrais azotés organiques

• **Les engrais simples**

- *La corne torréfiée*, qui agit progressivement mais de façon durable, contient 12 % d'azote. Dosage : 4 à 7 kg/are.
- *La corne broyée*, fertilisant à action lente et plus prolongée que la corne torréfiée, contient 13 % d'azote. Dosage : se référer à celui préconisé par les fabricants. Elle est surtout destinée aux arbres et aux arbustes.
- *Le sang desséché* a une action rapide et durable. Il contient de l'azote d'origine animale (11 % N). Dosage : 4 à 7 kg/are.

• **Les engrais binaires ou composés**

Le tourteau de ricin, le guano, les farines de plumes, les déchets de laine et de cuirs.

Dosage : se référer à celui préconisé par les fabricants.

Les engrais contenant du phosphate naturel

Les phosphates ont plusieurs origines :
- phosphates naturels tendres ;
- arêtes de poissons ;
- végétale (tourteau de ricin) ;
- roches phosphatées (phosphates tricalciques naturels).

Ces engrais sont généralement composés, étant associés avec d'autres éléments.

Les engrais potassiques naturels

Ils sont pour la plupart à base de poudre de roches (les zéolithes) importées de Bulgarie (riches en potasse, en magnésium, en calcium et en oligo-éléments) ou à base de patentkali (roches magnésiennes) contenant du magnésium et de la potasse.

- Les extraits de vinasse (déchets rejetés par les sucreries de betterave à sucre) contiennent de la potasse organique.
- Toutes les poudres de roches sont riches en silice.

Ces engrais sont généralement associés aux phosphates naturels – parfois à de l'azote –, devenant ainsi des engrais binaires ou composés. Dosage : se référer à celui préconisé par les fabricants.

Autre produit naturel spécifique

Le lithothamne (*Lithothamnium calcareum*), algue marine calcaire, riche en calcium, en magnésium et en oligo-éléments, s'emploie pour remonter le pH des sols trop acides.

On le dose à raison de 2 kg/are à l'automne et 2 kg/are à la fin de l'hiver. Il remplace avantageusement la chaux. Le lithothamne contient 45 % de calcium, 6 % à 10 % de magnésium et de nombreux oligo-éléments.

LE SAVIEZ-VOUS ?

Il existe trois types d'engrais.
- Les engrais simples : ils ne contiennent qu'un seul élément. Par exemple : 5 % N qui correspond à 5 % d'azote.
- Les engrais binaires : ils contiennent deux éléments. Par exemple : 12 % P, 10 % K.
- Les engrais composés : ils contiennent trois éléments. Par exemple : 6 % N, 10 % P, 4 % K.

Les engrais binaires sont surtout utilisés en arboriculture. Les engrais dits « coup de fouet » sont solubles : d'action rapide, ils sont généralement riches en azote : ils descendent, en partie, vers les nappes phréatiques ! Les engrais de fond sont insolubles : ils agissent lentement avec une décomposition progressive et durable.

PEUT-ON UTILISER LA CENDRE DE BOIS ?

Riche en potasse, en phosphore et en oligo-éléments, la cendre de bois peut très bien s'utiliser. Elle s'incorpore superficiellement dans le sol dès son épandage et s'emploie à raison de 5 à 7 kg/are.

Le sol, son rôle, ses habitants...

Les végétaux plongent leurs racines dans la terre que nous foulons pour y puiser les éléments nécessaires à leur existence. Cette terre nourricière, qui apporte aux végétaux, aux animaux et aux hommes leur nourriture quotidienne, abrite une population phénoménale qui peut varier considérablement selon la fertilité du sol.

Macrofaune et microfaune

Les habitants du sol se scindent en deux groupes principaux.

- **La macrofaune** (ou les *macro-organismes*) qui est visible soit à l'œil nu, soit au moins à la loupe. Cette population comprend principalement : les rongeurs, les insectes détritivores, les arachnides, les myriapodes, les crustacés et les vers de terre.
- L'autre groupe appartient à **la microfaune** appelée plus généralement les *micro-organismes*. Invisibles à l'œil nu, ceux-ci ne s'observent qu'au microscope. Ils forment une population très diversifiée et dense. Les micro-organismes transforment les éléments au milieu desquels ils vivent et participent à l'humification et au recyclage de la matière organique. Ils sont répartis en deux catégories :
- ceux appartenant au règne animal (la microfaune) : les nématodes et les protozoaires principalement ;
- ceux rattachés au règne végétal (la microflore) : les algues, les champignons, les bactéries, les actinomycètes…

LE SOL : PLUS QU'UN SIMPLE SUPPORT

Le sol est une immense usine à recycler, peuplée de milliards d'organismes vivants. Certains appartiennent au règne animal, d'autres au règne végétal.
Cette main-d'œuvre travaillant 24 heures sur 24 est extraordinaire. Grâce à elle, la matière organique est décomposée et transformée : certains micro-organismes rendent les minéraux du sol assimilables par les plantes, d'autres font la synthèse des vitamines...

La fonction de cette usine vivante

La macrofaune et la microfaune ont un rôle fondamental ; elles sont la garantie de la fertilité du sol.

• **Les rongeurs :**
Ils ont surtout une influence mécanique (broyage et digestion des débris végétaux).

• **Les insectes détritivores :**
Se nourrissant de détritus, ils ont également une influence mécanique ; de plus, ils digèrent divers constituants d'humus pour les restituer aux plantes sous des formes complexes organo-minérales.

• **Les arachnides** (les araignées, les faucheux, les acariens et autres animaux du même groupe) :
Certains d'entre eux se nourrissent de cadavres et de détritus de végétaux, contribuant ainsi à maintenir un équilibre nécessaire dans la microfaune.

• **Les myriapodes** (comprenant les mille-pattes) :

Chenille sur une tige.

Musaraigne et lombric.

Ils se nourrissent d'araignées et de petits insectes, participant ainsi à l'équilibre des diverses populations.

• **Les crustacés** ou arthropodes (dont les cloportes) :
Ils vivent de matière végétale en décomposition.

• **Les vers de terre ou lombrics :**
Ce sont les plus connus ; leur nourriture se compose surtout de substances végétales ; ces infatigables travailleurs jouent un rôle très important dans l'amélioration du sol. Leur nombre varie selon la fertilité de ce dernier (on peut en trouver jusqu'à 15 kg/are). En une année, et sur un are, 600 kg de terre passent en moyenne dans le tube digestif des lombrics. Cette terre « frisée » (en tortillons), et rejetée en surface une fois digérée, renfermerait cinq fois plus d'acide phosphorique et onze fois plus de potasse qu'il n'en existe dans les couches superficielles du sol ; elle est, en outre, enrichie en azote, en calcium et en magnésium assimilables par les plantes. La quantité d'azote pouvant provenir des déjections ou de la décomposition des vers de terre atteint jusqu'à 2 kg pour 1 are sur une année. Très actifs dans le sol, ils favorisent à la fois son transfert, son mélange, son aération, son drainage et sa structure granulaire.

• **Les nématodes :**
Ils se nourrissent de la matière organique en décomposition et de divers micro-organismes parasites des plantes (quelquefois également auxiliaires du jardinier). Efficaces pièges à champignons pathogènes, ils représentent environ 8 kg de matière vivante pour 1 are !

GÉOGRAPHIE DE LA VIE MICROBIENNE

Les micro-organismes se développent à des niveaux différents dans le sol.
Ceux dits « aérobies » vivent à une faible profondeur (de 12 à 15 cm), car ils ont besoin de l'oxygène de l'air pour vivre, d'où l'importance de l'aération du sol et l'efficacité des binages profonds.
Les micro-organismes dits « anaérobies » vivent dans les couches plus basses, à l'abri de l'air, donc de l'oxygène ; ils tirent l'énergie dont ils ont besoin de substances organiques qu'ils décomposent.

• **Les protozoaires :**
Ils sont plusieurs centaines d'espèces dont le rôle est de régulariser le développement de diverses familles de bactéries, notamment les phytopathogènes responsables de nombreuses maladies des plantes. Vivant dans les couches supérieures du sol, on peut en trouver jusqu'à 3 kg pour 1 are. Ils sont plus nombreux au printemps et à l'automne.

• **Les algues :**
Elles se développent principalement dans la couche superficielle du sol, et sont plus nombreuses dans une terre riche en humus. On peut en trouver près de 3 kg pour 1 are, soit une population d'environ 80 000 à 100 000 dans un gramme de terre. Ces algues fixent l'azote atmosphérique. Elles transforment les constituants minéraux solubles en complexes organiques qui sont retenus par le pouvoir absorbant du sol, évitant ainsi les pertes par lessivages. Elles créent une aération du sol et jouent un rôle important dans la solubilisation du calcium.

• **Les champignons :**
Comprenant les moisissures et les levures, ils sont également très nombreux. On trouve plus d'un million de ces champignons microscopiques par gramme de terre, soit environ 15 kg/are. Ils agissent sur la structure du sol en décomposant les substances organiques azotées et carbonées. Ils assimilent l'azote qu'ils transforment en protéines libérées progressivement par les plantes. Par ailleurs, ils absorbent une quantité appréciable d'éléments minéraux, y compris les oligo-éléments, qui s'avèrent inassimilables tels quels par les plantes, et les restituent sous une forme qu'elles peuvent assimiler. Ils contribuent à transformer les matières organiques en produits constitutifs de l'humus. Ils se révèlent aussi très précieux en produisant des antibiotiques naturels qui jouent un très grand rôle sur l'état phytosanitaire du sol. Une terre riche en champignons microscopiques pourra donc assurer elle-même sa propre défense.

• **Les bactéries :**
Elles représentent la population la plus importante du sol ; on peut en compter jusqu'à 100 millions dans un gramme de terre, soit un poids d'environ 5 kg pour 1 are. Leur rôle est de décomposer la matière organique dont sont constitués tous les cadavres végétaux ou animaux ; cette matière organique transformée sert d'aliment à la végétation, repartant ainsi pour un nouveau cycle. Sans ces infiniment petits, la vie deviendrait impossible car « l'œuvre de mort serait incomplète » (Pasteur). Parmi les bactéries, les rhizobiums (bactéries aérobies vivant en symbiose avec les racines des légumineuses) et les azotobacters (bactéries aérobies qui prolifèrent sur les débris végétaux au contact avec le sol) sont les plus grands producteurs d'engrais azotés naturels.

• **Les actinomycètes** (micro-organismes se classant entre les bactéries et les champignons) :
Leur population peut atteindre jusqu'à 36 millions de sujets par gramme de terre, soit environ 7 kg pour 1 are de matière vivante. Leur rôle est de transformer la matière organique en un complexe organo-minéral qui devient assimilable par les plantes.

Les causes d'une baisse d'activité

On peut tout d'abord incriminer les **pesticides**, grands polluants des sols, qui modifient l'équilibre de la microfaune et de la microflore. Les **désherbants** (ou herbicides), qui en font partie, sont en effet les principaux responsables de la diminution des micro-organismes dans le sol.

Le manque d'apport de matières organiques provoque l'appauvrissement du sol en humus, réduisant ainsi toute forme de vie dans celui-ci.

Certains **engrais chimiques de synthèse** sont aussi néfastes pour les vers de terre et les micro-organismes ; ils court-circuitent le cycle naturel de la fertilisation. N'ayant plus de raison d'être, la vie du sol disparaît d'année en année. Tout comme les pesticides et les herbicides, qui tuent cette formidable population microbienne, ils endommagent gravement notre plus grande richesse : notre capital santé.

LE SAVIEZ-VOUS ?

Les vers de terre sont le baromètre du sol. À l'œil nu, on peut remarquer la diminution de leur population, voire leur absence totale, selon le degré du déséquilibre. En outre, dans ce cas, les débris végétaux ne se décomposent plus que très lentement dans le sol.

La nature du sol

Les meilleurs terres sont les terres franches ; ces terres donnent de bonnes récoltes si l'on entretient leur fertilité. Les terres argileuses ont pour principale caractéristique d'être très humides, les terres sablonneuses sont faciles à travailler, mais sèchent vite. Les autres terres nécessitent des améliorations préalables.

Les différents types de sols

Les terres franches

Appelées « terre de jardin », « terre à blé » ou « bonne terre ordinaire », elles sont assez faciles à travailler, et sont perméables tout en retenant bien l'eau.

Contenant suffisamment d'humus et d'argile, elles forment ainsi le complexe argilo-humique, qui retient les éléments fertilisants.

Des apports annuels de compost et d'engrais naturels suffit ; c'est presque la terre idéale !

Les terres argileuses

De teinte claire, grisâtre à jaune orangé, on les appelle aussi « terre lourde », « terre grasse » ou « terre glaiseuse ». Elles sont douces au toucher, composées de particules inférieures à 2 microns (0,002 mm). Par temps de pluie, elles deviennent boueuses et collantes, tandis qu'en période de sécheresse elles sont très dures et crevassées.

Toutes les terres qui contiennent plus de 40 % d'argile sont lourdes, compactes, retenant l'eau (l'argile retient environ 3 fois plus d'eau que le sable fin, soit environ 70 % de son poids). Parfois trop humides et surtout difficiles à travailler, elles ont cependant un très fort potentiel : ce sont les « meilleures » quand on sait exprimer leurs qualités. En revanche, elles se réchauffent difficilement au printemps.

Ces terres fortes se travaillent de préférence avant les grands froids, au plus tard en janvier.

Elles s'améliorent par des apports de compost, de poudre de roches (riches en silice) ou de tourbe (à employer prudemment, car elle acidifie). L'idéal est la paillette de lin, sous-produit du lin riche en cellulose et en lignine, mais de pH neutre (voir pages 27 et 28). Ces apports ne doivent contenir aucun engrais chimique de synthèse.

Une terre argileuse très humide a souvent tendance à l'acidité. Dans ce cas, des apports de lithothamne (algue marine riche en calcium et magnésium) remonteront le pH et faciliteront la décomposition des matières organiques.

Cet amendement calcaire apporte de nombreux oligo-éléments. Les cultures d'engrais verts sont aussi fortement conseillées ; en été, un bon paillage évite le durcissement de la terre.

Dans certains cas extrêmes, l'apport de sable de rivière (une dizaine de brouettes pour 1 are) peut être nécessaire. Cette opération s'effectue lorsque la terre n'est pas trop mouillée, ni trop sèche.

Éviter de piétiner pour limiter le tassement ; mieux vaut marcher sur des planches pour effectuer les semis.

LE SAVIEZ-VOUS ?

Idéalement, une terre arable se compose ainsi :
- **50 à 70 % de sable (silice) ;**
- **10 à 20 % d'argile ;**
- **5 à 10 % de calcaire ;**
- **3 à 6 % d'humus.**

Les terres sablonneuses

Appelées « terres légères », elles ont une couleur grisée, et sont rudes au toucher ; l'été, elles sont brûlantes. Souvent, elles peuvent être maigres ou sèches, c'est-à-dire riches en sable et pauvres en matières organiques. Leur grande qualité est de ne pas coller ; elles se travaillent à n'importe quelle période de l'année (sans retournement).

Ne retenant pas l'eau, elles sèchent vite. Elles absorbent difficilement les engrais solubles, principalement ceux contenant de l'azote, car ils sont pauvres en complexe argilo-humique ; et surtout, elles ne les retiennent pas.

Les terres sablonneuses s'émiettent facilement ; elles peuvent être acides ou calcaires. Les vents les dessèchent rapidement,

COMMENT CONTRÔLER LE pH DE SA TERRE

Plusieurs méthodes permettent au jardinier de mesurer le pH.

1. Le résultat le plus précis s'obtient sans doute en utilisant un pH mètre, appareil qui permet de contrôler rapidement et avec une précision de + ou – 0,1 le pH du sol.

2. On trouve chez les grainetiers ou en jardineries des « kits » d'analyse spécifique. En quelques minutes, ils donnent le pH de la terre par réaction colorée.

3. Si les problèmes se révèlent importants, mieux vaut faire procéder à une véritable analyse de terre :

- prélever en différents endroits du jardin des échantillons de terre entre les 2 et 5 premiers centimètres du sol ; il en faut au total de 400 à 500 grammes environ ;
- bien mélanger le tout ;
- envoyer la terre à un laboratoire spécialisé (la Chambre d'agriculture, les jardineries... peuvent vous renseigner).

Une analyse de terre porte normalement sur le pH, la teneur en azote, en acide phosphorique, en potasse, en magnésium, en oligo-éléments et en humus.

mais elles se réchauffent assez vite, rendant ainsi possible les semis précoces. En revanche, elles ne conservent pas longtemps leur chaleur.

On améliore ces terres par des apports réguliers de compost, de tourbe non enrichie (avec modération), de poudre de roches siliceuses d'origine volcanique. Les cultures d'engrais verts sont conseillées.

Les terres calcaires

Appelées aussi « terres alcalines », de couleur blanchâtre, elles se dessèchent rapidement, surtout si elles contiennent plus de 20 % de carbonate de chaux. Elles se réchauffent assez vite et conservent bien la chaleur.

Lorsqu'elles sont riches en argile, elles deviennent compactes et collantes par temps de pluie et ne sont pas toujours faciles à travailler. Celles contenant peu d'argile se travaillent facilement, mais conservent assez mal la fraîcheur.

Dans ce type de terre, les fertilisants sont souvent lessivés. Les feuilles de nombreux végétaux jaunissent (chlorose), principalement celles des fraisiers et des arbres fruitiers, tels que les poiriers et les pêchers. On améliore lentement la terre par des apports importants et réguliers de compost, de tourbe blonde (acide et non enrichie), de terreau de feuilles, d'engrais à base de poudre de roches.

La fleur de soufre, à raison de 400 g/are, permet de baisser sensiblement le pH sans pour autant corriger la nature du sol. Les engrais verts sont fortement recommandés, d'abord comme couvre-sol en hiver et pour leur restitution au sol au début du printemps.

Les terres humifères

Ces terres sont de couleur noirâtre. Plus elles sont foncées, plus elles sont riches en humus (matières organiques).

Retenant et absorbant l'eau, elles se réchauffent assez vite au printemps. Elles ont tendance à l'acidité : lorsque celle-ci s'accentue, on redresse le pH par des amendements calcaires à base de lithothamne (2 kg pour 1 are au printemps et 2 kg pour 1 are à l'automne).

Chaque année, des apports de compost et de poudre de roches sont nécessaires.

Les terres limoneuses

De couleur noirâtre, ce sont d'anciennes terres alluvionnaires, marécageuses ou forestières. Elles deviennent assez compactes pendant les périodes humides et se croûtent en surface. Ce phénomène nuit à la végétation, la vie microbienne se trouvant alors ralentie.

Elles demandent à peu près les mêmes soins et les mêmes apports que les terres argileuses.

Les terres graveleuses

Ce sont des terres dont la nature peut être acide, calcaire, lourde ou légère mais qui comportent, toutes, une quantité importante de cailloux ; elles sont difficiles à travailler. La plupart des plantes légumières à racine s'y développent mal (carotte, salsifis, scorsonère...).

Enlever les plus gros cailloux et procéder à des apports annuels de compost et de fertilisants.

La qualité du sol

Qu'est-ce que le « pH » ?

Le terme « pH » signifie potentiel Hydrogène. C'est une caractéristique très importante du sol. Variant de 0 à 14, il exprime le degré d'acidité de celui-ci (de 0 à 6,9) ou d'alcalinité (de 7,1 à 14). Un pH neutre est de 7.

Un sol ayant un pH compris entre 6,5 et 7,2 (l'idéal) convient pour la plupart des plantes potagères.

La flore spontanée et le pH du sol

La flore spontanée montre parfois la nature du sol. En effet, un sol à pH calcaire ou alcalin favorise le développement de plantes comme le trèfle blanc nain, le coquelicot (cher au peintre Monet), la moutarde blanche, le bleuet, le chardon...

L'oseille sauvage nous fait comprendre que le sol est lourd, tassé et acide ; il en est de même pour le bouton d'or ou renoncule rampante (terre acide, lourde, argileuse et humide).

La pâquerette apparaît spontanément en terre acide et lourde ; le plantain en terre lourde et tassée ; la prêle en terre lourde, acide, tassée et humide.

Le laiteron pousse dans un sol argilo-calcaire ; la grande oseille se développe surtout dans un sol riche en humus ; l'ortie se plaît dans les terres surtout riches en azote ; le mouron, comme le chiendent, choisissent les bonnes terres avec un faible pour celles qui sont légères et siliceuses ; le pissenlit préfère les sols argileux et lourds…

L'observation de l'apparition ou non de ces plantes donne une approche fiable de la nature des sols.

Peut-on corriger le pH ?

Il est plus facile d'augmenter le pH d'une terre acide que de faire baisser celui d'un sol calcaire. Cependant, on ne change pas la nature de certains sols comme ceux de la Champagne (fortement calcaires) ou ceux des régions à terre de bruyère (fortement acides). Lorsque l'acidité ou l'alcalinité n'est pas trop importante, des solutions existent.

Pour une terre un peu acide, il est conseillé d'effectuer des amendements calcaires (lithothamne ou dolomie – roche calcaire et magnésienne) ; éviter la chaux, car elle déclenche une véritable flambée de matières organiques au détriment des réserves d'humus du sol, d'où le dicton « la chaux enrichit le père et ruine le fils ». Généralement, on apporte du lithothamne à l'automne (2 kg pour 1 are), et on renouvelle ces mêmes apports à la fin de l'hiver.

On améliore une terre à pH calcaire par des apports réguliers de compost, de poudre de roches, de tourbe blonde acide (non enrichie). Les apports de fleur de soufre, à raison de 400 g pour 1 are, abaissent légèrement le pH mais ne corrigent pas la nature du sol. Dans tous les cas, ne pas faire varier le pH de plus d'un point en un an, au risque de perturber trop brutalement la vie du sol.

Les chardons poussent sur sol calcaire.

DES SOLS ET DES PLANTES

Les plantes adaptées à un sol légèrement calcaire

Il semble que l'absinthe, l'angélique, l'artichaut, la betterave potagère, la carotte, le carvi, les choux, la coriandre, la fève, l'hysope, la lavande, la lentille, le melon, la marjolaine à coquille, l'oignon, l'origan, les panais, le romarin, la sarriette, la sauge officinale, la sauge sclarée, les thyms… ont un léger penchant pour les sols calcaires.

L'arroche, le haricot, la lentille, les pois, la pomme de terre n'apprécient pas un sol dont le pH devient trop élevé ; la claytone de Cuba refuse de s'y développer.

Les plantes adaptées à un sol légèrement acide

La claytone de Cuba aime ce genre de sol riche en humus.

Les fraisiers, le maïs sucré et éclaté, le navet, l'oseille, la patience, la pomme de terre, la rhubarbe, la tétragone cornue… supportent bien une terre un peu acide.

En revanche, le crambé maritime, le pois, la tétragone cornue, les choux, les carottes, les épinards et les melons n'apprécient pas les sols très acides.

L'humus, l'architecture du sol

L'humus est une matière, de couleur brunâtre à noirâtre, résultant de la décomposition des matières organiques. Celles-ci sont constituées essentiellement de matière végétale mûre formée de cellulose et de lignine décomposée, plus ou moins incorporées à la matière minérale du sol.

L'humus est l'un des constituants les plus importants du sol ; il caractérise une terre vivante ; sa structure varie considérablement selon le mode et l'état d'avancement de la décomposition.

L'humus se constitue à partir de matières organiques qui, sous l'action combinée de l'air, de la température, de l'eau et des micro-organismes du sol, se décomposent en une matière vivante.

La composition et le rôle de l'humus

L'humus renferme pratiquement les mêmes substances minérales que celles des corps organisés dont il provient ; ces substances deviennent directement assimilables par les plantes.

- Il est le pivot essentiel de la fertilité et de la conservation des sols.
- Il améliore la structure physique du sol : il rend un sol lourd plus souple et une terre légère plus consistante.
- Il régularise les échanges de l'air, de l'eau et de la chaleur entre le sol, la plante et l'air.
- En retenant l'eau dans un sol léger, il le préserve du « lessivage ».
- Il joue un rôle de régulateur du pH.
- Il constitue un milieu favorable à la vie du sol, en particulier au développement microbien ; les lombrics y sont d'ailleurs beaucoup plus nombreux.
- Il permet de solubiliser, de fixer et de retenir les éléments fertilisants (engrais), ce qui signifie qu'une terre riche en humus entraîne une économie dans les apports d'engrais puisqu'il y a moins de « lessivage ».
- Il est le garant de l'activité biologique du sol.
- Certaines substances de l'humus, en stimulant la croissance des plantes, rendent celles-ci moins sensibles aux attaques parasitaires et aux maladies.

Les deux types d'humus

- **L'humus jeune** est essentiellement le produit de la transformation rapide de la matière organique mûre, pauvre en lignine ; l'abondance de cet humus très actif est un aliment rapidement utilisable par la vie microbienne du sol et un stimulant.
- **L'humus stabilisé** est une portion de la vie organique du sol évoluée, formée par environ 50 % de lignine et 15 % de dérivés de la cellulose. Cette partie d'humus est renouvelable ; elle se consume lentement à raison de 1 à 2 % par an.

Qu'est-ce que la cellulose et la lignine ?

Ces deux matières organiques végétales sont à l'origine de l'humus.

- **La cellulose** est le constituant principal des membranes jeunes des cellules végétales ; sa décomposition en est facilitée.
- **La lignine** est une substance dure qui imprègne les parois des cellules des tissus ligneux ; elle donne sa rigidité au bois dont elle est l'un des principaux constituants. Sa décomposition par les microbes est plus difficile que celle de la cellulose.

Les sources de l'humus

L'humus provient de la matière végétale mûre : les engrais verts, les fumiers, la paille, les paillettes de lin, les feuilles, les résidus de récolte, la sciure de bois (non traitée et peu riche en tanin), les bois de taille et les brindilles broyés, les déchets de légumes (non véreux), les tontes de gazon fanées et mélangées à de la paille, les herbes sauvages non montées à graines…

La plupart de ces matières organiques (les fumiers, principalement) devront être assainies par un compostage (fermentations anaérobie, puis aérobie) avec un bon équilibre entre le carbone (paille…) et l'azote (déjections).

Le travail du sol

Pour entretenir son jardin potager, il est déconseillé de bêcher en profondeur son terrain ; il convient plutôt d'ameublir le sol sans retournement. Cette méthode douce permet en effet de conserver les propriétés du sol et de bénéficier d'un potager à l'abri des herbes sauvages.

Le bêchage en question

Pour une friche, une ancienne prairie ou un terrain envahi d'herbes sauvages, il est pratiquement impossible de préparer sa terre sans la bêcher mais, dans ce cas, il faut le faire à plat, peu profondément, pour enfouir la végétation spontanée (moins de 15 cm si possible). En revanche, avant les semis, on peut aérer le sol en profondeur à l'aide d'outils adaptés.

Pour une terre de jardin régulièrement préparée, le bêchage est une aberration, surtout lorsqu'il descend jusqu'à 30 cm de profondeur. En effet, on remet alors en surface les micro-organismes anaérobies qui ne supportent pas l'oxygène et meurent. En revanche, ceux qui ont besoin de cet oxygène (aérobies) sont asphyxiés dans les profondeurs.

Les inconvénients de bêchage profond

Autrefois on travaillait la terre avec des bêches hautes de 20 cm au maximum, donc peu agressives pour le sol. Aujourd'hui, avec des bêches de 25 à 30 cm, le bêchage devient trop profond et contre-indiqué pour le maintien d'un sol propre.

Le bêchage profond :
- bouleverse la population microbienne ;
- remonte la terre stérile en surface ; or l'humus doit toujours se trouver dans les couches superficielles ;
- remet en surface des graines de plantes sauvages dont la faculté germinative est parfois de plusieurs dizaines d'années.

Une terre profondément retournée devient souvent une terre « battante », c'est-à-dire peu aérée en surface. Après avoir subi pendant quelques semaines l'action du vent et les effets du soleil, elle durcit et se fendille rapidement, surtout si elle est argileuse. Tout ceci parce que la fertilité du sol se ralentit, la vie microbienne ayant été bouleversée.

ATTENTION

En bêchant leur sol, les jardiniers font souvent l'erreur d'introduire le fumier ou le compost au fond du sillon alors que celui-ci ne doit être enfoui que superficiellement. Cette matière organique fait en effet écran, empêchant la montée de l'eau par capillarité.

Les avantages du travail du sol sans retournement

Grâce au travail du sol sans retournement :
- la vie microbienne est maintenue dans son milieu d'origine ;
- la terre demeure toujours fertile tout en étant correctement ameublie en profondeur ;
- la structure du sol est préservée ;
- les semis peuvent s'effectuer aussitôt après la préparation du sol ;
- l'humus se retrouvant toujours dans les douze premiers centimètres du sol, celui-ci sera bien aéré, absorbera et retiendra mieux l'eau. Un sol manquant d'humus dans ses couches superficielles devient hydrophobe, c'est-à-dire qu'il n'absorbe plus l'eau et ne la retient pas ;
- une terre travaillée régulièrement de cette façon s'assouplit ;
- le jardin potager est plus propre, si on l'entretient correctement, car les graines des adventices (herbes sauvages) ne sont pas ramenées en surface. La clé de la réussite dans ce domaine : les sarclages et les binages répétés.

Préparer la terre sans la retourner

Pour travailler la terre, il faut utiliser des outils conçus à cet effet comme la grelinette et autres engins destinés à ameublir le sol sans retournement. Ces instruments soulèvent, remuent, divisent et aèrent suffisamment la terre, tout en lui conservant une bonne structure.

Sur un sol propre (sinon effectuer auparavant un binage-désherbage), le travail se fait plus rapidement et avec beaucoup moins de fatigue.

Les outils préconisés peuvent éventuellement servir à l'aération des pelouses (le faire progressivement, en plusieurs fois) ou à l'arrachage des légumes à racines ou tubercules (betterave, poireau, pomme de terre...).

Quand faut-il travailler le sol ?

On dit qu'il faut travailler la terre lorsqu'elle est « amoureuse » (c'est-à-dire

Le binage est à privilégier.

lorsqu'elle se laisse travailler facilement) : elle ne doit être ni trop mouillée ni trop sèche.

Une terre argileuse lourde se prépare de préférence en automne, au plus tard vers la fin du mois de janvier. Un sol léger, quant à lui, se travaille à la fin de l'hiver ou au début du printemps.

En hiver, éviter de laisser nu un terrain préparé. L'idéal est d'effectuer, sur les planches libres, des semis d'engrais verts résistant aux froids ou bien gélifs, mais ayant été semés au début de l'automne pour constituer un mulch naturel. Ainsi, la terre sera protégée des brusques variations climatiques. Si cela n'est pas possible, recouvrir le sol d'une couverture végétale (paille, paillettes de lin, fumier, feuilles, compost, tontes de gazon). Ces différentes couvertures éviteront à la terre de trop se tasser et la préserveront davantage du vent et du froid.

Les engrais verts

Un engrais vert est une culture uniquement destinée à être enfouie superficiellement dans le sol afin d'en améliorer la fertilité. Ce procédé remonte aux débuts de l'agriculture, bien avant l'ère chrétienne. Après la Seconde Guerre mondiale, jusqu'aux années 1960, la fertilisation verte était répandue ; les légumineuses destinées à l'alimentation des bovins (trèfles, vesce, luzerne...) et des équidés (trèfle incarnat) constituaient un bon précédent pour les autres cultures.

Les avantages des engrais verts

- Côté climatique, les engrais verts protègent le sol contre les intempéries ; en hiver, les froids sont moins brutaux. En été, cette couverture végétale rend les rayons du soleil moins violents évitant l'insolation ; la sécheresse et les écarts de température au niveau du sol sont réduits.
- Ils favorisent l'humidification de toutes les matières organiques ligneuses (paille, déchets de récoltes...).
- Ils éliminent ou diminuent la prolifération des herbes sauvages avec leur pouvoir nettoyant, notamment sur une parcelle abandonnée.
- Ils épargnent le sol de l'érosion due au ruissellement des fortes pluies.
- Ils améliorent la structure du sol en le drainant (les racines des engrais verts pénétrant profondément dans la terre).
- Ils remettent en activité les éléments minéraux des fertilisants entraînés en profondeur par les pluies, grâce au grand développement de leurs racines.
- Les engrais verts appartenant aux légumineuses (Fabacées) fixent l'azote de l'air par les bactéries symbiotes de leurs racines (rhizobiums) et fournissent au sol de l'azote directement puisé dans l'air et fixé par ces micro-organismes.
- Ils stimulent la vie microbienne du sol en fournissant une nourriture abondante.
- Certains engrais verts assurent aussi la protection de la faune utile : les coccinelles (ennemies des pucerons) vivent dans les légumineuses.

La rotation des engrais verts

Sur une même parcelle, il est préférable de changer le plus souvent possible les engrais verts, selon les familles. Cela permet d'effectuer une rotation supplémentaire. Évidemment, ce sont les légumineuses qui reviennent le plus souvent.

Comment s'effectuent les semis

Le plus souvent, les engrais verts se sèment à la volée, dans un terrain préparé.

À l'aide d'une fourche crochue (ou croc), on enterre les graines plus ou moins profondément selon leur grosseur :
- superficiellement pour les fines ;
- jusqu'à un demi-centimètre pour les trèfles ;
- un centimètre pour le lotier, la minette ;
- plus de 2 cm pour la vesce, le sainfoin ;
- entre 4 et 5 cm pour la féverole.

Dans un sol lourd et argileux, il convient d'enterrer moins profondément les graines.

Le retour au sol

Pour les légumineuses, le meilleur moment pour rendre au sol cette nourriture végétale se situe au début de leur floraison.

Lorsque la végétation est très haute, faucher en tronçons à l'aide d'un outil manuel ou d'une débroussailleuse. Pour finir, gyrobroyer cette matière végétale avec une tondeuse, puis bien l'étaler sur le sol, et la laisser se faner.

Après 5 à 8 jours, enterrer en bêchant à plat ou incorporer au sol à l'aide d'une motobineuse réglée pour une profondeur maximale de 10 cm.

Le délai entre l'enfouissement et les semis

L'enfouissement des engrais verts s'effectue au moins 4 à 5 semaines avant les semis des légumes.

Un conseil : éviter de laisser monter à graines les engrais verts. Sinon, ils vont se ressemer et envahir la parcelle. C'est notamment de cas de la phacélie.

PEUT-ON ENTERRER EN MÊME TEMPS SON COMPOST ?

Il est tout à fait bénéfique d'enterrer en même temps le compost que l'on a fabriqué soi-même. En étant ainsi mélangée au compost, la matière organique verte sera plus rapidement digérée par les micro-organismes.

LES DIFFÉRENTES FORMULES DE SEMIS

De nombreuses formules de semis existent selon la famille et l'époque de l'enfouissement. Les quantités ci-dessous sont données pour un are.

Brassicacées (Crucifères)

Formule	Date du semis	Date de l'enfouissement
100 g de colza *(Brassica napus)*	Mars jusqu'au 15 septembre.	Avant ou à la fin de l'hiver, avant la floraison.
150 à 200 g de moutarde blanche *(Sinapis alba)*	Avril à octobre, à éviter après une culture de crucifères.	Avant les gelées et la floraison.
100 à 120 g de navette *(Brassica rapa* subsp. *oleifera)*	Avril à septembre, de préférence en terrains légers et calcaires.	Avant les gelées.

Fleurs de phacélie.

Poacées (Graminées)

Formule	Date du semis	Date de l'enfouissement
200 g de millet à grosses graines *(Panicum miliaceum)*	Mai, en lignes espacées de 30 cm.	Après trois mois de développement.

Poacées (Graminées) et Fabacées (Légumineuses)

Formule	Date du semis	Date de l'enfouissement
500 g d'avoine *(Avena sativa)* + 1,5 kg de féveroles d'hiver *(Vicia faba* var. *minor)*	Août jusqu'au 15 septembre.	Début du printemps.
550 g de seigle *(Secale cereale)* + 1,5 kg de vesce *(Vicia sativa)*	Mars ou début septembre.	Selon l'époque du semis, en été ou au printemps.
400 g de seigle *(Secale cereale)* + 500 g de pois fourrager gris d'hiver *(Pisum sativum)* + 1 kg de vesce *(Vicia sativa)*	Août jusqu'au 15 septembre.	À la fin de l'hiver.

Hydrophyllacées (ou Hydrophyllées)

Formule	Date du semis	Date de l'enfouissement
150 à 200 g de phacélie *(Phacelia tanacetifolia)*	Avril à août, croissance rapide. Très mellifère, cette jolie plante est efficace contre les nématodes parasites.	En été ou en automne, environ 4 mois après le semis.

Fabacées (Légumineuses)

Formule	Date du semis	Date de l'enfouissement
200 g de fénugrec *(Trigonella foenum graecum)*	Du printemps à la fin juillet.	Lorsque la végétation est assez développée, avant la floraison.
2 à 2,5 kg de féveroles de printemps *(Vicia faba* var. *minor)*	Du 15 février à la mi-mars.	Lorsque les boutons floraux des plantes apparaissent.
100 à 200 g de lotier corniculé *(Lotus corniculatus)*	En mars, plante vivace.	Au début du printemps ou à l'automne.
1 à 2 kg de lupin doux blanc *(Lupinus albus)*	Mars à juillet, pour les terres fortes et fraîches.	Après 3 mois de végétation environ.
1 à 2 kg de lupin doux jaune *(Lupinus luteus)*	Mars à fin juillet, de préférence en terre légère et acide.	Environ 3 mois après la levée.
250 g de luzerne commune *(Medicago sativa* subsp. *sativa)*	Avril à août, en terre argilo-calcaire ou argilo-silicieuse. À laisser sur place au moins 2 ans.	Gyrobroyer avant la floraison ou enfouir à l'automne de la deuxième année.
200 à 500 g de mélilot blanc *(Melilotus albus)*	Juin, pour les terres arides.	À l'automne, peut rester en place 2 ans.
100 g de minette *(Medicago lupulina)* et 20 g de trèfle blanc nain *(Trifolium repens)*	Mars jusqu'au 15 septembre, en sol frais et calcaire.	Début du printemps ou à l'automne selon l'époque du semis.
700 g de pois fourrager gris d'hiver *(Pisum sativum)* + 1,2 kg de vesce *(Vicia sativa)* + 1,5 kg de fève *(Vicia faba)*	Août jusqu'à mi-septembre.	Avant ou après l'hiver.
1 à 2 kg de sainfoin *(Onobrychis viciifolia)* appelé aussi esparcette	Mars-avril en terres sèches, chaudes et calcaires.	Avant la floraison.
500 g de serradelle ou ornithope cultivé *(Ornithopus sativus)*	Semis au printemps, préfère les sols acides.	Enfouir avant les gelées.
100 à 150 g de trèfle d'Alexandrie *(Trifolium alexandrinum)*	Du 15 avril à la mi-août, de préférence en terre silicieuse-argileuse.	Lorsqu'il est en boutons, avant les gelées.
200 g de trèfle incarnat ou trèfle rouge *(Trifolium rubens)*	Août-début septembre.	Dès l'apparition des boutons floraux.

Polygonacées

Formule	Date du semis	Date de l'enfouissement
600 g de sarrasin *(Fagopyrum esculentum)*	Mars à fin juillet, en terre pauvre et acide.	Enfouir environ 3 à 4 mois après le semis.

La rotation des cultures

La rotation est la répartition des cultures dans le temps et leur ordre de succession sur une même parcelle. Chaque année, on y cultive une plante légumière différente ; ainsi, la même plante ne devra revenir au même endroit qu'après un délai, si possible, de 4 à 6 années.

Nos plantes cultivées ou domestiquées n'ont pas le choix de leur emplacement, de la nature du sol, du climat, de l'exposition et de leurs voisins. L'idéal serait sans doute de les cultiver mélangées entre espèces comme dans la nature. Hélas, cela est pratiquement irréalisable, bien que l'on puisse avoir recours à certaines associations. Sans doute est-ce pour éviter tous ces inconvénients que l'homme inventa les rotations.

L'assolement

C'est la répartition des cultures en parcelles ou la division du jardin en plusieurs parties, appelées soles ou planches. Au nombre de 4 ou 6, elles peuvent être de surfaces inégales.

Il est conseillé de séparer les planches par une petite allée, une plate-bande de fleurs ou par une culture de légumes vivaces. Les bords de l'allée principale seront de préférence plantés de fleurs ou de plantes condimentaires.

Alterner pour mieux cultiver

L'alternance des cultures se fait dans un ordre déterminé, calculé sur une même planche de manière à obtenir du sol des produits plus abondants sans épuiser la terre. On évite ainsi d'avoir recours à tous les pesticides qui sont les « médicaments » des plantes.

Cultiver une même plante, plusieurs années de suite, sur une même parcelle, est une erreur. C'est ce que l'on appelle faire de la monoculture.

De la même manière, il convient d'éviter de cultiver l'une derrière l'autre des plantes appartenant à la même famille sur une même parcelle : la pomme de terre après la tomate (plantes de la famille des solanacées), les poirées ou blettes après les betteraves (chénopodiacées), les concombres après les courges (cucurbitacées), etc. (voir « La répartition des plantes par famille », page 400).

Les exceptions

Les plantes vivaces comme les asperges, les fraisiers, les artichauts et la patience restent plusieurs années en place ; en revanche, il faudra attendre à peu près autant d'années pour qu'elles occupent à nouveau la même sole.

Les plantes condimentaires, cultivées généralement en bordure, sont aussi dans le même cas.

Une particularité : la tomate. Cette annuelle peut se cultiver très longtemps au même endroit, sans inconvénients, à la condition d'éliminer les plantes malades et de les brûler aussitôt ; si de graves problèmes de cet ordre apparaissent, il faudra effectuer une longue rotation.

Les bienfaits des rotations

Le respect de la rotation des cultures améliore la structure du sol en lui épargnant la fatigue et l'épuisement. Certaines plantes ont des racines superficielles qui aèrent la partie supérieure du sol. Les plantes à racines profondes jouent le même rôle dans les couches inférieures ; de plus, elles vont chercher les éléments fertilisants entraînés progressivement en profondeur, favorisant ainsi une réduction des apports de fertilisants.

Certaines plantes « améliorantes » (légumineuses) fabriquent de l'azote grâce à leurs bactéries vivant en symbiose, enrichissant les cultures suivantes.

Les plantes légumières, comme les courges ou les pommes de terre, sont des plantes dites « nettoyantes ».

Une pratique judicieuse de la rotation des cultures permet également d'éliminer en partie les maladies et les parasites de certaines plantes, en rompant l'équilibre biologique de ceux-ci. Cette règle se vérifie surtout dans une terre « nourrie » naturellement et correctement avec des apports d'engrais organiques (insolubles) et du compost.

LA PROLIFÉRATION DES HERBES SAUVAGES

Dans une friche ou une prairie naturelle, on rencontre une grande diversité d'herbes sauvages. En fonction du sol et du climat, ces herbes vivent en harmonie et recouvrent le sol, évitant son érosion. L'équilibre entre les espèces végétales et le sol est une parfaite unité, très dynamique : le sol produit des plantes qui le protégent des intempéries et produisent l'humus (décomposition de matières organiques ligneuses et des débris végétaux) dont il se nourrit.

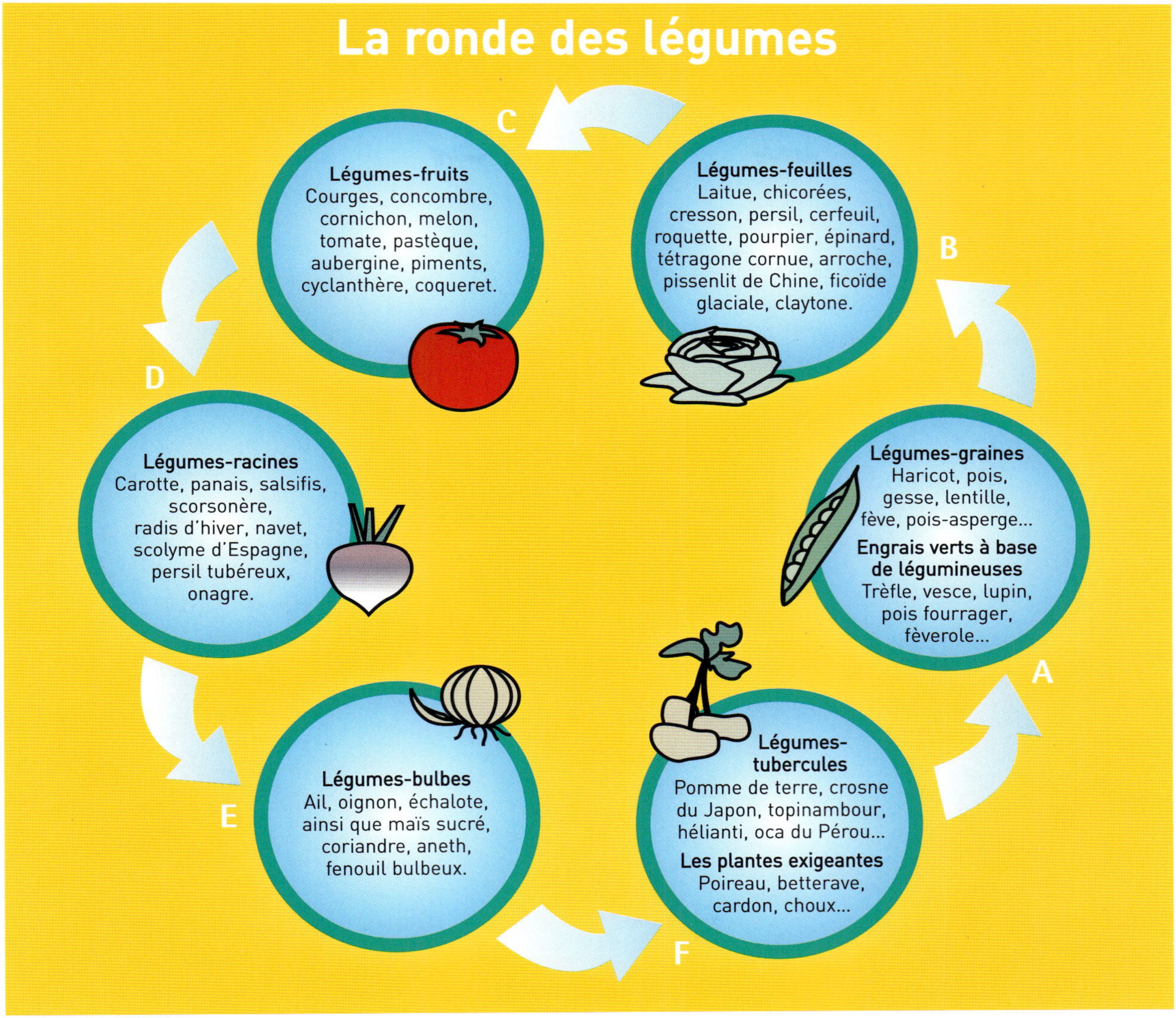

COMPRENDRE LE PRINCIPE

Chaque année, il s'agit de faire tourner les cultures d'une planche, comme l'indiquent les flèches du tableau. Par exemple, les légumes plantés sur la planche **A** la première année passeront à la planche **B** la deuxième année, tandis que ceux de la planche **F** passeront à la planche **A** et ainsi de suite, pendant une durée de 6 ans au total.

Au bout de 6 années, les plantes reviennent à leur planche de départ.

Pour une rotation de 4 années

Le potager est alors divisé en 4 parcelles. Il suffira de grouper dans la même rotation les légumes-racines et les légumes-tubercules, tandis que l'on groupera les légumes-fruits et les légumes-bulbes.

Sur la planche A

La 1re année, sont cultivées des plantes potagères de la famille des légumineuses ou des engrais verts de la même famille, dont certains peuvent être associés à une graminée : seigle, avoine... Les légumineuses sont des plantes vivant en symbiose avec des bactéries aérobies spécifiques appelées rhizobiums. Celles-ci fixent l'azote de l'atmosphère dans le sol et sont par là même des producteurs d'engrais azotés naturels.

Les plantes de la parcelle **F** arriveront **la 2e année** sur la planche **A** et trouveront une terre enrichie en azote et en matières organiques (engrais verts restitués au sol). Ces plantes exigeantes auront donc à leur disposition une terre riche, favorable à leur développement.

La 3e année, la planche **A** recevra les plantes-bulbes ayant peu d'exigences.

La 4e année, ce sont les légumes-racines qui prendront le relais. Grâce à leurs racines pivotantes, ils iront récupérer les éléments entraînés en profondeur.

La 5e année, les légumes-fruits prendront la relève. Peu exigeants, ils demandent surtout une terre riche en humus actif.

Enfin, **la 6e année**, la planche **A** sera consacrée aux plantes herbacées ou légumes-feuilles.

Jardiner avec la Lune

Les influences de la Lune sont connues depuis des millénaires. Nos ancêtres pouvaient prévoir le temps rien qu'en observant notre satellite ; ils connaissaient les incidences lunaires sur les marées, les végétaux, mais aussi sur les animaux et les humains. Jardiner au rythme de la Lune n'est pas seulement le symbole d'une vieille croyance, mais certainement une réalité.

La Lune agit sur la croissance des plantes, surtout si l'on pratique le jardinage biologique ; en revanche, elle a sans doute moins ou peu d'effet sur une culture conventionnelle utilisant tout l'arsenal des produits chimiques de synthèse.

Est-il compliqué de jardiner avec la Lune ?

On peut jardiner sans difficulté en suivant simplement les principaux rythmes de la Lune (lune croissante ou décroissante). Si l'on souhaite aller plus loin, il est ensuite assez facile de tenir compte de ses phases (nouvelle lune, premier quartier, pleine lune, dernier quartier…), celles-ci figurant dans la plupart des calendriers.

La Lune est un corps céleste tournant autour de la Terre. C'est un satellite de notre planète qui, selon sa position dans l'espace, réfléchit la lumière du Soleil pendant la nuit.

La lune croissante est la période entre la nouvelle lune et la pleine lune, tandis que la lune décroissante se situe entre la pleine lune et la nouvelle lune. Sa révolution est de 29 jours, 12 heures et 44 minutes ; la nouvelle lune revient tous les 29 jours et demi.

La nouvelle lune et la pleine lune

- **La nouvelle lune :** à cette période, c'est la moitié ténébreuse de la Lune qui nous fait face (le Soleil ne l'éclaire pas), elle est donc invisible.
- **La pleine lune :** le clair de lune est à son maximum, car toute la partie se trouvant face à notre planète est éclairée.

Le premier et le dernier quartier

- **Le premier quartier :** les positions respectives de la Lune, de la Terre et du Soleil changent ; en même temps, le croissant visible de notre satellite s'amplifie pour correspondre à une demi-circonférence une semaine après la nouvelle lune. Il forme un « D » ou, si l'on préfère (moyen mnémotechnique), un « p » dont on a supprimé la hampe descendante.
- **Le dernier quartier :** c'est le contraire ; après la pleine lune, la surface éclairée de la Lune que nous apercevons diminue, évoluant vers la nouvelle lune ; le dernier quartier est un peu moins lumineux que le premier quartier. Il forme un « C » ou, si l'on préfère, un « d » dont on a supprimé la hampe ascendante.

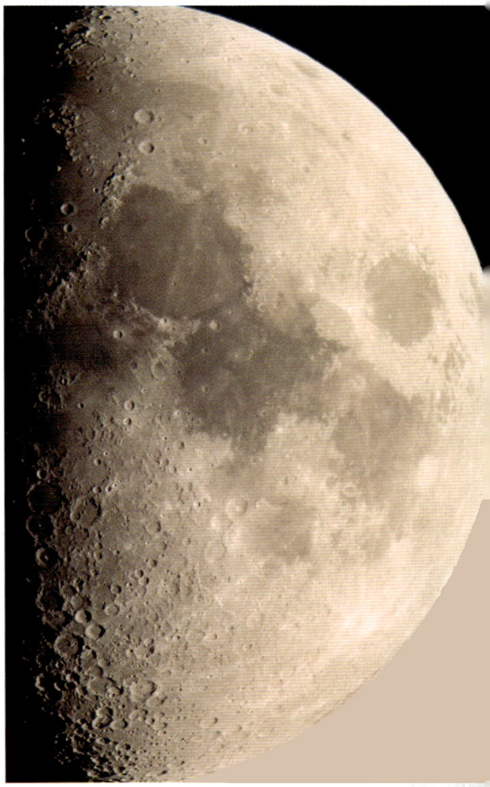

COMMENT RECONNAÎTRE LES DEUX QUARTIERS ?

Le calendrier de La Poste peut servir de base ; il suffit d'ajouter aux croissants une ligne droite qui donnera :
- un « D » , ou un « p », en lune croissante ou premier quartier ;
- un « C », ou un « d », en lune décroissante ou dernier quartier.

Sur les calendriers, la nouvelle lune est généralement grise ou noire, tandis que la pleine lune représente une tête humaine, toujours de couleur claire.

Semis en godet.

QUELQUES DÉFINITIONS

- **Une lunaison** : c'est le temps que met la Lune pour tourner autour de notre planète, soit environ 29 jours et demi. Plus simplement, c'est l'intervalle qui sépare deux nouvelles lunes ou deux pleines lunes.
- **La lune rousse** : c'est la première lune du printemps qui commence généralement au mois d'avril et se termine au mois de mai.

Les travaux conseillés en lune croissante

- **Les semis :** il est préférable d'y procéder 2 ou 3 jours avant la pleine lune. En cette période, il faut semer les plantes légumières donnant des fruits comestibles (tomates, physalis, courges, concombres, aubergines, melons, tomatillos…) ainsi que celles cultivées pour leurs cosses ou leurs graines (pois, fèves, lentilles, haricots…).
  Ne pas oublier non plus, les plantes qui nous émerveillent par la beauté de leurs fleurs.
- **Les plants de tomates :** les planter en godets (sous abri) 2 ou 3 jours avant la pleine lune. Les plants ne doivent être munis que de leurs feuilles embryonnaires. Les mettre en place à la même période lunaire.
- **Les engrais verts, les aromates :** semer les engrais verts, à tout moment, au cours de la lune croissante.
  Le persil, le cerfeuil et la ciboulette sont, à semer dans les derniers jours précédant la pleine lune.

Les travaux conseillés en lune décroissante

- **Les semis** : y procéder de préférence 2 ou 3 jours avant la nouvelle lune.
  Semer les plantes :
  - poussant au ras du sol (chicorée, choux, cresson, épinard, laitue, mâche, certains oignons, pissenlit, poirée, roquette…) ;
  - et celles poussant en terre (betterave, carotte, navet, panais, pomme de terre, salsifis…).
- **Les bulbes, les plants…** À cette période, il est conseillé de planter aussi :
  - les bulbes ou bulbilles d'ail, d'oignon et d'échalote ;
  - les plants de fraisiers ;
  - les bulbes de jacinthes, de narcisses et de tulipes.
- **Les pommes de terre :** dégermer les pommes de terre 4 ou 5 jours avant la nouvelle lune ; les germes se reformeront moins rapidement.

Faut-il tenir compte de la Lune pour semer ?

Tenir compte des phases de la Lune est souvent préférable, mais le facteur climatique est également à prendre en considération.

Si l'on sème en bonne lune, mais par un temps peu propice à la germination, les semences lèveront beaucoup moins rapidement et seront par la suite moins vigoureuses.

Si l'on sème dans une phase lunaire ne correspondant pas à ces plantes mais par un temps « poussant » (pluie et chaleur) les graines vont lever très rapidement et donner des plantes de grande vigueur.

Il faut donc parfois savoir combiner le temps avec la Lune !

La multiplication des plantes potagères

La plupart des plantes potagères et condimentaires qui fleurissent se reproduisent par semences : c'est la reproduction sexuée. C'est le cas des plantes phanérogames, qui disposent d'organes reproducteurs apparents, les étamines et le pistil.

Pimprenelle petite avec fleurs hermaphrodites.

La reproduction sexuée

La plupart des plantes potagères portent des fleurs hermaphrodites, c'est-à-dire qu'elles disposent, à la fois, d'étamines (organe mâle de la fleur) et d'un pistil (organe femelle de la fleur).

Mais on distingue aussi trois autres sortes de plantes.

- **Les plantes dites « monoïques »**, comme les courges, le concombre, le maïs, la margose ou le melon, qui produisent à la fois des fleurs mâles et des fleurs femelles.
- **Les plantes dites « dioïques »** portent sur le même pied, soit uniquement des fleurs mâles (étamines), soit uniquement des fleurs femelles (pistil). C'est le cas de l'asperge, de l'épinard et de l'oseille.
- La rhubarbe est **« polygame »** car elle produit, à la fois les trois types de fleurs (mâles, femelles ou hermaphrodites), soit sur un même pied, soit sur des pieds différents.

La pollinisation

La plupart des plantes ayant des fleurs hermaphrodites sont **allogames** (pollinisation d'une fleur par le pollen d'une autre fleur de la même espèce ou de la même variété). Cette fécondation croisée est pratiquée par de nombreux insectes pollinisateurs ; c'est ce que l'on appelle la pollinisation **entomophile**.

Pour diverses plantes de la famille des Poacées (maïs doux) – anciennement nommées Graminées – , des Chénopodiacées (betterave, épinard, poirée) et des Polygonacées (oseille, patience, rhubarbe), la pollinisation est **anémophile**, ce qui signifie que le pollen est transporté par le vent.

Les précautions à prendre

Les espèces ne se croisent pas entre elles, mais il n'en va pas de même pour la plupart des variétés. Il faut donc prendre certaines précautions lorsque l'on veut obtenir ses propres graines.

1. Pour les plantes **allogames**, dont la fécondation présente un caractère croisé, il ne faut cultiver, comme reproducteurs, que des sujets d'une même espèce et s'assurer que dans leur voisinage personne n'élève d'autres variétés « porte-graines » de la même espèce.

2. Choisir toujours les plus beaux sujets comme porte-graines. Ils doivent être vigoureux, résistants au parasitisme et aux maladies, et bien représenter l'espèce ou la variété. Il faut tenir compte aussi de leur adaptation à la nature du sol, au climat, à leur précocité.

3. Vérifier que, dans l'environnement, aucune autre espèce sauvage ne corresponde aux porte-graines (carotte, panais…).

Pollinisation anémophile du maïs.

COMPOSITION D'UNE FLEUR ET D'UNE GRAINE

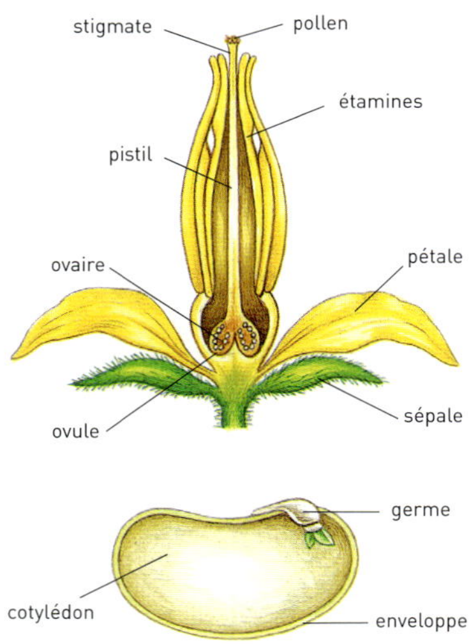

Les différents éléments d'une fleur

Une fleur complète comme celle de la tomate, par exemple, possède :
- un pédoncule ;
- un calice persistant (enveloppe extérieure de la fleur divisée en 5 ou 6 sépales) ;
- une corolle (enveloppe intérieure de la fleur divisée en 5 pétales) ;
- un pistil qui est l'organe femelle comprenant le stigmate (son extrémité glanduleuse et dilatée) et l'ovaire (sa partie inférieure renfermant les ovules) ;
- les étamines qui sont fixées au tube et entourent le pistil (l'étamine est l'organe mâle produisant et contenant le pollen – poussière fécondante) ;
- l'ovaire renfermant les ovules, c'est-à-dire les jeunes graines attachées au placenta par un cordon ombilical ; ce placenta, après la formation des fleurs, devient un fruit renfermant les graines ; ce sont elles qui sont récoltées à maturité et qui permettent de produire de nouvelles plantes.

Parlons un peu de la graine

La graine est le final de l'évolution de l'ovule. Après sa récolte, elle doit être en partie séchée (déshydratée) afin de conserver sa faculté germinative, qui est plus ou moins longue selon les espèces et le mode de conservation.

CONSEILS, RÈGLES ET ASTUCES POUR RÉUSSIR LES SEMIS

Les principes de base

- Pour germer, les graines ont avant tout besoin, de chaleur, d'air et d'humidité.
- Les semences doivent être de qualité satisfaisante, de bonne vitalité.
- Pour les graines ayant une levée assez longue et difficile, il est préférable de commencer par une prégermination.
- Tenir compte de l'époque des semis, suivant la région et aussi selon les espèces et les variétés. Ne semer ni trop tôt, ni trop tard.
- Ne pas négliger, si possible, les facteurs lunaires (lune croissante ou décroissante).

Le sol

- Dans une terre lourde, les graines se sèment en principe moins profond que dans un sol léger.
- Le sol doit être propre, bien préparé, suffisamment émietté sur quelques centimètres en surface pour recevoir les graines préférant être semées dans une terre fine, principalement celles de petites tailles ; dans une terre mal préparée, la germination s'effectue difficilement.
- Toujours semer dans une terre suffisamment réchauffée ; généralement on sème plus tôt dans un sol sablonneux que dans une terre argileuse, qui est plus longue à se réchauffer.
- Attendre 10 à 15 jours avant d'ensemencer une terre profondément retournée qui bouleverse la vie microbienne du sol.
- Tenir le sol suffisamment frais pour que la levée s'effectue le plus rapidement possible ; les plantes qui ont une levée rapide sont beaucoup plus vigoureuses.

Semer

- Ne pas semer trop dru pour éviter la fonte des semis et certains déboires.

Attention : plus les graines sont petites, moins il faut les recouvrir. En général, la couche de terre est épaisse de 1 à 3 fois leur diamètre. Mieux vaut moins les enterrer que trop.

- Certaines graines demandent à être seulement terreautées.
- Tasser légèrement les semis à l'aide du dos du râteau (pour mettre les graines en contact avec les petites particules de terre).
- Les semis à la volée sont peu utilisés ; dans ce cas, le tassement se fait à l'aide d'un rouleau.
- Il existe des voiles de forçage qui accélèrent la levée.

Après avoir semé

- Arroser les semis le plus doucement possible pour ne pas tasser la terre.
- Si les semis sont trop denses, effectuer un premier éclaircissage des plantules lorsqu'elles ont encore leurs cotylédons. Éclaircir définitivement à 3 ou 4 feuilles, en éliminant les plants les plus faibles.

LE SAVIEZ-VOUS ?

La faculté germinative des graines en sachets, même sous vide, se détériore très rapidement si elles sont conservées dans des placards en bois agglomérés ou à proximité de ce matériau. En effet, la colle utilisée pour sa fabrication dégage un gaz nocif. Les lieux humides, chauds ou ensoleillés sont également fatals aux graines.

Germination de pois.

La composition d'une graine

Une graine est constituée d'une enveloppe protectrice et d'une amande qui contient :

- l'embryon (germe qui se développera au moment de la germination) ;
- des substances de réserve qui serviront à nourrir la plantule pendant la germination et pendant le port des feuilles embryonnaires (cotylédons) jusqu'à l'apparition des feuilles.

La durée germinative

La durée germinative est le délai pendant lequel une graine conserve sa capacité de germer. Ce délai peut varier selon les conditions de stockage :

- pour certaines semences, le pouvoir germinatif est de plusieurs années, voire une dizaine d'années ;
- pour d'autres, le pouvoir germinatif diminue rapidement, certaines graines demandant à être semées peu de temps après leur récolte.

Comment conserver les graines

Les graines se récoltent par temps sec, à parfaite maturité et au fur et à mesure de leur mûrissement :

- les faire sécher quelques jours à l'ombre, étalées sur une toile, dans un endroit aéré ; ne pas les exposer au soleil ni à une forte chaleur ;
- les conserver dans des sachets en papier ou en toile et les stocker dans des boîtes en fer dans un endroit à l'abri de l'humidité, sec et frais ;
- étiqueter chaque sachet et marquer l'année de la récolte ; les surveiller de temps en temps ;
- ne pas essayer de reproduire des graines de variétés hybrides, celles-ci n'étant pas fixées (il faut en effet une dizaine d'années pour stabiliser les variétés issues des croisements de différentes variétés d'une même espèce);
- ne pas oublier de préserver les porte-graines des oiseaux qui en sont friands ; les protéger à l'aide de filets.

Un autre mode de conservation : le froid

Pour les graines rares, difficiles voire impossibles à retrouver, la meilleure conservation est le froid. Ensachées, elles sont ensuite disposées dans des boîtes hermétiques, soit au réfrigérateur (on gagnera quelques années de faculté germinative), soit au congélateur (la faculté germinative sera multipliée par 10 à 20).

Attention, si les graines ne sont pas suffisamment sèches au moment du stockage, elles seront détruites par le froid.

En quoi consiste la germination ?

La germination est le passage de la semence, d'une situation de vie latente (pendant laquelle les phénomènes vitaux sont suspendus en attendant des conditions plus favorables) à une vie reproductrice, au cours de laquelle l'embryon (le germe) se transforme en plantule.

Pour que cette germination ait lieu, les conditions du milieu doivent être favorables.

Obtenir une bonne germination

Pour obtenir de bons résultats, il faut tout d'abord choisir des graines de bonne vitalité (pleines de vie).

Ensuite, il faut tenir compte de la période de semis (selon les espèces et les variétés) et des conditions atmosphériques.

Pour germer, les graines ont besoin de chaleur, d'eau, d'un milieu nutritif et d'air. Alors l'embryon se débarrasse de son enveloppe protectrice et la plantule apparaît. Ne pas semer trop dru.

Les essais germinatifs

On peut procéder à des essais dans une simple boîte en plastique transparent munie d'un couvercle percé de petits trous. Garnir le fond de coton hydrophile humidifié ; y déposer une dizaine de graines, refermer la boîte, la poser près d'une fenêtre et d'une source de chaleur.

Le pourcentage de graines qui germent permet de s'assurer ou non de la réussite possible. Selon les espèces, la levée s'effectuera plus ou moins rapidement.

ATTENTION

En principe, la date limite figurant sur les sachets de graines devrait être fiable, mais elle n'a en fait qu'une valeur indicative. Elle signifie que des essais périodiques de germination sont effectués par l'obtenteur jusqu'à la date précisée. Après l'achat, le mode de stockage du jardinier joue un rôle très important : selon les conditions de conservation, la faculté germinative peut diminuer rapidement, voire se réduire à néant.

La méthode pour une germination plus rapide

Un germoir en terre cuite facilite la prégermination. Il est constitué de 4 éléments (souvent en forme de bol) et d'un couvercle ; les 3 éléments supérieurs sont munis de trous. Procéder de la façon suivante :

1. Verser de l'eau de pluie, chauffée au soleil (tiède), dans le premier élément du dessous.

2. Garnir le fond du 2e élément d'un morceau de voile de forçage ou de toile de fibre très fine pour éviter que les graines ne passent au travers des trous : y déposer les semences et placer cet élément dans le premier. Les graines doivent tremper dans l'eau pendant 24 heures.

Le premier et le deuxième élément d'un germoir.

3. Passé ce délai, rincer les graines et les faire passer à l'étage supérieur qui deviendra le 3e élément. Mettre le couvercle. Le 2e élément pourra recevoir d'autres semences (prévoir un nouveau voile) ou uniquement servir d'intermédiaire, si de nouvelles graines ont également trempé dans l'eau pendant 24 heures. Celles-ci passeront au 3e niveau et les précédents au 4e. Mettre le couvercle.

4. Renouveler l'opération de rinçage toutes les 24 heures, même si les graines ne sont plus dans l'eau. Après 2 ou 3 jours, suivant la température et le type de graines, les germes apparaîtront ; semer, sans attendre, avec délicatesse pour ne pas endommager ces germes fragiles.

5. Semer les graines dans des sillons préalablement arrosés, les recouvrir avec un peu de terre fine ou du terreau. Ne pas tasser, pour préserver les germes, arroser plutôt. La levée sera très rapide et les plantes bénéficieront d'une très grande vitalité.

Ce procédé peut s'appliquer à toutes les graines, mais principalement à celles dont la levée est d'une durée supérieure à 10 jours. Il est avantageux de saupoudrer légèrement ces semences prégermées de poudre de lithothamne avant de les mettre en terre.

ZOOM SUR... LES GRAINES BIOLOGIQUES

Il est tout à fait conseillé et important de semer des graines issues de culture biologique. En effet, celles-ci ont normalement une vitalité largement supérieure aux semences qui subissent des traitements chimiques de synthèse.

Semis sous châssis.

Des dates de semis qui diffèrent selon les régions

Pour les semis, les zones de références sont : la région parisienne, une partie de la Basse-Normandie, la Haute-Normandie, le Centre, le Val de Loire et le Limousin.

Les régions en retard

L'Auvergne, la Bourgogne, la région Rhône-Alpes la plus élevée, la Franche-Comté, l'Alsace, la Lorraine, la Champagne-Ardenne, la Picardie et le Nord-Pas-de-Calais ont un retard d'une à trois semaines par rapport aux régions précédentes.

Les régions en avance

- La vallée du Rhône, la région Midi-Pyrénées, le Poitou-Charentes, une partie de la Basse-Normandie, les Pays de la Loire et la Bretagne ont une avance sur la région parisienne qui varie de deux semaines à un mois.
- La Vendée, l'Aquitaine, une partie des Pyrénées-Atlantiques, le Languedoc, le Vaucluse, une partie des Alpes-de-Haute-Provence ont jusqu'à 40 jours d'avance.
- La Côte d'Azur, le Roussillon et la Corse ont une avance atteignant parfois jusqu'à deux mois.

Les informations données ci-dessus ne sont que des moyennes générales. En effet, selon les reliefs, les orientations, les haies, les forêts… des microclimats se forment, provoquant un retard ou une avance de plusieurs jours à seulement quelques kilomètres de distance.

Les différents semis

Les semis peuvent s'effectuer en pépinière, en terrine, en pot, en serre et sous abri, selon différentes techniques : à la volée, en ligne, en poquet… On privilégiera cependant les semis directement en place, qui évitent aux plantes un stress supplémentaire. Ces semis consistent à déposer quelques graines aux distances adéquates sur le rang et entre les lignes.

Effectuer des semis en pépinière

Cette opération consiste à semer des graines sur une planche, peu étendue, bien ameublie, riche en matière organique, à exposition chaude et bien abritée du vent. L'emplacement idéal d'une pépinière est sur ados – un talus de terre protecteur – incliné vers le sud ou sur une costière (au pied d'un mur exposé au sud).

Les semis en pépinière s'effectuent soit à la volée soit en ligne. On sème des plantes qui préfèrent ou supportent les repiquages.

Une fois libérée, la planche peut servir pour une culture hâtive : carotte, concombre, laitue, melon, pois, radis…

Pour les quelques semis en pépinière dans le courant de l'été (chicorées, divers choux dont les choux cabus de printemps, les laitues de printemps, les oignons blancs…), il est préférable de choisir une exposition ombrée ou semi-ombragée pendant les heures les plus chaudes.

Les semis à la volée

Ce mode de semis s'utilise en pépinière, en terrine, dans de grands pots, sur couche… Il est à déconseiller pour les semis en place.

- **La méthode** : le semis à la volée consiste à prendre des graines par demi-poignée ou par pincées pour les épandre régulièrement à la surface du sol ; ensuite, on les enfouit en surface à l'aide d'une fourche crochue, puis on passe le rouleau.
- **Les inconvénients du semis à la volée :**
  - semer régulièrement une planche demande une certaine habitude ; le néophyte à tendance à semer trop dru en certains endroits tandis qu'en d'autres on relève des manques ;
  - le binage y est pratiquement impossible de même que le paillage, le sarclage et l'éclaircissage ;
  - le développement des plantes se révèle parfois difficile.

Les radis de tous les mois peuvent être semés à la volée car leur développement est rapide.

Semis en ligne avec un semoir.

L'efficacité des semis en ligne

Ce type de semis est certainement le plus pratique. Il consiste à réaliser un sillon droit, plus ou moins profond suivant la grosseur des semences, en s'aidant d'un cordeau et d'une serfouette.

Le semis traditionnel

• **La méthode :** déposer les graines au fond du sillon, puis les recouvrir et tasser à l'aide du dos du râteau.

• **Les avantages du semis en ligne :**
- lorsque le sillon est à peine apparent pour les graines très fines, comme celles de la raiponce cultivée (environ 25 000 graines au gramme), on peut semer et tasser seulement, sans recouvrir ou à peine ;
- les semis en ligne facilitent les binages, les sarclages, le démariage lorsque les plantes sont assez fortes ; une couverture végétale du sol peut conserver la fraîcheur ;
- les plantes se développent plus aisément ;
- la répartition des semences s'apprécie plus facilement.

Une méthode plus précise

• **La méthode :** déposer des groupes de graines régulièrement au fond du sillon, creusé plus ou moins profond selon le type de semence. Pour cela, confectionner un gabarit dont la longueur correspond à la distance entre deux groupes de graines ; le déplacer à chaque fois pour y déposer 4 ou 5 graines à son extrémité.

• **Les avantages de cette méthode :**
- même si l'on passe quelques minutes de plus à semer, on gagne ensuite beaucoup de temps à l'éclaircissage qui s'en trouve facilité ;
- ce mode de semis est très utile aux jardiniers qui sèment trop dru ; ils pourront ainsi mieux contrôler leurs semis et économiser des graines ;
- la fabrication des gabarits est facile avec des baguettes de « champ plat » sur lesquelles on inscrit la longueur en centimètres ;
- par la suite ne conserver, par poquet, que le sujet paraissant le plus vigoureux.

Semis sous châssis.

Les semis par poquets

Pour semer par poquets, on creuse des trous, de préférence en quinconce, dont la profondeur et l'écartement diffèrent suivant les semences et les espèces cultivées.

Ce mode de semis est surtout pratiqué pour la culture de la betterave potagère, du concombre, des courges, du haricot, de la lentille, du melon, du pois…

Les graines de betteraves, les pois, les lentilles, les haricots peuvent se semer en poquets, mais au fond d'un sillon (voir le conseil précédent). En revanche, les concombres, les courges et les melons se sèment dans des poquets individuels préparés à l'avance avec du compost.

EFFECTUER DES SEMIS SI L'ON NE POSSÈDE PAS D'ABRI OU PAS SUFFISAMMENT DE PLACE

Des mini-serres placées dans un local suffisamment chaud et éclairé (près d'un radiateur et d'une fenêtre) permettent d'élever des plants de tomates en godets.
Les semis en pots ou en godets s'utilisent pour les plantes à repiquer avec leur motte.

Semis en pots.

Sous cloche

Pratiquement plus utilisées de nos jours, on trouve rarement des cloches en verre, ou elles coûtent fort cher ; on trouve encore des cloches en plastique.

Elles permettent d'avancer les semis effectués en poquets (courges, melons, cornichons).

Sous châssis froid

Les semis effectués sous châssis froid sont protégés et leur croissance est activée. Il est possible d'y cultiver des radis, des laitues, des concombres, des melons...

Ne pas oublier d'aérer les châssis froids pendant les bonnes périodes de la journée.

Sous châssis, sur couche chaude

- La couche chaude est préparée à l'avance avec du fumier de cheval frais ; on pose les châssis par-dessus. Avant de semer, la température du châssis doit être descendue à environ 30 °C (le matin) ; cette température se stabilisera pendant plusieurs semaines autour de 20 °C.
- Les semis effectués sur couche chaude permettent d'obtenir des plants destinés au repiquage soit sous tunnel plastique, soit sous cloche.
- Les châssis doivent être posés à bonne exposition. Les ouvrir dans la journée si le temps le permet.
- Certaines plantes légumières peuvent se cultiver sur couche chaude : les radis, les laitues, le persil, le cerfeuil... Celle-ci perdra progressivement sa chaleur mais aura permis de hâter les cultures restant en place qui sont rapidement utilisées.

Sous voile de semi-forçage

- Le voile de semi-forçage aide à la réussite des semis en place. Il protège les jeunes plants du vent, du froid, de certains insectes et des oiseaux, facilitant ainsi la germination et la croissance des plantes.
- Il doit être enterré sur tous les bords pour que le vent ne s'y engouffre pas.
- Retirer le voile dès que les plants sont assez forts et que les gelées ne sont plus à craindre. Il est réutilisable.
- Le voile de semi-forçage s'utilise aussi en serre froide et sous châssis froid.

Sous serre froide

Les semis s'effectuent en godets, en terrines, en place... Le soir, un voile de semi-forçage peut protéger les jeunes plants des nuits fraîches. Un poêle à pétrole est utile en cas de gelée.

Sous serre chauffée

La température de la serre est stabilisée entre 19 et 20 °C.

Elle se chauffe de différentes façon : chauffage solaire, électricité, poêle à pétrole, gaz, bois...

Les semis s'effectuent dans des caissettes en bois ou en matière plastique, dans des jardinières en terre cuite, dans des terrines, en pots, en godets...

Ces récipients sont remplis presque entièrement d'un mélange terreux (tourbe, terre, terreau, compost et engrais composés).

Sous tunnel plastique

Ce procédé est efficace pour hâter une culture, en protégeant les jeunes plants des dernières gelées : dans la journée, le sol se réchauffe et conserve la nuit une partie de l'énergie emmagasinée.

Les autres modes de reproduction

Les modes de reproduction varient selon les plantes. Certaines ne produisant pas de graines, d'autres ne donnant pas de résultat satisfaisant par semis, les alternatives sont nombreuses : la reproduction par plantation de tubercules, de caïeux, de bulbes ou de bulbilles, par bouturage de rameaux, par marcottage ou par division de touffes.

Plantation d'oignons.

Les tubercules

La multiplication par plantation de tubercules ou de rhizomes est le plus souvent réservée aux végétaux ne donnant pas de graines ou n'étant pas fidèles par semis, c'est-à-dire ne reproduisant pas exactement la variété.

C'est le cas notamment de l'igname de Chine, de l'oca du Pérou, de la patate douce, de la poire de terre cochet… Leurs tubercules se plantent dans de grands pots sous abri. On les met en place lorsque les gelées ne sont plus à craindre.

En revanche, les pommes de terre se plantent souvent directement en place. Pour ce mode de multiplication, on creuse des trous en vue d'y loger un tubercule. Leur profondeur et leur espacement varient selon les plantes. La plantation en sillons reste possible.

Les caïeux, bulbes ou bulbilles

Cette multiplication est réservée à l'ail, l'oignon, l'échalote et le poireau perpétuel.

On plante les caïeux, les bulbes ou les bulbilles en les maintenant entre le pouce et l'index. Les bulbes et les caïeux se mettent en terre à une profondeur de 2 à 3 cm ; pour les bulbilles, 1 cm de profondeur suffit. Dans les terres humides, il est conseillé de planter sur des buttes.

Le bouturage par rameaux

Après le semis, le bouturage est en fait l'un des moyens de reproduction le plus employé. Cette opération consiste à multiplier les végétaux à partir de rameaux semi-ligneux et semi-aoûtés (pousses de l'année) ou d'herbacées détachées du pied mère. On les plante en terre ou dans des mélanges de sable de rivière, de terre et tourbe.

La multiplication végétative permet de reproduire fidèlement et rapidement le pied mère ce qui n'est pas toujours aisé par semis.

La méthode

Le bouturage s'effectue de différentes manières : en plein air, sous châssis, sous cloche, sur couche chaude, en serre chauffée à 20 °C à l'étouffée. Le bouturage à l'étouffée consiste à bouturer des plantes en godets, terrines et mini-serres, et à recouvrir celles-ci, le plus hermétiquement possible, à l'aide de sacs plastiques transparents ou de couvercles. Cette opération s'effectue pour les boutures assez difficiles à multiplier.

AUTRES MÉTHODES DE BOUTURAGE

- Le bouturage par racines s'utilise pour la reproduction de différentes plantes dont le raifort sauvage, le crambe maritime, l'igname de Chine et la poire de terre cochet.
- Notre célèbre pomme de terre peut se multiplier par bouturage de germe muni d'un léger talon. Ce procédé sert à régénérer les vieux plants ou à les multiplier plus rapidement.

- Choisir impérativement des plantes saines et bien vigoureuses.
- La coupe d'une bouture se fait avec un outil tranchant, quelques millimètres au-dessus d'un nœud. On choisit l'extrémité des rameaux semi-aoûtés, d'une longueur de 15 à 20 cm, bien droits, le bout taillé en biseau (la coupe). Enlever les feuilles sur la moitié de la hauteur et enterrer la partie dénudée ; bien tasser et maintenir le sol humide.
- La plupart des plantes se bouturent en août-septembre (l'estragon, la menthe, la poire-melon, le romarin). Mais pour certaines, le printemps est plus propice (la sarriette, la sauge officinale), pour d'autres mieux vaut attendre la fin du mois de juin (l'aurone), ou le mois de juillet (la lavande, le thym...).
- Les sujets issus d'un bouturage se récoltent beaucoup plus tôt que par semis.
- En cas de fortes gelées, il est prudent de protéger les boutures du froid.

Le marcottage

Le marcottage est un procédé simple et facile, à la portée de tous les jardiniers amateurs.

Cette multiplication végétative, pour certaines plantes souples, consiste à faire développer des racines sur un rameau sans le sevrer du pied mère.

La méthode

On peut procéder de deux façons : soit en recourbant un rameau et en l'enterrant en partie (par couchage) ; soit en buttant les touffes.

Si l'on choisit des sujets biens vigoureux, ce mode de multiplication simple permet une reproduction très fidèle du pied mère.

- **En recourbant un rameau**

  - Le rameau est recouvert avec la butte de terre sur 15 à 20 cm de hauteur. Afin de faciliter le maintien d'un rameau recourbé, on utilise une fourche en bois en forme de « Y », que l'on retourne et que l'on plante dans le sol, ou bien un crochet métallique.
  - Courant septembre, séparer le rameau de la plante mère tout en le maintenant en place ; le transplanter de la fin novembre à la fin mars.
  - En cas de sécheresse, maintenir la butte des rameaux suffisamment humide.

- **En buttant les touffes**

  Pour certaines plantes, dont les rameaux ne se recourbent pas, on butte les touffes pour favoriser la formation d'un bon enracinement.

Celui-ci ne pourra s'effectuer que si la butte conserve une certaine fraîcheur ; en été les arrosages sont donc nécessaires.

La division des touffes anciennes

Cette opération simple consiste à multiplier des plantes à souche vivace, ou plantes condimentaires. Au bout de quelques années, elles formeront de nouveau une touffe importante qu'il faudra alors déplacer.

La méthode

À l'aide d'une bêche, arracher la touffe, puis la séparer en plusieurs éclats en conservant de préférence ceux du pourtour munis d'yeux et de racines ; une fois plantés, ils donneront de nouvelles touffes.

La division de touffes, ou l'éclatement, s'effectue de préférence au printemps (mars-avril) ou en automne.

LE SAVIEZ-VOUS ?

Pratiquement toutes les plantes condimentaires vivaces peuvent se reproduire grâce à la division de touffes. C'est le procédé de reproduction le plus rapide et l'un des plus simples.

Division de touffes.

Le repiquage

Cette opération consiste à transplanter un jeune plant provenant d'un semis en pépinière ou issu d'un éclaircissement. Dans certains cas, on peut repiquer deux fois le même sujet ; les choux notamment s'y prêtent bien. Cette étape supplémentaire favorise le développement des radicelles que l'on appelle aussi « chevelu ».

Les outils nécessaires au repiquage

Le repiquage se pratique avec différents outils :
- à l'aide d'un plantoir conique pour la grande majorité des plantes potagères à racines nues ;
- pour d'autres la houe, le transplantoir (petite pelle) ou le plantoir à bulbes sont préférables (la tomate, le fraisier et tous les plants en motte).

Comment repiquer à l'aide d'un plantoir

Il suffit de tendre un cordeau, de tracer à la serfouette une ligne peu profonde, d'enfoncer le plantoir, d'y déposer le plant en prenant soin de ne pas recourber la racine et de laisser les feuilles et le cœur du plant hors du sol.

Une fois en place, enfoncer le plantoir sur le côté pour tasser la terre autour des racines. Renouveler l'opération à chaque plant en respectant entre eux la distance préconisée selon les espèces.

Lorsque la plantation d'un rang est terminée, arroser chaque sujet transplanté à l'aide d'un arrosoir, sans sa pomme (au goulot). Cela facilitera la reprise.

Transplanter à l'aide d'une houe

Pour transplanter à l'aide d'une houe, tracer, comme précédemment, une ligne peu profonde à l'aide d'un cordeau et de la serfouette.

Enlever le cordeau, enfoncer la houe aux endroits précis en tirant vers soi avec cet outil. Maintenir la houe en place, et dans le creux ainsi formé, déposer le plant en maintenant la racine droite et le collet à l'extérieur ; enlever délicatement l'outil.

Combler le trou jusqu'au collet du plant, puis tasser au pied. Arroser chaque plant au goulot.

Plantoir conique.

Comment se servir d'un transplantoir

Les préparatifs sont les mêmes que ci-dessus. Ensuite, enfoncer le transplantoir, le tirer vers soi afin de former un trou. Y déposer le plant avec sa motte. Combler si nécessaire, ne pas oublier de tasser et d'arroser.

Le plantoir à bulbes

Le plantoir à bulbes, dont l'utilisation est surtout appréciée pour la plantation des jacinthes, tulipes et plantes bulbeuses, se révèle très pratique et rapide pour transplanter les plants issus de godets.

Tracer tout d'abord une ligne au cordeau, puis sortir des pots les jeunes sujets avec leur motte. Les placer aux distances voulues ; d'une main, enfoncer

PEUT-ON TRANSPLANTER TOUTES LES PLANTES ?

Certaines plantes légumières ne supportent pas le repiquage. Il faut donc les semer directement en place. Pour la plupart, il est cependant possible, parfois même avantageux, de les semer en godets et de les transplanter avec leur motte.

à fond le plantoir, tourner à peine un quart de tour et retirer l'outil rempli de terre, de l'autre main déposer délicatement le plant au fond du trou. Par un léger tapotement (s'il n'y a pas de ressort), rejeter la terre du plantoir. Pour finir, combler, tasser et arroser.

La préparation des plants avant le repiquage

Certains plants à racines nues exigent un habillage avant d'être repiqués. L'opération consiste à couper l'extrémité des feuilles afin de faciliter la reprise en diminuant l'évaporation. Cette méthode est surtout adaptée aux chicorées, aux laitues... Pour d'autres, il faut en plus rafraîchir les racines trop longues et gênantes ainsi que celles qui sont endommagées par l'arrachage (poireaux...).

Ces différentes préparations ne sont pas nécessaires pour les plants élevés en godets.

CONSEILS

- En période ensoleillée, effectuer le repiquage en soirée ; le choc dû à la transplantation que subit la plante sera moins brutal.
- S'assurer de la reprise complète des plants repiqués avant d'éliminer ceux qui sont restés en pépinière ; ils suppléeront, éventuellement, aux sujets manquants.
- Une disposition des plants en quinconce permet à la lumière et à l'air de mieux les atteindre.
- La reprise se fera sans problème si l'on praline les racines nues des plants (juste avant le repiquage) dans une bouillie de poudre d'algue marine (lithothamne) ; le dosage recommandé est de 100 grammes de produit pour 1 litre d'eau.

Plants élevés en godets.

Plantoir à bulbes.

Le voisinage des plantes cultivées

Il existe dans la nature une communauté végétale très diversifiée, de genres, de familles et d'espèces. Que ce soit dans les prairies, les friches ou les terrains abandonnés, certaines plantes sauvages se stimulent entre elles et développent ainsi une meilleure résistance aux maladies et aux parasites. De la même façon, dans un jardin potager, certains voisinages sont bénéfiques aux plantes, d'autres… à éviter.

Les problèmes de voisinage

Au jardin potager, certaines plantes sont « amies », c'est-à-dire évoluent favorablement ensemble. Elles s'entraident même parfois, protégeant d'une éventuelle attaque de parasites ou de maladies leurs voisines, ou stimulant leur croissance.

Mais il arrive également, pour diverses raisons, que l'entente ne soit pas parfaite, voire très difficile entre certaines plantes légumières. Des plantes « ennemies » gênent ou arrêtent la croissance de leur entourage ; d'autres agissent défavorablement sur leur bonne conservation ou en déforment le goût.

Ainsi, les légumineuses, qui par leurs bactéries fixent l'azote de l'air, gênent les plantes qui n'ont pas ou peu besoin d'azote pour se développer normalement.

Le rôle bénéfique de certaines plantes

Parmi les plantes susceptibles d'avoir un rôle bénéfique envers leurs voisines, on peut en citer quelques-unes.

- **L'ail**, cultivé près des rosiers, améliore le parfum de ses fleurs ; cultivé sous les pêchers, il diminue les risques de la maladie de la cloque.
- **La rue officinale** serait répulsive pour les serpents, et les pucerons n'aiment guère son voisinage.
- **Le raifort sauvage** repousserait parfois les doryphores.
- **Le chanvre** ferait fuir les doryphores ; il faut donc le cultiver parmi les aubergines, les pommes de terre et près des tomates.
- **La lavande** repousserait les fourmis noires qui favorisent la prolifération des pucerons en se nourrissant de leur miellat sucré. Associer la lavande aux rosiers limiterait la prolifération des pucerons sur ces derniers.

Touffe de lavande jouant un rôle répulsif au jardin.

- **La sauge officinale, l'hysope, la tanaisie et diverses menthes** éloignent aussi les fourmis ; la tanaisie crispée et les menthes éloigneraient la piéride du chou.
- **Le céleri, l'absinthe** et **le romarin** éloigneraient aussi la piéride du chou.
- **Le basilic**, et surtout **les œillets d'Inde**, cultivés entre les pieds de tomates, constituent un assez bon répulsif contre les aleurodes.
- **La tomate** éloignerait les altises ou puces de terre, ennemies des crucifères ; **la laitue** jouerait le même rôle.
- **Le romarin** ferait fuir la mouche de la carotte.
- **Le poireau**, par sa forte odeur, fait fuir la mouche de la carotte. Cette dernière lui rend la politesse (ses feuilles aussi sont parfumées) en repoussant la teigne du poireau. Pour ces deux cas, l'essentiel est de contrarier leurs odeurs respectives. Il est donc intéressant d'alterner ces plantes (un rang sur deux).

ATTENTION AUX ASSOCIATIONS DÉFAVORABLES

Certaines plantes inhibant la croissance des autres, il vaut mieux éviter de les faire voisiner. Cependant, les modes d'associations ne sont pas non plus une « science exacte » et les causes de mauvaise cohabitation sont multiples. Par exemple : les courges ont beaucoup de mal à se développer au voisinage ou parmi les pommes de terre ; la variété de potiron 'Rouge vif d'Étampes' semble s'en moquer ; l'aneth a une action inhibitrice sur la carotte, comme l'absinthe sur la plupart des jeunes semis et la rue officinale sur les basilics. Lorsqu'une année se révèle très favorable aux cultures, les problèmes apparaissent moins.

Le romarin réussit à la carotte.

Ces associations sont-elles toujours efficaces ?

Ces associations peuvent être efficaces dans un sol qui reçoit régulièrement des amendements corrects (bien nourri), mais il ne faut pas oublier qu'il s'agit seulement d'une aide.

Dans un jardin souvent envahi de parasites et de maladies, l'association de plantes « amies » a peu d'effet : leur présence est surtout le signe d'un déséquilibre du sol.

Il convient alors de corriger les carences par des apports réguliers de compost et d'engrais naturels.

Les associations

Plantes	*Associations favorables (Plantes voisinant avantageusement)*	*Associations défavorables (Voisinage à éviter)*
ABSINTHE	À cultiver isolément.	Jeunes semis, carvi, fenouil, anis vert.
AIL	Carotte, betterave, fraisier, laitue, tomate.	Pois, haricot, fève, lentille, gesse commune.
ARTICHAUT	Fève.	
ASPERGE	Persil, tomate, poireau, haricot nain.	
AUBERGINE	Haricot.	
BASILIC		Rue officinale.
BETTERAVE POTAGÈRE	Oignon, haricot nain, chou-rave.	
CAROTTE	Coriandre, laitue, oignon, poireau, haricot nain, pois, radis, tomate, scorsonère, romarin.	Aneth.
CÉLERI À CÔTES	Chou-fleur hâtif, poireau, tomate.	
CÉLERI-RAVE	Chou-fleur hâtif, pois, radis, haricot nain.	
CERFEUIL		Radis (les rendant plus piquants).
CHOU	Cresson alénois, laitue, romarin, céleri, sauge, betterave, pomme de terre, haricot nain, menthe.	Fraisier, fenouil, tomate, oignon.
CHOU-RAVE	Betterave, radis, pois.	Haricot, tomate, fenouil.
CONCOMBRE	Haricot nain, maïs, pois, oignon, radis, laitue, tournesol.	Pomme de terre, tomate.
CIBOULETTE	Carotte, concombre.	
COURGE	Maïs, laitue.	Pomme de terre.
CRESSON DE TERRE	Radis.	
ÉCHALOTE	Betterave, fraisier, laitue, tomate.	Pois, haricot, fève, lentille, gesse.
ÉPINARD	Haricot, fraisier, laitue, betterave.	
FENOUIL		Tomate, chou-rave, pois, coriandre, carvi, échalote, haricot.
FRAISIER	Tomate, épinard, bourrache, laitue, haricot nain, thym.	Chou.
FÈVE	Artichaut, maïs, aneth.	Ail, oignon, échalote.
HARICOT	Carotte, céleri, concombre, maïs, pomme de terre, chou, betterave, fraisier, aubergine, épinard, sarriette.	Ail, oignon, échalote, tomate, fenouil.
LAITUE	Carotte, fraisier, radis, chou-fleur, aneth, concombre, courge, poireau.	Persil, tournesol.
MÂCHE	Poireau, oignon blanc.	
MAÏS	Pomme de terre, concombre, courge, pois, fève.	
MELON		Courge, concombre.
NAVET	Pois, menthe, romarin.	
OIGNON	Laitue hâtive, betterave, tomate, fraisier.	Pois, fève, haricot, gesse, lentille.
PANAIS	Oignon.	
POIREAU	Carotte, laitue, tomate, oignon, céleri, mâche.	
POIRÉE		Poireau.
PERSIL	Asperge, tomate.	Laitue.
POIS	Carotte, maïs, haricot, navet, céleri, concombre, radis, pomme de terre, chou-rave.	Poireau, ail, oignon, échalote.
POMME DE TERRE	Maïs, haricot, pois, chou pommé, chou-fleur, ail rose, fève, raifort.	Courge, tomate, oignon, tournesol, framboisier, arroche, carotte.
RADIS	Cresson, carotte, épinard, pois, laitue.	Hysope, cerfeuil.
TOMATE	Cresson alénois, persil, asperge, mâche, basilic, ortie, oignon, ail, céleri, carotte, poireau.	Chou, cornichon, concombre, fenouil, haricot, betterave, pomme de terre, chou-rave.
TOURNESOL	Concombre.	Laitue, pomme de terre.

Association de plantes au potager.

L'entretien du potager

Entretenir son jardin potager permet d'obtenir des plantes légumières qui ne sont pas dominées par les herbes sauvages. Quel plaisir de regarder un jardin bien tenu ! On procède à cet entretien en effectuant des sarclages associés généralement à des binages, des buttages (pour certaines plantes), du paillage et des arrosages en période de sécheresse.

Le sarclage et le binage

L'utilité d'un bon sarclage

Le sarclage est destiné à supprimer les herbes sauvages, appelées aussi « adventices » ou « mauvaises herbes », qui se développent spontanément dans les semis et parmi les plantes déjà levées.

On les élimine en les arrachant à la main ou, pratique la plus courante, à l'aide d'un outil comme la binette, la houe, le cultivateur.

Le rôle du binage

Le binage permet d'ameublir les interlignes d'une surface de terre ensemencée ou plantée, en vue d'aérer celle-ci. C'est l'un des travaux les plus utiles au jardin. En binant, on arrache également les herbes sauvages que l'on peut laisser sur place par temps sec.

L'opération binage et sarclage associés contribue :

- à détruire les adventices ;
- à réduire l'évaporation de l'eau contenue dans le sol ;
- à maintenir une bonne structure du sol, facilitant ainsi le développement des plantes cultivées ;
- à laisser pénétrer l'air et l'eau ;
- à empêcher la formation d'une croûte à la surface du sol ; ce faisant, on favorise la remontée de l'eau par capillarité ;
- à joindre l'utile à l'agréable puisqu'un jardin bien entretenu est aussi un plaisir pour les yeux !

Un binage régulier permet d'aérer le potager.

Quand biner ?

Prendre l'habitude de biner chaque semaine ; un binage régulier fait gagner du temps.

Certaines précautions sont à prendre en binant afin de ne pas abîmer les racines des plantes cultivées.

Toujours opérer en prenant garde de ne pas tasser la terre par des piétinements : soit on se décale d'un rang, soit on bine en reculant.

Pose d'un paillage au pied de plants de basilic.

Si la pluie menace, éviter de biner. Il en est de même si la terre est trop humide ou collante. Biner et sarcler par temps sec permet de laisser les adventices se dessécher sur le sol. Si ces dernières sont arrachées et laissées sur place avant une pluie, elles reprendront facilement et le travail sera à recommencer.

Pailler après un bon binage est excellent ; le sol conservera sa fraîcheur, empêchant ainsi la prolifération des herbes sauvages.

Le binage permet également de surveiller et d'éliminer les plantes qui pourraient être malades.

Le buttage et la couverture du sol

L'utilité du buttage

Le buttage consiste à ramener la terre autour des pieds de certaines plantes potagères atteignant une hauteur donnée.

Il favorise parfois le développement de la partie souterraine de certaines plantes telles que la pomme de terre, l'oca du Pérou, le crosne du Japon, le topinambour, tout en conservant mieux la fraîcheur.

Dans d'autres circonstances, il apporte un soutien aux plantes (fèves, pois, haricots…), les protège du froid, blanchit leurs tiges (poireaux)…

Quand et comment procéder ?

Le buttage s'effectue lorsque les plantes sont suffisamment fortes pour supporter cette opération. On procède la plupart du temps à l'aide d'une houe ou d'un buttoir (manuel ou adapté sur un motoculteur) ; mais d'autres outils conviennent aussi à ce travail.

Il faut toujours (sauf cas exceptionnel pour des légumes tels que l'ail, la carotte, l'échalote…) laisser le sommet des tiges hors du sol.

Le buttage doit être précédé d'un profond binage.

L'utilité du paillage

Une couverture végétale du sol consiste à recouvrir celui-ci, autour des plantes en place, avec de la paille, du compost, du fumier frais et pailleux, de la paillette de lin, des tontes de pelouses, des feuilles de fougère…

Cette protection :

- maintient une évaporation minimale de l'eau, permettant de conserver le sol suffisamment humide tout en le protégeant des excès de température (chaleur brûlante, froid trop brutal, vent qui dessèche) ;
- diminue ou limite la prolifération des herbes sauvages ;
- évite le tassement de la terre en cas de pluies ou lors des arrosages ;
- protège du contact du sol certains fruits qui, sinon reposant sur la terre, se salissent : fraises, concombres, cornichons, melons, courges… ;
- limite le nombre de binages nécessaire;
- empêche le lessivage du sol en cas de fortes pluies.

En outre, après décomposition, cette protection apporte au sol une source d'humus non négligeable. Son épaisseur varie de 5 à 7 cm. Une couche plus épaisse n'apporterait aucun bénéfice car le sol doit respirer.

ATTENTION

La couverture végétale ne convient pas à toutes les plantes potagères. Les plantes très basses comme la raiponce cultivée, le pourpier, la mâche, l'oignon, l'ail et l'échalote… n'apprécient pas cette protection.

Paillage de la laitue.

L'arrosage

Les bienfaits de l'arrosage

Les plantes ont besoin d'eau, élément nécessaire à toute culture.

Généralement, on arrose surtout pendant les mois de chaleur, c'est-à-dire de juin à septembre.

L'arrosage se pratique tard le soir, en période chaude, ou tôt le matin au printemps ou à l'automne. Un arrosage profond et moins fréquent est préférable à des arrosages journaliers qui refroidissent le sol, si dans la journée l'eau n'a pas été exposée au soleil dans des récipients ; ce procédé n'apporte pas assez d'humidité aux racines des plantes et se révèle parfois plus nuisible qu'utile.

Une plante dont les racines manquent d'eau se développe moins, et devient plus fragile ; il en résulte souvent un arrêt végétatif. La plupart des végétaux ne s'en remettent pas et donnent des légumes peu développés, filandreux ou montant à graines prématurément.

Les plantes herbacées ou à végétation rapide comme la laitue, l'arroche, l'épinard, les radis demandent davantage d'eau que les espèces à végétation lente (échalote, oignon, topinambour).

Quelle est la meilleure eau ?

La meilleure eau est évidemment l'eau de pluie.

Grâce à elle, les semences lèvent en peu de temps et la végétation progresse rapidement.

Elle peut se récupérer dans des bacs en plastique. Vérifier au préalable que ces derniers n'ont contenu aucun produit toxique car ils en restent très souvent imprégnés (dans ce cas, les remplacer par du matériel neuf).

L'eau de pluie peut séjourner dans les bacs pendant une ou deux semaines sans problème, mais on évitera de la laisser croupir. Cette eau récupérée aura l'avantage d'être réchauffée.

L'eau du robinet

Elle présente quelques inconvénients. Tout d'abord, l'eau du robinet est plus ou moins chlorée et fluorée, donc peu favorable aux micro-organismes du sol. Selon les régions de France, elle contient aussi plus ou moins de calcaire, sauf en Bretagne où elle est très douce.

Elle demande à être réchauffée au soleil car elle est froide.

Cette étape de réchauffement favorise aussi l'évaporation d'une petite partie du chlore.

QUELQUES CONSEILS PRATIQUES SUR L'ARROSAGE

- Les arrosages des semis doivent être plutôt légers et fréquents pour faciliter la levée des légumes.
- Les semis et les plantes fragiles s'arrosent avec la pomme de l'arrosoir et avec de l'eau réchauffée pour activer la levée.
- Il est indispensable d'arroser les jeunes plants fraîchement repiqués à l'aide d'un arrosoir ; procéder au goulot en évitant de mouiller les feuilles ; maintenir celui-ci le plus près possible du pied pour ne pas le déchausser.
- Les plantes à bulbes (ail, échalote, oignon) ou à tubercules (oca du Pérou, pomme de terre, topinambour...) ne nécessitent aucun arrosage au moment de leur plantation.
- Ne jamais arroser pendant la journée en période chaude et ensoleillée.
- Arroser doucement ; l'eau doit arriver avec le moins de force possible sur le sol et les plantes.
- Éviter de mouiller les feuilles des plantes légumières sensibles aux maladies cryptogamiques, et notamment : la tomate, le melon, la pomme de terre, le concombre, les courges...
- Pour les jardins dont la surface est de plusieurs centaines de mètres carrés, il est quasi impossible de réchauffer l'eau avant d'arroser. Dans ce cas, préférer un arrosage moins fréquent, mais en profondeur à l'aide d'arroseurs portatifs sur trépieds oscillants, rotatifs, canons... ou de tuyaux perforés. Ces arroseurs projettent l'eau sous forme de pluie. Le jardinier gagne du temps : tout en surveillant l'opération, il peut s'employer à autre chose.
- L'arrosage par irrigation se pratique dans les régions méridionales pour les jardins en terrasses (sol en pente). Il peut s'effectuer aussi entre les plantes buttées (haricot, pois, pomme de terre, crosne du Japon...).
- Ne pas arroser de façon excessive : certaines plantes contracteraient rapidement des maladies.
- Ne pas oublier qu'une couverture végétale du sol (5 à 7 cm) évite généralement les arrosages.

La fertilisation foliaire

Une plante doit être nourrie et protégée. La fertilisation foliaire, qui se pratique en période de croissance des végétaux, permet d'améliorer la résistance d'une plante aux parasites et aux maladies des cultures, et lui apporte des éléments indispensables à sa croissance.

La fertilisation foliaire est basée sur l'absorption des éléments fertilisants directement par les tissus de la feuille.

Les engrais foliaires :

- augmentent la résistance des plantes au parasitisme et aux maladies cryptogamiques (c'est-à-dire à celles dues à des champignons) ;
- renforcent la fonction chlorophyllienne des plantes et corrigent leurs troubles nutritionels en augmentant les teneurs en éléments nutritifs ;
- améliorent la résistance des végétaux au froid ;
- améliorent le rendement et la qualité des produits.

ZOOM SUR... LE LITHOTHAMNE

Cette algue rouge (*Lithothamnium calcareum*) est un végétal marin ressemblant à un corail. Elle croît dans l'archipel de Glénan, au large de Lorient (Morbihan), mais fait partie de la commune de Fouesnant dans le Finistère.

Elle contient 45 à 80 % de carbonate de calcium, 7 à 15 % de carbonate de magnésium et de très nombreux éléments dont : l'arsenic, l'antimoine, l'argent, le bore, le brome, le baryum, le chlore, le cobalt, le cuivre, l'étain, le fer, le fluor, le germanium, le glucinium, l'iode, le manganèse, le molybdène, le nickel, l'or, le strontium, le titane, le tungstène, le vanadium, le zinc, sans oublier les vitamines, les phytohormones et les acides animés.

Pour conserver ces propriétés, le lithothamne doit d'abord être lavé, séché, déshydraté, puis finement broyé grâce à un procédé qui garde intacte cette matière organique.

Ce produit est commercialisé sous différents noms.

Comment et quand fertiliser ?

Les différents modes d'utilisation

Les fertilisants foliaires se présentent en poudre ou en liquide.

- **La poudre** : le poudrage s'effectue à l'aide d'une poudreuse à ventilateur, d'un soufflet à poudrer (pour les petits jardins) ou de tout autre ustensile adapté à cet usage.
- **La forme liquide** : pratiquer une pulvérisation fine. Pour ce faire, l'atomiseur est nettement supérieur au pulvérisateur, car toutes les parties aériennes de la plante sont atteintes par ce « brouillard ».

À quel moment et à quel rythme pratiquer la fertilisation foliaire ?

- **La poudre** : la meilleure période de la journée est à la rosée, c'est-à-dire tôt le matin, ou tard le soir. Doser à raison de 150 à 500 g/are (selon la végétation) en cherchant à atteindre le dessous des feuilles. Effectuer cette opération du bas vers le haut. Renouveler ou alterner avec un autre produit toutes les 3 semaines. Sur une même plante, un rythme de 3 à 5 applications au cours de la végétation semble suffisant. Ces poudrages sont à proscrire par grand vent, en plein soleil et en période sèche (absence de rosée).

Les produits utilisés sont : le lithothamne (en sol acide), la poudre de roche volcanique, de type basalte (en sol plutôt calcaire). On peut recourir en alternance aux deux produits.

- **La forme liquide** : la pulvérisation de produits liquides s'effectue dans les mêmes conditions, tôt le matin ou tard le soir, et généralement toutes les 2 semaines sur les mêmes plantes.`

Les fertilisants foliaires conseillés

Les fertilisants foliaires en poudre

1. Le lithothamne (algue marine calcaire) finement broyé. Sa richesse en calcium, magnésium, oligo-éléments, en substances de croissance et en dynamisants foliaires permet de renforcer la résistance des plantes aux maladies et au parasitisme.

Il s'utilise 3 à 5 fois durant la saison, à raison de 150 à 500 g/are, à la rosée du matin ou du soir.
Certains parasites, comme les pucerons et les chenilles, meurent lorsqu'ils sont enrobés de ce produit.

2. La poudre de roche issue des éruptions volcaniques (par exemple, le basalte), finement broyée. Elle est riche en magnésium et en oligo-éléments.
Son mode d'utilisation et ses avantages sont identiques à ceux du lithothamne.

Les fertilisants foliaires liquides

1. Les solutions d'extraits d'algues marines (algues brunes, ficus, laminaires… riches en oligo-éléments concentrés naturellement pendant leur croissance dans l'eau de mer) sont à diluer : un demi-verre (5 cl) pour 10 litres d'eau (ne pas utiliser de l'eau du robinet qui contient du chlore, mais de l'eau de pluie ou à défaut de l'eau de source). Elles corrigent les carences en apportant aux plantes des vitamines et des oligo-éléments. Ce sont d'excellents activateurs de croissance. Elles s'utilisent en pulvérisations fines sur les plantes, toutes les 2 ou 3 semaines, tôt le matin ou tard le soir ; 4 ou 5 pulvérisations annuelles sur la même culture sont suffisantes.
Elles peuvent être mélangées à d'autres produits comme : le purin d'ortie, de prêle (voir page 76), ou avec du soufre, du lithothamne, du sulfate de cuivre. Cela permettra, en outre, une meilleure adhérence du produit.

Fertilisation foliaire.

2. Le purin d'ortie, en foliaire, est également un excellent activateur de croissance pour la plupart des végétaux. Riche en macro- et micro-éléments, en vitamines, il s'emploie dilué à 5 % pour 95 % d'eau de pluie.
Le purin d'ortie s'utilise du printemps à l'automne, à raison d'une application environ toutes les 3 semaines (voir la préparation du purin d'ortie, page 76).
Éviter absolument son usage pour la tomate, qui n'apprécie pas l'eau sur ses feuilles.

Les autres utilisations possibles des produits foliaires

- **Le purin d'ortie** que l'on trouve dans le commerce se révèle aussi un excellent activateur de croissance, en arrosage. Il faut alors le diluer à 20 % pour 80 % d'eau de pluie ou, à défaut, d'eau de source. Pratiquer 3 applications par an sur une même culture. Il donne des résultats spectaculaires au pied des tomates, apporté sur sol humide. Le purin d'ortie active aussi le compostage. Arroser le tas de compost avec un mélange, en quantités égales, de purin d'ortie et d'eau de pluie.
- **Les solutions d'extraits d'algues marines** sont intéressantes pour d'autres utilisations, notamment en badigeonnage (à l'aide d'un pinceau) des trous et des branches charpentières des arbres fruitiers. Pour 3,5 litres d'eau, ajouter 0,5 litre d'extraits d'algues et 1 kg de lithothamne. Cette même solution cicatrise les coupes et les tailles des arbres et arbustes.
- **La poudre de roche volcanique** s'incorpore dans le sol à l'automne ou vers la fin de l'hiver à raison de 5 à 10 kg pour 1 are. On peut l'introduire dans le compost à raison de 8 kg pour 1 m^3 environ. Elle s'emploie également pour le pralinage de racines nues, mélangée avec de la bouse de vache et de l'eau afin d'obtenir une bouillie onctueuse.
- **Le lithothamne** apporte aux plantes l'énergie vitale de l'eau de mer. Ce produit, rééquilibreur et bio-catalyseur polyvalent a de nombreux emplois.

- En amendement calco-magnésien pour corriger les terres trop acides ; il s'emploie à raison de 2 kg/are en mars, puis de nouveau à raison de 2 kg/are en octobre-novembre.
- En pralinage : préparer une bouillie de cette farine d'algues marines à raison de 100 g par litre d'eau ; praliner les racines nues des jeunes plants à repiquer, la reprise sera nettement facilitée.
- Sur la litière des animaux domestiques (volailles, lapins...) : saupoudrer régulièrement pour faciliter la disparition des mauvaises odeurs et enrichir le fumier.
- Sur le compost : le lithothamne enrichit le compost en assainissant la fumure organique ; il suffit de saupoudrer les couches successives ; la proportion est d'environ 250 g de farine d'algue pour 250 kg de compost.
- En badigeonnage sur les troncs et les branches charpentières des arbres fruitiers. Deux mélanges sont possibles : 300 à 400 g de lithothamne par litre d'eau plus un verre de lait pour lier, ou 1 kg de lithothamne plus 0,5 litre d'extraits d'algues additionnés de 3,5 litres d'eau. Cette opération s'effectue généralement en janvier. Il est préférable d'utiliser toujours de l'eau de pluie.
- Sur les pommes de terre : saupoudrer aussitôt après les avoir dégermées et lors de la rentrée des légumes destinés à la conservation, lorsque les feuilles ont été coupées au collet. Le lithothamne favorisera la cicatrisation.
- Sur le gazon : il permet de lutter contre la mousse dans les gazons en terre acide ; l'employer à raison de 4 kg/are ; épandre en deux fois (à l'automne et à la fin de l'hiver).

Cresson au potager.

- En enrobage des graines : faire tremper les graines dans de l'eau de pluie pendant 5 à 6 heures, les égoutter puis les enrober de lithothamne et les mettre en terre ; la levée sera plus rapide et régulière.
- Pour un élevage : le lithothamne s'utilise comme condiment minéral (saupoudrer légèrement : de 1 à 2 g pour 1 kg de pâtée).

LE SAVIEZ-VOUS ?

Le corps humain contient de l'arsenic en proportions infinitésimales. À l'état de trace chez l'homme, c'est un stimulant de l'appétit et un tonique ; il joue un rôle contre l'eczéma...
On en trouve dans l'ail, la carotte, le chou pommé, le cresson, l'épinard, la laitue, le navet, la pomme de terre.

Le compostage

Le compostage est l'assainissement et l'enrichissement du fumier brut rendu pathogène par les sous-produits résiduels des animaux. C'est en fait la transformation de la matière végétale et des déchets organiques par une fermentation contrôlée après une période d'ensilage.

Faire un compost à base de fumier

Le fumier peut être d'origine bovine, caprine, ovine ou équine. Ces deux dernières sources (les moutons et les chevaux) semblent les meilleures, les fumiers étant plus faciles à composter. Ils doivent être pailleux, car seule la paille est source d'humus – il doit y avoir des deux tiers de paille par rapport à l'azote (déjections).

1. L'ensilage (sans air), appelé phase d'imprégnation

L'opération consiste à entasser le fumier par couches successives de quelques centimètres. Après chaque couche, poudrer avec du lithothamne (algues marines), arroser abondamment, puis tasser fortement. Le tas de fumier ne doit pas dépasser une hauteur de 50 à 60 cm (la longueur et la largeur importent peu). Il peut être stocké plusieurs mois en le couvrant de paille, de feuilles sèches ou d'une bâche. Dans ce dernier cas, prendre soin de déposer des branchages entre la bâche et le haut du tas pour obtenir une circulation d'air.

LE SAVIEZ-VOUS ?

- L'opération de l'ensilage est importante. Elle facilite notamment la future fermentation du compost.
- L'emplacement idéal pour effectuer le compostage est à l'angle de deux haies, ce qui permet d'abriter le tas de compost des vents et du froid.

2. La fermentation chaude

Déplacer le tas en secouant énergiquement le fumier pour l'aérer. Sur terre nue, à l'emplacement choisi, tendre deux ficelles espacées de 2,20 m. Au centre, déposer deux parpaings supportant des rondins de bois placés horizontalement (tunnel d'aération). Le tas de fumier mesure 2,20 m de largeur sur un minimum de 5 m de longueur et 1,60 m de hauteur : il prend plus ou moins la forme d'une pyramide, sa base étant plus large que le sommet. Le brassage terminé, recouvrir ce tas de 15 cm de paille ou de feuilles sèches en commençant par le bas. Au bout de quelques jours, la fermentation chaude atteint une température d'environ 55 °C.

3. L'épandage

Après trois semaines, ce compost encore tiède est bon à épandre à raison de 200 à 250 kg/are, soit 4 à 5 brouettes.

Il ne se conserve que quelques semaines. L'épandage s'effectue de préférence à l'automne ou à la fin de l'hiver.

Les matières compostables

Les matières compostables sont les suivantes : la paille (élément de base), les tontes de gazon fanées, les épluchures séchées de légumes non véreux, les herbes sauvages non montées à graines et fanées, la sciure de bois blanc (non traité), les copeaux de bois, les feuilles mortes, les déchets (secs) de légumes et de fleurs.

En bord de mer, les algues brunes et les goémons hachés peuvent s'incorporer au compost.

L'incorporation d'orties hachées et fanées (non montées à graines), ainsi que des arrosages à base de purin d'ortie, favorisent la décomposition de la matière organique.

Faire son compost dans un petit jardin

L'emploi de la paille est impératif. Dans un endroit abrité, tendre deux ficelles séparées de 60 cm (largeur du tas de compost). Commencer par former un lit de paille, puis ajouter une couche de matière végétale verte. Saupoudrer de lithothamne et d'engrais azoté (corne torréfiée, guano, plume), arroser et tasser fortement.

Les couches, les arrosages et les tassages sont alternés jusqu'à obtenir une hauteur de 60 cm. Le tas prend la forme d'un demi-cercle dont la longueur varie selon l'apport de la matière organique. L'opération terminée, le recouvrir d'une bâche. Il se conserve ainsi 4 à 6 mois.

Un mois et demi à deux mois avant son utilisation, déplacer le tas entièrement, en le secouant énergiquement. Pour favoriser son aération, ne pas oublier de placer des briques pleines et quelques branchages au centre du tas. Après quelques jours, la fermentation chaude se déclenche ; elle dure de 3 à 5 semaines. Le compost est bon à épandre lorsqu'il est tiède.

Arroser et tasser chaque couche.

Recouvrir le tas d'une bâche.

Déplacer et aérer ; poser sur des branchages.

PEUT-ON UTILISER LE FUMIER BRUT ?

L'emploi du fumier brut est déconseillé, car il renferme une multitude de germes éliminés par un compostage correct. Le fumier brut est souvent responsable du parasitisme et de diverses maladies.

Préparation du compost, à base de déchets végétaux.

Les herbes sauvages

Les herbes sauvages sont appelées plus généralement « mauvaises herbes » ou encore « adventices » ce qui signifie « plantes nuisibles, qui poussent toutes seules, sans l'intervention de l'homme ». Une bonne raison pour l'agriculteur ou le jardinier de mépriser ces herbes dites « mauvaises ». Pourtant, elles sont d'une grande utilité dans la nature.

Appartenant à des genres et espèces très différents, les herbes sauvages prospèrent là où les conditions du milieu leur sont favorables. La terre a besoin de cette couche végétale ; il n'existe donc pas véritablement de « bonnes » ou « mauvaises » herbes.

Ces plantes jouent certainement un rôle très important dans la fécondité du sol. Plutôt que de les éliminer à tout prix avec des désherbants, mieux vaut se pencher sur cette végétation spontanée qui a au moins l'avantage d'éviter la désertification !

Le rôle des herbes sauvages

Sauf dans les déserts, les herbes sauvages se développent partout. Le sol en a besoin pour se protéger de l'érosion, des orages responsables des ravinements, des pluies battantes qui tassent la terre, des rigueurs brutales du froid, des rayons brûlants du soleil. Cette couverture protectrice conserve à la terre une certaine humidité. Le sol vit en symbiose avec sa végétation spontanée dont il se nourrit par la suite pour maintenir sa fertilité.

Agir à bon escient

La plupart des jardiniers agissent sans doute par méconnaissance. Certains d'entre eux les trouvent gênantes, d'autres estiment qu'elles les contraignent à de plus fréquents binages et sarclages. Dans un jardin normalement entretenu, les herbes sauvages ne devraient pas proliférer ; il suffit de ne pas les laisser monter à graines.

Des œillets d'Inde pour lutter contre le liseron.

Une source d'humus

Il n'y a pas eu beaucoup d'études sur ce sujet, mais il est évident que les herbes sauvages sont une source d'humus. Comme toutes les plantes, elles possèdent des macros et micro-éléments tels que le potassium, le phosphore, le calcium, l'azote, le fer, le cuivre, le cobalt, le manganèse, le magnésium et bien d'autres encore qu'elles rendent au sol lors de leur décomposition.

Pour cette raison, elles méritent de rester sur place après un binage (par beau temps) ou d'être mélangées au tas de compost (herbes non montées à graines). Certaines plantes spontanées, très riches en un élément, peuvent se développer dans une terre qui en manque et corriger naturellement cette carence.

Éliminer le liseron et le chiendent

On trouve dans les jardins deux espèces de liseron : le liseron des champs (*Convolvulus arvensis*) et le liseron des haies appelé « manchette de la vierge » (*Convolvulus sepium*) ; ce dernier possède des tiges de plus de 3 mètres !

Le liseron est certainement la plante spontanée la plus abhorrée des jardiniers.

Lorsque le terrain est envahi de liseron par endroits, éviter de le travailler avec un motoculteur muni de fraises ; en coupant ses racines, on les transforme en boutures. Si ce travail mécanique ne peut être évité, prendre la précaution d'arracher auparavant les racines du liseron à l'aide d'une bêche.

Les moyens naturels à mettre en œuvre

- Le grand ennemi de cette herbe affectueuse qui s'enroule autour des autres plantes est l'œillet d'Inde. Lorsque le liseron prolifère sur une parcelle, la planter entièrement d'œillets d'Inde au printemps ; ils vont inhiber sa croissance. Maintenir cette culture jusqu'aux gelées. Le procédé s'avère efficace aussi contre le chiendent.
- Les cultures d'engrais verts possèdent un grand pouvoir nettoyant.
- Parmi les plantes potagères, certaines ont une réputation de « nettoyantes » ou « étouffantes », c'est le cas de la pomme de terre (sans doute à cause des binages et buttages effectués), des

Beau mais abhorré liseron !

choux et surtout des courges qui sont d'excellentes plantes couvre-sol ;

- Les paillages ou la couverture de sol apportent également une bonne prévention contre les herbes sauvages.

Un autre moyen de lutte

Le seul autre moyen de lutte est la couverture du sol à l'aide d'une bâche plastique épaisse et opaque.

1. Préparer le sol sans retournement.
2. Déposer çà et là sur la parcelle des cailloux assez gros pour l'aération du sol.
3. Étaler la bâche en enterrant les bords pour éviter les prises au vent et la lumière du jour.

Maintenir cette protection artificielle en place pendant toute la saison, du début à l'arrêt de la végétation.

Le chiendent ou le liseron seront détruits ou au moins très affaiblis par le manque de lumière et laisseront un répit de plusieurs années au jardinier.

ATTENTION

L'emploi des pesticides, dont les herbicides font partie, est à proscrire totalement pour les raisons suivantes :

- des résidus toxiques se retrouvent dans les légumes ;
- ils sont destructeurs (vie du sol, insectes, pollinisateurs) et déséquilibrent la nature.

Couverture du sol à l'aide d'une bâche plastique.

Les insectes pollinisateurs

Les abeilles, les bourdons, les guêpes, les papillons, divers mouches et moucherons sont les insectes agents de la pollinisation des fleurs les plus connus. Ils sont aussi les plus importants.

En visitant des milliers de fleurs, de jour pour certains, de nuit pour d'autres, les insectes assurent la fécondation croisée de nombreuses plantes cultivées ou sauvages, sans oublier le rôle essentiel qu'ils jouent dans la pollinisation des arbres, notamment des fruitiers.

Récolte de pollen.

Le rôle d'un insecte pollinisateur

L'insecte pollinise à son insu en recherchant sa nourriture sur les fleurs qui lui procurent le nectar (liquide sucré que sécrète le nectaire des fleurs) et le pollen (poussière fécondante produite par les anthères des étamines de l'organe mâle de la fleur). En effet, le pollen s'accroche dans les poils des insectes qui le transportent et le déposent sur le stigmate des autres fleurs (partie collante du pistil de l'organe femelle) qu'ils visitent ; ainsi s'effectue la pollinisation des plantes phanérogames (plantes se multipliant par graines, dont les organes reproducteurs, étamines et pistil, sont apparents).

Les autres formes de pollinisation

La pluie et le vent jouent un rôle dans la pollinisation de certaines plantes cultivées.

Les graminées, dont le maïs, et les chénopodiacées (betterave, poirée...) sont pollinisées par le vent. Celui-ci aide aussi à la pollinisation des tomates cultivées en plein air : en entraînant la chute du pollen sur le stigmate, il permet à la fleur de cette solanacée qui est autogame de se féconder par son propre pollen.

La nocivité des produits de synthèse

En arboriculture par exemple, le nombre des divers traitements annuels imposé à un seul et même sujet dépasse souvent la trentaine ! Les agriculteurs emploient aussi des pesticides de synthèse ; les jardiniers pensant obtenir de meilleurs résultats doublent parfois les doses !

Notre terre est envahie par ces produits néfastes pour la faune et la flore et, au bout de la chaîne, pour l'homme qui a pourtant le devoir de protéger toute cette création si importante pour sa survie.

Il est ainsi établi qu'un insecticide utilisé pour enrober les semences, le Gaucho, a entraîné le dépeuplement de colonnies d'abeilles et des pertes considérables de récolte dans le centre et l'ouest de la France à la fin des années 1990, avant d'être interdit en 2004.

Dans un avenir très proche, il est à peu près certain que d'autres produits seront reconnus pour leur dangerosité.

COMMENT ATTIRER LES POLLINISATEURS ?

On peut attirer les insectes pollinisateurs en cultivant des plantes mellifères, comme la plupart des plantes condimentaires (la bourrache officinale, le thym, l'hysope, le romarin, les diverses espèces de sauges, la mélisse, les menthes, la sarriette...) et les engrais verts.

Les auxiliaires, des alliés indispensables

Les auxiliaires sont les êtres vivants (oiseaux, reptiles, batraciens, mammifères, insectes) qui se nourrissent ou qui parasitent les ennemis de nos cultures. Il faut donc chercher à les retenir ou à les attirer car leur aide est précieuse.

En principe, les auxiliaires de nos jardins existent en grand nombre. Mais plus sensibles aux traitements chimiques de synthèse que les parasites des cultures, ce sont eux qui disparaissent en premier, tandis que les parasites parviennent à s'adapter aux poisons.

Les risques d'un traitement intensif

Plus on traite, plus il faut traiter (surtout avec des produits chimiques de synthèse) et plus le déséquilibre s'accroît.

Il faut donc employer des insecticides naturels. Opérer tôt le matin ou tard le soir, et uniquement en cas de nécessité lorsqu'il y a prolifération d'insectes parasites ; si l'attaque est faible, les prédateurs se chargeront de ces quelques indésirables à nos yeux !

La coccinelle compte parmi les ennemis des pucerons.

Un rougegorge familier.

Jardiner en respectant la faune et la flore

Pour mieux comprendre le fonctionnement de la faune et de la flore de son jardin où vivent une multitude d'êtres vivants, il faut penser à soi-même : lorsque notre vie est équilibrée, que notre nourriture est diversifiée, saine, riche en minéraux, oligo-éléments et autres composants indispensables, on résiste beaucoup mieux aux agressions extérieures.

Dans le jardin, c'est un peu la même chose.

LES DÉGÂTS COMMIS PAR CERTAINS PRÉDATEURS

Il arrive que des auxiliaires créent quelques dommages comme certains oiseaux qui mangent des fruits, des baies et des graines surtout lorsque ceux-ci sont assez rares. En retour, ils nous débarrassent des insectes.

Pour obtenir des légumes sains, de haute valeur nutritive, il faut appliquer quelques règles essentielles.
- Respecter la terre et son innombrable population.
- Bien nourrir le sol par des apports de compost équilibré, des engrais naturels anticarentiels, riches en minéraux.
- Effectuer de longues et judicieuses rotations.

Cultivées de cette manière, les plantes légumières seront équilibrées et capable de se défendre contre les agressions extérieures, leurs parasites se feront rares et les traitements deviendront négligeables.

Le rôle des prédateurs et des parasites

Les prédateurs ont une place extrêmement importante. Ils ont tous une mission à accomplir, mais ils restent très fragiles et sensibles aux pesticides.

Quant aux dits **« parasites »**, ils contribuent à l'équilibre biologique. Certains prennent en charge la pollinisation des fleurs ; ils servent de nourriture aux prédateurs et jouent certainement d'autres rôles que l'homme ignore.

Un équilibre à respecter

L'homme a du mal à prendre conscience qu'il est en train de polluer, stériliser sa mère nourricière qu'est la terre. Il empoisonne notamment son « sang », cette eau indispensable à toute vie.

Les auxiliaires viennent à notre secours en apportant un équilibre dans nos jardins. Celui-ci se fait entre les êtres utiles et ceux dits « nuisibles » (qui nous dérangent). Chaque espèce ayant un ou plusieurs prédateurs, les différentes populations sont ainsi régulées. La prolifération d'une espèce parasite des plantes signifie que ses prédateurs ont été détruits par des produits « anti-vie ».

Le hérisson s'emploie à nous débarrasser des courtilières, des hannetons, des taupins.

FAUT-IL MOINS TRAITER ?

Oui. De nombreux jardiniers traitent trop souvent et n'importe comment. L'arsenal chimique à leur disposition encourage à la facilité ! Souvent, les doses ne sont pas respectées, parfois doublées par méconnaissance, par inconscience, pensant que cela sera un gage de réussite. Certains jardiniers font l'erreur de traiter les parasites en prévention alors que généralement ce sont des insecticides de contact ; il faut donc que l'insecte soit touché !

La lutte contre les parasites

Bien des jardiniers amateurs ont trop souvent recours à un arsenal de produits chimiques de synthèse, engrais, désherbants, pesticides…, qui nuisent à l'équilibre biologique de nos jardins. Pour celui qui veut s'en donner la peine, il existe heureusement des moyens naturels pour lutter contre les ennemis de nos cultures.

Les aleurodes ou mouches blanches

Ces insectes et leurs larves vivent en très grand nombre sur la face intérieure des feuilles et font des dégâts en suçant la sève des plantes attaquées.

Ils mesurent généralement entre 3 et 5 mm de long ; leurs ailes sont blanches avec quelques reflets irisés. Lorsqu'on secoue les plantes, ils s'envolent en formant de petits nuages. Les larves sucent également la sève des végétaux. Leurs excréments favorisent les maladies fongiques (fumagines).

Il existe plusieurs espèces d'aleurodes :

- *Aleyrodes proletella* qui s'attaque aux choux et autres crucifères ;
- *Aleyrodes fragariae* parasite des fraisiers ;
- les aleurodes de serres (*Trialeurodes vaporariorum*) ayant l'aspect d'un petit triangle et *Bemisia tabaci*, plus petit, qui s'attaquent aux tomates.

Les autres plantes attaquées par ces parasites sont : l'aubergine, le concombre, les courges, les haricots, le melon, le piment, la pomme de terre…

Comment les éliminer

- Bien aérer les serres et les châssis.
- Pulvériser de la pyréthrine et de la roténone tous les 8 à 10 jours, tôt le matin. L'infusion de tanaisie est efficace elle aussi et s'emploie de la même façon.
- Pailler pour conserver le sol humide.

Les autres moyens

• Les pièges

- Intercaler des pieds de tabac d'ornement ; les arracher et les brûler lorsqu'ils sont suffisamment attaqués.
- Utiliser des plaques jaunes anti-insectes engluées ; il suffit d'accrocher les plaques à proximité des plantes envahies dans les serres ou au jardin. Une plaque protège environ 5 m^2.

• Les ennemis

Les œillets d'Inde repoussent les aleurodes.

Les altises

Les altises sont des petits coléoptères sauteurs de couleurs variées, souvent appelés « puces des jardins », « puces de terre », « pucettes » ou encore « tiquets ». Elles perforent les feuilles surtout en période de sécheresse.

On en compte plusieurs espèces :

- l'altise de l'artichaut (*Sphaeroderma rubidum*) mesurant 3 à 4 mm, de couleur rouge ;
- l'altise (petite) des crucifères (*Phyllotreta nemorum*), mesurant 3 à 4 mm, appelée altise à bandes jaunes ;
- l'altise (grosse) des crucifères (*Phylliodes chrysocephala*) mesurant 6 à 8 mm, de couleur noire ;
- l'altise de la betterave (*Chaetocnema tibialis*) mesurant environ 2 mm ;
- l'altise du chou (*Altica brassicae*), mesurant environ 1 mm.

Des aleurodes en action.

Les soins préventifs

- Semer dans des conditions adéquates (levée rapide, pas d'arrêt végétatif).
- Apporter au sol du compost naturel correct et une bonne fertilisation.
- Planter, entre les rangs, des plantes qui attirent si bien les altises qu'elles ne s'intéressent plus aux autres. On peut aussi les repousser en plantant de l'absinthe, du cresson alénois, de la menthe, du romarin, de la sarriette vivace et bien entendu de la tomate ; quelques branches de sureau déposées entre les rangs les font fuir également.
- Saupoudrer du lithothamne.

La courtilière (Gryllotalpa gryllotalpa), orthoptère redouté par tous les jardiniers.

Comment les éliminer

- Pulvérisations fines d'insecticide végétal à base de pyréthrine et de roténone, répétées à 4 ou 5 jours d'intervalle si nécessaire, tôt le matin ou tard le soir.
- Bassinage des plantes attaquées (plusieurs fois par jour, arroser très légèrement en pluie fine, en mouillant seulement les feuilles, surtout pour les jeunes plants).
- Saupoudrage des plantes avec de la cendre de bois, à la rosée du matin ou du soir.
- Destruction des œufs sous les feuilles en les écrasant.
- Pulvérisations d'eau additionnée de jus de tabac, de macérations d'absinthe et de sureau, de feuilles et gourmands de tomate, de savon noir ou de Marseille.

Les autres moyens

Une recette

Faire bouillir, pendant 15 à 20 minutes, 100 g de feuilles fraîches de laurier, d'hysope ou de thym ; ajouter 100 g de mégots de cigarette (sans filtre), puis laisser infuser pendant 24 heures. Filtrer, ajouter 100 g de savon noir. Bien agiter la solution et pulvériser tôt le matin ou tard le soir. Attendre plusieurs jours avant de consommer les plantes.

Les pièges

On peut aussi confectionner des pièges pour attirer ces indésirables. Constitués de petits tas de paille ou de brindilles sèches, on les dispose à divers endroits du jardin. Les altises viendront s'y réfugier pour se protéger de la pluie. On place ces pièges couverts de tuiles ou d'ardoises courant octobre, puis on y met le feu fin janvier.

La courtilière

Cet orthoptère (*Gryllotalpa gryllotalpa*), long de 4 à 5 cm, est connu sous les noms de « taupe-grillon », « avant-taupe », « laboureuse », « taupette ». Ressemblant à un grillon brun velouté, il se trouve principalement dans les terres humides, légères et ameublies. Son cycle évolutif est de deux années.

C'est pendant la nuit que la courtilière cherche sa nourriture (lombrics, vers blancs, fourmis…), commettant certains dégâts en creusant des galeries superficielles. Elle s'attaque aux organes souterrains de toutes les plantes potagères et bouleverse les semis.

Cet insecte parasite est l'un des plus redoutés du potager.

Comment l'éliminer

Les galeries superficielles creusées par la courtilière mènent à des « puits verticaux » qui lui servent d'abris.

- Dégager légèrement le dessus de ces galeries et verser, avec un arrosoir (au goulot), une solution d'insecticide végétal (pyréthrine et roténone) dosée à 2 ou 3 cuillerées à café par litre d'eau ; inonder les galeries.
- À l'aide d'une bêche, détruire les nids, reconnaissables à leurs petites élévations de terre entourées de débris végétaux secs : creuser jusqu'à environ 25 cm de profondeur ; repérer l'abri contenant les œufs (le nid, en forme de boule, est entouré d'une enveloppe de terre dure) ; ramasser les œufs et les détruire.
- Le purin d'ortie non dilué, pulvérisé dans les galeries, est efficace.

Les autres moyens

Les pièges

- À partir de la fin du mois de mars et jusqu'en septembre, enterrer au ras du sol, parmi les cultures, des boîtes de conserve collectives (grand format); les courtilières qui tomberont dedans ne pourront plus remonter. Pour les attirer, il suffit de verser une cuillerée à soupe d'essence de térébenthine par boîte.
  Pendant la belle saison, visiter ces pièges tous les jours et détruire les prisonnières.
- Placer dans divers endroits du jardin des petits tas de fumier de cheval frais ; chaque matin visiter ces pièges et détruire les courtilières qui s'y abritent.
- Début octobre, creuser quelques trous de 10 cm de profondeur et les remplir de fumier de cheval frais. Couvrir ces abris de tuiles ou autres matériaux pour les préserver des pluies. Pendant les froids, et jusqu'au printemps, visiter ces abris et éliminer les courtilières et leurs larves.

Les ennemis

Les taupes sont les grandes ennemies de la courtilière, ainsi que les hérissons, les musaraignes, les merles et les pies bavardes. Les staphylins odorants dévorent les œufs de cet orthoptère.

Un hanneton.

Le hanneton

Ce coléoptère (*Melolontha melolontha*), de couleur rougeâtre avec la tête brune, est long d'environ 3 cm. Son cycle évolutif se déroule sur 3 années. Sa larve est blanche avec la tête et les pattes jaunes ; grosse, charnue et recourbée en arc, elle mesure de 2 à 5 cm. On la nomme « ver blanc ». La larve du hanneton se nourrit des racines de toutes les plantes potagères, mais surtout de celles des betteraves, des laitues et des fraisiers.

Les plantes attaquées se flétrissent, jaunissent et meurent.

Les soins préventifs

- Pratiquer de bonnes rotations.
- Sur les planches envahies, semer des engrais à base de sarrasin (blé noir) ou de colza. Les larves disparaîtront, en partie car elles n'apprécient guère les racines de ces plantes ; enfouir les engrais verts lorsque ceux-ci sont suffisamment développés, après un séchage de quelques jours.
- Les feuilles de choux, de chou de Chine, de moutarde de Chine, de navet, grossièrement hachées et légèrement incorporées dans le sol, éliminent ou repoussent les larves du hanneton.

Comment l'éliminer

Au labour, détruire les larves, puis incorporer dans le sol des déchets de laine brute ; c'est la plus grande ennemie de la larve du hanneton.

Les autres moyens

Les pièges

Planter des laitues entre diverses plantes potagères ; elles serviront de plantes-pièges : lorsqu'une laitue se fane, chercher rapidement la larve au pied de la plante et l'écraser.

Les ennemis

Les ennemis du hanneton et de sa larve sont : les carabes dorés, les chauve-souris, les couleuvres, les engoulevents, les étourneaux, les hérissons, les mulots, les musaraignes, les taupes, de nombreux oiseaux, dont les bergeronnettes, les buses, les corneilles, les hiboux, les mésanges, les moineaux, les pies…

Dans les années 50, il y avait énormément de hannetons, si nombreux que parfois les feuilles des chênes étaient dévorées. Aujourd'hui, ils se font plus rares ; ceci est certainement dû à l'emploi de produits chimiques de synthèse supportés par la terre, mais également à la disparition des « taupiers » (les taupes prolifèrent et consomment énormément de vers blancs).

Les mollusques

Ce sont les escargots des jardins (*Helix hortensis*) ; les limaces cendrées (*Limax maximus*) ; les limaces rouges (*Arion rufus*) ; les loches ou limaces agrestes (*Agriolimax agrestis*…).

Très voraces, ils dévorent les jeunes plantes ; ils sortent la nuit, par temps pluvieux.

Les soins préventifs

Autour des planches à protéger, faire des remparts assez épais avec de la sciure ou de la cendre de bois. Ces remparts sont à reconstruire après chaque pluie.

Comment les éliminer

- Ramasser les escargots pour les consommer ; ou les donner à des voisins ou amis qui les apprécieront !
- Pulvérisations à base de macération de feuilles et de fleurs d'absinthe.
- Pulvérisations de sulfate de cuivre, neige ou cristaux (chez les droguistes), à raison de 100 g pour 10 litres d'eau. Bien mélanger ; ne pulvériser que tard le soir afin que les mollusques soient sortis.

Une limace.

Larve de coccinelle mangeant des pucerons.

Effectuer des pulvérisations principalement autour du jardin, sur le sol et entre les rangs des plantes ; si ces dernières sont atteintes par la solution ne pas s'inquiéter, mais il est fortement conseillé d'attendre quelques jours avant de les consommer et de bien les laver.

Les autres moyens

Les pièges

- Il existe dans le commerce ou chez certains spécialistes de produits « bio » des pièges à limaces, en plastique, que l'on remplit d'un mélange de bière et d'eau. On les dépose au ras du sol, dans les endroits à protéger. Chaque piège est revêtu d'un petit chapeau évitant le débordement en cas de pluie. Les limaces viennent boire et s'y noient.
- Placer des planches ou des tuiles sur le sol en les maintenant légèrement soulevées par un caillou ; les mollusques vont se réfugier dessous. Visiter les pièges dans la journée et détruire ces indésirables.

Les ennemis

Les consommateurs de mollusques sont : les carabes, les crapauds, les hérissons, les oiseaux, les orvets…

Les pucerons

Ces insectes de petite taille sucent la sève des plantes et s'attaquent à de nombreuses espèces potagères.

Celles qui sont le plus souvent attaquées sont : la fève, le haricot et le chou en porte-graines. Les plantes ayant une vitalité normale sont rarement atteintes.

Il en existe plusieurs espèces :

- le puceron de l'artichaut (*Brachycaudus cardui*) d'une couleur allant du jaune au brun ;
- le puceron cendré du chou (*Brevicoryne brassicae*) de couleur grise ;
- le puceron noir de la fève (*Aphis fabae*) ;
- le puceron vert du fraisier (*Aphis forbesi*) ;
- le puceron jaune du fraisier (*Passerinia fragaelolii*) ;
- le puceron vert du pois (*Acyrthosiphon pisum*) ;
- les pucerons des racines (*Pemphigus bursarius* et *Protrama flavescens*).

Les soins préventifs

- Étaler des feuilles de papier d'aluminium entre les rangs (la face brillante vers la lumière), et les maintenir avec des briques ou des pierres. Elles font fuir les pucerons qui craignent la lumière vive provoquée par la réverbération. Ce traitement préventif est particulièrement efficace pour les fèves, souvent attaquées par ces parasites.
- Apporter une bonne fertilisation, pratiquer des rotations correctes et ne semer ni trop tôt ni trop tard.
- Éviter les arrêts végétatifs des plantes, souvent provoqués par le manque d'eau.
- Éviter également l'abus des engrais azotés, habituellement responsables de ces attaques.

Comment les éliminer

- Pulvérisations fines d'insecticide végétal à base de pyréthrine et de roténone, de préférence à la rosée du soir.
- Saupoudrages de lithothamne à la rosée en les enrobant ; ils finissent par être asphyxiés.
- Pulvérisations d'une solution à base de savon noir, d'une macération de feuilles et tailles de tomates, de purin d'ortie (2 à 5 jours de macération) ou de solutions à base d'absinthe, de feuilles de noyer, d'ail, de nicotine.

Les ennemis

Les grands consommateurs de pucerons sont : les coccinelles, les oiseaux, les perce-oreilles, les larves de syrphe…

Le taupin

Ce coléoptère (*Agriotes lineatus, A. obscurus, A. sputator*) dépasse parfois 1 cm de longueur ; son cycle de vie est de 5 années.

Les larves, qui atteignent jusqu'à 25 mm de longueur, sont très minces, d'un jaune brillant avec une tête brune à noirâtre et une peau en forme d'écaille. Elles s'attaquent aux racines, souvent au niveau du collet, provoquant la mort des plantes touchées.

Beaucoup de plantes craignent la larve du taupin, principalement les jeunes plants de betterave, la carotte, le maïs doux, la pomme de terre, la tomate et le fraisier.

Les soins préventifs

- Le respect des rotations s'avère particulièrement important. Les amendements corrects jouent également un rôle ainsi que la culture d'engrais verts.
- Les larves du taupin se développent souvent dans les sols acides. Dans ce cas, le meilleur remède consiste en un apport de lithothamne à l'automne et à la fin de l'hiver (2 kg pour 1 are).

Comment l'éliminer

- Les binages réguliers et répétés permettent de lutter efficacement contre les œufs et la multiplication des larves.
- Le sel marin agit aussi, mais il s'apporte avec précaution et modération (de 1 à 2 kg pour 1 are, au maximum).

Les autres moyens

Les pièges

- Enterrer dans la terre des pommes de terre à 4 ou 5 cm de profondeur après les avoir coupées en deux et creusées légèrement : placer ces quartiers la face coupée et creusée vers le sol. Bien repérer les emplacements et les visiter régulièrement. Ramasser les larves pour les détruire ; très dures, elles ne s'écrasent pas facilement, d'où sans doute le surnom qui leur a été donné de « ver fil de fer » !
- Enterrer au ras du sol des boîtes de conserve percées de nombreux trous de plusieurs millimètres, les remplir d'épluchures de pommes de terre. Vider les boîtes toutes les deux semaines et éliminer les larves. Renouveler à chaque fois les épluchures et continuer à opérer régulièrement en cas d'invasion importante.

Les ennemis

Les ennemis de la larve du taupin sont : les carabes, les hérissons, les musaraignes, les taupes, les oiseaux…

Le lapin de garenne

De la famille des léporidés, ce rongeur (*Oryctolagus cuniculus*) mesurant de 35 à 45 cm, est de couleur beige à brunâtre.

Surtout actif à partir du crépuscule, le lapin de garenne peut faire de gros dégâts dans les jardins proches des champs ou des bois, rongeant les feuilles, les tiges, les racines et les fruits des plantes potagères.

Comment se protéger

- La meilleure protection est d'entourer le jardin d'un grillage de 1,50 m de hauteur et de l'enterrer sur 10 à 15 cm. Surveiller le pourtour assez souvent, et veiller à ne pas laisser de trous par lesquels les lapins pourraient se faufiler.
- Les épouvantails ou des chiffons blancs flottant au bout d'une perche les éloigneraient aussi.

Lapin de garenne grignotant au potager.

Une taupe surgissant de sa galerie.

La taupe

Ce mammifère (*Talpa europaea*), long de 12 à 17 cm, possède un pelage noir, doux et velouté. Sa vie est presque totalement souterraine. La taupe préfère les terres meubles et fraîches. Active pratiquement toute l'année, elle commet des dégâts en creusant des galeries souterraines et en formant des taupinières (petit monceau de terre qu'elle rejette en creusant sa galerie). Les périodes de grande activité de la taupe se situent entre 7 et 8 heures, entre 10 et 12 heures et de 18 à 19 heures (heure d'hiver). Par son action, elle bouleverse les semis ou les plantations.

La taupe est cependant très utile, car elle participe à l'équilibre naturel en se nourrissant de vers de terre, de vers blancs ou gris, de larves du taupin, de mollusques, de courtilières et divers insectes : en 24 heures, elle en consomme environ l'équivalent de son propre poids.

Les soins préventifs

Il existe des appareils émettant des vibrations sonores qui éloignent les taupes et les rongeurs. Hélas ces équipements sont un peu chers.

À défaut, les méthodes suivantes sont possibles :

- déposer dans les galeries principales des chiffons imbibés d'essence de térébenthine, reboucher l'endroit accessible, l'odeur fera fuir l'animal ;
- placer dans les galeries principales des tiges de coudrier (noisetier) ou de métal d'un diamètre d'environ 10 mm ; les laisser dépasser du sol de 40 à 50 cm ; à l'extrémité de ces tiges, emmancher à l'envers une bouteille en matière plastique : le bruit produit par le vent éloignera les taupes ;
- des bouteilles vides, ouvertes, enfoncées dans les planches (entre les rangs), le goulot dépassant de quelques centimètres au-dessus du sol, éloigneront les taupes par le bruit que fera le vent en s'y engouffrant ;
- les scilles (*Scilla*), la fritillaire impériale (*Fritillaria imperialis*) et l'épurge (*Euphorbia lathyris*), cette dernière semée directement en place, repousseraient les taupes et la plupart des rongeurs par l'odeur des racines et des bulbes (succès non garanti) ;
- le carbure de calcium est un excellent répulsif ; en introduire une ou deux pierres dans une galerie principale ; boucher celle-ci et humidifier si nécessaire ; le gaz dégagé fera fuir les taupes. Ce procédé permet aussi de lutter contre une invasion de rats autour des poulaillers ou clapiers.
- le tourteau de ricin peut également être utilisé comme répulsif (20 à 25 kg/are).

Comment l'éliminer

Lorsque ce mammifère fait beaucoup de dégâts, son élimination devient nécessaire.

Le piège est certainement le moyen le plus sûr, le moins polluant et l'un des moins coûteux. Il se pose dans les galeries principales. Au moment de l'achat, demander un plan et la méthode du piégeage.

Généralement, on utilise des pièges à pince, mais il existe aussi des pièges en tube plastique munis d'un clapet à chaque extrémité. Pour ces derniers, un seul piège suffit par endroit. Faciles à poser (au milieu du trou), ils ne sont pas dangereux pour l'utilisateur.

Comment poser les pièges

Essuyer d'abord les pièges. Enfiler des gants car, si la taupe ne voit pas clair, elle a, en revanche, beaucoup de flair et sentira l'odeur humaine.

- Poser correctement les pièges, bien droits. Reboucher délicatement le trou avec une tuile ou une ardoise, sans faire tomber de terre dans la galerie.
- Poser deux pièges (à pinces), un de chaque côté de la galerie, la taupe pouvant arriver d'un côté ou de l'autre.
- Les pièges à pinces sont dangereux ; attention aux doigts lors de leur pose.
- Visiter les pièges régulièrement, mais avec précaution.

Les insecticides végétaux

Traiter ses plantes contre la prolifération des insectes est un mal nécessaire. Cependant, pour protéger notre terre nourricière, mieux vaut choisir des insecticides qui respectent l'environnement. Les insecticides végétaux, d'origine naturelle, sont sans danger pour l'homme et épargnent une grande partie des « prédateurs » ou auxiliaires de nos jardins.

Un doryphore gourmand.

Chez les divers spécialistes de produits de jardinage on trouve des insecticides végétaux, généralement à base de pyréthrine ou de roténone, donc d'origine naturelle et végétale.

Attention, ces produits actifs sont sensibles à la lumière du jour et à l'oxygène. Il faut donc les conserver dans l'obscurité, à une température pas trop élevée et les fermer hermétiquement.

Ils n'ont pas de rémanence comme les insecticides chimiques de synthèse.

Utiliser et doser les insecticides

Ces produits agissent par contact avec le système nerveux des insectes parasites.

Les pulvérisations doivent être les plus fines possibles. Les performances sont nettement supérieures lorsque l'on traite avec un atomiseur ; le traitement s'effectue alors rapidement et s'avère plus efficace car la pulvérisation, très fine, en brouillard, touche les plantes sur toutes les parties aériennes.

- En solution liquide : la dose normale est de 2 cl par litre d'eau. En cas d'attaque importante des cultures on peut porter la dose à 4 ou 5 cuillerées à café.
- En solution à base de poudre : selon la végétation, pour une surface de 100 m^2, mélanger 300 g de poudre pour 10 litres d'eau.
- Pour les solutions liquides, les plus courantes, il est préférable d'utiliser de l'eau de pluie ; sinon, soutirer l'eau du robinet la veille afin de permettre au chlore de s'évaporer. Si celle-ci est calcaire, ajouter une cuillerée à café de vinaigre de vin par litre d'eau.
- Si le besoin s'en fait sentir, faire de nouvelles pulvérisations à 4 ou 5 jours d'intervalle.
- L'action des insecticides végétaux est renforcée en y ajoutant 1 litre de purin d'ortie pour 5 litres d'eau ; ce purin d'ortie sera encore plus efficace après une macération de 4 ou 5 jours.

Leur composition

Très souvent, la roténone et la pyréthrine sont associées et se vendent généralement en liquide. Parfois, on les trouve individuellement en poudre.

- La roténone est à base d'extraits de racines de diverses plantes tropicales (*Derris, Elliptica, Lonchocarpus*) et d'extraits de feuilles et de graines (*Tephrosia*).
- La pyréthrine est à base de fleurs de chrysanthèmes, comme le pyrèthre de Dalmatie (*Chrysanthemum cinerariaefolium*), ou le pyrèthre rose (*Pyrethrum roseum*), *Pyrethrum carneum* et *Anacyclus pyrethrum*... qui ont des vertus insecticides et sont cultivés pour cet usage.

Comment agissent les insecticides végétaux

Ces insecticides à base de végétaux agissent par contact sur le système nerveux de nombreux insectes parasites en produisant un effet de choc.

En très grandes quantités, ils peuvent cependant s'avérer toxiques pour les poissons, les vers de terre et pour quelques autres auxiliaires utiles ; il faudra donc traiter tôt le matin ou tard le soir.

La pyréthrine et la roténone sont efficaces contre : les acariens, les aleurodes, les altises, les araignées rouges, les charançons, les chenilles, les criocères de l'asperge, les doryphores, la mouche de la carotte, les pucerons, les punaises, les thrips, le ver du poireau...

CONSEILS

- Avant d'acheter des insecticides, lire attentivement les étiquettes, et notamment la composition du produit, car parfois les fabricants y ajoutent des substances chimiques de synthèse.

Des recettes naturelles

Dynamisantes, répulsives ou antiparasitaires, certaines préparations maison, assez facile à réaliser, rendent de nombreux services. Elles agissent différemment selon leur composition : certaines peuvent être mortelles pour les parasites, d'autres sont seulement répulsives ou empêchent leur reproduction. Ces recettes sont dépourvues de toxicité pour les humains.

Les différents procédés

Trois méthodes sont possibles.

• **En macération**
Laisser séjourner pendant un certain nombre de jours, dans de l'eau de pluie ou de source, des substances organiques pour en dissoudre les parties solubles. Les macérations sont généralement à diluer avant l'emploi.

• **En décoction**
Faire tremper les plantes récoltées pendant 24 heures. Ensuite, les faire bouillir doucement (15 à 20 minutes environ) pour en extraire les principes actifs. Couvrir le récipient pendant cette opération. Sauf exception, laisser refroidir avant utilisation.

• **En infusion**
Mettre les substances organiques dans de l'eau bouillante pour en recueillir les parties solubles ; éteindre. Laisser infuser pendant 24 heures, sauf exception.

Les précautions à prendre

Un certain nombre de mesures sont à respecter pour réussir ces recettes :

- n'utiliser impérativement que des récipients en plastique, en bois ou en verre ; éviter absolument le métal (notamment pour les macérations) ;
- toujours employer de l'eau de pluie ou, à défaut, de l'eau de source ; bannir l'eau du robinet qui neutralise les effets bénéfiques des principes actifs (sans doute essentiellement à cause de la présence de chlore).

La durée de conservation et d'action

La durée de conservation

Ces préparations sont à utiliser le plus rapidement possible ; elles auront ainsi un maximum d'efficacité.

La plupart des recettes n'ont qu'une très courte durée d'action. Pour d'autres cependant, le mode de conservation joue un rôle important. Stockées non diluées, bouchées hermétiquement et conservées dans l'obscurité, elles peuvent rester efficaces pendant 2 à 4 semaines, voire plusieurs mois, comme le purin d'ortie après un temps de macération de 12 à 14 jours.

Têtes d'ail.

La durée d'action

- La durée d'action des préparations ayant des propriétés insecticides est très brève puisqu'elles agissent uniquement par contact.
- Pour celles qui sont répulsives, selon le temps, elles agissent de quelques heures à 2 ou 3 jours.
- Parfois, il faut répéter les applications plusieurs jours de suite, toujours en pulvérisations fines, tôt le matin ou tard le soir. Éviter de traiter par grand vent et s'abstenir en période ensoleillée.
- Attendre, par précaution, 2 ou 3 jours avant de récolter les légumes traités avec des insecticides naturels ou avec diverses recettes.

Faire soi-même ses macérations, décoctions ou infusions

Feuilles de fougère.

Les macérations ou purins

Purin d'absinthe

Caractéristiques : l'absinthe (*Artemisia absinthium*) est une Astéracée (Composée).

Préparation : faire macérer, pendant une dizaine de jours, 2 kg à 2,5 kg d'absinthe (feuilles, tiges, fleurs) dans 10 litres d'eau de pluie ; filtrer ; ne pas diluer. On peut aussi utiliser l'absinthe sèche à raison de 250 à 300 g pour 10 litres d'eau.

Utilisation : contre les pucerons, les chenilles, les altises et les mollusques.

Macération d'ail

Caractéristiques : l'ail (*Allium sativum*) fait partie de la famille des Alliacées (Liliacées).

Préparation : faire macérer pendant 2 jours, dans 10 litres d'eau de pluie, une grosse tête d'ail réduite en pâte au mortier ; filtrer ; ne pas diluer.

Utilisation : en traitement préventif contre les maladies cryptogamiques (voir aussi la préparation en infusion, pages 78-79).

Purin de consoude

Caractéristiques : le purin de consoude est riche en azote et en potassium. La consoude de Russie (*Symphytum peregrinum*) fait partie de la famille des Borraginacées.

Préparation : pendant 30 jours, faire macérer 700 g de feuilles hachées de consoude de Russie dans 10 litres d'eau de pluie ; utiliser un récipient non métallique fermé ; filtrer ; ne pas diluer.

Utilisation : comme activateur de croissance pour les plantes légumières (tomate, concombre...). Les feuilles rentrent avantageusement dans le compost.

Purin de feuilles de fougère

Caractéristiques : la fougère aigle (*Pteris aquilina*), ainsi que la fougère mâle (*Polystichum filixmas*) font partie de la famille des Fougères.

Préparation : pendant 8 à 10 jours, faire macérer 850 g de feuilles fraîches ou 125 g de feuilles sèches pour 10 litres d'eau de pluie ; filtrer ; ne pas diluer. Le purin de fougère est commercialisé.

Utilisation : contre les pucerons, les limaces, le puceron lanigère.

Purin de genêt à balais

Caractéristiques : le genêt à balais (*Cytisus scoparius*) fait partie de la famille des Papilionacées (Légumineuses).

Préparation : pendant 15 à 20 jours, faire macérer 4 ou 5 branches pour 10 litres d'eau de pluie ; filtrer ; ne pas diluer. Cette macération forme à la surface de l'eau une légère couche huileuse.

Utilisation : éloigne la piéride du chou et autres papillons ainsi que leurs larves.

Purin de lavande

Caractéristiques : la lavande officinale (*Lavandula angustifolia*) fait partie de la famille des Lamiacées (Labiées).

Préparation : pendant 8 à 10 jours, faire macérer 1 kg de lavande fraîche dans 10 litres d'eau de pluie ; filtrer ; diluer à 20 % (2 litres pour 10 litres d'eau).

Utilisation : efficace contre les pucerons et les fourmis.

Lavande.

L'ortie a de nombreuses vertus.

PURIN DE FEUILLES DE NOYER

Caractéristiques : le noyer (*Juglans regia*) fait partie de la famille des Juglandacées.

Préparation : pendant quelques jours, faire macérer 1,5 kg à 2 kg de feuilles fraîches ou 200 g de feuilles sèches (hachées ou broyées) dans 10 litres d'eau de pluie ; filtrer ; ne pas diluer.

Utilisation : contre les chenilles et les pucerons (voir aussi la préparation en décoction, page 78).

PURIN D'ORTIE

Caractéristiques : fongicide, insecticide ; il joue aussi un rôle d'activateur de croissance grâce à sa richesse en nitrate de calcium et de potassium (donc en azote assimilable) ; le purin d'ortie contient également de l'acide formique, du calcium, du magnésium, du potassium, du manganèse, du soufre, du silicium…

Préparation : hacher 900 g à 1 kg d'orties non montées à graines, ajouter 10 litres d'eau de pluie, de préférence, à défaut utiliser de l'eau de source.

La macération est de :

- 4 ou 5 jours pour une utilisation comme fongicide et insecticide ;
- 12 à 14 jours pour une utilisation comme activateur de croissance ; dans ce cas, couvrir le récipient et remuer régulièrement tous les deux jours.

Filtrer avant usage et diluer à 20 %, c'est-à-dire 2 litres pour 10 litres d'eau de pluie.

Utilisé comme activateur de croissance, le purin d'ortie peut être conservé (avant dilution) pendant plusieurs mois, dans un récipient bien bouché et à l'abri de la lumière du jour et de la chaleur.

Il est commercialisé comme activateur de croissance.

Utilisation :

- Avec une macération de 4 ou 5 jours, le purin d'ortie s'utilise sur le sol à titre préventif contre les maladies cryptogamiques. Pratiquer 2 ou 3 applications au cours de l'automne ou en hiver. On l'utilise aussi comme insecticide contre les pucerons.
- Avec une macération de 12 à 14 jours, il s'utilise comme activateur de croissance en arrosage, au pied des plantes. Les résultats sont très spectaculaires sur les tomates. Pratiquer 2 ou 3 applications sur sol humide à 3 semaines d'écart (la première application se fait 15 jours après la transplantation).
- Pur, il s'emploie contre les courtilières en inondant leurs galeries.
- Les feuilles d'ortie hachées et enfouies superficiellement autour des pieds de tomates jouent un rôle protecteur contre les maladies cryptogamiques ; elles activent aussi la décomposition du compost.

VRAIES OU FAUSSES ORTIES ?

Attention, ne pas confondre les vraies orties avec les orties fausses comme : l'ortie blanche (*Lamium album*), l'ortie jaune (*L. galeobdolon*), l'ortie rouge (*L. purpureum*), l'ortie royale (*Galeopsis tetrahit*), l'ortie puante (*Stachys sylvatica*) qui ne possèdent aucune qualité insecticide ni fongicide. Elles font partie de la famille des Lamiacées (Labiées).

Les vraies orties regroupent : la grande ortie ou ortie dioïque (*Urtica dioica*), vivace que l'on trouve dans les lieux incultes ou dans les endroits riches en azote ; l'ortie romaine (*U. pilulifera*), une annuelle ou bisannuelle présente surtout dans l'ouest et le midi de la France ; l'ortie brûlante ou petite ortie (*U. urens*), annuelle se rencontrant dans les jardins, les champs et les décombres ; l'ortie à membranes (*U. membranacea*), annuelle présente en Bretagne, dans les endroits incultes, ou sur le littoral méditerranéen. Elles font toutes partie de la famille des Urticacées. L'ortie dioïque est la plus utilisée.

PURIN DE PRÊLE

Caractéristiques : la prêle des champs (*Equisetum arvense*) est de la famille des Équisétacées. Elle se récolte de la mi-juin à la mi-juillet.

La faire sécher à l'ombre et la conserver à l'abri de la poussière, dans des sacs en toile ou en papier.

Préparation : pendant quelques jours, faire macérer 200 g de feuilles fraîches finement coupées ou 40 à

Prêle.

50 g de feuilles sèches réduites en poudre dans 10 litres d'eau de pluie ; filtrer.

Utilisation : sur le sol, en traitement préventif contre les maladies cryptogamiques (mildiou, rouille...). (Voir aussi la préparation en décoction, page 78).

Cette même solution, additionnée d'environ 100 g de savon noir, combattra les pucerons et les araignées rouges.

Purin de rue officinale

Caractéristiques : la rue officinale (*Ruta graveolens*), dite aussi rue fétide, fait partie de la famille des Rutacées.

Préparation : pendant 10 jours, faire macérer 800 à 900 g de rue dans 10 litres d'eau de pluie ; filtrer ; diluer à 20 %, soit 2 litres pour 10 litres d'eau de pluie.

Utilisation : contre les pucerons.

Purin de sureau

Caractéristiques : le sureau noir (*Sambucus nigra*) fait partie de la famille des Caprifoliacées.

Préparation : hacher 800 g à 1 kg de sureau (jeunes tiges, feuilles, fleurs, fruits), ajouter 10 litres d'eau de pluie. Faire macérer pendant 2 ou 3 jours ; filtrer ; ne pas diluer.

Utilisation : contre les pucerons, les altises, les thrips et les papillons noctuelles (voir aussi la préparation en décoction, page 78).

Purin de feuilles et gourmands de tomates

Caractéristiques : la tomate (*Lycopersicon esculentum*) est de la famille des Solanacées.

Préparation : hacher ou, encore mieux, piler 600 g à 1 kg de feuilles et tailles de tomates ; ajouter 10 litres d'eau de pluie ; laisser macérer au minimum une demi-journée, si possible 2 ou 3 jours ; filtrer ; ne pas diluer.

Utilisation :

- en prévention contre la piéride du chou, l'altise et la teigne du poireau. Pour cette dernière, pulvériser tous les 4 ou 5 jours du mois de juillet jusqu'au 15 août (époque de la ponte) ;
- en curatif, efficace contre les pucerons et les altises.

Feuilles et gourmands de tomates à l'alcool à brûler

Caractéristiques : voir, ci-dessus, le purin de feuilles et gourmands de tomates.

Préparation : hacher finement, puis piler, 500 g de feuilles et gourmands de tomates. Verser dans un bocal en verre de 2 litres, fermant hermétiquement. Recouvrir le contenu d'environ 1 litre d'alcool à brûler. Laisser macérer une huitaine de jours, puis presser et filtrer le tout. La préparation se conserve plusieurs semaines, à l'abri de la lumière et de la chaleur, dans des bocaux fermés hermétiquement, de 25 cl chacun.

Au moment du traitement, verser la totalité du bocal dans 10 litres d'eau de pluie, ajouter 100 g de savon noir ou de savon de Marseille ; bien mélanger.

Utilisation : contre les pucerons.

Les décoctions

Décoction à base de nicotine

Préparation : faire bouillir 10 litres d'eau contenant 300 g de mégots de cigarettes (sans filtre). Faire bouillir doucement pendant environ 30 minutes, laisser refroidir ; filtrer. Diluer avant usage : 2,5 litres de solution nicotinée pour 10 litres d'eau de pluie.

La décoction non diluée se conserve pendant 1 ou 2 semaines dans un récipient fermé hermétiquement.

Sureau.

Feuilles de noyer.

- Cette solution est plus efficace si on ajoute aux 10 litres d'eau et 2,5 litres de la décoction nicotinée, 200 g de savon noir ou de savon de Marseille.
- La nicotine en extrait titré est commercialisée et se prépare aisément en décoction.

Utilisation : tard le soir, en pulvérisations contre les altises, les bruches du haricot et du pois, les chenilles, les cochenilles, les pucerons...

- Il est conseillé de pulvériser le lendemain matin de l'eau claire sur les plantes traitées.
- La nicotine est nocive, attendre 8 à 10 jours avant de consommer les légumes traités (délai plus court en cas de pluies prolongées).

Décoction de feuilles de noyer

Caractéristiques : voir le purin de feuilles de noyer, page 76.

Préparation : pendant 24 heures, faire tremper 200 à 250 g de feuilles sèches dans 10 litres d'eau, puis laisser bouillir pendant 15 minutes en couvrant le récipient ; laisser refroidir ; filtrer.

Pulvériser la solution lorsqu'elle est encore tiède, elle n'en sera que plus efficace.

Utilisation : identique à celle du purin de feuilles de noyer.

Décoction de prêle

Caractéristiques : voir le purin de prêle, pages 76-77.

Préparation : pendant 24 heures, faire tremper 200 g de feuilles fraîches finement coupées ou 40 à 50 g de feuilles sèches réduites en poudre dans 10 litres d'eau de pluie ; faire bouillir 15 à 20 minutes en couvrant le récipient ; laisser refroidir ; filtrer après 24 heures.

Utilisation : comme la macération, elle s'utilise en prévention sur les plantes craignant les maladies cryptogamiques. Procéder à des pulvérisations toutes les 2 ou 3 semaines en alternant avec des pulvérisations d'algues brunes et des saupoudrages de lithothamne et de roches volcaniques en poudre. Les pulvérisations seront plus importantes par temps chaud et humide, surtout après un orage.

Décoction de bois de quassia

Caractéristiques : l'écorce de ce bois nous vient du quassia (*Quassia amara* ou *Picrasma quassioïdes*), arbuste d'Amérique tropicale de la famille des Simaroubacées.

Préparation : mélanger 100 g de copeaux de quassia dans 2,5 litres d'eau ; faire bouillir doucement pendant environ 2 heures ; laisser refroidir ; filtrer et diluer avec 10 litres d'eau ; laisser reposer pendant plusieurs heures.

- Les copeaux de quassia sont en vente dans les herboristeries et les pharmacies.

Utilisation : contre les altises, les araignées, les pucerons, les tenthrèdes...

Décoction de sureau

Caractéristiques : voir le purin de sureau, page 77.

Préparation : hacher 800 g à 1 kg de sureau (jeunes tiges, feuilles, fleurs, fruits). Faire tremper pendant 24 heures, dans 10 litres d'eau de pluie, puis laisser bouillir pendant une demi-heure ; laisser tiédir ; filtrer ; ne pas diluer.

Utilisation : identique à celle de la macération.

Décoction de tanaisie

Caractéristiques : la tanaisie (*Tanacetum vulgare*) fait partie la famille des Astéracées (Composées).

Préparation : pendant 24 heures, faire tremper dans 10 litres d'eau de pluie, de 300 à 400 g de tanaisie (tiges, feuilles, fleurs) ou 30 à 40 g de plante sèche. Faire bouillir pendant 15 minutes en couvrant le récipient ; laisser refroidir ; filtrer avant usage ; ne pas diluer.

Utilisation : en pulvérisations contre les pucerons, les altises et les papillons (noctuelles, piérides).

Les infusions

Infusion de gousses d'ail

Caractéristiques : voir la macération d'ail, page 75.

Préparation : faire bouillir 10 litres d'eau de pluie ; pendant ce temps, écraser dans un mortier environ 80 g de gousses d'ail non épluchées ; lorsque l'eau bout, éteindre, y jeter la préparation, couvrir le récipient et laisser infuser pendant 15 heures au moins ; filtrer, ajouter 100 g de savon noir, bien mélanger la solution ; pulvériser.

Utilisation : en prévention contre les pucerons et les araignées parasites ; l'infusion de gousses d'ail repousse aussi la teigne du poireau et la mouche de la carotte.

Sans ajout de savon noir, cette infusion s'emploie préventivement contre les maladies cryptogamiques.

Infusion de fleurs de camomille

Caractéristiques : la camomille romaine (*Ormenis nobilis*) est de la famille des Astéracées (Composées).

Préparation : faire chauffer 10 litres d'eau de pluie ; dès qu'elle bout, éteindre, y jeter une centaine de fleurs sèches ou fraîches, couvrir. Laisser infuser pendant 24 heures ; filtrer ; ne pas diluer.

Utilisation : contre les premières attaques de pucerons ; renforce la résistance des plantes contre certaines maladies et active leur croissance.

Infusion à base d'oignon et d'ail

Caractéristiques : l'oignon (*Allium cepa*) et l'ail (*Allium sativum*) font partie de la famille des Alliacées (Liliacées).

Préparation : faire bouillir 10 litres d'eau de pluie ; pendant ce temps hacher finement, sans les éplucher, 650 g d'oignon et 40 g d'ail. Éteindre dès que l'eau bout. Verser dans le récipient les oignons et l'ail préparés ; couvrir. Laisser infuser pendant 12 à 15 minutes ; filtrer ; ne pas diluer.

Utilisation : en prévention contre les maladies cryptogamiques. Faire des pulvérisations répétées, espacées d'une journée, pendant une huitaine de jours. Ces pulvérisations sont principalement conseillées par temps chaud et humide.

Infusion de feuilles de rhubarbe

Caractéristiques : la rhubarbe (*Rheum rhaponticum*) est de la famille des Polygonacées.

Préparation : mettre 1,5 kg à 1,8 kg de feuilles de rhubarbe dans 10 litres d'eau de pluie bouillante ; lorsque l'eau bout de nouveau, éteindre, couvrir et laisser infuser pendant 24 à 28 heures ; filtrer ; ne pas diluer.

Utilisation : en prévention contre le ver du poireau.

Autres préparations

Bouillie bordelaise

Caractéristiques : la bouillie bordelaise est un produit chimique de synthèse, biodégradable à 100 %, mais qui ne s'utilise que si cela se révèle vraiment nécessaire.

Elle est vendue chez les spécialistes du jardinage, mais elle est parfois associée à d'autres produits chimiques de synthèse. Elle ne doit contenir que du sulfate de cuivre neutralisé à la chaux éteinte.

Préparation : faire dissoudre 200 g de sulfate de cuivre dans un grand seau en plastique contenant 2 litres d'eau froide ; bien délayer.

Dans un autre seau en plastique, diluer 300 g de chaux éteinte avec 3 ou 4 litres d'eau froide ; bien agiter.

Lorsque les deux solutions sont bien diluées, verser progressivement la seconde solution (chaux) dans la première (sulfate de cuivre) tout en brassant fortement. Ajouter ensuite 4 ou 5 litres d'eau pour que la préparation totale atteigne un volume de 10 litres. Laisser reposer une demi-journée.

À noter : la bouillie bordelaise du commerce est pratiquement prête à l'emploi, il suffit d'ajouter de l'eau.

Utilisation : en pulvérisations, en traitement préventif ou tout au début de l'attaque contre les maladies cryptogamiques de l'artichaut, de l'asperge, de l'échalote, du fraisier, du haricot, de l'oignon, de la pomme de terre, de la tomate...

Pour certaines plantes fragiles, il est conseillé de diviser par 2 ou 3 le poids du sulfate de cuivre (60 à 100 g).

Fleurs de camomille.

Solution à base de savon noir

Caractéristiques : le savon noir est fabriqué uniquement à base d'huiles végétales naturelles.

Il est commercialisé par certains spécialistes de produits de jardinage biologique.

Préparation : diluer 200 g de savon noir dans 10 litres d'eau ; mélanger le tout énergiquement.

Utilisation : contre les pucerons.

Solution à base de savon noir et d'alcool à brûler

Préparation : verser 200 g de savon noir dans 10 litres d'eau, ajouter 0,5 litre d'alcool à brûler et 8 g de sel marin, bien mélanger.

Utilisation : contre les araignées parasites, les chenilles et les pucerons.

Le rôle des légumes dans l'alimentation

Dans les légumes, on trouve presque toutes les vitamines et les minéraux indispensables à la vie. Heureux celui qui a le bonheur de les cultiver lui-même ! Leur fraîcheur est un atout essentiel de leur qualité nutritive, principalement pour les légumes-feuilles ou verts.

Les vitamines, les minéraux, les oligo-éléments, les fibres, les enzymes, les ferments, les glucides, les lipides, les protéines, les calories sont des éléments essentiels dont notre corps a besoin.

Les vitamines

Une vitamine est une substance azotée dont l'organisme ne peut faire la synthèse. Cependant, sa présence à dose minime dans l'alimentation est indispensable au maintien de l'équilibre vital et son absence provoquerait des maladies de carence.

Les vitamines remplissent un rôle fondamental dans l'assimilation des glucides, des lipides et des protéines. L'homme en absorbe continuellement à doses très faibles.

DOSES VITAMINIQUES JOURNALIÈRES

Quelques exemples d'apports journaliers souhaitables en vitamines pour un homme exerçant un travail physique moyen à assez dur.

Ces mesures sont données en milligrammes.

Doses moyennes pour :
- **la vitamine A :** entre 0,2 mg et 0,4 mg ;
- **la vitamine B1 :** entre 1,7 mg et 3 mg ;
- **la vitamine C :** entre 90 et 150 mg.

ZOOM SUR... LA PRÉPARATION DES LÉGUMES

Certaines précautions sont à prendre pour conserver aux légumes toutes leurs qualités :
- ne pas les stocker à l'air, à la lumière du jour et à la chaleur ;
- ne pas les éplucher, ni les couper ou les râper à l'avance ;
- ne pas les faire tremper dans l'eau pendant de longues minutes, sinon ils perdent une partie de leurs vitamines et de leurs minéraux ;
- éviter de les cuire dans des ustensiles en aluminium ; utiliser plutôt des récipients en fonte, en fonte émaillée, en acier inox, en terre cuite, en porcelaine à feu, tous de bonne qualité ;
- les faire cuire dans des récipients couverts de façon à éviter la perte de leurs propriétés.

CONSEILS

- Manger le plus possible des légumes de saison ; considérer les conserves et les légumes surgelés comme des « dépannages ».
- Prendre son temps pour manger ; la mastication a beaucoup d'importance.
- Chaque repas devrait être précédé, si possible, de crudités ou d'une salade pour favoriser la digestion ; en plus de leur rôle bénéfique pour la santé, elles sont agréables au palais !
- Ne pas hésiter à agrémenter les plats avec des herbes aromatiques et condimentaires (salades, crudités et autres préparations) ; elles apporteront leurs diverses propriétés et leurs huiles essentielles.
- Manger varié est le meilleur moyen et le plus simple de se préserver de toute forme de carence.
- Apprenez à prévoir les quantités nécessaires à chaque repas : les crudités ou salades servies au repas précédent ont perdu en grande partie leurs qualités premières.

Les minéraux et les oligo-éléments

Qu'est-ce que les minéraux ?

Ces éléments, que l'on trouve en très faibles proportions dans les corps organiques, sont des substances simples et indispensables à la vie.

Leur rôle est considérable. Ils ont des fonctions primordiales dans les phénomènes biologiques et vitaminiques.

Indispensables à l'équilibre physiologique (aucun d'eux ne doit manquer) et au fonctionnement de notre organisme, les minéraux sont presque tous biocatalyseurs et interviennent dans un très grand nombre de processus de fixation et de libération de l'énergie.

La différence entre minéraux et oligo-éléments

Ce sont tous des sels minéraux, mais ils se divisent en deux groupes.

MACRO-ÉLÉMENTS	BESOINS JOURNALIERS
le calcium	entre 0,8 et 1,2 g
le chlore	entre 3 et 8 g
le magnésium	entre 0,3 et 0,5 g
le potassium	entre 2 et 3 g
le phosphore	entre 0,8 et 1,5 g
le sodium	entre 1 et 5 g
le soufre	entre 0,8 à 0,9 g

OLIGO-ÉLÉMENTS	BESOINS JOURNALIERS
le chrome	entre 0,1 et 0,3 mg
le cuivre	entre 1 et 2 mg
le fer	entre 10 et 18 mg
le manganèse	entre 3 et 5 mg
le sélénium	environ 0,03 mg

• Les minéraux ou macro-éléments

Ils sont généralement couverts par une alimentation correcte.

Les besoins journaliers s'expriment en grammes.

• Les oligo-éléments ou micro-éléments

Ce sont des éléments chimiques entrant en quantité infinitésimale dans un corps organique. Les besoins journaliers sont infimes et s'expriment en milligrammes.

Une alimentation variée en légumes est excellente pour la santé.

Autres composants indispensables

Les fibres

Les fibres sont les filaments généralement liés ensemble qui constituent certains tissus organiques des végétaux (cellulose) et qui favorisent le transit intestinal.

Elles jouent un rôle préventif contre les tumeurs pédiculées, les polypes intestinaux et les cancers du côlon.

• Les légumes riches en fibres

Tous les légumes contiennent des fibres. Les plus riches en fibres paraissent être les haricots secs, qui dépassent les 6 g pour 100 g de denrée alimentaire. La fève en contient plus de 5 g, la lentille près de 4 g, la carotte plus de 3 g, et la betterave potagère près de 3 g.

Les enzymes et les ferments

• Les enzymes

Ce sont des substances organiques solubles (diastases) sécrétées par les cellules vivantes.

Elles ont un rôle spécifique de catalyseur (qui accélère une réaction sans y participer) dans diverses réactions chimiques de ces organismes vivants.

Les enzymes sont importants pour notre santé et facilitent notre digestion.

• Les ferments

Ces agents provoquent la fermentation grâce à des substances sécrétées aussi par les cellules vivantes (diastases, enzymes, ferments solubles).

Les ferments favorisent notre digestion.

• Les légumes contiennent-ils toujours des enzymes et des ferments ?

Si l'on retrouve des fibres dans tous les légumes, il n'en va pas de même pour les enzymes et les ferments qui sont, en partie, détruits à la cuisson, surtout à haute température (cocotte minute). Leur présence est pratiquement inexistante dans les conserves.

• Comment compenser leur absence

Le manque d'enzymes et de ferments peut se compenser en consommant à chaque repas des crudités et de la salade, qui faciliteront la digestion et par là même allégeront le travail de ces « grandes travailleuses » que sont les bactéries.

Les glucides

Nom donné aux substances organiques, appelées aussi hydrates de carbone (composées de carbone, d'hydrogène et d'oxygène), renfermant des sucres lents et rapides.

Le métabolisme des glucides est contrôlé par différentes hormones, dont l'insuline.

Les glucides contribuent à assurer l'effort musculaire.

Leur poids pour 100 g de denrée alimentaire varie de plus de 20 g, pour la pomme de terre, à un peu plus de 1 g, pour la laitue.

Les lipides

Nom donné aux substances organiques usuellement appelées graisses. Insolubles dans l'eau, elles sont formées d'acides gras unis à d'autres corps, dont plus de 3/4 de carbone. Les lipides sont les gros fournisseurs d'énergie (graisses) dans l'alimentation.

Leur poids, pour 100 g de denrée alimentaire, varie de 0,4 g pour la fève et la lentille à 0,1 g pour la carotte.

Les protéines

Une protéine est un corps organique azoté formé par des chaînes d'acides aminés. C'est l'un des constituants fondamentaux de la matière vivante.

Les acides aminés servent à la construction et à la réparation de nos cellules, ainsi qu'au remplacement de celles qui sont usées.

Leur poids s'exprime aussi en grammes. Il varie de 9 g pour la lentille à 0,6 g pour le radis.

Les calories

La calorie est l'unité de quantité de chaleur : c'est la valeur énergétique d'un aliment et notamment, en ce qui nous concerne, d'un légume.

Les calories se calculent de la façon suivante : il suffit de multiplier le nombre de grammes de glucides et de protéines par 4 et celui des lipides par 9. La totalité (en arrondissant) donne le nombre de calories de chaque aliment ou plante légumière.

Généralement, les légumes frais apportent peu de calories. Les Fabacées (lentille, fève, pois chiche, haricot sec…) sont les plus riches, viennent ensuite la pomme de terre, le topinambour…

Ainsi, pour 100 g de denrée, le pois chiche fournit entre 165 et 350 calories, la lentille entre 120 et plus de 300, les haricots secs blancs entre 140 et 340. En revanche, la laitue n'apporte que de 13 à 14 calories, tandis que l'asperge en apporte de 12 à 25.

LE SAVIEZ-VOUS ?

• Les quantités estimées de vitamines, de sels minéraux, de glucides, de lipides, de protéines et donc de calories peuvent varier légèrement selon les laboratoires d'analyses. Mais surtout, ces écarts peuvent fluctuer pour un même légume selon sa variété, sa fraîcheur ou son mode de culture (traditionnelle ou organique).
Les résultats des analyses diffèrent aussi selon que les légumes viennent de culture de plein air ou de serre. La nature du sol, les facteurs climatiques, les arrosages, les dosages d'engrais apportés… interviennent également.

• La plupart des plantes légumières ou condimentaires contiennent des antioxydants qui renforcent notre système immunitaire et aident à combattre certaines maladies, comme le cancer ou les maladies du système cardio-vasculaire.

Les vitamines du potager

Vitamine	Son rôle	Ses sources
La vitamine A	Elle a pour rôle principal de favoriser la croissance et la résistance aux maladies.	La plupart des légumes en contiennent, mais elle est surtout présente dans l'épinard (jusqu'à 500 mg pour 100 g de denrée alimentaire), la carotte (80 mg), la tomate (30 mg), les courges (jusqu'à 2 mg).
La vitamine B1	C'est la vitamine de l'équilibre nerveux, de l'assimilation des glucides (sucres, féculents) et un stimulant de l'appétit.	On la trouve dans de nombreux légumes dont l'épinard (20 mg), la tomate (12 mg), l'oignon et la pomme de terre (10 mg), la carotte (9 mg), l'ail (5 mg).
La vitamine B2	Vitamine de l'équilibre nutritif. Elle participe à la protection des yeux, excite l'action de l'insuline, aide à la respirationdes tissus.	Les légumes les plus riches en vitamine B2 sont l'aubergine, la lentille, l'oseille, la poirée et le soja. On en trouve aussi dans l'ail, l'artichaut, la carotte, les choux, le concombre, la fraise, les haricots, la laitue, la mâche, le maïs sucré, le melon, le navet, le panais, la patate douce, le persil, le pissenlit, le poireau, les pois, la pomme de terre, la tétragone et la tomate.
La vitamine B3 ou PP	Vitamine de l'énergie, des cellules, elle agit sur les systèmes digestif, musculaire et nerveux.	Les légumes secs et à feuilles vertes, ainsi que la carotte, les courges, l'épinard, le pois, la lentille, l'oignon, la tomate et le topinambour en contiennent.
La vitamine B5	Elle joue un rôle dans le fonctionnement de la mémoire. Elle fournit l'énergie nécessaire aux fonctions vitales, protège nos cellules et permet la régénération des tissus revêtant la surface de la peau.	Peu de légumes en contiennent ; on la trouve dans l'asperge, la carotte, les choux, les courges, l'épinard, certains haricots secs, la lentille, le maïs sucré, le navet, le soja et la tomate.
La vitamine B6 ou G	Liée au bon fonctionnement des protéines, des graisses, des sucres, elle régularise le métabolisme de divers tissus du système nerveux, du foie, de la peau. Elle contribue à la formation de l'hémoglobine du sang et renforce l'immunité ; c'est la vitamine de l'humeur.	L'asperge, les courges, l'épinard, la laitue, le navet, le pois, la pomme de terre, la tomate en contiennent.
La vitamine B8 ou H1	Elle joue un rôle important dans le métabolisme cellulaire, dans la synthèse des protéines, évite la chute des cheveux...	On la trouve principalement dans le chou pommé et le chou-fleur, l'épinard, le haricot, la laitue, la lentille, la pomme de terre et la tomate.
La vitamine B9 ou L1	C'est la vitamine de l'anti-anémie. Elle est essentielle pour le métabolisme de nos cellules et protège notre organisme des empoisonnements.	Tous les légumes à feuilles, consommés crus ou cuits doucement à l'étouffée, renferment cette vitamine (principalement la chicorée, les choux divers, l'épinard, la laitue, la poirée) et aussi l'asperge, les courges, la fève, les haricots, la lentille, le pois, la pomme de terre...

La quantité de vitamines donnée en mg est celle contenue dans 100 g de denrées alimentaires.

LES VITAMINES DU POTAGER

VITAMINE	SON RÔLE	SES SOURCES
La vitamine B10 ou H2	Vitamine antisclérodermique (protégeant la peau de certaines affections et épaississements), elle joue un rôle dans l'oxygénation des cellules.	Les choux, l'épinard, les haricots, la laitue, le maïs doux, la pomme de terre et la tomate.
La vitamine C	Antiscorbutique, elle aide à la formation des os, à la croissance du système circulatoire, détruit les toxines. Elle joue un rôle dans les tissus, dans le métabolisme des glucides et des acides aminés. C'est la vitamine antifatigue...	La plupart des légumes en contiennent ; principalement la tomate (160 mg), l'épinard (100 mg), l'ail (100 mg), l'oignon (80 mg), la pomme de terre (60 mg), la carotte (15 mg) ; on la trouve également dans les courges, le cresson, le haricot vert, le persil, les piments, le poireau, le raifort sauvage.
La vitamine D	C'est la vitamine des os (antirachitique). Elle joue un rôle dans la fixation du calcium et dans le sommeil. Le soleil en est une grande source.	La betterave, le chou de Bruxelles, le chou pommé, le chou rouge, le cresson, les haricots verts et secs, la laitue, le maïs sucré, le navet, l'oignon, le pois, la pomme de terre, le soja et la tomate.
La vitamine E	Elle agit contre le vieillissement, dans la reproduction, évite la dégénérescence du foie et des muscles. Elle protège la vitamine A de l'oxydation et renforce le système immunitaire.	On la trouve dans la plupart des légumes-feuilles (choux, chicorée, cresson, épinard, laitue, mâche) ainsi que dans la carotte, les haricots, la lentille, le persil, le pois, le soja et la tomate.
La vitamine F	Elle agit sur le métabolisme du cholestérol et de l'appareil circulatoire. Anti-eczématique, elle prévient aussi les maladies cardio-vasculaires.	Peu de légumes en contiennent à part le fenouil et le soja.
La vitamine I	Elle s'oppose à l'accumulation des graisses dans le foie (anticirrhotique), évite les dépôts de cholestérol dans nos artères.	On la trouve dans l'épinard, le maïs doux et les légumes à tubercules.
La vitamine J	Elle est importante puisqu'elle protège le foie contre la dégénérescence ; elle participe aussi à l'abaissement du taux de cholestérol.	La betterave potagère et la plupart des légumes verts en contiennent.
La vitamine K	C'est la vitamine de la coagulation du sang. Elle joue un rôle dans le métabolisme cellulaire.	Principalement les légumes verts, mais aussi la betterave, la carotte, le chou-fleur, la fraise, le maïs doux, le pois, la pomme de terre, la tomate.
La vitamine M	Elle empêche la raideur musculaire.	La betterave, le céleri à côtes, la chicorée Witloof, le chou frisé, le navet, le pissenlit, la poirée.
La vitamine U	Vitamine anti-ulcéreuse, elle joue un rôle protecteur au niveau digestif.	La carotte, le céleri à côtes, les choux, la laitue et la tomate.

Les minéraux et les oligo-éléments

ÉLÉMENT	SON RÔLE	SES SOURCES
L'aluminium (Al)	Il lutte contre l'anxiété et l'insomnie. Il est indispensable au bon développement intellectuel, à un bon équilibre et pour le système nerveux.	On le trouve en très faible quantité dans la carotte, l'épinard, le melon, l'oignon, la pomme de terre et le topinambour.
L'arsenic (As)	C'est un stimulant de l'appétit et un tonique. Il agit contre l'eczéma et active les échanges nutritifs. C'est un très bon reconstituant de la cellule nerveuse.	L'ail, la carotte, le chou pommé, le cresson, l'épinard, la laitue, le navet, la pomme de terre.
Le baryum (Ba)	Il jouerait un rôle contre l'hypertension, le vieillissement prématuré, et renforcerait les défenses immunitaires.	L'asperge et l'oignon.
Le bore (B)	Il stabiliserait le calcium et jouerait un rôle dans l'assimilation du cuivre et du magnésium, il agirait sur le système des cartilages.	L'asperge et les courges.
Le brome (Br)	Il agit sur une glande à sécrétion interne située dans le cerveau qui produit des hormones indispensables à l'organisme. Il exerce une action calmante sur le système nerveux.	L'ail, l'artichaut, l'asperge, la carotte, le céleri-rave, le chou, la fraise, le melon, l'oignon, le poireau, le radis, la tomate et le topinambour.
Le calcium (Ca)	Il participe aux fonctions d'entretien de l'ensemble cardio-vasculaire, dont la coagulation du sang ; il prend part à l'édification de nos os et au métabolisme de nombreuses vitamines. Il exerce une influence dans l'équilibre du système nerveux. Ce minéral tient dans l'organisme de nombreux autres rôles très importants. C'est d'ailleurs celui que l'on rencontre en plus grande quantité dans notre corps.	L'asperge, la carotte, le céleri, la chicorée, les choux, le concombre, les courges, le cresson, l'épinard, les haricots vert et sec, la laitue, la lentille, le melon, le navet, l'oignon, la pomme de terre, le radis, la rhubarbe, le soja et la tomate.
Le chrome (Cr)	Indispensable au métabolisme des sucres dans l'organisme, il active l'action de l'insuline et réduit le taux de cholestérol dans le sang. Il module certaines réactions des anticorps lors de fortes infections.	À part la betterave, les courges et le thym, très peu de plantes légumières semblent en contenir.
Le cobalt (Co)	Il intervient dans la composition du sang où il est nécessaire à la formation des globules rouges. C'est un élément constitutif de la vitamine B12. Il semble exercer un rôle dans la circulation artérielle et dans le système nerveux. Il prévient certaines formes d'anémie.	L'ail, la carotte, le céleri, le cerfeuil, la chicorée, divers choux, le concombre, le cresson, l'épinard, le haricot vert, la laitue, la lentille, l'oignon, l'oseille, le pissenlit, le radis, le raifort sauvage, le thym et la tomate.
Le cuivre (Cu)	C'est un anti-inflammatoire et un anti-infectieux. Il participe à la réduction du cholestérol dans le sang, permet une bonne utilisation de la vitamine C, nécessaire à la fixation du fer, et à la constitution de l'hémoglobine, indispensable à la vie des cellules, et renforce le système immunitaire.	L'artichaut, l'asperge, l'aubergine, la betterave, le céleri, la chicorée, les choux, le concombre, les courges, le cresson, l'épinard, la fève, la fraise, le haricot, la laitue, la lentille, le maïs doux, le melon, le navet, l'oignon, l'oseille, le persil, le poireau, le radis, le raifort sauvage, le salsifis, la tomate et le topinambour.

Les minéraux et les oligo-éléments

Élément	Son rôle	Ses sources
Le fer (Fe)	C'est un anti-anémique ; il intervient dans la respiration et favorise le transit intestinal. Constituant très important dans la fabrication de l'hémoglobine, il participe à la formation des globules rouges. C'est un stimulant des défenses de l'organisme.	L'asperge, l'aubergine, les choux, les courges, le cresson, l'échalote, l'épinard, la fève, la fraise, le haricot vert, la laitue, la lentille (très riche), le maïs doux, le navet, l'oignon, le persil (très riche), le pissenlit, le poireau, le radis, le raifort sauvage, la rhubarbe, la tomate et le topinambour.
Le fluor (F)	Il participe à la fixation du soufre et du phosphore. Il est très important pour l'entretien des os et des dents en évitant les caries et joue un rôle dans la fixation du calcium.	L'asperge, l'épinard, la pomme de terre, le pissenlit, le radis et la tomate.
L'iode (I)	Il est antitoxique, participe à la synthèse des hormones thyroïdiennes qui régulent le métabolisme général. Il joue un rôle dans la croissance du système nerveux et brûle les excès de graisse.	L'ail, l'artichaut, l'asperge, l'aubergine, la carotte, le chou, le concombre, les courges, le cresson, l'épinard, la fraise, le haricot vert, la laitue, le navet, l'oignon, l'oseille, le poireau, le pois, la pomme de terre, le radis, le raifort sauvage et la tomate.
Le lithium (Li)	Il exerce une influence sur le système nerveux, sur l'élimination de l'acide urique et sur la circulation sanguine.	On le rencontre dans peu de légumes. La betterave, la laitue, le pois chiche et la pomme de terre en apportent.
Le magnésium (Mg)	Il est l'un des meilleurs anti-infectieux. C'est un facteur de croissance et un régulateur cellulaire. Il assouplit les artères. Il augmente la sécrétion biliaire, participe à la synthèse des protéines et influence la respiration cellulaire. Il renforce notre système immunitaire.	Tous les légumes verts en contiennent, ainsi que l'asperge, l'aubergine, la betterave, la carotte, le céleri, le cerfeuil, le concombre, les courges, l'échalote, la fraise, la lentille, le maïs doux, le melon, le navet, l'oignon, la pomme de terre, le radis, le raifort sauvage, le salsifis, la tomate et le topinambour.
Le manganèse (Mn)	Il combat l'arthrose et joue un rôle important dans le métabolisme des os et des tendons. Il favorise les fonctions hépatiques et rénales. C'est un constituant de divers systèmes enzymatiques. Il participe également au du fonctionnement du cerveau dont il développe la mémoire.	L'ail, l'artichaut, l'asperge, la betterave, la carotte, le céleri, la chicorée, les choux, les courges, le cresson, l'épinard, le haricot vert, la laitue, le maïs doux, le melon, le navet, l'oignon, l'oseille, le persil, le pissenlit, le poireau, les pois, la pomme de terre, le radis et la tomate.
Le molybdène (Mo)	C'est un bon préventif contre les caries dentaires et un excellent anti-anémique. Il s'associe à l'élimination des toxines cellulaires.	Les légumes secs (lentille, haricot...), les légumes à feuilles vertes (chicorée, choux, épinard). D'autres plantes légumières en contiennent, mais en doses infinitésimales qu'il est difficile de déceler.
Le nickel (Ni)	Il agit contre le vieillissement cellulaire et stimule les fonctions pancréatiques. Il est nécessaire à l'assimilation des glucides.	La plupart des légumes à feuilles vertes (chicorée, choux, cresson, épinard, laitue, persil, pissenlit...) ainsi que la betterave, la carotte, la fève, le haricot vert, l'oignon et la tomate.

ÉLÉMENT	SON RÔLE	SES SOURCES
Le phosphore (P)	Élément important de l'énergie intellectuelle, nerveuse et sexuelle, il est indispensable à la structuration des os. Nécessaire à l'assimilation de la vitamine D, il a une influence au niveau du cerveau. Il exerce une fonction sur le métabolisme des glucides et des lipides.	L'ail, l'asperge, l'aubergine, la carotte, le céleri, le concombre, les courges, la chicorée, le haricot vert, la lentille, le melon, le navet, l'oignon, le poireau, le pois et la tomate en contiennent.
Le potassium (K)	Il intervient dans l'équilibre de l'eau tissulaire et il est indispensable au fonctionnement des autres sels minéraux. Il prend part à l'organisation du réglage du pH sanguin et participe au métabolisme des glucides et des protéines. C'est un tonique musculaire et un stimulant des mouvements intestinaux.	La plupart des légumes verts (chicorée, choux, cresson, épinard, laitue, poirée), ainsi que l'asperge, l'artichaut, le melon, le navet, l'oignon, le poireau, le pois et la pomme de terre.
Le rubidium (Rb)	Il joue un rôle important au niveau de la plaque motrice (surface de la peau, du centre nerveux sur les muscles) ; dans le système cellulaire, il est nécessaire à la formation du sang. Il permet de combattre les anémies.	La betterave potagère et le soja.
Le sélénium (Se)	Il contribue au ralentissement du vieillissement et joue un rôle dans les fonctions du foie. Il est indispensable aux enzymes qui protègent les cellules et au fonctionnement du cœur.	Beaucoup de légumes fraîchement récoltés, issus de culture biologique, possèdent ce minéral à doses homéopathiques. On peut citer : le céleri, les choux, le concombre, la fève, le haricot, la lentille, l'oignon, le pois, le radis, et la tomate.
Le silicium (Si)	Il joue un rôle important dans les domaines nerveux, respiratoire et vasculaire. Il est indispensable à la croissance, dans les cartilages osseux et s'oppose au vieillissement.	L'ail, l'asperge, le chou-fleur, la ciboulette, le cresson, l'échalote, l'épinard, la fraise, le haricot, le piment, le pissenlit, le poireau, le radis, la tomate, le topinambour.
Le sodium (Na)	Garant du métabolisme des hydrates de carbone, il stimule l'appétit et facilite la digestion. Il est indispensable à l'équilibre minéral des cellules.	Le sel de table est l'un des principaux fournisseurs, mais on en trouve aussi dans la carotte, le céleri, les choux, les courges, le haricot vert, la laitue, le melon, le pissenlit, la pomme de terre et le radis.
Le soufre (S)	C'est un élément important pour les articulations, les dents et les os. Il est dépuratif et anti-infectieux, annihile les toxines cellulaires et contribue au bon fonctionnement du foie.	L'ail, l'asperge, la carotte, le chou, le concombre, les courges, le cresson, l'épinard, le haricot sec, la lentille, le navet, l'oignon, le poireau, le pois (sec), la pomme de terre et le radis d'hiver.
Le vanadium (V)	Il participe au métabolisme du cholestérol dans le sang, qu'il réduit. Il joue un rôle dans la croissance.	On en trouve dans quelques légumes comme l'ail, la carotte, l'épinard, la mâche, le maïs doux, le radis et le soja.
Le zinc (Zn)	Il est primordial pour la synthèse des protéines, pour la croissance des cellules et leur respiration. Il exerce un rôle dans les fonctions de reproduction et dans le diabète en renforçant la sécrétion de l'insuline et en régularisant le pancréas.	L'asperge, l'aubergine, la betterave, la carotte, les choux (surtout le chou brocoli), le cresson, le céleri-rave, la chicorée, le concombre, les courges, l'épinard, la fraise, le haricot, la laitue, la lentille, la mâche, le maïs doux, le navet, l'oignon, l'oseille, le persil, le pois et la tomate.

Les plantes du potager

Absinthe commune

Plante aromatique et médicinale qui peut atteindre une hauteur de 1,50 m. Ses feuilles argentées sont recouvertes de duvet ; elles sont très divisées. Les fleurs sont hermaphrodites, de couleur jaunâtre ; elles forment des grappes. L'absinthe a une odeur très forte, pénétrante et agréable, qui éloigne certains parasites des plantes cultivées.

Carte d'identité

Nom botanique : (1) et (2) *Artemisia absinthium* Linné.

Famille : Astéracées (Composées).

Cycle : plante vivace.

Synonymes latins : *Absinthium vulgare* Lamarck ; *A. officinale* Brotero, *A. bipedale* Gilibert ; *A. absinthia* St-Lag.

Synonymes français : absinthe officinale, absinthe romaine, aloïne, aluine, aluyne, alvine, armoise absinthe, armoise amère, artémise amère, grande absinthe, herbe sainte, herbe aux vers...

Origine : indigène dans les Alpes, en Europe, Sibérie et Afrique du Nord.

Noms étrangers :
Anglais : absinth, wormwood, common wormwood.
Allemand : Wermut, Absinth, Aniskraut, Wermutbeifuss, Wiegekraut.
Espagnol : ajenjo, ajenjo mayor.
Italien : assenzio volgare, assenzio majore o Romano.
Néerlandais : Absintkruid, Absint Alsem.

Un peu d'histoire

Au Moyen Âge, on utilisait l'absinthe contre le mal de mer ; elle est le symbole de l'amertume. L'alcool d'absinthe est utilisé dans la fabrication d'apéritifs anisés et de spiritueux.

Propriétés

Apéritive, antiseptique, digestive, diurétique, carminative, emménagogue, fébrifuge, stimulante, stomachique, vermifuge et tonique, l'absinthe contient une huile essentielle. Attention à son abus, elle est très dangereuse pour la santé.

Culture

Sous abris

Les graines se sèment en mars-avril, en pépinière bien abritée ou sous tunnel plastique. Très fines, elles ne doivent être que très peu recouvertes. Le sol est à maintenir suffisamment humide jusqu'à la levée.

Dès que les plants ont 4 ou 5 feuilles, on les repique en pépinière en les espaçant de 15 à 20 cm en tous sens.

En place

Au début de l'automne, créer des rangs espacés de 50 cm et mettre en place tous les 80 cm sur la ligne.

Lors de la plantation, veiller à praliner les plants avec une bouillie de lithothamne. Cette plante se cultive généralement en bordures.

Les bons mariages

L'absinthe ne supporte ni la sauge ni le carvi. Elle a aussi tendance à entraver la croissance des jeunes plants : éviter par conséquent de faire des semis dans son voisinage.

Rotation des cultures

Cette plante ayant la particularité de rester longtemps en place (de 4 à 8 ans, voire plus), il faudra attendre au moins 4 ans avant de la faire revenir au même endroit. Dans la rotation, il faut la considérer comme une plante exigeante en raison de sa longue durée en place.

Fertilisation

Fertilisation normale à la fin de l'automne ou au début du printemps avec un engrais naturel et du compost.

Entretien

Les binages et les sarclages sont nécessaires. Arroser en cas de sécheresse, même si la plante souffre en principe assez peu du manque d'eau. Lors de très

Fiche de culture

Climat	Exposition	Sol	Plantation	Floraison	Récolte
Tempéré : résiste au froid	Chaude et ensoleillée	Aéré, légèrement argileux et calcaire	Semez ou divisez les touffes au printemps ou à l'automne	Du mois de juillet jusqu'au mois de septembre	Les feuilles 10-12 mois après semis, les sommités fleuries après 15 mois

grands froids, il faut la protéger avec de la paille ou des feuilles sèches.

Maladies et parasites

L'absinthe commune ne semble sensible ni aux parasites des cultures ni aux maladies.

Récolter et conserver

La récolte des feuilles et des sommités fleuries destinées à la conservation s'effectue de préférence pendant les mois de juillet et août. Les faire sécher à l'ombre et les conserver dans un local sec, à l'abri de la poussière.

Notes du jardinier

- L'absinthe éloigne les mites, les puces des animaux domestiques, les fourmis.
- Elle peut s'utiliser comme insecticide, en macération ou en infusion, car elle repousse les chenilles, les limaces, l'altise et la piéride du chou.

En cuisine

- On utilise les feuilles et les sommités fleuries.
- L'absinthe entre dans la fabrication de diverses liqueurs, vins, apéritifs et produits pharmaceutiques ; elle est également employée en tisane.
- Les feuilles fraîches ou séchées de l'absinthe aurone (*A. abrotanum*) ont un parfum citronné ; elles servent à aromatiser les salades, les sauces, les viandes et le vinaigre ; à consommer cependant avec modération.

Sommités fleuries de l'absinthe.

Faire ses graines

Récolter les graines au moment de leur maturité : les premières sont de meilleure qualité. Les faire sécher et les conserver au sec et à l'abri de l'air.

- Durée germinative : 4 ans.
- Nombre de graines au gramme : 11 500.
- Levée : de 20 à 30 jours.

Les variétés

D'autres espèces d'absinthe existent, dont la petite absinthe *Artemisia pontica* (de culture annuelle) et l'absinthe aurone *Artemisia abrotanum*.

Agastache de Corée

Plante condimentaire et aromatique, haute de 1 m à 1,20 m, ramifiée au sommet, aux tiges rigides. Ses feuilles sont en forme de lance, arrondies du côté du pédoncule et pointues à l'extrémité, ovales, dentelées, pétiolées, blanchâtres en dessous, à odeur mentholée. Ses fleurs violacées sont disposées en cercle autour de ses tiges, constituant des épis en forme de tube, long de 5 à 15 cm et de 2 cm de diamètre, mellifères et hermaphrodites.

Carte d'identité

Nom botanique : (1) et (2) *Agastache rugosa* O. Kuntze.

Famille : Lamiacées ou labiées.

Cycle : plante vivace.

Synonyme latin : *Lophanthus rugosus* Fischer et Meyer.

Synonyme français : menthe de Corée.

Origine : Asie Orientale (régions humides de Chine, de Corée et de Sibérie).

Un peu d'histoire

Cette plante très aromatique est utilisée dans la médecine chinoise.

Culture

Par semis

Les graines se sèment en godets de fin février à la mi-avril au chaud sous châssis, en serre ou sous cloche. Elles ont besoin d'une température assez élevée pour germer. Éliminer les plants en surnombre ou les repiquer en godets.

Mettre en place lorsque les gelées ne sont plus à craindre, à 50 cm en tous sens, plutôt en bordure du potager.

Par bouturage

En mai-juin, ou de la mi-août à la mi-septembre, prélever des boutures de 10 cm. Ôter les feuilles sur la partie enterrée (environ la moitié), et planter sous châssis ou en serre ; les conserver à l'abri des froids.

Mettre en place en avril-mai, ou au début du printemps sous cloche ou tunnel plastique.

Les bons mariages

L'agastache de Corée se marie bien avec toutes les plantes.

Rotation des cultures

Effectuer une rotation de l'agastache de Corée tous les 4 à 5 ans.

Fertilisation

Fertilisation normale à l'automne ou à la fin de l'hiver avec des engrais naturels. Les fertilisations foliaires ne sont pas nécessaires.

Entretien

Binages et sarclages réguliers sont bienvenus ; arroser en cas de nécessité, et pailler en cas de sécheresse.

Notes du jardinier

- **Cette plante aromatique attire les abeilles et les papillons qui affectionnent ses fleurs.**
- **L'agastache de Corée repousserait les moustiques grâce à son odeur mentholée.**
- **Elle trouve tout naturellement sa place dans les compositions de fleurs séchées ou pots-pourris.**

Fiche de culture

Climat	Exposition	Sol	Plantation	Floraison	Récolte
Tempéré : semi rustique, craint les froids	Ensoleillée	Tous terrains, de préférence légers, frais, sableux, riches en humus	Semez fin février à mi-avril ; plantez les boutures mi-août à mi-septembre	Juillet à octobre	3 à 4 mois après le semis, 8 à 9 mois après le bouturage

Agastache du Mexique.

Semer de préférence en lune décroissante

Maladies et parasites

Cette plante résiste bien aux maladies et aux parasites.

Exceptionnellement, elle peut être sensible aux excès de pluie ou de chaleur, lorsque les plants sont encore jeunes.

La fonte des semis

À la levée, les jeunes plants disparaissent. Cette maladie est souvent due à un excès d'humidité.

Dès que possible, aérer les châssis pour endurcir les plants avant le repiquage.

L'oïdium

En période de chaleur et de sécheresse, les feuilles se couvrent de taches blanches et poudreuses.

Dès l'apparition de cette maladie, pulvériser de la bouillie bordelaise. En prévention, arroser et pailler les plants.

Récolter et conserver

Les feuilles se récoltent selon les besoins en prenant les tiges les plus tendres.

Pour la conservation

La récolte des feuilles s'effectue avant la floraison. Faire sécher à l'ombre. Conserver les feuilles dans des boîtes hermétiques, à maintenir au frais et au sec, de préférence à l'abri de la lumière.

Les variétés

Il y a plusieurs espèces d'agastaches : l'agastache fenouil *(A. foeniculum)*, l'agastache du Mexique (*A. mexicana*) qui sont condimentaires et l'agastache géant jaune *(A. nepetoïdes)* à fleurs jaunes, l'agastache géant pourpre *(A. scrophulariifolia)*, l'agastache à fleurs blanches *(A. alabaster)*... qui sont surtout ornementales.

Faire ses graines

Cueillir les épis lorsqu'ils brunissent. Dans un local aéré, à l'ombre, les laisser sécher sur une toile quelques jours avant de les égrener. Les conserver en sachet à l'abri de l'humidité, de la lumière du jour, au frais et au sec.

- Durée germinative : inconnue.
- Nombre de graines au gramme : environ 700 à 1 100.
- Levée : selon la température entre 10 et 15 jours.

En cuisine

- Les feuilles sont bonnes pour aromatiser les salades vertes, de crudités et de fruits. Elles relèvent le goût de certaines sauces (pour les pâtes fraîches, notamment), des gâteaux et des tartes.
- On peut les utiliser dans les potages et certaines infusions.
- L'agastache entre également dans la composition d'un vin aromatisé, apéritif.

Bouton floral d'ail ordinaire.

Ail ordinaire

Plante condimentaire, médicinale, herbacée, haute de 40 à 60 cm, bulbeuse. Son bulbe (tête) est composé de nombreuses gousses ou caïeux. Sa tige cylindrique, creuse, partant du milieu du bulbe se termine par une ombelle qui porte en même temps des fleurs et des bulbilles. Ses feuilles, de couleur vert pâle, sont planes, longues, étroites, en lanières, les fleurs sont hermaphrodites, de couleur blanche ou rougeâtre. Cependant, l'ail ne fleurit pas souvent sous notre climat.

CARTE D'IDENTITÉ

Nom botanique :
(1) et (2) *Allium sativum* Linné.

Famille : Alliacées (Liliacées).

Cycle : plante vivace par son bulbe, mais cultivée comme annuelle.

Synonymes Français :
ail commun, ail de cuisine, ail cultivé, ail à potager, chapon, perdrix, thériaque des pauvres, thériaque des paysans.

Origine : sans doute de l'Asie centrale.

Noms étrangers :
Anglais : garlic, common garlic.
Allemand : Knoblauch, gewöhnlicher Knoblauch.
Espagnol : ajo, ajo vulgar, ajo común.
Italien : aglio.
Néerlandais : knoflook.

UN PEU D'HISTOIRE

L'ail aurait été cultivé par les Égyptiens dans les temps anciens et consommé par les ouvriers participant à la construction des pyramides.

Propriétés

Antiseptique, antispasmodique, apéritif, aphrodisiaque, carminatif, dépuratif, désinfectant, digestif, excitant, expectorant, fébrifuge, nutritif, stimulant, tonique, vermifuge, l'ail contient des huiles essentielles, des vitamines (A, B1, C) ainsi que du cobalt, de l'iode, du manganèse, du silicium et du soufre.

Culture

Les caïeux

La plantation des caïeux se fait en octobre-novembre dans les terrains légers et perméables, ou en février-mars dans les terres plus lourdes. Les gousses se plantent à 3 ou 4 cm de profondeur, la pointe en haut, en les espaçant de 10 cm sur la ligne. Chaque rang doit être espacé de 25 cm.

Les bulbilles

La plantation des bulbilles se fait en rayons peu profonds. On plante une bulbille tous les centimètres. Chacune donnera un petit bulbe qu'il faudra replanter l'année suivante ; ainsi on régénère l'ail.

Certaines variétés donnent des bulbilles plus grosses autour de la tige. Dans ce cas, elles sont à traiter comme les caïeux.

Planter de préférence en lune décroissante

Les bons mariages

Les fraisiers, les betteraves, les pommes de terre, le fenouil, les laitues, les tomates s'entendent bien avec l'ail. En revanche, il faut prendre soin d'éloigner les légumineuses (haricot, fève, pois).

Plantation des caïeux.

FICHE DE CULTURE

Climat	Exposition	Sol	Plantation	Floraison	Récolte
Tempéré : résiste au gelées	Ensoleillée	Léger, ameubli, perméable, profond	Caïeux ou bulbilles, en février-mars ou en octobre-novembre	Du mois de juin jusqu'au mois d'août	Après 4 à 5 mois (plantation de printemps) ou 8 à 9 mois (plantation d'automne)

Rotation des cultures

La rotation est celle appliquée aux légumes-bulbes. Pratiquer une alternance de 4 à 6 ans.

Fertilisation

Éviter l'emploi des fumures fraîches. Utiliser un compost ou de l'engrais à condition qu'il soit peu azoté.

Les fertilisations foliaires se font en cours de végétation, à partir du mois de mars jusqu'à la fin juin.

Entretien

Les binages et les sarclages sont à faire régulièrement. Au mois de juin, on peut nouer les tiges.

Maladies et parasites

La rouille

Tâches jaunâtres à rougeâtres sur les feuilles et parfois sur les caïeux.

À titre préventif, effectuer 4 ou 5 fertilisations foliaires au cours de la végétation. Le respect des rotations est important. Dès l'apparition des premières taches, pratiquer des pulvérisations de bouillie bordelaise.

La graisse

Le feuillage jaunit et les caïeux pourrissent.

En prévention, apporter 3 kg/are de sel marin (au maximum). Éviter les terres trop humides, les matières organiques non décomposées et l'apport excessif d'engrais azotés.

Brûler les pieds atteints. Respecter les rotations.

L'anthomyie de l'oignon

Ver blanc ravageant l'intérieur des bulbes.

Arracher et brûler les plantes atteintes. Une rotation de 4 à 6 ans constitue une bonne prévention.

La teigne de l'ail

Chenille verte qui s'attaque aux feuilles en mai-juin.

Couper les feuilles atteintes et les brûler. Ne pas hésiter à éliminer les plantes trop attaquées. Respecter les rotations.

Faire ses graines

L'ail ne produit pas de graines, mais des gousses. Choisir celles destinées à la reproduction sur les plus beaux pieds. Pour régénérer l'ail, replanter les bulbilles se développant autour de la tige ou en haut de celle-ci ; les premières feuilles apparaissent une à deux semaines, parfois plus, après la plantation.

Récolter et conserver

La récolte des caïeux peut avoir lieu dès que les feuilles jaunissent. Dans le Midi, elle commence au mois de juin. Pour la région parisienne, attendre les mois de juillet-août.

Si le temps le permet, les laisser ressuyer quelques jours sur le sol, ou les exposer au soleil, étalés sur des clayettes. Les conserver dans un local aéré, sec, frais, si possible à l'abri de la lumière du jour, pendus en bottes ou en tresses. L'ail blanc se conserve peu au-delà de la fin de l'année.

Notes du jardinier

- **Lorsque l'été est pluvieux, déchausser les caïeux afin d'éviter leur pourriture.**
- **En terre humide, cultiver l'ail en billon (sur une butte).**

Les variétés

Ail blanc commun (à planter avant janvier), ail rose (résistant mieux en terre lourde), 'Violet de Cadours', 'Rose de Lautrec', 'Rouge d'Arleux', 'Blanc de Beaumont'.

Ail rose d'Auvergne.

En cuisine

- Les gousses d'ail s'utilisent crues, pour assaisonner les crudités, salades, mayonnaises ; confites, dans le vinaigre avec les cornichons.
- Cuites, elles parfument non seulement les viandes (gigot de mouton, ragoûts, volailles, lapin, porc), mais aussi les farces, les sauces, les soupes, les légumes, les courts-bouillons, les poissons, les champignons.
- La saveur de l'ail est forte et pénétrante.

Ail d'Orient

Plante condimentaire se situant entre l'ail ordinaire et le poireau par son aspect. Sa tige florale peut atteindre plus d'un mètre. Ses feuilles sont enroulées, plates et longues. Son bulbe se divise en 4 à 5 caïeux nettement plus gros que l'ail ordinaire. Selon les années ou la date de plantation, elle peut ne former qu'un gros bulbe grisâtre et légèrement aplati.

Carte d'identité

Noms botaniques : (1) *Allium ampeloprasum* Linné ; (2) *Allium Babingtonii* Borrer W.

Famille : Alliacées.

Cycle : plante vivace par son bulbe, cultivée comme annuelle.

Synonymes latins : *Allium albescens* Gussone, *A. adscendens* Tenore, *A. bertollonni* De notris, *A. byzantinum* (Knuth) Koch, *A. Gasparrinii* Gussone, *A. holmense* Miller et Gardner, *A. mogadonense* (Kuntze) Willdenow, *A. porrum* var. *ampeloprasum* Alefeld, *A. syriacum* Boissier, *A. thessalum* Boissier, *A. Porrum ampeloprasum* Miller...

Synonymes français : ail de cheval, ail de Pourniole, faux poireau, pourrat.

Origine : Asie de l'Ouest, Afrique du Nord et Europe méridionale.

Noms étrangers :
Anglais : great headed garlic, levant garlic, british leek.
Allemand : pferde-knoblauch, sommerlauck, arkerknoblauck.
Espagnol : ajo canête, ajo castanête, ajo de oriente.
Italien : porrandello.

Un peu d'histoire

Cette plante est souvent cultivée dans le Berry.

Propriétés

Inconnues ; on peut toutefois estimer qu'elles sont à peu près identiques à celles de l'ail ordinaire ; l'ail d'Orient contient des huiles essentielles.

Culture

La plantation des caïeux s'effectue de la mi-octobre à la fin novembre. Ne pas planter à la fin de l'hiver, car la plante ne donnerait alors qu'un bulbe sans caïeux, et éviter les terrains trop humides.

Diviser les bulbes un par un et planter tous les 12 cm sur des rangs séparés de 30 cm. Enfoncer les caïeux de 3 ou 4 cm et les recouvrir légèrement.

Les bons mariages

Comme l'ail ordinaire, cette plante n'apprécie pas les fabacées (haricots, fèves...). En revanche, elle voisine bien avec les tomates, les laitues, les pommes de terre, les fenouils...

Rotation des cultures

Attendre 2 à 3 années avant de cultiver l'ail d'Orient au même endroit.

Planter de préférence en lune décroissante

Fertilisation

Lors du travail du sol, amender la terre avec un mélange peu azoté et riche en lignine (compost) et apporter un engrais naturel. Les fertilisations foliaires sont bénéfiques.

Entretien

Effectuer des sarclages et des binages régulièrement.

Maladies et parasites

Ce sont les mêmes que ceux de l'ail ordinaire page précédente. Cette espèce s'avère plus résistante si elle est cultivée dans un terrain bien équilibré.

Récolter et conserver

En juillet, lorsque les feuilles sont sèches, arracher les bulbes à l'aide d'une fourche-bêche. Les laisser ressuyer au soleil quelques jours à même le sol ou sur des clayettes. Les conserver dans un local aéré.

Fiche de culture

Climat	Exposition	Sol	Plantation	Floraison	Récolte
Tempéré : tolère la chaleur et supporte les froids	Ensoleillée	Léger, frais, perméable et humifère	Par caïeux à l'automne, au début de l'hiver	Fin mai à fin juillet	7 à 9 mois après la plantation

Des caïeux d'ail d'Orient.

Les variétés

Il n'existe que le type botanique.

Faire ses graines

L'ail d'Orient produit des graines stériles.

Notes du jardinier

- Toutes les espèces d'ail sont fortement recommandées dans l'alimentation : riche en soufre, l'ail semble jouer un rôle non négligeable dans notre défense immunitaire.
- La longue tige florale de l'ail d'Orient ne nuit pas au développement des caïeux.

En cuisine

- Son utilisation est pratiquement identique à l'ail ordinaire.
- Crues, ses gousses donnent de la saveur aux salades, crudités, mayonnaises...
- Cuites, elles relèvent le goût de certains légumes, de viandes (ragoûts, volailles, gigots...) et parfument les soupes, les courts-bouillons et les poissons.

Ail rocambole

Plante condimentaire ressemblant beaucoup à l'ail ordinaire, mais plus haute : jusqu'à 80 cm. Sa tige, d'abord contournée, part en spirale, puis devient droite ; elle porte au sommet des bulbilles réunies en groupe. Celles-ci, plus grosses que pour l'ail ordinaire, apparaissent fin juin ; les caïeux, souvent plus gros eux aussi, sont de couleur grisâtre.

CARTE D'IDENTITÉ

Nom botanique : (1) et (2) *Allium sativum* var. *ophioscorodon* (Link) Döll.

Famille : Alliacées (Liliacées).

Cycle : plante cultivée comme annuelle, mais vivace par ses caïeux.

Synonymes latins :
A. scorodoprasum Linné ;
A. controversum Schrader ;
A. ophioscorodon Link ;
A. scorodoprasum var. *controversum* Moore et Bailey.

Synonymes français : ail bulbifère, ail d'Espagne, échalote d'Espagne, rocambole.

Origine : Europe méridionale, Asie centrale et méridionale.

Noms étrangers :
Anglais : rocambol, giant garlic.
Allemand : Rockembolle, Roccambol.
Espagnol : rocambola, ajo pardo.
Italien : specie d'aglio, aglio d'india.
Néerlandais : echter chlangenlauch, perlzwiebel, slangerlook, spaanse knoflook.

Les variétés

Selon les auteurs, cette plante est considérée comme une espèce ou une variété unique.

Les propriétés, la culture, les bons mariages, la rotation des cultures, la fertilisation, l'entretien, la récolte et la conservation :
se reporter à l'ail ordinaire, pages 95-96.

Planter de préférence en lune décroissante

En cuisine

Les modes de préparation de l'ail rocambole sont identiques à ceux de l'ail ordinaire.

Notes du jardinier

- L'ail rocambole résiste bien aux maladies et aux parasites.
- Il supporte mieux les terres humides que l'ail ordinaire.

FICHE DE CULTURE

Climat	Exposition	Sol	Plantation	Floraison	Récolte
Tempéré : résiste aux gelées	Ensoleillée	Léger, ameubli, perméable, profond	Plantez en février-mars ou en octobre-novembre	Ne fleurit pas	Après 4 à 5 mois (plantation de printemps) ou 8 à 9 mois (plantation d'automne)

Amarante

Plante potagère et décorative, dont la hauteur, selon les espèces varie de 50 cm à plus de 2 m. Les amarantes ont des feuilles entières, alternes et très jolies, de différentes couleurs : vert, rouge et jaune blanchâtre pour l'amarante tricolore, rouge foncé à rouge clair, pour les feuilles du sommet, chez l'amarante bicolore ; rouge pourpre pour l'amarante à panicules, et vert pour l'amarante du Soudan. Les fleurs, hermaphrodites, sont petites, de couleur rouge, et, selon les espèces, disposées en épis ou en panicules, comme des plumeaux.

Carte d'identité

Nom botanique :
(1) et (2) *Amaranthus* spp. (diverses espèces).

Famille : Amarantacées.

Cycle : plante annuelle.

Origine : certaines espèces sont originaires du Mexique, des Andes et de l'Inde.

Noms étrangers :
Anglais : amaranth.
Allemand : Amarant, Suchffchwanz.
Espagnol : amaranto, bledos.
Italien : amaranto, blito.
Néerlandais : amarant.

Un peu d'histoire

Les amarantes se cultivaient déjà dans l'Antiquité. On sait que les Aztèques s'en nourrissaient. Elles sont appréciées dans les pays tropicaux.

Propriétés

Elles sont peu connues. Cependant, les amarantes contiennent des vitamines (A et C), ainsi que du calcium et du potassium. Les graines sont riches en protéines. Les feuilles renferment une teneur assez élevée en acide oxalique. Une consommation importante de ces plantes est déconseillée.

Culture

En place

Les graines se sèment très clair, en avril-mai. Les rangs sont espacés de 40 cm. Dès que les plants ont 4 ou 5 feuilles, éclaircir à 30 cm.

Sur couche

Les amarantes se sèment également sur couche dès la fin mars ou le début avril ; dans ce cas, les mettre en place dès que les plants atteignent 2 cm de hauteur. Praliner les racines dans une bouillie de lithothamne pour faciliter la reprise et maintenir le sol suffisamment humide.

Les plantes issues d'un semis en place montent moins rapidement à graines.

Les bons mariages

Les amarantes s'accordent avec toutes les autres plantes, potagères ou non.

Rotation des cultures

Cette plante à croissance rapide entre dans la catégorie des légumes-feuilles. Elle peut revenir au même endroit au bout de 2 ou 3 ans.

Semer de préférence en lune décroissante

Note du jardinier

Toutes les variétés peuvent se cultiver comme ornementales pour leur feuillage et leurs fleurs.

Fiche de culture

Climat	Exposition	Sol	Semis	Floraison	Récolte
Chaud ou tempéré ; craint le froid	Chaude et ensoleillée	Profond, humifère et frais	En avril-mai, en place ; fin-mars début avril, sur couche	Tout l'été	4 à 5 semaines après le semis

Faire ses graines

Conserver quelques pieds, parmi les plus beaux : réserver une seule espèce pour éviter l'hybridation. Les laisser monter à graines et les tuteurer. Couper les épis, ou panicules, un peu avant qu'ils ne parviennent à maturité, et les étaler sur une toile. Les battre, les ventiler, puis ensacher les semences lorsqu'elles sont bien sèches.

- Durée germinative : environ 10 ans.
- Nombre de graines au gramme : 1 650.
- Levée : parfois capricieuse : quelques jours sur couche, mais jusqu'à 10 jours en plein air, selon l'humidité et la température du sol qui doit être suffisamment réchauffé.

Les variétés

On rencontre plusieurs espèces : l'amarante de Gange (*Amaranthus gangeticus*), l'amarante à panicules (*A. paniculatus*), l'amarante tricolore (*A. tricolor*), l'amarante du Soudan (*A. hypochondriacus*), qui peut atteindre parfois plus de 2 m de hauteur, et l'amarante queue-de-renard (*A. caudatus*).

Amarante à panicules.

En cuisine

- On consomme les feuilles des amarantes quand elles sont tendres et jeunes, avant que les plantes ne fleurissent ; elles se préparent comme celles des épinards.
- Les graines fines et très nombreuses de l'amarante à panicules et de l'espèce *hypochondriacus* s'utilisent comme le millet.
- Les amarantes sont appréciées dans de nombreux pays.

Fertilisation

La fertilisation est normale. Faire un apport léger d'engrais azoté au début de la végétation ou, mieux, à l'automne (corne torréfiée).

Entretien

Ne pas négliger les binages et les sarclages. Les arrosages sont souvent nécessaires car il faut maintenir un sol suffisamment frais. En cas de sécheresse, un paillage est conseillé.

Maladies et parasites

L'amarante ne semble pas sensible aux parasites ni aux maladies.

Récolter et conserver

On récolte les feuilles au cours de l'été, selon les besoins.

Elles sont à consommer rapidement, car elles perdent vite leur fraîcheur et se fanent en peu de temps.

Aneth

Plante condimentaire haute de 40 cm à près d'un mètre. Ses feuilles, finement découpées, ressemblent beaucoup à celles du fenouil commun (*Foeniculum vulgare*). On reconnaît aisément l'aneth en froissant ses feuilles ; pour certaines personnes son odeur est désagréable. Les fleurs, hermaphrodites, sont de couleur jaune pâle.

Carte d'identité

Nom botanique : *Anethum graveolens* Linné.

Famille : Apiacées (Ombellifères).

Cycle : plante annuelle.

Synonymes latins :
A. arvense Salisbury ; *A. sawa* Roxburch ; *Peucedanum graveolens* Bentham et Hooker ; *P. graveolens* Clarke ; *Selinum anethum* Roth ; *S. anethum* E.H.L Krause.

Synonymes Français :
fenouil bâtard, aneth adorant, faux anis, fenouil puant.

Origine : sud de l'Europe et Asie occidentale (de l'Iran à l'Inde).

Noms étrangers :
Anglais : dill.
Allemand : dill.
Espagnol : eneldo, aneldo, aneto.
Italien : aneto, aneto odorosa, finocchio fetido.
Néerlandais : dilkruid.

Un peu d'histoire

Les Égyptiens et les Romains utilisaient l'aneth pour combattre les migraines. Il est principalement cultivé aux Indes, en Angleterre, dans les pays scandinaves et d'Europe centrale.

Propriétés

Apéritif, carminatif, diurétique, stimulant et stomachique, l'aneth est riche en vitamine C et contient une huile essentielle.

Culture

En place

Les graines se sèment clair, en place, en avril ou en mai, en les recouvrant d'un demi-centimètre de terre. Les rangs sont espacés de 30 cm.

Éclaircir à 25-30 cm lorsque les plants ont quelques feuilles.

En pépinière

Les semis s'effectuent aussi en pépinière (moins courant), toujours au printemps ; les plants sont repiqués en place dès qu'ils ont 4 ou 5 feuilles.

Sous abri

Semer en pots (quelques graines par godet), sous châssis ou en serre ; ne conserver que le plant le plus vigoureux et mettre en place quand les gelées ne sont plus à craindre ; arroser les jeunes plants si nécessaire.

Semer de préférence en lune décroissante

L'aneth peut se cultiver en bordures, en massifs, en plates-bandes…

Les bons mariages

L'aneth peut cohabiter avec les choux, les laitues et le concombre. En revanche, éviter la carotte.

Il éloigne les pucerons des fèves cultivées à proximité.

Rotation des cultures

Pratiquer une rotation de 3 ou 4 ans, en évitant de cultiver une autre ombellifère sur la même planche.

Fertilisation

Fertilisation normale, en évitant toutefois les fumures non décomposées et les engrais azotés.

Pendant la végétation, et jusqu'à la montée à graines, les fertilisations foliaires par poudrages de lithothamne sont vivement conseillées.

Fiche de culture

Climat	Exposition	Sol	Semis	Floraison	Récolte
Chaud ou tempéré	Chaude et ensoleillée, surtout au nord de la Loire	Sain, meuble, aéré, plutôt sec	Avril-mai, en place	Du mois de juin jusqu'au mois de septembre, selon les régions	Les feuilles 2 mois après le semis ; les graines après 5 à 6 mois

Aneth en fleur.

Les variétés

'Tetra gold', 'Sari'.

Entretien

Procéder à des binages et des sarclages. Arroser si nécessaire.

Maladies et parasites

La fonte des semis

Les jeunes plants disparaissent après la levée.

À titre préventif, éviter d'effectuer des semis trop drus. Respecter aussi une bonne rotation.

Les mollusques

Ils dévorent les jeunes plants. Voir « La lutte contre les parasites », page 69.

Le puceron

Il suce la sève des plantes. Voir « La lutte contre les parasites », page 70.

Récolter et conserver

Les feuilles se récoltent au fur et à mesure des besoins.

Pour la conservation, elles se cueillent avant la floraison : les faire sécher à l'ombre et les ranger dans des boîtes hermétiques.

Quant aux graines, elles se récoltent à maturité (voir « Faire ses graines »). Après séchage, elles se conservent dans des emballages hermétiques à l'abri de l'air.

Note du jardinier

Sèches, les feuilles d'aneth parfument agréablement le linge.

Faire ses graines

Laisser quelques beaux sujets monter à graines en les tuteurant de préférence. Les graines se récoltent à maturité, c'est-à-dire quand elles prennent une couleur brun foncé, généralement en septembre-octobre.

Ne pas trop attendre car elles tombent facilement. Couper les ombelles, et les faire sécher à l'ombre, puis les battre. Elles se conservent ensuite dans des sacs ou des boîtes hermétiques.

- Durée germinative : 2 ou 3 ans.
- Nombre de graines au gramme : environ 900.
- Levée : 8 à 15 jours.

En cuisine

- L'aneth s'emploie comme condiment.
- Les feuilles, fraîches (elles sont plus parfumées) ou séchées, finement hachées, relèvent les salades, les soupes, le beurre aux fines herbes, divers légumes cuits, certaines viandes (principalement le mouton), et entrent dans les bouquets garnis, les sauces à poissons. Elles aromatisent le vinaigre et les cornichons confits. Les feuilles ne s'ajoutent qu'au moment de servir.
- Les graines sont utilisées dans diverses liqueurs ou confitures.
- La saveur de l'aneth rappelle à la fois celles du fenouil et de la menthe.
- Cette plante est très utilisée dans les pays scandinaves, principalement en Suède.

Angélique officinale

Plante potagère et condimentaire. Sa tige grosse, creuse, charnue et striée est parfois haute de plus de 2 m. Ses feuilles sont grandes, à folioles dentées, de couleur verte. À partir de la 2e année, elles sont munies d'un long pétiole charnu pouvant atteindre plus de 50 cm. Les fleurs hermaphrodites sont de couleur blanchâtre à verdâtre, en ombelles. Elles sont particulièrement mellifères.

CARTE D'IDENTITÉ

Nom botanique : (1) et (2) *Angelica archangelica* Linné.

Famille : Apiacées (Ombellifères).

Cycle : plante bisannuelle (jusqu'à 3 ans en supprimant la tige florale).

Synonymes latins : *Archangelica officinalis* Hoffmann ; *Angelica major* Gilibert ; *Angelica officinalis* Moench. *A. sativa* Miller, Gardner ; *A. procera* Salisbury ; *Selinum archangelica* Vest. ; *Ligusticum angelica* Stokes.

Synonymes Français : angélique de Bohême, angélique cultivée, angélique vraie, archangélique, herbe aux anges, herbe de Saint-Esprit...

Origine : Europe du Nord, Sibérie ; très répandue en Europe et en Asie.

Noms étrangers :
Anglais : angelica.
Allemand : Engelwurg, Angelika.
Espagnol : angelica.
Italien : angelica.
Néerlandais : tuin-angelica, engelkruid.

UN PEU D'HISTOIRE

L'angélique est cultivée en France depuis le Moyen Âge. Autrefois, on suspendait l'angélique au cou des enfants pour les préserver des mauvais sorts.

Propriétés

Antispasmodique, béchique, carminative, digestive, emménagogue, expectorante, sédative, stimulante, stomachique et tonique, l'angélique contient des huiles essentielles.

L'angélique officinale est une plante très aromatique. Son parfum rappelle celui du miel.

Culture

Les graines se sèment de juillet à septembre ; l'opération se fait soit en pépinière, pour une mise en place au printemps suivant, soit directement en place, de préférence avec des graines fraîchement récoltées. Si celles-ci sont stratifiées dans du sable sec, dès leur récolte, elles pourront être semées en mars-avril.

En place

Pour la mise en place, espacer les rangs de 80 cm ; éclaircir à la même distance sur la ligne.

Les graines sont à recouvrir d'un demi-centimètre de terre fine.

En pépinière

Lors du repiquage, si le démarrage a lieu en pépinière, praliner les racines avec du lithothamne et arroser copieusement chaque pied repiqué.

Les bons mariages

On ne connaît pas d'espèces qui se marient à l'angélique officinale.

Les facteurs lunaires n'ont aucune influence

Rotation des cultures

L'angélique officinale entre dans la catégorie des plantes herbacées. Généralement, elle reste 3 années en place. Il faut attendre au moins 3 à 4 ans avant de la faire revenir au même endroit.

Fertilisation

Fertilisation normale à la fin de l'automne ou au début du printemps avec un engrais naturel et du compost.

FICHE DE CULTURE

Climat	Exposition	Sol	Semis	Floraison	Récolte
Très résistante au froid, pousse partout en Europe	Ensoleillée	Profond, riche en humus, frais ; léger ou argilo-calcaire	De juillet à septembre	Du mois de juin jusqu'au début septembre, à partir de la 3e année	À partir de la 2e année (tiges et pétioles) ; à partir de la 3e année (graines)

Les fleurs de l'angélique officinale sont très appréciées des abeilles.

Entretien

Les binages et les sarclages sont indispensables. Arroser fréquemment en cas de sécheresse. Le paillage est très bénéfique. En novembre, il faut couper les feuilles sèches.

Maladies et parasites

Les pucerons s'attaquent parfois à la tige florale (voir « La lutte contre les parasites », page 70).

Récolter et conserver

On récolte les tiges et les pétioles à partir de la 2e année de culture et jusqu'à la montaison. Pour récolter les graines (3e année), on les sèche, puis on les conserve dans des bocaux.

Si l'on souhaite employer les feuilles en cuisine, les cueillir en fonction des besoins dès que la plante est suffisamment forte. On peut les sécher, les broyer et les conserver dans des récipients hermétiques.

Note du jardinier

Cette plante sécrète un nectar que les abeilles apprécient.

Les variétés

Il n'existe que le type botanique.

Faire ses graines

À partir de la 3e année de culture, choisir quelques beaux pieds destinés à la reproduction. Couper les ombelles à maturité, c'est-à-dire quand celles-ci brunissent légèrement ; si possible, réaliser cette opération le matin à la rosée pour éviter que les graines ne tombent. Les faire sécher à l'ombre jusqu'à ce qu'elles soient bien déshydratées. Ne pas tarder pour les semer ou les stratifier dans du sable sec.

- **Durée germinative : quelques mois, voire 1 an.**
- **Nombre de graines au gramme : 170.**
- **Levée : environ 20 jours pour un semis de juillet-août ; plusieurs mois pour un semis de septembre (levée au printemps de l'année suivante).**

En cuisine

- Les tiges et les pétioles sont utilisé pour la confiserie et la pâtisserie, les tiges confites au sucre (fruits confits) étant très appréciées.
- Les graines et les tiges coupées en morceaux entrent dans la préparation des liqueurs.
- Quant au feuilles, elles peuvent s'employer, comme celle du céleri, dans les potages, les salades et certaines sauces.

L'angélique s'utilise avec modération. Elle est déconseillée aux diabétiques.

Ansérine bon-henri

Plante potagère, haute de 30 à 70 cm, aux tiges striées et rameuses. Ses feuilles sont entières, alternes, triangulaires (en forme de lance), de couleur vert foncé. Le dessous est recouvert d'une légère poudre farineuse, son pétiole est assez long. Les fleurs sont hermaphrodites, de couleur verdâtre ; groupées en épis rameux, terminaux, elles sont situées à l'aisselle des feuilles. La pollinisation s'effectue par le vent.

Carte d'identité

Nom botanique : (1) et (2) *Chenopodium bonus-henricus* Linné.

Famille : Chénopodiacées.

Cycle : plante vivace par sa souche.

Synonymes latins : *C. sagitatum* Lamarck ; *C. esculentum* Salisbury ; *C. spinacifolium* Stokes ; *C. triangulare* Dulac.

Synonymes Français : bon-henri, épinard du roi Henri, épinard sauvage, oseille de Tours, patte d'oie triangulaire, toute-bonne, sarron, serron...

Origine : indigène en Europe, parfois spontanée en France.

Noms étrangers :
Anglais : allgood, good King Henry, goosfoot.
Allemand : guter Henrich, gemener Gänsefuss.
Espagnol : pie de ánade, buen Enrique, zuron, ansarina, spinachio selvatico.
Italien : bono Henrico, tutta-buona.
Néerlandais : goede Hendrik, brave Hendrik, ganzevoet, golde Hendrik...

Un peu d'histoire

Cette plante a reçu son nom, ansérine bon-henri (bon roi Henri), en hommage à Henri IV, grand défenseur de la botanique. En France, elle était très cultivée au Moyen Âge.
De nos jours, elle fait partie des plantes potagères abandonnées. Lorsqu'elle pousse spontanément, on la trouve principalement au pied des vieilles habitations, surtout en montagne.

Propriétés

Anti-anémique, dépurative, diurétique, émolliente, laxative et nutritive, l'ansérine contient des vitamines (A, B1, B2, C, PP) ainsi que du calcium, du fer et du phosphore. Cette plante contient des oxalates solubles.

Culture

En place

Les graines se sèment directement en place, à l'automne ou au printemps. Les rangs sont espacés de 40 à 50 cm. On recouvre les graines de peu de terre. Lorsque les plants ont 4 ou 5 feuilles, éclaircir à 40 cm sur la ligne.

En pépinière

On peut aussi semer puis repiquer en pépinière quand les plants ont quelques feuilles, et mettre en place à l'automne. Dans ce cas, semer clair de préférence. Les semis d'automne sont plus réguliers, ils lèvent mieux.

Par division des touffes

Pour diviser les touffes, procéder au printemps. Repiquer les éclats en les espaçant de 40 cm en tous sens.

Les bons mariages

L'anserine bon-henri semble s'accorder avec toutes les plantes.

Rotation des cultures

L'ansérine bon-henri rentre dans la rotation des plantes potagères herbacées. Elle peut rester 4 ou 5 ans à la même place, mais il faut attendre autant de temps pour la cultiver à nouveau au même endroit.

Fertilisation

Les fumures et les fertilisations sont normales. Cette plante aime l'azote, on peut lui en apporter environ 3 kg/are.

Entretien

Les binages et les sarclages sont indispensables. Arroser en cas de sécheresse. Le paillage est aussi recommandé.

Taille

Le pincement des hampes florales dès leur apparition favorise le développement des feuilles.

Fiche de culture

Climat	Exposition	Sol	Plantation	Floraison	Récolte
Tempéré : résiste très bien au froid	Ombragée	Frais, humifère, de préférence humide plutôt que sec	Semez les graines à l'automne ou au printemps : divisez les touffes au printemps	Du mois de juin jusqu'au mois de septembre	1 an environ après le semis ou la division de touffes

Feuilles d'ansérine bon-henri à maturité.

Maladies et parasites

Aucune maladie ni parasite connus.

Récolter et conserver

On récolte les feuilles au fur et à mesure des besoins, pendant le printemps et l'été, parfois jusqu'aux gelées (du mois d'avril jusqu'à la fin octobre).

En été, les feuilles ont un goût plus fort. Elles sont à consommer le plus rapidement possible après leur cueillette.

Leur qualité gustative est inférieure à celle de l'épinard.

Faire ses graines

Choisir quelques beaux pieds dont on n'aura ni pincé les hampes florales ni cueilli les feuilles. Lorsque les inflorescences deviennent rougeâtres et commencent à se dessécher, les couper et les étaler à l'ombre sur une toile dans un endroit sec et aéré. Ensuite, froisser les inflorescences et les ensacher.

- **Durée germinative : 5 ans environ.**
- **Nombre de graines au gramme : environ 430.**
- **Levée : parfois difficile : pour les semis de printemps, compter de 10 à 15 jours environ ; pour les semis d'automne, compter de 5 à 6 mois.**

En cuisine

- Les feuilles se consomment quand elles sont jeunes. Crues, on les mélange avec d'autres salades ; cuites, elles se préparent comme les épinards.
- Après cuisson, les jeunes tiges et inflorescences printanières se mangent de la même façon que les asperges ou les brocolis (à la vinaigrette).

Les variétés

Pas d'autre variété que le type botanique.

Semer de préférence en lune décroissante

Note du jardinier

L'ansérine bon-henri est l'une des rares plantes potagères à supporter la mi-ombre et même l'ombre.

Arroche

Plante potagère parfois haute de plus de 1,50 m, dont les tiges sont ramifiées. Ses feuilles larges (partie utilisée) sont de couleur blonde, verte ou rouge selon les variétés. Ses fleurs sont monoïques ou polygames ; de couleur verdâtre, elles sont réunies en grappes. Certaines variétés sont très décoratives, en particulier l'arroche rouge 'Opéra', et peuvent donc être cultivées comme plantes ornementales au jardin.

Carte d'identité

Nom botanique : (1) et (2) *Atriplex hortensis* Linné.

Famille : Chénopodiacées.

Cycle : plante annuelle.

Synonymes latins : *A. virgata* Roth ; *A. benghalensis* Lamarck.

Synonymes français : arrode, belledame, bonne-dame, épinard géant, érible, érode, faux-épinard, golette, poule grasse, prude-femme.

Origine : Asie centrale, Sibérie.

Noms étrangers :
Anglais : garden orache, mountain spinach.
Allemand : Gartenmelde, spinischer Spinat.
Espagnol : armuelle de huerta.
Italien : atreplice, bietolone rosso.
Néerlandais : melde.

Un peu d'histoire

La culture de cette plante est très ancienne : les Grecs et les Romains l'utilisaient déjà. Elle est cultivée en France depuis le Moyen Âge.

Propriétés

Les feuilles de l'arroche ont des vertus calmante, rafraîchissante et laxative.

Culture

Les graines se sèment clair, en place, successivement du mois de mars jusqu'au mois d'août. Les recouvrir avec 1 cm de terre fine.

Les lignes doivent être distantes de 50 cm environ ; éclaircir à 25 ou 30 cm quand les plants ont 4 ou 5 feuilles.

Les bons mariages

L'arroche s'accorde avec toutes les autres plantes, potagères ou non.

Rotation des cultures

L'arroche entre dans la rotation des plantes potagères herbacées.

Elle peut revenir au même endroit après 3 ou 4 ans.

Éviter de la cultiver derrière la betterave (plante de la même famille).

Fertilisation

La fertilisation est normale. Les fertilisations foliaires par poudrage de lithothamne sont bénéfiques.

On peut alterner avec de la poudre de basalte (roche volcanique).

Entretien

Les binages et les sarclages sont nécessaires. Arroser par temps sec, l'arroche montant rapidement à graines si elle manque d'eau. Le paillage est conseillé.

Taille

Pincer l'extrémité des tiges de temps en temps. Cette opération permet d'avoir des feuilles plus grandes et retarde aussi légèrement la montée à graines.

Maladies et parasites

La casside nébuleuse

L'épiderme du dessous des feuilles est rongé par une larve verdâtre à l'aspect repoussant.

Fiche de culture

Climat	Exposition	Sol	Semis	Floraison	Récolte
Tempéré ; craint la chaleur et la sécheresse	Ensoleillée	Frais, riche en humus ; évitez les terres calcaires	Mars à août	Du mois de juillet jusqu'au mois de septembre	Environ 4 mois après le semis

Variété à feuilles blondes.

Variété rouge 'Opéra'.

Les variétés

'Blonde', 'Verte', 'Rubra', 'Opéra'.

On cite parfois une arroche vivace :
arroche bon-Henri ; cette plante n'est pas un *atriplex*, mais un *chenopodium* (voir l'ansérine bon-henri, pages 106-107).

Faire ses graines

Garder quelques beaux pieds sur lesquels les feuilles n'auront pas été cueillies après l'apparition des fleurs. Laisser monter à graines. Les tiges se coupent à maturité, généralement en octobre (suivant la date du semis). Les faire sécher dans un endroit abrité puis, le moment venu, détacher les graines et ensacher. Les porte-graines seront issus d'un semis printanier.

- **Durée germinative : jusqu'à 5 ans.**
- **Nombre de graines au gramme : environ 250.**
- **Levée : environ 15 jours.**

Celle-ci pond ses œufs au mois de mai et au mois d'août.

Pulvériser ou poudrer de roténone. Ramasser et écraser les larves et les œufs gluants se trouvant sous les feuilles.

Heureusement, la présence de ce parasite est très rare si l'on respecte les principes du jardinage.

Les mollusques

Limaces, escargots… dévorent parfois les jeunes plants.

Voir « La lutte contre les parasites », page 69.

Semer de préférence en lune décroissante

Récolter et conserver

L'arroche doit être consommée le plus rapidement possible après la cueillette, car ses feuilles se fanent très vite. C'est d'ailleurs sans doute pour cette raison que l'on ne trouve pas cette plante sur les marchés, mais seulement dans nos potagers.

En cuisine

- Les feuilles de l'arroche se préparent comme celles des épinards, cuisinées au jus, au beurre, à la crème fraîche, en potage.
- Mélangées à l'oseille, elles en adoucissent très agréablement l'acidité.

Note du jardinier

L'arroche rouge 'Opéra' est très décorative dans le jardin.

Artichaut

Plante potagère, dressée, haute de 1 m à 1,50 m, dont les feuilles larges, découpées, grisâtres, très longues, peuvent parfois atteindre, elles aussi, une longueur de près de 1 m. Les tiges portent des capitules verts ou violets, très gros, formés d'écailles ovales (les bractées), charnus à la base ; ce sont les « fonds d'artichaut ». Les fleurs sont hermaphrodites, de couleur bleu violacé, en capitules entourés de bractées.

CARTE D'IDENTITÉ

Nom botanique : (1) et (2) *Cynara scolymus* Linné.

Famille : Astéracées (Composées).

Cycle : plante vivace.

Synonymes français : bérigoule, scolyme…

Origine : Bassin méditerranéen et peut-être d'Éthiopie.

Noms étrangers :
Anglais : globe artichoke, artichoke.
Allemand : Artischocke.
Espagnol : alcachofa, alcaucil.
Italien : carciofo, articiocca.
Néerlandais : artisjok.

UN PEU D'HISTOIRE

L'artichaut fut introduit en France vers le XVe siècle. Il était connu des Grecs et des Romains dès l'Antiquité.

Propriétés

Anti-anémique, antitoxique apéritif, cholagogue, cholérétique (stimulant la production de la bile), dépuratif, diurétique, énergétique, stimulant, stomachique, tonique, l'artichaut contient des vitamines (A, B1, B2, C, PP) ainsi que du calcium, du fer, du magnésium, du phosphore, du sodium et du soufre. Il a une action bénéfique sur le foie.

En revanche, les femmes qui allaitent doivent éviter d'en consommer, car il perturbe la sécrétion lactée.

Les feuilles de l'artichaut ont une action médicinale : elles s'utilisent en décoction, en teinture ou en macération dans du vin de Bordeaux.

Culture

Pour cultiver l'artichaut, on procède par plantation d'œilletons (œilletonnage) ou par semis.

Par œilletonnage

L'œilletonnage s'effectue en septembre-octobre dans le Midi et l'Ouest, ou en mars-avril en région parisienne et dans le Nord. Choisir parmi les plus beaux « rejetons » munis de quelques racines pour faire une nouvelle planche ; les planter en quinconce à une distance de 80 cm sur 1 m. Pour faciliter la reprise, praliner les racines dans une bouillie à base de lithothamne.

Comment procéder

Cette opération consiste à dégager la terre autour de chaque souche puis, à l'aide d'une bêche, à séparer les œilletons. Opérer avec beaucoup de précautions pour ne pas endommager la plante.

Pour la reproduction, sélectionner des œilletons munis d'un talon avec quelques racines et 4 ou 5 feuilles. Avant la plantation, habiller les plants, c'est-à-dire raccourcir les feuilles et les racines.

Les planter deux par deux à l'aide d'une houe ou avec un plantoir, en les espaçant de 8 à 10 cm. Il est préférable de ne pas trop les enterrer ; prendre soin, surtout, de ne pas recouvrir de terre le cœur du plant.

Effectuer des arrosages copieux pour faciliter leur reprise. Quand celle-ci est assurée, ne conserver que les sujets les plus vigoureux.

FICHE DE CULTURE

CLIMAT	EXPOSITION	SOL	PLANTATION	FLORAISON	RÉCOLTE
Océanique	Ensoleillée	Frais, sain, profond, humifère	Semez en février-mars (sur couche) ou plantez des œilletons en mars-avril	Du mois de juin jusqu'au mois de septembre	Après 6 à 7 mois (semis hâtifs) ou après 3 à 4 mois (œilletons)

Artichaut 'Violet'.

Artichaut 'Gros vert de Laon'.

Artichaut 'Camus de Bretagne'.

Les variétés

'Gros vert de Laon' (c'est la meilleure variété pour le nord de la Loire en raison de sa résistance au froid) ; 'Vert de Provence', 'Violet hâtif de Provence', 'Gros camus de Bretagne', 'Violet d'Alger', 'Violet de Camargue', 'Blanc d'Hyères', 'Cuivré de Bretagne', 'Violet de Toscane', 'Violet de Venise'.

Par semis

Les graines se sèment sur couche tiède en février-mars. Placer 2 ou 3 graines par godet. Ne conserver que le plus beau sujet pour la mise en place qui a lieu environ 2 mois après le semis. Ces plants ont beaucoup de chance de donner une première récolte en fin de saison. Si le semis est plus tardif (avril-mai), la première production ne se fera que l'année suivante.

Les semis en place se font en mars dans le Midi et en avril-mai dans la région parisienne. Semer 4 ou 5 graines en poquets distants de 80 cm à 1 m, en espaçant suffisamment les semences. Les recouvrir légèrement de terre. Il est conseillé d'effectuer des bassinages pour accélérer la levée. Par la suite, on ne conserve que le plant le plus vigoureux et le moins épineux.

La multiplication par semis n'a cependant pas que des avantages. En effet, si les plants sont plus robustes et s'adaptent mieux à la nature du sol que les œilletons, en revanche, ils ne gardent pas toujours le caractère des parents. Ils ont tendance à se rapprocher du type sauvage ; en outre, ils produisent moins et plus tardivement.

Les bons mariages

Entre les rangs de jeunes plants d'artichaut, on peut cultiver la fève, la laitue, le haricot nain, le pois, le radis de tous les mois, le chou et l'oignon.

Semer ou planter les œilletons de préférence en lune croissante.

Rotation des cultures

L'artichaut entre dans la rotation des plantes potagères exigeantes du fait qu'il reste plusieurs années en place, c'est-à-dire pendant 3 ou 4 ans.

En conséquence, prévoir une alternance de 4 ou 5 ans, car il est assez épuisant pour le sol.

Fertilisation

Procéder à une fertilisation normale une fois par an. Un léger apport annuel de sel marin est bénéfique. Les fertilisations foliaires, par poudrage à base de lithothamne, sont conseillées tous les 15 jours à 3 semaines, jusqu'à la récolte. On peut alterner 1 fois sur 2 avec de la poudre de roche volcanique (basalte).

Entretien

Procéder à des binages et des sarclages. Arroser si nécessaire. Le buttage des plants est parfois bénéfique, ainsi qu'un bon paillage.

Du trèfle blanc nain, semé entre les rangs en avril, protège le sol de la sécheresse, s'associe bien à l'artichaut et lui apporte de l'azote.

De préférence avant les gelées, généralement en octobre-novembre, couper à quelques centimètres au-dessus du sol toutes les tiges qui ont donné des boutons floraux et des grandes feuilles.

Avant ou pendant les périodes de grands froids, protéger les pieds, soit en les buttant, soit en les couvrant de paille ou de feuilles sèches ; veiller à les découvrir s'il pleut, car l'artichaut craint l'humidité.

Maladies et parasites

L'ascochytose

À la pointe des bractées, et ensuite sur les

Note du jardinier

En hiver, les cloches sont très efficaces pour protéger la souche des pluies et du froid.

feuilles et les tiges, se forment des taches translucides, puis noires ; les capitules finissent par se dessécher.

Cette maladie apparaît souvent après une période très humide. Dans ce cas, par précaution, pulvériser une solution de bouillie bordelaise. En prévention, procéder à des fertilisations foliaires à base de lithothamne.

Le blanc ou meunier des laitues

Les feuilles présentent de grosses taches brunâtres et le dessous de celles-ci se couvre d'une poussière blanchâtre.

Procéder à des pulvérisations foliaires à base de lithothamne. Dès le début de l'attaque effectuer un poudrage foliaire, sur et sous les feuilles, avec un mélange composé, pour 1 are, de 150 grammes de fleur de soufre et 150 grammes de lithothamne.

La graisse de l'artichaut ou pourriture des inflorescences

Des taches translucides puis brunâtres apparaissent sur les écailles du capitule qui peut pourrir.

En prévention, respecter une bonne rotation. Couper les capitules dès le début de l'attaque.

Si celle-ci est importante, éliminer les pieds atteints et les brûler.

La maladie des feuilles ou ramulariose

Les plantes attaquées se couvrent de taches grisâtres très nombreuses qui se confondent et vont jusqu'à envahir l'ensemble de la feuille, provoquant ainsi son dessèchement.

En prévention (si le potager a déjà subi des attaques), pulvériser de la bouillie bordelaise en évitant les capitules.

Brûler les feuilles malades. Si l'atteinte est sévère, éliminer les pieds touchés et les brûler.

La pourriture de la souche

Lorsque l'hiver est pluvieux, la souche de l'artichaut pourrit.

Si les pieds d'artichaut ont été buttés, il faut dégager légèrement la terre autour de la souche. Ne pas oublier d'abriter cette dernière en cas de froid.

L'excès d'humidité est très néfaste pour les souches d'artichaut. Ne pas apporter de matière organique non décomposée, mais utiliser un compost correct.

À l'entrée de l'hiver (si le temps est très pluvieux), installer en prévention un tunnel plastique sur la planche.

L'altise de l'artichaut

Au printemps, ce coléoptère de 3 à 4 mm, de couleur jaunâtre à rougeâtre, dévore les feuilles, laissant apparaître de nombreux petits trous.

Voir « La lutte contre les parasites », page 67.

L'apion de l'artichaut

Coléoptère long de 3 mm, de couleur bleu foncé, qui pond au printemps ; sa larve blanche creuse des galeries dans les nervures et le pédoncule des feuilles ; il attaque parfois les capitules à la base.

Brûler les feuilles atteintes. Pulvériser régulièrement un insecticide végétal avant la ponte, si des attaques ont déjà eu lieu les années précédentes.

La casside verte de l'artichaut

Au printemps, l'insecte et sa larve vert brun, à l'aspect repoussant, rongent l'épiderme des feuilles sans les perforer.

En cas d'attaque, pulvériser un insecticide végétal. Le poudrage de roténone est recommandé.

La larve de la noctuelle de l'artichaut

Au printemps, cette chenille grisâtre creuse des galeries à l'intérieur de la tige des boutons floraux.

Utiliser les pièges à insectes pour capturer les papillons. Couper et brûler les tiges atteintes.

La lutte est très difficile, mais rarement nécessaire en culture biologique.

Fleur de l'artichaut.

Faire ses graines

Sélectionner quelques pieds parmi les plus vigoureux, ayant des feuilles non épineuses. Ne conserver que la fleur principale qui s'ouvrira en juillet-août. Quand les akènes commencent à mûrir, les recouvrir avec un sac en papier spécial utilisé pour protéger les fruits : il préservera les graines des pluies. Les akènes se récoltent en août ou en septembre, en les coupant quand les graines sont mûres. Faire sécher celles-ci à l'ombre, dans un endroit bien aéré. Les égrener, puis les ensacher et les conserver à l'abri de l'humidité.

- Durée germinative : 6 ou 7 ans.
- Nombre de graines au gramme : 25.
- Levée : une dizaine de jours sur couche, ou 3 semaines environ en pleine terre.

Les mollusques

Ils peuvent dévorer les jeunes pousses printanières.

Voir « La lutte contre les parasites », page 69.

Le puceron de l'artichaut

Il attaque le dessous des feuilles et les boutons floraux, principalement en période de chaleur.

Voir « La lutte contre les parasites », page 70.

Le puceron blanc des racines

Il suce la sève de la plante au niveau du collet, provoquant très souvent le dépérissement du pied.

Déchausser les souches attaquées et pulvériser une solution à base d'insecticide végétal associé avec du purin d'ortie : la lutte en sera renforcée.

La vanesse de l'artichaut

Ce papillon pond des œufs qui se transforment en larves, et c'est sa chenille jaunâtre qui est responsable de nombreuses morsures sur les feuilles, n'en laissant parfois que la nervure.

Ramasser et détruire toutes les chenilles. Les pulvérisations d'insecticide végétal sont efficaces.

Le ver gris

Les chenilles forment des galeries dans la tige, parfois jusqu'au capitule.

Placer des pièges à insectes qui permettront de capturer le papillon.

Récolter et conserver

La récolte des boutons floraux s'effectue au fur et à mesure de leur développement et selon les besoins.

Il faut les récolter avant que les écailles centrales ne s'écartent et les consommer le plus rapidement possible. Si ce n'est pas le cas, mettre le pédoncule des capitules à tremper dans de l'eau, dans un endroit frais ; de cette façon, ils se conserveront 2 ou 3 jours.

Les fonds d'artichaut se stérilisent dans des bocaux, en vue de leur conservation.

En cuisine

- Le fond d'artichaut (réceptacle), ainsi que la base des bractées, se consomment crus ou cuits. Quand ils sont tendres, on les consomme crus, à la vinaigrette ou à la croque-au-sel ; cuits à l'eau salée, ils se préparent à la vinaigrette, à la lyonnaise, à la sauce blanche, à la provençale, à la crème, à la grecque, à la niçoise, à la piémontaise, à la sauce hollandaise, à la bretonne, aux anchois, à la barigoule, aux crabes.
- Ils s'utilisent aussi en beignets ou farcis. Les côtes des feuilles blanchies artificiellement se consomment comme celles du cardon.
- Ne pas conserver les artichauts cuits (capitules) au réfrigérateur.

Asperge

Plante potagère herbacée, très rustique, parfois haute de plus de 1,50 m. Ses tiges sont dressées, très ramifiées, et de couleur verte. À l'automne, elles jaunissent et se dessèchent.
Les rameaux sont en forme d'aiguilles disposées en faisceaux, souples, fins ; ils ressemblent à des écailles. Les nombreuses racines forment une souche appelée griffe sur laquelle poussent les tiges comestibles ou turions. Les fleurs, dioïques, isolées ou par paires, sont petites, pendantes, de couleur vert jaunâtre.

CARTE D'IDENTITÉ

Noms botaniques :
(1) *Asparagus officinalis* Linné ;
(2) *A. officinalis* Willdenow.

Famille : Asparagacées (Liliacées).

Cycle : plante vivace par sa souche.

Synonymes latins :
A. polyphyllus Steven ; *A. oxycarpus* C. Steven ; *A. collinus* Schur.

Synonymes français :
esparge, esperge...

Origine : indigène dans le centre et le midi de l'Europe ainsi qu'en diverses régions françaises.

Noms étrangers :
Anglais : asparagus, garden asparagus.
Allemand : Spargel.
Espagnol : espárrago.
Italien : sparagio, asparago.
Néerlandais : aspersie.

UN PEU D'HISTOIRE

L'asperge semble avoir été cultivée dès l'Antiquité en Europe orientale.

Propriétés

Apéritive, calmante, diurétique, laxative, nutritive, rafraîchissante et sédative, l'asperge contient des vitamines (A, B1, B2, B5, B6, C, PP) ainsi que du calcium, de l'arsenic, du bore, du cobalt, du fer, de l'iode, du manganèse, du phosphore, du potassium, et du zinc.

Culture

On procède par semis ou par plantation des griffes.

Par semis

Les graines se sèment de mars à juin, en pépinière, dans une terre fertile, humifère et bien ameublie. Elles sont disposées tous les 5 cm, en rayons distants de 30 cm. Les recouvrir de 1 cm de terreau. Éclaircir les plants à 10 cm après la levée. On les met en place au printemps suivant, généralement courant mars.

Les binages ne doivent pas être profonds, mais plutôt superficiels pour ne pas endommager les racines.

Arroser en cas de nécessité et garder le terrain propre.

Par plantation de griffes

La terre se prépare dès l'automne qui précède la plantation. Creuser des tranchées profondes de 20 à 25 cm, et larges d'environ 40 cm, en rejetant la terre de chaque côté. Espacer chaque tranchée de 1,20 m à 1,50 m. Ensuite, à l'aide d'une fourche bêche, ameublir (si possible sans retournement) le fond de la tranchée ; y ajouter du compost et des fertilisants de fond, puis griffer.

Au moment de la plantation des griffes dans le fond de la tranchée, faire une légère butte de terre (haute d'environ 7 cm) tous les 70 à 80 cm et y planter un tuteur pour repérer chaque plant. Cela permettra, en outre, pendant les deux premières années de culture de maintenir les tiges qui sont encore très fragiles. Étaler chacune des griffes sur une butte après avoir coupé les racines trop longues.

Recouvrir le fond de la tranchée d'environ 10 cm de terre. Les monticules de terre sur lesquels les racines des griffes

FICHE DE CULTURE

Climat	Exposition	Sol	Semis	Floraison	Récolte
Indifférent	Ensoleillée ; supporte la mi-ombre	Accepte tous les sols, mais préfère une terre légère sablonneuse	De mars à juin	Du mois de mai jusqu'à juillet-août	À partir de la 3e année (1 à 2 turions) et normalement les années suivantes

Les facteurs lunaires n'ont aucune influence

sont étalées ne sont que peu recouverts (2 ou 3 cm).

La 2e année de culture, niveler le sol avec la terre rejetée de chaque côté de la tranchée.

À partir de la 3e année de culture, puis tous les ans, procéder à un buttage dans le courant du mois de mars.

Chaque année, couper les tiges sèches (fin octobre ou début novembre) à quelques centimètres au-dessus du sol et, par la même occasion, réaliser un débuttage (nivelage du sol).

Les bons mariages

L'asperge voisine favorablement avec le haricot nain, le persil, la tomate, l'ail, l'échalote et l'oignon. Les deux premières années, on peut faire une culture de laitue ou de haricot nain entre les rangs d'asperge.

Rotation des cultures

Bien que l'asperge ne soit pas une plante épuisante pour le sol, elle rentre malgré tout dans la rotation des plantes potagères exigeantes car elle occupe très longtemps le terrain. Attendre si possible 5 ou 6 ans au moins avant de la cultiver de nouveau à la même place.

Botte d'asperges.

Les variétés

'd'Argenteuil hâtive', 'Argenteuil tardive', 'Super Lorella', 'Blanche d'Allemagne', 'Alexandre Marionnet', 'de Vineuil hâtive', 'Violette de Hollande'. Il existe de nombreux cultivars hybrides.

Fertilisation

Chaque année, apporter une bonne fumure (compost) et un fertilisant de fond. L'asperge demande essentiellement de la potasse et du phosphore.

Les fertilisations foliaires à base de lithothamne sont recommandées, à raison de 2 ou 3 passages annuels (poudrage ou pulvérisation).

Entretien

Les sarclages et les binages sont recommandés. Par contre, éviter les arrosages, surtout en période de production.

Tous les ans, au mois de mars, à partir de la 3e année de culture, butter les rangs. Les débutter ensuite vers la fin octobre, après avoir coupé les tiges sèches. Après le buttage printanier, on peut semer entre les rangs un engrais vert à base de légumineuses (trèfle blanc nain, féverole…) ; le gyrobroyer vers la fin septembre ; il sera superficiellement enfoui lors du débuttage.

Maladies et parasites

La pourriture des griffes

La plante jaunit prématurément, ses racines sont molles, elles se couvrent d'un feutrage violacé et deviennent creuses.

Cette maladie est due à un champignon et à une mauvaise fertilisation. Dès qu'elle apparaît, arracher les pieds atteints et les brûler. Attendre 2 ou 3 ans avant de les remplacer.

À l'endroit des pieds éliminés, pulvériser une préparation à base de purin d'ortie (en fongicide), une macération ou une décoction de prêle (voir les différentes recettes, pages 76 et 78).

La rouille

Les tiges se couvrent de taches de rouille à l'aspect poussiéreux.

Cette maladie apparaît souvent en terre humide. En prévention, pulvériser de la bouillie bordelaise.

Ne pas apporter de matière organique mal décomposée, mais un compost correct, finement broyé.

Les criocères de l'asperge

Coléoptères dont on rencontre deux espèces ; l'un est rougeâtre avec des taches noires, l'autre est de couleur rouge orangé et marqué de 12 points. Longs d'environ 6 à 8 mm, ils pondent des œufs ; leurs larves grisâtres à brunâtres rongent l'extrémité des jeunes rameaux et parfois les tiges. Elles arrêtent ainsi la végétation de la plante qui finit par se dessécher.

En juillet-août, secouer les plantes attaquées et détruire les coléoptères.

Pulvériser ensuite un insecticide végétal ou une solution nicotinée.

Les mollusques

Ils peuvent s'attaquer aux jeunes plants.

Voir « La lutte contre les parasites », pages 69-70.

La mouche de l'asperge

Mouche rougeâtre qui pond des œufs à la pointe du turion, d'avril à juin ; quelques semaines plus tard, en descendant, des larves blanchâtres creusent des galeries dans la tige, le haut de celle-ci se recourbe et finit par se dessécher.

Brûler les tiges atteintes après les avoir

Graines d'asperges.

coupées le plus près possible de la griffe. En prévention, au printemps (d'avril à juin), pulvériser des solutions à base de tomate, de rue officinale, de tanaisie ou autres plantes à odeur forte ; faire 1 ou 2 pulvérisations par semaine.

Faire voisiner autour de l'aspergeraie quelques pieds de tanaisie, de rue officinale, ou planter entre les rangs des pieds de tomates.

Récolter et conserver

L'asperge demande de la patience, car on ne plante les griffes qu'un an environ après le semis.

La première récolte d'une aspergeraie se fait seulement à partir de la 3e année qui suit leur plantation et, pour ne pas affaiblir les pieds, on ne récolte qu'un ou deux turions.

À partir de la 4e année et les années suivantes, le ramassage s'effectue normalement.

Lorsqu'elle devient possible, la récolte de l'asperge s'étale du mois d'avril à la fin juin, dès que les pointes sortent de terre. On les cueille avec précaution à l'aide d'une gouge.

Une fois récoltées, les asperges doivent se consommer le plus rapidement possible. Si ce n'est pas le cas, les stocker au frais, dans du sable sec (elles se conservent 2 jours de cette façon). Le surplus de la récolte peut se stériliser.

Faire ses graines

Repérer, pendant quelques années, les pieds les plus fertiles et productifs, donnant le plus de satisfaction (il faut des pieds mâles et des pieds femelles). Ne pas cueillir les turions des plantes sélectionnées et destinées à la production de semences.

En outre, ne conserver que 4 ou 5 tiges (les plus belles) par touffe.

Pour obtenir des baies de meilleure qualité, pincer le bout des rameaux dès qu'elles commencent à se former. Il est préférable de tuteurer les tiges.

Récolter les plus grosses baies à complète maturité (c'est-à-dire quand elles sont bien rouges) généralement en novembre.

Les écraser à la main pour en sortir les graines qu'il faut aussitôt laver. Faire sécher celles-ci à l'ombre avant de les ensacher.

- **Durée germinative : de 5 à 7 ans.**
- **Nombre de graines au gramme : environ 50.**
- **Levée : 1 mois environ.**

En cuisine

- On cueille les turions destinés à la consommation dès qu'ils sortent de terre.
- Généralement, ils se mangent cuits : à la vinaigrette, en soufflé, à la milanaise, au gratin, à la flamande, à la crème, au jus de viande, à la sauce hollandaise ; ils peuvent aussi accompagner certains plats de viande. Les omelettes aux pointes d'asperge sont délicieuses. Certains amateurs mangent les asperges crues, râpées, en entrée.

Notes du jardinier

- Une aspergeraie correctement amendée peut durer de 12 à 15 ans.

- Ne pas oublier de reproduire de nouveaux plants lorsque cette aspergeraie atteint 8 à 10 années de culture.

Aubergine

Plante potagère, haute de 60 à 80 cm. Ses feuilles sont entières, larges, ovales, étalées, recouvertes d'un duvet épais, de couleur vert pâle. Les tiges sont arrondies, luisantes, dressées et ramifiées. Les fruits que l'on consomme sont charnus, lisses, arrondis ou allongés, de couleur violette, blanche ou jaune, parfois presque noire, suivant les variétés. Certaines d'entre elles ont des reflets violacés sur les feuilles et les tiges. Les fleurs sont hermaphrodites. Avec leur corolle blanche ou violette, elles ressemblent à celles de la pomme de terre ; le calice est parfois épineux.

CARTE D'IDENTITÉ

Nom botanique :
(1) et (2) *Solanum melongena* Linné.

Famille : Solanacées.

Cycle : plante annuelle (vivace dans les pays chauds).

Synonymes latins : *S. longum* Roxburgh ; *S. edule* Schumann et Thonning.

Synonymes français : albergine, ambergine, beringène, bréhéme, bringèle, marignan, mayenne, melanzane, melongène, mérangène, méringeane, verinjeane, viadase.

Origine : sans doute de l'Inde.

Noms étrangers :
Anglais : egg-plant, aubergine, bringall, « jew's » apple, mad apple.
Allemand : Gartenkürbis.
Espagnol : berenjena.
Italien : melenzana, melangola, petronciana, maringiani, marignano.
Néerlandais : aubergine.

UN PEU D'HISTOIRE

L'aubergine a été introduite en Europe vers le XIVe siècle en Espagne, puis en France vers le XVIIe siècle.
Elle était cultivée en Inde et en Chine depuis l'Antiquité.

Propriétés

Anti-anémique, calmante, carminative, diurétique et laxative, nourrissante et stimulante, l'aubergine contient des vitamines (A, B1, B2, B5, C, PP) ainsi que du calcium, du chlore, du cuivre, du fer, du manganèse, du magnésium, du phosphore, du sodium et du soufre.

Culture

En région parisienne, les graines se sèment sur couche chaude ou tiède, de la fin février jusqu'au mois d'avril, pour une mise en place de la fin mai jusqu'à la mi-juin.

Dans le midi de la France, on sème l'aubergine en février pour la repiquer en pleine terre à partir du mois d'avril, jusqu'au début du mois de mai.

La distance de plantation est de 50 à 60 cm en tous sens.

Recouvrir les graines de 1 cm de terre à peine.

Pour faciliter leur levée, parfois capricieuse, faire séjourner les graines pendant quelques jours dans le bas du réfrigérateur (à une température de 4 à 5 °C). Cette méthode de stimulation peut s'appliquer à de nombreuses semences ayant des difficultés à lever.

Quand les plants ont 5 ou 6 feuilles, les repiquer dans des godets sur couche ; aérer progressivement pour les endurcir avant la mise en place.

Il est conseillé de repiquer 2 fois les plants sous châssis, en les espaçant de quelques centimètres ; la dernière transplantation se fait dans des godets.

Les bons mariages

L'aubergine s'entend bien avec le haricot nain.

Semer de préférence en lune croissante

Rotation des cultures

Cette plante, assez gourmande, entre dans la rotation des plantes potagères exigeantes ou des légumes-fruits.

Elle nécessite de pratiquer une alternance de 3 ou 4 ans.

FICHE DE CULTURE

CLIMAT	EXPOSITION	SOL	SEMIS	FLORAISON	RÉCOLTE
Tempéré et chaud	Chaude et ensoleillée	Très riche en humus, frais, profond	Sur couche, de la fin février à avril	Du mois de juin jusqu'au mois de septembre	5 mois environ après le semis

Fleur d'aubergine.

Fertilisation

Prévoir une fertilisation normale. Un apport de terreau à chaque pied sera bénéfique. Les fertilisations foliaires à base de lithothamne sont indiquées.

Entretien

Les binages, les sarclages et les arrosages sont nécessaires. L'aubergine aime la chaleur, mais elle apprécie aussi l'eau. On peut butter les pieds d'aubergine. En été, un bon paillage est fortement conseillé.

Taille

Pincer l'extrémité des rameaux pour faciliter le grossissement des fruits.

Par ailleurs, les pousses latérales doivent être éliminées, pour ne conserver que la tige unique.

Puis, pincer au-dessus de la 2e fleur, laisser pousser les 3 ou 4 rameaux latéraux qui seront pincés une feuille au-dessus de la 2e fleur. Conserver au final 8 à 10 fleurs.

Maladies et parasites

Le mildiou

Sur les feuilles apparaissent des taches de couleur gris vert, tandis que le dessous se couvre d'un feutrage blanchâtre ; les feuilles brunissent et se dessèchent.

En prévention : pratiquer périodiquement des fertilisations foliaires à base de lithothamne ; biner régulièrement et arroser le sol à plusieurs reprises avec du purin d'ortie dilué ; arroser avec une décoction de prêle. Avant la floraison, ou dès le début de la maladie, on peut aussi effectuer 2 ou 3 traitements à base de bouillie bordelaise.

La moisissure grise

Les tiges, les feuilles, et parfois les fruits, se couvrent de taches grisâtres à l'aspect poussiéreux.

Le respect des bases essentielles de la culture biologique est important. Les pieds atteints doivent être éliminés et brûlés. Ne pas planter les aubergines trop serrées : elles doivent être suffisamment espacées.

L'oïdium

Les feuilles se couvrent d'un feutrage blanchâtre.

Procéder régulièrement à des fertilisations foliaires. Dès l'apparition de la maladie, effectuer un poudrage avec un mélange composé de 50 % de lithothamne et 50 % de fleur de soufre.

L'araignée rouge

Ce parasite s'attaque aux feuilles qui se couvrent de taches grisâtres et prennent par la suite un aspect bronzé : elles se dessèchent et tombent rapidement. L'araignée rouge tisse une toile sur les feuilles.

Couper les parties atteintes et les brûler. Traiter en pulvérisant du savon noir, du purin d'ortie ou un insecticide végétal. Les fertilisations foliaires régulières sont efficaces en prévention. Par précaution, maintenir le sol suffisamment frais, les araignées rouges se développant surtout par temps chaud et sec.

Le doryphore

Ce coléoptère s'attaque aux feuilles qu'il ronge.

Ramasser les insectes adultes dès leur apparition et les détruire. Vérifier qu'ils n'ont pas pondu sous les feuilles, sinon brûler celles qui portent des œufs.

Il semble que l'aubergine supporte mal les traitements à base de roténone ou de pyrèthre.

Voir aussi « Les remèdes à apporter à la pomme de terre », page 340.

Les mollusques

Ils font des trous irréguliers dans les feuilles, parfois sur les tiges ou sur les fruits reposant sur le sol.

Voir « La lutte contre les parasites », pages 69-70.

La mouche blanche

Elle pompe la sève en s'attaquant au-dessous des feuilles, qui prennent une couleur grisâtre, deviennent gluantes, se couvrent d'une moisissure noirâtre et finissent par se dessécher.

Ces attaques surviennent principalement pendant des périodes chaudes ou lors d'une sécheresse. Procéder à des pulvérisations d'insecticide végétal.

Le puceron

Il s'attaque aux bourgeons et aux feuilles qui finissent par jaunir, se déformer et se dessécher.

Voir « La lutte contre les parasites », page 70.

Aubergine blanche ou « plante aux œufs ».

Faire ses graines

Choisir sur les pieds les plus productifs quelques beaux fruits. Les cueillir à parfaite maturité, c'est-à-dire quand ils perdent leur couleur. Pour cette opération, les premiers fruits sont les meilleurs. Les couper en deux, ôter les graines et nettoyer celles-ci sur un tamis. Les faire sécher à l'ombre avant de les ensacher.

- **Durée germinative : 6 ou 7 ans.**
- **Nombre de graines au gramme : environ 250.**
- **Levée : environ 1 semaine sur couche chaude.**

Récolter et conserver

Selon les régions, la récolte s'effectue généralement de la fin juillet (dans le Midi elle a lieu plus tôt) jusqu'aux gelées. Récolter les fruits selon les besoins et en fonction de leur développement. On les cueille un peu avant leur maturité, lorsque l'épiderme est brillant ou prend une couleur légèrement plus pâle. Il est préférable de consommer les aubergines le plus rapidement possible après la cueillette, même si elles peuvent se conserver quelques jours au frais.

Aubergine 'Pink bicolor'.

Aubergine 'Black beauty'.

Les variétés

'Violette longue hâtive', 'Violette monstrueuse de New York', 'Violette longue', 'Violette ronde', 'd'Avignon hâtive', 'Ronde de Chine', 'de Saint-Rémy hâtive', 'Ronde de Valence', 'Zébrina', 'Black beauty', 'Pink bicolor'. Il existe aussi une variété blanche à fruits ronds (*Solanum melongena* var. *ovigrum* N. von Essenberck), connue sous le nom de « plante aux œufs » ou « pondeuse » : ses fruits blancs, très lisses, ont la grosseur d'un œuf de poule.

En cuisine

- L'aubergine se mange cuite : farcie à la viande ou aux champignons de Paris, sautée, à l'italienne, à la crème, à la bordelaise, à l'estragon, à la provençale, à l'ail, au basilic, au paprika, au gratin, en beignets. Elle accompagne parfaitement divers plats de viandes et de légumes, principalement le riz.
- L'aubergine est indispensable dans la confection de la ratatouille.
- Les fruits se cueillent presque à maturité et se consomment rapidement.

Notes du jardinier

- **L'aubergine étant une plante frileuse, au nord de la Loire elle a souvent du mal à donner des fruits en pleine terre.**
- **La préserver des nuits fraîches à l'aide de housses à tomates.**

Balsamite

Plante condimentaire et médicinale herbacée, dont la hauteur varie de 30 cm à 1,20 m. Ses tiges sont dressées, fermes, ramifiées, légèrement velues. Les feuilles sont simples, finement dentelées, de couleur vert pâle, très odorantes rappelant à la fois l'odeur de la menthe et de la mélisse. Les fleurs sont hermaphrodites, de couleur jaune pâle, en capitules. La balsamite ne fleurit pas toujours au nord de la Loire, ou ne donne pas de graines.

Carte d'identité

Nom botanique : (1) non mentionné, (2) *Chrysanthemum balsamita* Linné.

Famille : Astéracées (Composées).

Cycle : plante vivace.

Synonymes latins :
Tanacetum balsamita Baillon ;
Pyrethrum balsamita Willdenow ;
P. balsamita var. *tanacetum* Boissier ;
P. tanacetum De Candolle ;
Balsamita suaveolens Persoon ;
B. vulgaris Willdenow.

Synonymes français :
balsamite odorante, beaume-coq, coq des jardins, grande beaume, grande tanaisie, herbe de Sainte-Marie, herbe de Saint-Pierre, menthe à bouquets, menthe-coq, menthe Notre-Dame, tanaisie balsamite.

Origine : indigène en Orient (Inde, Iran).

Noms étrangers :
Anglais : costmary chrysanthemum, alecost, garden-balsam.
Allemand : Marienblatt, minzenartiger Rainfarn, Garten Rainfarn, Frauenblatt.
Espagnol : tanaceto.
Italien : balsamita, erba-costa, erba di santo Pietro, erba santa Maria, erba amara, tanaceto balsamino.
Néerlandais : tuinbalsem, balsemwormkruid.

Un peu d'histoire

La balsamite, reconnue pour ses propriétés médicinales et aromatiques, est cultivée en Inde depuis l'Antiquité.

Propriétés

Antispasmodique, carminative, cicatrisante, digestive, diurétique, emménagogue, stomachique, tonique et vermifuge. La balsamite contient une huile essentielle.

Culture

Deux méthodes sont possibles, la première étant la plus utilisée.

Par division de touffes

Diviser les anciennes touffes en prenant les éclats du pourtour. Cette opération de division s'effectue de préférence au printemps (en mars ou avril) ou à l'automne. Respecter un écartement de 80 cm en tous sens.

La balsamite est souvent cultivée en bordures ou en massifs. En effet, une ou deux touffes suffisent pour la consommation d'une famille.

Par semis

Semer les graines au printemps, en pépinière. Repiquer au cours du mois de juillet, aux mêmes distances que pour une division de touffes.

Ce mode de multiplication est très peu utilisé, les graines ne se trouvant qu'exceptionnellement. De plus, celles-ci arrivent rarement à maturité sous notre climat.

Les bons mariages

La balsamite s'accorde avec toutes les autres plantes, potagères ou non.

Les facteurs lunaires n'ont pas d'influence

Rotation des cultures

La balsamite est à classer parmi les plantes exigeantes en raison de sa longue durée à la même place.

Il est conseillé de renouveler les plantations tous les 3 ou 4 ans.

Laisser passer au moins un délai équivalent de 3 ou 4 ans avant de la faire revenir au même endroit.

Fiche de culture

Climat	Exposition	Sol	Plantation	Floraison	Récolte
Tempéré	Chaude et ensoleillée	Meuble, profond, frais	Semez ou divisez les touffes au printemps	De juillet à octobre	1 an environ après le semis ou 3 à 4 mois après la division des touffes

Buisson de balsamite.

Fertilisation

Fertilisation normale à la fin de l'automne ou au début du printemps avec un engrais naturel et du compost.

Entretien

Procéder à des binages et des sarclages. Arroser si nécessaire. En cas de sécheresse, une couverture végétale du sol est toujours préférable.

Maladies et parasites

La balsamite n'est sensible ni aux maladies ni aux parasites.

Récolter et conserver

Pour une consommation immédiate, la cueillette des feuilles peut s'effectuer au fur et à mesure des besoins, tout au long de son cycle.

Pour la conservation : si possible, récolter les feuilles avant la floraison, puis les étaler sur un grillage, ou une clayette, à l'ombre.

Les broyer quand elles sont bien sèches.

Ensuite, les conserver dans des boîtes hermétiques, rangées à l'abri de l'humidité et de la lumière.

Ainsi, elles garderont plus longtemps leur arôme.

Les variétés

Pas d'autre variété que le type botanique.

Faire ses graines

Laisser monter la plante en la tuteurant. Les capitules se récoltent à maturité, quand ils brunissent. Les faire sécher à l'ombre, égrener et ensacher. La balsamite ne produit que rarement des graines.

En cuisine

- Les feuilles fraîches ou séchées aromatisent les salades, les crudités, les potages, les farces, certaines viandes, le mouton particulièrement.
- Les feuilles fraîches pressées calment les piqûres d'insecte et s'utilisent en tisane contre les digestions difficiles.
- Le goût de la balsamite est très agréable, il est proche de ceux de la menthe et de la sauge.

Notes du jardinier

- Quelques feuilles de balsamite dans une armoire parfument agréablement le linge.
- Cette plante entre dans la composition des pots-pourris.

Basilic

Plante condimentaire herbacée, d'une hauteur de 30 à 40 cm. Ses tiges sont dressées et rameuses. Ses feuilles sont dentelées, pétiolées, ovales, parfois lancéolées ; elles sont d'une couleur vert foncé ou violette selon les variétés. Les fleurs hermaphrodites sont de couleur blanche ou rosée, réunies en épis. Cette plante mellifère a une odeur pénétrante.

Carte d'identité

Nom botanique : (1) et (2) *Ocimum basilicum* Linné.

Famille : Lamiacées (Labiées).

Cycle : plante annuelle.

Synonymes français : balico, basilic des cuisiniers, basilic officinal, basilic romain, basilic aux sauces, grand basilic, herbe royale, orange des savetiers.

Origine : Inde ; beaucoup cultivé dans la région méditerranéenne.

Noms étrangers :
Anglais : basil, sweet basil.
Allemand : Basilikum, Basilienkraut, Basilie, gemeines Basilienkraut.
Espagnol : albaca, albahaca, albahaca de limon, ocimo.
Italien : basilico.
Néerlandais : bazielkruid, balsemkruid.

Un peu d'histoire

L'utilisation du basilic dans le Bassin méditerranéen, remonte à l'Antiquité. Chez les Romains, cette plante était l'emblème des amoureux alors que, dans la Grèce antique, elle symbolisait la haine et le malheur !

Propriétés

Adoucissant, anti-inflammatoire, antispasmodique, carminatif, diurétique, émollient, pectoral, stimulant, stomachique, sudorifique et tonique, le basilic contient une huile essentielle.

Culture

Les graines se sèment clair en mars-avril, sur couche (la température doit dépasser 15 °C). Elles doivent être peu enterrées. Repiquer sur couche lorsque les plants ont de 2 à 4 feuilles.

En mai-juin, c'est-à-dire dès que les gelées ne sont plus à craindre, les mettre en place. Espacer les plants de 25 à 30 cm en tous sens. Toutes les variétés de basilic se cultivent en pots ou en jardinières, sur une fenêtre ou un balcon.

Les bons mariages

Planté entre les pieds de tomate, le basilic protégera celles-ci contre certains parasites. En revanche, éviter de cultiver du basilic au voisinage de la rue officinale qui contrarie sa croissance.

Semer de préférence en lune décroissante

Rotation des cultures

Cette plante, peu épuisante, rentre dans la rotation des plantes herbacées.

Attendre 2 ou 3 ans avant de la cultiver de nouveau au même endroit. Si la culture se fait en pots ou en jardinières, renouveler la terre chaque année.

Fertilisation

Fertilisation normale. Ne pas employer de matière organique non décomposée. Pas de fertilisation foliaire.

Entretien

Les binages et les sarclages sont nécessaires. Arroser fréquemment en cas de sécheresse. Une couverture végétale du sol (de 6 à 7 cm) sera très bénéfique, en évitant l'évaporation.

Pincer les boutons floraux dès leur apparition.

Fiche de culture

Climat	Exposition	Sol	Semis	Floraison	Récolte
Chaud ou tempéré : la moindre gelée est fatale	Chaude, abritée et ensoleillée	Riche en humus, meuble : frais sans excès	Mars-avril	De juin à septembre	3 mois après le semis

Le basilic se cultive également en pots ou jardinières.

Maladies et parasites

La fonte des semis

Les jeunes plants disparaissent après la germination.

Afin d'éviter cette déconvenue, prendre la précaution de semer très clair, dans un sol bien préparé. Contrôler la chaleur du châssis, aérer si nécessaire. Procéder à des arrosages réguliers, mais sans excès. En dehors de la fonte des semis, cette plante n'est pratiquement pas sujette aux maladies ; elle ne connaît pas, non plus, de parasites spécifiques.

Récolter et conserver

Les feuilles se récoltent selon les besoins (les cueillir au dernier moment).

Pour la conservation : hacher finement les feuilles au couteau (ne pas utiliser de mixeur). Les placer au fond d'un petit bocal ou d'un verre à moutarde, couvrir largement d'huile (d'olive, de tournesol… selon son goût).

Fermer et maintenir au réfrigérateur. Ce mode de conservation permet d'avoir du basilic à disposition pendant tout au long de l'hiver.

Une autre façon de procéder : cueillir les feuilles de basilic, les faire sécher à l'ombre et les conserver dans des boîtes ou des bocaux hermétiques. Le basilic séché perd malheureusement un peu de son parfum.

Notes du jardinier

- **Pincer les tiges fleuries, de nouveaux rameaux pousseront.**
- **Le basilic est peu sensible aux maladies, mais il craint le froid.**
- **L'odeur de ses feuilles, rappelant à la fois l'anis, la muscade et le girofle, fait fuir certains insectes, dont les moustiques.**
- **Les variétés à feuillage violacé sont à la fois très parfumées et ornementales.**
- **L'essence de basilic est utilisée en parfumerie.**

Les variétés

'Grand vert', 'Grand violet', 'Genevèse', 'Napoletano', 'Grec', 'Monstrueux mammouth', 'À feuilles de laitue' (variété à grandes feuilles), 'Anisé', 'Citronné', 'Cannelle', 'Violet Rubin', 'Sacré de Thaïlande', 'de Gênes', 'Green Ruffles' [1], 'Purple Ruffles' [2].

(1) et (2) à feuilles d'ortie ou frisé.

Faire ses graines

Sélectionner, parmi les plus beaux sujets, quelques pieds d'une même variété. Pincer les tiges florales des autres plantes. Laisser monter à graines les pieds choisis. Quand les épis prennent une couleur rousse, les couper, puis les étaler sur une toile au soleil afin qu'ils sèchent. Ensuite, les égrener et mettre les semences en sachet pour les conserver.

- **Durée germinative : 8 ans.**
- **Nombre de graines au gramme : environ 800.**
- **Levée : environ 1 semaine.**

En cuisine

- Les feuilles de basilic constituent la base de la célèbre soupe au pistou. Elles s'utilisent aussi crues, finement coupées, pour parfumer les crudités (tomates), les salades, certains légumes, les mayonnaises.
- Elles accompagnent les canards et les aubergines farcies, la ratatouille ou la salade niçoise, certaines omelettes. On les emploie aussi pour parfumer les poissons au court-bouillon, les pâtes et certaines sauces.
- Le basilic s'ajoute toujours au dernier moment, juste avant de servir.

Betterave potagère

Plante potagère aux feuilles ovales avec un pétiole assez long. Seule sa racine est consommée. Elle est charnue, de forme allongée ou ronde, de couleur rouge, rose, jaune ou blanche selon les variétés. Les fleurs sont hermaphrodites, de couleur verte. Elles sont réunies en glomérules à l'aisselle des feuilles, formant un épi.

CARTE D'IDENTITÉ

Noms botaniques : (1) *Beta vulgaris* Linné ; (2) *B. vulgaris* var. *rubra* Moquintandon.

Famille : Chénopodiacées.

Cycle : plante bisannuelle.

Synonyme latin : *B. maritima* Linné.

Synonymes français : blète-rave, lisette, nisette, racine rouge.

Origine : Europe méridionale ; pousse spontanément sur nos côtes.

Noms étrangers :
Anglais : red beet, garden beet.
Allemand : Salat-rübe, Beete, röthe Rübe.
Espagnol : remolacha hortelana, remolacha colorada.
Italien : barbabietola.
Néerlandais : kroot.

UN PEU D'HISTOIRE

La betterave serait arrivée en France, depuis l'Italie, au XVe siècle.

Propriétés

Apéritive, énergétique, nutritive, rafraîchissante, revitalisante, la betterave potagère est très digestible. Elle est recommandée aux personnes anémiées. Attention, très riche en sucre, elle est déconseillée aux diabétiques. Elle renferme des vitamines (A, B1, B2, C, E, PP) ainsi que du calcium, du fer, du phosphore, du potassium, du rubidium, du magnésium et du soufre.

Culture

Sur couche

Les graines se sèment au début du mois de mars, avant le repiquage en pleine terre.

En pépinière

Les semis se font début avril, avant le repiquage en place.

Si l'on sème au mois de mai, le faire en pépinière ou mieux en place.

Un semis de mai est destiné à la conservation hivernale. Recouvrir les graines avec 1 cm de terre au maximum.

Le semis en place

Semer en rayons espacés de 40 cm. Déposer 4 ou 5 graines tous les 20 cm. Le moment venu, éclaircir pour ne laisser que les plants les plus vigoureux.

Le semis en place est conseillé pour la betterave potagère.

Le repiquage

Il s'effectue quand les plants ont 4 ou 5 feuilles. Auparavant, couper l'extrémité des feuilles et le bout des racines trop longues. De préférence, praliner les racines dans une bouillie de lithothamne pour faciliter la reprise.

Les bons mariages

La betterave s'entend favorablement avec le chou-rave, le haricot nain, la laitue ainsi que l'oignon.

Semer de préférence en lune décroissante

Rotation des cultures

Cette plante gourmande entre dans la rotation des légumes exigeants.

Elle peut revenir au même endroit après un délai de 3 ou 4 ans.

Fiche de culture

Climat	Exposition	Sol	Semis	Floraison	Récolte
Indifférent	Ensoleillée	Léger et frais, riche en humus actif	En avril-mai	En juin-juillet, la 1re année ; jusqu'en septembre, à partir de la 2e année	3 mois et demi après le semis

Betterave blanche.

Betterave jaune.

Betterave rouge.

Betterave 'Plate d'Égypte'.

Les variétés

- **À racines rouges :** 'Crapaudine', 'Noire d'Égypte', 'Plate d'Égypte', 'Ronde de Détroit', 'de chioggia', 'Tonda di chioggia', 'Loma', 'Cylindra race Arizona'...
- **À racines blanches :** 'Albina Vereduna'.
- **À racines jaunes :** 'Burpee's Golden'.
- **À racines roses :** 'À grosse et longue racine rose' (var. *Longorubra rosea*), variété de collectionneur.

Récolte de la betterave.

Fertilisation

Fertilisation normale à la fin de l'automne et au début du printemps avec un engrais naturel et du compost.

Les fertilisations foliaires, par poudrage de lithothamne, se pratiquent toutes les 3 semaines environ.

Entretien

Biner et sarcler. L'arrosage est nécessaire. Pailler en cas de sécheresse.

Maladies et parasites

La cercosporose

De petites taches rondes, de couleur jaunâtre, entourées d'un cercle rougeâtre apparaissent ; les feuilles atteintes se dessèchent.

La prévention et le traitement sont ceux réservés au mildiou (voir plus loin). Brûler les feuilles atteintes.

La jaunisse de la betterave

Due aux piqûres de pucerons, la maladie déforme les feuilles du cœur qui prennent une teinte jaune.

En prévention, pratiquer des fertilisations foliaires et respecter les rotations.

Traiter les pucerons avec un insecticide végétal (roténone, pyrèthre). Brûler les organes atteints.

Le mildiou

Les feuilles sont recouvertes d'une poussière grisâtre.

En prévention (ou dès l'apparition de la maladie), pulvériser de la bouillie bordelaise. Procéder à des poudrages de lithothamne toutes les 3 semaines environ. Respecter les bases essentielles du jardinage (rotation, fertilisation et fumure correctes).

La rouille

Apparition de taches de rouille sur les feuilles qui finissent par dépérir.

Note du jardinier

Lors de la préparation du sol (avant les semis), apporter 2 à 3 kg de sel marin pour 100 m².

Faire ses graines

À l'automne, sélectionner des racines moyennes, saines, représentant bien la forme de la variété. Enlever les feuilles (sauf le cœur). Conserver les racines en cave dans de la terre ou du sable jusqu'au début du mois d'avril. Les replanter à une distance de 60 à 70 cm en tous sens, tuteurer. Pincer les extrémités des capitules, les graines de la base étant les meilleures. La récolte des graines se fait généralement en août. Les faire sécher à l'ombre, puis les mettre en sachets. Conserver au frais, à l'abri de l'humidité.

- Durée germinative : 6 ans, voire parfois jusqu'à 10 ans.
- Nombre de graines au gramme : environ 50.
- Levée : une dizaine de jours.

La prévention et le traitement sont ceux réservés au mildiou. Brûler les feuilles atteintes. Ne pas utiliser un pied atteint comme porte-graines.

L'altise

Elle perfore les feuilles, arrêtant la végétation.

Voir « La lutte contre les parasites », pages 67-68.

L'atomaire

Il est responsable de petits trous sur les racines ; les plants peuvent être coupés au niveau du collet.

En prévention, veiller à une bonne aération du sol et au respect des bases du jardinage. Ce parasite est extrêmement rare si l'on pratique une bonne rotation.

Le puceron noir de la fève

Il s'attaque aux feuilles qui se déforment.

Voir « La lutte contre les parasites », page 70.

Le silphe opaque

De couleur noire, les larves dévorent les feuilles.

Traiter avec des insecticides végétaux.

Le ver blanc

Il s'attaque aux extrémités des racines ; la plante se flétrit et finit par disparaître.

Voir « La lutte contre les parasites », page 69.

Récolter et conserver

Les variétés hâtives se récoltent selon les besoins.

La récolte des variétés tardives, cultivées pour la conservation, a lieu vers la fin octobre, début novembre (avant les gelées). Couper les racines et les feuilles en ayant pris soin auparavant de les laisser sécher sur le sol une journée. Rentrer les betteraves, en cave ou en silo (comme les carottes), après un léger poudrage de lithothamne pour faciliter la cicatrisation. Elles se conservent jusqu'à la fin avril.

Repiquage de la betterave.

En cuisine

La betterave est une plante potagère dont la racine se consomme généralement cuite (à l'eau, à l'étouffée ou au four). On la prépare souvent en salade, coupée en tranches, seule ou en mélange. Elle peut aussi se manger crue, râpée en salade, ou mélangée avec des carottes, du céleri-rave, des navets ou du radis noir râpés.

Bourrache officinale

Plante condimentaire, parfois potagère, dont la hauteur peut varier de 30 à 60 cm. Sa tige dressée et ses feuilles épaisses sont entièrement garnies de poils légèrement piquants. La bourrache officinale est très mellifère. Les fleurs sont hermaphrodites ; elles forment de très jolies grappes de couleur bleue ou blanche (suivant les variétés).

Carte d'identité

Nom botanique : (1) et (2) *Borago officinalis* Linné.

Famille : Borraginacées (Borraginées).

Cycle : plante annuelle.

Synonymes latins : *B. aspera* Gilibert ; *B. advena* Gilibert.

Synonymes français : bourrache bâtarde, bourrache commune, bourraiche, bourrage, bourse à berger, buglosse à larges feuilles, fausse bourrache, langue de bœuf, langue d'oie.

Origine : indigène, très probablement de Sibérie, du sud de l'Europe ou de Syrie.

Noms étrangers :
Anglais : borage.
Allemand : Borretsch, Gurkenkraut, Gartenborretsch.
Espagnol : borraja, becoquino.
Italien : borrana, borragine officinale, buglossa vera.
Néerlandais : prikneus, bernagie.

Un peu d'histoire

Nos ancêtres connaissaient déjà cette plante qu'ils mangeaient en salade.

Propriétés

Adoucissante, apéritive, béchique, calmante, dépurative, diurétique, rafraîchissante, sudorifique, cette plante contient une huile essentielle. Riche en vitamine C, elle renferme aussi du magnésium et du potassium.

Culture

En place

Les graines se sèment en place, du mois de mars jusqu'au mois de juin. Les rangs sont espacés de 40 cm ; le moment venu, éclaircir pour ne conserver qu'un plant tous les 25 cm.

En pépinière

On peut aussi semer en pépinière, et repiquer lorsque les plants ont 3 ou 4 feuilles (respecter les mêmes distances que ci-dessus). Recouvrir les graines avec un demi-centimètre de terre ou de compost fin.

Cette plante se ressème toute seule au jardin.

Les facteurs lunaires n'ont pas d'influence

Les bons mariages

La bourrache officinale s'entend bien avec le fraisier et la plupart des plantes.

Rotation des cultures

La bourrache officinale peut rentrer dans la rotation des plantes potagères herbacées. La faire revenir au même endroit au bout de 3 ou 4 ans.

Fertilisation

Fertilisation normale. Les engrais azotés et potassiques s'apportent à petites doses, car la bourrache ne les apprécie pas beaucoup.

Les fertilisations foliaires par poudrage de lithothamne s'avèrent toujours bénéfiques.

Fiche de culture

Climat	Exposition	Sol	Semis	Floraison	Récolte
Tempéré	Ensoleillée	Léger, frais, profond ; riche en humus	Mars à juin	Avril à septembre	Les feuilles 1 mois et demi après le semis ; les fleurs 2 mois après

Bourrache officinale 'À fleurs bleues'.

Entretien

Procéder à des binages et des sarclages. Arroser si nécessaire.

Maladies et parasites

La bourrache officinale ne semble pas sensible aux maladies ni aux parasites.

Récolter et conserver

Pour une utilisation immédiate, les feuilles et les fleurs se récoltent au fur et à mesure des besoins. Pour la conservation, les récolter au début de la floraison. Faire sécher dans un lieu sec et aéré (par exemple, sur un grillage posé à quelques centimètres au-dessus du sol, pour accélérer le séchage). Il est possible de faire sécher (les feuilles et les fleurs) à four doux. Dans tous les cas, le séchage doit être rapide.

Bourrache officinale 'À fleurs blanches'.

Notes du jardinier

- Les fleurs étoilées décorent magnifiquement les plats de crudités et les salades vertes.
- La bourrache peut se cultiver en bordures. Elle a sa place comme plante ornementale, notamment dans une rocaille.

Faire ses graines

Choisir quelques beaux pieds. Leur floraison s'étale généralement de juin jusqu'à août. Tuteurer chaque plante, puis récolter les fruits (akènes) de juillet à septembre, juste avant complète maturité. Procéder de préférence le matin car ils tombent facilement. Faire sécher quelques jours à l'ombre et ensacher.

- Durée germinative : jusqu'à 8 ans.
- Nombre de graines au gramme : environ 65.
- Levée : 1 semaine.

Les variétés

'À fleurs bleues',
'À fleurs blanches'.

En cuisine

- Les jeunes feuilles, tendres, fraîches, crues et finement hachées accompagnent comme condiment les salades, les crudités, les mayonnaises. Elles peuvent entrer (au dernier moment) dans la préparation des poissons, des potages et des ragoûts.
- On peut cuisiner et consommer les feuilles comme la poirée (bettes) ou l'épinard. Pour cela, utiliser principalement la variété à fleurs blanches, très populaire en Espagne, possédant des côtes plus fines.
- La bourrache est meilleure quand les plantes sont jeunes.
- Les feuilles et les fleurs, fraîches ou sèches, sont utilisées en infusion.
- Les feuilles de la bourrache ont un goût rappelant celui du concombre.

Bourrache orientale

Les fleurs étoilées de couleur mauve de cette plante potagère apparaissent en mars, réunies en grappes, avant les feuilles. Celles-ci sont grandes, rugueuses, ondulées, en forme de cœur, plus claires et très nervurées en dessous ; elles n'ont pas de tiges mais sont longuement pétiolées. Cette plante possède des rhizomes souterrains.

CARTE D'IDENTITÉ

Nom botanique : *Borago orientalis* Linné.

Famille : Borraginacées ou borraginées.

Cycle : plante vivace.

Synonyme latin : *Trachystemon orientalis* G.don f.

Synonyme français : trachystème d'Orient.

Origine : régions méditerranéennes, possible d'Europe du Sud.

UN PEU D'HISTOIRE

Les feuilles de cette plante sont très utilisées en Turquie pour préparer la dolma.

Notes du jardinier

- Lors de la rotation des cultures, penser à bien nettoyer le terrain avant toute nouvelle plantation. La bourrache orientale devient vite envahissante avec ses rhizomes souterrains.
- Il n'existe pas d'autre variété que le type botanique.

Culture

Diviser les touffes anciennes en avril et planter les éclats à 50 ou 60 cm en tous sens.

Les bons mariages

La bourrache s'entend bien avec toutes les plantes ; il faut cependant rester vigilant, car elle a tendance à s'étendre.

Les facteurs lunaires n'ont pas d'influence

Rotation des cultures

Cette plante peut rester de nombreuses années au même endroit ; il conviendra cependant d'effectuer une rotation assez longue de 5 à 6 ans.

Fertilisation

Fertilisation normale au printemps ou à l'automne avec un engrais naturel et du compost. Les fertilisations foliaires ne sont pas indispensables.

Faire ses graines

Les graines ne parviennent pas à maturité sous notre climat.

Entretien

Biner et sarcler régulièrement. L'arrosage n'est pas impératif.

Maladies et parasites

Cette plante semble ignorer maladies et parasites.

Récolter et conserver

Lorsque que les fleurs font leur apparition, courant mars, récolter les feuilles et leurs pétioles, qui se trouvent dans le sol entre 10 et 20 cm de profondeur. Les consommer dès que possible.

En cuisine

- Les feuilles et leur pétiole étiolée naturellement se préparent cuits à la façon des épinards (au jus, au beurre...)
- En Turquie on prépare la dolma avec ses grandes feuilles farcies de riz et de viande, façonnée en rouleaux ou en boulettes, mijotée dans une sauce tomate aromatisée de basilic et de citron.

FICHE DE CULTURE

Climat	Exposition	Sol	Plantation	Floraison	Récolte
Tempéré	Ensoleillée	Humifère, frais et bien ameubli	Par éclats en avril	Mars	Après 12 mois de culture

Calebasse ou gourde

Plante ornementale plutôt que potagère, bien que certaines personnes la consomment quand ses fruits sont jeunes. Sa tige est rampante et grimpante ; grâce à ses vrilles, elle peut atteindre près de 10 m de hauteur. Ses feuilles sont pétiolées, alternes, dentées, ondulées, en forme de cœur. Ses fruits sont curieux, charnus, vert clair à l'état jeune ; ils sont formés de 2 renflements de différentes grosseurs séparés par un étranglement, le plus petit étant du côté du pédoncule. Les fleurs, d'assez grande taille et solitaires, sont monoïques. De couleur blanche, en calice, étoilées, elles sont situées à l'aisselle des feuilles. Leur pédoncule est très long.

CARTE D'IDENTITÉ

Nom botanique : (1) et (2) *Lagenaria siceraria* Standley.

Famille : Cucurbitacées.

Cycle : plante annuelle.

Synonymes latins : *L. leucantha* Rusby ; *L. vulgaris* Seringe ; *Cucurbita lagenaria* Linné.

Origine : régions tropicales d'Afrique, d'Amérique ou d'Asie.

Noms étrangers :
Anglais : calabash, bottle gourd.
Allemand : Flaschenkurbis, Calebasse.
Espagnol : calabaza vinatera, calabaza de San Roque, calabaza de Perogrinos, cogorda, camasa.
Italien : zucca bottiglia.
Néerlandais : fles-kalebas.

UN PEU D'HISTOIRE

Utilisée comme objet d'art, servant de récipient et de moyen de transport pour l'eau ou le vin, la calebasse séchée entrait aussi dans la fabrication d'instruments de musique.

Culture

Les graines se sèment en mars-avril, en godets, sur couche ou en serre. Placer 2 ou 3 graines par pot ; par la suite, ne garder qu'un seul sujet. Les plants se mettent en place vers la fin mai (quand les gelées ne sont plus à craindre).

En place

On peut aussi semer en place en avril-mai (climat doux) dans des poquets préparés avec du compost et du terreau. Respecter les distances de plantation suivantes : espacer les rangs de 2 m et les poquets d'un mètre sur le rang.

Les graines sont à recouvrir d'un bon centimètre de terre émiettée ou bien de terreau.

Semer de préférence en lune croissante

Les bons mariages

La calebasse n'apprécie pas le voisinage de la pomme de terre.

Rotation des cultures

Cette plante à végétation rapide entre dans la rotation des plantes potagères à fruits. Attendre 3 ou 4 ans avant de la cultiver à la même place.

Notes du jardinier

- La calebasse est idéale pour garnir les treillages et les tonnelles.
- Les fruits cueillis mûrs suintent après quelques mois, puis moisissent ; c'est leur seule façon de se vider. Laisser sécher les moisissures ; ensuite brosser, puis poncer avec un papier de verre fin. Cirer ou vernir les calebasses.

FICHE DE CULTURE

CLIMAT	EXPOSITION	SOL	SEMIS	FLORAISON	RÉCOLTE
Tempéré à chaud	Ensoleillée	Léger, frais et humifère	Avril ou mai	Du mois de juin jusqu'au mois de septembre	2 mois après le semis (consommation de fruits jeunes) ou après 4-5 mois (fruits séchés)

'Gourde poire à poudre'.

'Gourde Large Buttle'.

Fertilisation

Fertilisation normale. Comme toutes les courges, la calebasse demande une quantité importante de matière organique. Avant la plantation, préparer les poquets avec beaucoup de compost bien mûr. Les fertilisations foliaires à base de lithothamne sont conseillées 3 ou 4 fois au cours de sa végétation.

Entretien

Procéder à des binages et des sarclages. Arroser si nécessaire. Pailler en cas de sécheresse.

Faire ses graines

Si d'autres variétés de calebasse sont cultivées dans les environs, recourir à une fécondation artificielle, le soir, quand les fleurs sont ouvertes. Dès que les fruits sont bien mûrs, extraire les graines, les laver, puis les faire sécher avant de les ensacher.

- **Durée germinative : 6 ans et plus.**
- **Nombre de graines au gramme : 8.**
- **Levée : environ 1 semaine.**

Maladies et parasites

Cette plante ne semble pas sensible aux maladies ou aux parasites.

Récolter et conserver

Les fruits peuvent se consommer, à condition de les cueillir quand ils sont très jeunes et tendres.

Pour la conservation de fruits secs, les récolter au maximum de leur maturité ; s'ils sont bien mûrs, ils se vident tout seuls. En région parisienne, les fruits de ces curieuses gourdes ont beaucoup de mal à mûrir.

En cuisine

- Dans les pays chauds, les jeunes fruits tendres sont préparés et consommés à la manière des courgettes (sautés, frits, à la sauce vinaigrette).
- Certaines variétés ont des fruits très amers.

Les variétés

- 'Gourde calebasse grosse' (*L. siceraria*) ; 'Gourde du Pèlerin', ou 'Courge bouteille', calebasse plus petite (*L. s. gourda*) ; 'Gourde pèlerine très grosse' (*L. s. maxima*). Les fruits de ces variétés sont formés de 2 renflements dont l'un, au ventre arrondi, est opposé au pédoncule.
- 'Gourde poire à poudre' (*L. s. pyrotheca*), son fruit a la forme d'une poire de grosseur moyenne ; 'Gourde plate de Corse' (*L. s. depressa*), au fruit aplati ; 'Gourde massue très longue' (*L. s. longissima*), au fruit pouvant mesurer près de 1,50 m ; 'Gourde massue d'Hercule' ou 'Courge trompette' (*L. s. clavata*), au fruit allongé en forme de massue ; 'Gourde siphon' (*L. s. coucourda*), au fruit ventru comme la 'Courge pèlerine' ou la 'Gourde Large Buttle', mais muni d'un long col, mince, recourbé ou droit du côté du pédoncule ; 'Courge amphore' (*L. s. siphon*), aux fruits de formes différentes (pèlerine, siphon...), de couleur verte, plus foncée, tachetés de blanc ; 'Courge matraque ou casse-tête' (*L. maranka merangea*), au fruit curieux ayant un col droit ou recourbé, long et mince, renflé et cabossé du côté opposé au pédoncule, de couleur vert foncé.

Cardon

Plante potagère d'une hauteur de 1,50 m à 2 m et ressemblant à l'artichaut. Un bon observateur la reconnaît à sa tige et à ses feuilles qui sont plus grandes. Sa tige est haute et rameuse. Ses feuilles, de couleur cendrée, ont un pétiole et une nervure centrale très développés, larges et charnus. Elles sont découpées en lobes profonds ; pour certaines variétés, elles sont épineuses. Les fleurs hermaphrodites sont de couleur bleu violacé, en capitules entourés de bractées.

Carte d'identité

Nom botanique : (1) et (2) *Cynara cardunculus* Linné.

Famille : Astéracées (Composées).

Cycle : plante vivace, généralement cultivée comme annuelle.

Synonymes latins : *C. sylvestris* Lamarck ; *C. horrida* Aiton ; *C. spinosissima* Presl ; *C. corsica* Viviani ; *C. humilis* Viviani.

Synonymes français : artichaut carde, artichaut sauvage, cardonette, chardonette, chardonnerette.

Origine : Europe méridionale.

Noms étrangers :
Anglais : cardoon, artichoke thistle, prickey artichoke.
Allemand : Cardy, Kardon, Cardon, spanische Artischocke.
Espagnol : cardo, cardo de comer, cardo comestible.
Italien : cardo, carde, cardo spinoso, cardocelle, carduccio, carciofo, caglio.
Néerlandais : kardoen.

Un peu d'histoire

Le cardon pousse à l'état sauvage en Algérie, où ses boutons floraux sont appréciés dans le couscous.

Propriétés

Le cardon est apéritif, digestif, diurétique, laxatif, nutritif, rafraîchissant et tonique.

Culture

Les graines se sèment, début avril, en pépinière ou en godets.

En pépinière

En pépinière (bien exposée) ou sous châssis, repiquer les plants quand ils ont 3 ou 4 feuilles. Respecter une distance de plantation de 1,50 m entre les rangs et de 1 m sur la ligne.

En godets

Si les graines sont semées en godets, procéder sur couche en déposant 3 ou 4 graines par godet.

Au début du mois de mai, pour chaque godet, ne garder que le plus beau sujet et le mettre en place avec la motte, sous tunnel plastique. Attendre qu'il n'y ait plus de risque de gelée pour enlever le tunnel.

En place

On peut semer directement en place au mois de mai. Sur des lignes distantes de 1,50 m, placer 4 ou 5 graines tous les mètres, à 1 cm de profondeur. Les recouvrir de terreau ou de terre émiettée. Le moment venu, ne conserver qu'un seul plant, le plus vigoureux.

Les bons mariages

La fève semble être la meilleure amie du cardon. Mais, entre ses rangs, on peut aussi cultiver de la mâche, des radis et des laitues. On peut y ajouter du trèfle blanc nain ou de la féverole dont la présence est bénéfique.

Semer de préférence en lune croissante

Rotation des cultures

Le cardon est assez exigeant. Après une culture annuelle, attendre 3 ou 4 ans avant de le cultiver à la même place. Attendre davantage, s'il occupe le sol pendant plusieurs années.

Fiche de culture

Climat	Exposition	Sol	Semis	Floraison	Récolte
Tempéré	Ensoleillée	Fertile, humifère, profond, aéré, frais	Avril, en pépinière	De juin à septembre, à partir de la 2e année	Environ 5 mois après le semis

Faire ses graines

Sélectionner 1 ou 2 pieds bien vigoureux, ayant donné de belles côtes, bien pleines et représentant bien la variété. Les protéger du froid en les buttant et en les couvrant de paille ou de feuilles sèches si nécessaire. À la fin de l'hiver, les débutter. Au printemps, lorsqu'ils fleurissent, ne garder que les 2 ou 3 plus beaux capitules par pied. Par précaution, dès qu'ils ont perdu leur belle couleur violette, les protéger de la pluie avec des sacs destinés à la protection des fruits. Récolter les capitules quand ils sont à maturité complète, c'est-à-dire en août ou en septembre. Les suspendre dans un endroit aéré pour les faire sécher. Les égrener et conserver les graines dans un sachet ou une boîte hermétique.

- Durée germinative : de 6 à 9 ans.
- Nombre de graines au gramme : 25.
- Levée : une huitaine de jours.

Fertilisation

Apporter une bonne fumure (compost) ainsi qu'une dose d'engrais supérieure à celle qui est nécessaire pour la plupart des autres plantes potagères.

Procéder à des fertilisations foliaires, toutes les 3 ou 4 semaines, par poudrage à base de lithothamne.

Entretien

Effectuer des binages et des sarclages. Arroser si nécessaire. Un paillage est conseillé en cas de sécheresse : si les cardons en souffrent, leurs côtes prendront un goût très amer.

Si les plantes sont maintenues plusieurs années en place, lors des grands froids, protéger les souches avec de la paille sèche. Penser à découvrir quand le temps se radoucit. Dès l'apparition des premières gelées, arracher, avec leur motte, les pieds destinés à la consommation et les planter en jauge, à la cave, dans de la terre ou du sable.

Pour les plantes cultivées pour leurs capitules, à l'entrée de l'hiver, couper les tiges et les feuilles à quelques centimètres au-dessus du sol.

Note du jardinier

Le cardon est également ornemental. Il est d'un bel effet en fond de massif.

Maladies et parasites

Les maladies et parasites sont les mêmes que ceux de l'artichaut (voir pages 111 à 113).

Récolter et conserver

La récolte s'effectue selon les besoins et le développement des côtes. Elles doivent se consommer le plus rapidement possible. La cueillette des capitules se fait en coupant la tige dès que l'inflorescence a atteint son complet développement et avant que les écailles ne commencent à s'écarter (pour davantage d'informations, se reporter à l'artichaut, page 113).

Certaines personnes blanchissent les pétioles pour qu'ils soient plus tendres, mais lors de cette opération, ils perdent une partie de leurs qualités en éléments nutritifs.

Pour le blanchiment : lier les feuilles de la plante, puis les entourer de paille ; maintenir celle-ci en liant de nouveau, laisser dépasser la pointe des feuilles (2 ou 3 semaines sont nécessaires pour les étioler). Prévoir des blanchiments successifs, selon ses besoins.

L'étiolement peut aussi se pratiquer en cave : arracher les plantes avec la motte, lier légèrement les feuilles, puis les mettre les unes contre les autres dans du sable. Généralement, 2 semaines suffisent pour blanchir les côtes.

Les variétés

'Blanc amélioré', 'Plein blanc inerme', 'de Tours' (très épineux), 'Plein blanc amélioré Puvis', 'Rouge d'Alger', 'Vert de Vaulx-en-Velin'...

Cardon 'Rouge d'Alger'.

Cardon 'Plein blanc inerme'.

En cuisine

- Les côtes se consomment cuites : au jus, à la grecque, au gratin, au curry, à la sauce blanche, à la crème, au beurre.
- Certaines personnes utilisent aussi en cuisine la base du rhizome.
- Si les cardons sont maintenus en place pendant plusieurs années, ils portent des capitules, semblables à de petits artichauts, qui se mangent comme les fonds d'artichauts ; leur goût est très fin.

Carotte

Plante potagère herbacée haute de 30 à 70 cm. Ses feuilles décomposées, sont molles, à segments étroits ; elles ont une odeur aromatique. Sa racine, que l'on consomme, est charnue et pivotante, la plupart du temps de couleur rougeâtre à jaunâtre (il existe cependant des variétés à racine de couleur jaune, blanche ou même violette). Les fleurs sont hermaphrodites, stériles au centre, de couleur blanche, en ombelles.

CARTE D'IDENTITÉ

Nom botanique : (1) et (2) *Daucus carota* Linné.

Famille : Apiacées (Ombellifères).

Cycle : plante bisannuelle, mais cultivée comme annuelle.

Synonyme latin : *D. gingidium* Linné.

Synonymes français : faux chervis, gironille, pastenade, pastonade, caroute...

Origine : Europe ou Afghanistan, indigène en France.

Noms étrangers :
Anglais : carrot.
Allemand : Gelbrübe, Karotte, Mohrrübe, Möhre.
Espagnol : zanahoria.
Italien : carota, carota selvatica.
Néerlandais : peen, wortel.

UN PEU D'HISTOIRE

Cette plante est cultivée en Europe depuis le XVIe siècle, date de l'apparition des carottes jaunes et pourpres. Vers la fin du XVIIIe siècle viendront les carottes rouges.

Propriétés

Adoucissante, anti-anémique, anti-diarrhéique, apéritive, calmante (sur les intestins), dépurative, diurétique, émolliente, nutritive, pectorale et rafraîchissante, la carotte est l'amie du foie. Très riche en vitamine A, elle contient aussi des vitamines (B1, B2, B5, B6, C, E, K, PP) et des sels minéraux (arsenic, brome, calcium, cuivre, fer, iode, magnésium, manganèse, nickel, phosphore, potassium, sodium, soufre, zinc...).

Culture

Pour une culture hâtive ou à forcer sous châssis, semer les graines de la fin février jusqu'au début du mois d'avril.

Pour une culture d'été, destinée à la conservation, semer en pleine terre de la mi-mai jusqu'à la fin juin en rayons distants de 25 à 30 cm.

Les graines sont à recouvrir légèrement de terre fine ou de compost fin. Plomber à peine avec le dos du râteau. Éclaircir lorsque les plants ont 4 ou 5 feuilles. Procéder en 2 fois : d'abord tous les 2 ou 3 cm, puis tous les 7 ou 8 cm.

Éclaircissage des carottes.

Les bons mariages

Contre certains parasites, comme la mouche de la carotte, l'oignon, l'échalote, le poireau, l'ail et le salsifis sont des amis protecteurs. Il est conseillé de semer entre leurs rangs les carottes destinées à la conservation.

Note du jardinier

L'odeur du marc de café repoussent certains parasites de la carotte, il est bon d'en recouvrir les graines.

FICHE DE CULTURE

Climat	Exposition	Sol	Semis	Floraison	Récolte
Indifférent	Ensoleillée	Ameubli, frais, riche en humus	Février à avril (culture hâtive) ou mi-mai à juin (culture de conservation)	De mai à octobre, à partir de la 2e année	Selon le mode de culture, de 80 jours à 5-6 mois après le semis

Association de carottes et de poireaux.

Le radis, la laitue, le pois, la tomate, certaines plantes condimentaires et aromatiques (absinthe, romarin, sauge…) sont favorables pour l'environnement de la carotte ; semer quelques graines de radis parmi les carottes.

En revanche, l'aneth et la pomme de terre ne sont pas de bons voisins.

Semer de préférence en lune décroissante

Rotation des cultures

La carotte entre dans la rotation des plantes potagères à racines. Pratiquer une alternance de 3 ou 4 ans. Il est préférable de cultiver la carotte après un engrais vert de légumineuses. Dans ce cas, 3 ou 6 semaines avant le semis, le gyrobroyer, puis l'enfouir.

Fertilisation

Fertilisation normale. Les fumures fraîches sont à éviter ; ne pas apporter plus de 2,5 kg d'azote pour 1 are.

Toutes les 2 ou 3 semaines, des fertilisations foliaires à base de lithothamne sont conseillées.

Entretien

Les binages et les sarclages sont importants, la carotte redoutant les mauvaises herbes. Les arrosages sont nécessaires en cas de sécheresse ; ils favorisent aussi la levée des plantes.

Maladies et parasites

Carottes fourchues ou éclatées

Si les carottes sont fourchues : cela provient d'une terre mal ameublie ou d'un apport de matière organique fraîche.

Si les carottes éclatent : généralement, cela survient après une longue période de pluie suivie d'une sécheresse.

Un bon paillage peut limiter cet inconvénient ; un semis trop précoce, suivi d'un arrachage tardif, peut aussi en être responsable.

L'alternariose

Les feuilles les plus âgées de la plante sont atteintes de taches brun foncé, puis noires bordées de jaune ; elles finissent par se dessécher ou pourrir ; les jeunes plantes disparaissent. Parfois, les racines des plantes développées sont attaquées par des taches noires et pourrissent.

Cette maladie est souvent due à un temps trop humide. En prévention, éviter les fumures fraîches ; éclaircir suffisamment les jeunes plants (très important) et ne pas semer trop dru. Pratiquer une bonne rotation.

Dès le début de la maladie, procéder à des pulvérisations à base de bouillie bordelaise.

La fonte des semis

Par temps humide prolongé, les jeunes plants disparaissent par endroits.

En prévention, pulvériser sur le sol une décoction de prêle avant la levée.

Respecter les rotations ; éviter les fumures fraîches ; semer dans un sol suffisamment aéré, et surtout ne pas semer trop dru.

Le mildiou

Lors des étés humides et frais, des taches jaunâtres à brunâtres apparaissent sur les feuilles, dont le dessous se couvre peu à peu d'un duvet blanchâtre ; les feuilles atteintes se dessèchent.

En prévention, pulvériser de la bouillie bordelaise, une décoction de prêle ou du purin d'ortie.

Procéder à des fertilisations foliaires régulières à base de lithothamne ; respecter les rotations ; éclaircir suffisamment les plants.

Dès l'apparition de la maladie, détruire les plantes atteintes.

L'oïdium

Les feuilles se couvrent d'un duvet blanchâtre, puis se dessèchent.

Cette maladie apparaît surtout en période chaude et sèche. Éviter les fumures fraîches et l'excès d'engrais azotés ; effectuer des binages profonds et fréquents.

À la rosée du matin, dès l'apparition de la maladie, effectuer un poudrage composé d'un mélange de lithothamne (150 g/are) et de fleur de soufre (150 g/are).

La pourriture des racines

Des champignons s'attaquent aux racines stockées en cave ; elles deviennent molles, se couvrent d'un feutrage de filaments blancs et pourrissent.

En prévention, trier les racines avant de les stocker ; ne rentrer que celles qui sont suffisamment ressuyées.

Notes du jardinier

- **La carotte est un légume précieux, car elle permet de manger des crudités à l'époque où celles-ci sont rares.**
- **Pour ses propriétés, la carotte est l'un de nos meilleurs légumes.**

Les variétés

• Pour la culture hâtive ou à forcer :
'À forcer parisienne', 'de Guérande', 'Demi-longue de Croissy améliorée', 'Courte d'Amsterdam à forcer', 'Courte améliorée à forcer' ('de Saint-Fiacre'), 'Demi-longue nantaise améliorée', 'Demi-longue de Chantenay à cœur rouge', 'Demi-longue de Carentan', 'Marché de Paris' (type grelot)...

• Pour la culture destinée à la conservation :
'Longue nantaise', 'de Colmar à cœur rouge', 'Demi-longue de Chantenay', 'Demi-longue de St-Valéry', 'de Tilques', 'Longue lisse de Meaux'...

• Fourragères :
'Jaune du Doubs', 'Jaune longue', 'Jaune-orange à collet vert', 'Blanche à collet vert', 'Blanche demi-longue des Vosges'...

Carotte 'de Guérande'.

Carotte 'Longue lisse de Meaux'.

Carotte 'de Colmar'.

Carotte 'de Chantenay'.

En cours de stockage, pendant l'hiver, vérifier l'état des racines et éliminer celles qui sont atteintes.

L'araignée rouge

Cet insecte dévore les jeunes plants pendant la levée.

Procéder à des arrosages légers et fréquents et à des fertilisations foliaires régulières ; appliquer une méthode culturale parfaite.

Dès le début de l'invasion, pulvériser un insecticide végétal.

Le charançon de la carotte

Petit coléoptère long de 1,5 mm, noir brillant avec des petites taches jaunâtres. Les larves creusent des galeries dans les racines, de bas en haut.

Ramasser et détruire les insectes adultes dès leur sortie de terre au printemps.

La courtilière

Orthoptère qui coupe les racines sur son passage, en établissant des galeries.

Voir « La lutte contre les parasites », page 68.

L'iule terrestre, ou mille-pattes

Il s'attaque aux racines, au niveau du collet.

Poser des pièges (pommes de terre évidées) semi-enterrés. Les visiter chaque matin ; ramasser et détruire ces insectes.

La limace agreste

Elle ronge les feuilles et le collet de la carotte.

Voir « La lutte contre les parasites », pages 69-70.

La mouche de la carotte

Petite mouche noire ayant une tête orange, brune à l'arrière, qui pond au voisinage des ombellifères ; trois générations se succèdent d'avril à la fin octobre, mais c'est en juillet-août qu'elle fait le plus de dégâts. Sa larve jaunâtre creuse des galeries irrégulières dans les racines en descendant vers la pointe. Les feuilles des carottes atteintes jaunissent et se flétrissent.

Pratiquer une bonne rotation. Semer les carottes entre les rangs d'oignons, d'échalotes, de poireaux, d'ails ou de salsifis qui généralement éloignent la mouche ; cultiver dans une terre équilibrée ; éviter les apports de matière organique fraîche.

En juillet-août, époque favorable aux grandes attaques, bassiner les planches avec des infusions ou décoctions de tanaisie, d'oignon, d'ail, de lavande (la plupart

Faire ses graines

Au moment de l'arrachage, aux mois d'octobre-novembre, choisir les plus belles carottes dont les racines représentent bien la variété. Les conserver en cave ou en silo, puis les replanter en mars jusqu'au niveau du collet. Récolter les graines en août, au fur et à mesure de leur avancement, en coupant les ombelles. Suspendre celles-ci quelques jours pour que les graines sèchent bien. Les débarrasser de leurs barbes (« persiller »), puis les mettre en sachet.

Conseils : avant la floraison, ne garder que les plus belles ombelles, éliminer les autres. À partir de la 2e année, les graines semblent de meilleure qualité. Ne pas faire voisiner d'autres variétés destinées à la production de semences : attention à la proximité des carottes sauvages, car il y a risque d'hybridation.

- Durée germinative : 4 ou 5 ans.
- Nombre de graines au gramme : 950.
- Levée : 10 à 20 jours.

des plantes à forte odeur) : opérer 2 ou 3 fois par semaine. Couvrez les intervalles entre les rangs de feuilles d'absinthe, de fougère, d'hysope, de lavande, de romarin, de sauge et de tanaisie : l'odeur de ce mélange de plantes fera fuir l'insecte.

Éliminer les carottes atteintes.

Le psylle de la carotte

Petit insecte, long d'environ 3 mm, de couleur vert clair, qui pond sur les feuilles. Les petites larves verdâtres sucent les feuilles qui se recroquevillent, s'enroulent, se dessèchent et meurent.

Respecter les rotations. En cas d'invasion, pulvériser du jus de tabac.

Le puceron blanc des racines

Il s'attaque au collet ou aux gerçures des racines éclatées.

Pour traiter, dégager le collet et pulvériser une solution d'insecticide végétal. Arracher les carottes dont les racines sont éclatées.

Pulvériser du purin d'ortie.

Le puceron de la carotte

Il s'attaque aux feuilles, qui prennent une couleur vert pâle et s'enroulent.

Voir « La lutte contre les parasites », page 70.

La tipule potagère

La larve brunâtre s'attaque aux racines, près du collet, de mai à août.

Éviter la culture de la carotte dans les terres trop humides et mal aérées. En cas d'atteinte, ramasser les larves tôt le matin et les détruire.

Le ver blanc ou ver gris

Ces larves s'attaquent aux racines, en creusant des galeries peu profondes mais larges.

Voir « La lutte contre les parasites », page 69.

Récolter et conserver

On récolte les carottes précoces selon les besoins. Combler les vides après chaque arrachage en rebouchant les trous qui se créent avec de la terre, pour éviter le dessèchement des racines restées en place.

La récolte pour la conservation hivernale s'effectue en octobre-novembre et par temps sec de préférence.

L'arrachage se fait en plusieurs fois, en enlevant successivement les racines les plus avancées. Ne pas oublier de combler les vides.

Laisser les légumes récoltés ressuyer 1 ou 2 jours, puis nettoyer les racines (surtout ne pas les laver). Couper les feuilles au-dessus du collet et poudrer celui-ci avec du lithotamne pour faciliter la cicatrisation. Les racines se conservent en silo, en cave…

Récolte de carottes.

En cuisine

- On consomme les racines crues ou cuites. Crues, on les râpe en salade, seules ou mélangées avec d'autres crudités. Cuites, elles s'utilisent sautées au beurre ou à l'huile, au jus de viande, en ragoût, à la crème, à la béchamel, en purée, à la Vichy. Elles accompagnent de nombreux plats de viandes et de légumes, entrent dans la composition de potages et dans la macédoine de légumes.
- Le jus de carottes est vivement recommandé car reminéralisant. Autrefois, il servait à colorer le beurre.
- Les fanes de carottes sont très appréciées dans les potages.
- Le jus de cuisson des carottes était un excellent remède pour le nourrisson atteint de diarrhée ; aujourd'hui, il est déconseillé à cause des excès de nitrates que contient ce légume (sauf si l'on connaît sa provenance et s'il est issu d'une culture biologique).

Carvi

Plante condimentaire, dont la hauteur varie de 30 à 70 cm. Ses feuilles parfumées sont divisées et nombreuses. Les fleurs sont hermaphrodites, de couleur blanche, en ombelles. Ses graines sont aromatiques.

Carte d'identité

Nom botanique : (1) et (2) *Carum carvi* Linné.

Famille : Apiacées (Ombellifères).

Cycle : plante bisannuelle, parfois trisannuelle.

Synonymes latins : *Apium carvi* Crantz ; *Seseli carum* Scopoli ; *S. carvi* Lamarck ; *Sium carum* Webb ; *Sium carvi* Bernhardi ; *Ligusticum carvi* Roth.

Synonymes français : anis des prés, anis des Vosges, carvi noir, cumin des prés, faux anis.

Origine : Asie, plante spontanée en France (dans les prés), en Europe centrale et Europe du Nord.

Noms étrangers :
Anglais : common caraway.
Allemand : Wiesenkümmel, Kümmel, Feldkümmel.
Espagnol : carvi, alcaravea, cormino de prado, hinojo de prado.
Italien : carvi, cumino del prati.
Néerlandais : karvij, gewone kummel.

Un peu d'histoire

Les Égyptiens utilisaient le carvi comme plante médicinale. Il est cultivé depuis le Moyen Âge où il servait à relever certains mets à base de légumes.

Propriétés

Apéritif, antispasmodique, diurétique, carminatif, stomachique, stimulant, vermifuge..., le carvi contient une huile essentielle.

Culture

Les graines se sèment en place du 15 mai jusqu'au début septembre, en rangs espacés de 40 cm. On peut aussi semer en bordures. Semer clair, recouvrir les graines de très peu de terre, plomber avec le dos du râteau. Quand les plants atteignent 7 ou 8 cm de hauteur, éclaircir à 20 cm sur le rang.

Les bons mariages

Le carvi apprécie le voisinage du haricot nain et du pois.

En revanche, il ne supporte pas la présence de l'absinthe et du fenouil.

Notes du jardinier

- Cette plante, au joli feuillage, peut entrer dans la composition des massifs de fleurs.
- Le parfum du carvi est proche de celui de la carotte.

les facteurs lunaires n'ont pas d'influence

Rotation des cultures

Le carvi peut se classer dans la rotation des plantes à racines ou feuilles.

Il occupe le sol assez longtemps. Si possible, ne pas le faire revenir au même endroit avant un délai de 4 ou 5 ans.

Fertilisation

Fertilisation normale. Éviter fumures fraîches et engrais azotés.

Les fertilisations foliaires à base de lithothamne sont bénéfiques.

Entretien

Procéder à des binages et des sarclages. Arroser si nécessaire.

Maladies et parasites

Le carvi ne semble pas sensible aux maladies ou aux parasites.

Fiche de culture

Climat	Exposition	Sol	Semis	Floraison	Récolte
Tempéré	Chaude et ensoleillée	Léger, frais, riche en humus	Mai à septembre	De mai à juillet, à partir de la 2e année	Feuilles : 4 semaines apres le semis ; Graines : après 12 à 14 mois

Carvi en fleur.

Récolter et conserver

On récolte les feuilles au fur et à mesure des besoins, tandis que pour les graines, il faut attendre en général la 2e année. Récolter les tiges portant les ombelles de graines lorsqu'elles sont à maturité (en principe en juillet-août). Les accrocher à l'ombre, la tête en bas, dans un sac de toile ou de papier.

Conserver les graines dans des boîtes bien hermétiques.

Les variétés

Pas d'autre variété que le type botanique.

Faire ses graines

Repérer les sujets portant les plus belles ombelles : les cueillir à maturité, en juillet-août. Les faire sécher à l'ombre. Ensacher les graines et les mettre dans des boîtes hermétiques. Conserver à l'abri de l'air et de la lumière.

- Durée germinative : 3 ans.
- Nombre de graines au gramme : environ 350.
- Levée : environ 10 jours.

En cuisine

- Les jeunes feuilles fraîches s'utilisent comme condiment dans les salades et avec certaines viandes.
- Les graines sont employées pour parfumer viandes, poissons ou gibiers, ainsi que les légumes (choucroute, diverses potées, potages…).
  Elles entrent dans la composition de charcuteries, de pâtisseries et de liqueurs.
- La racine peut se préparer comme le panais.

Céleri à côtes

Plante potagère herbacée haute de 40 à 60 cm. Cultivée pour ses pétioles et ses feuilles, elle est très odorante. Sa tige est ramifiée et dressée. Ses nombreuses feuilles sont longues, découpées, dentées, de couleur verte à vert clair ou blond doré selon les variétés ; elles sont munies de côtes (pétioles) larges, charnues, en forme de gouttière. Les fleurs sont hermaphrodites, de couleur blanchâtre à verdâtre, en ombelles.

Carte d'identité

Noms botaniques :
(1) *Apium graveolens* Linné ;
(2) *A. graveolens* var. *dulce* Linné.

Famille : Apiacées (Ombellifères).

Cycle : plante bisannuelle.

Synonymes latins : *A. celleri* Gaertner ; *A. maritimun* Salisbury.

Synonymes français : ache des marais, ache odorante.

Origine : Europe méridionale, Asie occidentale ou Afrique du Nord.

Noms étrangers :
Anglais : blanching celery, celery, solid celery.
Allemand : Bleichsellerie, Sellerie.
Espagnol : apio blanco, apio nabo, apio de pencas.
Italien : apio, sellero, sellino, sedano.
Néerlandais : *selderie, selderij, snijselderij.*

Un peu d'histoire

Les Égyptiens, les Grecs et les Romains utilisaient les feuilles du céleri sauvage dans la cuisine.

Propriétés

Les propriétés sont les mêmes que celles du céleri-rave (voir page 142).

Culture

Se reporter au céleri-rave (page 142). Cependant, repiquer les plants en pépinière, quand ils ont 3 feuilles, et une seule fois avant leur mise en place définitive. Espacer les plants de 30 cm sur des lignes distantes de 40 cm.

Les bons mariages

On peut planter un rang de céleri à côtes entre deux rangs de tomates ou entre les pieds de tomates sur le rang. Cette plante apprécie également le chou-fleur hâtif et le poireau.

Rotation des cultures

Attendre 3 ou 4 ans avant de faire revenir le céleri à côtes à la même place.

Semer si possible en lune décroissante

Fertilisation

Apporter beaucoup de compost bien décomposé, de la cendre de bois. Un peu moins gourmand que le céleri-rave.

Entretien

Procéder à des binages et des sarclages. Arroser fréquemment si nécessaire. Une couverture végétale du sol (paille, tonte de gazon) est bénéfique.

Blanchiment

Lier les feuilles et les butter 15 jours environ avant l'utilisation. Certaines variétés ne nécessitent pas l'étiolement. Celui-ci n'est d'ailleurs pas toujours recommandé en raison des pertes de propriétés qu'il occasionne.

Fiche de culture

Climat	Exposition	Sol	Semis	Floraison	Récolte
Tempéré et humide	Ensoleillée ; tolère la mi-ombre	Humifère, frais, meuble	Mi-avril jusqu'à fin mai	De juin à septembre, à partir de la 2e année	6 à 7 mois apres le semis

Maladies et parasites

Se reporter aux maladies et parasites du céleri-rave, page 143.

Récolter et conserver

Récolter selon ses besoins. Pour la conservation, à partir de la fin octobre (avant les gelées), arracher les pieds avec leur motte. Les mettre en jauge dans des tranchées ou les conserver en cave dans du sable ou de la terre.

Faire ses graines

Se reporter au céleri-rave, page 143.

- **Durée germinative : de 6 à 8 ans.**
- **Nombre de graines au gramme : environ 2 500.**
- **Levée : environ 10 jours pour un semis sur couche et le double en pépinière.**

Note du jardinier

La variété 'Géant doré amélioré' blanchit plus facilement.

Les variétés

'À couper', 'Plein blanc', 'Plein blanc doré', 'Vert de Villeneuve', 'Plein blanc Pascal', 'd'Elne', 'Géant doré amélioré', 'Plein blanc Lepage', 'Plein blanc doré Barbier', 'Doré brillant', 'Martine' (à côtes rouges)...

Repiquage des plants.

Céleri à côtes 'Plein blanc doré'.

En cuisine

- Les feuilles du céleri à côtes sont utilisées comme condiment dans les potages, les pot-au-feu, ou pour parfumer certaines sauces et farces.
- Les côtes crues, tendres, finement coupées, peuvent entrer dans des salades composées. Cuites, elles s'accommodent braisées, à la béchamel, au jus de viande, à la crème, à la sauce tomate, à la sauce blanche... et accompagnent diverses viandes dont les rôtis.
- Les graines s'emploient pour aromatiser des sauces ou des potages.

Céleri-rave

Plante potagère herbacée haute de 50 à 80 cm, cultivée pour sa racine. Charnue, grosse et plus ou moins lisse, celle-ci est arrondie, garnie de radicelles et surmontée d'une rosette de feuilles. Odorantes et très découpées, les feuilles sont un peu moins hautes que celles du céleri à côtes et ont un goût plus amer. Leur couleur est d'un vert foncé brillant. Leurs pétioles sont creux et moins développés que ceux du céleri à côtes. Les fleurs sont hermaphrodites, de couleur blanchâtre à verdâtre, en ombelles.

CARTE D'IDENTITÉ

Noms botaniques : (1) *Apium graveolens*, var. *rapaceum* (Miller) Gaudin ; (2) *A. graveolens* Linné, var. *rapaceum* Decandolle.

Famille : Apiacées (Ombellifères).

Cycle : plante bisannuelle.

Synonyme latin : *A. rapaceum* (Miller) Gardner.

Synonyme français : céleri-navet.

Origine : Europe méridionale, Asie occidentale et Afrique du Nord.

Noms étrangers :
Anglais : celeriac, rooted celery, turnip rooted celery.
Allemand : Knollensellerie, Wurzelsellerie.
Espagnol : apio rabano, apio nabo.
Italien : sedano-rapa.
Néerlandais : knoll-selderij.

UN PEU D'HISTOIRE

De culture beaucoup plus récente que le céleri à côtes (voir page 140), il semblerait que l'apparition du céleri-rave date du début du XVIIIe siècle.

Propriétés

Antirhumatismal, apéritif, aphrodisiaque, carminatif, digestif, diurétique, excitant, rafraîchissant, reminéralisant, tonique..., le céleri-rave contient des vitamines (A, B, C et PP) ainsi que du brome, du calcium, du cuivre, du fer, de l'iode, du magnésium, du manganèse, du phosphore, du potassium du sodium... et des huiles essentielles.

Culture

On peut semer :
- soit de février à avril, sur couche chaude ou en caissettes, en serre ou dans un local clair et chauffé ;
- soit de la mi-avril à la fin mai, en pépinière bien exposée.

La température du sol doit être supérieure à 15 °C. Recouvrir les graines de peu de terre, plomber avec le dos du râteau et tenir le sol frais.

Avant la mise en place (généralement en mai-juin), repiquer les plants 2 fois en pépinière (quand ils ont 2, puis 4 feuilles). Les espacer de 5 à 10 cm en tous sens. Prendre soin de supprimer l'extrémité des radicelles et de la racine principale.

Pour la mise en place définitive, il est conseillé de praliner les racines dans une bouillie à base de lithothamne. Ensuite, planter en espaçant de 35 cm en tous sens.

Semer de préférence en lune décroissante

Les bons mariages

Les céleris s'entendent favorablement avec le chou, le concombre, le haricot nain, le poireau, le pois, la tomate, la laitue et le radis.

Note du jardinier

Lorsque la racine charnue est assez développée, supprimer les radicelles environnantes et les feuilles extérieures, pour favoriser son développement.

FICHE DE CULTURE

CLIMAT	EXPOSITION	SOL	SEMIS	FLORAISON	RÉCOLTE
Tempéré et humide	Ensoleillée	Humifère, frais, meuble	Sur couche chaude : février à avril ; en serre : mi-avril à fin mai	De juin à septembre, à partir de la 2e année	7 mois après le semis

Rotation des cultures

Le céleri-rave est à classer parmi les plantes exigeantes. Attendre 3 ou 4 ans avant de le cultiver à la même place.

Fertilisation

Apporter beaucoup de compost bien décomposé, de la cendre de bois, ainsi que les doses maximales de fertilisants en plusieurs épandages.

Procéder à des fertilisations foliaires à base de lithothamne. Prévoir un poudrage toutes les 3 semaines.

Entretien

Effectuer des binages et des sarclages réguliers. Les arrosages doivent être copieux.

Pailler le sol d'une couverture végétale de 6 à 7 cm d'épaisseur, qui gardera le sol frais.

Maladies et parasites

Le mildiou du céleri

Sur les jeunes plants, jaunissement des feuilles, qui se couvrent d'une efflorescence blanchâtre, puis brunissent et se dessèchent.

Dès l'apparition de la maladie, pulvériser de la bouillie bordelaise. Si les plantes sont sous châssis, aérez-les ; ne pas trop arroser les plants, prendre les mêmes précautions que pour la rouille.

La pourriture de la racine

La pomme se couvre d'un feutrage blanchâtre et épais lors de sa conservation.

À titre préventif, rentrer des racines correctement ressuyées ; les poudrer avec du lithothamne après l'habillage ; ne pas apporter trop d'engrais azotés (3 à 4 kg/are au maximum).

La rouille du céleri

Les feuilles et les tiges se couvrent de taches brunâtres, stoppant la croissance de la plante.

Cette maladie apparaît généralement les années humides ou lors d'une chute brutale de la température.

Les remèdes les plus efficaces sont :
- les fertilisations foliaires régulières ;
- les pulvérisations de bouillie bordelaise dès l'apparition de la maladie ;
- l'alternance des fertilisations foliaires à base de lithothamne et des pulvérisations de décoction de prêle.

Les mollusques

Par temps humide ou la nuit, ils dévorent les tiges et s'attaquent au cœur de la plante ; les mollusques laissent derrière eux une trace visqueuse et brillante.

Voir « La lutte contre les parasites », pages 69-70.

La mouche du céleri

La mouche pond des œufs sur les feuilles ; ses larves longues d'environ 6 mm, de couleur blanche, creusent dans les feuilles des galeries repérables par des portions jaunies ; les feuilles se boursouflent, puis se recroquevillent et meurent.

En prévention, procéder à des poudrages foliaires à base de lithothamne.

En cas d'attaque : effectuer des pulvérisations à base d'insecticide végétal, ou de solution nicotinée. Couper les feuilles atteintes (voire la plante entière, si nécessaire) et les brûler.

Récolter et conserver

Arracher les racines avant les froids. Les laisser ressuyer sur le sol une journée, puis couper les feuilles et les radicelles. Pour favoriser la cicatrisation, les poudrer avec du lithothamne ; ensuite, les conserver en cave ou en silo.

Les variétés

'Géant Danois',
'des maraîchers',
'Boule de marbre',
'Blanc globe', 'Niva',
'Monarch', 'Dolvi', 'Prinz'...

Faire ses graines

Choisir 2 ou 3 pieds ayant de belles racines, bien faites, représentant bien la variété et n'ayant qu'un seul cœur.
Les hiverner dans du sable sec, puis les planter début avril en les espaçant de 70 cm en tous sens. Récolter les ombelles avant complète maturité ; les faire sécher. Ensuite, les battre et ensacher les semences.

- **Durée germinative : de 6 à 8 ans.**
- **Nombre de graines au gramme : environ 2 500.**
- **Levée : une dizaine de jours sur couche, 3 semaines en pépinière.**

En cuisine

On mange les racines. Crues, on les prépare en salade (pelées), ou en rémoulade avec une mayonnaise à la moutarde (râpées ou coupées en tranches minces). Cuites, on les prépare à la sauce tomate, au gras, sautées, au gratin, en purée, en beignets, au roux.
Elles accompagnent certaines viandes et ragoûts. Les feuilles parfument les potages.

Cerfeuil

Plante condimentaire dont la hauteur varie de 30 à 70 cm. Sa tige est dressée et striée. Ses feuilles sont finement découpées, tendres, avec, à la base, de longs pétioles. Les fleurs sont hermaphrodites, blanches, en ombelles.

Carte d'identité

Noms botaniques : (1) *Anthriscus cerefolium* (Linné) Hoffmann ; (2) *A. cerefolium* Hoffmann.

Famille : Apiacées (Ombellifères).

Cycle : plante annuelle.

Synonymes latins :
Scandix cerefolium Linné ;
S. tenuifolia Salisbury ;
Anthriscus chaerophyllus St Lag.

Synonymes français :
cerfeuil commun, cerfeuil des jardins, cerfeuil officinal, herbe aiguillée...

Origine : Caucase et Asie centrale ; spontanée en Europe centrale.

Noms étrangers :
Anglais : plain-leaved chervil.
Allemand : gewöhnlicher Kerbel.
Espagnol : perifollo, cerafolio.
Italien : cerfoglio comune.
Néerlandais : kervel.

Un peu d'histoire

Le cerfeuil est connu en France depuis le début de l'ère chrétienne. Sa culture s'est développée à partir du Moyen Âge.

Propriétés

Apéritif, dépuratif, diurétique, stimulant..., le cerfeuil contient une huile essentielle, de la vitamine C ainsi que des sels minéraux (calcium, cobalt, fer, magnésium...)

Culture

Les graines se sèment de fin février jusqu'au début du mois de septembre, en rangs distants de 20 cm.

Ne pas semer trop dru ; les graines sont recouvertes avec un peu de terre fine (un demi-centimètre). Plomber légèrement avec le dos du râteau. Lorsque les plants ont 4 ou 5 feuilles, éclaircir à 10 cm sur le rang.

Le cerfeuil se sème à la volée, mais dans ce cas, le désherbage et le binage sont difficiles. On peut également semer sur couche, sous châssis, jusqu'au début du mois d'octobre pour une consommation hivernale.

Semer de préférence en lune décroissante

Les bons mariages

Le cerfeuil n'apprécie pas le radis ; il lui donne un goût plus piquant.

Rotation des cultures

Le cerfeuil entre dans la rotation des plantes herbacées (il n'est pas exigeant). Il est préférable de pratiquer une rotation de 2 ou 3 ans.

Fertilisation

Fertilisation normale à la fin de l'automne ou au début du printemps avec un engrais naturel et du compost.

Entretien

Procéder à des binages et des sarclages. Arroser si nécessaire. L'hiver, protéger le cerfeuil avec un tunnel plastique pour favoriser le développement des feuilles.

Note du jardinier

Ne pas confondre le cerfeuil avec la ciguë !
Le cerfeuil a un arôme que la ciguë ne possède pas.

Fiche de culture

Climat	Exposition	Sol	Semis	Floraison	Récolte
Indifférent : plante rustique	Ombragée en été, ensoleillée en fin d'été et au printemps	Sain, humifère, frais, bien aéré, léger	De fin février à septembre	De mai à août	4 à 6 semaines après le semis

Récolte de cerfeuil.

Maladies et parasites

Le mildiou

Les feuilles se couvrent de moisissures et finissent par jaunir.

Cette maladie est parfois due à une terre insuffisamment aérée.

Pratiquer de bonnes rotations. Détruire les pieds atteints.

La rouille

Les feuilles ont des taches jaunâtres, puis brunes.

Cette maladie est rare dans des conditions normales.

Respecter les rotations. Arracher les pieds atteints ; les brûler.

Le puceron

Il suce la sève.

Voir « La lutte contre les parasites », page 70.

Récolter et conserver

On récolte les feuilles, selon les besoins journaliers, d'avril à septembre, en coupant les tiges du cerfeuil au ras du sol.

Pour l'hiver, on peut éventuellement conserver le cerfeuil en suspendant les tiges dans un endroit sec. Cependant, le séchage lui fait perdre un peu de son goût. La congélation semble une méthode préférable pour la conservation.

Les variétés

'Cerfeuil commun' (le meilleur), 'Cerfeuil frisé'.

Faire ses graines

Conserver quelques beaux pieds issus d'un semis de fin de saison ; ils monteront à graines au printemps suivant et en produiront une bonne quantité. Couper les tiges avant complète maturité, les faire sécher à l'ombre, puis battre et mettre les graines en sachet. Conserver à l'abri de l'humidité.

- **Durée germinative : 2 ou 3 ans.**
- **Nombre de graines au gramme : 450.**
- **Levée : une huitaine de jours.**

En cuisine

- Les feuilles fraîches, finement hachées, aromatisent les crudités, les salades, les potages, de nombreux légumes, les sauces, les ragoûts, les viandes rôties, les grillades, certains poissons, les omelettes... Le cerfeuil s'ajoute après la cuisson.
- Les feuilles séchées s'utilisent de la même manière.

Cerfeuil musqué

Plante condimentaire et médicinale, haute de 50 cm à 1 m. Elle ressemble à la fougère. Ses tiges dressées sont creuses, rameuses, légèrement velues, formant une touffe. Ses très grandes feuilles sont triangulaires, découpées, molles, velues, de couleur vert grisâtre. Les fleurs hermaphrodites sont de couleur blanche, en ombelles.

Carte d'identité

Nom botanique : (1) et (2) *Myrrhis odorata* Scopoli.

Famille : Apiacées (Ombellifères).

Cycle : plante vivace par ses racines.

Synonymes latins :
Scandix odorota Linné ;
Chaerophyllum odoratum Crantz ;
Lindera odorata Ascherson ;
Selinum myrrhis E.H.L. Krause.

Synonymes français :
cerfeuil anisé, cerfeuil d'Espagne, cerfeuil perpétuel (souvent utilisé), cicutaire odorante, fougère musquée, myrrhide odorante.

Origine : indigène en Europe centrale et méridionale (montagnes et prairies).

Noms étrangers :
Anglais : sweet cicely, sweet-scented chervil, garden myrrh.
Allemand : Myrrhenkerbel, grosse Kerbel, anis Kerbel, spanische Süssdolde.
Espagnol : perifollo oloroso, perifollo mirra.
Italien : finocchiella.
Néerlandais : roomse kervel, mirre spaansche kervel.

Un peu d'histoire

Au XVIe et au XVIIe siècle, le cerfeuil musqué était très souvent présent dans nos jardins potagers.

Propriétés

Antispasmodique, apéritif, carminatif, dépuratif, diurétique, emménagogue, expectorant et tonique, le cerfeuil musqué contient une huile essentielle.

Culture

Par semis

Semer en pépinière en septembre, après la récolte des graines. Quand les pieds ont 4 ou 5 feuilles, les mettre en place en les espaçant de 50 cm en tous sens ou en bordures. Si on sème au printemps, les graines ne lèveront que l'année suivante.

Par division de touffes

Diviser les anciennes touffes et les planter en les espaçant de 50 à 60 cm en tous sens. Cette opération s'effectue au printemps, de préférence, ou à l'automne.

Les bons mariages

Le cerfeuil musqué semble s'accorder avec toutes les plantes.

Note du jardinier

La reproduction par graines étant longue et difficile, il est préférable de recourir à la division de touffes.

Rotation des cultures

Cette plante entre dans la rotation des plantes exigeantes à cause de sa longue durée en place (5 ou 6 ans, voire plus). Il faudra attendre 4 ou 5 ans avant de la faire revenir au même endroit.

Fertilisation

Fertilisation normale. Éviter les fumures non décomposées.

Entretien

Procéder à des binages et des sarclages. Arroser si nécessaire par temps sec. Couper les feuilles au ras du sol en automne. Couper les tiges florales dès leur apparition, les feuilles seront plus tendres.

Maladies et parasites

Le cerfeuil musqué ne semble sensible ni aux maladies ni aux parasites.

Les facteurs lunaires ont peu d'influence

Fiche de culture

Climat	Exposition	Sol	Plantation	Floraison	Récolte
Plante très rustique, supporte les grands froids	Semi-ombragée à ombragée	Fertile, léger et frais	Semez à l'automne ou divisez les touffes au printemps ou à l'automne	De juin à août	1 an après le semis ou quelques mois après la division de touffes

Récolter et conserver

Récolter les feuilles, selon les besoins, pendant toute la durée de la végétation qui s'étale du début du printemps jusqu'aux gelées.

Les variétés

Pas d'autre variété que le type botanique.

Faire ses graines

Laisser monter les plantes à graines, et récolter celles-ci quand les grosses graines prennent une couleur noirâtre et luisante (généralement en juillet ou août-septembre). Elles se sèment de préférence peu de temps après leur récolte, en raison de leur courte durée de vitalité (voir ci-dessous).

- **Durée germinative : quelques mois seulement.**
- **Nombre de graines au gramme : 40.**
- **Levée : de 6 à 7 mois ; une année pour les semis de printemps. La levée est parfois capricieuse.**

En cuisine

- Les feuilles du cerfeuil musqué ont une odeur et une saveur anisées et sucrées.
- Elles s'utilisent crues dans les salades, les crudités, les potages, les omelettes. Elles aromatisent divers légumes et sauces, et entrent dans la fabrication de liqueurs, dont la chartreuse. Elles remplacent parfois le sucre dans certains desserts.

Cerfeuil musqué en fleur.

Cerfeuil tubéreux

Plante potagère pouvant atteindre 1,50 m de haut. Ses feuilles sont étalées sur la terre, très divisées, velues et vénéneuses. Le cerfeuil tubéreux est cultivé pour sa racine très renflée, conique, ressemblant à une carotte courte (légèrement plus petite) de couleur grisâtre. Sa chair, un peu farineuse et sucrée, est de couleur blanche ; son goût rappelle à la fois la saveur de la châtaigne et celle de la pomme de terre. Les fleurs sont hermaphrodites, de couleur blanche, en ombelles.

CARTE D'IDENTITÉ

Nom botanique : (1) et (2) *Chaerophyllum bulbosum* Linné.

Famille : Apiacées (Ombellifères).

Cycle : plante bisannuelle.

Synonymes latins : *Scandix bulbosa* Roth ; *Myrrhis bulbosa* Sprengel.

Synonymes français : cerfeuil bulbeux, chérophylle bulbeux.

Origine : Europe centrale, de l'est et orientale ; indigène en Alsace.

Noms étrangers :
Anglais : tuberous-rooted chervil, turnip rooted chervil.
Allemand : Körbelrübe, Kerbelrübe, Rübenkerbel.
Espagnol : perifollo bulboso, perifollo tuberoso.
Italien : cerfoglio tuberoso.
Néerlandais : knolribzaat, knoll-kervel.

UN PEU D'HISTOIRE

La culture du cerfeuil tubéreux semble remonter à l'Antiquité, dans l'est de l'Europe. Il a été introduit en France au milieu du XIXe siècle.

Propriétés

Diurétique et nutritif, le cerfeuil tubéreux contient des vitamines (A, B, C) et des sels minéraux.

Culture

Les graines du cerfeuil tubéreux se sèment en novembre, en rayons distants de 20 cm. Les recouvrir de peu de terre fine ou de terreau, plomber avec le dos du râteau.

Il est conseillé de semer assez clair puis, le moment venu, d'éclaircir en espaçant de 8 à 10 cm sur la ligne.

Les bons mariages

Il semble s'accorder avec les autres plantes, potagères ou non.

Rotation des cultures

Le cerfeuil tubéreux entre dans la rotation des plantes à racines. Une période de 3 ou 4 ans est conseillée avant de le semer à nouveau au même endroit.

Semer de préférence en lune décroissante

Fertilisation

Fertilisation normale. Le cerfeuil tubéreux n'aime pas la fumure fraîche.

Effectuer des fertilisations foliaires (poudrage de lithothamne) toutes les 3 semaines environ.

Entretien

Les binages, sarclages et arrosages sont nécessaires. Tenir le sol suffisamment humide en cas de sécheresse.

Maladies et parasites

La fonte des semis

Les jeunes plants disparaissent après la levée.

Note du jardinier

Éclaircir les jeunes plants lorsqu'ils ont seulement leurs cotylédons : plus tard, ce travail devient impossible.

FICHE DE CULTURE

Climat	Exposition	Sol	Semis	Floraison	Récolte
Tempéré	Ensoleillée	Léger, frais, riche en humus, bien aéré	En novembre	De juin à juillet, à partir de la 2e année	8 à 9 mois après le semis

Ne pas semer trop dru ; éviter les sols trop humides. Pratiquer une bonne rotation.

La pourriture

Les racines pourrissent en tas.

Cette maladie apparaît lorsque les racines ont été rentrées trop humides ou arrachées avant leur maturité.

L'araignée rouge

Elle s'attaque aux jeunes semis.

Procéder à des arrosages légers et fréquents ; fertilisations foliaires ; respect des rotations ; employer uniquement un compost correct parfaitement préparé.

Tout au début de l'invasion, pulvériser un insecticide végétal et une décoction de nicotine.

Le puceron des racines

Il s'attaque au collet des racines.

Procéder à des arrosages fréquents en cas de sécheresse. En traitement, pulvériser un insecticide végétal à base de roténone et du purin d'ortie (voir « La lutte contre les parasites », page 70).

Récolter et conserver

Les racines se récoltent vers la fin juin-début juillet (quand les feuilles sont jaunes). Les arracher et les laisser ressuyer sur le sol après avoir coupé les feuilles. Les mettre en silo ou les rentrer à la cave. En tas, elles se conservent jusqu'en mars-avril (remuer de temps en temps) ; elles se gardent très bien dans du sable sec. Après avoir coupé les feuilles, un poudrage de lithothamne au collet active la cicatrisation.

Note du jardinier

Consommer les racines de préférence quelques mois après la récolte, elles sont plus parfumées (à partir de novembre).

Graines du cerfeuil tubéreux.

Les variétés

Pas d'autre variété que le type botanique.

Faire ses graines

Au moment de l'arrachage, sélectionner quelques belles racines. Les laisser ressuyer sur le sol, puis les conserver en cave, dans du sable sec. Les replanter au moment de Noël (la meilleure période) à 70 cm en tous sens. Veiller à bien tuteurer chaque tige.

Les graines arrivent à maturité en juillet-début août, quand elles prennent une couleur brune. Les récolter (en coupant les ombelles). Procéder à cette opération à la rosée pour que les graines ne tombent pas ; les faire sécher à l'ombre, puis les mettre en sachets.

- **Durée germinative : 1 an environ.**
- **Nombre de graines au gramme : 450.**
- **Levée : de 3 à 4 mois ; parfois difficile certaines années.**

En cuisine

- Le cerfeuil tubéreux se prépare de la même manière que les pommes de terre : cuit au jus, sauté au lard, en ragoût... en garniture de viande, principalement la dinde.

Attention : ses feuilles sont très toxiques.

Chayote

Plante grimpante à tiges semi-ligneuses, longues de 4 à 5 m, s'accrochant au moyen de vrilles. Ses feuilles palmées ont 5 lobes, celui de la pointe est plus allongé. La chayote est une plante dite monoïque car elle porte sur un même pied des fleurs mâles et des fleurs femelles, de couleur jaunâtre. Ses fruits sont charnus, en forme de poire, de couleur verte, ou blanchâtre à crème, nervurés et couverts de poils ; ils contiennent une unique graine, assez grosse. Sa souche est formée de tubercules.

CARTE D'IDENTITÉ

Nom botanique : (1) et (2) *Sechium edule* (Jacquin) Swartz.

Famille : Cucurbitacées.

Cycle : plante vivace par sa souche, peu rustique.

Synonymes latins : *Chayota edulis* Jacquin, *Cucumis acutangulus* Delcourt, *Sechium americanum* Poiret et Lamarck, *Sicyos edulis* Jacquin, *Sicyos laciniatus* Delcourt…

Synonymes français : christophine (Antilles), chouchou ou chuchu (La Réunion).

Origine : Amérique du Nord, sans doute du Mexique.

Noms étrangers :
Anglais : chayote, chocho.
Allemand : chayote, chayotte.
Espagnol : chayote, chuchu, chayotera.
Italien : zucchetta africana.

UN PEU D'HISTOIRE

Les Aztèques la cultivaient déjà. Elle fut introduite en Europe lors des conquêtes espagnoles.

Propriétés

Ses propriétés diurétique et anti-inflammatoire ne sont pas établies avec certitude. Elle contiendrait des vitamines B et C.

Culture

Vers la fin février ou début mars, planter le fruit entier dans un grand pot rempli d'un mélange terreux (tourbe, compost, terreau et terre) ; maintenir au chaud et à exposition ensoleillée. Courant mai, repiquer la plante avec sa motte sous une serre ou dans une véranda, ou tout au moins sous abri (contre un mur bien exposé, au soleil et à l'abri du vent).

La chayote peut rester en place plusieurs années, à condition de la protéger des froids durant l'hiver.

Les facteurs lunaires n'ont pas d'influence

Les bons mariages

La chayote semble ne pas avoir de problème de voisinage.

Rotation des cultures

Comme cette plante peut rester plusieurs années en place, il faudra attendre 3 ou 4 ans avant de la cultiver à nouveau au même endroit.

Fertilisation

À l'automne et au début du printemps, lui apporter du compost de bonne qualité ainsi que des engrais naturels. Les fertilisations foliaires sont bienvenues.

Notes du jardinier

- Supprimer les lianes sèches à l'automne en les coupant au ras du sol.
- Cette plante est très appréciée des Antillais qui la cuisinent principalement en gratin, en croquettes, en soufflé ou en ragoût…

FICHE DE CULTURE

Climat	Exposition	Sol	Plantation	Floraison	Récolte
Chaud à tempéré	Ensoleillée et abritée (serre froide)	Riche en humus, frais, profond, ameubli, de préférence légèrement acide	Plantez le fruit à la fin de l'hiver ou début du printemps	Juillet-août	Environ 10 mois après la plantation

Fleurs et vrilles de la chayote.

Entretien

Les binages et les sarclages sont nécessaires. L'arrosage est indispensable sous serre, et doit être régulier dans les autres situations.

Taille

La chayote ne se taille pas, mais il est conseillé de pratiquer un éclaircissage, pour éliminer les fruits en surnombre, et favoriser ainsi une meilleure fructification.

Maladies et parasites

La chayote est une plante assez vigoureuse qui souffre peu des maladies ou des parasites, hormis l'araignée rouge qui suce sa sève.

Sensible à la sécheresse, il convient de l'arroser régulièrement et de pailler. Ne pas apporter trop d'engrais azotés et veiller à aérer les serres.

Récolter et conserver

Les fruits se récoltent peu avant leur complète maturité et se conservent au frais pendant 4 à 5 mois.

Les variétés

Il existe plusieurs variétés, qui ne possèdent pas de noms spécifiques, mais se distinguent par leurs couleurs, vert pâle et crème à blanchâtre. Au Mexique il existerait une autre espèce : *Sechium compositum.*

Faire ses graines

Planter le fruit avec son unique graine, qu'il ne faut surtout pas décortiquer.

En cuisine

- Les fruits cuits s'accommodent au four ou à la vapeur, farcis, en gratin, en purée, en soufflé, frits, en salade, sautés...
- Les fruits crus peuvent être râpés et consommés en salade avec du citron vert.
- Les jeunes pousses se dégustent cuites, sautées ou dans une omelette.

Chervis

Plante potagère herbacée pouvant dépasser 1,70 m de hauteur. Sa tige est dressée, cylindrique et ramifiée. Ses feuilles sont découpées jusqu'à la nervure centrale ; ses folioles dentées sont d'un vert foncé brillant. Les racines sont nombreuses, renflées, longues, charnues, fermes, réunies au collet, de couleur blanche à grisâtre, leur chair est blanche. Les racines de certains pieds sont parfois ligneuses au centre. Les fleurs sont hermaphrodites, blanches, réunies en ombelles.

CARTE D'IDENTITÉ

Nom botanique :
(1) et (2) *Sium sisarum* Linné.

Famille : Apiacées (Ombellifères).

Cycle : plante vivace.

Synonymes latins :
Seseli sisarum Crantz ; *Carum sisarum* Baillon.

Synonymes français :
berle des potagers, chirouis, girole.

Origine : probablement de Sibérie ou de Chine (monts Altaï, séparant la Sibérie de la Mongolie).

Noms étrangers :
Anglais : skirret, chervin.
Allemand : Zuckerwurzel, Süßwurzel.
Espagnol : chirivia tudesca, escaravia.
Italien : sisaro.
Néerlandais : suikerwortel.

UN PEU D'HISTOIRE

En France, aux XVIe et XVIIe siècles, le chervis était servi sur les tables des rois ; un siècle plus tard, il tombait malheureusement dans l'oubli !

Culture

Par semis

Semer clair, de préférence à l'automne (de septembre à novembre). Espacer les rangs de 30 à 40 cm. Recouvrir les graines d'une petite quantité de terre ; tasser avec le dos du râteau.

Lorsque les plants ont 4 ou 5 feuilles, éclaircir en les espaçant de 20 à 25 cm sur le rang.

On peut semer en pépinière et repiquer les plants quand ils ont 5 ou 6 feuilles.

Le chervis peut aussi se semer au printemps, du début mars à la mi-avril, mais la levée est plus incertaine.

Par division d'éclats

Elle s'effectue courant mars-début avril, en plaçant une racine tous les 20 à 25 cm. La plantation se fait à la houe ou à la bêche. Cette méthode permet de sélectionner des racines sans mèche centrale ligneuse.

Comment faire la sélection : attacher, en la numérotant, une étiquette sur chaque pied destiné à la reproduction. Prélever sur chacun d'eux une racine ; y fixer une étiquette à l'aide d'un fil de fer fin et assez long. Faire cuire les racines (laisser les étiquettes dépasser à l'extérieur du récipient). Quand elles sont cuites, les goûter : celles qui ont une mèche centrale trop importante sont à ranger de côté avec leur étiquette. Il ne reste plus qu'à sélectionner les pieds reproducteurs, c'est-à-dire ceux qui n'ont pas de mèche.

Semer de préférence en lune décroissante

Les bons mariages

Le chervis s'accorde avec toutes les autres plantes, potagères ou non.

Note du jardinier

Pour faciliter l'arrachage pendant les froids, couvrir le sol de feuilles sèches ou de paille ; découvrir quand le temps se radoucit.

FICHE DE CULTURE

Climat	Exposition	Sol	Plantation	Floraison	Récolte
Tempéré ; plante très rustique au froid	Ensoleillée	Profond, humifère, meuble, frais	Semez à l'automne ; plantez les éclats au printemps	En juillet-août, à partir de la 2e année de culture	13 à 14 mois après le semis ; 6 à 7 mois après la plantation des éclats

Rotation des cultures

Le chervis entre dans la catégorie des plantes potagères à racines. Attendre 3 ou 4 ans avant de le cultiver au même endroit. Pour des pieds de chervis laissés 2 ans en place, couper les tiges florales dès leur apparition.

Fertilisation

Fertilisation normale. Éviter les composts mal décomposés. Procéder à 2 ou 3 fertilisations foliaires à base de lithothamne en cours de végétation.

Entretien

Les binages et les sarclages sont nécessaires. Arroser fréquemment en cas de sécheresse. Une couverture du sol (de 5 à 7 cm) est recommandée l'été.

Maladies et parasites

Les mollusques

Ils dévorent les feuilles tendres des jeunes plants.

Voir « La lutte contre les parasites », pages 69-70.

Récolter et conserver

On récolte les racines, au fur et à mesure des besoins, de la mi-octobre jusqu'à la fin mars.

Une fois arrachées, elles se conservent quelques jours au frais, toutefois les consommer de préférence le plus rapidement possible.

Récolte des racines de chervis.

Faire ses graines

Choisir quelques beaux pieds ayant des racines tendres, charnues, peu fibreuses au centre. Pour la sélection, il est possible de pratiquer comme pour la division d'éclats. Arracher les pieds choisis en mars et les replanter en les espaçant de 50 cm en tous sens (bien tasser la terre autour des racines). Ils peuvent également rester en place. Tuteurer les tiges. La floraison a lieu en juillet-août et la récolte des graines s'effectue en août-septembre. Couper les plus belles ombelles au fur et à mesure de leur arrivée à maturité (graines noirâtres).
Les faire sécher à l'ombre : les battre, puis ensacher les graines. Conserver celles-ci à l'abri de l'humidité.

- **Durée germinative : 3 ans.**
- **Nombre de graines au gramme : environ 400.**
- **Levée : de 6 à 7 mois pour un semis d'automne ; quelques semaines pour un semis printanier.**

Les variétés

Le type botanique uniquement.

En cuisine

- Les racines cuites se consomment à la manière des salsifis : en salade, au beurre, au jus, au gratin, frites avec du sucre et du jus d'orange, agrémentées d'une sauce béarnaise...
- Elles peuvent accompagner certains plats.
- Légèrement farineuses, elles ont une saveur fine, sucrée et agréable, rappelant un peu celle du panais.

Chicorées

Plante potagère très cultivée dans nos jardins. La chicorée frisée a des feuilles crépues, plus ou moins découpées, de couleur verte ou blonde selon les cultivars ; elles forment une rosette généralement serrée. La chicorée scarole a des feuilles grandes, entières, dentées et ondulées ; l'ensemble de ses feuilles forme une large rosette peu serrée. La chicorée sauvage a des feuilles larges, ondulées, entières ou dentées (les dents en arrière) ; elles forment généralement une pomme ou une rosette. Les fleurs hermaphrodites se développent à l'aisselle des feuilles ; elles sont de couleur bleu pâle, en capitules.

Carte d'identité

Noms botaniques : chicorée frisée : (1) *Cichorium endivia* Linné, var. *crispum* Lamarck ; (2) *C. endivia* Linné ; chicorée scarole : (1) *C. endivia* Linné, var. *latifolium* Lamarck ; (2) *C. endivia* Linné ; chicorée sauvage : (1) et (2) *C. intybus* Linné.

Famille : Astéracées (Composées).

Cycle : plante annuelle ou vivace pour la chicorée sauvage.

Synonymes français : chicorée frisée : endive frisée, chicorée des jardins ; chicorée scarole : endive à larges feuilles, scariole ; chicorée sauvage : chicorée barbe-de-capucin, cheveux de paysan, chicorée amère, chicotin, écoubette, laiteron.

Origine : régions tempérées d'Europe ou d'Asie.

Un peu d'histoire

La culture de la chicorée frisée et de la chicorée scarole a commencé en France au cours du XIVe siècle. La chicorée sauvage était connue des Grecs et des Romains. La chicorée 'Witloof' a fait son apparition chez les Flamands au milieu du XIXe siècle.

Propriétés

Apéritives, dépuratives, diurétiques, laxatives, rafraîchissantes, toniques, les chicorées contiennent des vitamines (A, B1, B2, C, K, PP) et des sels minéraux (cobalt, fer, magnésium, manganèse, zinc...).

Association de chicorées frisées et de choux.

Culture

La chicorée frisée et la chicorée scarole

Les graines se sèment du mois de juin jusqu'à la mi-juillet, en pépinière ou directement en place. Repiquer ou éclaircir les plants en les espaçant de 30 cm. Il est possible de semer en début de saison, elles monteront rapidement à graines. Dans ce cas, il faut une levée extrêmement rapide (48 h) et surtout pas d'arrêt végétatif.

La chicorée sauvage

La chicorée 'Pain de sucre' se sème en place d'avril à août (éclaircir à 15 cm) ; la chicorée de Bruxelles ou 'Witloof', appelée à tort « endive », se sème en place du mois de mai jusqu'à la mi-juin (éclaircir à 12 ou 15 cm) ; les chicorées sauvages italiennes ('Rouge de Vérone', 'Rouge de Trévise', 'Variegata di Castelfranco'...) se sèment en place de juin à fin août (vers le 15 juillet en région parisienne) ; éclaircir à 10 cm pour la 'Rouge de Vérone' et la 'Rouge de Trévise', et à 20 cm pour la 'Variegata di Castelfranco' ; la chicorée sauvage améliorée 'Barbe-de-capucin' se sème en mai-juin, éclaircir à 12 ou 15 cm.

Fiche de culture

Climat	Exposition	Sol	Semis	Floraison	Récolte
Tempéré	Ensoleillée	Profond, humifère, frais, meuble et fertile	Selon les variétés	De juillet à septembre, à partir de la 2e année	Chicorée frisée, scarole : après 3 mois ; chicorée sauvage : après 6 à 8 mois

Comment procéder?

Recouvrir les graines de peu de terre, plomber avec le dos du râteau. Espacer les rangs de 25 à 30 cm. Les plants se repiquent quand ils ont 7 ou 8 feuilles. Avant le repiquage de certaines variétés, praliner les racines dans une bouillie à base de lithothamne, pour faciliter la reprise.

Les bons mariages

Les chicorées s'entendent très bien avec la carotte, le concombre, la courge, le navet, le pois, le radis, le chou, le poireau et le haricot.

Semer en lune décroissante, de préférence 2 ou 3 jours avant la nouvelle lune

Rotation des cultures

La chicorée endive (frisée et scarole) est peu épuisante et se classe dans la catégorie des plantes potagères herbacées. La chicorée sauvage entre dans celle des plantes potagères à racines ; elle est beaucoup plus épuisante. Appliquer une rotation de 2 ou 3 ans pour la première et de 3 ou 4 ans pour la seconde.

Fertilisation

Comme toutes les plantes foliacées, les chicorées aiment l'azote (ne pas dépasser les doses). Apporter une fertilisation et une fumure normales ; éviter les composts mal décomposés.

Les fertilisations foliaires sont conseillées quand les plants sont suffisamment développés. Effectuer 2 ou 3 poudrages ou pulvérisations à base de lithothamne, espacés de 15 jours environ.

PRODUCTION DE LA 'BARBE-DE-CAPUCIN'

À partir de la mi-novembre, à l'aide d'une bêche ou d'une fourche-bêche, arracher la chicorée sauvage amère. Ne conserver que les sujets ayant des racines d'une grosseur égale ou supérieure à 1 cm de diamètre. Couper les feuilles à 1 cm du collet, poudrer celui-ci avec du lithothamne pour aider la cicatrisation. Mettre en jauge dans un endroit abrité, en attendant les forçages que l'on étalera dans le temps.

Pour le forçage, pratiquer de la façon suivante :

- enlever les feuilles pourries, couper les racines secondaires, mettre les racines côte à côte dans de la terre, du sable ou de la tourbe, en laissant le collet apparent ; placer le tout à l'abri de la lumière, dans une cave ou un local à la température douce et constante (de 8 à 10 °C) ;
- maintenir une légère fraîcheur (sans excès) ;
- récolter les feuilles quand elles atteignent 15 à 20 cm de hauteur, soit environ 3 semaines plus tard ;
- couper les feuilles 1 cm au-dessus du collet ; généralement on récolte 2 coupes, parfois 3 ;
- on peut cultiver la 'Barbe-de-capucin' dans divers récipients : caisses, bacs, gros pots en terre cuite...

NOMS ÉTRANGERS

Chicorée frisée
Anglais : endive, curled endive.
Allemand : Winterendivie, Plumage.
Espagnol : endivia.
Italien : cicoria indivia.
Néerlandais : andijvie.

Chicorée scarole
Anglais : escarola.
Allemand : breitblättrige Endivie, eskariol Endivie.
Espagnol : escarola, endivia.
Italien : cicoria scarola.
Néerlandais : escarol, kropandijvie.

Chicorée sauvage
Anglais : wild chicory, wild succory.
Allemand : Wegwarte, Zichorie.
Espagnol : achicoria amarga o agreste, achicoria silvestre.
Italien : cicoria selvatica.
Néerlandais : cichorei, suikerij, witloof.

Chicorée de Bruxelles ou 'Witloof'.

Notes du jardinier

- Il est prudent de protéger les producteurs de semences des oiseaux en plaçant des filets.
- Par précaution, ne retenir qu'une seule variété comme porte-graines, ceci afin d'éviter l'hybridation.

Chicorée scarole 'Cornet de Bordeaux'.

Petites fleurs bleues de la chicorée sauvage.

Chicorée frisée 'de Meaux'.

Les variétés

- **Chicorées frisées :** 'Grosse pommant seule', 'Fine de Louviers', 'de Meaux', 'Toujours blanche' (endivette), 'd'hiver de Provence', 'd'été à cœur jaune', 'Grosse Pancalière', 'Très fine maraîchère', 'Wallonne', 'de Ruffec' (ces 2 dernières sont plus rustiques).
- **Chicorées scaroles :** 'Ronde verte à cœur plein', 'Blonde à cœur plein', 'Grosse de Limay', 'Cornet d'Anjou', 'Cornet de Bordeaux', 'Cornet de la Loire', 'Géante maraîchère', 'Grosse bouclée'.
- **Chicorées sauvages :** 'Sauvage amère', 'Barbe-de-capucin', 'Améliorée blonde', 'Améliorée verte', 'Pain-de-sucre', 'Witloof' ou 'Chicorée de Bruxelles' ; 'Rouge de Vérone', 'Rouge de Trévise' et 'Variegata di Castelfranco' (feuilles vertes veinées de rouge) sont italiennes.

Entretien

Procéder à des binages et des sarclages. Arroser si nécessaire. Le paillage est conseillé en cas de sécheresse.

Maladies et parasites

Chicorée frisée et chicorée scarole

La rouille

Les feuilles se couvrent d'une poussière jaune puis brunâtre.

Maladie assez rare. Arracher et détruire les pieds atteints ; pratiquer une bonne rotation.

Chicorée sauvage 'Witloof'

L'oïdium

Un léger feutrage blanchâtre apparaît sur les feuilles, en fin de végétation.

Cette maladie est assez rare. Éliminer les pieds atteints.

La pourriture du collet

Les feuilles à la base du collet brunissent, pourrissent et deviennent gluantes en dégageant une odeur désagréable.

Éviter l'excès d'humidité lors du forçage. Laisser les racines ressuyer quelques jours sur le sol avant d'entreprendre le forçage. Poudrer le collet avec du lithothamne après la coupe des feuilles. Éliminer les pieds atteints.

La sclérotiniose

Lors du forçage, des taches brunâtres apparaissent sur les racines, qui ne tardent pas à pourrir en se couvrant d'un feutrage de couleur blanchâtre avec des sclérotes noirâtres.

Cette maladie est rare. Éviter de forcer des racines molles ; poudrer le collet avec du lithothamne à la coupe des feuilles.

La courtilière

Elle coupe les racines sur son passage.

Voir « La lutte contre les parasites », page 68.

La noctuelle des moissons

La chenille attaque le collet et les racines. Pulvérisations à base d'absinthe et de tanaisie.

Les mollusques

Ils dévorent les feuilles tendres.

Voir « La lutte contre les parasites », pages 69-70.

Le puceron

Les feuilles sont attaquées par ces petits insectes qui sucent la sève.

Voir « La lutte contre les parasites », page 70.

Le puceron des racines

Il suce le collet des plantes.

Voir « La lutte contre les parasites », page 70.

Récolter et conserver

On récolte la chicorée frisée et la chicorée scarole quand elles sont assez

FORÇAGE DE LA CHICORÉE DE BRUXELLES

En octobre-novembre, dans un endroit bien exposé du jardin, creuser une tranchée de 1,20 m de large sur 25 cm de profondeur (sa longueur est fonction des besoins de chacun). Ameublir et niveler le fond de la tranchée, puis arracher les racines de chicorée 'Witloof' à l'aide d'une fourche-bêche ; les laisser ressuyer sur le sol pendant quelques jours (sauf en cas de gelées). Ne retenir que les racines bien développées, à collet large et à bourgeon unique. Rejeter les plantes aux feuilles étroites, dentelées et à plusieurs têtes. Couper les feuilles à 1 cm au-dessus du collet, après avoir enlevé à la main les feuilles extérieures, sans toucher au cœur.
Raccourcir les racines à 15-20 cm. Seules celles ayant 3 ou 4 cm de diamètre sont à conserver, supprimer les racines secondaires gênantes. Poudrer le collet avec du lithothamne pour accélérer la cicatrisation.
Disposer les racines debout, côte à côte, remplir les intervalles de terre, de terreau ou de tourbe, puis arroser légèrement pour tasser la terre entre les racines jusqu'au collet. Recouvrir de 10 cm de terreau ou de terre fine, puis de 10 cm de compost. Finir de recouvrir avec le reste de la terre, puis avec du fumier de cheval frais ou avec un paillasson. Protéger la tranchée ainsi préparée avec un plastique.
On peut aussi remplir les intervalles de terre jusqu'au collet et finir de couvrir avec une couche de paille (de 25 à 30 cm). Protéger la tranchée de la pluie en posant par exemple une tôle ondulée sur des parpaings.
Le forçage peut aussi se pratiquer en cave, dans des caisses ou des bacs, sur couche tiède sous châssis. Il est conseillé de faire plusieurs forçages à 15 jours d'intervalle pour étaler la production.
La récolte commence quand les pommes sont bien développées soit, suivant la température, après 4 à 6 semaines de forçage.

développées et au fur et à mesure des besoins. Les utiliser rapidement après la récolte (elles se conservent 2 ou 3 jours au frais et à l'abri de la lumière).

On peut conserver en place ces chicorées (frisée et scarole) pendant une partie de l'hiver, sous tunnel plastique ou sous châssis froid. En cas de froid, les recouvrir d'une bonne couche de feuilles sèches ou de paille ; enlever lorsque la température remonte. On peut aussi arracher les pieds avec leur motte et les planter sous châssis, en fosse.

La chicorée sauvage rouge se récolte, en fonction des besoins, à partir de janvier ou février (selon les régions).

Pour la chicorée sauvage amère ('Barbe-de-capucin'), cueillir les feuilles au fur et à mesure des besoins quand elles sont suffisamment développées (en forçage).

Chicorée sauvage 'Rouge de Vérone'.

Faire ses graines

Pour la chicorée endive (frisée et scarole), choisir en automne de beaux pieds bien pommés et vigoureux. Les arracher avec leur motte, les mettre en jauge en cave ou les hiverner sous châssis froid. Pendant les grands froids, les protéger avec des feuilles sèches en les enlevant dès que la température se radoucit. En avril ou mai (suivant le temps et la région), replantez les pieds en les espaçant de 60 cm en tous sens. Tuteurer les tiges et pincer les extrémités florales.

Les graines se récoltent avant complète maturité (en septembre-octobre). Pour cela couper les tiges et les faire sécher à l'ombre. Battre les grains, puis les ensacher.

Pour la chicorée sauvage, on peut conserver quelques belles racines en cave et les planter en avril en les espaçant de 50 cm en tous sens. Ou mieux, laisser les pieds en place tout l'hiver, les repiquer en mars-avril, puis procéder comme pour la chicorée frisée et la chicorée scarole.

- Durée germinative : de 8 à 10 ans pour les chicorées frisées ou scaroles ; de 6 à 8 ans pour la chicorée sauvage.
- Nombre de graines au gramme : environ 600 pour la chicorée frisée ou la chicorée scarole ; près de 700 pour la chicorée sauvage.
- Levée : un peu moins d'1 semaine.

En cuisine

Les feuilles de chicorée se consomment crues (en salade ou en garniture de plats) ou cuites (au jus, au gratin, à l'étouffée, à la crème, braisées, à la béchamel...).

Chou brocoli

Plante potagère dont la hauteur varie de 40 à 80 cm, voire plus (suivant les variétés). Ses feuilles sont pétiolées, allongées, dentées, d'un vert grisâtre ou violacé. Sa tige produit à son sommet, et à l'aisselle de ses feuilles, une succession de petites pommes (jets) charnues, de couleur vert blanc ou bien violacée ; ces petites pommes constituent un ensemble de boutons floraux. Les fleurs, hermaphrodites, sont de couleur jaune, en épis.

CARTE D'IDENTITÉ

Noms botaniques : (1) et (2) *Brassica oleracea* Linné, var. *italica* Plenck.

Famille : Brassicacées (Crucifères).

Cycle : plante annuelle ou bisannuelle (selon les variétés).

Synonymes latins :
B. asparagoides Calwer ;
B. oleracea var. *asparagoides* Gmelin.

Synonymes français :
brocoli-asperge, brocoli d'Italie, brocoli à jets, brocoli-tige, chou-asperge, chou-fleur d'Italie.

Origine : Europe méridionale et occidentale.

Noms étrangers :
Anglais : sprunting broccoli, asparagus broccoli.
Allemand : Brökkoli, Bröckelkohl, Spargelkohl (Brocoli).
Espagnol : brécol, brecolera, bróculi (brocoli).
Italien : cavolo broccolo ramoso.
Néerlandais : italiaanse bloemkool.

UN PEU D'HISTOIRE

Cette variété de chou, issue du chou sauvage, a été développée par les Romains. Elle a fait son apparition en France au XVIe siècle.

Propriétés

Le chou brocoli contient des vitamines (A, B, C, K) et de nombreux sels minéraux.

Culture

Les graines de chou brocoli 'Vert calabrais' se sèment au mois d'avril, en pépinière ou sous châssis.

Mettre les plants en place quand ils ont 4 ou 5 feuilles. Maintenir le sol suffisamment frais, car cette plante n'apprécie pas la transplantation.

Praliner les racines dans une bouillie de lithothamne pour favoriser la reprise.

Les autres types de choux brocolis à jets se sèment en pépinière en mai-juin. Repiquer les plants en pépinière et les mettre en place quand ils possèdent 4 ou 5 feuilles.

Recouvrir les graines avec peu de terre. Lors du repiquage, bien tasser celle-ci autour de chaque plant.

Tous les choux brocolis, et surtout le 'Vert calabrais', peuvent se semer très clair en place. Les rangs doivent être distants de 80 cm. Éclaircir ensuite en espaçant de 40 à 50 cm sur la ligne.

Les bons mariages

Le chou brocoli accepte et refuse les mêmes voisinages que le chou pommé (voir page 171).

Rotation des cultures

Laisser passer un délai de 3 ou 4 ans avant de cultiver d'autres choux au même endroit.

Semer de préférence en lune décroissante

Fertilisation

Fertilisation normale à la fin de l'automne ou au début du printemps avec un engrais naturel et du compost. Veiller à ce que ce dernier soit bien décomposé.

Note du jardinier

Cet excellent légume jouerait un rôle protecteur contre le cancer et les maladies cardio-vasculaires.

FICHE DE CULTURE

CLIMAT	EXPOSITION	SOL	SEMIS	FLORAISON	RÉCOLTE
Tempéré	Ensoleillée	Fertile, profond, frais, humifère	Avril	Selon les variétés, été, automne ou printemps	Selon les variétés, 3 à 4 mois après le semis, jusqu'à 6 à 8 mois (voire plus)

Procéder à des fertilisations foliaires toutes les 2 ou 3 semaines jusqu'à l'apparition des boutons floraux.

Entretien

Les binages et les sarclages sont nécessaires. Les arrosages et le paillage sont également conseillés, surtout en période de sécheresse. En buttant légèrement les variétés bisannuelles qui passent l'hiver en place, on évitera qu'elles soient couchées par le vent.

Maladies et parasites

Maladies et parasites sont identiques à ceux du chou pommé (voir pages 172-173).

Récolter et conserver

Attendre que les tiges portant les boutons floraux atteignent une hauteur de 15 cm environ pour les récolter.

Procéder avant que les fleurs ne commencent à s'ouvrir. Il ne faut donc pas trop attendre car, par temps chaud, elles se développent très rapidement. Après la première récolte, de nouveaux bourgeons vont pousser que l'on pourra à nouveau récolter.

Le chou brocoli 'Vert calabrais' se récolte en été et en automne ; pour les autres variétés, opérer pendant l'hiver et au début du printemps (selon les cultivars choisis).

Le premier bourgeon floral que l'on récolte est le bourgeon terminal.

Faire ses graines

Comme pour tous les choux, il est très difficile d'obtenir des semences satisfaisantes. En effet, un grand nombre de porte-graines sont nécessaires pour conserver les critères de la variété. Si malgré tout, on veut tenter d'y parvenir, il faut tuteurer les choux et les laisser monter à graines. Pincer les extrémités des bourgeons floraux et récolter les graines peu avant complète maturité (généralement en août ou septembre). Pour cela, couper les tiges et les faire sécher à l'ombre. Les battre. Ensacher les graines. Attention, presque tous les choux se croisent entre eux.

- **Durée germinative : 5 ou 6 ans.**
- **Nombre de graines au gramme : environ 530.**
- **Levée : de 1 à 2 semaines.**

Les variétés

'Vert calabrais' (jets verts), 'Violet hâtif' (jets violacés), 'Blanc hâtif' (jets blanchâtres). Quelques variétés d'hybrides F1 sont commercialisées.

En cuisine

Les pousses tendres (tiges, feuilles et boutons floraux), au goût très fin, se consomment cuites. Elles se préparent en gratin, en soufflé, au beurre noir, à l'étouffée, à la sauce blanche, à la vinaigrette comme les asperges...

Repiquage des plants.

Chou de Bruxelles

Plante potagère dont la tige atteint jusqu'à 1 m pour certains cultivars. Les feuilles à longs pétioles sont entières, légèrement dentées, creusées en forme de cuillère, de couleur vert foncé ou violacée (suivant les variétés). À leur aisselle, de petites pommes serrées les unes contre les autres se développent de bas en haut. La plante se termine par une rosette principale qui ne pomme pas. Les fleurs sont hermaphrodites, jaunes, solitaires, en épis simples et allongés.

CARTE D'IDENTITÉ

Noms botaniques :
(1) *Brassica oleracea* var. *gemmifera* De Candolle ;
(2) *B. oleracea* Linné, var. *gemmifera* Zenker.

Famille : Brassicacées (Crucifères).

Cycle : plante bisannuelle.

Synonymes français : chou à jets, chou à rejets, chou rosette, chou spruyt de Bruxelles.

Origine : Europe occidentale et méridionale.

Noms étrangers :
Anglais : Brussels sprunts.
Allemand : Rosenkohl, Sprossenkolh.
Espagnol : bretones de Bruselas, col de Bruselas.
Italien : cavolo a germoglio, cavolo di Bruxelles.
Néerlandais : spruitkool.

UN PEU D'HISTOIRE

Cette variété de chou, d'origine flamande, est arrivée en France au début du XIXe siècle.

Propriétés

Le chou de Bruxelles contient des vitamines (A, B, C, D, E, K) ainsi que du calcium, du fer, du magnésium, du phosphore, du potassium et du sodium.

Culture

Les graines se sèment clair, de mars à juin, en pépinière. Les recouvrir de peu de terre et plomber. Dès que les plants ont 3 ou 4 feuilles, les repiquer en les espaçant de 60 cm en tous sens. Le pralinage des racines avec une bouillie de lithothamne favorise leur reprise.

Quand les choux de Bruxelles arrivent à maturité, les feuilles du bas jaunissent : les supprimer alors en tirant vers le bas.

Pour avancer le moment de la récolte, pincer légèrement, sur certains pieds, le cœur de la pomme lâche terminale (la rosette principale qui ne pousse pas, au sommet de la plante) : procéder à la fin de l'été pour les variétés hâtives et au début de l'hiver pour les variétés tardives ou demi-tardives. Attention cependant, car cette pratique abaisse le rendement.

Semer de préférence en lune décroissante

Les bons mariages

Le chou de Bruxelles accepte bien entre ses rangs la présence du cerfeuil, du haricot nain, de la laitue, de la mâche, du navet, de l'oignon, du pois...

Mais comme tous les autres choux, il n'apprécie pas le voisinage des fraisiers.

Rotation des cultures

Le chou de Bruxelles entre dans la catégorie des plantes potagères exigeantes. Pratiquer une alternance de 3 ans au minimum.

Notes du jardinier

- Dans les régions très exposées au vent, il est conseillé de tuteurer les variétés de grande taille.
- Les variétés hâtives résistent mal au froid.

FICHE DE CULTURE

Climat	Exposition	Sol	Semis	Floraison	Récolte
Tempéré, frais	Ensoleillée et abritée	Frais, sablonneux ou argileux, aéré	De mars à juin	Avril à juillet, à partir de la 2e année	6 mois après le semis

Fertilisation

Fertilisation normale à la fin de l'automne ou au début du printemps avec un engrais naturel et du compost.

N'apporter que très peu d'engrais azotés et éviter les fumures fraîches. L'excès d'engrais produit des pommes lâches.

Procéder à des fertilisations foliaires à base de poudre de lithothamne toutes les 3 semaines environ.

Entretien

Procéder à des binages et des sarclages. Arroser si nécessaire, surtout en début de croissance. Pailler en cas de sécheresse (6 ou 7 cm de tonte de gazon éviteront l'évaporation) et tenir le sol suffisamment frais.

Maladies et parasites

Le chou de Bruxelles est généralement beaucoup moins sensible aux maladies et souffre moins des insectes ravageurs que les choux pommés (se reporter aux maladies et parasites du chou pommé, pages 172-173).

Récolter et conserver

La récolte se fait au fur et à mesure des besoins. Choisir des petites pommes bien formées, ayant de 2 ou 3 cm de diamètre. Le ramassage des variétés précoces s'étale de septembre à avril. Celui des variétés demi-tardives ou tardives a lieu de l'automne jusqu'à la fin de l'hiver.

Il est préférable de consommer les pommes du chou de Bruxelles le plus rapidement possible après la cueillette ; sinon, les maintenir quelques jours à l'ombre et au frais. L'excédent de récolte peut être congelé ou stérilisé.

Faire ses graines

Sélectionner des pieds portant de nombreuses pommes, fermes et représentant bien la variété. Les laisser en place pendant l'hiver, puis les replanter au début du mois d'avril. Ne pas cueillir les rejets (petites pommes). Espacer les pieds de 70 cm en tous sens. Supprimer la « tête » terminale ainsi que les bourgeons mal développés, pour ne conserver que les pommes de taille moyenne. Tuteurer les porte-graines.

Les graines se récoltent au mois de juillet, avant complète maturité. Faire sécher les siliques pendant quelques jours à l'ombre, puis les battre. Mettre les graines en sachets.

- Durée germinative : 4 ou 5 ans : les semences de 2 ans et plus lèvent mieux.
- Nombre de graines au gramme : de 350 à 500, suivant les variétés.
- Levée : de 7 à 11 jours.

Chou de Bruxelles à maturité.

Les variétés

- **Variétés précoces :** 'Demi-nain de la halle' (rustique), 'Nain Early Moon', 'Nain de Lyon hâtif', 'Précoce de Fontenay', 'Lancelot', 'Rubine' (à feuilles violacées), 'Dur de Genlis'.
- **Variétés demi-tardives ou tardives :** 'Bangalor', 'de Rosny amélioré', 'India', 'Nain de Lyon', 'Askol', 'Roi Arthur', 'Sanda', 'Igor', 'Bedford Fillbasket', 'Nain'.

En cuisine

Les petites pommes se mangent cuites. Elles se préparent au jus, sautées, au gras, à la crème, braisées, en salade, à l'anglaise, gratinées…

Pommes du chou de Bruxelles en cours de croissance.

Chou de Chine

Plante potagère de végétation rapide. Le type Pe tsaï a des feuilles longues, dressées, ondulées sur les bords et munies d'un large pétiole charnu. Leur couleur varie du vert pâle au blond ; elles forment une rosette ayant un peu l'apparence d'une laitue romaine ou d'une poirée. Le type Pak choi possède des feuilles ovales, radicales, renversées à partir de la moitié supérieure. De couleur vert sombre brillant, elles forment une rosette plus ou moins libre et sont munies d'un long pétiole charnu blanchâtre ressemblant à une poirée. Les fleurs sont hermaphrodites, jaunes, solitaires, en épis pyramidaux.

Carte d'identité

Noms botaniques : chou de Chine Pe tsaï : (1) et (2) *Brassica pekinensis* Ruplecht ; chou de Chine Pak choi : (1) *B. chinensis* Juslen ; (2) *B. chinensis* Linné.

Famille : Brassicacées (Crucifères).

Cycle : plante annuelle.

Synonymes latins : chou de Chine Pe tsaï : *Sinapis pekinensis* Loureiro, *Brassica petsai* Bailey ; chou de Chine Pak choi : *Brassica napus* var. *chinensis* O. E. Schulz, *B. oleracea* var. *chinensis* Prain.

Synonymes français : chou de Chine Pe tsaï : chou chinois, chou de Pékin (très utilisé), chou de Shangton, salade pékinoise ; chou de Chine Pak choi : chou chinois, chou-bette...

Origine : Extrême-Orient.

Noms étrangers :
Chou de Chine Pe tsaï
Anglais : chinese cabbage, celery cabbage, shantung cabbage, petsai.
Allemand : Chinakohl, Schantungkohl, Pekingkohl.
Espagnol : col de China, col de pe tsai.
Italien : cavolo chinese.
Néerlandais : chinese kool.
Chou de Chine Pak choi
Anglais : chinese cabbage, pak choi.
Allemand : Chinakohl, Pekingkohl, chinesischer Kohl.
Espagnol : col de China, col de pak-choi.
Italien : cavolo chinese.
Néerlandais : chinese kool.

Un peu d'histoire

Cultivée depuis très longtemps en Chine, elle a été introduite en France au XIXe siècle.

Propriétés

Béchique, digestif, laxatif et stomachique, ce chou contient des vitamines (A, B1, B2, C, PP) ainsi que du calcium, du fer et du phosphore.

Culture

Les graines se sèment clair, en place, de la mi-juillet à la mi-août. Les rangs sont espacés de 40 cm. On peut soit éclaircir à 30 cm sur le rang, soit semer en poquets 3 ou 4 graines tous les 30 cm. Lorsque les plants ont 4 ou 5 feuilles, ne garder que le plus beau sujet. Veiller à maintenir le sol propre jusqu'au moment de la récolte. Dans le Midi, on sème en août-septembre pour récolter de novembre à mars.

Note du jardinier

La plupart des variétés de chou de Chine à végétation rapide montent très vite à graines lorsqu'elles sont semées trop tôt.

Semer de préférence en lune décroissante

Les bons mariages

Le chou de Chine n'aime pas les autres Brassicacées (choux).

Rotation des cultures

Les choux de Chine entrent dans la rotation des plantes potagères herbacées. Il fait partie des plantes exigeantes, mais il n'occupe pas longtemps le terrain. Ne pas le faire revenir à la même place avant au moins 2 ou 3 ans.

Fertilisation

Fertilisation normale, à la fin de l'automne ou au début du printemps, avec un engrais naturel et du compost.

Au début de la végétation, procéder à des fertilisations foliaires à base de lithothamne.

Fiche de culture

Climat	Exposition	Sol	Semis	Floraison	Récolte
Tempéré, frais : supporte les premières gelés	Ensoleillée, abritée	Frais, sablonneux, humifère, aéré	Juillet-août	Au printemps, à partir de la 2e année	2 à 3 mois après le semis

Attaque de limaces sur choux de Chine.

Faire ses graines

Choisir quelques beaux pieds. Pendant l'hiver, les abriter en jauge ou dans un endroit frais pour arrêter leur cycle végétatif. Ils se replantent en mars en les espaçant de 50 cm en tous sens. Couper les tiges lorsque les graines arrivent à maturité, c'est-à-dire généralement en juillet-août. Les faire sécher à l'ombre, les battre.
Conserver les graines dans des boîtes ou dans des sachets hermétiques.

- Durée germinative : 5 ans.
- Nombre de graines au gramme : environ 350.
- Levée : environ 1 semaine.

Entretien

Les binages et les sarclages sont nécessaires. Arroser fréquemment et profondément en cas de sécheresse. Le paillage est conseillé.

Maladies et parasites

L'altise

Ce petit coléoptère mange les feuilles.

Voir « La lutte contre les parasites », pages 67-68.

Les mollusques

Ils dévorent les jeunes plants.

Voir « La lutte contre les parasites », pages 69-70.

La piéride du navet

Cette chenille verte, longue de 3 cm, perfore les feuilles.

Voir le navet (maladies et parasites), pages 280-281.

Récolter et conserver

On récolte le chou de Chine de septembre à novembre, quand il est formé et au fur et à mesure des besoins ; dans le Midi, l'opération se prolonge jusqu'en février-mars. Il faut le protéger des grands froids en l'arrachant avec sa motte et en le conservant en jauge. On récolte la plante entière en la coupant au ras du sol.

Consommer le chou de Chine le plus tôt possible après le ramassage.

Les variétés

On trouve de nombreuses variétés de chou de Chine. Parmi les plus connues : 'Pe tsaï amélioré', 'Pak choï', 'Santo', 'Che foo', 'Chinese Cabbage Shantung', 'Taisai', 'Hon tsai taï'.Il existe de nombreux hybrides.

En cuisine

- **Le Pe tsaï** se consomme haché, cru ou cuit. Ses parties les plus tendres se mangent crues, en salade. Quand il est cuit (à la sauce blanche, au jus de viande, à la crème, farci, sauté au beurre), la saveur fine de ses feuilles évoque à la fois la chicorée, le navet et le chou pommé. On peut aussi accommoder le Pe tsaï comme les épinards ou les côtes (blettes, poirées).
- En Chine, **le Pe tsaï** est apprécié accompagné de divers autres légumes, en lactofermentation.
- **Le Pak choi** a un goût plus prononcé que le Pe tsaï. En cuisine, on l'exploite de façon tout à fait similaire.

Chou-fleur

Plante potagère cultivée pour son inflorescence que l'on consomme. Sa tige est courte, ronde, rameuse lors de la floraison. Ses feuilles, de couleur vert grisâtre, sont pétiolées, radicales, oblongues et légèrement dentées ; elles sont dressées verticalement. Les fleurs sont hermaphrodites, jaunes, solitaires, en épis simples et allongés (beaucoup de fleurs avortent). Avant leur épanouissement, elles sont réunies en une grosse pomme épaisse, compacte, granuleuse. Celle-ci est généralement de couleur blanche, sauf celle du chou-fleur violet de Sicile qui est violacée.

Carte d'identité

Nom botanique : (1) et (2) *Brassica oleracea* var. *botrytis* Linné.

Famille : Brassicacées (Crucifères).

Cycle : plante annuelle (parfois cultivée comme bisannuelle).

Synonymes latins :
B. cauliflora Garsault ; *B. oleracea* var. *cauliflora* De Candolle ; *B. oleracea* ssp. *botrytis* Spielart ; *B. cretica* var. *cauliflora* Schwarz.

Synonyme français :
chou de Chypre.

Origine : Proche-Orient, Chypre, Crète.

Noms étrangers :
Anglais : cauliflower.
Allemand : Blumenkohl, Karfiol, Käsekohl.
Espagnol : coliflor.
Italien : cavolfiore.
Néerlandais : bloemkool.

Un peu d'histoire

Les Italiens l'auraient introduit en Europe au cours du XVIe siècle.

Propriétés

Le chou-fleur contient des vitamines (A, B1, B2, C, E), du calcium, du fer, du magnésium, du phosphore et du potassium. Sa valeur alimentaire est plus faible que celle du chou pommé.

Culture

Chou-fleur de printemps

Dans les régions à climat doux : les graines se sèment en pépinière de la mi-août à la mi-septembre ; repiquer les plants en pépinière bien abritée, puis mettre en place à l'automne.

Dans les régions plus froides : faire hiverner sous châssis froid ; en cas de fortes gelées, entourer de fumier de cheval ou de feuilles sèches et recouvrir de paillassons, aérer si nécessaire ; mettre en place en mars-avril, en espaçant les plants de 70 cm en tous sens.

Chou-fleur d'été

Semer de février à mars sur couche, sous châssis, ou de mars à juin en pépinière bien exposée.

Mettre en place quand les plants ont 4 ou 5 feuilles. Espacer de 70 à 80 cm en tous sens.

Chou-fleur d'automne

Semer en pépinière de mai jusqu'à juin. Mettre en place environ 1 mois et demi après le semis.

Augmenter la distance de plantation : espacer les plants de 80 cm sur des lignes distantes de 1 m.

Chou-fleur d'hiver ou brocoli

Semer du mois de mai jusqu'à la fin juin. Mettre en place quand les plants sont pourvus de 4 ou 5 feuilles.

Les espacer de 60 à 70 cm sur des lignes distantes de 1 m.

Conseil

Quel que soit le type de chou-fleur, recouvrir peu les graines et tenir le sol humide pour faciliter la levée.

Les bons mariages

La pomme de terre et l'oignon sont les voisins préférés du chou-fleur. Des

Fiche de culture

Climat	Exposition	Sol	Semis	Floraison	Récolte
Tempéré : le chou-fleur d'hiver résiste aux gelées (jusqu'à -5 °C)	Ensoleillée	Fertile, profond, frais, humifère	En août-septembre, ou de mars à juin, selon les variétés	Selon les variétés : culture de la fin du mois de mai jusqu'aux gelées	4 à 5 mois après le semis : variétés hâtives 6 à 8 mois : variétés tardives

plantes condimentaires (sauge, romarin, menthe...), qui éloignent certains parasites, sont bénéfiques pour son environnement. On peut semer de la mâche ou des épinards entre les rangs. Lui éviter les fraisiers.

Semer de préférence en lune décroissante

Rotation des cultures

Le chou-fleur est une plante exigeante. Attendre 3 ou 4 ans avant de le faire revenir au même endroit.

Fertilisation

Fertilisation normale. Les fumures fraîches sont à éviter, ne pas apporter trop d'engrais azotés. À la plantation, un bon apport de compost à chaque pied est important.

Entretien

Effectuer des binages et des sarclages. Arroser si nécessaire ; le chou-fleur apprécie un sol suffisamment humide, sans excès. Pailler en cas de sécheresse. Rabattre les feuilles sur les pommes quand ces dernières se forment, ainsi elles garderont leur belle couleur blanche.

Maladies et parasites

Voir le chou pommé (maladies et parasites), pages 172-173.

Faire ses graines

Obtenir des graines de chou-fleur est une opération assez délicate.
En mai-juin, sélectionner des pieds aux pommes bien formées, avec des grains serrés et fins.
Ils doivent être issus, de préférence, d'un semis de septembre qu'on aura préservé sous châssis.
Mettre les pieds en place courant avril en rabattant les feuilles. Lorsque les tiges florales se développent, les tuteurer. Supprimer les feuilles protégeant les pommes et pincer l'extrémité des inflorescences. Récolter les siliques en août ou en septembre.
Protéger les porte-graines des oiseaux à l'aide de filets. Les semences sont meilleures la 2e année.

- Durée germinative : 5 ou 6 ans.
- Nombre de graines au gramme : 550.
- Levée : quelques jours.

Récolter et conserver

Le chou-fleur se consomme le plus rapidement possible après la récolte. Il peut se conserver quelques jours au frais et à l'abri de la lumière, mais perd un peu sa valeur nutritive.

Les pieds dont les pommes ne sont pas entièrement formées seront arrachés et enjaugés sous châssis froid, après avoir supprimé les feuilles de la base. Arroser et aérer si nécessaire. En les protégeant ainsi, ils résisteront au froid et tiendront jusqu'en janvier.

Les choux-fleurs dont les pommes sont entièrement formées se conservent de la même façon (les racines sont enterrées) pendant environ 3 semaines.

Les variétés

- **Variétés hâtives ou tardives :** 'Géant d'automne', 'Everest', 'Erfurt nain très hâtif', 'Viking', 'Merveille de toutes saisons', 'Flora blanca'...
- **Variétés de chou-fleur d'hiver, de printemps ou brocoli à pomme blanche :** 'Extra hâtif d'Angers', 'Janus', 'Tardif d'Angers', 'Romanesco' (à pomme jaune).
Il existe de nombreuses variétés hybrides.

Récolte de chou-fleur.

En cuisine

- On consomme les petits bouquets qui composent la pomme.
- Cuits, on les prépare en vinaigrette, au gratin, à la sauce blanche, à la maître d'hôtel, au jus, à l'anglaise, au beurre...
- Crus, ils sont confits dans le vinaigre ou accompagnés d'une sauce mayonnaise relevée.

Notes du jardinier

- Rabattre les feuilles sur les pommes lorsqu'elles se forment ; ainsi, elles conserveront leur couleur blanche.
- Le chou-fleur d'hiver, ou chou brocoli blanc à grosse pomme, possède davantage de feuilles ; celles du centre se referment sur la pomme. Plus petite que celle de la variété annuelle, cette dernière ne se développe que l'année suivante.

Chou frisé (non pommé)

Plante potagère, très décorative par son feuillage, dont la hauteur varie de 40 cm à 1,50 m, suivant les cultivars. Sa tige droite est arrondie, épaisse et feuillée ; elle se termine par une rosette de feuilles plus petites. Grandes, et allongées, les feuilles sont profondément découpées et très frisées sur les bords. Elles sont recourbées pour les variétés hautes et plutôt étalées pour les variétés basses. Cette plante ne forme pas de pomme. Les fleurs sont hermaphrodites, jaunes, solitaires, en épis simples et allongés.

CARTE D'IDENTITÉ

Noms botaniques : (1) *Brassica oleracea* var. *sabellica* Linné ; (2) *B. oleracea* Linné, var. *acephala* De Candolle.

Famille : Brassicacées (Crucifères).

Cycle : plante bisannuelle.

Synonyme latin : *B. fimbriata* De Candolle.

Synonymes français : chou d'aigrette, chou frangé, chou plume...

Origine : Europe.

Noms étrangers :
Anglais : variétés grandes : tall green curled kale, tall scotch kale ; variétés naines : dwarf curled kale.
Allemand : variétés grandes : hoher grüner Winterkohl ; variétés naines : niedriger grüner feingekrauster Winterkohl.
Espagnol : col itade, col cabalar, berza col.
Italien : cavolo riccio.
Néerlandais : variétés grandes : groene groote gekrulde boerenkool ; variétés naines : groene kleine gekrulde boerenkool.

UN PEU D'HISTOIRE

Ce chou (issu de *Brassica oleracea*) daterait du XIXe siècle.

Propriétés

Le chou frisé contient des vitamines (A, B, C, D, E, K, U, M) ainsi que des sels minéraux.

Il a sans doute à peu près les mêmes propriétés que le chou pommé (voir page 170).

Culture

Les graines se sèment d'avril à juin, en pépinière. Repiquer en pépinière 1 mois environ après le premier semis.

Mettre les plants en place quelques semaines plus tard (de la mi-juin à la mi-juillet). Les espacer de 50 à 60 cm en tous sens.

Praliner les racines dans une bouillie de lithothamne pour faciliter la reprise.

Les bons mariages

Le chou frisé affectionne le haricot, le pois, la pomme de terre, la mâche ; lui éviter le voisinage du fraisier.

Semer de préférence en lune décroissante

Rotation des cultures

Pour cette plante exigeante, pratiquer une rotation de 3 ou 4 ans.

Fertilisation

Comme toutes les plantes foliacées, le chou frisé demande de l'azote au

Notes du jardinier

- **Le repiquage en pépinière donne du chevelu aux racines.**
- **La culture de cette plante est très intéressante dans les régions aux climats froids.**

FICHE DE CULTURE

CLIMAT	EXPOSITION	SOL	SEMIS	FLORAISON	RÉCOLTE
Tempéré : très résistant au froid	Ensoleillée ; tolère la mi-ombre	Meuble, frais, profond	Avril à juin	Avril à juillet, à partir de la 2e année	4 à 6 mois après le semis

Faire ses graines

Sélectionner de beaux sujets parmi ceux d'un semis tardif (début juin). Butter les pieds. Au printemps suivant, lorsqu'ils fleurissent, les tuteurer et pincer les extrémités des bourgeons floraux. Récolter les graines peu avant maturité.

Couper les tiges et les faire sécher à l'ombre quelques jours. Les battre et ensacher les graines.

- Durée germinative : de 5 à 7 ans.
- Nombre de graines au gramme : environ 300.
- Levée : environ une semaine.

démarrage (sans excès cependant). Appliquer des doses normales.

Effectuer des fertilisations foliaires à base de lithothamne à raison de 2 ou 3 poudrages en cours de saison.

Entretien

Procéder à des binages et des sarclages. Arroser si nécessaire, et pailler en cas de sécheresse.

Maladies et parasites

Voir le chou pommé (maladies et parasites), pages 172-173.

Les choux frisés sont rarement attaqués par les chenilles.

Récolter et conserver

Les feuilles se récoltent depuis l'automne jusqu'au printemps. On les cueille à partir de la base de la plante, au fur et à mesure des besoins. Il semblerait que les feuilles soient meilleures après les premières gelées. Les utiliser le plus rapidement possible après la cueillette.

Les grandes feuilles en forme de plumet du chou frisé.

Les variétés

'Frisé vert demi-nain', 'Frisé Westlandse Winter', 'Vert nain', 'Harvester'.

En cuisine

- Les feuilles se consomment cuites, de la même manière que celles du chou pommé : au jus, aux lardons, à l'étouffée...
- Elles accompagnent agréablement les potages, le pot-au-feu ou diverses potées.

Chou-navet

Plante potagère et fourragère. Bien qu'issus de cultivars différents, le chou-navet et le chou rutabaga sont assez proches. Les feuilles sont lisses, divisées, souvent recouvertes d'une fine pellicule poudreuse ; elles sont de couleur vert-bleu. La racine est grosse, renflée, demi-enterrée : allongée et conique pour le chou-navet, sphérique pour le chou rutabaga. La chair du chou-navet est de couleur blanche ; celle du chou rutabaga est jaune. Les fleurs sont hermaphrodites, jaunes, comme pour les autres choux.

CARTE D'IDENTITÉ

Noms botaniques :
(1) *Brassica napus* var. *napobrassica* (Linné) Reichenbach ; (2) *B. napobrassica* Miller.

Famille : Brassicacées (Crucifères).

Cycle : plante bisannuelle.

Synonymes latins :
B. napus var. *rapifera* Metzg ;
B. oleracea var. *napobrassica* Linné.

Synonymes français :
chou rutabaga, chou de Suède, navet jaune.

Origine : Europe.

Noms étrangers :
Anglais : swedish turnip, swede, turnip-rooted cabbage.
Allemand : Steckrübe, Wruckenrübe, Kohlrübe.
Espagnol : colinabo, col nabo, rutabaga, nabicol.
Italien : covolo navone.
Néerlandais : koolraapen onder den grond.

UN PEU D'HISTOIRE

Le chou-navet rutabaga a une mauvaise réputation depuis la Seconde Guerre mondiale. C'était en effet la seule plante, avec le topinambour, que les occupants nazis laissaient « déguster » aux Français... On ignorait alors leur grande valeur nutritive !

Propriétés

Diurétique, laxatif, nourrissant..., le chou-navet contient des vitamines (A, B, C) ainsi que des sels minéraux (calcium, cuivre, magnésium, phosphore et potassium).

Culture

Les graines se sèment clair, en avril-mai, en pépinière. Éclaircir les plants à quelques centimètres s'ils sont trop serrés. Les mettre en place quand ils ont 4 ou 5 feuilles et que leur racine atteint la grosseur d'un petit crayon. Les espacer de 35 à 40 cm en tous sens.

Pour un semis en place, attendre le mois de mai. Placer 4 ou 5 graines tous les 35 à 40 cm. Par la suite, ne conserver qu'un seul sujet en respectant les mêmes distances.

Comme pour tous les choux, recouvrir peu les graines, tasser avec le dos du râteau et maintenir le sol frais.

Semer de préférence en lune décroissante

Rotation des cultures

Ces plantes étant exigeantes, attendre 3 ou 4 ans avant de cultiver des choux au même endroit.

Fertilisation

Fertilisation normale à la fin de l'automne ou au début du printemps avec un engrais naturel et du compost.

En cours de saison, veiller à effectuer 2 ou 3 fertilisations foliaires à base de lithothamne.

Notes du jardinier

- **Certaines racines sont filandreuses, surtout si les plantes ont souffert de la sécheresse.**
- **Anciennement cultivé en Europe pour sa racine, ce chou est encore présent dans de nombreux potagers du Nord, de l'Alsace et de la Bretagne.**
- **Les animaux domestiques, et notamment les lapins, apprécient beaucoup la racine du chou-navet.**

FICHE DE CULTURE

Climat	Exposition	Sol	Semis	Floraison	Récolte
Tempéré, humide : supporte le froid	Ensoleillée	Humifère, frais, argileux	Avril-mai	Avril à juillet, à partir de la 2e année	3 à 4 mois après le semis

Entretien

Les binages et les sarclages sont nécessaires. Arroser, surtout en période de sécheresse (dans ce cas, le paillage est recommandé).

Maladies et parasites

Voir le chou pommé (maladies et parasites), pages 172-173.

Récolter et conserver

On récolte les racines en fonction des besoins depuis la fin août jusqu'au mois de mars. Elles sont plus tendres aux deux tiers de leur développement.

Pour la conservation du chou-navet, deux solutions sont possibles.

En place

Les conserver en place pendant l'hiver. Dès que les froids arrivent, couper les feuilles, les butter, les protéger avec des feuilles sèches ou de la paille que l'on enlève lorsque le temps se radoucit.

En cave ou en silo

Avant les grands froids, généralement en novembre, arracher le chou-navet et le laisser ressuyer sur le sol. Couper les feuilles et les racines, poudrer le collet avec du lithothamne. Les racines se conservent en tas ou stratifiées dans du sable sec, en silo ou en cave.

Récolte de rutabagas.

Les variétés

'Blanc d'Aubigny à collet vert', 'Champion jaune à collet rouge', 'Rutabaga à collet vert', 'Oestgoeta', 'Rutabaga à collet violet', 'Blanc d'Aubigny à collet rouge', 'Rutabaga de Pontivy'.

Faire ses graines

Repérer quelques belles racines. Les arracher avant les froids et les conserver dans du sable sec, à la cave, en supprimant les feuilles.
Au printemps, les replanter en respectant une distance de 70 cm en tous sens.
Les racines peuvent éventuellement rester en place. Dans ce cas, les butter (après avoir coupé les feuilles au-dessus du collet) et les protéger des grands froids avec de la paille ou des feuilles sèches.
En mars, quel que soit le mode de conservation (en cave ou en place) tuteurer, pincer les extrémités des tiges florales comme pour tous les choux. En juillet, couper les tiges quand les graines sont presque à maturité. Les faire sécher à l'ombre sur une toile, puis les battre. Ensacher les graines.

- **Durée germinative : 5 ou 6 ans.**
- **Nombre de graines au gramme : de 370 à 380.**
- **Levée : une dizaine de jours.**

En cuisine

- Les racines épluchées et cuites s'emploient dans les soupes, en ragoûts, sautées, dans les potées, dans le pot-au-feu...
- Leur saveur est parfumée, oscillant entre chou et navet.

Chou pommé

Le chou pommé est une plante potagère très connue. Sa tige est courte, ronde, rameuse lors de la floraison. Ses feuilles sont larges, charnues, étalées autour de la tige, puis forment une pomme compacte. Le chou cabus a des feuilles lisses, de couleur vert clair, blonde ou violacée suivant les variétés. Il forme une grosse pomme, ronde, parfois légèrement aplatie ou allongée, ou plus ou moins pointue. Le chou de Milan a des feuilles cloquées, d'un vert-bleu, et produit une pomme ronde ou conique. Quelle que soit la variété, les fleurs sont hermaphrodites, jaunes, solitaires, en épis simples et allongés.

CARTE D'IDENTITÉ

Noms botaniques :
chou cabus : (1) *Brassica oleracea* var. *capitata* Linné ; (2) *B. oleracea* var. *capitata* De Candolle ;
chou de Milan : (1) *B. oleracea* var. *sabauda* Linné ; (2) *B. oleracea* var. *bullata* De Candolle.

Famille : Brassicacées (Crucifères).

Cycle : plante bisannuelle.

Synonymes latins :
chou cabus : *B. capitata* Persoon ;
chou de Milan : *B. bullata* Pasquale.

Synonymes français :
chou cabus : chou blanc, chou à feuilles lisses, chou en tête ;
chou de Milan : chou cabus frisé, chou cloqué, chou de Hollande, chou pommé à feuilles cloquées, chou de Savoie...

Origine : Europe.

UN PEU D'HISTOIRE

Les Romains consommaient déjà les choux pommés. En France, le chou cabus est connu depuis le XIIIe siècle tandis que le chou de Milan aurait fait son apparition au XVIe siècle.

Propriétés

Anti-anémique, apéritif, béchique, diurétique, énergétique, pectoral, reconstituant, reminéralisant, vermifuge..., le chou pommé contient des vitamines (A, B1, B2, B5, C, E, K, PP...) ainsi que de nombreux sels minéraux (arsenic, cuivre, calcium, brome, chlore, iode, magnésium, manganèse, nickel, phosphore, potasse, silicium, zinc...). Il a aussi des vertus médicinales.

Culture

Chou de printemps

Les graines se sèment en pépinière de la mi-août jusqu'à la fin septembre. Repiquer en pépinière, puis mettre en place en automne ou au printemps. La récolte a lieu de la fin avril jusqu'à juin. On peut aussi semer en février ou mars, sur couche, sous châssis, et repiquer en mars ou en avril. Dans ce cas, la récolte s'effectue en juin ou en juillet.

La distance du repiquage des choux de printemps est de 50 cm en tous sens.

Choux d'été et d'automne

Les graines se sèment en février-mars sous couche, sous châssis. On peut aussi semer de mars à juin, en pépinière. Dans tous les cas, repiquer de mai à août, en respectant une distance de 60 cm en tous sens. Récolter de la fin juillet jusqu'à décembre.

Chou d'hiver

Semer de mars à juin en pépinière, et mettre en place en juin ou juillet. La distance du repiquage est de 60 cm en tous sens. La récolte s'effectue d'octobre à mars.

Notes du jardinier

- **Certains jardiniers laissent ressuyer les plants sur le sol pendant 1 ou 2 jours avant le repiquage. Ce fanage des plants aurait pour but d'éviter la montée à graines prématurée.**
- **Ne pas oublier de praliner les plants.**

FICHE DE CULTURE

Climat	Exposition	Sol	Semis	Floraison	Récolte
Doux, humide ; craint la sécheresse. Selon les variétés, résiste au froid jusqu'à -10 °C	Ensoleillée	Bien drainé, neutre ou peu acide	Mars à juin ou mi-août à septembre	Avril à juillet, à partir de la 2e année	4 à 9 mois après le semis, selon la variété

Chou cabus de printemps 'Express'.

Chou cabus d'été et d'automne 'de Brunswick'.

Chou cabus 'de Vaugirard d'hiver'.

Chou de Milan d'été et d'automne 'Gros des vertus'.

Comment procéder ?

Les graines de choux se sèment clair ; les recouvrir de très peu de terre. Plomber avec le dos du râteau. Lors du repiquage, pour faciliter la reprise, praliner les racines des plants avec une bouillie de lithothamne.

Il est conseillé de repiquer les plants de choux une première fois en pépinière (quand ils ont 2 ou 3 feuilles) avant de les mettre en place. Les installer quand ils sont assez forts, éliminer ceux qui n'ont pas d'œil central.

On peut éviter le repiquage en pépinière, tout en permettant aux racines de choux de prendre du « chevelu ». Il suffit de soulever les plants avec un plantoir sans les déraciner.

Les bons mariages

Le chou pommé accepte la betterave, le céleri, le concombre, le haricot nain, la laitue, la mâche, le pois, la pomme de terre, l'oignon, la tomate… Des plantes aromatiques repoussent la plupart des parasites des choux (l'absinthe, l'aneth, l'hysope, la mélisse, la menthe, le romarin, la sauge, le thym…). Les fraisiers et les choux ne s'entendent pas. Au printemps, il est bénéfique de semer du trèfle blanc nain entre les rangs.

Rotation des cultures

Cette plante potagère est exigeante. Ne pas la faire revenir au même endroit avant un délai de 3 ou 4 ans.

Fertilisation

Fertilisation normale à la fin de l'automne ou au début du printemps avec un engrais naturel et du compost.

Semer ou repiquer en lune décroissante

Les variétés

- **Choux cabus de printemps :** 'Bacalan de Saint-Brieuc', 'Cœur de bœuf moyen', 'Nantais hâtif', 'Clause premier', 'Pointu de Chateaurenard', 'Très hâtif de Louviers', 'Express', 'Bacalan de Rennes', 'Marché de Copenhague'…
- **Choux cabus d'été et d'automne :** 'Quintal d'Alsace', 'Cœur de bœuf gros', 'de Brunswick', 'des vertus', 'Rouge gros', 'Tardif de Langedijk', 'Tête noire'…
- **Choux cabus d'hiver :** 'de Vaugirard d'hiver', 'de Noël'.
- **Choux de Milan d'été et d'automne :** 'Gros des Vertus', 'Roi des milans', 'Hâtif d'Aubervilliers', 'Très hâtif de la Saint-Jean'…
- **Choux de Milan d'hiver :** 'd'Hiver de Pontoise', 'Roi de l'hiver'…

Il existe de nombreuses variétés hybrides.

Noms étrangers

Chou cabus
Anglais : headed cabbage, drumhead cabbage.
Allemand : Kopfkohl.
Espagnol : repollo, col repollo.
Italien : cavalo cappucio.
Néerlandais : sluitkool.

Chou de Milan
Anglais : Savoy cabbage, Savoy.
Allemand : Wirsing, Savoyerkohl, Börskohl.
Espagnol : col de Milan, col Lombarda, repollo de hoja rizada.
Italien : cavolo di Milano.
Néerlandais : savooiekool.

Procéder à des fertilisations foliaires par poudrage de lithothamne toutes les 2 ou 3 semaines.

Entretien

Les binages et les sarclages sont nécessaires. Arroser en cas de sécheresse. Garder le sol suffisamment frais, mais sans excès. Le paillage est conseillé en période sèche.

Maladies et parasites

La fonte des semis

Maladie due à plusieurs champignons. Les plants venant de germer disparaissent.

Ne pas semer trop dru. Semer à bonne exposition et en terre bien aérée.

La hernie du chou

Maladie cryptogamique ; ce champignon provoque des nodosités au collet et sur la racine. Les feuilles se flétrissent, et souvent la plante périt.

En prévention, effectuer des rotations suffisamment espacées. Avant le repiquage, praliner les plants avec une bouillie de lithothamne. Après le repiquage, déposer une petite poignée de lithothamne ou de cendre de bois autour de chaque pied (pour les terres un peu acides). Éviter les fumures fraîches.

Cette maladie peut apparaître en terre lourde et à pH acide, dans ce cas apporter au labour 2 kg/are de lithothamne. Éviter de cultiver des choux en terre trop acide (un pH minimum de 6,5 est conseillé). Brûler les pieds atteints.

Le mildiou duveteux

Des taches blanchâtres et duveteuses apparaissent sous les feuilles.

En prévention, pulvériser sur le sol du purin d'orties, à la fin de l'hiver ou au début du printemps. Planter les choux dans une terre bien aérée. Réaliser des fertilisations foliaires régulières à base de lithothamne. Pulvériser de la décoction de prêle. Pratiquer une bonne alternance des cultures. Éviter les sols trop humides.

Dès l'apparition de la maladie, détruire les sujets atteints.

Pulvériser de la bouillie bordelaise sur les pieds sains.

La pourriture du collet

Les jeunes plants pourrissent à la hauteur du collet.

Cette maladie est assez rare lorsque l'on pratique l'agriculture biologique.

Éviter de semer trop dru, sinon éclaircir rapidement.

Attendre plusieurs années avant de semer à nouveau des Brassicacées au même endroit.

La pourriture du pied

De grosses taches brunes apparaissent sur la tige qui finit par pourrir.

Cette maladie est souvent due à un excès d'humidité.

Dès son apparition, arracher et brûler les pieds atteints. Traiter avec de la bouillie bordelaise.

La rouille blanche

Genre de poussière blanche se développant sur les feuilles et les tiges des porte-graines.

Cette maladie assez rare est peu grave. Dès son apparition, arracher et brûler les pieds atteints. Pulvériser de la bouillie bordelaise sur ceux qui ne sont pas contaminés.

L'altise

Ce petit insecte sauteur, qui peut atteindre 3 mm de longueur, perfore les feuilles en de nombreux endroits et les transforme en dentelle.

L'altise apparaît principalement en période sèche.

Voir « La lutte contre les parasites », pages 67-68.

Choux au potager en été.

La cécidomyie du chou-fleur

Les petites larves blanches de cet insecte se concentrent principalement dans le cœur des jeunes plants. Elles détruisent le bourgeon en le suçant et créent un plant « borgne ». La plante finit par disparaître ou produit plusieurs petites têtes.

Pratiquer une bonne alternance des cultures. Dès l'apparition des parasites, brûler les pieds atteints.

Pulvériser un insecticide végétal, en le dirigeant principalement vers le cœur des jeunes plants.

Le charançon du chou

Petit insecte noir, long de quelques millimètres ; il pond ses œufs autour du collet, de mars à mai ou en automne. Ses larves rougeâtres rongent les tissus, formant des petits renflements ou des chapelets de galle sur le pied nuisant ainsi à la végétation.

En prévention, pratiquer une bonne fertilisation et une rotation correcte. Planter les choux en rigole, puis les butter. Dès l'apparition des parasites, brûler les pieds atteints. Enlever les renflements et détruire les larves.

Pulvériser un insecticide végétal. Tous les 15 jours environ, saupoudrer du lithothamne sur le collet.

La limace

Elle ronge les jeunes plants, et trahit sa présence par les traces de mucus qu'elle laisse sur son passage.

Voir « La lutte contre les parasites », pages 69-70.

La mouche du chou

Cette mouche grise pond au collet ou sur les tiges des choux, généralement en mai. Ses larves creusent des galeries, pénétrant jusqu'aux racines qu'elles rongent. La plante finit par périr.

Respecter les rotations. Pratiquer un buttage indirect des plants par un repiquage en rigole, niveler le terrain fin avril par ajout de terre. Brûler les pieds atteints. Procéder à des pulvérisations de macération de feuilles de tomate.

La noctuelle du chou

Cette chenille dévore les jeunes plants, principalement au début du printemps, parfois aussi à l'automne.
Les remèdes sont les mêmes que pour la piéride du chou (voir ci-dessous).

La piéride du chou

Ce papillon pond ses œufs jaune vif sous les feuilles des Brassicacées. Les chenilles de couleur verte rongent les feuilles, ne laissant que les nervures.

En prévention, planter dans la planche de choux quelques branches de genêt. Étaler une feuille de fougère sur chaque chou, elle fera fuir les papillons. Ils n'apprécient pas non plus les plantes aromatiques ; planter en divers endroits du potager de la bourrache, de la menthe, du romarin, de la sauge… À la rosée, poudrer les choux avec des feuilles d'absinthe sèches réduites en poudre.

Dès l'apparition du parasite, détruire les œufs et les chenilles en les écrasant. Bassiner les feuilles avec une solution de sel marin (200 g pour 10 litres d'eau). Pulvériser un insecticide végétal à base de roténone, de feuilles de tomate ou de genêt (macérations).

Le puceron cendré du chou

Ce petit parasite suce la sève des feuilles, faisant apparaître d'abord des taches jaunâtres puis des déformations dues à ses piqûres. La plante s'appauvrit.

Voir « La lutte contre les parasites », page 70.

Le ver blanc

Larve du hanneton qui ronge les racines des jeunes plants. Les feuilles commencent par se faner, puis jaunissent et finissent par périr.

Voir « La lutte contre les parasites », pages 69.

Récolter et conserver

On récolte le chou pommé en fonction des besoins :
- d'avril jusqu'à la mi-juin pour les sujets de printemps ;
- de juin à décembre pour ceux d'été et d'automne ;
- de janvier à avril pour une culture d'hiver.

Un chou récolté se conserve pendant 3 ou 4 jours, dans un local frais, mais il est préférable de le consommer tout de suite.

Pour la conservation, en région froide, mettre les choux en jauge, la tête tournée vers le nord. Pendant les grands froids, les recouvrir avec de la paille ou des feuilles sèches ; les découvrir s'il pleut ou si le temps se radoucit.

Faire ses graines

Choisir les pieds à pommes bien fermes, ayant une tige courte. Récolter la pomme en laissant en place les feuilles extérieures et la tige. Au printemps, des bourgeons se développeront sur les pieds restés en terre. Si l'hiver est froid, il est prudent de les conserver en jauge et de les replanter au printemps en respectant une distance de 70 cm en tous sens. Tuteurer les tiges florales, pincer les extrémités des épis. Récolter les siliques avant complète maturité. Les faire sécher à l'ombre et les battre. Ensacher les graines.
Réserver le maximum de plantes au rôle de porte-graines, afin de bien garder la variété. Par précaution, vérifier que d'autres variétés ne sont pas conservées à cet effet dans les environs.
Surveiller les porte-graines contre les attaques de pucerons.

- **Durée germinative : 4 ou 5 ans.**
- **Nombre de graines au gramme : 300.**
- **Levée : quelques jours.**

En cuisine

- Le chou pommé se consomme le plus souvent cuit. Il se prépare au jus, au fromage, à l'étouffée, aux lardons, à l'huile, à la sauce blanche, sauté au beurre, farci, en pot-au-feu, en potage, en diverses potées. Pour le manger cru, on le râpe en salade.
- Certaines variétés servent à la préparation de la choucroute.
- Le chou rouge se mange cru, râpé en salade, cuit, braisé.
- Le chou cabus peut également se manger cru.

Chou-rave

Plante potagère haute de 20 à 40 cm. Sa tige est renflée en une boule sphérique de couleur vert pâle ou violacée (suivant les variétés). Elle est généralement de la taille d'une orange et se développe à quelques centimètres au-dessus du sol. Les feuilles, implantées au-dessus de la tige, sont lisses, pétiolées et dentées. Les fleurs sont hermaphrodites, jaunes, solitaires, en épis simples et allongés.

Carte d'identité

Nom botanique : (1) *Brassica oleracea* var. *gongylodes* Linné ; (2) non mentionné.

Famille : Brassicacées (Crucifères).

Cycle : plante bisannuelle.

Synonymes latins :
B. oleracea gongylodes Lamarck ;
B. oleracea var. *caulorapa* De Candolle.

Synonymes français :
boule de Siam, chou de Siam…

Origine : Europe.

Noms étrangers :
Anglais : kohlrabi, hungarian turnip, turnip rooted cabbage.
Allemand : Kohlrabi, Oberkohlrabi.
Espagnol : cavolo rapa, col-rábano.
Italien : col rabano, colirrabano.
Néerlandais : koolrabi, koolraapen boven den grond.

Un peu d'histoire

Cette plante est appréciée dans divers pays d'Europe : Allemagne, Royaume-Uni, Autriche, Italie. En France, elle se cultive surtout dans l'Est.

Propriétés

Le chou-rave contient des vitamines (A, B, C, K) et de nombreux sels minéraux communs à tous les choux.

Culture

Au début de la saison, les graines se sèment sous châssis, en serre ou sous tunnel plastique. Plus tard, on peut semer en pépinière. La période des semis s'étale du 15 mars jusqu'à la fin juin pour les variétés ordinaires et jusqu'à la mi-juillet pour les variétés hâtives.

Recouvrir les graines de 1 cm environ de terre fine, arroser si nécessaire.

Procéder au repiquage de 30 à 45 jours après le semis, lorsque les plants ont de 2 à 4 feuilles. Planter en rayons distants de 40 cm, en espaçant de 30 cm sur le rang. Ne pas repiquer le chou-rave trop profondément car la tige renflée doit se développer hors du sol.

Si le semis est effectué directement en place, semer clair. Éclaircir ensuite en respectant les mêmes distances que pour le repiquage.

Les bons mariages

Le chou-rave s'associe volontiers avec la betterave potagère, le concombre, la laitue, l'oignon et le radis.

Il ne supporte pas le voisinage du fenouil, des haricots à rames, ni des tomates.

Semer ou repiquer en lune décroissante

Rotation des cultures

Comme tous les choux, cette plante potagère est exigeante. Attendre 2 ou 3 ans avant de la cultiver de nouveau à la même place.

Fertilisation

Fertilisation normale à la fin de l'automne ou au début du printemps avec un engrais naturel et du compost.

Procéder à 2 ou 3 fertilisations foliaires à base de lithothamne au cours de la saison.

Fiche de culture

Climat	Exposition	Sol	Semis	Floraison	Récolte
Tempéré et frais : très résistant au froid	Ensoleillée	Meuble, profond, riche, frais : redoute la sécheresse	Mi-mars à mi-juillet, selon les variétés	Avril à juillet, à partir de la 2e année	De juin à la fin septembre

Entretien

Les binages et les sarclages sont indispensables. Arroser fréquemment en période de sécheresse pour éviter que la boule ne devienne filandreuse. Le paillage est conseillé en été ; butter au moment de la formation des boules.

Les variétés

'Blanc hâtif', 'Superschmelz'.

Chou-rave 'Superschmelz'.

Maladies et parasites

Les maladies et parasites sont communs à tous les choux. Voir le chou pommé (maladies et parasites), pages 172-173.

Récolter et conserver

La récolte s'effectue du mois de juin jusqu'à la fin septembre. Arracher le chou-rave lorsqu'il atteint 5 cm de diamètre environ, c'est-à-dire à la moitié ou aux deux tiers de sa maturité ; plus gros, il devient filandreux.

Couper les feuilles et la racine, et stratifier les boules dans du sable sec ou de la tourbe. Ainsi, elles se conserveront tout l'hiver, voire plus. Le chou-rave peut éventuellement se congeler.

Notes du jardinier

- La racine du chou-rave, boule charnue moelleuse et tendre (à demi-grosseur), se consomme lorsqu'elle atteint la taille d'un œuf de poule.
- La variété 'Superschmelz' a une boule charnue beaucoup plus grosse, tout en restant tendre, et un rendement supérieur.

Faire ses graines

Sélectionner les plus beaux sujets parmi les plus hâtifs, ayant une boule bien formée. Il est possible de les arracher en novembre en supprimant les feuilles à la main, tout en gardant les racines. Ils se conservent alors en cave ou en silo et se replantent au mois de mars en respectant une distance de 70 cm en tous sens. Tuteurer et butter les pieds. Pincer la tige avant la floraison pour favoriser le drageonnage.

Généralement, la graine mûrit en juillet. Récolter les épis avant complète maturité. Les faire sécher en les étalant à l'ombre sur une bâche. Les battre, puis ensacher les graines.
Les oiseaux sont friands des semences : protéger les reproducteurs avec un filet.

- Durée germinative : de 5 à 8 ans.
- Nombre de graines au gramme : 300.
- Levée : de 4 à 6 jours.

En cuisine

- Généralement, on coupe les boules moelleuses du chou-rave en tranches après avoir enlevé les feuilles et la racine.
- Cuites, elles accompagnent les soupes, les potées. Elles peuvent se manger frites, à l'étouffée, au gras, en ragoût...
- Les sujets jeunes se consomment crus, râpés et assaisonnés à la vinaigrette.
- Le chou-rave possède un goût fin, très agréable. Il rappelle à la fois celui du chou et du navet, avec en plus un léger parfum de noisette.
- Le chou-rave sert aussi à l'alimentation du bétail.

Chrysanthème comestible

Plante potagère, ses tiges sont dressées, rameuses et forment une touffe haute d'environ un mètre. Ses feuilles, légèrement pétiolées vers le bas, sont disposées à des hauteurs différentes ; elles sont découpées en plusieurs lobes (échancrures), celui situé à son extrémité se divisant en 3 échancrures moins importantes. Ses fleurs abondantes sont groupées en capitules solitaires, de couleur jaunâtre.

Carte d'identité

Nom botanique : (1) et (2) *Chrysanthemum coronarium* Linné.

Famille : Astéracées ou composées.

Cycle : plante annuelle.

Synonymes latins : *Buphthalmum oleraceum* Loureiro, *Chrysanthemum roxburghii* Desfontaines, *C. Segetum* Hemsley, *Matrica oleracea* Buchanan-Hamilton, *Pinardia coronaria* Lessing, *Glebionis coronaria* Cassini...

Synonymes français : chrysanthème des jardins, chrysanthème à couronne, mâche chinoise, marguerite jaune...

Origine : régions méditerranéennes.

Noms étrangers :
Anglais : chop-suey greens, crowndaisy.
Allemand : Goldblume, Kronenwucherblume.
Espagnol : antimonia, margaritón.
Italien : margherita coronata, crisantemo giallo.
Néerlandais : gekroonde ganzebloem.

Un peu d'histoire

Cette plante, également décorative, est cultivée en Asie (Chine, Japon), essentiellement comme plante potagère.

Propriétés

Le chrysanthème comestible contient des vitamines A, B1, B2, B3 et C.

Culture

En place

Les graines se sèment directement en place dans le courant du mois de mai, en poquets distants de 15 cm sur des rangs séparés de 30 cm. Éclaircir pour ne conserver qu'un plant par poquet.

Sous abri

Il est possible de semer en godets sous serre, châssis ou tunnel plastique fin mars ou en avril. Mettre en place les plants avec leur motte au mois de mai.

Les bons mariages

Cette plante ne semble pas avoir de problème de voisinage.

Semer de préférence en lune décroissante

Rotation des cultures

Il est préférable d'effectuer une rotation de 3 ou 4 années avant de replanter le chrysanthème comestible à la même place.

Fertilisation

Lors de la préparation du sol (fin septembre-début octobre, ou à la fin de l'hiver) amender la terre et apporter des engrais naturels. Les fertilisations foliaires sont bénéfiques 2 à 3 fois par an principalement au printemps et en été.

Entretien

Les binages et les sarclages sont nécessaires. Les arrosages sont indispensables en cas de sécheresse.

Fiche de culture

Climat	Exposition	Sol	Semis	Floraison	Récolte
Tempéré	Ensoleillée	Humifère et frais	En place en mai	Juin-juillet, jusqu'en octobre-novembre	Environ 2 mois après les semis

Capitules du chrysanthème comestible.

Maladies et parasites

Cette plante ne semble pas sensible aux maladies ou aux parasites.

Récolter et conserver

Lorsque les plantes atteignent environ 25 cm de hauteur, les couper à la base : elles repousseront. Les feuilles tendres se récoltent avant la floraison, et se préparent le plus rapidement possible.

Note du jardinier

Cette espèce de chrysanthèmes peut être cultivée dans les plates-bandes, sur les terrasses et balcons ensoleillés, dans de grands bacs, pots ou jardinières.

Les variétés

Il existe une variété à fleur blanche.

Faire ses graines

Laisser quelques plantes monter à graines. Lorsqu'il n'y a plus de pétales et que les capitules sont brunâtres, récolter les graines et les conserver au frais, au sec et à l'abri de la lumière du jour.

- Durée germinative : 3 à 4 ans.
- Nombre de graines au gramme : 600.
- Levée : environ une semaine, parfois plus.

En cuisine

- Les feuilles encore tendres se préparent crues en salade, leurs saveurs piquantes rappelant un peu le cresson.
- Cuites, les feuilles se consomment à l'aigre doux, sautées à la poêle, dans les pot-au-feu... ; elles peuvent accompagner favorablement les émincés de bœuf et de porc.

Ciboule de Chine

Plante condimentaire herbacée, approchant les 70 cm de hauteur, très populaire en Chine. Sa tige dressée et droite est ovale, presque carrée. Ses feuilles dressées, pleines, d'un vert clair sont en partie aplaties en forme de gouttière à leur base. La plante forme une touffe de petits bulbes. Les fleurs sont hermaphrodites, de couleur blanche, groupées en ombelles.

CARTE D'IDENTITÉ

Nom botanique : (1) et (2) *Allium tuberosum* Rottler.

Famille : Alliacées (Liliacées).

Cycle : plante vivace par son bulbe.

Synonymes latins : *A. roxburghii* Kunth ; *A. chinense* Maximimo, Wicz ; *A. angulosum* Loureiro ; *A. uliginosum* G. Don ; *A. senescens* Miquel ; *A. odorum* Linné.

Synonymes français : ail à fleurs comestibles, ail odorant.

Origine : Asie ; on la trouve à l'état sauvage en Chine.

Noms étrangers :
Anglais : garlic chives, chinese chives.
Allemand : lauch China.
Espagnol : acive chino.
Italien : cipolla cinese.
Néerlandais : chinees bieslook.

UN PEU D'HISTOIRE

Cette plante était déjà cultivée en Chine avant l'ère chrétienne.

Propriétés

La ciboule de Chine est digestive, antiscorbutique, et riche en vitamine C.

Culture

La ciboule de Chine peut se reproduire par semis ou par division de touffes.

Par semis

Semer très clair en place et peu profond à l'automne, les plants lèveront au printemps suivant. On peut aussi semer au printemps sur couche. Mettre les plants en place lorsqu'ils ont 3 ou 4 feuilles. Les espacer de 3 ou 4 cm sur des rangs distants de 40 cm.

Par division de touffes

Opérer à l'automne ou à la fin de l'hiver, en plantant les éclats de la ciboule de Chine directement en place.

Semer de préférence en lune décroissante

Les bons mariages

Cette plante apprécie les choux de Chine. En revanche, éviter les légumineuses (pois, haricots...).

Rotation des cultures

La ciboule de Chine peut rester en place de nombreuses années sans inconvénient. Après 5 ou 6 ans, il est malgré tout préférable de la déplacer ; attendre alors au moins 4 ans avant de la faire revenir au même endroit.

Fertilisation

Fertilisation normale à la fin de l'automne ou au début du printemps avec un engrais naturel et du compost.

N'employer que très peu d'engrais azoté. Les fertilisations foliaires sont inutiles.

Notes du jardinier

- On trouve la ciboule de Chine sur les marchés chinois, en bouquets de fleurs coupées.
- Ses feuilles n'ont pas l'inconvénient des autres ciboules, elles jaunissent rarement.

FICHE DE CULTURE

CLIMAT	EXPOSITION	SOL	PLANTATION	FLORAISON	RÉCOLTE
Tempéré : les bulbes ne craignent pas le froid	Ensoleillée	Fertile, frais et léger	À l'automne semez (levée au printemps) ou divisez les touffes	De juillet à octobre, à partir de la 2e année	3 à 4 mois après la levée

Ciboule de Chine en fleur.

Entretien

Les binages et les sarclages sont bien sûr nécessaires. Lors des binages, veiller cependant à ne pas trop endommager les racines de la plante. N'arroser qu'en cas de sécheresse.

Maladies et parasites

La ciboule de Chine ne semble pas sensible aux maladies ni aux parasites.

Récolter et conserver

On récolte les feuilles ou les fleurs au fur et à mesure des besoins. Elles peuvent se conserver 2 ou 3 jours au frais, mais il est bien sûr préférable de les consommer le plus rapidement possible après la cueillette.

Les feuilles se récoltent essentiellement du printemps jusqu'à l'apparition des fleurs ; ensuite elles durcissent. La cueillette des fleurs se prolonge presque tout l'été. Elles se récoltent au début de leur floraison, ouvertes mais non fanées.

Les variétés

Pas d'autre variété que le type botanique.

Faire ses graines

Choisir quelques belles ombelles, parmi les premières en fleur, et les récolter lorsqu'elles sont pratiquement à maturité, c'est-à-dire généralement vers la fin du mois septembre ou dans le courant du mois d'octobre.

Pour les faire sécher, les pendre à l'ombre, dans un endroit sec et frais. Ne les égrener qu'au moment de semer.

- **Durée germinative : estimée à 2 ou 3 ans.**
- **Nombre de graines au gramme : 200.**
- **Levée : très capricieuse ; de quelques semaines à plusieurs mois.**

En cuisine

- Tout au long du printemps et jusqu'à la floraison, on utilise les feuilles crues, émincées, pour aromatiser les plats de crudités, les salades, les plats frits, certaines viandes...
- Ses fleurs agrémentent et parfument crudités et salades. Leur goût délicieux est très proche de celui de l'ail, mais moins fort.

Ciboule commune

Plante condimentaire herbacée, haute de 30 à 60 cm. Ses tiges florales sont allongées et fibreuses. Ses feuilles sont nombreuses, cylindriques, renflées, creuses, de couleur verte. La ciboule commune forme une touffe. Elle ne produit pas de bulbe, et perd ses feuilles l'hiver. Les fleurs sont hermaphrodites, de couleur blanchâtre, en ombelles sphériques.

CARTE D'IDENTITÉ

Nom botanique : (1) et (2) *Allium fistulosum* Linné.

Famille : Alliacées (Liliacées).

Cycle : plante vivace, mais pouvant être cultivée comme bisannuelle.

Synonymes latins : *A. ascolonicum* Loureiro ; *Porrum fistulosum* Schur.

Synonymes français : ail fistuleux, chiboule, cive, oignon d'Espagne, oignon d'hiver, oignon à tondre.

Origine : Asie centrale (Mongolie).

Noms étrangers :
Anglais : welsh onion, stone leek, spring onion, bunching onion.
Allemand : Schnittzwiebel, Cipolle, Zipolle, Winterzwiebel, Welschezwiebel, Hohllauch.
Espagnol : cebolleta, cebolleta francesa, cebollino ingles, cebollino de Inglaterra, cebolta.
Italien : cipolleta.
Néerlandais : bieslook, stengel-ui, grof bieslook.

UN PEU D'HISTOIRE

La ciboule commune a été découverte à l'état sauvage en Mongolie. Elle est utilisée en Chine depuis l'Antiquité et serait arrivée en Europe au Moyen Âge.

Propriétés

Antiseptique, apéritive, digestive, diurétique et stimulante, la ciboule commune contient des vitamines A, B et C (en grande quantité) ainsi que des sels minéraux (calcium, fer, phosphore, potassium et sodium).

Culture

Deux modes de culture sont possibles.

Par semis

Les graines se sèment clair, en place, depuis le début mars jusqu'à la fin avril. Espacer les rayons de 20 à 25 cm ou semer en bordure d'une allée.

Recouvrir les semences avec un peu de terre émiettée, plomber avec le dos du râteau. Garder le sol suffisamment humide jusqu'à la levée. Lorsque les plants ont 4 ou 5 feuilles, éclaircir en les espaçant de 5 à 10 cm.

Semer de préférence en lune décroissante

La ciboule commune se sème également en pépinière. Dans ce cas, on repique les plants 6 ou 7 semaines après leur levée. En cas d'oubli au printemps, semer courant juillet.

Par division de touffes

Planter les éclats de touffes en mars ou en octobre en les espaçant de 10 cm sur le rang.

Respecter une distance d'environ 20 à 25 cm entre les rayons.

Quelques touffes suffisent à la consommation d'une famille.

Les bons mariages

La ciboule commune s'entend très bien avec la carotte. En revanche, éviter de semer des légumineuses à proximité (haricots, pois, fèves, lentilles…).

Rotation des cultures

Cette plante, peu exigeante, peut rester 2 ou 3 ans en place. Dans ce cas appliquer une rotation de 3 ou 4 ans.

Si elle est cultivée comme bisannuelle, 2 ou 3 ans suffisent.

FICHE DE CULTURE

CLIMAT	EXPOSITION	SOL	PLANTATION	FLORAISON	RÉCOLTE
Indifférent	Ensoleillée	Fertile, frais, mais pas trop humide	Semez en mars-avril, ou divisez les touffes en mars ou en octobre	Juin à septembre, à partir de la 2e année	3 mois après le semis ou la division de touffes

Faire ses graines

Sur une ou deux touffes, laisser quelques fleurs, ne pas cueillir les feuilles. Lorsque les graines sont mûres (en août), couper les ombelles en gardant leur pédoncule. Les faire sécher au soleil pendant quelques heures, puis les pendre en bottes dans un local aéré et sec. Ne les égrener qu'au moment de les semer.

- **Durée germinative : 2 ou 3 ans.**
- **Nombre de graines au gramme : environ 300 pour la variété 'Commune' et 500 pour la variété 'Blanche'.**
- **Levée : 2 semaines environ.**

Fertilisation

Fertilisation normale à la fin de l'automne ou au début du printemps. Ne pas apporter de fumier frais, mais du compost bien décomposé et un engrais.

Les fertilisations foliaires ne sont pas indispensables.

Entretien

Les binages et les sarclages sont nécessaires. N'arroser que rarement.

Maladies et parasites

La ciboule commune ne semble pas sensible aux maladies ni aux parasites.

Récolter et conserver

Les feuilles sont récoltées au fur et à mesure des besoins et s'utilisent sans attendre. Leur cueillette est possible du printemps jusqu'aux froids. En hiver, la ciboule perd ses feuilles qui reviennent au printemps.

Pour faire ses graines, laisser fleurir quelques touffes de ciboule.

Les variétés

'Commune' (rouge), 'Blanche'.

Note du jardinier

Couper les tiges régulièrement (environ tous les mois) à 1 ou 2 cm au-dessus du sol, même si elles ne sont pas utilisées. Procéder de façon identique avant les froids.

En cuisine

- Les feuilles crues parfument les crudités, les salades.
- Cuites, elles relèvent le goût des potages, des omelettes, de certains légumes, de diverses viandes et entrent dans la composition de sauces.

Ciboule de Saint-Jacques

Plante condimentaire, herbacée, un peu plus haute que la ciboule commune. Elle produit de nombreux bulbes ou tiges fortement renflés, de couleur rougeâtre assez foncée. Ses nombreuses feuilles, cylindriques, grosses, vertes, forment d'énormes touffes. Elles sèchent à partir de la mi-juin et repoussent en quelques jours vers le début du mois d'août.

CARTE D'IDENTITÉ

Nom botanique : (1) non mentionné ; (2) *Allium lusitanicum* Lamarck.

Famille : Alliacées (Liliacées).

Cycle : plante vivace.

Synonymes français : ail du Portugal, ciboule de Saint-Jean, ciboule vivace, civette du Portugal, civette de Saint-Jacques, échalote perpétuelle.

Origine : Europe centrale, méridionale et Asie.

Noms étrangers :
Anglais : perennial welsh onion, perennial ciboul, portugal onion.
Allemand : Fleischlauch, Jakobslauch, portugisische Zwiebel, Johannislauch.
Italien : cipolla spagnola.

UN PEU D'HISTOIRE

Pour éviter le scorbut, les chrétiens du Moyen Âge allant en pèlerinage à Saint-Jacques-de-Compostelle emportaient cette plante dans leur musette.

Propriétés

Antiscorbutique, carminative, diurétique, cette plante possède certainement à peu près les mêmes propriétés que la ciboule commune (voir page 180), dont des vitamines (A, B, C) et des sels minéraux.

Culture

Les bulbes se plantent (comme les échalotes) vers la mi-juillet en les espaçant de 25 cm sur la ligne. Les rangs sont distants de 35 à 40 cm.

La ciboule de Saint-Jacques peut se cultiver comme annuelle ou rester en place pendant 2 ou 3 ans.

Les bons mariages

Elle ne supporte pas le voisinage des légumineuses (haricots, pois, fèves...).

Rotation des cultures

La ciboule de Saint-Jacques entre dans la catégorie des plantes potagères à bulbe. Pratiquer une rotation de 2 ou 3 ans, si elle est cultivée comme plante annuelle. Si elle occupe le terrain plusieurs années, attendre 4 ou 5 ans avant de la faire revenir au même endroit.

Fertilisation

Fertilisation normale à la fin de l'automne ou au début du printemps. Ne pas apporter de fumier frais.

On peut procéder à 3 ou 4 fertilisations foliaires à base de lithothamne au cours de l'année.

Entretien

Les binages et les sarclages sont nécessaires. N'arroser que très rarement.

Note du jardinier

On appelle aussi cette plante, ciboule de Saint-Jean. En effet, c'est à l'approche de cette fête que la plante a un arrêt végétatif et que l'on peut récolter ses bulbes.

FICHE DE CULTURE

CLIMAT	EXPOSITION	SOL	PLANTATION	FLORAISON	RÉCOLTE
Tempéré : très résistante au froid	Ensoleillée	Fertile, humifère	Plantez les bulbes en juillet	Fleurit très rarement	Les feuilles de mars à fin mai et de septembre jusqu'aux gelées ; les bulbes 1 an après la plantation

Planter les bulbes en lune décroissante

Les variétés

Pas d'autre variété que le type botanique.

Faire ses graines

La ciboule de Saint-Jacques ne produit pas de semences.
Sur les plus belles touffes, après la mi-juin, arracher les bulbes du pourtour et les mettre à sécher sur une clayette jusqu'à leur plantation, c'est-à-dire environ 2 semaines plus tard.

Maladies et parasites

La ciboule de Saint-Jacques ne semble pas sensible aux maladies ni aux parasites.

Récolter et conserver

On récolte les feuilles selon les besoins, de mars à fin mai et du mois de septembre jusqu'aux gelées.

Les bulbes se récoltent, quant à eux, à partir de la seconde quinzaine de juin, mais ils ne se conservent que 2 mois environ, ensuite ils se vident.

En cuisine

- Ses feuilles s'emploient de la même manière que celles de la ciboule commune (voir page 181).
- Pendant quelques mois, et à partir de la mi-juin, on peut employer ses bulbes, au goût très fort, pour remplacer les échalotes.

Récolte des bulbes de la ciboule de Saint-Jacques.

Ciboulette

Plante condimentaire herbacée d'une hauteur de 30 cm environ. Ses tiges sont minces, nombreuses et peu élevées. Ses nombreuses feuilles sont cylindriques, creuses et fines ; elles forment une touffe. Les fleurs sont hermaphrodites, de couleur rose ou violacée (pourpre), en ombelles sphériques.

CARTE D'IDENTITÉ

Nom botanique : (1) et (2) *Allium schoenoprasum* Linné.

Famille : Alliacées (Liliacées).

Cycle : plante vivace ; ses feuilles disparaissent en hiver.

Synonymes latins :
A. tenuifolium Salisbury ; *Cepa schoenoprasum* Moench, Meth ; *Porrum schoenoprasum* Schur ; *Schoenoprasum vulgare* Fourreau.

Synonymes français : appétit, brelette, civette, civette des jardins, échalote fausse, fausse échalote.

Origine : Sibérie ou Europe centrale.

UN PEU D'HISTOIRE

La ciboulette est cultivée en Chine depuis l'Antiquité. Elle est apparue en France au VIIIe siècle.

Propriétés

Antiseptique, apéritive, aphrodisiaque, carminative, digestive, diurétique, stimulante..., la ciboulette contient des vitamines (A, B, C) et des sels minéraux (calcium, chlore, fer, magnésium, manganèse, phosphore, potassium, sodium, soufre). Elle contient aussi une essence aromatique sulfurée.

Culture

On procède généralement par division de touffes en mars ou en octobre. La ciboulette se sème également au printemps, comme la ciboule, mais se repique à l'automne seulement.

Les bons mariages, les facteurs lunaires, la rotation des cultures, la fertilisation et l'entretien, les maladies et parasites :
se reporter à la ciboule commune, pages 180-181.

Récolter et conserver

La récolte des feuilles se poursuit jusqu'aux gelées, selon les besoins. Les utiliser aussitôt. La ciboulette perd ses feuilles pendant la saison hivernale, aussi, pour les conserver, arracher à l'automne quelques touffes avec leur motte et les planter sous châssis. La récolte des feuilles se prolongera ainsi jusqu'aux grands froids.

On peut aussi retransplanter les touffes dans une jardinière ou en pot et les garder à l'abri du froid.

NOMS ÉTRANGERS

Anglais : chives, cives.
Allemand : Schnittlauch, Graslauch.
Espagnol : cebollino, cebollino común.
Italien : cipollina.
Néerlandais : bieslook, slangenlook, snijlook.

En cuisine

Les utilisations de la ciboulette sont les mêmes que celles de la ciboule (voir page 181) : ses feuilles sont cependant plus fines et sa saveur est plus douce. Elle s'emploie notamment dans la confection des fromages blancs aux fines herbes et dans la mayonnaise.

Notes du jardinier

- Jusqu'aux gelées, couper régulièrement les feuilles (environ tous les mois).
- Pas d'autre variété que le type botanique.

FICHE DE CULTURE

Climat	Exposition	Sol	Plantation	Floraison	Récolte
Tempéré ; sa souche résiste au fortes gelées ; craint la sécheresse et l'humidité	Ensoleillée	Tous les sols, frais	Divisez les touffes en mars ou en octobre ; parfois semis au printemps	De mai à août	Du printemps à l'automne

Claytone de Cuba

Jolie plante potagère, d'une hauteur de 20 cm. Ses feuilles sont épaisses. Celles du sommet ont une forme de cornet, au fond duquel se développent de petites fleurs réunies en grappes. Les fleurs sont hermaphrodites, de couleur blanche.

CARTE D'IDENTITÉ

Nom botanique : (1) et (2) *Montia perfoliata* (Donn) Howell.

Famille : Portulacacées.

Cycle : annuelle.

Synonymes latins :
Claytonia cubensis Bonpland ;
Limnia perfoliata Haworth ;
Claytonia perfoliata Willdenow ;
C. perfoliata Donn.

Synonymes français : claytone perfoliée, pourpier d'hiver.

Origine : Ouest de l'Amérique du Nord, Mexique, Cuba et les Antilles.

Noms étrangers :
Anglais : winter purslane, miner's lettuce (États-Unis).
Allemand : Kubaspinat, Winterportulak.
Espagnol : verdologa de Cuba, verdologa de invierno.
Italien : porcellana d'inverno.
Néerlandais : winter-postelijn.

UN PEU D'HISTOIRE

La claytone de Cuba a fait son apparition en France en 1804 où elle fut cultivée dans les jardins du Muséum d'histoire naturelle à Paris. Dans « Le Bon jardinier » de 1833, Louis de Vilmorin recommandait cette plante.

Propriétés

Diurétique, rafraîchissante, la claytone de Cuba contient des vitamines (B et K) et des sels minéraux (chlore, cuivre, fer, fluor, magnésium, manganèse).

Culture

Les graines se sèment clair du mois d'avril jusqu'à la fin juillet, en rayons distants de 25 cm. Les recouvrir à peine de terre, puis plomber avec le dos du râteau. Tenir le sol frais pour favoriser la levée.

Lorsque les plants ont 4 ou 5 feuilles, éclaircir en les espaçant de 10 à 15 cm sur le rang.

Cette plante se sème aussi à la volée, mais la méthode présente un certain nombre d'inconvénients : difficulté de garder le sol propre, binages pratiquement impossibles, plantes mal aérées.

La claytone se ressème souvent d'elle-même. On peut replanter les jeunes sujets avec leur motte.

Semer de préférence en lune décroissante

Rotation des cultures

Cette plante, qui entre dans la catégorie des plantes herbacées, est peu épuisante.

On peut la faire revenir à la même place au bout de 3 ans.

Fertilisation

Fertilisation normale à la fin de l'automne ou au début du printemps avec un engrais naturel et du compost. Les fertilisations foliaires sont facultatives.

Entretien

Effectuer des binages et des sarclages. Arroser si nécessaire, surtout après chaque coupe.

Maladies et parasites

La claytone de Cuba ne semble sensible ni aux maladies ni aux parasites.

Note du jardinier

Ne pas cultiver cette plante dans un sol au pH calcaire, elle ne s'y développerait pas.

FICHE DE CULTURE

Climat	Exposition	Sol	Semis	Floraison	Récolte
Tempéré : supporte bien le froid	Ensoleillée	Léger, humifère. Pas de sol calcaire	Avril à fin juillet	Avril à juin ; un semis de juillet fleurit l'année suivante	2 à 3 mois après le semis

Boutons floraux de la claytone de Cuba, les fleurs se développent au centre de la feuille.

Récolter et conserver

La récolte des jeunes feuilles se fait au fur et à mesure des besoins (quand les boutons floraux apparaissent). Elle a lieu durant tout l'été, jusqu'à l'automne, voire jusqu'au printemps.

Il est possible d'obtenir 2 ou 3 coupes successives.

Faire ses graines

Garder en place quelques beaux pieds semés courant juillet. Ils monteront à graines au printemps suivant. Récolter ces dernières lorsqu'elles arrivent à maturité, c'est-à-dire au mois de mai ou au mois de juin.
Les faire sécher à l'ombre et les ensacher.
Surveiller les porte-graines, car les graines tombent facilement (elles sont très fines). Il suffit parfois d'une journée venteuse pour que les semences se retrouvent à terre. S'il ne pleut pas, il est préférable, quelques jours avant la récolte des graines, d'étaler sur le sol des bandes de matière plastique. Les graines tombées seront plus faciles à récupérer.

- Durée germinative : 4 ou 5 ans.
- Nombre de graines au gramme : environ 2 200.
- Levée : quelques jours.

Les variétés

Pas d'autre variété que le type botanique.

En cuisine

Les feuilles et les tiges de la claytone de Cuba se consomment crues (en salade) ou cuites. Dans ce cas, elles se préparent de la même façon que les épinards.

Concombre et cornichon

Cette plante potagère (concombre) et condimentaire (cornichon) se trouve à l'état spontané en Asie et en Afrique. C'est une herbacée grimpante ou rampante. Ses tiges, dont la longueur atteint parfois plusieurs mètres, sont ramifiées, anguleuses, traînantes, munies de vrilles et de poils rudes. Ses feuilles arborent de 3 à 5 lobes dentés ; elles sont pétiolées, alternes, opposées aux vrilles, rudes, de couleur verte au-dessus et grise au-dessous. Ses fruits charnus sont allongés, ovales ou ronds, lisses ou épineux, de couleur verte, jaunâtre ou blanchâtre selon les variétés ; leur chair est épaisse et ferme. Les fleurs sont monoïques, jaunes, en calices ; certaines variétés (à cornichons) plus récentes donnent beaucoup de fleurs femelles.

CARTE D'IDENTITÉ

Nom botanique : (1) et (2) *Cucumis sativus* Linné.

Famille : Cucurbitacées.

Cycle : plante annuelle.

Synonymes latins : *C. esculentus* Salisbury ; *C. muricatus* Willdenow ; *C. hardwickii* Royle.

Synonymes français : cocombre, gros concombre.

Origine : Inde.

Noms étrangers :
Anglais : cucumber, gherkin.
Allemand : Gurke, Kukummer.
Espagnol : cohombro, pepino, cohombro a pepino, pepinillo.
Italien : cetriuolo, cedrinolo, cocomero.
Néerlandais : komkommer, augurk.

UN PEU D'HISTOIRE

Plante potagère cultivée très anciennement en Inde et au Pakistan.

Propriétés

Dépurative, diurétique, nutritive et rafraîchissante, cette plante contient des vitamines (A, B1, B2, C, PP) ainsi que des sels minéraux (calcium, cobalt, fer, magnésium, manganèse, phosphore, sodium, soufre et zinc). Certaines personnes digèrent mal le concombre.

Culture

Deux types de culture sont possibles.

Culture hâtive

Les graines se sèment en mars-avril sur couche chaude, sous châssis ou en serre chauffée, à raison de 3 ou 4 graines par godet. Par la suite, ne conserver que le plus beau sujet. Mettre en place avec la motte en avril ou en mai (suivant le climat et les régions).

Respecter une distance de 1 m au moins entre les rangs, et planter en espaçant de 60 cm sur la ligne.

Culture normale

Les graines se sèment en place durant le mois de mai.

Préparer et fumer des poquets avec un bon compost et du terreau. Déposer dans chacun d'eux de 3 à 4 graines, et recouvrir celles-ci de 1 à 2 cm de terre fine.

Lorsque les plants ont quelques feuilles, éclaircir en ne conservant que 2 ou 3 pieds par poquet.

Les distances de plantation sont les suivantes : 1 m au minimum entre les lignes et 60 cm sur le rang (en quinconce).

Pour les variétés à cornichons, espacer les lignes de 80 cm, et les poquets de 40 cm sur la ligne.

FICHE DE CULTURE

Climat	Exposition	Sol	Semis	Floraison	Récolte
Tempéré et chaud	Chaude et ensoleillée	Meuble, profond, humifère	En godets, de mars à avril	Juin à septembre	3 à 4 mois après le semis

Semer si possible en lune croissante

Les bons mariages

Le concombre se marie avec le céleri, le chou, le haricot, la laitue, l'oignon, le pois et le radis. La sauge officinale favorise son développement. Il accepte mal la pomme de terre et la tomate.

Rotation des cultures

Cette plante peu épuisante entre dans la catégorie des plantes potagères à fruits ou à feuilles. Attendre 3 ou 4 ans avant de la cultiver de nouveau à la même place.

Fertilisation

Le concombre demande une bonne quantité de compost à chaque poquet. Au début de sa végétation, lui apporter de la potasse et de l'azote.

Les doses d'engrais ou de fertilisant à prévoir sont normales.

Les fertilisations foliaires par poudrage ou pulvérisations de lithothamne sont conseillées toutes les 3 semaines.

Entretien

Les binages et les sarclages sont indispensables. Arroser si nécessaire.

Taille

On ne pince pas les variétés à cornichons.

FÉCONDATION ARTIFICIELLE

Ce procédé est valable pour :
- les courges (pages 198 à 207) ;
- le melon (pages 281 à 283) ;
- le concombre et les autres Cucurbitacées.

Tout d'abord, distinguer la fleur mâle de la fleur femelle. Celle-ci arbore un ovaire soudé à la base des pétales, qui semble situé au-dessous de la fleur (formation du fruit).

Choisir des fleurs venant de différents pieds de la même variété. Avant que les fleurs ne s'ouvrent (elles ne tardent pas à éclore lorsque la séparation des pétales s'élargit et devient jaune vif), ligaturer le haut des fleurs avec des liens en plastique armé ou protéger chaque fleur avec un capuchon en tulle. Généralement cette opération s'effectue le soir.

Le lendemain matin, entre 8 h et 9 h, procéder comme suit :
- cueillir la fleur mâle et enlever ses pétales ;
- découvrir la fleur femelle ;
- frotter les étamines (organes mâles) contre le pistil (organe femelle) ;
- remettre la protection sur la fleur femelle fécondée et la repérer à l'aide d'un morceau de fil électrique de couleur que l'on torsade autour du pédoncule.

Si le fruit se développe, l'opération est réussie ; sinon la fleur coule et disparaît.

Pour le concombre, pincer au-dessus de la 2e feuille.

Dès que 2 branches se forment, pincer celles-ci après la 3e ou la 4e feuille.

Ensuite, toutes les autres branches seront taillées une feuille au-dessus de chaque fruit.

Maladies et parasites

La nuile ou anthracnose

Les feuilles, et parfois les tiges, se couvrent de boursouflures qui se décolorent et forment des taches brunes ; les fruits atteints sont couverts de taches rondes, de couleur brune à noire, puis apparaissent des points roses rongeant les parties superficiellement atteintes.

Cette maladie survient surtout dans les cultures en serre.

Effectuer régulièrement des fertilisations foliaires. Pratiquer une bonne rotation. En prévention, pulvériser des solutions d'oxychlorure de cuivre à 0,75 % avec autant de sulfate de cuivre. Brûler les feuilles, les tiges ou les fruits dès qu'ils sont atteints.

L'oïdium

Les deux faces des feuilles se couvrent de taches poudreuses blanches ; parfois

Concombre 'Samarcande'.

Notes du jardinier

- Les variétés à cornichons se différencient par leur port plus trapu, leurs tiges moins longues et leurs fruits plus petits.
- On peut faire grimper la plante sur un grillage.
- Le paillage du sol est conseillé : il maintient la fraîcheur, limite les herbes sauvages et les fruits sont plus propres.

les pétioles et les tiges sont aussi atteints.

Cette maladie apparaît souvent en fin de saison ou après une baisse brutale de la température.

Éviter l'excès d'azote. Les fertilisations foliaires régulières sont une bonne prévention. Dès l'apparition de la maladie, pulvériser sur la végétation humide (à la rosée) un mélange composé de 50 % de poudre de fleur de soufre et 50 % de poudre de lithothamne.

La grise des cucurbitacées

Ce petit acarien suce le dessous des feuilles qui se couvrent de toiles laineuses et finissent par se dessécher.

En prévention, effectuer des bassinages répétés, l'humidité étant un ennemi pour cet indésirable.

Dès l'apparition du parasite, effectuer des pulvérisations à base de nicotine. Pulvériser un insecticide végétal, sous les feuilles principalement.

Les mollusques

Ils dévorent les jeunes plants. En prévention, protéger les plants avec un rempart de sciure (ou de cendre de bois).

Le puceron noir

L'insecte s'attaque aux feuilles et aux tiges.

Voir « La lutte contre les parasites », page 70.

Le puceron des racines

Il suce la sève au niveau du collet ; la plante jaunit et finit par disparaître.

Tenir le sol humide. Dès que l'insecte apparaît, bien dégager la terre autour des pieds atteints et pulvériser une solution d'insecticide végétal.

Récolter et conserver

Récolter les fruits selon les besoins. Cueillir ceux qui sont suffisamment développés, mais avant qu'ils ne jaunissent. Ils peuvent se conserver plusieurs jours au frais, cependant il est préférable de les consommer rapidement après la cueillette.

On peut traiter les concombres par lactofermentation, une façon très ancienne de conserver certains légumes, ou les faire mariner.

Les variétés à confire (cornichons) se cueillent jeunes. Les brosser, les faire dégorger dans du gros sel pendant une vingtaine d'heures, puis les essuyer.

Les placer dans des bocaux et les recouvrir de vinaigre.

Dans chaque bocal, introduire selon son goût : des petits oignons blancs, 2 ou 3 gousses d'ail, 1 branche d'estragon, des grains de poivre, des clous de girofle, un peu de thym, 1 feuille de laurier. Ajouter 1 ou 2 piments forts pour une recette plus épicée.

Certaines personnes versent le vinaigre bouillant sur les cornichons et recommencent deux fois cette opération à quelques jours d'intervalle.

En cuisine

- **Le concombre** cru se consomme en salade (seul ou associé à d'autres crudités).
- Cuit, il se prépare au jus, au gratin, à la sauce blanche, à la sauce poulette, à la maître d'hôtel, farci, en potage…
- **Le cornichon** confit accompagne les viandes froides, les plats de charcuterie, les sauces piquantes, le pot-au-feu…
- Il s'utilise comme un concombre si on laisse grossir les fruits, mais sa saveur est alors plus amère et différente.

Cornichon 'Fin de Meaux'.

Les variétés

- **Les concombres :**
'Vert long Rollison's Telegraph', 'Long anglais', 'Vert long maraîcher', 'Vert long de Chine', 'Marketer', 'White Wonder', 'Blanc long', 'de Russie' (petits fruits ovales), 'Pomme' (à fruits ronds blanchâtres) 'Samarcande'.
- **Les cornichons :**
'Amélioré de Bourbonne', 'Fin de Meaux', 'Vert petit de Paris', 'de Massy'…
Il existe de nombreuses variétés d'hybrides.

Faire ses graines

Choisir des sujets vigoureux, représentant bien la variété (un ou deux fruits suffisent). Il est plus sûr d'opérer par fécondation artificielle (voir encadré), sinon ne cultiver qu'une seule variété et par précaution vérifier qu'il n'en existe aucune autre dans les environs. Cueillir les fruits à maturité, généralement en septembre. En extraire les graines, les laver et les faire sécher quelques jours à l'ombre. Les conserver en sachets ou dans une boîte hermétique.

- **Durée germinative : de 8 à 10 ans.**
- **Nombre de graines au gramme : de 30 à 40.**
- **Levée : 8 jours environ.**

Concombre des Antilles

Plante potagère dont les tiges rampantes très ramifiées sont parfois longues de près de 2 m. Les feuilles palmées et rudes ont 3 lobes arrondis. Les fruits sont nombreux, hérissés mais non piquants ; ils ressemblent à une bogue de marron d'Inde, de couleur vert blanchâtre, de la grosseur d'un petit œuf de poule. Le pédoncule est très long. Les fleurs sont monoïques, de couleur jaune.

Carte d'identité

Nom botanique : (1) et (2) *Cucumis anguria* Linné.

Famille : Cucurbitacées.

Cycle : plante annuelle.

Synonymes latins : *C. echinatus* Moench et Meth ; *C. parviflorus* Salisbury ; *C. anguroides* Roemer.

Synonymes français : angourie des Antilles, concombre angourie, concombre cornichon, concombre à épines, concombre épineux d'Amérique, concombre marron, concombre sauvage, petit concombre, ti concombre ou massicis.

Origine : Amérique tropicale, sans doute Brésil.

Noms étrangers :
Anglais : west india gherkin, prickly fruited gherkin.
Allemand : amerikanische Gurke, West-Indische Gurke, Traubengurke.
Espagnol : cohombro pepinito espinoso, pepino de sabana.
Italien : anguria delle Antille.
Néerlandais : slangkomkommer.

Un peu d'histoire

Ce concombre pousse à l'état naturel aux Antilles et dans l'est de l'Amérique du Sud.

Propriétés

Elles sont identiques à celles du concombre (voir page 187).

Culture

Les graines se sèment en godets, sous châssis ou en serre, vers la mi-avril. Placer 2 ou 3 graines par godet, à 1 cm de profondeur au maximum.

Dès que les plants ont 3 ou 4 feuilles, éclaircir pour ne garder que les plus beaux sujets.

Attendre la mi-mai pour mettre en place, c'est-à-dire que les gelées ne soient plus à craindre et que la température soit douce. Planter alors les jeunes plants dans des poquets préparés au préalable avec du compost ; les espacer de 1,50 m à 2 m en tous sens.

Semer de préférence en lune croissante

Les bons mariages

Le concombre des Antilles ne supporte ni la pomme de terre ni la tomate. Il cohabite favorablement avec la sauge, l'origan, l'aneth, le radis et le haricot nain.

Rotation des cultures

Plante peu épuisante, bien qu'appréciant les terres riches en humus actif. Ce concombre entre dans la catégorie des légumes-fruits. Attendre de préférence 3 ou 4 ans avant de le faire revenir au même endroit.

Fertilisation

Fertilisation normale à la fin de l'automne ou au début du printemps.

Note du jardinier

En cas de pluies discontinues pendant plusieurs jours, couvrir la planche d'un tunnel plastique : en effet, ce concombre n'apprécie pas les périodes de pluie prolongées.

Fiche de culture

Climat	Exposition	Sol	Semis	Floraison	Récolte
Chaud, tempéré	Chaude et ensoleillée	Riche en humus, aéré, gardant la fraicheur	En godets à la mi-avril	De juin à septembre	5 mois après le semis, selon la température

Le fruit du concombre des Antilles se récolte à demi-maturité.

Les variétés

Pas d'autre variété que le type botanique.

Apporter à chaque poquet une certaine quantité de compost. Les fertilisations foliaires à base de poudre de lithothamne sont toujours bénéfiques.

Entretien

Procéder à des binages et des sarclages. Arroser en cas de sécheresse. Pour éviter de mouiller les feuilles et les fruits, faire une cuvette autour du pied et arroser au goulot.

Le paillage du sol avec du compost ou de la paille est recommandé. En cas de pluies prolongées, couvrir la plante d'un tunnel plastique.

Maladies et parasites

Les mollusques

Limaces, escargots, loches… s'attaquent aux jeunes plants.

Voir « La lutte contre les parasites », pages 69-70.

Récolter et conserver

On récolte les fruits selon les besoins. Les consommer rapidement.

Faire ses graines

Choisir quelques pieds bien vigoureux. Laisser mûrir plusieurs beaux fruits (les premiers de préférence) et les cueillir à maturité. Les ouvrir pour en retirer les graines. Laver celles-ci et les faire sécher à l'ombre. Ensacher les graines et conserver à l'abri de l'humidité. Attention : le concombre des Antilles (*Cucumis anguria*) ne se croise pas avec le concombre courant (*C. sativus*).

- **Durée germinative : 6 ans.**
- **Nombre de graines au gramme : environ 130.**
- **Levée : en quelques jours ; le plus souvent, en une semaine.**

En cuisine

- Le concombre des Antilles se consomme à demi-maturité, cru ou cuit. Cru, il se prépare de la même façon que les concombres courants (à la vinaigrette, coupé en fines lamelles).
- Coupé en quatre et cuit à l'eau, il s'accommode à la vinaigrette avec du piment, du persil, de l'estragon… Il se prépare aussi au jus de viande ou avec du poisson (principalement de la morue).
- Il s'associe très bien à la tomate (faire cuire les quartiers dans une poêle en y ajoutant beurre ou huile, tomates, oignons, ail, bouquet garni). Les fruits cueillis avant leur entier développement peuvent se confire dans du vinaigre.
- Le goût du concombre des Antilles est proche de celui du concombre courant, mais plus doux et sans amertume.

Concombre végétal

Plante potagère grimpante, jusqu'à 2 m et plus. Elle possède des vrilles assez longues qui se scindent en deux branches. Ses feuilles en forme de cœur sont divisées en 3 à 5 lobes arrondis ; elles sont pétiolées et disposées isolement. Ses fleurs mâles et femelles poussent sur le même pied et sont de couleur blanche, découpées de fines lanières. Les fleurs mâles sont groupées en grappes tandis que les fleurs femelles sont isolées. Ses fruits cylindriques mesurent entre 50 cm et 1 m de longueur, et 4 à 5 cm de diamètre ; droits ou courbés ils ont l'apparence d'un serpent.

Carte d'identité

Nom botanique : (1) et (2) *Trichosanthes anguina* Linné.

Famille : Cucurbitacées.

Cycle : plante annuelle.

Synonymes latins : *Cucumis anguinus* Linné, *Cucurbita sinensis* Till, *Involucraria anguina* Roemer, *Petola anguina* Rumph, *Trichosanthes colubrina* Jack, *Trichosanthes turolata* Hamilton.

Synonymes français : angourie à longs fruits, courge serpent, concombre serpent, serpent végétal, patole, trichosanthe couleuvre.

Origine : Asie, probablement de l'Inde.

Noms étrangers :
Anglais : Serpent gourd, Serpent cucumber, Snake cucumber, Snake gourd.
Allemand : Schlangengurke.
Espagnol : Pepino serpentas, pepino serpentoso.
Italien : Anguria, cocomero torto.
Néerlandais : Slangen meloen.

Un peu d'histoire

Cette plante était déjà cultivée dans de nombreux jardins botaniques au XVIIIe siècle, à l'époque de Charles Linné.

Culture

Les graines se sèment au mois de mars en godets (remplis de terre, terreau, tourbe et compost) dans un endroit chaud (20 à 30 °C) et lumineux. Ne conserver qu'un seul plant par godet. Après les gelées, généralement vers la mi-mai, mettre en place les plants avec leur motte, tous les 80 cm, sur des rangs espacés de 1,50 m.

Tuteurer chaque pied à l'aide d'une rame de 2 m environ. Cette plante est surtout cultivée dans les régions chaudes de la France. En région parisienne elle peut pousser sous abri (pergola, serre…).

Notes du jardinier

- Cette plante assez curieuse est surtout cultivée par des collectionneurs avides de nouvelles saveurs et de plantes alimentaires rares. Certaines années, selon les températures, les fruits ont beaucoup de mal à se développer.
- Ses graines sont grisâtres avec des reflets argentés ; dures, au bord dentelé, elles ressemblent un peu à celles des gourdes (*Lagenaria*) et surtout des margoses (*Momordica carantia*).

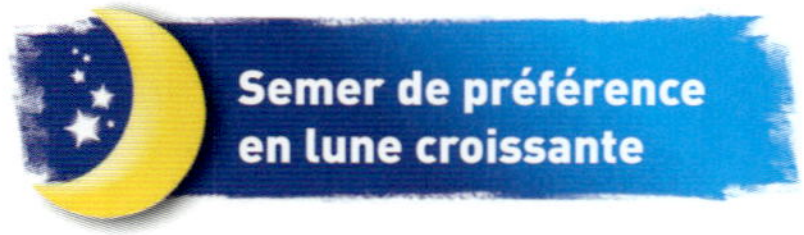

Les bons mariages

Éviter de cultiver à son voisinage des pommes de terre ou des tomates. Le concombre végétal accepte toutes les autres plantes potagères.

Rotation des cultures

Attendre 3 ou 4 années avant de le cultiver au même endroit.

Fertilisation

Le concombre végétal a surtout besoin de matières organiques bien décomposées à chaque pied. Lors du travail de la terre, amender et apporter des fertilisants naturels.

Les fertilisations foliaires sont conseillées.

Fiche de culture

Climat	Exposition	Sol	Semis	Floraison	Récolte
Chaud	Ensoleillée	Frais et humifère	En godet en mars	Juin-juillet	Environ 3 à 3 mois et demi après le semis

Le fruit du concombre végétal a la forme d'un serpent.

Les variétés

Il n'existe que le type botanique, avec quelques variantes.

Entretien

Les binages et les sarclages sont nécessaires. Les arrosages sont indispensables en serre ; selon les besoins dans les autres situations.

Maladies et parasites

Cette plante ne semble avoir ni maladie, ni parasite ; son seul ennemi est le climat quand il se fait rigoureux.

Récolter et conserver

Il faut récolter les fruits avant leur complète maturité, lorsqu'ils ont environ 30 à 40 cm de longueur, et selon les besoins. Les consommer rapidement : ils ne se conservent que quelques jours au frais (dans une cave par exemple).

Faire ses graines

Récolter quelques fruits à complète maturité. Récupérer les graines, les laver, les sécher et les conserver en sachets à l'abri de la lumière du jour et de l'humidité, au sec et au frais.

- **Durée germinative : inconnue.**
- **Nombre de graines au gramme : inconnu.**
- **Levée : 8 à 10 jours.**

En cuisine

Les fruits non pelés, coupés en dés assez fins, bouillis, assaisonnés aux fines herbes, au beurre, peuvent accompagner divers plats de viandes. Ils peuvent être accommodés également en ragoût, au jus… Leur saveur rappelle celle du haricot vert.

Coqueret du Pérou

Plante potagère, dressée et ramifiée, qui atteint jusqu'à 1 m de hauteur. Ses feuilles entières, en forme de cœur, sont légèrement duveteuses. Ses fleurs sont hermaphrodites, de couleur jaune avec au centre une tache brune ; solitaires, elles se développent à l'aisselle des feuilles. Le coqueret du Pérou est cultivé pour ses fruits (baies).

CARTE D'IDENTITÉ

Nom botanique : (1) et (2) *Physalis peruviana* Linné.

Famille : Solanacées.

Cycle : plante annuelle, vivace sous les climats tropicaux.

Synonymes latins : *Physalis esculenta*, Salisbury ; *P. tomentosa* medikus.

Synonymes français : alkékenge du Pérou, alkékenge jaune doux, coqueret comestible, groseille du Cap.

Origine : Amérique du Sud, sûrement du Pérou.

Noms étrangers :
Anglais : cape goosberry, barbadoes goosberry, ground cherry.
Allemand : capische Stachelberre.
Espagnol : alquequenje amarillo.
Italien : alchechengi giallo, erba rara, agro dolce.
Néerlandais : ananaskers.

UN PEU D'HISTOIRE

Après sa découverte, au XVIe siècle, le coqueret du Pérou a été introduit dans toutes les régions tropicales du monde.

Propriétés

Antigoutteux, antirhumatismal, dépuratif, diurétique, émollient, fébrifuge, laxatif, rafraîchissant, sédatif, le coqueret du Pérou contient des vitamines (A, B, C, D, K).

Culture

Les graines se sèment du début du mois de mars jusqu'à la fin avril. Déposer 4 ou 5 graines par godet (ou en caissette) sur couche chaude ou en serre chauffée de 18 à 20 °C. Lorsque les plants possèdent quelques feuilles, éclaircir pour n'en conserver qu'un seul par pot.

On peut aussi les repiquer 1 mois après les semis, toujours à l'abri (serre ou châssis). Les espacer alors de 10 cm en tous sens.

Mettre en place après le 15 mai en espaçant les plants de 40 cm en tous sens. Maintenir une protection jusqu'à la disparition des nuits fraîches ; aérer dans la journée.

Notes du jardinier

- Les baies du coqueret du Pérou ressemblent à une petite vessie de couleur jaune orangé entourée d'un calice membraneux jaune pâle ; elles se dessèchent à maturité.
- Le froid semble être son plus grand ennemi.

Semer de préférence en lune croissante

Les bons mariages

Le coqueret du Pérou s'accorde avec toutes les autres plantes.

Les variétés

Il existe d'autres espèces de physalis : le physalis vivace (*P. alkekengi*) connu sous le nom « d'amour en cage », le coqueret nain (*P. pruinosa*) aux fruits plus savoureux. Le tomatillo du Mexique (*P. ixocarpa*), aux gros fruits, est surtout destiné aux sauces.

FICHE DE CULTURE

Climat	Exposition	Sol	Semis	Floraison	Récolte
Chaud ; craint le froid	Chaude et ensoleillée	Tous sols fertiles, frais avec un pH le plus neutre possible ou légèrement acide	Mars à fin avril	De juillet à septembre	5 à 6 mois après les semis

Physalis peruviana appelé également groseille du Cap.

Faire ses graines

Sur des pieds vigoureux, choisir des fruits bien mûrs : ils doivent être de couleur orange. Retirer les graines, puis les laver et les faire sécher à l'ombre. Les ensacher.

- **Durée germinative : de 8 à 10 ans.**
- **Nombre de graines au gramme : environ 1 000.**
- **Levée : une dizaine de jours.**

Rotation des cultures

Cette plante entre dans la catégorie des légumes-fruits. Attendre 4 ans au minimum avant de la faire revenir au même endroit.

Fertilisation

Fertilisation normale à la fin de l'automne avec du compost et des engrais naturels.

Les fertilisations foliaires ne sont pas indispensables.

Entretien

Effectuer des binages et des sarclages. Arroser si nécessaire. Le tuteurage est conseillé (comme pour les tomates).

Taille

Pincer la tige principale lorsque la plante atteint environ 30 cm de hauteur.

Maladies et parasites

Les mollusques s'attaquent parfois aux jeunes plants.

Voir « La lutte contre les parasites », pages 69-70.

Cette plante peut aussi subir les mêmes maladies ou parasites que ceux de la tomate dont les aleurodes.

Voir « La lutte contre les parasites », page 67.

Récolter et conserver

La récolte se fait du mois d'août au mois d'octobre. Cueillir les fruits bien mûrs, lorsqu'ils prennent une couleur orange et que leur calice se dessèche.

Les consommer de préférence rapidement, bien qu'ils se conservent plusieurs jours. Les fruits sont sensibles aux gelées.

En cuisine

Les baies ont une saveur agréable rappelant la groseille à maquereaux. Elles se mangent crues et fraîches ; nature, dans une salade de fruits, enrobées de caramel ou de chocolat. Cuites, elles servent à la préparation de tartes, de confitures, de sauces...

Coriandre

Plante condimentaire et médicinale herbacée, atteignant de 30 à 80 cm de hauteur. Les tiges sont cylindriques, droites, ramifiées vers le haut. Les feuilles sont composées ; celles du sommet sont finement divisées, tandis que les feuilles inférieures le sont beaucoup moins. Ses fruits (akènes) sont groupés par deux ; quand ils sont mûrs, ils sont très aromatiques et prennent une couleur brun clair.
Les fleurs sont hermaphrodites, de couleur blanche, rose ou rougeâtre, en ombelles. La plante exhale une odeur désagréable de punaise. Elle est cultivée, non seulement pour ses graines, mais aussi pour ses feuilles.

Carte d'identité

Nom botanique : (1) et (2) *Coriandrum sativum* Linné.

Famille : Apiacées (Ombellifères).

Cycle : plante annuelle ou bisannuelle, selon sa culture.

Synonymes latins : *C. diversifolium* Gilibert ; *C. majus* Gouan ; *C. globosum* Salisbury ; *Selinum coriandrum* E.H.L. Krause.

Synonymes français : anis pûdent, loriante, persil arabe, persil chinois, punaise mâle...

Origine : Europe méridionale, Asie occidentale ou du Proche-Orient.

Noms étrangers :
Anglais : coriander.
Allemand : Schwindelkömer, Klanner, Koriander.
Espagnol : culantro, cilantro, coriandro.
Italien : coriandorlo.
Néerlandais : koriander.

Un peu d'histoire

C'est l'une des plus anciennes épices. Connue dans l'Antiquité, les Grecs et les Égyptiens l'utilisaient, et elle semblait nécessaire dans la cuisine des Romains. Ce sont eux qui l'introduisirent en Europe du Nord.

Propriétés

Antiseptique, aphrodisiaque, carminative, digestive, stimulante, stomachique, tonique..., la coriandre contient une huile essentielle ; ses feuilles sont riches en vitamine A. Les graines entrent dans la composition de l'eau de toilette des Carmes et de l'eau de mélisse.

Culture

Les graines se sèment en avril-mai ou en septembre en les recouvrant de 1 cm de terre fine. Les rayons doivent être distants de 30 ou 40 cm.

Lorsque les plants ont 4 ou 5 feuilles, éclaircir pour ne conserver qu'un seul sujet tous les 15 ou 20 cm. Maintenir le sol humide jusqu'à la levée.

Les plantes issues d'un semis de septembre sont plus hautes (de 70 à 80 cm) et fleurissent un peu plus tôt.

Semer de préférence en lune croissante

Rotation des cultures

La coriandre entre dans la catégorie des plantes herbacées ou à fruits.

Attendre 3 ou 4 ans avant de la faire revenir au même endroit.

Fertilisation

Fertilisation normale à la fin de l'automne ou au début du printemps avec un engrais naturel et du compost.

Avant la floraison, quelques fertilisations foliaires à base de poudre de lithothamne sont toujours bénéfiques.

Entretien

Procéder à des binages et des sarclages. Arroser par temps sec.

Fiche de culture

Climat	Exposition	Sol	Semis	Floraison	Récolte
Tempéré ou chaud	Chaude, ensoleillée et abritée	Léger, chaud, bien drainé, riche en humus	En avril-mai ou en septembre	De juin à août	De juillet à septembre

Maladies et parasites

Cette plante ne rencontre que rarement des problèmes. Exceptionnellement, elle est attaquée par le puceron (voir « La lutte contre les parasites », page 70).

Récolter et conserver

Procéder comme indiqué dans « Faire ses graines ». Conserver les graines dans des boîtes opaques et hermétiques, sinon elles perdent leur arôme. Ne pas les stocker trop longtemps ; il est préférable de renouveler la récolte tous les ans.

En revanche, on ramasse les feuilles fraîches au fur et à mesure des besoins.

En cuisine

- Les graines séchées aromatisent les gibiers, les ragoûts, les courts-bouillons, les farces, les marinades, la choucroute, les poissons frits, les viandes (dont le poulet), divers légumes (riz, pommes de terre...), les potages épicés. Elles sont très utilisées en pâtisserie et en charcuterie.
- On les emploie aussi dans diverses liqueurs et en infusion.
- La graine de la coriandre a une saveur épicée, brûlante, mais agréable.
- Malgré leur odeur déplaisante, les feuilles fraîches parfument certains plats, les crudités, les salades, les omelettes... Les graines s'ajoutent en début de cuisson et les feuilles après.

Les variétés

Pas d'autre variété que le type botanique.

Notes du jardinier

- Les tiges assez délicates de la coriandre n'apprécient pas le vent. Prévoir de chaque côté de la plante un grillage ou tout autre moyen pour maintenir les tiges droites.
- Cette plante est particulièrement précieuse pour l'industrie pharmaceutique.

Faire ses graines

Récolter du mois de juillet jusqu'au mois de septembre en cueillant les ombelles lorsqu'elles arrivent à maturité. Il est conseillé de les couper à la rosée du matin pour éviter une perte de graines. Les faire sécher au soleil ou dans un endroit sec et aéré. Les battre, puis ensacher les graines.

- Durée germinative : 5 ou 6 ans.
- Nombre de graines au gramme : 90.
- Levée : 2 ou 3 semaines.

Graines de coriandre à maturité.

Courge, courgette, citrouille, pâtisson

Plantes potagères herbacées, rampantes, souvent coureuses dont les fruits ont des formes, des tailles et des couleurs différentes. On les reconnaît par leurs tiges rudes et anguleuses munies de vrilles fendues. Les feuilles sont divisées en lobes très accentués ; les bords sont découpés. Les fleurs sont monoïques, jaunes, grandes, solitaires ; leur calice est long, campanulé ; les pièces sont soudées. Le pédoncule des fruits est dur, long, anguleux à 5 côtes. Les graines sont ovales, d'un beige pâle bordé d'un liseré à peine plus clair.

Carte d'identité

Nom botanique : (1) et (2) *Cucurbita pepo* Linné.

Famille : Cucurbitacées.

Cycle : plante annuelle.

Synonymes latins :
Cucurbita melopepo Linné ;
C. fastuosa Salisbury ;
C. subverrucosa Willdenow ;
C. venosa Descourt.

Origine : Mexique.

Noms étrangers :
Anglais : pumpkin.
Allemand : Gartenkürbis.
Espagnol : calabaza común, calabaza de San Juan, calabacin (courgette).
Italien : zucca, zucchetta (courgette).
Néerlandais : pompoen, kalebas, sierpompoen.

Un peu d'histoire

Les courges sont cultivées depuis bien avant notre ère. Déjà, les civilisations précolombiennes travaillaient à leur amélioration. Elles furent introduites en Europe au début du XVIe siècle.

Propriétés

Dépuratives, diurétiques, émollientes, laxatives, nutritives, rafraîchissantes, pectorales, sédatives et vermifuges (graines), les courges contiennent des vitamines (A, B, C, E), des oligo-éléments et des sels minéraux (bore, calcium, chlore, chrome, cobalt, cuivre, fer, iode, magnésium, manganèse, molybdène, phosphore, potassium, sodium, zinc...).

Culture

Sous abri

Les graines se sèment en avril en serre, sous châssis ou dans un endroit éclairé dont la température est d'au moins 12 °C. Déposer 2 graines par godet. Lorsque les plants ont 4 ou 5 feuilles, éclaircir pour ne conserver que le plus beau sujet. Mettre en place avec la motte quand les gelées ne sont plus à craindre (généralement après le 15 mai).

En place

On peut semer en place, en avril dans le Midi, en mai ou à partir de la mi-mai dans les autres régions. Préparer des poquets avec du compost ; y déposer 2 ou 3 graines, à 1 ou 2 cm de profondeur. Les recouvrir si possible avec du terreau. Tenir le sol frais jusqu'à la levée. Éclaircir pour ne garder qu'un seul plant par poquet.

Pour semer tôt en place, tout en favorisant la levée et en protégeant les plants des limaces, fabriquer pour chaque poquet un mini-châssis : assembler 4 planches de 20 cm de hauteur et former un carré d'environ 30 cm de côté. Recouvrir d'un plastique à bulles. Lors du semis, poser ce mini-châssis sur le poquet et le retirer avant que les plants ne touchent le plastique.

Les distances de plantation sont : 1 m en tous sens pour les variétés non coureuses ; de 1,20 m à 1,50 m sur les rangs, ceux-ci étant espacés de 2 m environ, pour les variétés coureuses.

Fiche de culture

Climat	Exposition	Sol	Semis	Floraison	Récolte
Tempéré et chaud	Ensoleillée	Léger, frais, meuble, riche en humus	Avril sous châssis ou en serre	Du mois de mai jusqu'au mois d'octobre	2 mois après le semis (courges à courgettes), ou après 3 à 4 mois (courges à conserver)

Semer de préférence en lune croissante

Les bons mariages

Les courges s'associent avec le chou d'été, le haricot à rames, le maïs sucré. En revanche, il faut proscrire la présence de la pomme de terre dans les abords immédiats.

Rotation des cultures

Peu épuisantes, les courges entrent dans la catégorie des plantes potagères herbacées. Attendre 2 ou 3 ans avant de les faire revenir au même endroit.

Fertilisation

N'apporter que peu d'engrais azoté lors de la plantation. Attention, les courges demandent beaucoup de compost : préparer (8 à 15 jours avant le semis ou la plantation) les trous qui recevront les graines ou les plants. Ils devront être assez grands pour contenir chacun 2 bonnes fourchées de compost. Tasser et recouvrir avec la terre retirée. Les doses d'engrais de fond sont normales comme pour toutes les plantes potagères.

Effectuer des fertilisations foliaires à base de lithothamne à raison d'un poudrage toutes les 3 semaines.

Fleur femelle de la courge.

Fleur mâle de la courge.

Note du jardinier

Plus la levée des graines est rapide, plus les plantes sont vigoureuses ; certains fruits changent de couleur en cours de conservation.

Les variétés

- **Courgettes :**
'Verte non coureuse des maraîchers', 'Black Beauty', 'Grise maraîchère hâtive', 'À la moelle', 'Cou tors', 'Blanche non coureuse', 'Ronde de Nice', 'Verte non coureuse d'Italie', 'Verte petite d'Alger'...
- **Courges d'hiver :**
'Spaghetti végétal' (produisant des filaments lors de la cuisson), 'Lady Godiva', 'Reine de la table' ('Table Queen'), 'Sucrière', 'Connecticut Field', 'Ebony Acorn', 'Jersey Golden Acorn', 'Sweet Dumpling', 'Table Gold', 'Baby Boo', 'Jack Be Little', 'Jack O'Lantern', 'Melonnette Jaspée de Vendée', 'Délicata' ainsi que les pâtissons ('Blanc', 'Orange', 'Panaché', 'Vert pâle de Bennings') et la 'Citrouille de Touraine'...

Certaines variétés de courges (*Cucurbita pepo*) sont surtout des plantes ornementales appelées à tort coloquintes.

Courge 'Delicata'.

Courge 'Jack Be Little'.

Courge 'Melonette Jaspée de Vendée'.

Courge 'Table Gold'.

Entretien

Procéder à des binages et des sarclages. Arroser si nécessaire. Le paillage avec du compost est conseillé à partir du mois de juin, c'est-à-dire dès que le sol est assez réchauffé et avant que les plantes ne soient trop développées.

Concernant les variétés coureuses, si possible butter la tige rampante le plus près possible des fruits sur une dizaine de centimètres. Cette tige va s'enraciner et favoriser ainsi le développement du fruit.

Taille

Cette taille ne concerne que les courges coureuses.

Quand les plants ont 4 ou 5 feuilles (ne pas compter les cotylédons), pincer au-dessus de la deuxième feuille. Les tailles suivantes se limiteront à un pincement de la tige à 2 feuilles au-dessus de chaque fruit et à supprimer les jeunes pousses.

Les fruits seront plus gros s'il n'en reste que 2 ou 3 par pied ; ils seront moyens, voire petits, sur une plante comptant 5 ou 6 fruits.

Maladies et parasites

L'anthracnose

Les feuilles des jeunes plants portent des taches grises, puis brunes, entourées de jaune ; les feuilles atteintes périssent. Cette maladie est souvent due à un manque d'aération sous châssis.

En prévention, saupoudrages foliaires à base de lithothamne. Arracher et détruire les plants atteints.

L'oïdium

Des taches poudreuses blanches envahissent les faces des feuilles qui finissent par prendre une couleur brune et tombent.

Les poudrages foliaires réguliers à base de lithothamne évitent souvent l'apparition de la maladie. Si malgré tout elle se manifeste, saupoudrer sur la végétation humide (à la rosée) un mélange constitué de 50 % de lithothamne et 50 % de fleur de soufre. Supprimer les feuilles atteintes et les brûler.

La grise des cucurbitacées

C'est un parasite qui suce le dessous des feuilles. Dès son apparition, pulvériser un insecticide végétal sous les feuilles, du purin d'ortie ou bien une solution nicotinée. Il survient assez rarement sur une culture en plein air.

Les mollusques

Ils dévorent les feuilles tendres des jeunes plants.

Voir « La lutte contre les parasites », pages 69-70.

Le puceron noir

Il s'attaque aux feuilles dont il suce la sève.

'Citrouille de Touraine'.

Voir « La lutte contre les parasites », page 70.

Le puceron des racines

Cet hémiptère suce la sève au niveau du collet.

Dès l'apparition des pucerons, bien dégager la terre autour du collet et pulvériser un insecticide végétal additionné de purin d'ortie.

Récolter et conserver

Les courgettes se récoltent au fur et à mesure de leur développement et des besoins. Elles se conservent éventuellement quelques jours au frais.

Les courges d'hiver se récoltent mûres vers la fin octobre (avant les gelées). Elles se conservent en clayettes (éviter que les fruits se touchent), en cave non humide, sur de la paille… Elles peuvent décorer agréablement les meubles d'une salle de séjour (les surveiller de temps en temps et enlever celles qui se détériorent).

Farandole de courgettes.

En maintenant une température idéale de 20 °C, elles se conservent aisément de 4 à 7 mois, parfois plus !

Sur les courges d'hiver, à demi-maturité, on peut écrire ou dessiner à l'aide de la pointe d'un couteau ; la plaie se cicatrise rapidement et l'empreinte du graphisme apparaît.

Cueillir les fruits avec leur pédoncule. Si celui-ci se casse au ras du fruit, poudrer immédiatement à l'endroit de la rupture avec du lithothamne.

Faire ses graines

Sélectionner des pieds très vigoureux. Les variétés s'hybrident entre elles avec une grande facilité : l'hybridation artificielle est donc conseillée (voir encadré, page 188). Récolter les graines sur les fruits bien mûrs. Les laver et les faire sécher à l'ombre. Les ensacher.

- **Durée germinative : de 6 à 8 ans.**
- **Nombre de graines au gramme : 3 à 10.**
- **Levée : 8 jours environ (plus ou moins selon la température).**

En cuisine

- **La courgette** se consomme généralement assez jeune ou à demi-maturité. On la cuit à la provençale, sautée, farcie, à la niçoise, frite, à la béchamel, à l'oignon, au gratin... Elle accompagne les potages et divers plats, dont la ratatouille.
- **Certaines variétés de courgette** se consomment crues à la vinaigrette (juste lavées et coupées en fines rondelles avant d'être assaisonnées). Il faut les cueillir jeunes (l'ongle doit pénétrer facilement dans la peau).
- **La courge** s'utilise à maturité. Elle se mange en soufflé, en beignets, en soupe, farcie, au gratin, sautée, en purée, frite, à l'étouffée, en marmelade, en confiture... Les fleurs des courges mâles sont délicieuses en beignets, en omelette ou farcies.
- **Le pâtisson**, jeune, se prépare à la vinaigrette ou farci ; petit, il se confit dans le vinaigre.
- **La courge 'Spaghetti végétal'** se cuit en entier pendant 20 à 30 minutes dans de l'eau bouillante. La laisser refroidir avant de l'ouvrir en deux. Retirer les graines puis les filaments, qui se consomment en gratin, à la sauce tomate, en velouté, en salade glacée...
- Quant à **la citrouille**, elle est plutôt cultivée pour les animaux.

Patisson 'Orange'.

Carte d'identité

Nom botanique : (1) et (2) *Cucurbita maxima* Duchesne.

Famille : Cucurbitacées.

Cycle : plante annuelle.

Synonymes français : grosse courge.

Origine : Amérique du Sud (Bolivie, Chili, Argentine).

Noms étrangers :
Anglais : winter squash (courge d'hiver), squash (pour les États-Unis), giant pumpkin.
Allemand : Melonen-Kürbiss, Centner-Kürbiss, Riesenkürbiss, Zentnerkürbiss.
Espagnol : calabaza tonanera, calabaza amarilla, calabaza redonda, calabaza de cidra.
Italien : zucca.
Néerlandais : pompoen, reuzenkalebas.

Courge, potiron, giraumon

Plantes potagères herbacées et coureuses. On reconnaît cette espèce aux tiges rudes, couvertes de poils souples, munies de vrilles. Les feuilles entières sont grandes, en forme de cœur, rigides, découpées en 5 lobes arrondis. Les fleurs jaunes sont solitaires, monoïques ; le calice de la fleur femelle est soudé et rétréci vers le haut. La forme des fruits varie ; ils sont de couleur blanche, crème, jaune, verte, vert-bleu, orange... La plupart d'entre eux prennent leur couleur définitive dès le début de leur formation. Le pédoncule des fruits est cylindrique, spongieux, beaucoup plus gros que la tige. Les graines sont lisses de couleur blanche ou jaunâtre, certaines sont brunâtres à roux.

Les variétés

- **Potirons :**
'Potiron d'Alençon', 'Rouge vif d'Étampes', 'Jaune gros de Paris', 'Flatt White Bœr', 'Tetsu kabuto', 'Doux d'Hokkaïdo' ou potimarron (il existe plusieurs cultivars de potimarrons).
- **Courges :**
'Pink Jumbo Banana', 'Galeux d'Eysines', 'Hubbard verte', 'Hubbard bleue', 'Hubbard dorée', 'Buttercup', 'Red Kuri', 'Gold Nugget', 'Marina de Chioggia' (genre de giraumon brodé, vert foncé), 'Olive' (excellente variété ancienne).
- **Giraumons :**
'Giraumon turban', 'Turban petit de Chine', 'Mini turban rouge'.

Les propriétés, la culture, les bons mariages, les facteurs lunaires, la rotation des cultures, la fertilisation, l'entretien, la récolte et la conservation : se reporter au courges (*Cucurbita pepo*), pages 198 à 201.

En cuisine

- Les fruits se consomment cuits (en beignets, en soufflé, en purée, en potage, au gratin, farcis, sautés, frits, à l'étouffée, en confiture...).
- Les fruits du **potimarron** se préparent aussi en gâteau, en tourte, en glace, ou se râpent crus comme les carottes.

Fiche de culture

Climat	Exposition	Sol	Semis	Floraison	Récolte
Tempéré et chaud	Ensoleillée	Léger, frais, meuble, riche en humus	En avril sous châssis ou en terre	De mai à octobre	3 à 6 mois après le semis

Courge éponge cylindrique

Plante grimpante potagère et utilitaire. Ses tiges ont une longueur de plusieurs mètres. Ses feuilles en forme de rein ont 5 lobes profonds. Les fleurs sont odorantes, monoïques, de couleur jaune. Ses fruits ont une forme cylindrique ; ils sont verts, longs de 25 à 40 cm pour un diamètre de 8 à 12 cm ; lisses ou légèrement côtelés, ils sont plus gros vers l'extrémité.

CARTE D'IDENTITÉ

Nom botanique : (1) et (2) *Luffa cylindrica* Roemer J. J.

Famille : Cucurbitacées.

Cycle : plante annuelle.

Synonymes latins : *Luffa agyptiaca* Miller Gardner ; *Luffa petola* Seringe ; *L. clavata* Roxburch ; *Turia cylindra* Gmelin ; *Momordica Luffa* Linné...

Synonymes français : courge torchon, éponge végétale, pétole.

Origine : Asie tropicale (Inde), possible des régions tropicales d'Afrique et d'Australie.

Noms étrangers :
Anglais : vegetable sponge, Luffa fibre, smooth loofah, vegetable gourd.
Allemand : Luffafaser schwammgurke, luffa gurke.
Espagnol : lufa, estropajo, cogorda, esponjosa, esponja vegetal.
Italien : zucca-spugna lunga.
Néerlandais : zeef Komkommer, luffa spons.

UN PEU D'HISTOIRE

Cette espèce est la plus répandue dans les pays tropicaux. Le Brésil est l'un des plus grands producteurs de Luffa.

Propriétés

Les propriétés ne sont pas connues.

Les fruits venus à maturité ne se consommant pas, ils sont employés uniquement pour leurs fibres comme matériau : emballage (pour remplacer le polystyrène) ou isolation thermique. Ils entrent aussi dans la confection de certaines semelles de chaussures.

Dans les pays en voie de développement, ils sont utilisés comme éponge.

On les trouve en pharmacie sous le nom de luffa pour nettoyer ou frotter le dos.

Culture

Les graines se sèment en avril. En placer 2 par pot (d'un diamètre de 10 à 12 cm) dans un endroit chaud (plus de 20 °C) et clair (serre, véranda, sur couche chaude). Recouvrir les graines de 1 cm de terre. Éclaircir lorsque les plants ont 4 ou 5 feuilles pour n'en conserver qu'un seul par pot. Mettre en place les plants avec leur motte dès qu'ils sont suffisamment résistants pour supporter cette opération, généralement après la mi-mai.

Les installer dans des poquets remplis de compost : en plein air, le long d'un mur palissé et bien exposé ; sous une serre, une pergola ou une tonnelle ; le long d'un grillage. Les rayons doivent être distants de 80 cm à 1 m.

Les bons mariages

Elle accepte ses voisins tout en appréciant l'isolement. Éviter cependant le contact de la pomme de terre.

Note du jardinier

Cette plante, dont la réussite n'est pas garantie, se développe mieux si elle est cultivée sous tunnel plastique (elle rampe alors sur le sol). Enlever celui-ci aux périodes les plus chaudes et le remettre lorsque la température descend au-dessous de 12 à 15 °C ou lors de grands écarts entre le jour et la nuit.

FICHE DE CULTURE

Climat	Exposition	Sol	Semis	Floraison	Récolte
Chaud	Ensoleillée et abritée	Frais, riche en humus	Avril	De juin à septembre	2 à 3 mois après le semis ou après 6 à 7 mois (fibres)

Semer de préférence en lune croissante

Rotation des cultures

La courge éponge cylindrique fait partie des légumes-fruits. Attendre de 2 à 4 ans avant de la cultiver au même endroit et ne pas le faire derrière une autre Cucurbitacée.

Fertilisation

Fertilisation normale à la fin de l'automne ou au début du printemps avec un engrais naturel et du compost. Cette courge demande un apport important de compost à chaque poquet. Procéder à 2 ou 3 fertilisations foliaires en cours de saison.

Entretien

Les binages et les sarclages sont indispensables. Arroser si nécessaire. Le paillage est conseillé.

Maladies et parasites

Les plus grands ennemis de cette plante sont : le froid et les températures basses, les écarts importants de température et l'excès d'humidité, surtout en période de floraison.

Récolter et conserver

Les jeunes fruits destinés à la consommation se conservent 2 ou 3 jours au frais. Ceux qui sont réservés à la production de fibres se récoltent le plus tard possible (avant les gelées). Les suspendre dans un local sec, hors gel, pour faciliter leur séchage.

Faire ses graines

Il suffit de récupérer les semences dans les fruits arrivés à maturité lorsqu'ils sont secs. Faire sécher les graines avant de les ensacher.

- Durée germinative : de 5 à 7 ans.
- Nombre de graines au gramme : 8 à 12.
- Levée : entre 12 et 14 jours.

En cuisine

On ne consomme que les jeunes fruits. Ils se préparent de la même façon que les courgettes (sautés au beurre, à l'étouffée, en ragoût...).

Les variétés

Il existe plusieurs variétés locales dans les diverses régions tropicales.
Une autre espèce est très cultivée 'Papangaye' (*Luffa acutangula*) ; les fruits ont 10 côtes saillantes et longitudinales. Elle a les mêmes utilisations que la courge éponge cylindrique.

Une autre espèce très cultivée : la 'Papangaye' ou courge anguleuse.

Courge musquée

Plante potagère herbacée coureuse. Les tiges sont longues ramifiées, munies de vrilles et recouvertes de poils souples et veloutés. Les feuilles sont entières, molles, cordiformes, duveteuses, d'un vert foncé marbré de blanc. Les fleurs sont jaunes, solitaires, monoïques ; les pièces du calice sont presque divisées jusqu'aux sépales qui sont pointus. Ses fruits sont le plus souvent allongés en massue ; leur couleur diffère selon les variétés. Le pédoncule des fruits est anguleux, à 5 côtes élargies au point d'insertion sur le fruit ; il ressemble à un pied de marmite. Les graines sont pelliculeuses, d'un blanc sale à ocre-jaune pâle ; les marges sont nettement marquées et ondulées.

CARTE D'IDENTITÉ

Nom botanique : (1) et (2) *Cucurbita moschata* Duchesne.

Famille : Cucurbitacées.

Cycle : plante annuelle.

Synonyme latin : *C. macrocarpa* Gasparini.

Origine : Amérique centrale et Mexique.

Noms étrangers :
Anglais : musky gourd, musky pumpkin, cushaw (États-Unis).
Allemand : Bisamkürbis, Moschuskürbis.
Espagnol : calabaza moscada, calabaza de Chipre.
Italien : zucca.
Néerlandais : pompoen.

Pour toute information complémentaire :
se reporter aux courges (*Cucurbita pepo*), pages 198 à 201

Faire ses graines

- Nombre de graines au gramme : 7.
- Durée germinative : 6 à 10 ans.
- Levée : de 8 à 10 jours

Courge 'Musquée de Provence'.

Les variétés

'Sucrine du Berry', 'Ponca', 'Longue de Nice', 'Futsu black rinded', 'Hopi Cheese', 'Toonas makino', 'Trompe d'Albenga' (se consomme en courgette et en courge, peut atteindre 1,50 m de longueur), 'Butternut' (noix de beurre), 'Portemanteau', 'Musquée de Provence' (fruit rond, aplati et côtelé), 'Pleine de Naples'. Cette dernière variété est appelée « courge violon » dans le Midi (région de Grasse) ; à Noël, on y prépare la tarte au violon ! Les fruits de cette variété très tardive ont parfois beaucoup de mal à mûrir en région parisienne.

En cuisine

Les fruits de la courge musquée s'utilisent comme les courges (*Cucurbita pepo*).

FICHE DE CULTURE

Climat	Exposition	Sol	Semis	Floraison	Récolte
Tempéré et chaud	Ensoleillée	Léger, frais, meuble, riche en humus	Avril sous châssis ou en serre	Mai à octobre	4 à 6 mois après le semis

Courge de Siam

Plante potagère et fourragère herbacée, très coureuse, grimpante. Ses tiges minces s'enracinent aux nœuds. Elles atteignent facilement 15 mètres de longueur, tout en paraissant peu vigoureuses. Ses feuilles sont entières, assez petites, divisées en cinq lobes, d'un vert foncé marbré de taches vert-jaune. Les fleurs sont jaunes, solitaires, monoïques ; le calice est campanulé, les sépales sont courts et pointus. Le pédoncule est mince, anguleux à 6 ou 7 côtes légèrement élargies à la base du fruit. Les graines sont ovales de couleur noire.

Carte d'identité

Nom botanique : (1) et (2) *Cucurbita ficifolia* Bouché.

Famille : Cucurbitacées.

Cycle : plante annuelle, vivace dans les pays chauds.

Synonyme latin : *C. melanosperma* A. Braun.

Synonymes français : boule de Siam, chilacayote, courge à choucroute, courge à confiture de cheveux d'ange, courge à feuilles de figuier, courge à graines noires, melon de Malabar...

Origine : Mexique.

Noms étrangers :
Anglais : malabar gourd, gourd, fig-leaved.
Allemand : Feigenblatt-kürbis, Angurie der Gärtner.
Espagnol : calabaza cabellos de Angel, cidra.
Italien : zucca del Siam.
Néerlandais : pompoen.

Pour toute information complémentaire :
se reporter aux courges (*Cucurbita pepo*), pages 198 à 201

Récolte de courges de Siam.

Récolter et conserver

Récolter les fruits selon les besoins. Pour la conservation, on les cueille avant les gelées (vers la fin octobre).

Stocker les courges de Siam à l'abri des gelées et de l'humidité en évitant qu'elles se touchent (comme pour toutes les courges). Les fruits se conservent 2 ans, parfois plus.

Fiche de culture

Climat	Exposition	Sol	Semis	Floraison	Récolte
Tempéré et chaud	Ensoleillée	Léger, frais, meuble, riche en humus	Avril sous châssis ou en serre	Mai à octobre	4 à 6 mois après le semis

Les variétés

Cette courge a un développement si important qu'il faut la planter à 2 m en tous sens ; c'est l'une des courges les plus robustes.
• Il existe quelques variétés très rares dont la courge de Siam 'Albus' qui se développe difficilement sous notre climat.
• On trouve aussi une autre espèce de courge : *Cucurbita mixta* Pangalo ou *C. argyrosperma* Hort, cultivée autrefois par les Indiens Hopi et Cochiti... De culture difficile, elle demande beaucoup de chaleur pour se développer.

Faire ses graines

Choisir, sur des pieds vigoureux, les plus beaux fruits. Les cueillir bien mûrs. Enlever les graines, qui doivent être noires. Les laver, les faire sécher à l'ombre, puis les ensacher. La courge de Siam ne peut s'hybrider qu'avec la variété 'Albus'.

- Durée germinative : de 4 à 6 ans.
- Nombre de graines au gramme : 5 ou 6.
- Levée : 8 jours environ.

Semer de préférence en lune décroissante

La feuille de la courge de Siam ressemble à une feuille de figuier.

En cuisine

- Les fruits très jeunes se consomment comme les concombres ou les courgettes. Les filaments des fruits mûrs se préparent en gratin (en guise de choucroute), en beignets, en potage, à la sauce tomate et, bien entendu, en confiture (la confiture de cheveux d'ange est très réputée en Espagne).
- Préparation de base : couper les fruits en quartiers de la grosseur d'un poing. Les mettre dans une casserole d'eau bouillante après avoir enlevé les pépins. Laisser cuire 40 minutes environ ; quand les filaments se détachent facilement de la peau, retirer les morceaux de courge et les verser dans de l'eau froide. Détacher la pulpe à l'aide d'une grande cuillère. Laver les filaments dans plusieurs eaux, puis les presser dans un linge pour éliminer l'eau. La chair de cette courge originale s'accommode ensuite à volonté !
- Pour la confiture de cheveux d'ange, préparer les filaments comme indiqué ci-dessus. Confectionner un sirop de sucre (de canne, de préférence) au petit filet (800 g de sucre pour 1 kg de pulpe). Ajouter le sirop à la pulpe et un bâton de cannelle par kilogramme de pulpe. Laisser bouillir à feu doux pendant 30 à 40 minutes, en remuant le fond avec une spatule en bois. Ôter la confiture du feu quand elle a pris une bonne consistance et la parfumer avec des essences de citron, d'orange ou de vanille. Verser la confiture dans les pots et fermer immédiatement.

Crambe

Plante potagère herbacée, atteignant parfois jusqu'à 50 cm de hauteur, et principalement cultivée en Angleterre. Sa tige est ramifiée et dressée. Ses feuilles sont assez grandes, ovales, épaisses, ondulées et dentées, naissant à partir de la souche qui est vivace ; elles sont vert-bleu et longuement pétiolées. Les fleurs sont hermaphrodites, de couleur blanche ou rose, en grappes terminales.

Carte d'identité

Nom botanique : (1) et (2) *Crambe maritima* Linné.

Famille : Brassicacées (Crucifères).

Cycle : plante vivace par sa souche.

Synonymes latins : *Crucifera maritima* E.H.L. Krausse ; *Cochlearia maritima* Crantz.

Synonymes français : chou marin, chou de mer.

Origine : côtes de l'Europe occidentale.

Noms étrangers :
Anglais : sea kale.
Allemand : Seekohl, Meerkohl.
Espagnol : col marino, col maritima, col marina, crambe, soldanela maritima.
Italien : cavolo marino.
Néerlandais : zeekool, meerkool.

Un peu d'histoire

On rencontre le crambe à l'état sauvage dans les galets et le sable, le long de certaines côtes anglaises et françaises. En France, on le trouve surtout dans l'Ouest.

Propriétés

Le crambe est antiscorbutique, tonique et vermifuge.

Culture

Semer de préférence en lune décroissante

Par semis

Les graines se sèment clair de mars à la fin mai. Si le semis est effectué en pépinière, repiquer les plants en place lorsqu'ils ont 4 ou 5 feuilles. Si le semis est effectué directement en place, préparer des poquets avec du terreau. Les disposer en quinconce en les espaçant de 40 cm en tous sens et déposer 3 ou 4 graines dans chacun d'eux.

Lorsque les plants ont 3 ou 4 feuilles, éclaircir pour ne conserver qu'un seul sujet par poquet.

Recouvrir les semences de 1 cm à peine de terre bien émiettée ou de terreau et tasser. Tenir le sol suffisamment frais jusqu'à la levée.

Par bouturage de racines

Opérer au printemps de préférence, en prélevant des tronçons de 10 à 12 cm de long sur les plus belles racines de vieux pieds. Les planter à 20 cm de profondeur (prendre garde au sens) ; recouvrir de quelques centimètres de terre émiettée et de terreau.

Respecter une distance de plantation de 30 à 40 cm en tous sens, en quinconce de préférence.

Par division de touffes

Procéder à l'aide d'une bêche ; diviser les anciennes souches en plusieurs éclats (3 ou 4) et les mettre en place.

Rotation des cultures

Cette plante peut rester en place de 8 à 10 ans. Comme elle occupe longtemps le terrain, prévoir une rotation assez longue, 4 ou 5 ans au minimum.

Fertilisation

Apports normaux de compost bien décomposé et de fertilisant. Faire un léger apport annuel de sel marin (non raffiné), dosé à 1 kg/are environ.

L'épandre à l'entrée de l'hiver pour favoriser la végétation du crambe.

Fiche de culture

Climat	Exposition	Sol	Plantation	Floraison	Récolte
Tempéré et humide	Ensoleillée	Frais, humifère, profond	Semez (de mars à fin mai), bouturez les racines ou divisez les touffes (printemps)	Mai-juin	2 ans après le semis, le bouturage ou la division de touffes (3e année de culture)

Les variétés

Pas d'autre variété que le type botanique, mais il existerait plusieurs cultivars de crambe en Grande-Bretagne.

Au cours de la saison, 3 ou 4 fertilisations foliaires à base de lithothamne seront bénéfiques.

Entretien

Les binages et les sarclages sont nécessaires. Procéder à des arrosages profonds et fréquents en cas de sécheresse ; le paillage est alors conseillé.

Tous les ans, en octobre-novembre (à partir de la 2e année de culture), il est conseillé de butter légèrement les souches avec du terreau.

Maladies et parasites

La hernie du chou

Nodosités surgissant sur les racines, les déformant et finissant par les faire périr.

La plupart du temps, cette maladie assez rare est due à une terre trop acide et mal aérée. En prévention, apporter à chaque souche une poignée de cendre de bois ou de lithothamne.

Cultivé dans de bonnes conditions et si les bases essentielles du jardinage sont respectées, le crambe ne souffre pratiquement d'aucune maladie et encore moins de parasites.

La pourriture des racines

Une grosseur violacée apparaît sur la racine ; elle fait jaunir les feuilles, puis mourir la plante.

Arracher les pieds atteints et les brûler. Attendre plusieurs années avant de cultiver de nouveau le crambe au même endroit.

Récolter et conserver

La récolte

En fonction des conditions climatiques, la récolte s'étale généralement sur les mois de mars et avril.

Elle commence lorsque les pétioles (pousses) atteignent 20 ou 25 cm de longueur. Opérer à la main ou à l'aide d'un couteau (en inox, de préférence). Couper la pousse au ras de la souche en prenant soin de ne pas endommager les petites pousses du cœur de la plante. Il est nécessaire de recourir auparavant à l'étiolement en raison de l'âcreté de cette plante si elle n'est pas blanchie.

Le blanchiment

À partir de la mi-janvier (en fonction des conditions climatiques), recouvrir chaque plante avec de grands pots de fleur retournés, des cageots renversés ou toute autre protection. Épandre au-dessus de la paille, des feuilles sèches ou, mieux, du fumier de cheval (dans ce cas, laisser une petite aération). Ces protections pourront être abritées sous un tunnel de plastique noir.

En Grande-Bretagne, il existe des pots en terre cuite destinés spécialement à cet usage. On commence généralement la récolte après 3 à 5 semaines d'étiolement (selon la température).

Conseils

La 1re année de production, il est préférable de ne faire qu'une seule récolte pour ne pas user prématurément les pieds ; par la suite, on fera deux récoltes successives. Après la dernière récolte, il est conseillé de découvrir progressivement les plantes dont les pousses sont devenues fragiles après le blanchiment.

En novembre, pratiquer le forçage en cave ou dans un local obscur à une température de 12 à 16 °C.

Pour cela, arracher les touffes, les planter dans des bacs en bois ou en terre cuite. Espacer les racines de quelques centimètres, combler les intervalles de terre mélangée avec de la tourbe, du compost et du sable. Veiller à ne pas recouvrir le cœur des plantes et à garder le mélange terreux suffisamment frais (sans excès).

Bien évidemment, les pieds forcés à l'intérieur ne seront plus utilisés, mais les racines secondaires pourront servir de boutures ; les stratifier dans du sable sec en attendant le printemps pour les mettre en place.

Notes du jardinier

- **Couper les tiges florales dès leur apparition pour ne pas épuiser les pieds.**
- **Supprimer les feuilles mortes au début de l'hiver.**

Faire ses graines

Choisir des porte-graines vigoureux. Récolter les siliques à maturité sans couper les tiges florales. Les faire sécher à l'ombre et les conserver dans du sable sec ou ensachés dans le bas du réfrigérateur. Ne pas décortiquer la graine qui se trouve dans les siliques, on la sème avec cette enveloppe.

- **Durée germinative : 1 an environ.**
- **Nombre de graines au gramme : de 15 à 18.**
- **Levée : de 8 à 20 jours, capricieuse.**

En cuisine

- On consomme les jeunes pétioles (queues des feuilles) étiolés cuits en les préparant comme les asperges : à la vinaigrette, au jus de viande, au blanc, à la sauce blanche… Certaines personnes les mangent crus.
- Leur goût rappelle à la fois ceux de l'asperge, du chou-fleur et du cardon avec une légère saveur de noisette.

Cresson alénois

Plante potagère et condimentaire à végétation rapide, dont la hauteur varie de 30 à 50 cm. La tige rameuse et dressée apparaît rapidement. Ses nombreuses feuilles sont plus ou moins découpées selon les variétés ; elles sont pétiolées, alternes, radicales, disposées en rosette, de couleur verte. Les fleurs sont hermaphrodites, blanches, en grappes terminales, petites.

Carte d'identité

Nom botanique : (1) et (2) *Lepidium sativum* Linné.

Famille : Brassicacées (Crucifères).

Cycle : plante annuelle.

Synonymes latins : *Nasturtium sativum* Medikus ; *Thlaspi sativum* Crantz ; *Lepia sativa* Desvaux ; *Thaspidium sativum* Spach ; *Cardamon sativum* Fourreau.

Synonymes français : cressonnette, nasitor, passerage cultivée, passerage des jardins…

Origine : Moyen-Orient, peut-être d'Iran ou d'Éthiopie.

Noms étrangers :
Anglais : garden-cress, pepper grass.
Allemand : Gartenkresse.
Espagnol : mastuerzo, malpica, berro de huerta, berro de tierra, berro alenois, lepidio.
Italien : agretto, crescione inglese, cerconcello, crescione comune, nasturzio ortense, nasturzio d'orto.
Néerlandais : tuinkers, hofkers.

Un peu d'histoire

La culture du cresson alénois remonte à des temps très anciens au Moyen-Orient.

Propriétés

Antiscorbutique, apéritif, cholagogue, dépuratif, diurétique, expectorant, stomachique, tonique..., le cresson alénois contient une huile essentielle, des vitamines (A, B, C, K) ainsi que du calcium, du fer, du manganèse, du molybdène, du phosphore et du zinc.

Culture

Les graines se sèment clair en place :
– de mars à mai à la mi-ombre ;
– de mai à juillet à l'ombre ;
– en septembre à exposition ensoleillée.

Les rayons doivent être distants de 15 cm. Recouvrir à peine les graines avec du terreau ou de la terre bien émiettée, puis tasser légèrement avec le dos du râteau. Tenir le sol frais.

Éclaircir lorsque les plants ont 4 ou 5 feuilles, en ne conservant qu'un seul pied tous les 2 ou 3 cm.

Le cresson alénois se sème aussi en caissettes, en jardinières ou en pots.

Les bons mariages

Il fait bon ménage avec la carotte, le persil et le radis.

Semer de préférence en lune décroissante

Rotation des cultures

C'est une plante peu épuisante en raison de sa végétation rapide. Elle entre dans la catégorie des plantes potagères à feuilles. Pratiquer une courte rotation de 1 ou 2 ans.

Fertilisation

Fertilisation normale à la fin de l'automne ou au début du printemps avec un engrais naturel et du compost.

Entretien

Les binages et les sarclages sont nécessaires. Tenir le sol humide afin de retarder la montée à graines.

Le paillage a l'avantage de maintenir l'humidité du sol, mais il n'est pas toujours facile d'y avoir recours, cette plante poussant rapidement.

Maladies et parasites

L'altise perfore les feuilles (voir « La lutte contre les parasites », pages 67-68).

Fiche de culture

Climat	Exposition	Sol	Semis	Floraison	Récolte
Tempéré	Mi-ombre ; soleil en fin de saison	Frais, humifère	Mars à septembre selon l'exposition	Juin à septembre	1 mois après le semis

Cresson 'Alénois commun'.

Les variétés

'Alénois commun', 'Alénois à larges feuilles', 'Alénois frisé'.

Récolter et conserver

Couper les feuilles au ras du sol quand elles atteignent 6 ou 8 cm de hauteur ; les consommer le plus rapidement possible. Le fait de ne ramasser que les feuilles permet souvent de récolter une seconde coupe.

Note du jardinier

Faire un semis toutes les 3 semaines environ, si l'on veut disposer longtemps de cette plante car celle-ci monte rapidement à graines.

Faire ses graines

Conserver quelques beaux pieds d'une culture printanière ; ils monteront à graines environ 2 mois après le semis. Récolter les tiges quand elles sont presque sèches. Les faire sécher à l'ombre sur une toile. Battre les silicules renfermant les semences et conserver celles-ci dans des sachets ou dans des boîtes hermétiques.

- Durée germinative : 5 ans.
- Nombre de graines au gramme : 450.
- Levée : 1 à 3 jours.

En cuisine

- Les feuilles du cresson alénois se consomment crues en salade ou comme condiment pour garnir et aromatiser certains plats (viandes, crudités, salades et légumes). Elles parfument diverses sauces.
- Pour agrémenter un potage, les ajouter au moment de servir. Leur goût est fort et piquant.

Cresson des jardins

Plante potagère herbacée dont la hauteur varie de 20 à 60 cm. Sa tige est anguleuse et dressée. Ses feuilles sont découpées et disposées en rosette ; elles ont une couleur vert foncé. Les fleurs sont hermaphrodites, de couleur jaune, en grappes terminales.

Carte d'identité

Noms botaniques : (1) *Barbarea verna* (Miller) Ascherson ; (2) *B. praecox* R. Brown.

Famille : Brassicacées (Crucifères).

Cycle : plante bisannuelle.

Synonymes latins : *B. praecox* Linné ; *Erysimum vernum* Miller, Gardner ; *E. praecox* Linné ; *E. praecox* Smith ; *E. tenuifolium* Stokes ; *Sisymbrium barbarea* Allioni ; *Campe praecox* Dulac.

Synonymes français : barbarée printanière, cresson de terre, cresson des vignes, cresson vivace, cressonnette de jardin, herbe de Sainte-Barbe, roquette, roquette des jardins...

Origine : probablement d'Europe ; spontané en France

Noms étrangers :
Anglais : winter cress, scurvy grass, american cress.
Allemand : amerikanische Winterkresse.
Espagnol : berro mastuerzo, barbara, hierba de Santa.
Italien : crescione dei giardini.
Néerlandais : wilde kers, vroeg barbarakruid.

Un peu d'histoire

Ce cresson se rencontre aussi à l'état sauvage en Amérique du Nord et en Afrique du Sud.

Propriétés

Anti-anémique, antiscorbutique, apéritif, dépuratif, diurétique, expectorant, rafraîchissant, reminéralisant, stomachique et tonique..., le cresson des jardins contient des vitamines (A, B, C, E) ainsi que de nombreux sels minéraux (arsenic, calcium, fer, iode, magnésium, manganèse, phosphore, zinc et soufre).

Culture

Les graines se sèment directement en place, très clair, de la mi-mars jusqu'à la fin août.

Les recouvrir de 4 à 5 mm de terre au maximum ; tasser avec le dos du râteau et maintenir le sol assez frais. Les rayons sont distants de 30 cm. Lorsque les plants ont 4 ou 5 feuilles environ, éclaircir à 15 ou 20 cm.

Après éclaircissage, le surplus des plants peut se repiquer.

Les bons mariages

Le cresson des jardins s'accorde bien avec la carotte, le persil, la pomme de terre et le radis.

Semer de préférence en lune décroissante

Rotation des cultures

Le cresson des jardins est une plante peu épuisante. Il entre dans la catégorie des plantes potagères à feuilles. Attendre 2 ou 3 ans avant de le cultiver de nouveau au même endroit.

Fertilisation

Fertilisation normale à la fin de l'automne ou au début du printemps avec un engrais naturel et du compost.

Entretien

Procéder à des binages et des sarclages. Arroser si nécessaire ; la terre doit rester toujours fraîche pour que les feuilles ne durcissent pas.

S'il fait froid, protéger la planche avec des feuilles sèches.

Maladies et parasites

Cette plante ne semble pas sensible aux maladies ni aux parasites.

Note du jardinier

Le cresson des jardins (ou cresson de terre) est très précieux, car il donne de bonnes salades hivernales.

Fiche de culture

Climat	Exposition	Sol	Semis	Floraison	Récolte
Tempéré ; rustique	Toutes, ombragée en été	Fertile, frais, riche en humus	Mars à fin août	Avril ou mai, à partir de la 2e année de culture	2 à 3 mois après le semis

Récolter et conserver

On cueille les feuilles les plus grandes au fur et à mesure des besoins, quand elles atteignent 12 à 15 cm de hauteur. La récolte se prolonge jusqu'à la montée à graines. Utiliser le cresson des jardins le plus rapidement possible après sa cueillette.

La rosette peut se récolter entière ; dans ce cas, prévoir des semis successifs pour toujours bénéficier de pieds disponibles pour la cueillette.

Note du jardinier

Éliminer la tige florale dès son apparition pour favoriser une nouvelle pousse de feuilles.

Cresson des jardins Barbarea praecox *var.* variegata.

Les variétés

Il existe une variété panachée (*Barbarea praecox* var. *variegata*) aux feuilles panachées de blanc.
Elle est cultivée par les collectionneurs.

Faire ses graines

Sélectionner quelques beaux pieds qui monteront à graines la 2e année.
Couper les tiges juste avant complète maturité ; les suspendre à l'ombre au-dessus d'une toile.
Les battre, puis ensacher les graines.

- **Durée germinative : 3 ans.**
- **Nombre de graines au gramme : environ 950.**
- **Levée : 2 ou 3 semaines.**

En cuisine

- On mange les feuilles crues en salade (seules ou mélangées avec d'autres) ; elles garnissent les plats de viande grillée ou rôtie.
- Cuites, elles se préparent comme les épinards (au beurre, au jus…) ou en potage.
- La saveur du cresson des jardins rappelle celle du cresson d'eau, mais elle est plus piquante.

Cresson de Para

Plante condimentaire à port étalé. Ses tiges sont semi-rampantes. Les feuilles entières sont ovales ou triangulaires, dentées, de couleur verte ; elles se terminent par des inflorescences composées d'un réceptacle portant de minuscules fleurs de couleur jaune, très serrées entre elles.

CARTE D'IDENTITÉ

Noms botaniques : (1) *Spilanthes oleracea* Linné ; (2) *Spilanthes acmella* (Linné) var. *oleracea* Clarke.

Famille : Astéracées (Composées).

Cycle : plante annuelle.

Synonymes latins :
Pyrethrum spilanthus Medikus ;
Bidens fervida Lamarck ;
Bidens oleracea Cavanilles ;
Spilanthus acmella Murray J. A.

Synonymes français : brède mafane, cresson de Madagascar, spilanthe des potagers.

Origine : Amérique du Sud, sans doute du Brésil.

Noms étrangers :
Anglais : Para cresse, Paniculated spot flower, Para cresse flower head.
Allemand : Hussarenknopf, Parakresse.
Espagnol : Berro de Pará.
Italien : crescione del Brasile.
Néerlandais : Kiespijhtenoppen, valse vlekbloen, ABC Kruid.

UN PEU D'HISTOIRE

Le cresson de Para est très apprécié par les Réunionnais et les Malgaches. Ces derniers préparent à partir de cette plante un plat national : le « romazava ».

Propriétés

Antiscorbutique, apéritif, aphrodisiaque, digestif, stimulant et stomachique, le cresson de Para contient des vitamines et des sels minéraux.

Culture

En place

Les graines se sèment en place de la mi-mai jusqu'à la mi-juin.

Les déposer par petites quantités en espaçant de 40 cm en tous sens. Les recouvrir à peine de terre. Éclaircir lorsque les plants disposent de 3 ou 4 feuilles ; n'en conserver qu'un seul par poquet.

Sous abris

Les graines peuvent se semer dès le début du mois d'avril, sous serre ou sous châssis.

Dans ce cas, utiliser des godets, puis mettre les plants en place avec leur motte vers la mi-mai, ou dès que les gelées ne sont plus à craindre.

Les bons mariages

Le cresson de Para s'accorde avec les autres plantes.

Rotation des cultures

Le cresson de Para entre dans la rotation des légumes-feuilles. Attendre 2 ou 3 ans avant de le cultiver de nouveau au même endroit.

Fertilisation

Fertilisation normale à la fin de l'automne ou au début du printemps avec un engrais naturel et du compost.

Les fertilisations foliaires ne sont pas nécessaires.

Entretien

Les binages et les sarclages sont nécessaires. Arroser impérativement en cas de sécheresse, car cette plante ne supporte pas le manque d'eau.

Maladies et parasites

Le cresson de Para ne semble pas avoir de problème particulier.

Note du jardinier

Le cresson de Para craint le froid et la sécheresse. Le succès de sa plantation dépend de la fraîcheur du sol et de la chaleur.

FICHE DE CULTURE

CLIMAT	EXPOSITION	SOL	SEMIS	FLORAISON	RÉCOLTE
Tempéré à chaud : très sensible au froid	Ensoleillée	Frais, profond, riche en humus	En place en mai ou juin, en avril en godets	Juillet à fin septembre	Environ 2 mois après le semis

Cresson du Brésil.

Récolter et conserver

On récolte les feuilles, ainsi que les jeunes fleurs, selon les besoins. Couper les tiges à 3 cm au-dessus du collet pour obtenir de nouvelles pousses.

Semer de préférence en lune décroissante

Les variétés

Il existe une autre espèce appelée cresson du Brésil (*Spilanthes fusca*). Ses feuilles sont pourpres, la partie centrale des fleurs est rougeâtre. Sa culture et son utilisation sont identiques à celles du cresson de Para.

Faire ses graines

Couper les capitules lorsqu'elles sont sèches. Les frotter sur la paume de la main pour récupérer les graines. Faire sécher ces dernières, puis les mettre en sachets et les conserver au sec.

- Durée germinative : de 5 à 7 ans.
- Nombre de graines au gramme : environ 3 400.
- Levée : varie de 4 à 12 jours selon la température.

En cuisine

- Les feuilles crues, finement ciselées, sont excellentes dans les salades et les crudités.
  Elles activent les papilles gustatives rendant les plats qu'elles accompagnent plus parfumés. Elles relèvent le goût de certains plats de viande et des sauces. Leur saveur poivrée est brûlante.
- Les jeunes fleurs ont la même utilisation ; leur arôme est plus fort et piquant.

Crosne du Japon

Plante potagère formant une petite touffe, dont les tiges sont carrées et hautes de 30 à 40 cm. Elle ressemble à la menthe, produisant de nombreux rhizomes de petite taille, blancs, en chapelets, ayant légèrement la forme d'un tire-bouchon.

Carte d'identité

Noms botaniques :
(1) *Stachys sieboldii* Miquel ;
(2) *S. affinis* Bunge.

Famille : Lamiacées (Labiées).

Cycle : plante vivace par ses rhizomes.

Synonyme latin : *S. tubifera* Miquel.

Synonymes français : stachys tubéreux, épiaire à chapelets.

Origine : nord de la Chine.

Noms étrangers :
Anglais : chinese artichoke, japonese artichoke.
Allemand : Knollenziest, japanische Kartoffel.
Espagnol : alcachofa tuberosa, crosne del Japon.
Italien : tuberina.
Néerlandais : Japanse andoren.

Un peu d'histoire

Cette plante porte le nom de la ville de Crosne, dans l'Essonne, où elle fut cultivée pour la première fois en France. C'est le docteur Bretchneider, botaniste russe, qui la ramena en Europe en 1882.

Propriétés

Digestif et nutritif, le crosne du Japon est riche en sucre et en amidon. Il contient aussi des vitamines (A, C) et du fer.

Culture

En mars-avril, planter 3 ou 4 rhizomes par poquet à une dizaine de centimètres de profondeur. Les espacer de 40 cm en tous sens.

Les bons mariages

Il semble s'accorder avec toutes les autres plantes.

Rotation des cultures

Le crosne du Japon entre dans la rotation des plantes à racines.

Attendre 3 ou 4 ans avant de le faire revenir au même endroit.

Fertilisation

Fertilisation normale à la fin de l'automne ou au début du printemps avec un engrais naturel et du compost.

Les fertilisations foliaires par poudrage mensuel de lithothamne (de mai à août) sont bénéfiques.

Planter les rhizomes en lune décroissante

Entretien

Binages et sarclages inévitables. Arroser si nécessaire.

Veiller à n'effectuer que des binages superficiels à partir du début juillet, juste pour garder le terrain propre ; des binages trop profonds endommageraient les racines.

Si possible, butter les crosnes vers le début juin, afin d'augmenter un peu le rendement.

Maladies et parasites

La pourriture

La pourriture des rhizomes est provoquée par des champignons (*Rhizoctonia* et *Fusarium*).

C'est pratiquement la seule maladie dont souffre cette plante très rustique. Elle est due à un sol trop humide. Pratiquer une longue rotation.

Note du jardinier

Le crosne du Japon est une plante envahissante : procéder avec précaution lors de l'arrachage afin de ne pas laisser de rhizomes en terre : ils repousseraient au printemps suivant.

Fiche de culture

Climat	Exposition	Sol	Plantation	Floraison	Récolte
Tempéré : craint la sécheresse	Ensoleillée	Tous les sols pas trop humides	Plantez les rhizomes en mars-avril	Ne fleurit pas sous notre climat	8 mois après la plantation

Le ver blanc

La larve du hanneton peut s'attaquer aux rhizomes.

Voir « La lutte contre les parasites », page 69.

Récolter et conserver

La récolte débute quand les feuilles se dessèchent (début novembre, généralement). Elle se prolonge au fur et à mesure des besoins pendant tout l'hiver, parfois jusqu'en avril. Les tubercules se consomment fraîchement arrachés (à défaut, les stratifier dans du sable sec). On peut malgré tout les conserver quelques jours dans de la tourbe.

Pour faciliter l'arrachage pendant les froids, couvrir le sol de paille ou de feuilles sèches qu'il faut enlever lorsque des pluies surviennent.

Plantation des rhizomes par poquet.

Les variétés

Pas d'autre variété que le type botanique.

Faire ses graines

Cette plante ne produit pas de graines, on la reproduit par ses rhizomes. Maintenir quelques pieds en place, les arracher et les trier au moment de la plantation. Les rhizomes ne se conservent pas à l'air, il faut donc les replanter le plus rapidement possible après l'arrachage. Si cette opération doit être retardée, les conserver en attente dans de la tourbe ou du sable sec.

En cuisine

- Le crosne du Japon est cultivé pour ses petits tubercules au goût très fin, évoquant le fond d'artichaut et le topinambour. Dans certaines régions de France, on le trouve sur les marchés.
- Les tubercules s'utilisent cuits, à l'étouffée, frits, en ragoût (accompagnant un rôti de veau), à la sauce blanche, au jus, au gratin et, enfin, en salade.
- Ils peuvent se confire dans le vinaigre (de préférence au début de la récolte).
- Les rhizomes ayant un épiderme très mince, ils ne s'épluchent pas. Il suffit de les laver, puis de les frotter dans un linge. Certains y ajoutent une poignée de gros sel pour faciliter l'opération. Rincer. Ensuite, les déposer dans une poêle, les couvrir d'eau, ajouter un morceau de beurre. Cuire doucement jusqu'à évaporation de l'eau ; assaisonner.

Cyclanthère à feuilles digitées

Plante condimentaire et décorative. Ses nombreuses tiges ramifiées, munies de vrilles, peuvent grimper jusqu'à 3 ou 4 m de hauteur. Ses feuilles divisées en 5 lobes sont digitées (en forme de doigts). Odorantes et très petites, ses fleurs sont monoïques, de couleur jaune verdâtre ; les mâles sont groupées et les femelles sont solitaires. Les fruits sont de couleur vert pâle, devenant jaunâtre à maturité ; ovoïdes, en forme de pirogue (rétrécis à chaque extrémité) se terminant en pointe, ils sont munis d'aiguillons mous.

Carte d'identité

Noms botaniques : (1) *Cyclanthera pedata* (Linné) Schrader ; (2) *Cyclanthera pedata* Schrader.

Famille : Cucurbitacées.

Cycle : plante annuelle.

Synonymes latins : *Cyclanthera pedata* var. *édulis* Schrader ; *C. digitata* Arnott et Hooker ; *Anguria pedatisecta* Seringe ; *Momordica pedata* Linné ; *M. pedisecta* Seringe.

Synonymes français : concombre grimpant, cyclanthère pédiaire.

Origine : Mexique et Amérique centrale.

Noms étrangers :
Anglais : Wild cucomber, cyclanthera.
Italien : ciclantera.
Néerlandais : Klimmende Komkommer, Olÿkomkommer.

Culture

Sous abris

Les graines se sèment début avril, sous châssis ou en serre. En déposer 2 ou 3 par godet. Lorsque les plants ont 3 ou 4 feuilles, éclaircir pour n'en conserver qu'un seul par pot.

Dès que les gelées ne sont plus à craindre, les mettre en place près d'un grillage, d'un treillage ou d'une pergola. La distance de plantation est de 1,50 m.

En place

Les graines peuvent également se semer en place, au mois de mai, dans des poquets remplis de compost. Respecter les mêmes distances.

Semer de préférence en lune croissante

Les bons mariages

Aucun mariage n'est possible, à moins qu'elle ne grimpe sur un grillage ou un arbre en bordure.

Cette plante est souvent à isoler en raison de son grand développement.

Rotation des cultures

La cyclanthère à feuilles digitées entre dans la rotation des légumes-fruits.

Attendre de 3 à 5 ans avant de la faire revenir au même endroit.

Note du jardinier

La cyclanthère à feuilles digitées garnit avantageusement les treillages, les pergolas et les murs.

Fiche de culture

Climat	Exposition	Sol	Semis	Floraison	Récolte
Chaud ou tempéré	Ensoleillée	Frais, profond, riche en humus	Avril (en godets), mai (en place)	Juillet à septembre	Du mois d'août jusqu'aux gelées

Feuilles digitées de la cyclanthère et son fruit.

Les variétés

On rencontre surtout le type botanique. Il existe cependant deux autres espèces en Amérique du Sud : *Cyclanthera edulis* Naudin, aux fruits plus gros, et *Cyclanthera brachystachya* (Seringe) Cogniaux ou *C. explodens* Naudin, dont les fruits ont la curieuse caractéristique d'exploser à maturité dès qu'on les touche.

Faire ses graines

Laisser les fruits venir à maturité. Les cueillir lorsqu'ils prennent une couleur jaunâtre à blanchâtre.
Enlever les semences, puis les laver.
Les faire sécher à l'ombre et ensacher.

- Durée germinative : 6 ans et plus.
- Nombre de graines au gramme : de 5 à 8 environ.
- Levée : de 8 à 10 jours.

Fertilisation

Fertilisation normale à la fin de l'automne ou au début du printemps avec un engrais naturel et du compost.

Remplir les poquets de compost 1 ou 2 semaines avant le semis. Les fertilisations foliaires sont facultatives.

Entretien

Procéder à des binages et des sarclages. Arroser si nécessaire. Une couverture végétale est recommandée en cas de sécheresse.

Maladies et parasites

La cyclanthère à feuilles digitées semble n'avoir aucun problème particulier si la fertilisation et la rotation sont correctes.

Cependant, il convient de la préserver des froids.

Récolter et conserver

Les fruits se cueillent chaque jour, au fur et à mesure de leur développement : ils doivent être petits, pleins et fermes. Plus gros, ils deviennent creux.

En cuisine

Les jeunes fruits mesurent de 1,5 à 2 cm de longueur. Fermes et de la taille d'une olive, ils sont confits dans le vinaigre comme des cornichons, dont ils ont l'odeur et le goût.

Échalote

Plante condimentaire herbacée haute de 20 à 30 cm. Ses feuilles nombreuses, assez fines, tubulaires, de couleur verte, forment une touffe ; elles ressemblent aux feuilles de l'oignon. L'échalote est surtout cultivée pour son bulbe divisé en plusieurs caïeux ou gousses (parfois 7 ou 8) ; ils sont de couleur jaune, grisâtre ou cuivrée et de forme allongée ou arrondie selon les variétés. Les fleurs hermaphrodites, en ombelles, sont de couleur blanche à bleuâtre. Elles sont généralement stériles, ne donnant des graines qu'exceptionnellement (sauf l'échalote 'de Jersey' qui en produit régulièrement).

CARTE D'IDENTITÉ

Noms botaniques : (1) *Allium ascalonicum* Strand ; (2) *A. ascalonicum* Linné.

Famille : Alliacées (Liliacées).

Cycle : plante vivace par son bulbe, cultivée comme annuelle.

Synonymes latins : *A. cepa* var. *ascalonicum* Backer ; *Porrum ascalonicum* Reichembach.

Synonymes français : ail d'Ascalon, ail stérile, chalote, eschalote...

Origine : certainement d'Éthiopie.

Noms étrangers :
Anglais : shallot.
Allemand : Schalotte, Eschlauch.
Espagnol : escalluna, chalote, ascalonia.
Italien : scalogno.
Néerlandais : sjalot, zilveruitje.

UN PEU D'HISTOIRE

Au IXe siècle, l'empereur Charlemagne faisait déjà cultiver cette plante condimentaire dans son potager.
Au Moyen Âge, la région d'Étampes (Essonne) ravitaillait Paris et sa proche banlieue en échalotes.

Propriétés

Apéritive, anti-infectieuse, aphrodisiaque, digestive, diurétique, nutritive et stimulante, l'échalote contient des vitamines (A, B, C) ainsi que du calcium, du fer, du fluor, de l'iode, du magnésium, du phosphore, du potassium, du silicium, du soufre... et des huiles essentielles.

Plantation de caïeux.

Culture

On plante les caïeux en les enfonçant avec les doigts à 2 cm environ de profondeur. Les rayons doivent être distants de 25 à 30 cm, et les caïeux espacés de 12 à 15 cm sur la ligne. Veiller à bien ameublir la terre.

La plantation s'effectue du mois d'octobre jusqu'au mois de janvier pour l'échalote ordinaire (grise).

Pour les autres variétés, planter en février-mars, sauf l'échalote de Tunisie que l'on plante en avril, quand la température est plus clémente.

Les bons mariages

L'échalote entretient de bonnes relations avec la betterave potagère, la carotte, le fraisier, la laitue et la tomate. En revanche, elle ne supporte pas du tout les légumineuses (la fève, le haricot, le pois...).

FICHE DE CULTURE

CLIMAT	EXPOSITION	SOL	PLANTATION	FLORAISON	RÉCOLTE
Tempéré, ou chaud	Ensoleillée	Léger, fertile, sain, meuble, riche et bien drainé	Plantez les caïeux au printemps ou en automne	Mai à juillet	Après 5 mois (plantation de printemps) ; après 9 mois (culture d'automne)

Échalote 'Cuisse de poulet'.

Rotation des cultures

Peu épuisante, l'échalote entre dans la catégorie des plantes à bulbes et à fruits.

Il est cependant préférable d'attendre au minimum 3 ans avant de cultiver une plante de la même famille au même endroit.

Fertilisation

Fertilisation normale à la fin de l'automne ou au début du printemps. Au démarrage, en mars, n'apporter que très peu d'azote, environ 1 kg/are.

L'échalote craignant la fumure non décomposée, lui procurer un compost correct et des engrais naturels.

Les variétés

'Cuisse de poulet', 'de Jersey', 'de Huy', grise ou ordinaire, 'de Tunisie' (à très gros caïeux, de très longue conservation, son goût se rapproche de celui de l'oignon), 'Griselle'.
Il existe une variété d'échalote perpétuelle que l'on plante en juillet-août.
Certaines variétés sont cultivées par des jardiniers amateurs collectionneurs.

Note du jardinier

L'échalote grise est plus parfumée et d'un goût plus fort que les autres variétés, mais sa conservation est assez courte (jusqu'en novembre ou décembre).

Planter les caïeux en lune décroissante, 2 ou 3 jours avant la nouvelle lune

Faire ses graines

Bien que ce procédé soit très rarement utilisé, on peut tenter d'y parvenir en choisissant quelques beaux spécimens aux bulbes sains, gros et réguliers, représentant bien la variété à reproduire. Les planter en février ou mars en les espaçant de 40 cm en tous sens ; tuteurer les tiges. Les têtes (ombelles) se récoltent généralement vers la fin du mois de juillet ou le début du mois d'août, lorsqu'elles arrivent presque à maturité.
Pour l'échalote 'de Jersey' (dont on sème les graines en mars, comme celles de l'oignon), chaque graine donnera un bulbe que l'on plantera l'année suivante. Choisir les caïeux sur les pieds les plus vigoureux et ayant le meilleur rendement ; en attendant de les planter, les conserver au frais dans un filet, en clayette ou pendus en botte.

- Durée germinative : environ 2 ans.
- Nombre de graines au gramme : 270.
- Levée : après 1 ou 2 semaines.

Entretien

Procéder à des binages et des sarclages. Arroser si nécessaire avant la formation des gousses.

Maladies et parasites

Le charbon de l'échalote

Des taches poussiéreuses, d'abord gris argenté, puis devenant noires, apparaissent sur les feuilles, les tiges et l'enveloppe du bulbe. Seuls les jeunes plants sont atteints.

Cette maladie se rencontre rarement en culture biologique.

Respecter une bonne rotation. Arracher les pieds atteints et les détruire.

La fonte des semis

Au moment de la levée, les plants ont disparu par endroits.

Cette maladie est souvent due à des terres trop humides ou trop acides.

Éviter de semer trop dru. Pratiquer une bonne rotation.

Le gras de l'oignon

L'enveloppe des bulbes se ternit, l'échalote ne tarde pas à pourrir.

Pratiquer une bonne rotation. Éviter la culture de l'échalote dans les terres trop humides. Ne pas apporter de fumure fraîche, mais correctement compostée. Dès l'apparition de la maladie, arracher et détruire les pieds atteints.

Le mildiou

Sur les jeunes feuilles, des taches jaunes allongées apparaissent, et un duvet violacé et poussiéreux se forme.

Note du jardinier

Les échalotes ne s'épluchent pas à l'avance, sinon elles perdent leur saveur et une partie de leur valeur nutritive.

En prévention, effectuer des fertilisations foliaires régulières avec du lithothamne, principalement par temps chaud et humide, et surtout après un orage ; pratiquer une bonne rotation ; pulvériser de la bouillie bordelaise.

Si la maladie apparaît, détruire immédiatement les pieds atteints.

La pourriture des bulbes

Les bulbes jaunissent et ramollissent ; par endroits, ils se couvrent d'un feutrage grisâtre, puis ils pourrissent.

Cette maladie est très souvent due à un excès d'humidité.

Ne pas apporter de fumure fraîche. Dégager la terre autour des bulbes et respecter les rotations.

Rentrer les bulbes bien ressuyés, et les stocker dans un local sain, sec et bien aéré. Éliminer sans tarder les pieds atteints.

La rouille de l'échalote

Des taches jaunes à brunes se forment sur les feuilles qui prennent une couleur rouille et finissent par se dessécher.

Procéder à des fertilisations foliaires régulières. Pulvériser de la bouillie bordelaise à titre préventif.

La mouche de l'oignon

Les feuilles se flétrissent ; la larve blanche pénètre dans le bulbe en creusant des galeries qui font pourrir le bulbe.

Pratiquer une bonne rotation. Éviter les fumures fraîches. L'association carotte-échalote est bénéfique. En prévention, pulvériser une macération à base de feuilles et de gourmands de tomates. Éliminer les pieds attaqués par la larve.

Le thrips de l'oignon

Cet insecte brun, quasi noir, et sa larve attaquent la plante ; les feuilles jaunissent, se couvrent de petites taches blanches, puis se dessèchent avant de disparaître.

Les attaques surviennent généralement en période de sécheresse et de chaleur. Bien respecter les bases de l'agriculture biologique.

Dès l'apparition des insectes, pulvériser un insecticide végétal.

Récolter et conserver

La récolte se fait généralement quand les feuilles jaunissent, puis sèchent, c'est-à-dire, la plupart du temps, du mois de juillet jusqu'à début août. On arrache les touffes, et on laisse les caïeux ressuyer 1 ou 2 jours sur le sol (les rentrer en cas de pluie et, dès que le temps le permet, les étaler de nouveau sur le sol pour qu'ils sèchent bien). Les stocker dans un local sain, frais et sec, en clayette, en botte ou étalés sur le parquet, dans un grenier.

Ils se conservent jusqu'au mois de juin. L'échalote 'de Tunisie' tient environ 2 ans dans un local frais, l'échalote grise ne se conserve pas au-delà de la fin de l'année.

En cuisine

- Les caïeux s'utilisent crus pour assaisonner les salades, les crudités, certaines viandes, les huîtres ; ils accompagnent divers plats.
- Cuits, ils entrent dans la composition de nombreuses sauces, ils relèvent les courts-bouillons, les farces...
- Ils peuvent se confire dans du vinaigre.
- Les feuilles vertes remplacent la ciboule ou la ciboulette.

Énothère bisannuelle ou onagre

CARTE D'IDENTITÉ

Nom botanique :
(1) et (2) *Œnothera biennis* Linné.

Famille : Onagracées.

Cycle : plante bisannuelle.

Synonymes latins :
Œ. graveolens Gilibert ;
Œ. communis Leveille ;
Onagra biennis Scopoli.

Synonymes français :
herbe aux ânes, jambon, jambon des jardiniers, jambon de Saint-Antoine, lysimachie jaune cornue, mâche rouge, œnothère commune, onagre bisannuelle.

Origine : probablement d'Amérique du Nord (Virginie).

Noms étrangers :
Anglais : evening primrose, tree primrose.
Allemand : Schinkenkraut, Rapontikawurzel, gemeine Nachtkerze.
Espagnol : enotera hierba del asno, onagra.
Italien : rapontica, rapunzia.
Néerlandais : teunisbloem.

UN PEU D'HISTOIRE

Cette plante est appelée parfois « jambon du jardinier », sans doute à cause de la couleur de sa racine qui, finement coupée en tranches, ressemble à celle du jambon. Le nom de l'énothère peut aussi s'orthographier ainsi : œnothère.

Plante cultivée essentiellement comme ornementale, mais aussi comme potagère. Haute de 1 m à 1,50 m, sa tige florale est dressée, velue, ramifiée. Ses feuilles sont légèrement duvetées, entières, oblongues, radicales, formant une belle rosette. Sa racine est pivotante, plus ou moins longue, renflée, charnue, de couleur jaunâtre, légèrement violacée. Les fleurs sont hermaphrodites, jaunes, en épis.

Culture

Les graines se sèment clair, de préférence en septembre-octobre ou en avril (en place). Espacer les lignes de 35 à 40 cm. Recouvrir les graines de 1 cm de terre fine environ, puis tasser avec le dos du râteau. Lorsque les plants ont 4 ou 5 feuilles, éclaircir de 15 à 20 cm sur le rang. Pour un semis automnal, la levée s'effectue au printemps.

Il est aussi possible de semer sur couche tiède en mars-avril, puis de mettre les plants en place courant mai, quand ils ont 4 ou 5 feuilles.

Les bons mariages

Elle semble s'accorder avec les autres plantes.

Semer de préférence en lune décroissante

Rotation des cultures

L'énothère (ou onagre) entre dans la catégorie des plantes potagères à racines. Peu épuisante, elle occupe le sol environ 1 an, parfois plus. Il faut donc pratiquer une rotation de 2 ou 3 ans.

Fertilisation

Fertilisation normale à la fin de l'automne ou au début du printemps avec un engrais naturel et du compost.

Entretien

Procéder à des binages et des sarclages. Arroser si nécessaire.

Maladies et parasites

L'énothère ne semble pas sensible aux maladies ou parasites des cultures.

FICHE DE CULTURE

CLIMAT	EXPOSITION	SOL	SEMIS	FLORAISON	RÉCOLTE
Tempéré : rustique sous notre climat	Ensoleillée ou mi-ombragée	Frais, sablonneux, humifère, profond et ameubli	Septembre-octobre ou avril	De juin à mi-octobre, à partir de la 2e année de culture	Après 7 à 8 mois : semis printanier ; après 12 mois : semis d'automne

Fleurs de l'onagre.

Récolter et conserver

On récolte les racines de la fin octobre jusqu'à la fin mars (après elles deviennent filandreuses, donc immangeables). Elles se conservent très bien en terre. Pendant les froids, couvrir le sol avec de la paille ou des feuilles sèches pour faciliter l'arrachage.

Note du jardinier

ATTENTION : s'il reste quelques plantes montées à graines, le potager sera envahi de plants l'année suivante ! Il faut donc couper les tiges florales dès la fin de la floraison, sauf pour les porte-graines, dont on récoltera les graines au fur et à mesure de leur mûrissement.

Les variétés

Pas d'autre variété que le type botanique.

En cuisine

- On mange les racines cuites, préparées à la manière des salsifis : au jus, au beurre, gratinées, à la sauce blanche, en soupe, en salade (coupées en tranches fines)...
- Les feuilles étiolées se consomment crues en salade. La saveur très forte de l'énothère est particulière.

Faire ses graines

Choisir 2 ou 3 beaux pieds à laisser en place. Il est possible de les transplanter en février ou en mars en les espaçant de 60 cm ; leurs jolies fleurs, de couleur jaune soufre, agrémenteront le potager. Récolter les graines au fur et à mesure qu'elles mûrissent (de bas en haut de la tige) ; ne pas tarder car elles tombent facilement. Les faire sécher à l'ombre puis les ensacher. Les conserver à l'abri de l'humidité.

- Durée germinative : 3 ans.
- Nombre de graines au gramme : environ 600.
- Levée : environ 6 mois pour un semis d'automne ; la levée d'un semis printanier est plus capricieuse, elle va de quelques jours à quelques semaines, selon la température.

Épinard

Plante potagère dont les grandes feuilles vert foncé, épaisses, tendres et un peu gaufrées, forment une rosette. La tige, haute de près de 1 m, est cannelée et rameuse. Les fleurs dioïques, sont de couleur verdâtre.

CARTE D'IDENTITÉ

Nom botanique :
(1) et (2) *Spinacia oleracea* Linné.

Famille : Chénopodiacées.

Cycle : plante annuelle ou bisannuelle.

Synonyme latin :
S. domestica Borkhausen.

Synonymes français : balai de l'estomac, épinard sans cornet, épinard à graine ronde, espinoche, gros épinard, herbe de Perse.

Origine : Moyen-Orient, Iran ou Asie du sud-ouest.

Noms étrangers :
Anglais : spinach, spinage.
Allemand : Spinat, Garten-spinat.
Espagnol : espinaca.
Italien : spinaccio.
Néerlandais : spinazie.

UN PEU D'HISTOIRE

Les Arabes rapportèrent cette plante en Europe (Espagne) au cours du XIe siècle.

Propriétés

Anti-anémique, antiscorbutique, laxatif, rafraîchissant, reminéralisant et revitalisant, l'épinard contient des vitamines (A, B1, B2, C, K, PP) ainsi que des sels minéraux (arsenic, calcium, cuivre, fer, iode, magnésium, manganèse, phosphore, potassium, sodium, soufre et zinc).

Avec son taux élevé de vitamine C, c'est un aliment précieux l'hiver quand les légumes verts sont peu nombreux.

Culture

Les graines se sèment en lignes espacées de 25 à 30 cm. Les enfoncer à une profondeur de 1 à 2 cm, les recouvrir de peu de terre, puis plomber légèrement avec le dos d'un râteau. Lorsque les plants ont 4 à 5 feuilles, éclaircir en les espaçant de 10 cm.

Les semis d'été montent très rapidement à graines ; les meilleures périodes pour semer sont au début du printemps (mars-avril) ou à la fin de l'été (août-septembre).

Les bons mariages

On peut marier l'épinard avec la fève, le haricot, le pois (légumineuses apportant un peu d'azote), de même qu'avec le fraisier, le céleri, la chicorée, le chou, la laitue…

Semer de préférence en lune décroissante

Rotation des cultures

L'épinard entre dans la catégorie des plantes herbacées. C'est une plante assez épuisante, mais de végétation rapide. Laisser passer un délai de 3 ou 4 ans avant de la cultiver de nouveau sur la même planche.

Fertilisation

Fertilisation normale. L'épinard n'aime pas les fumures fraîches. Apporter des engrais azotés à base de corne torréfiée en automne ou au début du printemps.

Notes du jardinier

- Ne pas utiliser de bouillie bordelaise en cas de mildiou, car les feuilles de l'épinard ne supportent pas le cuivre.
- Cette plante aime les jours courts. Elle contient moins de fer que ne le prétend Popeye ! C'est cependant un excellent légume vert reminéralisant.

FICHE DE CULTURE

Climat	Exposition	Sol	Semis	Floraison	Récolte
Tempéré	Ombragée l'été ; ensoleillée en automne et en hiver	Argileux, riche en humus, conservant la fraîcheur	Mars à septembre	Mai-juin à septembre	1 mois et demi à 2 mois après le semis

Culture d'épinards au potager.

Toutes les 3 semaines environ, faire un poudrage à base de lithothamne.

Entretien

Procéder à des binages et des sarclages.

Arroser pour maintenir la terre toujours assez fraîche.

Maladies et parasites

La fonte ou pourriture des feuilles

Les feuilles pourrissent en période d'excès d'humidité.

Veiller à une bonne aération du sol en profondeur et à un apport de compost correct. Éviter les terres trop compactes et humides. Respecter les principes de l'agriculture biologique.

Dès l'apparition de la maladie, éliminer et brûler les plantes atteintes.

Le mildiou

Des taches jaunes apparaissent sur les feuilles.

Préventivement, veiller à effectuer une bonne rotation.

Pratiquer régulièrement des poudrages foliaires à base de lithothamne. Cultiver l'épinard dans une terre fraîche et riche en humus.

La courtilière

Cet insecte coupe les racines de la plante.

Voir « La lutte contre les parasites », page 68.

La limace

Les jeunes plantes sont rongées.

Voir « La lutte contre les parasites », pages 69-70.

Le ver gris et le ver blanc

Ils rongent les racines des jeunes plantes.

Voir « La lutte contre les parasites », page 69.

Récolter et conserver

Cueillir à la main, feuille par feuille, en prenant soin de ne pas endommager les plantes. La récolte se fait au fur et à mesure des besoins. Cependant, ne pas tarder à cueillir les feuilles quand elles paraissent développées.

Un semis d'été monte rapidement à graines. Un semis de fin d'été donne souvent deux récoltes (en novembre et au printemps), tandis que celui de printemps n'en donne qu'une seule (mai-juin). Un excédent d'épinards peut se congeler aisément.

Les variétés

Variétés à graines rondes : 'Monstrueux de Viroflay', 'Idéal', 'Géant d'hiver', 'Viking' ou 'Matador', 'Butterfly', 'Junius'.

Faire ses graines

Sélectionner quelques beaux sujets d'un semis d'automne (fin août-début septembre). Après l'hiver, ne conserver que les pieds vigoureux. La floraison a lieu en mai. Lorsqu'elle est terminée, arracher les pieds mâles inutiles, qui ne portent pas de graines. Vers la fin juillet ou le début août, récolter les graines à maturité, en coupant les tiges. Les faire sécher à l'ombre, et les suspendre dans un endroit sec et frais. Ne les battre qu'au moment voulu : les graines se conservent mieux dans leur enveloppe.

- Durée germinative : 4 ans.
- Nombre de graines au gramme : 110.
- Levée : environ 1 semaine.

En cuisine

- Les feuilles d'épinard se consomment cuites, préparées de différentes manières : au beurre, au jus, à la crème fraîche, en croquettes, en soufflé, en quiche, en tourte...
- On les apprécie également crues, en salade, associées avec de la laitue.

Estragon

Plante condimentaire, herbacée, buissonnante, dont la hauteur dépasse parfois 80 cm. Elle porte de nombreuses tiges ramifiées annuelles (se desséchant en hiver pour revenir au printemps). Ses feuilles étroites et entières sont de couleur verte ; elles ont une saveur fine, au goût aromatique très agréable. Les fleurs stériles (ne donnant pas de graines) sont de couleur blanche à verdâtre.

CARTE D'IDENTITÉ

Nom botanique : (1) et (2)
Artemisia dracunculus Linné.

Famille : Astéracées (Composées).

Cycle : plante vivace.

Synonyme latin :
Oligosporus condimentatius Cassini.

Synonymes français :
absinthe estragon, armoise âcre, armoise potagère, herbe dragon, dragonne, estragon vrai, fargon, targon, serpentine...

Origine : Asie centrale ; peut-être de Sibérie où il est indigène.

Noms étrangers :
Anglais : tarragon, estragon.
Allemand : Estragon, Dragon, Bertram.
Espagnol : estragón, dragoncillo.
Italien : dragoncello, targone, serpentaria scalopio.
Néerlandais : Dragon, Slangenkruid.

UN PEU D'HISTOIRE

Cette plante a été introduite en Europe occidentale vers le Xe ou le XIe siècle, pendant l'invasion des Mongols. Elle devient commune au cours du XVIe siècle.

Propriétés

Antiseptique, antispasmodique, apéritif, carminatif, digestif, diurétique, emménagogue, stimulant et vermifuge, l'estragon contient une huile essentielle.

Culture

Par division de touffes

Ce mode de reproduction est le plus utilisé. En avril ou en mai, diviser les anciennes touffes. Chaque éclat étant muni de quelques racines, les replanter en les espaçant de 50 cm en tous sens ou en bordures.

Par bouturage

En août, cueillir quelques branches herbacées ou ligneuses, longues de 10 à 15 cm. Les planter en plein air à bonne exposition ; les protéger du froid pendant l'hiver et les mettre en place au printemps.

Par marcottage

Sélectionner des jeunes tiges au printemps. Faire des trous de quelques centimètres de profondeur et y coucher les tiges en les maintenant avec des crochets. Recouvrir de terre, sauf les bouts de rameaux. À l'automne, séparer les rameaux et les mettre en place.

Les facteurs lunaires n'ont aucune influence

Les bons mariages

Il semble s'accorder avec toutes les autres plantes.

Rotation des cultures

L'estragon se classe parmi les plantes exigeantes en raison de sa longue durée de culture au même emplacement.

Renouveler les plantes de préférence tous les 3 ans. Elles peuvent revenir au même endroit après 4 ou 5 ans.

Fertilisation

Fertilisation normale à la fin de l'automne ou au début du printemps avec un engrais naturel et du compost.

Note du jardinier

Afin de favoriser la croissance des feuilles : à l'automne couper les tiges à quelques centimètres du sol ; puis pincer les tiges florales dès leur apparition.

FICHE DE CULTURE

Climat	Exposition	Sol	Plantation	Floraison	Récolte
Tempéré	Chaude et ensoleillée	Léger, perméable, frais ; riche en humus	Divisez les touffes en avril-mai, bouturez en août, marcottez au printemps	Juillet à octobre	Après 6 à 7 semaines (division de touffes) ou après 1 an (bouturage, marcottage)

Le buisson d'estragon peut dépasser 80 cm de haut.

Un apport annuel de terreau sera toujours bénéfique.

Entretien

Les binages et les sarclages sont de rigueur. Arroser lors des repiquages ou en cas de sécheresse.

À l'entrée de l'hiver, couper les tiges à quelques centimètres au-dessus du sol, butter légèrement les touffes avec de la terre environnante ou du terreau ; s'il pleut beaucoup, débutter. En cas de grands froids, couvrir les souches de paille ou de feuilles sèches ; découvrir quand le temps se radoucit ou, surtout, lorsque les pluies apparaissent.

Maladies et parasites

L'estragon ne semble pas sensible aux maladies ni aux parasites.

Récolter et conserver

Cueillir les rameaux au fur et à mesure des besoins, du mois de mai jusqu'au mois d'octobre.

Pour la conservation, récolter les tiges peu de temps avant la floraison et les faire sécher à l'ombre.

Réduire les feuilles en poudre, et les conserver soigneusement dans des boîtes hermétiques, à l'abri de l'humidité et de la lumière.

Les variétés

Hormis le type botanique, il existe une autre espèce appelée *estragon de Russie* (*Artemisia redowski* ou *A. dracunculoïdes*) qui n'a que très peu de parfum et de saveur.

En cuisine

- Les feuilles fraîches ou séchées de l'estragon assaisonnent les crudités, les salades, les potages, divers légumes (carottes, asperges, pommes de terre...), les marinades, les farces, les sauces, les poissons, certaines viandes (mouton, bœuf, veau, volailles...) et font partie des fines herbes.
- L'estragon aromatise le vinaigre, les cornichons confits, les moutardes... et entre dans la composition de certaines liqueurs. Il facilite aussi les régimes sans sel en mettant en valeur certains mets non salés. L'estragon s'emploie modérément lorsqu'il est mélangé à d'autres plantes condimentaires à cause de son arôme dominant.
- Séchées, les feuilles perdent un peu de leur saveur douce, légèrement amère, anisée et piquante.

CARTE D'IDENTITÉ

Noms botaniques :
(1) *Foeniculum vulgare* Miller, Gardner ; *F. vulgare* var. *dulce* Thell ; (2) *F. vulgare* Gaertner, var. *dulce* Alefeld.

Famille : Apiacées (Ombellifères).

Cycle : plante bisannuelle, cultivée comme annuelle.

Synonymes latins : *F. dulce* Miller, Gardner ; *F. vulgare* var. *sativum* Presl ; *F. sativum* Bertol ; *Anethum foeniculum dulce* Schkuhr ; *Aneth dulce* De candolle.

Synonymes français :
fenouil de Bologne, fenouil doux, fenouil de Florence, fenouil d'Italie, fenouil de Malte, fenouil sucré...

Origine : Moyen-Orient ou Europe du sud.

Noms étrangers :
Anglais : Florence fennel, Roman fennel, sweet fennel.
Allemand : Gewürzfenchel, Zwiebelfenchel, Gemüsefenchel, grosser florentiner Anis.
Espagnol : hinojo dulce.
Italien : finocchio dolce, finocchione.
Néerlandais : roomse venkel, zoete venkel, groote zoete Bolognesser venkel.

UN PEU D'HISTOIRE

Connu en France depuis le XVIIe siècle, où il devint très populaire, le fenouil bulbeux retomba un peu dans l'oubli. Aujourd'hui, il est de nouveau très apprécié.

Fenouil bulbeux

Plante potagère herbacée, dont la tige florale mesure de 80 cm à 1 m, parfois plus. Ses grandes feuilles sont radicales, alternes, finement découpées. Ses pétioles, larges à la base, sont épais et forment une sorte de pomme aplatie, ferme, charnue, d'un vert blond ; ils s'engainent les uns dans les autres au ras du sol. Les fleurs hermaphrodites sont de couleur jaune, réunies en ombelles composées.

Propriétés

Apéritif, carminatif, digestif, diurétique, rafraîchissant, stimulant et tonique, le fenouil contient des vitamines (A, B, C), ainsi que du calcium, du phosphore et une huile essentielle.

Culture

Sur couche tiède

Sur couche tiède, les graines se sèment au mois de mars. Repiquer sur couche tiède quand les plants ont 2 feuilles.

La mise en place a lieu environ 2 mois après le semis, quand les gelées ne sont plus à craindre.

En pépinière

Semer clair en pépinière, courant avril. Installer les plants quand ils sont assez forts pour supporter le repiquage.

En place

Semer en place en avril-mai. Espacer les rayons de 35 à 40 cm. Lorsque les plants ont 4 ou 5 feuilles, éclaircir en espaçant de 15 à 20 cm sur le rang.

Semer de préférence en lune décroissante

Quel que soit le mode de culture, recouvrir les graines de 1 cm de terre finement émiettée ou, mieux, de terreau. Tenir le sol frais afin de faciliter la levée. Avant le repiquage, praliner si possible les racines dans une bouillie de lithothamne pour favoriser la reprise des plants.

Dans les régions à climat chaud, comme le Midi, on sème le fenouil bulbeux aux mois de juin ou juillet pour le récolter en automne et parfois au-delà. Dans les régions plus froides, les semis s'échelonnent d'avril à début juin pour une récolte estivale et au début de l'automne.

Les bons mariages

Cette plante ne supporte pas les choux (notamment le chou-rave), le carvi, la carotte, la coriandre, l'échalote, le haricot à grain blanc, le pois et la tomate.

FICHE DE CULTURE

Climat	Exposition	Sol	Semis	Floraison	Récolte
Tempéré, doux	Ensoleillée	Meuble, frais, profond, humifère et léger	Mars, avril ou mai	Juillet à septembre	Environ 3 mois après le semis

Maintenir le sol propre en binant et sarclant régulièrement.

Rotation des cultures

Cette plante entre dans la catégorie des plantes bulbeuses. Elle est peu épuisante, car elle ne reste pas longtemps en place. Faire une rotation sur 3 ans.

Fertilisation

Fertilisation normale à la fin de l'automne ou au début du printemps avec un engrais naturel et du compost bien décomposé ou du terreau.

Pendant la végétation, procéder à 3 ou 4 fertilisations foliaires à base de poudre de lithothamne.

Entretien

Binages et sarclages sont de rigueur. Arroser régulièrement et copieusement si nécessaire. On peut butter les pommes une dizaine de jours avant la récolte ; effectuer des buttages successifs.

Ne pas oublier, cependant, que si le buttage rend les pommes du fenouil plus tendres, il génère une perte en éléments nutritifs.

Maladies et parasites

Cette plante, habituellement sans problème, peut parfois subir une attaque de pucerons (voir « La lutte contre les parasites », page 70).

Récolter et conserver

La récolte s'effectue en fonction des besoins et lorsque les pommes sont suffisamment développées. Les consommer de préférence le plus rapidement possible après l'arrachage, même si elles peuvent se conserver quelques jours au frais.

Si, lorsque les froids arrivent, un certain nombre de fenouils bulbeux sont encore en terre, les arracher avec leur motte et les mettre en jauge dans du sable ou de la terre, à la cave, sous châssis ou en serre pour les conserver.

Ils supportent la congélation, mais perdent de leur parfum.

Notes du jardinier

- Le fenouil bulbeux est très répandu en Italie.
- Les très grandes chaleurs le font monter prématurément à graines.
- Le paillage aide à conserver la fraîcheur et retarde la montée à graines prématurée.

Les variétés

'Doux de Florence', 'Géant mammouth Perfection', 'Zefa fino', 'Zefa tardo', 'Fino race selma', 'Précoce d'été'.

Faire ses graines

Choisir quelques pieds ayant une belle « pomme », issus d'un semis de mars ou d'avril. Les laisser monter à graines en les tuteurant si nécessaire.

Cueillir les ombelles au fur et à mesure de leur mûrissement et les faire sécher à l'ombre avant de les égrener. Ensacher les graines.

- Durée germinative : 4 ans.
- Nombre de graines au gramme : environ 200.
- Levée : une dizaine de jours.

En cuisine

- Les pétioles coupés en tranches minces se mangent crus en salade.
- Cuits, ils se consomment gratinés, au jus de viande, en soufflé. Ils garnissent certains plats de viande blanche et de poisson, principalement le bar et le rouget.
- Le goût sucré du fenouil rappelle un peu celui du céleri.
- Les feuilles parfument sauces, farces, potages, crudités et salades...
- Les graines entrent dans la composition de diverses pâtisseries, liqueurs et sauces.

Fenouil doux officinal

Plante condimentaire très aromatique. Ses tiges florales, parfois hautes de 2 m, sont ramifiées, striées et très solides. Ses feuilles sont radicales, engainantes, finement découpées et longuement pétiolées. On le trouve à l'état spontané en France, en Europe centrale et méridionale, en Asie occidentale et en Afrique du Nord. Les fleurs sont hermaphrodites, de couleur jaune, et réunies en ombelles.

CARTE D'IDENTITÉ

Noms botaniques : (1) *Foeniculum vulgare* Miller, Gardner ; (2) *F. vulgare* Gaertner, var. *azoricum* (Miller) Thell.

Famille : Apiacées (Ombellifères).

Cycle : plante bisannuelle, parfois vivace, souvent cultivée comme annuelle.

Synonymes latins : *F. officinale* Allioni ; *F. capillaceum* Gilibert ; *Anethum foeniculum* Linné ; *Meum foeniculum* Sprengel.

Synonymes français : anis doux, anis de France, anis de Paris, fenouil amer, fenouil des jardins, fenouil de Malte, fenouil des vignes, fenouil de Provence.

Origine : possible d'Europe méridionale.

Noms étrangers :
Anglais : commom or sweet fennel, fennel.
Allemand : Gartenfenchel, Fenchel.
Espagnol : hinojo común, hinojo.
Italien : carosella, finocchio.
Néerlandais : venkel.

UN PEU D'HISTOIRE

Déjà connue dans l'Antiquité, cette plante est cultivée et appréciée depuis le Moyen Âge.

Propriétés

Apéritif, digestif, diurétique, emménagogue, expectorant, rafraîchissant, tonique et vermifuge, le fenouil officinal contient des vitamines A et C, ainsi qu'une huile essentielle.

Culture

Les graines se sèment en place en août ou en mars-avril, en rangs espacés de 50 cm.

Les recouvrir d'à peine 1 cm de terre émiettée ou de terreau, puis tasser avec le dos du râteau.

Lorsque les plants ont 4 ou 5 feuilles, éclaircir pour ne garder qu'un sujet tous les 20 cm.

Le fenouil doux supporte mal le repiquage.

Le fenouil amer se sème en mars-avril en pépinière. Attendre que les plants soient assez forts pour les mettre en place. Les espacer de 25 cm sur des rangs distants de 80 cm. Il est surtout cultivé en bordures.

Les bons mariages

Comme le fenouil bulbeux, ce fenouil ne supporte pas les choux (surtout le chou-rave), la carotte, le carvi, la coriandre, l'échalote, le haricot à grain blanc, le pois et la tomate.

Rotation des cultures

Laisser passer un délai de 2 ou 3 ans avant de faire revenir le fenouil doux à la même place.

Pour le fenouil amer, qui peut demeurer plusieurs années au même endroit, attendre 1 ou 2 ans de plus.

Notes du jardinier

- Ne pas laisser les plantes monter à graines, sinon les jeunes plants deviendront envahissants.
- Le fenouil (feuilles, racines ou semences) est très utilisé en parfumerie, herboristerie ou liquoristerie ainsi que dans l'industrie pharmaceutique.

FICHE DE CULTURE

CLIMAT	EXPOSITION	SOL	SEMIS	FLORAISON	RÉCOLTE
Chaud, tempéré ou doux	Ensoleillée	Frais, meuble et humifère ; évitez les terres calcaires et trop sèches	Août ou mars-avril	De juillet à octobre, à partir de la 2e année	Après 7 à 8 mois : semis d'automne ; après 3 mois : semis printanier

Fenouil doux bronzé.

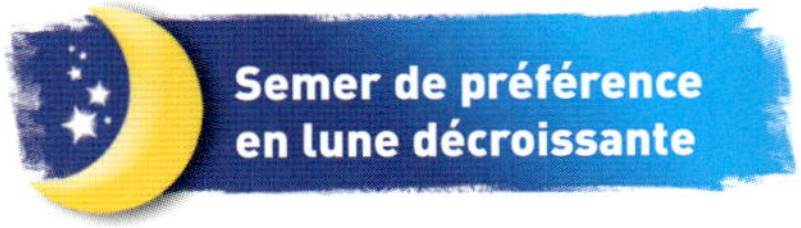

Fertilisation

Fertilisation normale à la fin de l'automne ou au début du printemps avec un engrais naturel et du compost.

Entretien

Procéder à des binages et des sarclages. Arroser par temps sec.

Maladies et parasites

Cette plante ne semble sensible ni aux maladies ni aux parasites.

Récolter et conserver

Les feuilles se récoltent au fur et à mesure des besoins. Les utiliser sans attendre après la cueillette, car elles se fanent vite.

Les graines se récoltent à maturité en coupant les ombelles. Les faire sécher à l'ombre, puis les égrener. Conserver les graines dans des récipients hermétiques, à l'abri de l'humidité.

Faire ses graines

Choisir quelques beaux sujets et les laisser monter à graines. Récolter les plus belles ombelles arrivées à maturité. Les faire sécher quelques jours à l'ombre, puis les égrener. Ensacher les graines.

- **Durée germinative : 4 ans.**
- **Nombre de graines au gramme : environ 125 pour le fenouil doux ; jusqu'à 310 pour le fenouil amer.**
- **Levée : de 10 à 20 jours.**

Les variétés

- Le fenouil doux officinal : cultivé comme annuel ou bisannuel.
- Le fenouil doux bronzé (*F. vulgare purpureum*) : souvent cultivé comme bisannuel.
- Le fenouil amer (*F. piperateum*), commun ou sauvage, est vivace ; il se reconnaît à ses tiges plus minces et à ses graines plus petites.

En cuisine

- Les feuilles finement hachées aromatisent les poissons au court-bouillon ou grillés, les crustacés, les salades, les crudités, les soupes (de poissons principalement), certains légumes (haricot sec, chou, fève, navet, pomme de terre en robe des champs...). Elles s'emploient également en infusion.
- Les graines parfument les choucroutes, les ragoûts, certaines viandes, les sauces, les pâtisseries ou encore diverses liqueurs.
- Les feuilles et les semences ont une saveur sucrée et anisée.

Fève

Plante potagère haute de 30 cm à 1 m, selon les variétés. Ses tiges sont simples, creuses, carrées et dressées. Ses feuilles sont composées, ovales, charnues, d'un vert pâle ou grisâtre. Ses fleurs se développent en petites grappes à l'aisselle des feuilles ; elles sont hermaphrodites, de couleur blanche, avec des ailes noires ou violacées, peu pédonculées. Ses gousses sont longues, charnues, vertes devenant noires à maturité ; elles renferment des graines comestibles, ovales, aplaties sur le côté, leur enveloppe est épaisse.

CARTE D'IDENTITÉ

Nom botanique :
(1) et (2) *Vicia faba* Linné.

Famille : Fabacées (Légumineuses).

Cycle : plante cultivée comme annuelle, parfois bisannuelle selon la date du semis.

Synonymes latins :
Faba vulgaris Moench ; *F. sativa* Bernh ; *Vicia esculenta* Salisbury.

Synonymes français :
fayot, fève des champs, fève des marais, gorgane, gourgane…

Origine : sans doute d'Orient ou d'Asie.

Noms étrangers :
Anglais : broad bean, windsor bean, hors bean.
Allemand : Puffbohne, Saubhone, Dickebohne, Gartenbohne, Feldbohne…
Espagnol : haba, hubamayor, haba de huerta, habichuela.
Italien : fava.
Néerlandais : tuinboon, duivenboon, paardenboon.

UN PEU D'HISTOIRE

La culture de la fève remonte à la Préhistoire. Anciennement connue des Grecs, elle aurait été introduite en Chine avant l'ère chrétienne.

Propriétés

Diurétique, énergétique, nutritive, reconstituante et tonique, la fève contient des vitamines (C et PP – en vert –, A, B1, B2, E et PP – sèche) et divers sels minéraux (calcium, cuivre, fer, magnésium potassium, sodium, soufre…). Elle est riche en protéines et en fibres.

Culture

Les graines se sèment en place, selon les régions, en février-mars ou d'octobre à février. Semer en rayons distants de 40 cm, à raison d'une graine tous les 15 cm ou deux tous les 25 cm. Les recouvrir de 2 à 3 cm de terre.

Les bons mariages

L'artichaut, le céleri, la laitue, le maïs sucré et la pomme de terre s'entendent favorablement avec la fève. Éviter, en revanche, de la semer à côté de l'oignon, de l'ail ou de l'échalote.

Semer de préférence en lune croissante

Rotation des cultures

La fève fait partie des légumineuses, donc des plantes dites améliorantes. Elle peut revenir au même endroit après un délai de 3 à 4 ans.

Fertilisation

L'apport d'engrais s'effectuera en automne, le compost devant être bien décomposé.

Les fertilisations foliaires à base de lithothamne sont fortement conseillées : à effectuer toutes les 2 ou 3 semaines jusqu'à la floraison.

Entretien

Les binages, les sarclages et le buttage sont indispensables. Arroser uniquement en cas de nécessité.

FICHE DE CULTURE

CLIMAT	EXPOSITION	SOL	SEMIS	FLORAISON	RÉCOLTE
Océanique : résiste aisément aux gelées jusqu'à – 3 °C	Ensoleillée	Argilo-calcaire, frais et profond : évitez les sols trop secs ou arides	Février-mars ou octobre à février (dans le Midi)	Mai à juillet	3 à 4 mois après le semis

Fève en fleur.

Taille

Pincer les tiges entre le 5e et le 7e groupe de fleurs pour éviter les attaques de pucerons, favoriser le développement et la maturation des gousses.

Maladies et parasites

Le mildiou

Moisissure veloutée grise violacée sur les feuilles qui périssent.

Avant le semis, pulvériser du purin d'ortie sur le sol. Effectuer régulièrement des binages profonds jusqu'au buttage. Appliquer une rotation convenable de 3 années.

Dès l'apparition de la maladie, pulvériser de la bouillie bordelaise.

La rouille

Petits gonflements arrondis sur les feuilles, de couleur rouille.

Même remède que pour le mildiou.

La bruche de la fève

La larve creuse des galeries dans les graines, l'insecte parfait sort à la fin de l'hiver.

Maintenir les graines bien sèches quelques jours à basse température ou les conserver au réfrigérateur.

Le puceron

En prévention, pincer les tiges entre le 5e et le 7e groupe de fleurs.

Voir « La lutte contre les parasites », page 70.

Le thrips des fèves

Il provoque le jaunissement des pousses et la déformation des gousses.

En prévention, effectuer des fertilisations foliaires et respecter les rotations. Pulvériser un insecticide végétal.

Notes du jardinier

- Il est préférable de ne pas faire une planche de fèves contenant plus de 3 rangs.
- Afin d'éviter les pucerons fréquents sur les fèves, ne pas hésiter à cultiver de l'aneth entre ses rangs.
- Le buttage est recommandé lorsque les fèves atteignent 12 à 15 cm de hauteur. Il évitera en partie, par la suite, que les plantes chargées de leurs gousses tombent sur le sol.
  Dans les régions venteuses, il est conseillé de mettre un tuteur à chaque extrémité des rangs et d'y tendre de chaque côté une ficelle qui maintiendra les plantes debout.

Récolter et conserver

Les gousses cueillies à demi-maturité se mangent crues. Pour les autres usages, et selon les besoins, on récolte généralement les gousses aux trois quarts de leur maturité. Pour la conservation des graines en sec, cueillir les cosses lorsque celles-ci sont noires. Les graines de fèves (non épluchées) se congèlent.

Les récoltes s'effectuent de juin à août pour un semis de printemps ou de fin d'hiver ; en mai-juin pour les régions méridionales.

Les variétés

'de Séville à longue cosse', 'd'Aguadulce à très longue cosse', 'Imperial Green Pod', 'Tezierémeraude', 'Trois fois blanches', 'Extra précoce a grano violetto', 'Red Epicure'.

Faire ses graines

Sélectionner quelques beaux sujets vigoureux. Cueillir les plus belles gousses à maturité, c'est-à-dire lorsque les cosses sont noires et que les feuilles commencent à se dessécher. Écosser et les faire sécher, puis les conserver dans des boîtes hermétiques.

Pour éviter une hybridation toujours possible, éloigner les variétés différentes les unes des autres.

- **Durée germinative : de 5 à 6 ans.**
- **Nombre de graines au gramme : suivant les variétés, une graine peut peser de 1,15 à plus de 20,5 grammes.**
- **Levée : de 8 à 10 jours.**

En cuisine

- On utilise les graines épluchées selon leur maturité.
- À demi-maturité, crues en entrée, à la croque au sel ou au beurre ;
- Aux trois quarts de leur maturité, cuites à la charentaise (excellent plat), au lard, à la maître d'hôtel, à la crème, à l'étouffée, en ragoût, à la landaise, à la tourangelle ;
- À maturité, elles entrent dans les potages et dans les purées.

Ficoïde glaciale

Plante potagère et ornementale très curieuse, à port étalé, haute de 30 à 50 cm. Ses tiges sont couchées et charnues. Ses feuilles sont épaisses, ovales, amples, alternes et non pétiolées. Les tiges et les feuilles sont recouvertes de petites éminences charnues ressemblant à des gouttelettes d'eau givrée, d'où le qualificatif « glaciale ». Les fleurs sont petites et situées à l'aisselle des feuilles ; elles sont hermaphrodites, de couleur blanche, légèrement rosées au pourtour, en calice.

CARTE D'IDENTITÉ

Nom botanique : (1) et (2) *Cryophytum cristallinum* N. E. Brown.

Famille : Aizoacées.

Cycle : plante vivace dans les pays chauds, cultivée comme annuelle.

Synonymes latins : *Mesembryanthemum crystallinum* Linné ; *M. glaciale* Haworth.

Synonymes français : cristalline, ficoïde cristalline, ficoïde à glaciale, glaciale, herbe à la glace, herbe gelée, ficoïde à cristaux, pourpier glacial...

Origine : cap de Bonne-Espérance.

Noms étrangers :
Anglais : ice plant, crystalline, midday flower.
Allemand : Eiskraut, Mittagsblume.
Espagnol : hierba de hielo, ficoide, escarcha, escarchosa, hierba de la plata.
Italien : erba diacciola, erba cristallina, aizoo.
Néerlandais : ijsplant.

UN PEU D'HISTOIRE

La ficoïde glaciale se rencontre à l'état spontané en Grèce et dans les îles Canaries. Elle aurait été introduite en Europe dans la première partie du XVIIIe siècle.

Propriétés

Adoucissante, astringente, diurétique, fébrifuge, pectorale et résolutive, la ficoïde glaciale contient des vitamines et divers sels minéraux (calcium, potassium et sodium).

Culture

Semis hâtif

Les graines se sèment en février-mars sur couche chaude ou en serre chauffée. Placer 4 ou 5 graines par godet. Lorsque les plants ont 4 ou 5 feuilles, ne garder que le plus beau sujet. Mettre alors en place sous châssis en espaçant de 30 cm en tous sens.

Aérer par beau temps. Dès que les gelées ne sont plus à craindre, les laisser à l'air libre.

Semer en lune décroissante

Semis normal

Semer directement en place, du début mai (attention aux gelées) jusqu'en juillet. Les rayons doivent être distants de 30 à 40 cm.

Lorsque les plants ont quelques feuilles, éclaircir à 30 cm sur la ligne.

Les bons mariages

La ficoïde glaciale semble s'accorder avec les autres plantes.

Rotation des cultures

Cette plante, peu épuisante, entre dans la catégorie des plantes potagères herbacées. Pratiquer une alternance de 2 à 4 ans.

Notes du jardinier

- La ficoïde glaciale peut se cultiver dans une grosse potée, en suspension, ou dans une rocaille comme plante décorative.
- Pour que la ficoïde glaciale fleurisse, la semer très tôt (semis hâtif).

FICHE DE CULTURE

Climat	Exposition	Sol	Semis	Floraison	Récolte
Tempéré ; résiste bien à la sécheresse ; ne supporte pas le froid	Chaude et ensoleillée	Riche en humus, pas trop humide, mais frais	Février-mars (en godets) ou mai à juilllet (directement en pace)	Juillet à fin septembre	Environ 2 mois après le semis

Fertilisation

Fertilisation normale à la fin de l'automne ou au début du printemps avec un engrais naturel et du compost. Éviter l'apport de fumure fraîche.

Pendant la culture, effectuer quelques fertilisations foliaires par poudrage de lithothamne.

Entretien

Les binages et les sarclages sont de rigueur. Arroser pour éviter les arrêts végétatifs en période de sécheresse et pour obtenir des plantes plus tendres.

Maladies et parasites

Maladies et parasites sont rares. Les limaces attaquent parfois les jeunes plants.

Ses principaux ennemis sont le froid et l'excès d'humidité.

Récolter et conserver

Les feuilles et les tiges se consomment le plus tôt possible après la cueillette.

La récolte de la ficoïde glaciale peut s'effectuer pendant tout l'été et se prolonger jusqu'aux gelées, au fur et à mesure des besoins.

Ficoïde glaciale en fleur.

Les variétés

Pas d'autre variété que le type botanique.

Faire ses graines

Choisir quelques beaux pieds issus d'un semis hâtif : ne pas couper les tiges. Récolter les graines à maturité, mais sans tarder, de préférence tôt le matin. Les faire sécher à l'ombre, puis les conserver dans des sachets ou dans des boîtes hermétiques. Un plastique étalé sous les tiges quelques jours avant la maturité des semences facilitera la récupération des graines fines. Les premières semences mûres sont souvent les meilleures.

- Durée germinative : 5 ans.
- Nombre de graines au gramme : environ 5 700.
- Levée : quelques jours.

En cuisine

- Les feuilles et les tiges tendres, hachées et cuites, s'accommodent au beurre, au jus, à la crème, accompagnent les pommes de terre...
- Les feuilles crues et tendres se consomment en salade.
- La ficoïde glaciale a un goût légèrement acide, mais agréable.

Fraisier

Plante herbacée, haute de 20 à 30 cm, rustique. Ses tiges florales sont dressées. Les feuilles à 3 folioles sont pétiolées, plissées, dentées et parfois velues. Les fleurs sont hermaphrodites, dioïques ou polygames selon les variétés ou les espèces, et de couleur blanche. Cette plante émet généralement des stolons (filets ou coulants).
Elle est cultivée pour ses fruits charnus, sucrés et parfumés, le plus souvent de forme arrondie ou conique ; leur couleur va du rouge foncé au rouge clair. Certaines variétés donnent des fruits roses, d'autres sont de couleur jaunâtre ou blanchâtre. Les saveurs diffèrent elles aussi considérablement.

CARTE D'IDENTITÉ

Nom botanique : (1) et (2) *Fragaria* (plusieurs espèces).

Famille : Rosacées.

Cycle : plante vivace.

Origine : le fraisier des bois est indigène en Europe ; le fraisier du Chili est issu d'Amérique du Sud (Chili, Pérou) ; le fraisier de Virginie, originaire d'Amérique du Nord, est indigène au Canada et aux États-Unis ; le fraisier capron est spontané en Europe centrale et orientale ; le fraisier étoilé est spontané sur les coteaux calcaires d'Europe et de Sibérie ; le fraisier ananas est issu d'Amérique du Nord.

Noms étrangers :
Anglais : strawberry.
Allemand : Erdbeere.
Espagnol : fresa.
Italien : fragola.
Néerlandais : aardbezie.

UN PEU D'HISTOIRE

Bien que déjà connue des Romains, la culture de la fraise ne s'est développée que depuis les XVIIe et XVIIIe siècles.

Propriétés

Apéritive, dépurative, diurétique, laxative, rafraîchissante, reminéralisante et tonique, la fraise contient des vitamines (A, B, C, E, K) ainsi que des sels minéraux (brome, calcium, fer, iode, magnésium, potassium, silicium, sodium et soufre).

Les fruits sont riches en sucre, mais pourtant les diabétiques peuvent en consommer.

Culture

La multiplication par semis est utilisée pour les variétés des « quatre-saisons ». Pour les variétés à gros fruits, cette méthode s'emploie uniquement pour produire de nouvelles variétés, les plants issus de semis n'étant pas fidèles au pied mère.

Par semis

Les graines se sèment de préférence en juillet ou en décembre. Une dizaine de jours à l'avance, préparer les caissettes, jardinières ou terrines destinées à recevoir les graines : les remplir d'un mélange constitué de deux tiers de terreau tamisé et d'un tiers de terre fertile, plutôt légère.

Arroser avant le semis. Employer si possible des graines fraîchement récoltées les semaines précédentes : les faire tremper pendant 48 heures dans un peu d'eau, les égoutter et les enrober de lithothamne. Les semer et les recouvrir à peine avec du terreau.

Placer les récipients dans un châssis et recouvrir avec un paillasson jusqu'à la levée. Dès que celle-ci a lieu, ôter le paillasson et protéger le châssis avec un plastique spécial semis (ajouré) qui empêchera certains ennemis des jeunes plants d'y pénétrer, tout en laissant passer la lumière.

Bassiner suffisamment pour garder la terre fraîche ; éclaircir s'il y a lieu.

Hiverner les plants sous le châssis sans les repiquer ; les protéger du froid en le fermant.

FICHE DE CULTURE

CLIMAT	EXPOSITION	SOL	PLANTATION	FLORAISON	RÉCOLTE
Tempéré	Ensoleillée	Humifère, frais et fertile : meuble et peu calcaire	Semez (juillet ou décembre), divisez les touffes (fin sept.), plantez les stolons (août-oct.)	Avril à juin (var.non remontantes) ou d'avril aux gelées (var. des quatre-saisons)	Selon le mode de culture, de 7 à 12 mois après le semis ou la plantation

La mise en place se fait vers la mi-mars en espaçant de 30 à 40 cm en tous sens. Praliner les racines avec une bouillie de lithothamne pour faciliter la reprise.

Si les plants ne sont pas très vigoureux, le repiquage peut se faire au plantoir, en prenant soin de ne pas recourber les racines et de laisser le « cœur » apparent au-dessus du sol. Tasser chaque pied et l'arroser au goulot.

Il est possible de semer sous châssis, toujours en caissettes ou en terrines, en décembre ; prendre les mêmes précautions que précédemment. La levée s'effectue généralement en février ou au début du mois de mars ; la mise en place a lieu vers la mi-mai.

Par division de touffes

Cette méthode de multiplication végétative est surtout utilisée pour les variétés qui ne donnent pas de stolons.

En septembre, repérer les plus belles touffes, bien vigoureuses. Enlever régulièrement les feuilles et les hampes florales sèches. Rechausser légèrement chaque touffe pour favoriser la production de radicelles et arroser en cas de sécheresse.

De la fin du mois de septembre jusqu'à la fin octobre, arracher ces touffes et pratiquer la division :

- ne conserver que les sujets ayant des racines nouvelles (radicelles) et munis d'un bourgeon ;
- éliminer les feuilles les plus âgées pour n'en conserver que 3 ou 4 parmi les plus jeunes ;
- couper les racines anciennes ;
- praliner les radicelles et mettre en place à l'aide d'une houe, en prenant les précautions indiquées précédemment ;
- bien tasser chaque pied et les arroser au goulot.

Par multiplication de filets (stolons)

Choisir des pieds mères sains, vigoureux et productifs. Supprimer les fleurs des plantes sélectionnées et conserver de 1 à 3 plants par coulant. Dès que des racines blanches (radicelles) apparaissent, les planter ; ne pas attendre qu'ils s'enracinent trop.

La plantation se fait d'août à octobre en les espaçant de 30 à 40 cm en tous sens, et en prenant les précautions indiquées par la mise en place.

Les variétés

- **Fraisiers non remontants à gros fruits :** 'Gorella', 'Madame Moutot', 'Hâtive de Caen', 'Surprise des Halles', 'Ananas', 'Gariguette', 'Cambridge', 'Talisman'.
- **Fraisiers remontants à gros fruits :** 'Sans rival', 'Brighton', 'Mount Everest', 'Truffaut prodige', 'Gento'...
- **Fraisiers non remontants à petits fruits :** 'Capron', 'Capron Royal'.
- **Fraisiers à petits fruits (fraisiers des quatre-saisons) :** 'Gaillon rouge', 'Reine des Vallées', 'Alpine blanche', 'Belle de Meaux' (variétés sans filet).

Un certain nombre de variétés sont cultivées par des jardiniers collectionneurs.

Reproduction des fraisiers par multiplication de stolons.

La 'Gariguette'.

La 'Reine des Vallées'.

Semer ou planter de préférence en lune croissante

Quelques variétés à retenir

Le genre *Fragaria* comprend plusieurs espèces à partir desquelles ont été sélectionnées nos variétés actuelles, dont : le fraisier des bois ou des Alpes (*F. vesca* Linné ; *F. vesca semperflorens* Duchesne ; *F. alpina* Steudel) ; le fraisier du Chili (*F. chiloensis* Duchesne) ; le fraisier de Virginie (*F. virginiana* Duchesne) ; le fraisier capron (*F. moschata* Duchesne) ; le fraisier étoilé (*F. viridis* Duchesne ou *F. collina* Ehrhart) ; le fraisier ananas (*F.* x *ananassa* Duchesne).

Parmi les espèces précitées, on peut plus particulièrement retenir les suivantes.

Le capron framboise

Non remontant, sa hampe florale très longue donne des fruits délicieux. Sa saveur musquée rappelle un peu la framboise ; les fruits sont de 2 à 3 fois plus gros qu'une fraise des bois ; cette espèce est très vigoureuse.

Le fraisier ananas

Appelé fraise « bretonne » ou « de Caroline », non remontant, il donne des fruits ronds, de couleur blanche à rosâtre. Son rendement est malheureusement peu élevé.

Le fraisier « Alpine blanche »

Il donne des petits fruits jaunâtres (jusqu'aux gelées) d'une très bonne saveur.

Les bons mariages

Le fraisier s'entend favorablement avec la bourrache officinale, l'épinard, le haricot nain, la laitue et le thym. En revanche, le chou est à éloigner.

Rotation des cultures

Le fraisier entre dans la catégorie des plantes potagères exigeantes. Occupant le sol pendant plusieurs années, il est très épuisant. Il faut donc attendre au moins 4 ans avant de le faire revenir au même endroit. Après une culture de fraisiers, il est conseillé de cultiver un engrais vert.

Fertilisation

Tous les ans, à l'automne ou à la fin de l'hiver, apporter du compost en l'enterrant superficiellement. Lors des binages printaniers, un léger apport d'engrais azoté (1 à 3 kg/are) est bénéfique. Pour l'engrais de fond, employer des doses normales.

Les fertilisations foliaires à base de lithothamne sont très importantes en période de végétation.

Il convient procéder 3 ou 4 fois à des pulvérisations sur le feuillage toutes les 3 semaines en moyenne.

Entretien

Les binages et les sarclages sont indispensables. Arroser si nécessaire.

Le paillage est conseillé avant la floraison ; il préserve la fraîcheur du sol et les fruits sont plus propres. Employer de préférence un paillage à base de compost ; dans le cas contraire, retirer, fin octobre ou début novembre la paille qui n'est pas décomposée.

Maladies et parasites

Le blanc des racines

Des filaments blanchâtres à grisâtres apparaissent sur les racines.

Arracher et brûler les pieds attaqués. Attendre de 3 à 5 ans avant de cultiver des fraisiers à cet endroit.

La chlorose

Les feuilles jaunissent, se recroquevillent, brunissent et se dessèchent ; la plante meurt.

Cette maladie est généralement due à un excès d'humidité et de calcaire, et à une terre trop compacte.

Aérer souvent le sol. En fin de saison, couper les feuilles des fraisiers au ras du sol et couvrir la planche de 3 à 4 cm d'aiguilles de pin.

La maladie des taches

De nombreuses taches circulaires, rougeâtres à brunâtres, apparaissent sur les feuilles qui finissent par se dessécher.

En prévention, pulvériser une première solution de bouillie bordelaise au printemps (avant la formation des fruits) et une autre après la récolte. Couper et brûler les feuilles atteintes.

L'oïdium des fraisiers

Les feuilles se couvrent d'une poussière blanche, elles se déforment et sèchent ; les fleurs et les fruits ne viennent pas à maturité.

Cette maladie apparaît pendant les étés chauds et humides.

Toutes les 3 semaines, une fertilisation foliaire à base de lithothamne constitue une excellente prévention. Dès l'apparition de la maladie, éliminer et brûler les feuilles atteintes, puis saupoudrer sur végétation humide (à la rosée) une solution composée de 50 % de lithothamne et de 50 % de fleur de soufre.

La pourriture grise

Les fruits pourrissent et sont recouverts de moisissures grises.

En prévention, effectuer régulièrement des fertilisations foliaires. Au début et à la fin de la saison, pulvériser une décoction de prêle. Cueillir et brûler les premiers fruits atteints.

La courtilière

Elle coupe les racines sur son passage ; voir « La lutte contre les parasites », page 68.

La grise

Petit acarien jaune, ayant deux taches rouges sur les côtés. Il suce le dessous des feuilles et dépose ses sécrétions sur leur face supérieure, qui prend une couleur grise.

Pulvériser sous les feuilles un insecticide végétal, et procéder à des saupoudrages à base de roténone.

Faire ses graines

Voici une recette personnelle, qui donne de bons résultats, pour produire des semences tout en évitant les croisements courants entre les variétés.

LA SÉLECTION

Choisir deux beaux pieds rustiques touffus, dont l'un sera le pied mâle et l'autre le pied femelle. Ils doivent être vigoureux, de bonne fructification et de la même variété. Les isoler chacun de l'extérieur à l'aide d'une cloche ou d'un mini tunnel en plastique, avant que les fleurs ne s'ouvrent.

LA FÉCONDATION ARTIFICIELLE

Procéder à la castration des fleurs juste avant qu'elles ne s'épanouissent :

- à l'aide de brucelles, écarter les pétales et cueillir les étamines du 1er pied qui sera le pied femelle (1) ;
- recueillir les anthères du pied mâle dans une petite boîte, puis le laisser découvert (2).

À mesure que les fleurs du pied femelle s'épanouissent, procéder à la fécondation artificielle.

Pour cela :

- prélever à l'aide d'un pinceau le pollen du pied mâle dans la boîte ;
- le déposer sur le pistil des fleurs du pied femelle (3) ;
- recommencer plusieurs jours de suite sur les mêmes fleurs.

Pendant l'opération, faire attention aux insectes.

Ne conserver que 4 ou 5 fleurs sur le pied femelle, mais prélever le maximum de pollen sur le pied mâle.

CONSEILS

Repérer les fruits fécondés en attachant un fil autour de chaque hampe florale. Dès que les pétales des fleurs fanent, enlever la protection (cloche ou tunnel). Le pollen recueilli se conserve pendant 3 ou 4 semaines à température normale. Commencer de préférence la fécondation artificielle assez tôt dans la matinée, mais les fleurs et le pollen doivent être bien secs. Une fécondation croisée sur deux plantes, permet d'obtenir des plants plus vigoureux.

LES GRAINES

Cueillir les fruits bien mûrs. Les couper en deux et les déposer sur un voile de mousseline. Les mettre à sécher à l'ombre ; remuer de temps en temps. Tamiser après séchage. Les graines se conservent assez longtemps, mais semer plutôt celles de l'année (récoltées depuis quelques semaines à quelques mois).

- Durée germinative : 3 ans ; utiliser de préférence des jeunes graines.
- Nombre de graines au gramme : de 800 à 2 500 selon les variétés.
- Levée : de 1 semaine (graines trempées au préalable) à 2 semaines pour des semences récentes ; plusieurs semaines pour des graines de plus d'1 an.

Fécondation artificielle

Fraisiers en fleur.

L'iule des fraises ou blaniule moucheté

Ce myriapode mince, brun clair, long de 2 cm, ressemble à un petit mille-pattes. Il envahit et dévore les fruits mûrs ; ils s'agglutinent en grand nombre sur le même fruit.

En prévention, pailler la fraiseraie ; les fruits qui ne seront plus en contact direct avec le sol ne seront pas attaqués. Divers matériaux sont possibles pour protéger les fraises (ardoises, tuiles, planchettes…). Les iules apparaissent surtout par temps pluvieux.

La larve du hanneton ou ver blanc

Elle mange les racines ; la plante s'affaiblit et meurt.

Dès qu'un pied se fane, rechercher la larve en terre et la détruire.

La limace

Elle dévore les fruits.

Voir « La lutte contre les parasites », pages 69-70.

Le puceron vert et le puceron jaune

Ils s'attaquent aux feuilles et aux pétioles (parfois au cœur de la plante) qui, couverts de ces insectes, deviennent gluants.

Voir « La lutte contre les parasites », page 70.

Le taupin

La larve mince, jaune, appelée « ver fil de fer », s'attaque aux racines du fraisier qui en meurt.

En prévention, bien aérer le sol à l'aide d'un binage. Mettre quelques boules de naphtaline dans des bouteilles en plastique coupées à chaque extrémité (pour les protéger du sol et de la pluie), les maintenir couchées avec des pierres ; l'odeur de la naphtaline fait fuir ce coléoptère (voir aussi « La lutte contre les parasites », pages 70-71.).

Récolter et conserver

Les fraises se cueillent délicatement quand elles sont bien mûres. On coupe chaque pédicelle avec l'ongle pour ne pas les endommager.

Elles se mangent le plus rapidement possible, même si elles peuvent se conserver quelques jours au réfrigérateur.

La période de la cueillette :

– Elle s'étend sur environ 3 semaines pour les variétés non remontantes à gros fruits.
– Elle s'étend sur 2 mois pour les variétés remontantes à gros fruits.
– Elle s'effectue sans interruption, pendant 4 ou 5 mois (selon le temps), pour les variétés à petits fruits des quatre-saisons qui ont la particularité de donner des fruits jusqu'aux gelées.

Notes du jardinier

- **Un conseil pour prolonger une fraiseraie : en fin de saison (en novembre), couper à 1 ou 2 cm au-dessus du sol toutes les feuilles des fraisiers, les brûler, couvrir la planche avec une couche de 3 à 4 cm d'aiguilles de pin. Cette méthode permet de maintenir une culture de fraisiers deux fois plus longtemps qu'une culture normale.**
- **Généralement on renouvelle les fraisiers tous les 3 ans.**
- **Éviter de cueillir les fraises pendant les heures chaudes. Le meilleur moment est le matin, elles sont plus parfumées.**

En cuisine

- Les fraises se consomment crues, nature, au vin rouge, au kirsch, au champagne, au sucre, à la crème fraîche, parfois mélangées avec d'autres fruits (framboises, groseilles). On en fait également des glaces, des sorbets, des sirops, des liqueurs…
- Cuit, ce fruit se prépare en confiture, en marmelade, en tarte, en compote, en soufflé…

Gesse commune

Plante potagère herbacée haute de 40 à 50 cm. Ses tiges sont minces. Ses feuilles à 2 folioles sont pétiolées, ailées, étroites, pointues, en forme de lance ; elles se terminent par une vrille. Les stipules (sortes de petites feuilles à la base des pétioles) sont lancéolées. On la cultive pour ses graines. Celles-ci sont plus ou moins carrées, assez plates ; elles sont enfermées, au nombre de 2 à 4, dans une gousse assez large, mais courte. Les fleurs, hermaphrodites, sont de couleur blanche, à étendard bleu, papilionacées, solitaires, plus petites que celles des pois.

Carte d'identité

Nom botanique : (1) et (2) *Lathyrus sativus* Linné.

Famille : Fabacées (Légumineuses).

Cycle : plante annuelle.

Synonymes latins : *Cicercula sativa* Alefeld ; *C. alata* Moench ; *Pisum lathyrus* E.H.L. Krause.

Synonymes français : dent de brebis, févette, gesse blanche, gesse cultivée, gesse domestique, jarosse, lentille d'Espagne, pois breton, pois carré.

Origine : possible du Sud-Est asiatique ; subspontanée en Europe méridionale comme en France.

Noms étrangers :
Anglais : grass pea vine, chickling vetch, matter pea, grass vine.
Allemand : Saatplatterbse, deutsche Kicher, Eckerbse, Ackerplatterbse, spanische Erbse, spanische Linse.
Espagnol : almorta, guija, tito muela, chicharo, arveja.
Italien : cicerchia, cece néro.
Néerlandais : zaai-lathyrus, wikken, peul erwt.

Un peu d'histoire

La gesse commune est cultivée en Espagne et en Italie depuis l'Antiquité comme plante fourragère. Elle a fait son apparition en France vers le milieu du XVIIe siècle.

Culture

Les graines se sèment au printemps (au mois de mars ou au mois d'avril), en lignes distantes de 35 à 40 cm. Déposer une graine tous les 4 ou 5 cm en l'enfonçant de 3 à 4 cm dans le sol. Quand les plantes sont suffisamment hautes, les butter et les ramer comme les pois.

Les bons mariages

La gesse commune fait bon ménage avec la carotte, le navet, la pomme de terre. Elle ne supporte cependant ni l'ail, ni l'échalote, ni l'oignon.

Rotation des cultures

Comme le haricot et le pois, cette plante de la famille des légumineuses est plus enrichissante qu'épuisante.

Les légumineuses peuvent, sans inconvénient, revenir au même endroit après un délai de 2 ou 3 ans.

Semer de préférence en lune croissante

Fertilisation

Fertilisation normale. N'apporter ni azote ni fumure fraîche.

Procéder à 2 ou 3 fertilisations foliaires, par poudrage à base de lithothamne, jusqu'à la floraison de la plante.

Entretien

Procéder à des binages et des sarclages. Arroser si nécessaire.

Butter et ramer avec des branchages ou un grillage haut de 50 cm.

Maladies et parasites

La bruche

Ce petit charançon pond des œufs sur les fleurs avant la formation des gousses. Sa larve se développe lentement dans la

Fiche de culture

Climat	Exposition	Sol	Semis	Floraison	Récolte
Tempéré	Ensoleillée	Fertile, frais, léger, pas trop humide	Mars ou avril	Mai à juillet	Environ 3 mois après le semis

Fleurs papilionacées de la gesse commune.

graine ; elle ronge l'albumine et s'attaque parfois au germe ; ensuite elle se transforme en nymphe et sort de la graine vers la fin de l'hiver ou au début du printemps en perçant un trou.

Exposer ou conserver les graines bien sèches au froid pendant quelques jours (entre – 2 et – 4 °C).

Récolter et conserver

Cueillir les cosses au fur et à mesure des besoins, quand elles sont pleines, mais encore bien vertes.

Notes du jardinier

- En cuisine, lors de la préparation, mieux vaut jeter la première eau de cuisson (après ébullition) car les graines contiennent de la lathyrine, substance toxique (pouvant provoquer une paralysie des pieds) qui disparaît à 100 °C.
- Dans certaines régions, on destine cette plante à l'alimentation des animaux.

Les variétés

'Blanche commune', 'Blanche du Maroc', 'Grise de Tenès' (ressemblant à des morceaux de granit). Les deux dernières variétés sont cultivées par des jardiniers collectionneurs.

Faire ses graines

Sélectionner les plus belles plantes, et laisser les graines venir à maturité.
Cueillir les cosses lorsqu'elles sont sèches.
Les faire sécher quelques jours à l'ombre et les écosser.
Conserver les graines ensachées dans un endroit sec et frais.

- **Durée germinative : 5 ans.**
- **Nombre de graines au gramme : 4.**
- **Levée : de 6 à 8 jours environ.**

En cuisine

- On mange les graines vertes, cuites à la manière des petits pois ou des fèves, au beurre, au lard, à l'anglaise, à la maître d'hôtel...
- Les graines sèches s'utilisent en purée, mais elles sont assez difficiles à cuire.
- À consommer avec modération.

Haricot commun

Plante potagère herbacée à végétation rapide, dont la hauteur diffère selon les variétés : les variétés naines, à tiges droites et à port buissonnant, dépassent rarement 40 cm de hauteur ; les variétés grimpantes (à rames), dont les tiges minces et dépourvues de vrilles s'enroulent autour des rames, atteignent de 1,50 m à 3 m de hauteur. Les feuilles, composées de 3 folioles, sont ovales, grandes, se terminant en pointe ; leur couleur varie du vert-jaune au vert foncé teinté de violet. Les fleurs sont hermaphrodites, en grappes, autogames ; leur couleur diffère selon les variétés (blanche, verdâtre, rose, lilas, violacée...).

CARTE D'IDENTITÉ

Nom botanique : (1) et (2) *Phaseolus vulgaris* Linné.

Famille : Fabacées (Légumineuses).

Cycle : plante annuelle.

Synonymes latins : *P. esculentus* Salisbury ; *P. nanus* Juslen ; *P. tumidus* Savi.

Synonymes français : artilleur, faséole, fayot, phaséole...

Origine : Amérique du Sud, possible du Pérou et de la Colombie.

Noms étrangers :
Anglais : dwarf bean, kidney bean, garden bean, french bean.
Allemand : Bohne, Gartenbohne, Buschbohne.
Espagnol : judia, frijol, habichuela.
Italien : fagiuolo, faginolo.
Néerlandais : stamboon, pronkboon, stokboon, boon.

UN PEU D'HISTOIRE

Cultivé à l'époque précolombienne, il fut introduit en Europe vers le XVIe siècle.

Propriétés

Les haricots verts sont antidiabétiques, dépuratifs, nutritifs, diurétiques et rafraîchissants. Ils contiennent des vitamines (A, B5, B6, C, E) ainsi que du calcium, du cobalt, du cuivre, du fer, de l'iode, du magnésium, du phosphore, du potassium, du nickel, du silicium, du sodium, du soufre, du zinc.

Les haricots en grains secs, énergétiques et nutritifs, renferment de la vitamine B ainsi que du calcium, du fer, du phosphore et du potassium.

Culture

Semer au bon moment

Selon les régions, semer directement en place :
- à partir du mois de mars ou d'avril dans le Midi ;
- après le 15 mai en région parisienne ;
- à partir de la dernière semaine de mai pour les régions plus froides.

Semer en lune croissante quelques jours avant la pleine lune

Selon les variétés, la période des semis dure plus ou moins longtemps :
- pour les haricots à manger verts, les semis s'échelonnent jusqu'à la fin juillet, parfois plus tard, suivant les conditions climatiques et les régions ;
- pour les haricots à consommer en grains frais, semer jusqu'au 15 juillet ;
- pour une culture destinée aux grains secs, ne pas aller au-delà du 15 juin (suivant les régions).

Comment procéder

• **Le semis** : pour les variétés naines, le semis se fait soit en lignes espacées de 40 cm, en déposant 1 graine tous les 8 ou 10 cm, soit en poquets, disposés en quinconce, en déposant 5 ou 6 graines tous les 40 cm.

Pour les variétés grimpantes, les rangs sont plus espacés (70 cm) ; prévoir 2 ou 3 rangs au maximum par planche.

FICHE DE CULTURE

CLIMAT	EXPOSITION	SOL	SEMIS	FLORAISON	RÉCOLTE
Tempéré et chaud	Ensoleillée	Sain, ameubli, frais, léger et humifère ; redoute les terres calcaires, froides et humides	En mars-avril (dans le Midi) ; du 15 mai à fin juillet (pour les autres régions)	Mai-juin à fin septembre	2 mois et demi à 4 mois environ après le semis selon la variété (verts, secs,...)

Bouton floral et gousse du haricot commun.

Si le semis se fait en poquets, déposer 6 ou 7 graines, en quinconce, tous les 50 cm.

Enfoncer les graines de 2 ou 3 cm dans le sol et les recouvrir de terre bien émiettée.

• **Activer la levée** : pour activer la levée, il est conseillé de faire tremper les graines, si possible dans de l'eau de pluie, pendant 24 heures. Éliminer les semences qui flottent. Égoutter les graines et les enrober de poudre de lithothamne. Si la terre n'est pas assez humide, arroser le fond du rayon ou des poquets avant de semer.

On peut hâter une culture en semant sous tunnel plastique.

• **Le buttage** : biner aussitôt après la levée, puis recommencer 2 semaines plus tard environ afin de faciliter l'opération du buttage.

Pour les variétés grimpantes, lors du buttage, planter les rames (côté extérieur de la touffe) en les inclinant légèrement vers l'intérieur afin qu'elles se rejoignent.

Les bons mariages

Aubergine, carotte, choux, concombre, épinard, fraisier, persil et pomme de terre s'entendent favorablement avec le haricot. À l'inverse, l'ail, l'échalote, le fenouil, l'oignon, la tomate et le poireau génèrent des problèmes.

Rotation des cultures

Le haricot entre dans la catégorie des plantes améliorantes (légumineuses). Il peut revenir sur la même planche au bout de 2 ou 3 ans.

Fertilisation

Fertilisation normale. N'apporter que peu ou pas d'azote ; les fumures fraîches sont à proscrire.

Toutes les 3 semaines environ, et jusqu'à la floraison, procéder à des fertilisations foliaires à base de lithothamne.

Entretien

Les binages, les sarclages et le buttage sont de rigueur. Arroser si nécessaire.

Maladies et parasites

L'anthracnose du haricot

Taches brunes, voire noires, plus ou moins allongées sur les feuilles ; taches rondes roses, voire grises, sur les gousses, qui parfois se courbent ou se déforment. Les graines présentent aussi des taches brunes ; les cotylédons des jeunes plants sont parfois attaqués.

Surtout, ne jamais semer de graines de plantes contaminées. Pratiquer des fertilisations foliaires régulières. Respecter une rotation de 3 années.

Ne pas toucher aux plantes humides ou mouillées. En prévention, pulvériser une décoction de prêle.

Dès l'apparition de la maladie, brûler les premières plantes atteintes et pulvériser de la bouillie bordelaise. Si les gousses sont formées, les haricots ne devront plus être consommés que pour leurs grains.

Le blanc

Des filaments blancs, d'apparence farineuse, tapissent les feuilles.

Dès le début de l'attaque, saupoudrer un mélange composé de 50 % de lithothamne et de 50 % de fleur de soufre ; insister sur les parties malades.

Pour éviter une nouvelle contamination lors des prochaines récoltes, il est plus prudent de traiter les rames à la bouillie bordelaise avant de les ranger à l'abri pendant la mauvaise saison.

La graisse

Des taches jaunes, d'aspect huileux, apparaissent sur les feuilles qui brunissent et meurent ; sur les gousses, les taches sont vertes et chancreuses ; les grains sont parfois attaqués.

Cette maladie est due au climat (temps humide suivi d'un temps chaud, puis sec pendant la floraison). Si le temps est favorable à son développement, effectuer 1 ou 2 traitements à base de bouillie bordelaise toutes les semaines ou toutes les 2 semaines jusqu'au début de la floraison. Arracher et détruire les pieds atteints.

À la suite de cette maladie, respecter une longue rotation de 3 ou 4 ans.

Les variétés

• **Haricots nains sans parchemin (mangetout) :** 'Purple Teepee', 'Baraquet', 'Obélisque', 'Golden Teepee', 'Delinel', 'Janus', 'Saxa', 'Coco de Prague', 'Contender', 'Coco nain rose d'Eyragues'. Les deux dernières variétés peuvent se consommer en grains frais ou secs.

• **Haricots nains avec parchemin pour consommation en filets :** 'Triomphe de Farcy', 'Roi des Belges', 'Saint-Esprit rouge' (à consommer aussi en grains), 'Fin de Bagnols', 'Roi des beurres', 'Beurre de Roquencourt'.

• **Haricots nains avec parchemin, à écosser :** 'Flageolet rouge' ('Rognon de coq'), 'Rognon de Pont l'Abbé', 'Flageolet chevrier', 'Coco nain blanc précoce', 'Michelet à longue cosse', 'Jaune de la Chine', 'Comtesse de Chambord' ou 'Petit riz nain' (près de 80 cm de hauteur).

• **Haricots à rames sans parchemin (mangetout) :** 'À rames à cosse violette', 'Saint-Fiacre à rames', 'Phénomène à rames', 'Œil-de-perdrix à rames', 'Beurre de merveille de Venise' ('Or du Rhin').

• **Haricots à rames avec parchemin, à écosser :** 'de Soissons blanc à rames', 'de Soissons vert à rames', 'Riz à rames', 'Crochu de Montmagny', 'Michelet à longue cosse à rames'.

Il existe de nombreuses autres variétés anciennes ou récentes très intéressantes.

'Coco de Prague'.

'De Soissons blanc à rames'.

La rouille

Des taches jaunes, puis brunes à noires, sont groupées en amas sur les feuilles ; les gousses peuvent se déformer si elles sont atteintes.

Cette maladie apparaît en période fraîche, humide et pluvieuse, principalement sur les variétés grimpantes.

Pratiquer des fertilisations foliaires régulières. En prévention, pulvériser de la décoction de prêle.

Au début de la maladie, employer de la bouillie bordelaise. Arracher et détruire les premières plantes contaminées.

La bruche du haricot

La graine est minée par une larve qui s'y développe lentement. Vers la fin de l'hiver, l'animal se transforme en nymphe et sort de la graine en laissant un trou.

En prévention, environ 2 semaines avant la récolte, pulvériser une solution nicotinée sur les gousses. Après la récolte, bien faire sécher les gousses ou les graines. Les exposer au froid :

- soit à la rigueur de l'hiver, dans un local sec et aéré, pour les graines conservées en cosses ;
- soit en sachets, en haut du réfrigérateur pendant plusieurs semaines, ou au congélateur pendant 4 ou 5 jours (de – 20 à – 22 °C, ou moins), pour les graines écossées.

La grise ou tétranique

Petit acarien qui suce le dessous des feuilles ; celles-ci sont recouvertes d'un revêtement soyeux, prennent une teinte grisâtre et finissent par se dessécher.

Les plantes attaquées ont souvent souffert de la sécheresse : en prévention, tenir le sol frais et pratiquer de fréquents bassinages sous les feuilles.

Dès l'attaque du parasite, pulvériser un insecticide végétal ou une solution nicotinée sous les feuilles.

Notes du jardinier

- **Pour réussir un semis, il faut que la levée soit rapide dans un sol réchauffé ; pour s'en assurer plonger l'index dans la terre ; s'il se produit une sensation de chaleur, il est temps de semer !**
- **Certaines espèces sont cultivées pour leurs gousses (allongées, arrondies ou plates), dont la couleur diffère suivant les variétés (jaune, verte, violacée et striée) ; d'autres le sont uniquement pour leurs graines, plus ou moins grosses (de forme oblongue – évoquant souvent un rein –, ovoïde ou sphérique), et de couleurs très variées (blanches, jaunes, rouges, brunes, violacées, noires, bicolores, tricolores, panachées, maculées, mouchetées...).**

La limace et l'escargot

Ils dévorent les jeunes plants.

Voir « La lutte contre les parasites », pages 69-70.

La mouche du semis

Les larves de cette mouche mangent les cotylédons et les graines avant qu'elles ne lèvent ; il y a des manques à la levée, les cotylédons ou le bourgeon principal des autres plants sont rongés.

Semer quand la terre est suffisamment réchauffée, car si les plants végètent à la levée ou si celle-ci est trop longue, il y a un risque d'invasion.

Laisser tremper les semences pendant 24 heures et les enrober de lithothamne. Arracher et brûler les plants attaqués.

Le puceron noir de la fève

Les rameaux sont recouverts par une colonie de pucerons noirs qui sucent la sève ; les plantes attaquées finissent par périr.

Voir « La lutte contre les parasites », page 70.

Le puceron des racines

Il suce les tiges à la hauteur du collet.

Voir « La lutte contre les parasites », page 70.

Récolter et conserver

On récolte **les haricots verts en filets** (avec parchemin) au plus tard à la moitié de leur grosseur. Il faut donc visiter les cultures au moins tous les 2 ou 3 jours car, cueillis trop vieux, les filets sont filandreux. Pour éviter le déracinement, les haricots verts se cueillent à deux mains, en tirant sur la gousse d'une main et en maintenant la plante de l'autre. Une fois ramassés, ils se conservent 2 ou 3 jours au frais, mais il est préférable de les manger le plus rapidement possible après la cueillette. Le surplus peut se conserver par stérilisation ou par congélation.

Faire ses graines

Éviter de faire voisiner des variétés trop proches l'une de l'autre. Choisir quelques beaux pieds parmi les plus vigoureux : repérer les premières gousses qui mûrissent (elles donnent généralement les meilleures graines) en vue de les récolter dès leur maturité.
Le moment venu, les faire sécher, les écosser et ensacher les semences. L'idéal est de conserver les graines dans le bas du réfrigérateur.
Il est aussi possible d'arracher les pieds des porte-graines (variétés naines) : les faire sécher au soleil, puis les rentrer dans un local aéré (non chauffé) : les mettre en bottes, et les suspendre la tête en bas ; le froid de l'hiver sera bénéfique pour les semences.
Pour les variétés à rames, entreposer les gousses dans des clayettes ou des cageots et les conserver dans les mêmes conditions.
Le haricot s'autofécondant, il semble possible d'isoler les différentes variétés (avant que les fleurs ne s'ouvrent) sous tunnel plastique.

- Durée germinative : jusqu'à 3 ans.
- Nombre de graines pour 10 grammes : de 12 à 70 ; les plus petites graines sont celles du haricot 'Riz à rames' (70) ; la variété naine 'Comtesse de Chambord' (petit riz) en compte 65 pour 10 g.
- Levée : de 5 à 10 jours, suivant les conditions climatiques.

Les haricots verts mangetout (sans parchemin) se récoltent jusqu'à la formation des grains.

Les haricots en grains frais se cueillent quand les gousses sont bien pleines. Ils se conservent quelques jours au frais (dans leur gousse) ; on peut les stériliser ou les congeler.

Les haricots secs se récoltent à maturité. Ils peuvent se conserver soit dans leur gousse soit écossés, comme les haricots en grains frais.

Récolte de haricots verts.

En cuisine

- Les gousses en filets ou en mangetout se préparent au beurre, à la bonne femme, à la crème, gratinées, au jus de viande, à la lyonnaise, à la tomate, à la normande, à l'anglaise, à la poulette, à la vénitienne, sautées, en soupe, dans les jardinières de légumes, et accompagnent de nombreux plats de viandes.
- Les grains frais ou secs s'utilisent à la maître d'hôtel, à l'occitane, à la bretonne, à la charcutière, à la parisienne, à la bourguignonne, à la portugaise (avec des filets de morue), à la berrichonne, à la crème, à l'ardéchoise, à la provençale, en ragoût, en potage, en salade, persillés, dans le cassoulet...

Haricot d'Espagne

Plante potagère et ornementale herbacée, dont la hauteur atteint parfois 4 m. Sa tige grimpante s'enroule autour des rames. Ses feuilles à 3 folioles, un peu velues, ressemblent à celles du haricot commun. Ses gousses sont allongées, larges, plates, courbées et rugueuses. Les grains sont très gros, de couleur blanche, noire ou marbrée. Le haricot d'Espagne possède souvent une grosse racine tubéreuse. Les fleurs hermaphrodites, abondantes et très décoratives, de couleur blanche, rouge ou bicolore sont réunies en grappes allongées. Cette espèce a besoin des insectes pour sa fécondation.

CARTE D'IDENTITÉ

Nom botanique :
(1) et (2) *Phaseolus coccineus* Linné.

Famille : Fabacées (Légumineuses).

Cycle : plante vivace dans les pays chauds, cultivée comme annuelle sous notre climat.

Synonymes latins : *P. multiflorus* Lamarck ; *P. vulgaris* var. *coccineus* Linné ; *P. multiflorus* Willdenow ; *Lipusa multiflora* Alefeld, Landw ; *L. coccinea* Alefeld ; *P. vulgaris* var. *multiflorus* Nicholson.

Synonymes français : haricot à bouquets, haricot gros Soissons, haricot-fleur, haricot moucheté...

Origine :
Amérique du nord (Mexique).

Noms étrangers :
Anglais : scarlet runner, spanish runner bean.
Allemand : Prunkbohne, Blumenbohne, Arabischebohne, Feuerfisole.
Espagnol : judia escarlata, judia de Espaschebohne, Feuerfis.
Italien : fagiuolo di spagna.
Néerlandais : pronkboon.

En cuisine

On consomme les jeunes gousses coupées en lanières, comme les haricots verts. Seuls les grains blancs, un peu farineux, se mangent, cuisinés comme ceux du haricot commun. Enlever la peau après la cuisson. Ils font d'excellents potages.

Pour toute information complémentaire : se reporter au haricot commun (*Phaesolus vulgaris*) pages 244 à 247.

Les variétés

'd'Espagne blanc' (certainement la meilleure variété en sec ; fleur et grain blancs), 'Rouge Butler'.

Culture

Le haricot d'Espagne se sème en lignes espacées de 80 cm à 1 m, de la mi-mai à début juin. Déposer 5 à 7 graines par poquet (distants de 50 cm), à une profondeur de 4 ou 5 cm et recouvrir de terre émiettée.

On peut semer début mai, sous tunnel plastique, ou en pots, sous châssis. Replanter les plants avec leur motte en les tassant et en les arrosant quand les gelées ne sont plus à craindre. Dans le Midi, on peut semer dès le mois d'avril.

Récolter et conserver

On cueille les gousses jeunes, au tiers ou à la moitié de leur développement. La récolte s'achève quand la température devient trop basse.

Le haricot 'd'Espagne blanc' en grains se récolte à maturité.

Faire ses graines

Le semis doit être le plus précoce possible, le haricot d'Espagne ayant beaucoup de mal à mener ses graines à maturité dans certaines régions.

Ses variétés se croisent entre elles, aussi est-il préférable de n'en avoir qu'une seule dans le même potager.

- Voir aussi le haricot commun, page 247.
- Nombre de graines pour 10 g : de 7 à 8.

Notes du jardinier

- Prévoir des rames très solides pour supporter le poids des plantes.
- Ce haricot peut être cultivé en montagne.
- Les variétés de couleur ne se consomment pas en grains secs, car elles contiennent une substance toxique.

FICHE DE CULTURE

CLIMAT	EXPOSITION	SOL	SEMIS	FLORAISON	RÉCOLTE
Tempéré, pas trop chaud	Ensoleillée	Léger, frais et ameubli	Mai à début juin, début avril dans le Midi	Mai à fin septembre	4 mois et demi après le semis (grains secs), ou 3 mois après (en vert)

Hélianti

Plante potagère dont les feuilles, les tiges et les fleurs sont très proches de celles du topinambour. Ses tiges dressées et ramifiées atteignent jusqu'à 3 ou 4 m de hauteur. Ses feuilles sont ovales, lancéolées, dentées, assez rudes au toucher. L'hélianti est cultivé pour ses rhizomes très allongés, lisses, minces, renflés vers l'extrémité. Les fleurs ne produisent pas de graines sous notre climat. Elles sont hermaphrodites, de couleur jaune, en capitules, solitaires.

Culture

De février jusqu'à fin mars, planter à la houe 1 rhizome tous les 50 cm à une profondeur de 15 cm environ. Les rangs sont espacés de 70 à 80 cm.

Quand les plants le permettent, il faut les butter.

Planter de préférence en lune décroissante

Rotation des cultures

Cette plante assez épuisante est à classer parmi les plantes potagères exigeantes. Il est préférable d'attendre 3 ou 4 ans avant de faire revenir l'hélianti à la même place.

Fertilisation

Fertilisation normale avec un engrais naturel et du compost. Lors du travail du sol, un bon apport de compost bien décomposé est bénéfique pour un meilleur rendement. Les fertilisations foliaires sont facultatives.

Entretien

Procéder à des binages et des sarclages. Arroser en cas de sécheresse. Afin que les tiges résistent mieux aux vents forts, butter les plantes quand celles-ci sont hautes de 15 à 20 cm ; on peut également couper les tiges à 1,50 m.

Maladies et parasites

Les principaux parasites sont les acariens et les aleurodes.

Notes du jardinier

- Cette plante potagère ressemble au topinambour fuseau dont elle a le goût, en plus fin ; sa racine est plus longue et mince.
- Attendre que les tiges soient sèches pour les couper.

CARTE D'IDENTITÉ

Nom botanique :
(1) *Helianthus strumosus* Linné ;
(2) non mentionné.

Famille : Astéracées (Composées).

Cycle : plante vivace par ses tubercules, cultivée comme annuelle.

Synonyme latin :
H. mollis Willdenow.

Origine : Amérique du Nord, possible de Virginie.

Noms étrangers :
Anglais : dahlia sunflower, perennial sunflower, wood sunflower, paleleaved.
Allemand : damer Sonnenblume, pariser Sonnenblume, Wielblumichte.
Italien : helianto.
Néerlandais : engelsche zonneblam.

UN PEU D'HISTOIRE

L'hélianti fut introduit en France vers la fin du XIXe siècle. Cette plante fut d'abord cultivée dans les jardins botaniques de M. de Noter qui, en 1905, la développa en prétendant que sa qualité gustative était supérieure à celle du topinambour.

FICHE DE CULTURE

Climat	Exposition	Sol	Plantation	Floraison	Récolte
Tempéré : très rustique	Ensoleillée	Profond et léger : humifère et frais	Plantez les rhizomes en février ou en mars	Généralement en septembre-octobre	6 ou 7 mois après la plantation

Fleurs de l'hélianti.

Les variétés

Pas d'autre variété que le type botanique.

Rhizomes de l'hélianti.

Oïdium

De petites taches blanches apparaissent sur les feuilles, puis une poussière blanche ou grisâtre se développe.

Le feuillage peut être atteint par cette maladie en fin de saison. Couper les tiges atteintes et les brûler. En prévention, pulvériser de la bouillie bordelaise.

Les lapins

Ils mangent les tiges des jeunes plants.

Voir « La lutte contre les parasites », page 71.

Le mulot

Ce rongeur s'attaque aux rhizomes qu'il dévore.

Le chasser en plaçant des pierres de carbure humidifiées dans les galeries.

Récolter et conserver

Récolter les rhizomes au fur et à mesure les besoins. Bien qu'ils se flétrissent rapidement à l'air, ils peuvent se garder pendant quelques jours.

Pour une conservation plus longue, les stratifier dans du sable.

L'arrachage commence vers la mi-novembre, quand les tiges sont sèches ; il se prolonge jusqu'à la fin mars.

Pendant les froids, couvrir les planches avec des feuilles ou de la paille sèches pour faciliter l'opération. Comme le topinambour, cette plante peut devenir envahissante si on laisse dans le sol des petits éclats de rhizomes.

Faire ses graines

L'hélianti ne donne pas de graines.
Sur les pieds les plus vigoureux et productifs, choisir des racines de taille moyenne et les stratifier dans du sable sec pendant l'hiver.
On peut aussi maintenir en terre 1 ou 2 beaux pieds jusqu'à la plantation.

En cuisine

- Les rhizomes cuits se préparent comme les salsifis : en salade, gratinés, au jus de viande, frits, au beurre, à la crème…
- Ne pas les faire trop cuire.
- L'hélianti a un goût très agréable, rappelant les saveurs du topinambour et du salsifis.

Hysope

Petit arbrisseau à feuilles persistantes formant un buisson haut de 30 à 50 cm. Ses tiges dressées sont ligneuses à la base. Les feuilles sont ovales et petites. Les fleurs sont hermaphrodites, groupées en épis, de couleur blanche, rose, ou le plus souvent bleu violacé.

CARTE D'IDENTITÉ

Nom botanique :
(1) et (2) *Hyssopus officinalis* Linné.

Famille : Lamiacées (Labiées).

Cycle : plante vivace.

Synonymes latins : *H. cinerascens* Jourdan de Puyfol et Fourr ; *Thymus hyssopus* E.H.L. Krause.

Synonymes français : herbe sacrée, hiope mariarmo, hissope.

Origine : Europe centrale et méridionale.

Noms étrangers :
Anglais : hyssop.
Allemand : Ysop.
Espagnol : hisopo, rabillo de gato.
Italien : issopo.
Néerlandais : hijssop.

UN PEU D'HISTOIRE

On cultive l'hysope en Europe depuis le Moyen Âge et au Moyen-Orient depuis l'Antiquité.
Les Grecs et les Arabes l'utilisaient sous diverses formes.

Propriétés

Antiseptique, apéritive, béchique, digestive, diurétique, expectorante, stomachique, tonique et vermifuge, l'hysope contient une huile essentielle. Les femmes enceintes doivent éviter d'en consommer. Aromatique, condimentaire et médicinale, cette plante s'utilise aussi dans les pots-pourris.

Culture

Par semis

Semer sur couche chaude (février-mars) ou en pépinière (avril-mai). Les plants se repiquent en pépinière de juin à août, quand ils sont assez forts pour supporter cette opération. Les mettre en place en automne ou au printemps suivant.

La récolte a lieu de 8 à 12 mois après le semis.

Par division de touffes

Au début du printemps (vers la fin mars) ou à l'automne (fin septembre), diviser les vieilles touffes.

Praliner les racines avec une bouillie de lithothamne pour faciliter la reprise, puis mettre en place.

Suivant l'époque de la multiplication, la récolte a lieu de quelques semaines à 6 ou 7 mois après la division.

Par bouturage

Cette opération peut se faire au début du printemps ou à l'automne.

Couper quelques extrémités de branches, d'une longueur de 10 cm environ. Supprimer les feuilles sur la partie à enterrer. Planter de préférence en pépinière. Mettre en place les boutures quand elles sont suffisamment enracinées, c'est-à-dire à l'automne ou au printemps suivant.

Suivant l'époque de la multiplication, la récolte a lieu de 4 à 5 semaines jusqu'à 6 ou 7 mois après le bouturage.

Les bons mariages

L'hysope accepte très bien le voisinage de la vigne, mais ne supporte pas le radis. Elle repousse le papillon de la piéride du chou.

Semer de préférence en lune décroissante

Rotation des cultures

Cette plante peut rester en place plusieurs années (en général 3 ou 4 ans). Appliquer une rotation de 4 à 5 ans avant de faire revenir l'hysope au même endroit.

FICHE DE CULTURE

Climat	Exposition	Sol	Plantation	Floraison	Récolte
Indifférent	Chaude et ensoleillée	Légèrement calcaire et sablonneux ; assez riche en humus, aéré et frais	Semez (avril-mai), divisez les touffes ou bouturez (début du printemp ou automne)	Juin à septembre	Selon le mode de culture, de quelques semaines à 12 mois après la plantation

Buisson d'hysope en période de floraison.

Fertilisation

Fertilisation normale à la fin de l'automne ou au début du printemps avec un engrais naturel et du compost. Éviter les fumures fraîches et les engrais azotés dits « coup de fouet ».

Entretien

Procéder à des binages et des sarclages. Arroser uniquement en cas de grande sécheresse. Quand le froid est très rigoureux, protéger les plantes avec des feuilles sèches ou de la paille ; penser à découvrir si le temps se radoucit. Avant les froids, couper les tiges à 10 cm au-dessus du sol.

Maladies et parasites

Le blanc des racines

Une poussière blanche apparaît au collet des sujets atteints, qui jaunissent et finissent par périr.

À la rosée, saupoudrer les pieds attaqués avec un mélange composé, pour 1 are, de 150 grammes de lithothamne et de 150 grammes de fleur de soufre. Bien dégager la terre au collet avant d'opérer.

En prévention, changer les pieds de place tous les 3 ou 4 ans, et veiller à appliquer une bonne rotation.

Récolter et conserver

Pour un usage courant, récolter au fur et à mesure des besoins.

Pour la conservation :
- la récolte des tiges et des feuilles s'effectue de préférence avant la floraison ;
- celle des sommités fleuries a lieu pendant la floraison. `

Faire sécher la récolte à l'extérieur, à l'ombre, et le plus rapidement possible. Conserver (les tiges, les feuilles ou les fleurs) dans des boîtes ou des bocaux hermétiques ; les maintenir soigneusement à l'abri de l'humidité.

Notes du jardinier

- **L'hysope est souvent cultivée en bordures, mais trouve aussi sa place dans une rocaille. Très mellifère, elle est appréciée des abeilles.**
- **Dès l'apparition des tiges florales, couper celles-ci afin de favoriser de nouvelles pousses tendres.**
- **Les fleurs fraîches peuvent agrémenter les crudités et les salades.**
- **L'hysope s'adapte à tous les climats, mais croît surtout dans les régions montagneuses, les terres sèches et arides du Bassin méditerranéen.**

Les variétés

Variétés à fleurs blanches, à fleurs roses, à feuilles violacées.

Faire ses graines

Repérer les sujets les plus vigoureux ; ne pas couper les tiges.
Récolter les épis à maturité, de la fin du mois d'août jusqu'à la fin du mois de septembre.
Les faire sécher à l'ombre quelques jours, puis les battre. Mettre les graines en sachet.

- **Durée germinative : 3 ou 4 ans.**
- **Nombre de graines au gramme : 850.**
- **Levée : 2 ou 3 semaines.**

En cuisine

- Les jeunes feuilles fraîches ou sèches s'emploient en petites quantités et avec modération dans les sauces, les salades, les potages, les ragoûts, les farces, avec les gibiers, les grillades, les volailles et divers légumes, dont les féculents.
- Les feuilles et les sommités fleuries sont employées en infusion.
- L'hysope entre dans la composition de diverses liqueurs. Sa saveur amère et brûlante rappelle un peu celles du romarin et de la sarriette.

Cette plante est très appréciée dans les pays méridionaux.

Igname de Chine

Plante potagère herbacée à tige annuelle grimpante s'enroulant autour de rames hautes de 2 à 3 m. Ses feuilles sont entières, opposées, d'un vert brillant, en forme de cœur finissant légèrement en pointe. Elle est cultivée pour ses rhizomes (appelés aussi tubercules). Évoquant des massues, et couverts de très fines radicelles courtes, ils s'enfoncent parfois à plus de 40 ou 50 cm dans le sol. Charnus, ils peuvent avoir la grosseur du poing ; leur chair blanche est un peu farineuse. Les fleurs, la plupart du temps stériles, se développent en grappes à l'aisselle des feuilles ; elles sont dioïques, petites, de couleur blanche. Parfois, les ignames produisent à l'aisselle de leurs feuilles des bulbilles rondes, dont le diamètre dépasse à peine un demi-centimètre.

Carte d'identité

Noms botaniques :
(1) *Dioscorea batatas* Decaisne ;
(2) *D. opposita* Thumberg.

Famille : Dioscoréacées.

Cycle : plante vivace par ses tubercules, généralement cultivée comme annuelle.

Synonyme latin :
D. decaineana Carrière.

Synonyme français : igname patate.

Origine : sans doute de Chine.

Noms étrangers :
Anglais : yam, chinese yam, chinese potato.
Allemand : Yam Kartoffel, chinesische Kartoffel, Yamwurzel, chinesische Yam.
Espagnol : name, igname, niame chino.
Italien : igname.
Néerlandais : yam.

Un peu d'histoire

L'igname a été introduite en France vers le milieu du XIXe siècle pour remplacer la pomme de terre. Mais le projet fut vite abandonné, cette plante étant de culture difficile en raison de ses tubercules qui descendent très profondément dans le sol.

Propriétés

Digestive, l'igname de Chine contient des vitamines (B1, B2, C, PP) ainsi que du calcium, du fer, du magnésium, du phosphore, du potassium et du sodium.

Culture

Par bouturage de tronçons de tiges

En juillet, couper des tronçons de tiges, de 2 à 3 cm de longueur. Veiller à ce qu'ils soient munis chacun de 2 feuilles (opposées). Les planter en pépinière bien exposée et les recouvrir pratiquement jusqu'au niveau des feuilles. La distance de plantation est de 6 à 8 cm en tous sens ; tenir le sol bien frais. Début novembre, récolter chaque petit tubercule issu du bouturage et le stratifier dans du sable sec jusqu'à la plantation au printemps suivant. La récolte est possible au plus tôt 15 mois après le bouturage.

Par bulbilles

En novembre, récolter les bulbilles sur les tiges et les conserver dans du sable sec durant l'hiver. Planter au printemps, en pépinière bien exposée. Les espacer de 10 cm en tous sens en les enfonçant dans le sol à 2 cm de profondeur. À l'automne, les plantes donneront de petits rhizomes ; les arracher et les conserver comme plants pour le printemps suivant. Tuteurer en cours de saison.

La récolte a lieu au minimum 21 mois après la plantation en pépinière.

Par tronçons de racines (rhizomes)

En avril ou début mai, couper la tête des rhizomes en tronçons de 4 à 5 cm de longueur. Les mettre en place dans des trous de 7 à 8 cm et espacés de 40 cm. La distance entre les lignes est de 60 cm. Pour faciliter la reprise, poudrer les faces coupées avec du lithothamne.

La récolte est possible de 7 à 8 mois après la multiplication.

Fiche de culture

Climat	Exposition	Sol	Plantation	Floraison	Récolte
Tempéré, chaud et humide : sa racine supporte bien les froids	Chaude et ensoleillée	Fertile, humifère, profond : frais, meuble et léger	Plantez les bulbilles ou rhizomes en avril-mai ou bouturez en juillet	Juillet à fin septembre	7 à 21 mois après, selon les facteurs climatiques et le mode de reproduction

Coupe de la tête d'un rhizome.

Par rhizomes

En avril, planter les petits tubercules verticalement en les espaçant de 40 cm. Les recouvrir de 3 à 4 cm de terre. Les lignes sont distantes de 60 cm.

La récolte peut avoir lieu de 7 à 8 mois après la multiplication.

Conseils

Concernant les multiplications par tronçons de racines ou par rhizomes :

- planter d'abord les rames (voir le buttage du haricot page 245) avant la mise en terre ;
- quand les plantes ont de 25 à 30 cm de hauteur, les butter ;
- pour avancer les cultures, surtout en régions froides, il est possible de planter en mars les tronçons ou rhizomes dans des pots ; procéder sur couche ou en serre ; mettre en place avec la motte quand les gelées ne sont plus à craindre (on peut aussi faire une plantation sous tunnel plastique) ;
- en mars, quand le temps le permet, découvrir la planche, et enfoncer les rames de nouveau, avec précaution, pour ne pas endommager les plantes.

Rotation des cultures

L'igname de Chine restant en place assez longtemps, elle est à classer parmi les plantes potagères exigeantes.

Pratiquer une rotation de 3 ou 4 ans.

Planter de préférence en lune décroissante

Fertilisation

Fertilisation normale à la fin de l'automne ou au début du printemps avec un engrais naturel et du compost.

Au cours de la saison, procéder à 3 ou 4 fertilisations foliaires à base de lithothamne.

Entretien

Les binages et les sarclages sont de rigueur. Arroser si nécessaire. Butter les tiges quand elles sont assez hautes pour subir cette opération. À partir du mois de juin (quand la terre s'est bien réchauffée), recouvrir les planches d'une couche de paille (5 à 6 cm) ; elle améliorera le rendement et gardera le sol frais.

Maladies et parasites

Les lapins

Ces rongeurs dévorent parfois les jeunes tiges. Protéger les plantes à l'aide d'un fin grillage.

Voir « La lutte contre les parasites », page 71.

Récolter et conserver

La récolte peut commencer quand les tiges sont sèches. Elle s'effectue au fur et à mesure des besoins et se prolonge du mois de novembre jusqu'au mois d'avril. Pendant les périodes de froid, il est préférable de couvrir les rangs avec une bonne couche de paille ou de feuilles sèches pour faciliter l'arrachage des rhizomes qui est très délicat. En effet, non seulement ceux-ci plongent profondément dans le sol (parfois jusqu'à plus de 50 cm), mais de plus ils cassent facilement.

Notes du jardinier

- On peut arracher toutes les ignames en novembre, elles se conservent très bien en cave ou en silo ; avant de les stocker, les laisser ressuyer quelques heures sur le sol.
- L'igname de Chine 'Chappellier améliorée' est la seule variété vraiment intéressante sous notre climat. Dotée d'une racine longue de 15 à 20 cm, parfois de la grosseur du poing, elle s'enfonce moins profondément en terre que d'autres espèces surtout cultivées dans les pays chauds et tropicaux.

Les variétés

- Sous notre climat : 'Chappellier améliorée' (la seule variété intéressante).
- Dans les pays chauds et tropicaux : 'Saint-Vincent', 'Sainte-Catherine' (*Dioscorea alata*), 'À tout temps' ou 'Portugaise' (*Dioscorea cayennensis*), des variétés bien connues des Antillais.

Il existe environ 200 espèces réparties en Asie, Australie, Afrique et Amérique.

Faire ses graines

L'igname ne donne pas de graines sous notre climat. En revanche, elle produit parfois des bulbilles que l'on récolte vers la fin octobre et que l'on stratifie dans du sable sec jusqu'à la plantation.

En cuisine

Les rhizomes se préparent cuits à la manière des pommes de terre : à l'étouffée, sautés, en frites, en beignets, rôtis... Les aromatiser de coriandre et de gingembre. Ils ont une saveur délicate et agréable.

Immortelle jaune

Sorte de petit arbuste nain, d'environ 40 à 50 cm. Ses tiges ramifiées, étalées, ligneuses vers le bas et raides à l'opposé, forment une touffe assez importante. Ses feuilles persistantes, étroites, plus petites et moins nombreuses à la base, sont assez rustiques et coriaces ; couvertes d'un duvet grisâtre argenté, elles sont très odorantes. Ses fleurs pétiolées, abondantes, disposées en capitules serrées, groupées en corymbe (assemblage de fleurs horizontales) sont d'une couleur jaune, légèrement pale, et s'épanouissent en juin-juillet ; elles sont hermaphrodites.

CARTE D'IDENTITÉ

Nom botanique : (1) non mentionné, (2) *Helichrysum serpylifolium* Lessig.

Famille : Astéracées ou composées.

Cycle : plante vivace.

Synonyme latin : *Helichrysum italicum* (Roth) Gussone.

Synonymes français : herbe à care, hélichrysum à feuilles minces, immortelle d'Italie, plante au curry...

Origine : incertaine ; peut-être d'Afrique du Sud (Le Cap) ou d'Europe du Sud.

Noms étrangers :
Anglais : Curry Plant, Italian Everlasting.
Allemand : Italienische Strohblume, Italienisches Sonnengold.
Espagnol : Sempreviva de camp, Sempreviva itàlica.
Italien : Elicriso italico, Perpetuini d'Italia.
Néerlandais : Kerrieplant.

UN PEU D'HISTOIRE

Dans le passé, on se servait beaucoup de ces fleurs pour fabriquer des couronnes mortuaires.

Culture

Prélever les boutures de bois vert au printemps, de bois un peu plus ligneux en été ou au début de l'automne. Planter les boutures à l'étouffée dans des pots remplis d'un mélange de terre légère et de sable de rivière ; conserver à l'abri du froid (serre, châssis…).

Mettre en place à 60 cm en tous sens au printemps suivant, lorsque les gelées ne sont plus à craindre.

Il est possible d'effectuer des semis au printemps, sous serre, et de mettre en place les plants avec leur motte, au printemps suivant. Ce mode de reproduction est très rarement utilisé car sa réussite n'est pas garantie.

Cette plante est souvent cultivée en bordure.

Les bons mariages

Elle semble s'accorder avec toutes les plantes cultivées à son voisinage.

Les facteurs lunaires sont sans influence

Rotation des cultures

Comme l'immortelle jaune peut rester 4 ou 5 ans de suite à la même place, il faudra attendre environ autant d'années pour la cultiver à nouveau au même endroit.

Fertilisation

Fertilisation normale avec des engrais naturels et du compost.

Entretien

Binages, sarclages et arrosages sont nécessaires.

Lors de grands froids, veiller à protéger la touffe à l'aide de paille ou de feuilles sèches et à couvrir avec du plastique à bulles.

FICHE DE CULTURE

Climat	Exposition	Sol	Plantation	Floraison	Récolte
Chaud et tempéré : ne résiste pas aux températures inférieures à -10 °C	Ensoleillée	Léger, frais et humifère	Bouturer en été, au début de l'automne ou au printemps	Juin-juillet principalement	Après 1 an de culture en moyenne

Les fleurs de l'immortelle jaune entrent dans la composition des pots-pourris.

Les variétés

Le type botanique, l'immortelle Dartington (*Helichrysum italicum Dartington*), et l'immortelle naine (*Helichrysum italicum* ssp. *Microphyllum*).

Faire ses graines

Cueillir les capitules à maturité ou presque, les suspendre la tête en bas, au-dessus d'un récipient. Lorsqu'elles sont bien mûres, les froisser et les nettoyer. Conserver les graines en sachets ou en bocaux hermétiques, au frais, au sec et à l'abri de la lumière du jour.

- Durée germinative : inconnue.
- Nombre de graines au gramme : environ 1 300.
- Levée : inconnue.

En cuisine

- Cette plante ne se mange pas, mais agrémente la saveurs des aliments. Son parfum rappelle le curry.
- Les petits bouquets de feuilles (comme ceux que l'on confectionnent avec le thym) aromatisent les légumes, le riz, les volailles (farcies avec un bouquet), les viandes, les grillades, les ragoûts, les sauces, les marinades, les boissons...

Taille

Fin mars-début avril, faire une toilette légère : supprimer les tiges sèches ou souillées par les froids. Après la floraison, tailler la plante pour lui donner une forme.

Notes du jardinier

- Cette plante se cultive en bordure, dans les rocailles, mais trouve également sa place dans de grands pots, jardinières ou caissettes.
- Les branches et les fleurs préalablement séchées entrent dans la création des pots-pourris ; avec ses capitules on confectionne des bouquets secs.

Maladies et parasites

Cette plante ne se connaît ni parasites, ni maladies.

Récolter et conserver

L'immortelle jaune peut être récoltée quasiment tout au long de l'année, surtout les jeunes pousses.

Pour la conservation, à la fin de l'été récolter quelques bouquets et les suspendre dans un local aéré. Une fois secs, les conserver dans des boîtes ou bocaux hermétiques.

Laitue

Plante potagère herbacée dont la tige florale peut atteindre jusqu'à près de 1 m de hauteur. La forme des feuilles diffère selon les variétés, répertoriées en 4 groupes : les laitues pommées, les laitues romaines, les laitues à couper et les laitues-asperges. Les fleurs des laitues sont petites, hermaphrodites, de couleur jaune pâle, en capitules.

CARTE D'IDENTITÉ

Nom botanique :
(1) et (2) *Lactuca sativa* Linné.

Famille : Astéracées (Composées).

Cycle : plante annuelle.

Synonymes latins :
laitue pommée : *L. capitata* Garsault ; romaine : *L. romana* Garsault ; à couper : *L. intybacea* Jacquin, *L. laciniata* Roth, *L. crispa* De Candolle ; asperge : *L. angustana* Vilmorin.

Synonymes français :
laitue pommée : herbe des sages, herbe des eunuques ; romaine : chicon, laitue lombarde, laitue longue ; à couper : laitue frisée, laitue mignonnette, laitue à pincer, petite laitue; asperge : romaine-asperge, laitue-céleri.

Origine : Asie (Inde, Népal) ou Europe méridionale.

UN PEU D'HISTOIRE

La laitue était connue des Romains. Il est d'ailleurs vraisemblable qu'ils l'aient introduite dans certains pays d'Europe.

Propriétés

Antispasmodique, apéritive, calmante, dépurative, rafraîchissante et reminéralisante, la laitue contient des vitamines (A, B1, B2, B6, C, D, E) ainsi que de l'arsenic, du calcium, du chlore, du cobalt, du cuivre, du fer, de l'iode, du nickel, du phosphore, du potassium, du magnésium, du manganèse, du sodium et du zinc. La romaine-asperge 'Celtuce' serait plus riche en vitamines.

La laitue pommée

L. sativa var. *capitata* (Linné) : ses grandes feuilles entières, lisses, ondulées ou cloquées, de couleur blonde, verte ou rougeâtre selon la variété, forment une pomme arrondie et compacte.

La laitue romaine

L. sativa var. *longifolia* (Lamarck) : ses feuilles raides et allongées, forment une grosse pomme serrée, longue, arrondie au sommet ; les feuilles sont luisantes ; leurs couleurs diffèrent comme celles de la laitue pommée.

La laitue à couper

L. sativa var. *crispa* (Linné) : elle est constituée d'une rosette de feuilles libres, ne pommant pas ou peu ; ses feuilles sont parfois frisées, arrondies, découpées, gaufrées ou ondulées (ressemblant à une feuille de chêne) selon les variétés.

La laitue-asperge

L. sativa var. *angustana* (Iris) : elle ne pomme pas et donne de longues feuilles, étroites et lancéolées. Sa tige grosse et renflée se consomme quand elle est haute de 20 à 30 cm.

Dans les catalogues anglais, on trouve une variété sous le nom de 'Celtuce' ; ses feuilles sont à peu près identiques à celles de la laitue romaine ; elles ne pomment pas mais engendrent un trognon renflé et allongé que l'on mange.

Culture

Laitue pommée de printemps

Les graines se sèment clair en février ou en mars. Procéder sous châssis, en pépinière bien exposée ou directement en place

FICHE DE CULTURE

Climat	Exposition	Sol	Semis	Floraison	Récolte
Tempéré : craint la sécheresse	Ensoleillée	Fertile, humifère et frais	Mars à juin ou août à septembre	Juin à septembre	Selon la saison et la variété, de 4 semaines à 8 mois après le semis

Les variétés

• Laitues pommées de printemps :
'Gotte à graine blanche', 'Gotte à graine noire', 'Gotte jaune d'or' (dorée), 'Appia', 'Reine de mai', 'Dorée de printemps', 'Blonde à bord rouge'...

• Laitues pommées d'été ou d'automne :
'Craquerelle du Midi', 'Grosse blonde paresseuse', 'Blonde d'été', 'Le bon jardinier', 'Patience', 'Blonde de Versailles', 'Kinemontepas', 'Merveille des 4 saisons', 'de Bellegarde', 'Têtue de Nîmes', 'Grosse brune têtue', 'Sucrine', 'Reine des glaces', 'Chou de Naples', 'de Pierre-Bénite', 'Rouge grenobloise', 'Beaujolaise', 'Blonde de Paris', 'Blonde à bord rouge'...

• Laitues pommées d'hiver :
'Passion blonde', 'Passion verte d'hiver', 'Brune d'hiver', 'Val d'Orge', 'Merveille d'hiver'...

• La laitue pommée se récolte entière en coupant la racine au ras du sol ou en l'arrachant.

sous tunnel plastique. Lorsque les plants ont quelques feuilles, éclaircir ou repiquer en espaçant de 20 cm en tous sens.

Pendant l'hiver, il est possible de faire une culture forcée ; il suffit de semer en septembre-octobre, sous châssis froid ou en pépinière bien abritée, puis de repiquer sous châssis froid (en attente). Au cours de l'hiver, repiquer successivement les plants sur couche en les espaçant de 20 cm en tous sens. Prévoir un délai de 5 à 6 semaines (selon la température) entre le repiquage et la récolte.

La récolte est possible environ 2 mois après le semis.

Laitue pommée d'été ou d'automne

Semer du mois de mars au mois de juin, en pépinière, puis repiquer. On peut aussi semer clair directement en place, puis éclaircir en espaçant les plants de 25 cm en tous sens.

Comme pour la laitue pommée de printemps, la récolte est possible environ 2 mois après le semis.

Laitue pommée d'hiver

Les graines se sèment en août ou en septembre en pépinière. Lorsque les plants ont quelques feuilles, les repiquer en place à bonne exposition. Les lignes sont toujours distantes de 25 cm, cependant les plants ne sont à espacer que de 15 cm. En effet, à la fin de l'hiver (selon la température), il peut y avoir des manques ; si ce n'est pas le cas, quand les plantes démarrent, supprimer un plant sur deux. Cultiver de préférence les laitues d'hiver dans une terre légère.

La récolte peut avoir lieu 7 ou 8 mois après le semis.

Laitue romaine

Elle se sème de mars à juin, en pépinière ou en place, comme la laitue pommée d'été ou d'automne. Les variétés d'hiver se sèment en août ou en septembre (voir la laitue pommée d'hiver, ci-dessus).

Récolter la laitue de 6 à 8 semaines après le semis pour une plantation d'été ou d'automne et 7 mois après le semis pour une culture d'hiver.

Laitue à couper

Les graines se sèment en place, du mois de mars jusqu'au mois d'août, en rayons distants de 20 cm. L'éclaircissage se fait naturellement en récoltant les jeunes plants suffisamment développés pour être consommés.

La récolte est possible de 4 à 5 semaines après le semis.

Laitue-asperge

Semer de mars à juin, en pépinière ou directement en place. Les lignes sont distantes de 25 à 30 cm. Repiquer ou éclaircir en espaçant de 20 à 25 cm.

La récolte a lieu entre 2 mois et 2 mois et demi après le semis.

Laitue pommée de printemps 'Appia'.

Laitue pommée d'hiver 'Val d'Orge'.

Laitue pommée d'été 'Merveille des 4 saisons'.

Laitue à couper 'Red Salad Bowl'.

Conseils

Les graines de laitue doivent être à peine recouvertes de terreau ou de terre bien émiettée ; plomber avec le dos du râteau. Maintenir le sol bien humide.

Les bons mariages

Les laitues s'entendent volontiers avec la betterave, la carotte, le chou-fleur, le concombre, le fraisier, le navet, l'oignon, le pois et le radis. En revanche, elles ne supportent pas le tournesol et le persil.

Rotation des cultures

Les laitues sont à classer parmi les plantes herbacées. Elles sont peu épuisantes car leur végétation est rapide.

S'il est possible, dans certains cas, de faire 2 cultures successives, il est préférable de respecter une rotation minimale de 2 ou 3 ans.

Fertilisation

Fertilisation normale à la fin de l'automne ou au début du printemps avec un engrais naturel et du compost. Procéder à 2 ou 3 fertilisations foliaires à base de lithothamne sur la même culture.

Entretien

Les binages et sarclages sont de rigueur. Arroser copieusement si nécessaire. En cas de sécheresse, pailler avant que les plants ne soient trop développés.

Maladies et parasites

Le blanc, mildiou ou meunier des laitues

Les feuilles jaunissent, le dessous se couvre d'une efflorescence blanchâtre ; elles finissent par se dessécher.

Cette maladie apparaît souvent sous châssis, il faut aérer dès que possible. Ne semer ni trop tôt ni trop tard. Le sol doit être bien aéré. En prévention, pulvériser de la décoction de prêle.

Dès l'apparition de la maladie, supprimer les pieds atteints et arrêter provisoirement les arrosages.

La fonte des semis

À la levée, il y a des manques ou des plants disparaissent.

Cette maladie est souvent due à un excès d'humidité ; il faut donc tenir le sol assez frais, mais sans excès.

Éviter de semer trop dru. Aérer les châssis dès que possible pour endurcir

Semer de préférence en lune décroissante

Les variétés

- **Laitues romaines de printemps, d'été et d'automne :** 'Blonde maraîchère', 'Ballon de Bougival', 'Blonde du Chesnay', 'Chicon des Charentes'...
- **Laitues romaines d'hiver :** 'Rouge d'hiver', 'Verte d'hiver'.
- **Laitues à couper :** 'Feuille de chêne blonde', 'Feuille de chêne à graines brunes', 'Feuille de chêne verte', 'Blonde à couper améliorée', 'Frisée à couper de Beauregard', 'Frisée à couper d'Amérique', 'Salad Bowl', 'Red Salad Bowl'...
- **Laitues-asperges :** romaine-asperge 'Celtuce' ; laitue-asperge 'du Pamir'.
- **La laitue romaine** se récolte entière en coupant la racine au ras du sol ou en l'arrachant ;
- **La laitue à couper** se récolte en coupant les feuilles au-dessus du collet.
- **La laitue-asperge** se récolte quand la tige atteint de 15 à 20 cm de hauteur pour la variété 'Celtuce', et 30 cm pour la variété 'du Pamir'.

Faire ses graines

Choisir des pieds bien représentatifs de la variété recherchée.

LES VARIÉTÉS DE PRINTEMPS
Courant mars, sélectionner quelques beaux pieds et les replanter avec leur motte en les espaçant de 50 cm en tous sens (procéder sous tunnel plastique si nécessaire). Ils monteront vers la fin avril-début mai : tuteurer les tiges.
La récolte se fait fin juillet-début août en coupant les tiges, avant complète maturité, au fur et à mesure de leur avancement.
Les faire sécher à l'ombre sur une toile, en les secouant de temps en temps. Battre si nécessaire, puis ensacher les semences.

LES VARIÉTÉS D'ÉTÉ
Pratiquer comme ci-dessus en tenant compte du décalage de 1 ou 2 mois environ (selon la date du semis).

LES VARIÉTÉS TARDIVES D'AUTOMNE ET D'HIVER ET LES ROMAINES
Protéger les pieds sélectionnés du froid à l'aide de cageots renversés et recouverts de paille ou de feuilles sèches. Les découvrir lorsque le temps se radoucit.
Au printemps, replanter les pieds avec leur motte en les espaçant de 50 à 60 cm en tous sens, puis procéder comme il est expliqué précédemment.

LES VARIÉTÉS DE LAITUE À COUPER ET LA LAITUE-ASPERGE
Pratiquer comme indiqué pour les variétés d'été.

- Durée germinative : 5 ans.
- Nombre de graines au gramme : environ 800.
- Levée : de 4 à 6 jours environ (elle doit être rapide).

Notes du jardinier

- La reprise des plants sera supérieure en pralinant les racines dans une bouillie de lithothamne (100 grammes par litre d'eau).
- Lorsque l'on fait ses graines, protéger les porte-graines avec des filets, car les oiseaux en sont très friands.

les plants avant le repiquage. Pratiquer une bonne rotation.

La mosaïque

Les feuilles atteintes se gaufrent en se recroquevillant et se décolorent ; leur croissance s'arrête, la plante se rabougrit.

Arracher et brûler les plantes malades. Cette maladie étant transmise par les pucerons, lutter contre eux dès leur apparition. Voir « La lutte contre les parasites », page 70.

La courtilière

Elle coupe les racines sur son passage en creusant des galeries. Voir « La lutte contre les parasites », page 68.

La larve des hannetons

Ces vers blancs et gris s'attaquent aux racines des plantes qui fanent puis meurent. Voir « La lutte contre les parasites », page 69.

La limace

Elle dévore les jeunes plants tendres, laissant sur son passage des traînées de sécrétions visqueuses. Voir « La lutte contre les parasites », pages 69-70.

La noctuelle de la laitue

Chenille verte, rayée de bandes brunes, qui ronge les feuilles et les graines des reproducteurs.

Dès l'apparition du parasite, pulvériser une décoction de tanaisie, une macération de genêt ou un insecticide végétal.

Le puceron des feuilles

Cet insecte brun s'attaque aux feuilles, en colonie, entravant le développement de la plante. Voir « La lutte contre les parasites », page 70.

Le puceron des racines

Les racines sont envahies de pucerons gris qui sucent la sève.

Déchausser légèrement les racines et traiter avec une solution à base d'insecticide végétal. Voir « La lutte contre les parasites », page 70.

Le taupin

Les larves, d'un jaune brillant, appelées « vers fil de fer », creusent des galeries au collet des plantes qui finissent par en mourir. Voir « La lutte contre les parasites », pages 70-71.

Récolter et conserver

La récolte s'effectue au fur et à mesure des besoins et du développement des plantes.

Il est préférable de cueillir les laitues peu de temps avant de les consommer, car elles perdent vite une partie de leurs propriétés, surtout la vitamine C.

Lorsqu'il est impossible de faire autrement, les conserver dans le bas du réfrigérateur (dans le bac à légumes) dans un sac en papier.

En cuisine

- **Les laitues pommées,** romaines ou à couper se consomment crues en salade ou en garniture. Cuites, elles se savourent à la crème, braisées, au jus, en soufflé, au gratin, farcies, en soupe...
- **Les feuilles de la laitue-asperge** se mangent comme celles des autres laitues. Mais on dégustera surtout ses tiges renflées et tendres, au goût délicat rappelant celui de l'asperge avec un léger parfum de noisette. Cuites à l'eau, puis débarrassées de leur enveloppe ligneuse, on les prépare à la manière des asperges : à la vinaigrette, au beurre, à la sauce blanche, au jus de viande, gratinées, à la crème fraîche.

Noms étrangers

Laitue pommée
Anglais : head lettuce, cabbage lettuce.
Allemand : Kopfsalat, Häuptsalat, Gartensalat.
Espagnol : acogollada, lechuga flamenca, lechuga arrepollada, lechuga repollada.
Italien : lattuga a cappucio, lattuga a palla, lattuga a testa.
Néerlandais : sla, tuinsla, kropsla.

Laitue romaine
Anglais : cos lettuce, romaine lettuce.
Allemand : römischer oder bindsalat.
Espagnol : lechuga romana, lechugon, oreja de mula.
Italien : lattuga romana.
Néerlandais : roomsche, latouw, bind salade.

Laitue à couper
Anglais : curled lettuce, cut lettuce, cutting lettuce, loose leaf lettuce, loose leaved lettuce.
Allemand : Pflücksalat, Schittsalat, Stechsalat, Blattsalat.
Espagnol : lechuguino, lechuga para cotar.
Italien : lattuga dataglio, lattuga crespo da taglio, lattughetta, lattughina.
Néerlandais : snijsla.

Laitue-asperge
Anglais : asparagus lettuce, celtuce.
Allemand : Spargelsalat.
Espagnol : lechugino.
Italien : lattuga-asparago.
Néerlandais : asperge sla.

Arroser copieusement si nécessaire.

Lavande officinale

Plante aromatique médicinale, condimentaire, très mellifère et décorative, haute de 60 à 70 cm. Ses tiges sont lignifiées, dressées, donnant de nombreux rameaux herbacés. Ses feuilles vert-gris sont étroites, allongées, opposées, non pétiolées et pointues. Les fleurs sont hermaphrodites, petites, d'une couleur bleu violacé, groupées en épis compacts et terminaux.

Carte d'identité

Noms botaniques : (1) *Lavandula angustifolia* Miller, Gardner ; (2) *L. officinalis* Chaix.

Famille : Lamiacées (Labiées).

Cycle : plante vivace.

Synonymes latins : *L. vera* De Candolle ; *L. vulgaris* Lamarck.

Synonymes français : faux nard, garde-robe, lavande commune, lavande femelle, lavande vraie (très utilisée), toute saine...

Origine : Europe méridionale, spontanée dans les régions montagneuses de la Provence.

Noms étrangers :
Anglais : lavander, common lavender.
Allemand : echter Lavendel.
Espagnol : espliego montaraz, lavándula hembra.
Italien : lavenda, nardo, lavenda vera.
Néerlandais : lavendel.

Un peu d'histoire

La lavande était utilisée dans l'Antiquité et au Moyen Âge pour parfumer la toilette, au bain et en médecine.

Propriétés

Antiseptique, antispasmodique, antivénéneuse, calmante, diurétique, emménagogue, stomachique, tonique et vermifuge, la lavande contient une huile essentielle.

On extrait de cette plante une essence précieuse en phytothérapie... Elle est également employée en parfumerie et en cosmétologie (savonnettes, bains...).

Culture

Par semis

Semer clair, au printemps (d'avril à juin), sous châssis ou en pépinière bien exposée. Utiliser des godets. Enterrer peu les graines, plomber et tenir le sol suffisamment frais jusqu'à la levée.

À l'automne, quand les plants sont hauts de 4 à 6 cm, les mettre en place en les espaçant de 60 cm sur le rang. Les lignes doivent être distantes de 1 m environ. La lavande est souvent cultivée en bordures.

Par division de touffes

En mars, à l'aide d'une bêche, diviser les anciennes touffes. Planter les éclats munis de racines. Les espacer de 60 cm sur des lignes distantes de 1 m.

Par bouturage

De juillet jusqu'à septembre, sur des pieds vigoureux, choisir de jeunes pousses de 15 cm environ. Éliminer les feuilles sur la partie à enterrer.

Planter les pousses sous châssis, sous cloche, sous tunnel plastique ou à bonne exposition. Les espacer de 15 à 20 cm en tous sens.

En fonction de la période de bouturage, la mise en place se fait à l'automne ou au début du printemps suivant.

Les bons mariages

La lavande semble s'accorder avec toutes les autres plantes.

Les facteurs lunaires n'ont pas d'influence

Rotation des cultures

Cette plante peut rester 7 ou 8 ans au même endroit, mais il est bon de la renouveler tous les 4 ou 5 ans. Attendre

Fiche de culture

Climat	Exposition	Sol	Plantation	Floraison	Récolte
Tempéré à chaud	Ensoleillée	Sec, aride : léger et légèrement calcaire	Semez d'avril à juin ; divisez les touffes en mars ; bouturez de juillet à septembre	Juin à septembre	Après 1 an (semis) ; quelques mois (div. de touffes) ; 8 à 10 mois (bouturage)

au moins 5 ans avant de la faire revenir à la même place.

Fertilisation

Tous les ans, apporter du compost bien décomposé, mais peu d'engrais.

Entretien

Procéder à des binages et des sarclages. Butter les pieds à l'entrée de l'hiver. Niveler au printemps et enlever les branches mortes.

Taille

On peut tailler légèrement les tiges avant l'hiver et supprimer toutes les hampes florales pour donner aux touffes un bon aspect.

Maladies et parasites

La lavande n'est que rarement malade ou parasitée.

Récolter et conserver

Les fleurs se cueillent au fur et à mesure de leur épanouissement. Le matin, après la rosée, couper les bouquets et les étaler sur des clayettes, à l'ombre. Les conserver dans des sachets en papier ou des boîtes métalliques.

Les feuilles fraîches se récoltent au fur et à mesure des besoins en toutes saisons.

Quant aux feuilles destinées à la cuisine, elles se récoltent en mai. Les faire sécher à l'ombre. Ensuite, les conserver à l'abri de la lumière et de l'humidité dans des bocaux en verre fermés hermétiquement.

Bouturage de la lavande en été.

Les variétés

'Nana alba', 'Loddon pink', 'Loddon blue', 'Grosso', 'Richard Grey', 'Folgate'.

Faire ses graines

Récolter les graines à maturité (en fin de floraison), en coupant les épis et en les déposant dans un seau pour éviter toute perte. Les étaler à l'ombre sur une toile pour les faire sécher, puis les battre. Ensacher les semences.

- **Durée germinative : 5 ans.**
- **Nombre de graines au gramme : 950.**
- **Levée : environ 1 mois.**

En cuisine

- Les feuilles sont condimentaires. Elles aromatisent les salades, certains potages, les soupes de poissons, divers gibiers, poissons et viandes. Les utiliser en petites quantités à cause de leur amertume.
- On consomme la lavande en infusion, seule ou mélangée à d'autres plantes médicinales.

Notes du jardinier

- Un mélange de lavandes aux fleurs roses, blanches ou bleu violacé est d'un bel effet dans une rocaille.
- Avec les feuilles de lavande, on obtient une macération très active contre les pucerons et les fourmis.
- Les feuilles froissées seraient efficaces contre les piqûres d'insectes et les morsures de vipères dont les chiens de chasse sont victimes.
- Dans les armoires, les fleurs parfument le linge et chassent les mites.

Lentille

Plante potagère haute de 30 à 40 cm, très ramifiée et formant des touffes. Ses tiges sont anguleuses, fines, rameuses et dressées. Ses feuilles composées, petites, ovales, de couleur vert clair, possèdent un long pédoncule et un pétiole se terminant par une vrille accrochante. Ses graines sont contenues dans de petites gousses plates. Les fleurs sont hermaphrodites, de couleur blanche ; elles se développent en petites grappes à l'intérieur de l'aisselle des feuilles.

Carte d'identité

Nom botanique :
(1) et (2) *Lens culinaris* Medikus.

Famille : Fabacées (Légumineuses).

Cycle : plante annuelle.

Synonymes latins : *L. esculenta* Moench, Meth ; *L. vulgaris* Delarbre ; *L. sativa* Heller ; *L. nummularia* Alefeld ; *Ervum lens* Linné ; *Lathyrus lens* Bernhardi ; *Vicia lens* Cosson et Grenier.

Synonymes français :
airoufle, aroufle, arousse...

Origine : Turquie ou Grèce.

Noms étrangers :
Anglais : lentil.
Allemand : Linse.
Espagnol : lenteja.
Italien : lente, lenticchia.
Néerlandais : linze.

Un peu d'histoire

Cette plante est cultivée depuis très longtemps, peut-être même depuis la haute Antiquité où elle constituait la base de l'alimentation.

Propriétés

Digestive, diurétique, nutritive, reconstituante, la lentille est riche en azote. Elle contient des vitamines (A, B5, C, PP...) ainsi que des sels minéraux (calcium, fer, iode, manganèse, phosphore, potasse, soude, zinc...).

Culture

Les graines se sèment en mars-avril, en poquets. Les disposer en quinconce, en les espaçant de 30 à 40 cm en tous sens. Placer 5 ou 6 graines par poquet et les recouvrir de 1 cm de terre fine.

Dans le Midi, on peut semer la lentille à l'automne.

Les bons mariages

La lentille ne supporte ni l'ail, ni l'oignon, ni l'échalote.

Semer si possible en lune croissante

Rotation des cultures

La lentille fait partie des plantes améliorantes (Légumineuses). Elle peut revenir au même endroit après 4 à 6 ans.

Fertilisation

Fertilisation normale à la fin de l'automne ou au début du printemps.

La lentille ne supporte pas les fumures non décomposées.

En début de végétation, apporter un engrais naturel et du compost ; n'apporter que très peu d'engrais azoté. Jusqu'à la floraison, effectuer des fertilisations foliaires, par poudrage de lithothamne, toutes les 3 ou 4 semaines.

Note du jardinier

Tendez un petit grillage ou 2 à 3 rangées de fil de fer sur chaque rang : les plantes s'y accrocheront et ne traîneront pas sur le sol.

Fiche de culture

Climat	Exposition	Sol	Semis	Floraison	Récolte
Tempéré, plutôt frais	Ensoleillée et chaude	Léger et sablonneux ; légèrement calcaire, redoute les terres humides, compactes	Mars-avril	Mai à août	4 à 5 mois après le semis

Laisser les lentilles sécher sur le sol avant de récolter les graines.

Les variétés

'Verte du Puy', 'Lentillon rose de Champagne'. Il existe dans le sud de l'Europe une autre espèce (*Lens orientalis*).

Faire ses graines

Sélectionner quelques plantes parmi les plus productives. Les mettre de côté au moment de la récolte des graines. Les faire sécher, puis les suspendre en bottes dans un local suffisamment aéré ; les battre. Ensacher les graines et les conserver au réfrigérateur.

- **Durée germinative : 4 ans.**
- **Nombre de graines au gramme : de 10 à 40 (selon la variété).**
- **Levée : 8 à 10 jours environ.**

Entretien

Les binages et les sarclages sont nécessaires. Arroser en cas de grande sécheresse. On peut butter les touffes quand les plantes sont assez hautes.

Maladies et parasites

La bruche

Larve qui ronge l'intérieur des graines.

Préventivement, en attendant le moment de semer, conserver les graines dans une boîte hermétique dans le bas du réfrigérateur.

Récolter et conserver

La récolte s'effectue depuis la fin juillet jusqu'au début septembre (suivant les régions et l'époque du semis).

Récolter les pieds peu de temps avant l'arrivée à maturité des graines en les arrachant. Les laisser sécher sur le sol pendant une journée, puis faire de petites bottes et les suspendre dans un local assez aéré. Battre pour récolter les graines au fur et à mesure des besoins. Elles se conservent mieux dans leur cosse.

Le froid aura l'avantage d'éliminer la bruche si nécessaire.

En cuisine

- Les graines s'utilisent cuites dans les potages, en purée, à la maître d'hôtel, à la tomate, gratinées, au lard, à la vinaigrette. Elles accompagnent diverses viandes (saucisses, petit salé...). En apéritif, elles sont excellentes sur des toasts enduits de mayonnaise aillée.
- Il est conseillé de les faire tremper dans de l'eau froide pendant quelques heures avant la cuisson. Elles sont meilleures relevées de diverses plantes condimentaires, principalement l'ail, la sarriette, le laurier, la sauge, le romarin ou le persil.

Livèche

Plante condimentaire dont la tige robuste, épaisse et grosse peut atteindre jusqu'à 2 m de hauteur. Ses grandes feuilles découpées et luisantes, de couleur vert foncé, rappellent celles du céleri. Les fleurs sont hermaphrodites, de couleur jaune, en ombelles.

Carte d'identité

Nom botanique : (1) et (2) *Levisticum officinale* Koch.

Famille : Apiacées (Ombellifères).

Cycle : plante vivace par sa souche.

Synonymes latins : *L. vulgare* Hill ; *L. vulgare* Reichenbach ; *L. levisticum* Linné ; *L. poludafolium* Aschers ; *Angelica paludafolia* Lamarck.

Synonymes français : ache large, ache des montagnes, céleri bâtard, céleri de montagne, céleri perpétuel (très utilisé), herbe à maggi (Suisse)...

Origine : Europe méridionale, Iran.

Noms étrangers :
Anglais : lovage, bishop's weed.
Allemand : Badkrant, Liebstöckel.
Espagnol : ligustia, apio de monte.
Italien : livistico.
Néerlandais : lavas, maggikruid.

Un peu d'histoire

La livèche était déjà connue des Grecs et des Romains dans l'Antiquité. Ils l'appréciaient pour ses propriétés aromatiques et médicinales.

Propriétés

Apéritive, amaigrissante, diurétique, fébrifuge, stimulante et stomachique, la livèche contient des huiles essentielles. Elle possède de très nombreuses vertus médicinales.

Culture

Par semis

Semer en août, en pépinière, et mettre en place au printemps quand les plants sont hauts de 15 à 20 cm.

On peut aussi semer directement en place, en poquets, de mars jusqu'à juin. Sur des rayons distants de 60 cm, déposer quelques graines tous les 40 cm. Les recouvrir de peu de terre. Lorsque les plants ont quelques feuilles, n'en conserver qu'un seul par poquet.

La multiplication par semis est cependant peu employée, de nombreuses graines se révélant stériles.

Les facteurs lunaires n'ont pas d'influence

Par division de touffes

En mars-avril, diviser les anciennes souches et replanter les éclats extérieurs possédant quelques racines et au moins un bourgeon.

La livèche est souvent cultivée en bordures. Une ou deux touffes suffisent pour une famille.

Les bons mariages

Elle semble s'accorder avec toutes les autres plantes.

Rotation des cultures

Cette plante pouvant rester en place 4 ans et plus, il est conseillé d'attendre 4 ou 5 ans avant de la cultiver de nouveau au même endroit.

Notes du jardinier

- **Pour obtenir des feuilles plus tendres et une plante plus buissonnante, couper les tiges florales dès leur apparition.**
- **Les personnes ayant des problèmes rénaux et les femmes enceintes doivent éviter la consommation de la livèche.**

Fiche de culture

Climat	Exposition	Sol	Plantation	Floraison	Récolte
Indifférent ; très rustique	Ensoleillée de préférence ; supporte la mi-ombre	Frais, riche en humus, profond et légèrement calcaire	Semez en août ou de mars à juin ; divisez les touffes en mars-avril	Juillet-août, à partir de la 2e année de culture	1 an environ après le semis ou 2 mois après la division de touffes

Livèche en fleur.

Fertilisation

Fertilisation normale à la fin de l'automne ou au début du printemps avec un engrais naturel et du compost.

Les fertilisations foliaires ne sont pas indispensables.

Entretien

Procéder à des binages et des sarclages. Arroser si nécessaire. Avant les gelées, couper les feuilles à quelques centimètres du sol.

Maladies et parasites

Cette plante semble ignorer totalement les maladies. Cependant, si la fertilisation n'est pas dispensée correctement, les ombelles (fleurs) peuvent être envahies par les pucerons au moment de la floraison.

Voir « La lutte contre les parasites », page 70.

Récolter et conserver

Pour une consommation immédiate, cueillir les feuilles selon ses besoins.

Pour la conservation, procéder à cette opération avant la floraison, lorsque les feuilles sont moins amères.

Les faire sécher à l'ombre, puis les réduire en poudre.

Veiller à les conserver à l'abri de l'humidité et au frais, dans des boîtes hermétiques.

Les variétés

Pas d'autre variété que le type botanique.

Faire ses graines

À partir de la 2e année de culture, sélectionner quelques beaux pieds bien exposés. Tuteurer les tiges et garder les ombelles principales. Couper celles-ci au début de leur maturité, quand les graines brunissent, c'est-à-dire au mois de septembre ou au mois d'octobre. Effectuer cette opération à la rosée du matin, les graines tomberont moins facilement. Faire sécher à l'ombre, ensacher les graines et les conserver dans un endroit frais et sec.

- **Durée germinative : 3 ans.**
- **Nombre de graines au gramme : 300.**
- **Levée : environ 3 semaines.**

En cuisine

- Ses jeunes feuilles, fraîches ou à défaut séchées, remplacent le céleri pour aromatiser : les potages, les farces, certaines viandes, ragoûts et pot-au-feu, diverses sauces et légumes. Ajouter les feuilles seulement quelques minutes avant la fin de la cuisson. Les feuilles fraîches ou séchées servent de base à des infusions. La livèche entre dans la composition des tablettes de bouillon concentré. Elle parfume les vinaigres.
- Les graines s'utilisent dans des macérations et marinades, potages, ragoûts, sauces et pâtisseries. Le goût de cette plante rappelle celui du céleri en plus prononcé.

Maceron

Plante aromatique herbacée, potagère, atteignant parfois près de 1,50 m de hauteur. Sa tige est creuse, rameuse. Ses grandes feuilles sont longuement pétiolées, dotées de 3 folioles divisées en 3 segments, ou en 2 fragments ovales et dentés. Sa racine charnue est dense, en forme de fuseau. Ses fleurs polygames sont de couleur jaune à verdâtre, en ombelles.

Carte d'identité

Nom botanique : (1) et (2) *Smyrnium olusatrum* Linné.

Famille : Apiacées (Ombellifères).

Cycle : plante bisannuelle.

Synonymes latins : *S. maritimum* Salisbury ; *S. vulgare* S. G. Gray.

Synonymes français : acédonie, ache, grande ache, gros persil de macédoine, maceron potager, persil de cheval.

Origine : Bassin méditerranéen ; indigène sur le littoral du Midi et de l'océan Atlantique.

Noms étrangers :
Anglais : alexanders, alisanders, black lovage.
Allemand : Pferde-eppich, schwarzes Gemüse, Gelbolde, Myrrhenkraut, Smyrnerkraut.
Espagnol : apio, caballuno, apio caballar, canarejo.
Italien : macerone, smirnio.
Néerlandais : zwartmoes-kervel.

Un peu d'histoire

Le maceron était connu des Romains. Sa culture fut très répandue du Moyen Âge jusqu'à la fin du XVIIe siècle. Aujourd'hui, il est détrôné par le céleri et la livèche.

Propriétés

Anti-asthmatique, antiscorbutique, apéritif, digestif, dépuratif et diurétique, stomachique, le maceron contient des vitamines et des sels minéraux.

Les fruits du maceron contiennent une huile essentielle.

Culture

Les graines se sèment clair, directement place, en mars-avril ou de la mi-août à la mi-octobre.

Prévoir des lignes distantes de 30 cm. Tous les 15 à 20 cm, déposer quelques graines dans des poquets. Les recouvrir de 1 cm de terre émiettée ou de terreau. Tasser et maintenir la fraîcheur jusqu'à la levée. Quand les plants ont quelques feuilles, ne conserver qu'un seul sujet par poquet.

Les bons mariages

Le maceron semble s'accorder avec toutes les autres plantes.

Semer de préférence en lune décroissante

Rotation des cultures

Le maceron ne doit pas revenir au même endroit avant 3 ou 4 ans.

Fertilisation

Fertilisation normale à la fin de l'automne ou au début du printemps avec un engrais naturel et du compost.

Effectuer 3 ou 4 fertilisations foliaires à base de lithothamne au cours de la saison.

Entretien

Procéder à des binages et des sarclages. Arroser si nécessaire. Pailler en cas de sécheresse.

Maladies et parasites

Le maceron ne semble sensible ni aux maladies ni aux parasites.

Notes du jardinier

- Le maceron peut remplacer le céleri comme condiment.
- Les fleurs riches en nectar sont très souvent visitées par les insectes pollinisateurs.

Fiche de culture

Climat	Exposition	Sol	Semis	Floraison	Récolte
Tempéré	Ensoleillée : supporte la mi-ombre	Fertile, meuble et frais ; riche en humus	Mi-août à mi-octobre ou au printemps (mars-avril)	Avril à fin juillet, à partir de la 2e année de culture	Après 3 à 4 mois (feuilles) ; 6 à 7 mois (racines) ; 1 an (boutons floraux)

Récolter et conserver

Les feuilles se récoltent selon les besoins et s'utilisent sans tarder. Pour la conservation, les cueillir avant la floraison (2e année) ; les faire sécher à l'ombre et les conserver dans des boîtes hermétiques. Les racines se récoltent à partir de septembre (2e année de culture) ; si l'on a pris soin d'éliminer les tiges florales dès leur apparition, la récolte se prolonge jusqu'à la mi-mars.

Inflorescences du maceron.

Les variétés

Hormis le type botanique, il y aurait une autre espèce *S. perfoliatum*. On la rencontre dans les Alpes-Maritimes.

Faire ses graines

Au cours de la 2e année de culture repérer quelques beaux pieds. Tuteurer les tiges. Ne pas cueillir les feuilles et laisser monter à graines.
Récolter les ombelles pratiquement à maturité, c'est-à-dire dès que les fruits deviennent noirs. Les sécher à l'ombre ; égrener, puis ensacher les semences.

- **Durée germinative : 4 ou 5 ans.**
- **Nombre de graines au gramme : 23 à 25.**
- **Levée : de 10 à 20 jours (pour un semis printanier) ou de 5 à 6 mois (pour un semis d'automne).**

En cuisine

- On mange les jeunes pousses blanchies et les côtes tendres crues en salade ou cuites au jus, braisées, à la sauce tomate, à la sauce blanche. Les feuilles parfument les potages, les ragoûts, divers plats...
- Les jeunes fruits tendres peuvent se confire dans le vinaigre ; mûrs et moulus, ils s'utilisent comme le poivre pour relever certaines préparations.
- Les racines se consomment crues ou cuites, à la vinaigrette ou confites dans le sucre.
- La saveur forte et piquante du maceron rappelle le céleri.
- Le maceron a l'odeur de la myrrhe (résine aromatique).

Mâche

Plante potagère herbacée formant une rosette de feuilles superposées. Ses tiges peuvent atteindre 40 cm au moment de la floraison. Ses feuilles sont radicales, spatulées, entières, arrondies ou allongées ; selon les variétés, leur couleur va du vert foncé au vert blond. Les fleurs hermaphrodites ou unisexuées (fleurs à un seul sexe) sont petites, de couleur bleue, réunies en bouquets.

CARTE D'IDENTITÉ

Noms botaniques : (1) *Valerianella locusta* (Linné) Betcke ; (2) *V. olitoria* Moench.

Famille : Valérianacées.

Cycle : plante bisannuelle.

Synonymes latins :
Locusta communis Delarbre ;
Fedia olitoria Vahl. ;
F. paniculata Colla ;
F. locusta Reichenbach.

Synonymes français : barbe de chanoine, blanquette, bouche grasse, boursette, clairette coquille, doucette, laitue de brebis, oreille de lièvre, poule grasse ; salade de blé, de brebis, royale...

Origine : certainement l'Europe.

Noms étrangers :
Anglais : corn salad, lamb's lettuce.
Allemand : Feldsalat Ackersalat.
Espagnol : valeriana, canonigos, lechuga del campo.
Italien : valeriana, dolcetta, gallinella.
Néerlandais : veldsalad.

UN PEU D'HISTOIRE

La mâche est cultivée depuis la fin du XVIIe siècle. Elle est spontanée en Europe tempérée, dans l'ouest de l'Asie et en Afrique du Nord où de nombreuses espèces sauvages prospèrent.

Propriétés

Adoucissante, antispasmodique, dépurative, diurétique, émolliente, laxative, pectorale, rafraîchissante, revitalisante et sédative, la mâche contient des vitamines (A, B, C) ainsi que des sels minéraux (calcium, fer, magnésium, phosphore, silicium, zinc et vanadium).

Culture

Les graines se sèment clair de juillet à septembre, en rayons distants de 20 à 25 cm. Recouvrir les graines avec un peu de terre émiettée et plomber fortement le sol. Lorsque les plants ont 4 ou 5 feuilles, éclaircir si nécessaire en supprimant un plant sur deux.

Pour favoriser la levée des graines, veiller à maintenir le sol frais. En période ensoleillée, il faut donc ombrer les rangs avec des planches posées en pyramide ou maintenues aux extrémités à 10 cm au-dessus du sol ; les enlever dès la levée.

Semer de préférence en lune décroissante

Les bons mariages

La mâche accepte très bien le voisinage de la carotte, du chou, du navet, de l'oignon et du poireau.

Rotation des cultures

La mâche entre dans la catégorie des plantes potagères herbacées peu épuisantes pour le sol, car leur végétation est rapide. Attendre 2 ou 3 ans avant de la cultiver de nouveau au même endroit.

Notes du jardinier

- La mâche aime les terres fermes ; après une autre culture, il suffit de niveler le sol à la fourche crochue (ou croc).
- Éviter de semer les graines de l'année précédente, car elles lèvent mieux à partir de la 2e année : on peut faire germer les graines de mâche avant le semis (se reporter à « La multiplication des plantes potagères », pages 39 à 42.

FICHE DE CULTURE

CLIMAT	EXPOSITION	SOL	SEMIS	FLORAISON	RÉCOLTE
Tempéré ; redoute les grandes chaleurs	Ombragée ou ensoleillée	Sain, frais, léger ou peu argileux ; riche en humus	De juillet à septembre	Avril-mai, à partir de la 2e année de culture	3 mois après le semis

Mâche 'Verte à cœur plein'.

Fertilisation

Fertilisation normale à la fin de l'automne ou au début du printemps avec un engrais naturel et du compost.

Effectuer 1 ou 2 fertilisations foliaires en début de végétation.

Entretien

Procéder régulièrement à des binages et des sarclages. Arroser si nécessaire. Dès l'apparition des fortes gelées, protéger les plantes avancées avec un tunnel plastique ou des châssis.

Maladies et parasites

La fonte des semis

Les jeunes plantes disparaissent.

Cette maladie est souvent due à un semis trop dru, à des arrosages trop fréquents et à une mauvaise rotation.

L'oïdium

La surface des feuilles se couvre d'un duvet blanc.

Cette maladie apparaît souvent sur les plantes avancées, lors d'une sécheresse prolongée. En prévention, veiller à garder la terre fraîche, mais sans excès, le contraire pouvant aussi favoriser l'apparition de l'oïdium. Dès les premiers signes, pulvériser (le soir, de préférence) une préparation de soufre mouillable. Attendre 2 semaines avant de consommer les plantes traitées. Supprimer les pieds atteints.

La rouille

Les feuilles se couvrent de taches brunes et saillantes.

Cette maladie est due à un semis trop dru et à un excès d'humidité.

Dès son apparition, effectuer des binages profonds entre les rangs. Si le semis est trop fourni, éclaircir à 4 ou 5 cm. Supprimer, évidemment, les pieds atteints par la maladie.

Récolter et conserver

Du mois de novembre jusqu'au mois d'avril, la récolte se fait au fur et à mesure des besoins. Cueillir les plantes en les coupant au ras du sol quand les rosettes sont développées.

Les variétés

'Verte à cœur plein', 'Coquille de Louviers', 'À coquille blonde', 'd'Étampes', 'Verte de Cambrai'. La mâche 'd'Italie à feuilles de laitue' est une espèce différente : *V. eriocarpa*.

Faire ses graines

Conserver en place quelques beaux pieds. Récolter les graines en juin avant complète maturité, c'est-à-dire quand les plantes jaunissent. Pour cela, arracher les pieds et les suspendre ou les étaler sur une bâche dans un local aéré. Les graines finiront de mûrir et tomberont sur la bâche. Conserver celles-ci dans des sachets ou des boîtes hermétiques.

- **Durée germinative : 5 ans.**
- **Nombre de graines au gramme : de 300 à 600 (grosses graines) ; de 700 à 1 000 (petites graines).**
- **Levée : de 8 à 10 jours.**

En cuisine

- La mâche se mange crue, en salade, seule ou associée avec de la betterave potagère cuite. Elle se consomme aussi cuite, à la manière des épinards.
- Le goût de la mâche est très agréable car sucré et peu aromatique.

Maïs sucré et à éclater

Plante potagère à tige droite, robuste, parfois haute de 2,50 m. Elle se termine par une inflorescence mâle. Ses grandes feuilles sont alternées, engainantes, lancéolées. Ses fleurs sont monoïques : les fleurs mâles sont composées d'épillets en forme de plumeau ; les fleurs femelles se situent plus bas (généralement dans les deux premiers tiers de la plante) : elles sont en épis axillaires et munies d'un long stigmate appelé « soie » qui ressemble à une queue de cheval de couleur blanchâtre à verdâtre.

Carte d'identité

Noms botaniques : maïs sucré : (1) *Zea mays* Linné, var. *saccharata* Körnem ; (2) *Zea mays* Linné ; maïs à éclater : (1) *Zea mays* Linné, var. *macrosperma* Koernich ; (2) *Zea Mays* Linné, var. *erata* Baillon.

Famille : Poacées (Graminées).

Cycle : plante annuelle.

Synonymes latins : maïs sucré : *Zea saccharata* Sturter ; maïs à éclater : *Zea everta* Sturtev.

Synonymes français : maïs sucré : maïs doux (très utilisé) ; blé de Barbarie, blé d'Espagne, de Guinée, de Turquie... maïs à éclater : maïs perlé, pop corn ; maïs fulminant...

Origine : probablement du Mexique ; possible des Andes.

Noms étrangers :

Maïs sucré
Anglais : sugar corn, sugar maiza.
Allemand : Zuckermais, Welsh Korn.
Espagnol : maiz dulce.
Italien : grano turco, maïs dolce.
Néerlandais : maïs, turkshe tarve.

Maïs à éclater
Anglais : pop corn.
Allemand : Puffmais, Perlmais.
Espagnol : maiz reventon, maiz palomero.
Italien : mais ibrido.
Néerlandais : pofmais.

Un peu d'histoire

Cette céréale était déjà connue dans le Nouveau Monde. Elle devint l'une des cultures principales en Amérique du Nord vers le VIIIe ou le IXe siècle. Les Italiens la cultivent depuis le XVIIe siècle.

Propriétés

Diurétique, énergétique, nutritif et sédatif, le maïs contient des vitamines (A, B, C, E) et des sels minéraux (cuivre, fer, iode, magnésium, phosphore, silicium, sodium, vanadium et zinc).

Culture

En place

Les graines se sèment en place en avril (sous tunnel) ou en mai (en plein air). Espacer les rangs de 70 cm.

Déposer 3 ou 4 graines dans des poquets qui doivent être distants de 40 à 50 cm. Recouvrir les semences de 2 cm de terre fine. Ensuite, lorsque les plants portent 4 ou 5 feuilles, éclaircir pour ne conserver qu'un plant par poquet (le plus vigoureux).

Semer de préférence en lune croissante

Sous abri

Courant mars, il est possible de semer le maïs en godets, sous abri. On le met en place lorsque la terre est réchauffée (comme pour le haricot).

Les bons mariages

Le maïs voisine sans aucun inconvénient avec le concombre, les courges, la fève, le haricot, la laitue, le pois et la pomme de terre.

Rotation des cultures

Cette plante assez épuisante entre dans la catégorie des légumes exigeants.

Note du jardinier

Il est préférable de pratiquer la culture en carré (4 demi-rangs, plutôt que 2 rayons), car la pollinisation s'effectue par le vent. Si celui-ci est absent ou trop faible, secouer chaque plante lorsque les fleurs femelles prennent une couleur beige. Cette opération permet de faire tomber le pollen des fleurs mâles sur les fleurs femelles situées en dessous.

Fiche de culture

Climat	Exposition	Sol	Semis	Floraison	Récolte
Chaud ou tempéré	Ensoleillée et abritée	Léger, frais et fertile ; riche en humus et légèrement acide	Avril à juin	Juillet à fin septembre	Maïs sucré 3 mois après le semis ; maïs à éclater après 4 à 5 mois

Les variétés

- **Maïs sucré :** 'Golden Bantam', 'Miner', 'Oro', 'Roux basque'.
- **Maïs à éclater :** 'Strawberry', 'Bleu miniature' (excellent), 'Jaune doré'.
Il existe de nombreuses variétés dont certaines sont décoratives.

Pratiquer une alternance de 4 à 5 ans avant de la faire revenir au même endroit.

Fertilisation

Fertilisation normale à la fin de l'automne ou au début du printemps avec un engrais naturel et du compost. Éviter les fumures fraîches.

Jusqu'à la floraison, effectuer des fertilisations foliaires à base de poudre de lithothamne toutes les 3 semaines.

Entretien

Procéder à des binages (peu profonds pour ne pas endommager les racines) et des sarclages. Arroser si nécessaire. Lorsque les plants sont hauts de 30 à 40 cm, les butter pour favoriser leur enracinement et leur résistance au vent.

Maladies et parasites

Le charbon du maïs

Il détruit les graines, formant des excroissances importantes sur les épis, et finit par libérer une poussière noire.

En prévention, avant de semer, faire tremper les semences pendant quelques minutes dans une solution de bouillie bordelaise à 1 %. Cueillir et brûler les épis dès les premiers signes de maladie. Pratiquer une rotation assez longue.

La rouille

De petits gonflements apparaissent sur les feuilles et gênent la végétation.

Cette maladie est assez rare. Pulvériser de la bouillie bordelaise à 1 % dès son apparition.

La noctuelle du maïs

Cette chenille de couleur grisâtre vit dans les épis.

En prévention, effectuer des pulvérisations à base d'absinthe ou de tanaisie. Éliminer les pieds atteints.

Les oiseaux

Ils s'attaquent aux épis.

Protéger chaque épi avec un sac spécialement destiné à la protection des fruits.

Le puceron du maïs

De couleur noire à bleuâtre, il s'attaque aux racines.

Voir « La lutte contre les parasites », page 70.

La pyrale du maïs

La chenille creuse des galeries à l'intérieur de la tige.

Veiller à une bonne fertilisation et à une rotation correcte. Ne pas conserver les souches en terre après la récolte. Arracher et brûler les pieds atteints.

Les vers blanc et gris

Ils s'attaquent aux racines ; les plantes jaunissent et flétrissent.

Arracher les pieds atteints. Voir aussi « La lutte contre les parasites », page 69.

Récolter et conserver

Le maïs sucré

La récolte s'étend de la fin juillet jusqu'en octobre, selon l'étalement des semis. Les épis de maïs se cueillent au fur et à mesure des besoins, lorsque les grains sont laiteux, tendres sous la pression de l'ongle, et l'enveloppe des épis bien verte. Après la cueillette, le sucre se transforme rapidement en amidon et les épis perdent leur état laiteux en quelques jours ; il faut donc les consommer rapidement. Les grains excédentaires seront stérilisés ou bien encore congelés.

Le maïs à éclater

Il se cueille à maturité. Les épis se conservent dans un endroit sec à l'abri de leurs ennemis (les rongeurs notamment).

Faire ses graines

Sélectionner les épis d'un semis hâtif et représentant bien la variété. Les cueillir lorsqu'ils sont bien mûrs et les faire sécher. Les conserver au frais et à l'abri des souris en attendant le bon moment pour semer.
Les variétés se croisent facilement. Aussi est-il préférable, lorsque l'on en a plusieurs, de couvrir les plantes avec un voile spécial. Pour éviter tout risque de croisement, la distance recommandée entre les variétés est de 300 mètres. Il faut aussi tenir compte des vents dominants.

- Durée germinative : 2 ans.
- Nombre de graines au gramme : 4 ou 5.
- Levée : 12 jours environ.

En cuisine

- **Maïs sucré :** les épis cuits à l'eau sont servis entiers ou égrenés (à la crème, en jardinière, à la vinaigrette) ; ils accompagnent d'autres légumes (aubergine, poivron, tomate...) ou les volailles. Les grains très jeunes, à peine formés, peuvent se confire dans le vinaigre.
- **Maïs à éclater :** les grains sont éclatés dans une casserole huilée et couverte ; remuer souvent. Les grains éclatés se consomment nature, enrobés de caramel, de sucre ou salés ; ils sont appréciés à l'apéritif.

Margose à piquants

Plante potagère décorative et herbacée, parfois haute de près de 2 m. Alternées, ses feuilles sont palmées de 5 à 7 lobes profonds, oblongs et dentés ; elles sont légèrement poilues sous les nervures, d'un vert pâle, plus foncé en dessous. Ses fleurs sont monoïques, petites, longuement pédonculées, de couleur jaunâtre, en calice. Les fruits mesurent de 8 à 10 cm (selon les variétés) ; ils sont anguleux, charnus, couverts de verrues disposées en ligne, de couleur vert pâle, devenant jaune-orangé à rougeâtre à maturité. Bien mûr, le fruit s'ouvre en trois parties pour laisser échapper ses graines enrobées de sa pulpe rouge écarlate.

CARTE D'IDENTITÉ

Nom botanique : (1) et (2) *Momordica carantia* Linné.

Famille : Cucurbitacées.

Cycle : plante annuelle.

Synonymes latins : *Momordica elegans* Salisbury ; *M. jagorana* C. Koch ; *M. operculata* Vellozo ; *Sicyos fauriei* Leveille.

Synonymes français : concombre amer, courgette africaine, melon de San Gaetano, momordique à feuilles de vigne, pomme coolie.

Origine : des régions tropicales d'Asie, probablement de l'Inde.

Noms étrangers :
Anglais : balsam pear, bitter gourd.
Allemand : bittere Spring, Gurke, Springgurke.
Espagnol : calabaza africana.
Italien : momordica.
Néerlandais : spring komkommer, balsamieke spring wrugt, groot blerblad.

UN PEU D'HISTOIRE

La margose est cultivée en Inde depuis longtemps. Elle est aussi très appréciée des Réunionnais. En Europe, on la connaît depuis la fin du XVIIe siècle.

Propriétés

La margose à piquants est fébrifuge, laxative, stimulante, tonique et vermifuge. La plante entière possède des vertus médicinales.

Culture

Sous abris

En mars-avril, semer en serre, ou sous châssis sur couche chaude (25 à 30 °C) ; placer quelques graines dans des pots de 12 à 15 cm de diamètre.

En place

Au cours de la seconde quinzaine d'avril, semer en poquets, distant de 80 cm en tout sens, sous cloche. Aérer pendant la journée si nécessaire.

Semer de préférence en lune croissante

Conseils

Couvrir les graines de 1 cm de terreau ; maintenir la fraîcheur, sans excès, pour favoriser la levée.

Lorsque les plants ont quelques feuilles, n'en conserver qu'un seul par pot ou par poquet.

Les plants issus d'un semis en pots se mettent en place, avec leur motte, vers la mi-mai. Les installer sous un tunnel plastique (aérer pendant les périodes chaudes) ou dans un endroit abrité, palissé, le long d'un mur bien exposé.

Les bons mariages

La margose à piquants préfère rester seule ; elle ne supporte pas, notamment, la pomme de terre.

Note du jardinier

Cette plante doit être ramée ou cultivée près d'un grillage ou d'un treillage.

FICHE DE CULTURE

CLIMAT	EXPOSITION	SOL	SEMIS	FLORAISON	RÉCOLTE
Chaud ou tempéré ; craint le froid	Chaude, ensoleillée et abritée	Frais, léger et meuble ; riche en humus	Mars ou avril	De juin à début septembre	4 à 5 mois après le semis

Fruit de la margose libérant ses graines.

Les variétés

Il existe plusieurs variétés et de nombreuses espèces dans les pays tropicaux. L'espèce *Momordica balsamita* ('Poire de merveille') donne de jolis fruits plus petits.

Faire ses graines

Laisser mûrir quelques beaux fruits choisis sur des plantes vigoureuses. Lorsqu'ils prennent une légère couleur jaunâtre (généralement du mois d'août jusqu'au mois d'octobre), les envelopper dans des sachets de protection à fruits avant qu'ils ne s'ouvrent et libèrent les graines à tout vent. Récupérer les graines tombées dans les sachets, les laver, et les faire sécher à l'ombre. Ensacher les graines.

- Durée germinative : de 4 à 5 ans.
- Nombre de graines au gramme : 6.
- Levée : environ une semaine.

Rotation des cultures

Cette plante est à classer comme légume-fruit. Attendre 3 ou 4 ans, au minimum, avant de la faire revenir au même endroit.

Fertilisation

Fertilisation normale à la fin de l'automne ou au début du printemps avec un engrais naturel et du compost.

Apporter un peu de compost à chaque poquet. Avant la floraison, 2 ou 3 fertilisations par poudrage de lithothamne seront bénéfiques.

Entretien

Procéder à des binages et des sarclages. Arroser fréquemment en cas de sécheresse. Une bonne couverture végétale est conseillée.

Maladies et parasites

Son pire ennemi est le froid ; elle ne semble pas sensible aux maladies ou aux parasites.

Récolter et conserver

Les fruits cueillis jeunes peuvent être confits dans le vinaigre à la manière des cornichons.

Pour la consommation courante, les fruits se récoltent encore verts : lorsqu'ils commencent à changer de couleur, ils deviennent très amers et ne sont plus mangeables.

Une fois cueillis, ils se conservent sans problème quelques jours au frais.

En cuisine

- Les fruits verts, épluchés et finement émincés, se consomment cuits : les faire sauter avec de l'ail et des oignons ; en fin de cuisson ajouter du vin blanc ; servir avec du poisson ou du porc.
- Pour les consommer crus, les peler, les couper en quatre et les tailler en fines lamelles longues : les écraser avec du sel et laisser dégorger 20 minutes ; égoutter et assaisonner avec une vinaigrette.
- Les Réunionnais préparent les fruits crus, en rougaille ou en achards.

Martynie de Louisiane

Plante herbacée, condimentaire et décorative. Elle peut atteindre 50 à 80 cm. Ses tiges sont dressées, charnues et rameuses. Ses feuilles sont grandes, pétiolées, dentées, entières, brillantes, et parfois délicatement lobées. Légèrement couvertes de poils, elles sont en forme de cœur et de couleur vert grisâtre. Ses fleurs, très jolies, ont l'aspect de clochettes. De couleur blanchâtre à jaunâtre, tachetée à l'intérieur de jaune, de rouge et de violet, elles ressemblent à certaines orchidées ; elles sont hermaphrodites.

CARTE D'IDENTITÉ

Noms botaniques : (1) *Proboscidea louisianica* (Miller) Thell, (2) *P. jussieui* Steudel.

Famille : Martyniacées.

Cycle : plante annuelle.

Synonymes latins : *Martynia louisianica* Miller, Gardner, *M. pallida* Salisbury, *M. proboscidea* Gloxin, *Proboscidea cordifolia* Moench, *P. jussieui* Medikus, *P. louisianica* (Miller) Wooton et Standley...

Synonymes français : bicorne, cornaret, corne du diable, trompe d'éléphant.

Origine : États-Unis, certainement de Louisiane.

Noms étrangers :
Anglais : Unicorn plant.
Allemand : Zemsenhörner.
Espagnol : Martinia.
Italien : Martinia della Louisiana.
Néerlandais : Gemzehoorn.

UN PEU D'HISTOIRE

Le Docteur William Darlington (botaniste américain de Pennsylvanie) mentionnait la martynie dans son ouvrage paru en 1847, *Agricultural Botany*, précisant que les jeunes fruits étaient utilisés pour confectionner des pickles (condiments conservés dans le vinaigre).

Culture

Semer sur couche chaude ou en serre chauffée (20 °C), dans des godets, dans le courant du mois d'avril. Recouvrir les graines d'un petit centimètre de terreau, et maintenir la fraîcheur des godets jusqu'à la levée. Lorsque le temps le permet, mettre en place à 60 cm en tous sens. Il est parfois plus prudent lors du repiquage de faire démarrer les plants sous tunnel plastique.

Les bons mariages

La martynie ne semble pas avoir de problème de voisinage.

Notes du jardinier

- **La martynie peut être cultivée dans des pots de 17 cm de diamètre par exemple – remplis d'un mélange de terre, de terreau et d'un peu de compost –, sous serre froide ou dans un endroit bien abrité.**
- **Praliner les plants avec du lithothamne avant de les repiquer.**

Semer de préférence en lune croissante

Rotation des cultures

Attendre 3 ans avant de la replanter au même endroit.

Fertilisation

Lors du travail du sol à l'automne ou à la fin de l'hiver, amender la terre et apporter des engrais naturels. Préparer les trous de plantation une huitaine de jours à l'avance, en mêlant quelques poignées de terreau au sol.

Les fertilisations foliaires sont par ailleurs facultatives.

Entretien

Les binages et les sarclages sont indispensables, arroser au besoin. Un paillage est bienvenu après la mise en place.

FICHE DE CULTURE

CLIMAT	EXPOSITION	SOL	SEMIS	FLORAISON	RÉCOLTE
Chaud : si la température n'est pas assez élevée, sa végétation s'arrête	Ensoleillée, chaude et bien abritée	Léger, très humifère, frais et fertile	Sur couche chaude en avril, en godet	Juillet à septembre	Selon la température, après 2 à 3 mois (fruits confits), ou 4 à 5 mois (fruits destinés à la décoration)

Maladies et parasites

Cette plante est surtout très sensible au froid.

Récolter et conserver

Les fruits jeunes et tendres se cueillent au fur et à mesure de leur développement (à peine à demi-maturité). Les fruits secs se récoltent à maturité, souvent en octobre, car à ce stade ils ne craignent plus les gelées.

Les variétés

Il existe 3 espèces de martynie : la martynie de Louisianne, aux fleurs jaunâtres et tachetées ; la martynie odorante (*Martynia fragrans* Lindley), aux fleurs rouges violacées, teintées de jaune, et la martynie du Brésil (*Martynia lutea* Lindley) aux fleurs jaune doré, plus petites.

Faire ses graines

Sélectionner les pieds les plus beaux et les plus vigoureux. Récolter les fruits lorsqu'ils prennent une couleur noirâtre et que leurs pointes s'ouvrent : les conserver au frais et à l'abri de l'humidité. Retirer les graines des fruits et les faire sécher à l'ombre. Il est possible de conserver les graines ensachées en bas du réfrigérateur.

- **Durée germinative : 1 à 2 ans.**
- **Nombre de graines au gramme : 20.**
- **Levée : 8 jours à plus de 30 °C. En dessous de 20 °C, la levée est capricieuse et peut varier entre 2 à 4 semaines.**

Martynie du Brésil à fleurs jaunes.

En cuisine

Les jeunes fruits sont confits dans le vinaigre, comme les cornichons. Les fruits secs sont une curiosité et peuvent décorer les meubles et les vitrines.

Mélisse officinale

Plante condimentaire, aromatique et médicinale, très mellifère. Elle porte de nombreuses tiges à 4 angles, dressées (celles du pourtour sont étalées), rameuses, très feuillées ; parfois hautes de plus de 80 cm, elles forment un buisson. Ses feuilles sont ovales, luisantes, très odorantes, de couleur vert foncé sur le dessus et plus clair au-dessous. La mélisse a un système radiculaire très développé. Les fleurs sont réunies en petits bouquets à l'intérieur de l'aisselle des feuilles ; elles sont hermaphrodites, de couleur blanche ou rose.

Carte d'identité

Nom botanique : (1) et (2) *Melissa officinalis* Linné.

Famille : Lamiacées (Labiées).

Cycle : plante vivace par sa souche.

Synonymes latins : *Melissa taurica* Bentham ; *Mutelia officinalis* (Linné) Grenier.

Synonymes français : citronnade, citronnelle, herbe au citron, mélisse des boutiques, mélisse citronnelle, piment des abeilles, piment des ruches, poncirade, ponchirade, thé de France...

Origine : Europe méridionale, ainsi que Proche et Moyen-Orient.

Noms étrangers :
Anglais : balm mint, lemon balm, common balm, sweet balm.
Allemand : Melisse, Zitronemelisse.
Espagnol : toronjil, citronella, melissa, balsamita mayor, erba cedrata.
Italien : melissa, citronela, melissa officinale.
Néerlandais : melisse, citroen-melisse, citroenkruid.

Un peu d'histoire

La mélisse officinale est cultivée depuis l'Antiquité dans le Bassin méditerranéen. Les médecins arabes l'utilisaient au Xe siècle comme anti-dépresseur.

Propriétés

Antidépressive, antispasmodique, apéritive, calmante, cholagogue, digestive, excitante, sédative (en infusion), stimulante, stomachique, tonique..., la mélisse officinale contient des huiles essentielles et s'utilise comme plante médicinale pour ses propriétés thérapeutiques.

Culture

Par semis

Les graines se sèment au printemps (de la fin avril jusqu'à juin) en pépinière. Au mois de septembre, repiquer les plants en place à 50 cm en tous sens. Tenir le sol suffisamment humide pour faciliter la levée ou la reprise.

Par division de touffes

À l'automne ou au début du printemps, diviser les anciennes touffes en choisissant les éclats du pourtour. Du fait de leur important système radiculaire, ces éclats seront plus aptes à s'enraciner que le cœur de la touffe.

Les facteurs lunaires n'ont pas d'influence

La mélisse se cultive souvent en bordures ; un ou deux pieds suffisent pour une famille.

Les bons mariages

La mélisse officinale semble s'accorder avec toutes les autres plantes.

Rotation des cultures

Restant longtemps en place, la mélisse officinale entre dans la catégorie des plantes exigeantes. Renouveler les plantations tous les 4 ou 5 ans en effectuant une rotation de 5 ans au minimum.

Fertilisation

Fertilisation normale à la fin de l'automne ou au début du printemps avec un engrais naturel et du compost.

Fiche de culture

Climat	Exposition	Sol	Plantation	Floraison	Récolte
Sensible aux grands froids, surtout en terre humide ; craint les sécheresses sévères	Chaude, abritée ; ensoleillée ou ombragée	Frais, fertile, profond, chaud, sain, léger ou argileux ; redoute les terres trop humides	Semez d'avril à juin ; divisez les touffes en automne ou au début du printemps	Juin à septembre	13 à 14 mois après le semis ou la division de touffes

Forme buissonnante de la mélisse officinale.

Entretien

Les binages et sarclages sont nécessaires. N'arroser qu'en cas de sécheresse. Si l'hiver est rigoureux, protéger les touffes avec de la paille ou des feuilles sèches. Couper les tiges à l'entrée de l'hiver et début juin pour avoir des feuilles tendres.

Maladies et parasites

Les mollusques

Ils s'attaquent aux jeunes plants. Voir « La lutte contre les parasites », page 69.

Récolter et conserver

Récolter les feuilles, selon les besoins, du mois de mai jusqu'aux gelées.

Pour la conservation, cueillir les tiges quand la plante est en boutons (avant la floraison). Les suspendre dans un endroit ombragé, très aéré, pour les faire sécher. Ranger les feuilles dans des récipients bien hermétiques.

Les feuilles séchées doivent demeurer vertes (attention au brunissement) ; elles ne se gardent pas plus d'une année.

Notes du jardinier

- Quelques branches de mélisse dans les armoires repoussent les mites et confèrent une odeur agréable au linge.
- Ses feuilles froissées sont efficaces contre la piqûre de certains insectes, notamment les guêpes.
- Les variétés à feuilles panachées et dorées préfèrent les situations mi-ombragées, notamment en bordures où elles sont très décoratives ; au soleil, en été, les feuilles perdent leurs jolies couleurs ou brunissent.
- Au potager, la mélisse chasse différents insectes indésirables.

Les variétés

Mélisse panachée 'Variegata' (feuilles vertes et jaunes), 'All Gold' (feuilles dorées). Le type botanique amélioré.

Faire ses graines

La mélisse fleurit du mois de juin au mois de septembre. Elle monte à graines à partir de la 2e année de culture.
Ne pas couper les tiges des pieds choisis et récolter les graines à maturité.
Procéder le matin, à la rosée, de la fin août jusqu'en octobre. Faire sécher les graines à l'ombre et ensacher.

- Durée germinative : 4 ou 5 ans.
- Nombre de graines au gramme : 200.
- Levée : longue, parfois difficile, souvent plus de 60 jours.

Pour cette raison, on privilégie la division de touffes, qui a le mérite de hâter le moment de la production et de la récolte.

En cuisine

- Les feuilles, fraîches ou séchées, finement hachées, parfument les crudités, les salades, les potages, les ragoûts, les sauces aux fines herbes, les poissons, les mayonnaises, les marinades, les viandes blanches… Leur goût épicé rappelle celui du citron.
- Les feuilles et les fleurs s'emploient en infusion ; les feuilles en décoction s'emploient en bains relaxants.

Cette plante est à la base de la fabrication de l'eau des Carmes ainsi que de certaines liqueurs (chartreuse, bénédictine).

Mélisse turque

Plante condimentaire, aromatique et mellifère. Ses tiges rameuses, étalées à dressées, formant une petite touffe, peuvent atteindre 50 cm environ. Ses feuilles sont crénelées, à dents arrondies, lancéolées, minces et parfumées. Ses fleurs bleu violacé ressemblent à celles du muflier ; elles sont successivement disposées autour des tiges, formant de longs épis lâches qui s'épanouissent de juin à octobre ; elles sont hermaphrodites.

CARTE D'IDENTITÉ

Nom botanique : (1 et 2) non mentionnés. *Dracocephalum moldavicum* Linné.

Famille : Lamiacées, labiacées ou labiées.

Cycle : plante annuelle.

Synonymes latins : *Dracocephalum moldavica* Linné, *Melissa turcica* Bauch, *Melissa romana* Miller.

Synonymes français : mélisse de Moldavie, thé des jardins, fausse digitale, tête de dragon, baume moldavien, dracocéphale...

Origine : Europe, Asie du Sud et probablement Turquie.

Note du jardinier

Cette plante très décorative peut être cultivée dans les plates-bandes et dans les rocailles. Les abeilles apprécient son pollen.

Les variétés

Seul le type botanique est recensé ; il existe quelques espèces sauvages.

Faire ses graines

Récolter les épis venus à maturité, les étaler sur une toile et les froisser pour récupérer les semences. Conserver les graines au frais, au sec, à l'abri de l'humidité et de la lumière du jour.

- Durée germinative : inconnue.
- Nombre de graines au gramme : 300.
- Levée : inconnue.

Propriétés

Cette plante a surtout des vertus digestives.

Culture

Semer en place en avril-mai, en bordure ou en rangs espacés de 40 cm. Éclaircir sur le rang tous les 30 cm.

Il est possible de semer en poquet, en respectant les mêmes distances (40 x 30 cm), et par la suite de ne conserver que le plant le plus vigoureux.

Les bons mariages

La mélisse turque semble s'accorder avec toutes les plantes.

Rotation des cultures

Attendre au moins 3 années avant de la replanter au même endroit.

Fertilisation

Au début de l'automne et à la fin de l'hiver, amender la terre, et apporter des engrais naturels.

Semer de préférence en lune décroissante

Entretien

Les binages et les sarclages doivent être régulier, arroser si nécessaire.

Maladies et parasites

Cette plante ne semble pas sensible aux parasites ou aux maladies.

Récolter et conserver

Récolter du mois de juin jusqu'à octobre, selon les besoins.

Pour la conservation, cueillir les rameaux avant la floraison, les sécher sur une claie ou un grillage à mailles fines. Conserver les feuilles dans des bocaux hermétiques.

En cuisine

Les feuilles sont utilisées en infusion, peuvent assaisonner les poissons (maquereau), les viandes (porc, mouton) et les mets à base de citron, et entrent dans la composition de diverses liqueurs.

FICHE DE CULTURE

Climat	Exposition	Sol	Semis	Floraison	Récolte
Tempéré	Ensoleillée	Frais, léger, humifère, plutôt calcaire	En place en avril-mai	Juin à octobre	3 à 4 mois après le semis

Melon

Plante potagère herbacée cultivée pour ses fruits. Ses tiges rampantes sont rondes, ramifiées, couvertes de poils rudes et munies de vrilles. Minces et flexibles, elles sont parfois longues de plus de 1,50 m. Ses grandes feuilles sont pétiolées, anguleuses, entières ou légèrement lobées, en forme de cœur à la base. Ses fruits sont arrondis ou ovales, parfois oblongs ; certains sont côtelés, d'autres verruqueux. Selon les variétés, ils sont de couleur jaune à jaune orangé, verte ou vert noirâtre ; leur chair est parfumée, sucrée et juteuse. Situées à l'aisselle des feuilles, les fleurs sont monoïques, de couleur jaune, en calices.

CARTE D'IDENTITÉ

Nom botanique :
(1) et (2) *Cucumis melo* Linné.

Famille : Cucurbitacées.

Cycle : plante annuelle.

Synonymes latins :
C. officinarum-melo Crantz ; *C. pictus* Jacquin ; *C. odoratissimus* Moench ; *C. deliciosus* Salisbury ; *C. cantalupo* Reichenbach ; *C. aromaticus* Royle.

Synonyme français : melon sucré.

Origine : Inde ou Afrique tropicale.

Noms étrangers :
Anglais : melon, muskmelon, sweet melon.
Allemand : Melone, Zuckermelone.
Espagnol : melón.
Italien : melone, popone.
Néerlandais : melœn, kanteloep.

UN PEU D'HISTOIRE

C'est en Asie, puis en Égypte, que les melons furent améliorés quelques siècles avant notre ère. Il semble que ce fruit soit tombé dans l'oubli au Moyen Âge. Son apparition en France date de la fin du XVe siècle.

Propriétés

Antirhumatismal, diurétique, laxatif, nutritif, rafraîchissant, stomachique, et riche en sucre, le melon contient des vitamines (A, B, C) ainsi que du brome, du calcium, du chlore, du cuivre, du magnésium, du phosphore et du zinc. Il est déconseillé aux diabétiques.

Culture

Le semis

Les graines se sèment de la mi-mars jusqu'à la mi-mai, en serre ou sur couche chaude (au-dessus de 20 °C), sous châssis. Préparer des godets remplis aux trois quarts d'un mélange terreux (terre, terreau, tourbe et compost). Y déposer 2 ou 3 graines. Recouvrir celles-ci avec 1,5 cm de terreau. Plus tard, ne conserver, par godet, que le plant le plus vigoureux.

La mise en place

Lorsque les plants ont 3 ou 4 feuilles, pincer au-dessus de la 2e feuille (ne pas tenir compte des cotylédons). Attendre quelques jours après cette première taille pour la mise en place, qui s'effectue vers la mi-mai.

Préparer des poquets enrichis de compost et y déposer deux plants.

Les poquets seront distants de 1 m, et disposés de préférence en quinconce.

Si les nuits sont fraîches, ou selon la température, veiller à protéger les plants à l'aide de cloches ou d'un tunnel plastique.

Les bons mariages

Le melon s'entend bien avec le chou, le haricot et le maïs sucré. En revanche, éviter la proximité du concombre ou des courges.

Note du jardinier

Le paillage du sol est conseillé : il maintiendra la fraîcheur et les fruits seront isolés du sol par cette couverture végétale.

FICHE DE CULTURE

Climat	Exposition	Sol	Semis	Floraison	Récolte
Tempéré, mais chaud (Bretagne, Midi)	Ensoleillée et chaude	Fertile, profond et meuble : humifère, frais, plutôt calcaire	De la mi-mars à la mi-mai	Mai à septembre (suivant les cultures)	4 à 5 mois après le semis

Le melon se déguste bien frais, salé ou sucré.

Rotation des cultures

Cette plante assez épuisante entre dans la catégorie des plantes potagères exigeantes. Attendre au moins 3 ou 4 ans avant de faire revenir le melon au même endroit.

Fertilisation

La fertilisation est normale, comme pour la plupart des plantes à fruits et à graines ou légumes-fruits. Cette plante demande des engrais naturels lors du travail du sol et un peu d'azote au début de sa végétation.

Le melon étant gourmand en matière organique, préparer les trous avec du compost bien mûr.

Effectuer des fertilisations foliaires à base de lithothamne toutes les 2 ou 3 semaines.

Entretien

Procéder à des binages et des sarclages. Arroser si nécessaire.

Taille

1. Quand les plants ont 3 ou 4 feuilles, pincer au-dessus de la 2e feuille (ne pas tenir compte des cotylédons).

2. Deux branches vont se développer, pincer ces tiges au-dessus de la 3e feuille.

3. Trois nouvelles branches pousseront, les pincer encore à 3 feuilles.

Ce sont ces dernières pousses qui porteront les fruits.

Supprimer les pousses 2 feuilles au-dessus des fruits ; pincer les tiges qui se développent pour favoriser la formation des melons.

La plupart du temps, on conserve de 3 à 6 fruits par pied.

Taille du melon

Semer de préférence en lune croissante

Les variétés

- **Melons cantaloups :** 'Charentais', 'de Bellegarde', 'Noir des Carmes', 'Petit gris de Rennes', 'du Vaucluse', 'Prescott à fond blanc', 'de Lunéville'...
- **Melons brodés :** 'de Cavaillon à chair verte', 'de Cavaillon à chair rouge', 'Maraîcher', 'Sucrin de Tours', 'Cavaillon espagnol'.
- **Melons d'hiver :** 'd'Hiver de Provence', 'Vert olive d'hiver', 'd'Hiver de Valence', 'Blanc d'Antibes d'hiver', 'd'Or d'Espagne', 'Honey Dew', 'Jaune canaria'.
- **Melons sucrins** (ces variétés ne se taillent pas) : 'Ananas d'Amérique à chair rouge', 'Ananas d'Amérique à chair verte', 'Vert grimpant'.

Melon brodé 'Sucrin de Tours'.

Melon cantaloup 'Petit gris de Rennes'.

Melon 'de Lunéville'.

Maladies et parasites

L'anthracnose

Les fruits se couvrent de petites taches brun noir, rondes ; profondément déprimées, les feuilles et les tiges sont aussi attaquées, les fruits pourrissent.

Cette maladie est souvent due à un excès de chaleur et d'humidité dans les châssis : aérer par beau temps, ne pas trop arroser. Préventivement, appliquer de la bouillie bordelaise avant la formation des fruits.

Dès l'apparition de la maladie, détruire les pieds atteints. Il faudra ensuite pratiquer une longue rotation.

Le blanc ou oïdium

Les faces des feuilles se couvrent de taches poudreuses de couleur blanche, puis grisâtre ; les pétioles et les tiges peuvent être atteints.

Préventivement, pratiquer des fertilisations foliaires. Dès l'apparition de la maladie, poudrer à la rosée avec une solution composée de deux tiers de lithothamne pour un tiers de fleur de soufre.

Le soufre s'emploie cependant avec modération, les melons ne l'appréciant pas beaucoup.

La fusariose du melon

Les nervures des feuilles jaunissent et se flétrissent ; le haut des tiges brunit.

Cette maladie est assez rare et aucun remède n'existe. Arracher et brûler les pieds trop atteints. Les fertilisations foliaires à base de lithothamne offrent une bonne prévention.

Le grillage des feuilles

Les feuilles se couvrent de grandes taches brunes, plus foncées sur les bords ; elles finissent par se dessécher et la plante meurt.

Préventivement, appliquer de la bouillie bordelaise et procéder à des fertilisations foliaires. Veiller à pratiquer une rotation correcte.

La verticilliose

Les feuilles se flétrissent, de larges taches brunes entourées de jaune apparaissent.

Il n'existe pas de remède connu contre cette maladie.

Les fertilisations foliaires préventives sont efficaces. Veiller à pratiquer une rotation correcte. Éliminer les pieds atteints et les brûler.

La grise ou tétranyque

Petit acarien qui suce le dessous des feuilles, leur donnant un aspect grisâtre ; elles finissent par s'enrouler et se dessécher.

En prévention, procéder à des bassinages répétés, principalement sur le dessous des feuilles. Dès l'apparition de ce parasite, pulvériser un insecticide végétal, de l'eau nicotinée, du savon noir, ou des macérations d'ortie ou d'absinthe.

La limace

Elle dévore les jeunes plants en laissant des traces de mucus sur son passage.

Voir « La lutte contre les parasites », page 69.

Le puceron du melon

Il suce la sève sur les bourgeons et sur le dessous des feuilles qui s'enroulent ; la végétation de la plante s'arrête.

Voir « La lutte contre les parasites », page 70.

Le thrips

Ce petit insecte brun noir et sa larve sucent le dessous des feuilles qu'ils réduisent en dentelle.

En prévention, saupoudrer le sol de marc de café ; il repousse les thrips.

Si l'insecte apparaît, pulvériser un insecticide végétal ou de l'eau nicotinée.

Récolter et conserver

Les fruits se cueillent quand ils sont mûrs, c'est-à-dire quand ils dégagent leur parfum et que leurs pédoncules sont entourés d'un éclatement circulaire. On peut les conserver quelques jours dans un endroit frais.

Faire ses graines

Choisir de beaux fruits, sur des pieds bien vigoureux. Les cueillir à maturité et en extraire les graines. Les laver, les faire sécher à l'ombre et les ensacher. Les variétés de melons se croisant très facilement, il ne faut en cultiver qu'une seule et s'assurer qu'il n'en existe pas d'autre dans le voisinage.
Dans le cas contraire, recourir plutôt à la fécondation artificielle. Le procédé est identique à celui des courges ou du concombre (voir page 188), mais sa réalisation est plus difficile car les fleurs sont plus petites.

- **Durée germinative : 5 ou 6 ans.**
- **Nombre de graines au gramme : 35.**
- **Levée : 5 ou 6 jours à 20 °C.**

En cuisine

Les fruits mûrs se servent frais en entrée ou en dessert. Ils sont généralement crus, coupés en tranches. On les mange nature, salés et poivrés ou sucrés ; coupés en deux et imprégnés de porto, de muscat, de pineau des Charentes ou de Ricard ; incorporés à une salade de fruits. Les petits fruits peuvent se confire dans le vinaigre. Certains melons se préparent en confiture. Nul besoin de décrire leur saveur exquise, sucrée et si parfumée !

Menthe

Plante herbacée condimentaire très aromatique et médicinale. La longueur des tiges, ramifiées et dressées, varie de 3 cm à 1 m (selon les espèces). Les feuilles opposées sont dentées, crénelées, pointues, lancéolées ou arrondies ; elles sont de couleur verte, parfois nuancée ou panachée de jaune ou de blanc. Les fleurs hermaphrodites sont souvent stériles ; elles sont groupées en épis arrondis ou allongés de couleur rose, bleue ou violacée. L'odeur et la saveur de la menthe sont fortes, mais agréables, rappelant parfois le citron, le poivre ou la pomme.

CARTE D'IDENTITÉ

Nom botanique : (1) et (2) *Mentha* Linné (plusieurs espèces).

Famille : Lamiacées (Labiées).

Cycle : plante vivace.

Synonymes français : menthe blanche, menthe chevaline, menthe frisée, menthe sauvage : menthe anglaise ; chasse-puces, herbe aux puces, herbe de Saint-Laurent, le frétillet, menthe des marais ; beaume verte, menthe des jardins, menthe Notre-Dame.

Origine : Asie tempérée, Europe et Afrique du nord.

Noms étrangers :
Anglais : mint.
Allemand : Minze.
Espagnol : hierbabuena.
Italien : menta.
Néerlandais : munt.

UN PEU D'HISTOIRE

La menthe est une plante très ancienne, connue et appréciée dans presque toutes les régions du globe, de la Chine à l'Afrique du Nord.

Propriétés

Selon les espèces, les menthes ont des propriétés antispasmodiques, antiseptiques, aphrodisiaques, carminatives, digestives, désinfectantes, emménagogues, excitantes, expectorantes, sédatives, stimulantes, stomachiques, toniques et vermifuges. Elles contiennent une huile essentielle et s'utilisent en parfumerie et dans l'industrie pharmaceutique.

Culture

Par division de touffes

Au printemps, principalement en avril, arracher les vieilles touffes. Prélever les éclats du pourtour, et les planter en lignes espacées de 30 à 40 cm en tous sens, ou en bordures.

Par fragments de rhizomes

En octobre-novembre ou en mars, prélever sur de vieilles touffes des fragments de rhizomes souterrains d'une longueur de 4 à 5 cm. Préparer des poquets espacés de 30 à 40 cm en tous sens. Déposer 3 ou 4 fragments par poquet en les enterrant à 8 cm de profondeur environ.

Par bouturage

Le bouturage s'effectue généralement en août ou septembre, en pépinière ombragée. Couper l'extrémité des rameaux (de 2 à 20 cm, selon la variété). Ôter les feuilles sur la partie à enterrer. Planter les tiges sur la moitié de leur hauteur, en les espaçant de 8 à 10 cm. Tenir le sol suffisamment frais, et mettre les plants en place, avec leur motte, au printemps suivant.

Notes du jardinier

- Il est préférable de renouveler les touffes tous les 2 ou 3 ans.
- Cultiver la menthe (envahissante par ses rhizomes) dans des tubes en plastique d'un diamètre de 40 cm, enfoncés dans le sol à une profondeur de 50 cm.
- Tailler les tiges après la floraison pour favoriser l'apparition de nouvelles pousses plus tendres.
- La menthe éloigne certains parasites des plantes potagères.
- Quelques branches dans la maison font fuir les moustiques ; dans les armoires elles éloignent les mites ; dans la cave ou le grenier elles dérangent souvent les rongeurs.

FICHE DE CULTURE

Climat	Exposition	Sol	Plantation	Floraison	Récolte
Tempéré ; résiste au froid	Ensoleillée à mi-ombragée	Fertile, frais, meuble et humifère	Semez, divisez au printemps ; plantez les rhizomes en mars ; bouturez en automne	Fin juin à octobre	4 à 5 mois après le semis, ou 8 semaines pour les autres modes de culture

Épi floral de menthe.

Par semis

Ce mode de reproduction n'est que rarement adopté. Il sert parfois pour la menthe pouliot et la menthe verte.

Les graines se sèment clair, en place, au printemps. Les recouvrir de peu de terre et garder le terrain frais pour favoriser la levée. Par la suite, ne garder qu'un sujet tous les 30 à 40 cm.

Il est possible de semer en pépinière en mars-avril pour repiquer environ 2 mois et demi plus tard.

Les bons mariages

La présence de la menthe est favorable à proximité du chou. En revanche l'éloigner de la camomille.

Semer ou planter si possible en lune décroissante

Rotation des cultures

Attendre au moins 3 ou 4 années avant de faire revenir la menthe au même endroit. Cette période sera plus longue encore si cette plante demeure plus de 3 ans en place.

Fertilisation

Fertilisation normale à la fin de l'automne ou au début du printemps avec un engrais naturel et du compost.

Entretien

Ne pas négliger les binages et les sarclages. Arroser si nécessaire. Courant novembre, couper les tiges à quelques centimètres au-dessus du sol.

Maladies et parasites

L'altise

Ce coléoptère perfore les feuilles en période de sécheresse.

Voir « La lutte contre les parasites », pages 67-68.

Le puceron

Ce petit insecte suce la sève sous les feuilles qui s'enroulent.

Voir « La lutte contre les parasites », page 70.

Récolter et conserver

On récolte les feuilles selon les besoins, du printemps à l'automne.

Pour la conservation, couper les tiges avant la floraison, les laisser sécher à l'ombre et les ranger dans des boîtes ou en sachets, à l'abri de l'humidité.

Les variétés

On trouve de nombreuses variétés ou espèces de menthes hybrides ou non. Se référer au *RHS*[1] *Plant Finder 2000-2001*, A. Dorling Kindersley Book.

(1) The Royal Horticultural Society.

Faire ses graines

Sur une espèce, tuteurer quelques tiges et les laisser monter à graines. La récolte a lieu quand les semences sont à maturité : généralement en août-septembre, parfois jusqu'en octobre. Couper les tiges de préférence à la rosée. Les étaler à l'ombre quelques jours pour qu'elles sèchent. Les battre et ensacher les graines. Les menthes s'hybrident facilement : couper les tiges des autres espèces se trouvant à proximité.

- Durée germinative : 4 ou 5 ans.
- Nombre de graines au gramme : 1 200.
- Levée : quelques semaines.

En cuisine

- Les feuilles de menthe parfument les salades, les crudités, les légumes, les omelettes... Elles relèvent certaines sauces et diverses viandes, principalement le mouton et le poulet.
- Elles entrent dans la composition de liqueurs, de boissons rafraîchissantes et sont utilisées en infusion (le thé à la menthe), en confiserie. La menthe se consomme avec modération ; elle est à proscrire en cas de traitement homéopathique.

Monarde écarlate

Plante aromatique et florale, de 40 cm à près de 1 m de hauteur, aux tiges carrées, ramifiées vers le sommet. Ses feuilles sont velues, opposées, dentelées, plus pointues vers le sommet et plus cordiformes vers la base ; la nervure centrale est un peu rougeâtre. Ses fleurs, hermaphrodites, verticillées d'un rouge écarlate, fleurissent tout l'été, de juin à septembre ; elles sont aromatiques et mellifères.

Carte d'identité

Nom botanique : (1) non mentionné, (2) *Monarda didyma* Linné.

Famille : Lamiacées ou labiées.

Cycle : plante vivace.

Synonyme latin : *Monarda coccinea* Michaux.

Synonymes français : chevelure du diable, monarde pourpre, thé d'oswego, monarde d'Amérique...

Origine : Amérique du Nord.

Noms étrangers :
Anglais : Bergamot, bee balm.
Allemand : India nerneseel.
Italien : monarda.

Un peu d'histoire

Cette plante porte le nom d'un botaniste espagnol, Nicolas Monardes, qui fut au milieu du XVIe siècle le fondateur d'une flore américaine.

Propriétés

Diurétique, antifébrile, sudorifique, carminative et antiseptique grâce au thymol qu'elle contient.

Culture

Par semis

Les graines se sèment au printemps sous châssis, en serre ou en pépinière bien abritée. Mettre en place lorsque les plants sont suffisamment forts (10 cm de haut) et planter à 50 cm en tous sens.

Par division de touffes

Diviser les anciennes touffes en éclats. Replanter chaque éclat à 50 ou 80 cm en tous sens à l'automne, de préférence dans une terre légère, ou bien au printemps, dans un sol lourd et argileux.

Par bouturage

Il est possible de multiplier la monarde écarlate par bouturage, mais ce procédé est très peu utilisé. Préparer quelques boutures de 10 cm avant la floraison, enlever les feuilles de la base jusqu'à mi-hauteur et les mettre en pépinière. À l'automne ou au printemps suivant, les mettre en place à 50 ou 80 cm en tous sens.

Les facteurs lunaires ont peu d'influence

Les bons mariages

La monarde écarlate semble s'accorder avec toutes les plantes.

Rotation des cultures

Cette plante peut rester en place pendant 3 ans. Attendre 5 à 6 ans avant de la replanter au même endroit.

Fertilisation

Lors de la préparation du sol, à l'automne ou à la fin de l'hiver, apporter du

Notes du jardinier

- Cette plante a aussi sa place dans les plates-bandes, dans de grands pots de 40 cm de diamètre minimum.
- Les fleurs, fraîches ou sèches, et les feuilles séchées sont employées dans les pots-pourris. Les fleurs peuvent agrémenter des bouquets.
- La monarde écarlate à une odeur de bergamote et de menthe qui rappelle « l'eau de Cologne ».

Fiche de culture

Climat	Exposition	Sol	Plantation	Floraison	Récolte
Tempéré	Ensoleillée le matin, ombragée lorsque le soleil devient trop brûlant	Humifère, frais, bien drainé et profond	Semer au printemps, diviser les touffes à l'automne ou au printemps	Juin à septembre	1 an après le semis ; 3 à 12 mois après la division des touffes

Fleur écarlate de la monarde.

compost et des engrais naturels. Les fertilisations foliaires sont bienvenues.

Entretien

Les binages, les sarclages et les arrosages (pour maintenir un sol frais) sont nécessaires ; un bon paillage du sol est bénéfique. En automne, couper les tiges au ras du sol. Lorsque les températures descendent en dessous de 15 °C, protéger les touffes à l'aide de paille, de paillettes de lin et feuilles sèches, ou recouvrir d'un petit tunnel en plastique à bulles.

Maladies et parasites

Les mollusques

Les escargots, limaces, loches… peuvent s'attaquer aux jeunes plants tendres.

Voir « La lutte contre les parasites », page 69.

Le mildiou

Les feuilles se couvrent d'un duvet blanchâtre.

Pulvériser de la bouillie bordelaise, de la décoction de prêle ou du purin d'ortie, et pratiquer des fertilisations foliaires. Détruire les plantes atteintes dès l'apparition de la maladie.

L'oïdium

Les feuilles se couvrent d'un duvet blanchâtre puis se dessèchent. Cette maladie est souvent due à la sécheresse.

Dès l'apparition de la maladie, à la rosée, effectuer un poudrage avec un mélange constitué de 50 % de lithothamne et de 50 % de fleur de soufre. En prévention, effectuer des binages profonds et réguliers, et veiller à tenir le sol humide.

L'oïdium et le mildiou sont des maladies assez rares, si l'on pratique une culture biologique selon les règles.

Récolter et conserver

On récolte les feuilles et les fleurs selon les besoins.

Pour la conservation, cueillir les feuilles avant la floraison, les faire sécher à l'ombre et les conserver dans des boîtes ou bocaux hermétiques.

Pour réaliser des pots-pourris, cueillir les fleurs en boutons, lorsqu'elles commencent à s'ouvrir ; les sécher et les conserver dans des sachets, au sec et au frais.

Les variétés

Le type botanique ; les autres variétés sont plutôt florales et médicinales.

Faire ses graines

Pour faire ses graines, il est impératif de ne cultiver que l'espèce. Laisser les fleurs venir à maturité, les récolter et les étaler sur une toile à l'ombre puis récupérer les semences. Mettre en sachet et conserver au frais et au sec.

- **Durée germinative : 3 à 5 ans.**
- **Nombre de graines au gramme : 2 500.**
- **Levée : 2 à 5 semaines.**

En cuisine

Les feuilles fraîches et les pétales des fleurs parfument les boissons rafraîchissantes, les punchs, les confitures, les salades, les crudités, certaines viandes et divers légumes. Avec les feuilles on fait une tisane appelée « thé d'Oswego » ou « thé de Pennsylvanie » qui était bien connue des Amérindiens.

Morelle de Balbis

Cette plante très élégante d'une hauteur de 1,20 m environ, porte des tiges rameuses et très épineuses. Ses feuilles sont divisées en folioles irrégulières, dentées, garnies d'aiguillons petits et durs. Ses fleurs ressemblent à celles de la pomme de terre, leurs couleurs varient selon les variétés : blanches, bleues, lilas ou violacées. Les fruits sont des baies d'un rouge vermillon, de la grosseur d'une cerise, en partie recouvertes d'un calice épineux qui se recourbe au mûrissement des fruits qui deviennent alors accessibles.

Carte d'identité

Nom botanique : (1 et 2) *Solanum sisymbriifolium* Lamarck.

Famille : Solanacées.

Cycle : plante annuelle.

Synonymes latins : *Solanum balbisii* Dunal, *S. brancaefolium* Jacquin, *S. edule* Velloz, *S. viscidum* Schweigg.

Origine : Amérique du Sud.

Un peu d'histoire

En Amérique du Sud, on consomme les fruits à l'état sauvage.

Semer de préférence en lune croissante

Les variétés

Il existe plusieurs variétés, qui ne portent pas de noms, et qui se différencient par la couleur de leurs fleurs.

Faire ses graines

Lorsque vous récoltez les fruits murs, récupérer les graines et les laver dans une passoire fine. Les faire sécher et les conserver au sec et au frais, à l'abri du jour.

- Durée germinative : 5 ans.
- Nombre de graines au gramme : environ 300.
- Levée : 8 à 15 jours.

Culture

Courant mars, dans un endroit chaud et lumineux, semer quelques graines dans des godets remplis d'un mélange de terreau, compost, tourbe et terre.

Ne conserver qu'un plant par godet.

Les mettre en place, à 50 cm en tous sens, après les gelées (vers le 15 mai) et tuteurer les plants.

Les bons mariages

La morelle de Balbis cohabite en principe avec les autres plantes.

Rotation des cultures

Cette espèce fait partie des légumes-fruits, elle ne peut être replantée à la même place qu'après 2 ou 3 ans.

Fertilisation

Lors de la préparation du terrain, en automne ou à la fin de l'hiver, amender la terre et apporter des engrais naturels.

Entretien

Les binages et les sarclages doivent être assez fréquents. Arroser si nécessaire.

Maladies et parasites

Cette plante très vigoureuse ne semble pas avoir d'ennemis ou de maladies.

Récolter et conserver

En septembre-octobre, cueillir les fruits selon les besoins et leur degré de mûrissement.

Les fruits se conservent seulement quelques jours au frais.

En cuisine

Les fruits, débarrassés de leur calice épineux, se consomment nature, en jus de fruits, dans des salades de fruits, en amuse-bouches, en confiture… ; leur saveur douce et acidulée est agréable et originale.

Note du jardinier

Cette plante, très ornementale et élégante, peut entrer dans la composition des plates-bandes, le long d'un mur…

Fiche de culture

Climat	Exposition	Sol	Semis	Floraison	Récolte
Tempéré	Ensoleillée	Humifère et frais	En mars en godets	Juin-juillet	5 à 6 mois après le semis

Moutarde de Chine à feuilles de chou

Plante potagère à végétation rapide, ressemblant au chou de Chine. Sa tige mince peut avoisiner 1,50 m de hauteur. Ses feuilles, parfois longues de 40 cm, sont très larges, radicales, dentées, ondulées, oblongues, cloquées et plissées ; elles sont de couleur vert blond ou vert-rouge violacé suivant les variétés. Les fleurs hermaphrodites sont de couleur jaune, réunies en grappes simples et terminales.

CARTE D'IDENTITÉ

Noms botaniques : (1) *Brassica juncea* (Linné) Czern et Cosson ; (2) *B. juncea* (Linné) Cosson.

Famille : Brassicacées (Crucifères).

Cycle : plante annuelle.

Synonymes latins : *Sinapis juncea* Linné ; *S. ramosa* Roxburgh ; *S. cernua* Thunberg ; *Raphanus juncea* Crantz.

Synonymes français : moutarde de Sarepta, moutarde chinoise.

Origine : Chine.

Noms étrangers :
Anglais : indian mustard, chinese mustard.
Allemand : Sareptasenf, indischer Senf.
Espagnol : mostaza hindú.
Italien : senape indiana, senape di China.
Néerlandais : sarepta mosterd.

UN PEU D'HISTOIRE

Cette plante est cultivée depuis longtemps en Chine, au Japon, en Inde. Elle est très appréciée aux États-Unis.

Culture

Les graines se sèment clair en août ou début septembre, en rayons espacés de 40 à 50 cm.

Recouvrir les graines de 5 mm de terreau ou de compost fin mélangé avec de la terre fine. Plomber légèrement et arroser. Tenir le sol suffisamment humide jusqu'à la levée.

Quand les plants ont 4 ou 5 feuilles, éclaircir (le faire à deux reprises, selon l'étalement des feuilles) ; la distance sur le rang est de 25 à 30 cm.

Les bons mariages

La moutarde de Chine semble s'accorder avec toutes les autres plantes.

Semer de préférence en lune décroissante

Rotation des cultures

Compte tenu de sa croissance rapide, la moutarde de Chine entre dans la catégorie des plantes potagères herbacées. Pratiquer une alternance de 2 à 4 ans avant de la faire revenir au même endroit.

Fertilisation

Fertilisation normale à la fin de l'automne ou au début du printemps avec un engrais naturel et du compost. Les fertilisations foliaires, par poudrage de lithothamne, sont bénéfiques.

Notes du jardinier

- La variété 'À feuilles de chou rouges' semble la mieux adaptée à notre climat.
- Cette plante ne doit pas subir d'arrêt végétatif dû à un manque d'eau. Elle monterait prématurément à graines et deviendrait âcre.

FICHE DE CULTURE

Climat	Exposition	Sol	Semis	Floraison	Récolte
Tempéré : supporte les premières gelées	Ensoleillée	Frais, meuble : riche en humus	Août ou début septembre	Avril-mai, à partir de la 2e année de culture d'un semis d'août	1 mois et demi à 2 mois après le semis

Entretien

Procéder à des binages et des sarclages. Arroser si nécessaire.

Maladies et parasites

Ils sont rares, si cette plante est cultivée dans de bonnes conditions.

Récolter et conserver

Récolter la moutarde de Chine, feuille par feuille, selon les besoins. Les utiliser dès que possible.

Faire ses graines

Choisir quelques beaux sujets ; les abriter des grands froids avec de la paille ou des feuilles sèches.
À la fin de l'hiver, il est possible de les replanter avec la motte, la sève montera plus rapidement et ils deviendront plus vigoureux.
Les espacer de 40 cm en tous sens.
Les variétés à feuilles vertes fleuriront en avril, tandis que celles à feuilles rouges fleuriront en mai. Au moment de la floraison, pincer l'extrémité des tiges florales.
Les graines se récoltent avant complète maturité, c'est-à-dire, la plupart du temps, en juin-juillet.
Pour cela, arracher les pieds et les étaler sur une toile à l'ombre, dans un local aéré, afin de les faire sécher. Les battre et ensacher les graines.

CONSEILS

Les premières graines récoltées sont les meilleures. Il faut parfois protéger les reproducteurs avec un filet, car les oiseaux sont friands des graines.
Par précaution, ne pas faire voisiner de porte-graines de la même famille.
Il est conseillé de garder un minimum de 10 à 15 pieds reproducteurs pour obtenir des semences fidèles.

- Durée germinative : 4 ans.
- Nombre de graines au gramme : de 500 à 650.
- Levée : de 5 à 8 jours.

Les variétés

'À feuilles de chou vertes',
'À feuilles de chou rouges'.
Dans le catalogue américain *Redwood city*, on trouve diverses variétés :
'O Florida broadleaf',
'Nana-foon non heading',
'Osaka purple leaved',
'South China heading'.

En cuisine

- Les feuilles démunies de leurs côtes se préparent à la manière des épinards, cuites au jus de viande, au beurre, à la crème, gratinées. Crues et émincées, elles s'utilisent en condiment dans diverses salades et crudités.
- Au moment de l'éclaircissage, les jeunes plants tendres sont appréciés en salade, seuls ou accompagnés de laitue ou de cresson.
- La saveur forte et piquante des feuilles, très agréable, rappelle un peu celle de la roquette ; elle disparaît à la cuisson.

Moutarde de Chine 'À feuilles de chou rouges'.

Navet

Plante potagère herbacée dont la tige florale ramifiée est parfois haute de 80 cm. Ses feuilles sont pétiolées, oblongues, généralement lyrées et forment une rosette. Elle est cultivée pour sa racine charnue, sphérique, allongée ou aplatie, de couleur blanche, jaune, noire ou bicolore selon les variétés ; sa chair ferme est sucrée, parfois d'un goût fort et piquant. Ses fleurs sont hermaphrodites, de couleur jaune, en épis terminaux.

CARTE D'IDENTITÉ

Nom botanique : (1) et (2) *Brassica rapa* Linné.

Famille : Brassicacées (Crucifères).

Cycle : plante bisannuelle.

Synonymes latins : *B. campestris* Linné ; *B. asperifolia* Lamarck ; *B. napus* Linné ; *B. polymorpha* Symes ; *Sinapis rapa* Brotero.

Synonymes français : gros navet, naveau, navet-rave, rave, grosse rave, rave plate...

Origine : Europe centrale, Bassin méditerranéen ou Asie occidentale.

Noms étrangers :
Anglais : turnip, rape, garden turnip.
Allemand : Rübe, Wasserrübe, Weiße, Speiserübe, Mairübe.
Espagnol : nabo.
Italien : navone, rapa.
Néerlandais : knol, raap, raapsteel.

UN PEU D'HISTOIRE

Connu depuis la préhistoire, le navet a toujours fait partie de l'alimentation des hommes de l'Europe du Nord.

Propriétés

Antiscorbutique, diurétique, laxatif, pectoral, rafraîchissant, reminéralisant, le navet contient des vitamines (A, B5, B6, C, PP) et des minéraux (arsenic, calcium, cuivre, fer, iode, magnésium, phosphore, potassium, soufre et zinc). Consommé quotidiennement, le navet cru et râpé serait excellent contre l'acné et l'eczéma.

Culture

Semer de préférence en lune décroissante

Les graines se sèment clair, en place.

Pour les variétés de printemps et d'été, opérer de mars à juin.

Pour les variétés d'automne et d'hiver, destinées à la conservation, opérer de la mi-juillet jusqu'à la mi-août.

Les semis sur couche sont possibles en janvier ou février.

Le navet se sème en lignes distantes de 25 à 30 cm. Recouvrir les graines de peu de terre et tasser avec le dos du râteau. Ensuite, tenir le sol frais jusqu'à la levée. Lorsque les plants ont 2 ou 3 feuilles, éclaircir en les espaçant de 10 m.

Les bons mariages

Le navet cohabite favorablement avec l'aneth, la carotte, le céleri, le haricot, la laitue, la menthe, le pois, le romarin et la tomate.

Rotation des cultures

Le navet étant assez épuisant, il entre dans la catégorie des plantes potagères exigeantes.

Attendre 3 ou 4 ans au minimum avant de cultiver de nouveau cette plante au même endroit.

Notes du jardinier

- Les variétés de navet se croisent facilement. Aussi est-il préférable de ne cultiver qu'une seule variété par jardin si l'on veut faire des graines.
- Les variétés à racines longues peuvent hiverner en place. Couvrir la planche pendant les froids avec de la paille ou des feuilles sèches.
- Attention aux mulots, ennemis du navet.

FICHE DE CULTURE

CLIMAT	EXPOSITION	SOL	SEMIS	FLORAISON	RÉCOLTE
Tempéré, doux et humide	Ensoleillée ; mi-ombragée en été	Léger, frais, humifère et meuble ; plutôt légèrement acide ou neutre	De mars à juin (variétés de printemps et d'été) ; ou du 15 juillet au 15 août	Avril ou juin, à partir de la 2e année de culture	2 mois après le semis ; après 3 mois pour les variétés d'hiver

Les variétés

• Variétés de printemps et d'été :
'Demi-long de Croissy', 'de Milan', 'de Milan blanc', 'Rouge plat hâtif à feuille entière', 'Blanc plat hâtif à feuille entière'.

• Variétés d'automne et d'hiver :
'de Nancy', 'des Vertus race Marteau', 'Race d'Auvergne hâtive', 'd'Auvergne tardif', 'Blanc dur d'hiver', 'de Péronne' ('de Montesson'), 'Jaune boule d'or', 'Long noir de Caluire'.

Il existe des variétés de navets fourragers.

Navet 'Jaune boule d'or'.

Fertilisation

Fertilisation normale à la fin de l'automne ou au début du printemps.

Le navet est gourmand en humus, il faut lui apporter du compost bien mûr (engrais naturels).

Au cours de la saison, pratiquer des fertilisations foliaires à base d'algues marines toutes les 3 semaines environ.

Entretien

Procéder à des binages et des sarclages. Arroser fréquemment, car le navet craint la sécheresse. Le paillage de cette plante est possible.

Maladies et parasites

La hernie du navet

Les racines atteintes sont déformées par des excroissances et les plantes jeunes périssent.

Cette maladie est souvent due à un sol au pH trop acide (apport de lithothamne). Éviter les fumures fraîches.

Éliminer les pieds atteints et les brûler. Après l'apparition de la maladie, pratiquer une longue rotation.

Le mildiou

Les feuilles jaunissent, puis se couvrent de taches blanches et poudreuses.

Préventivement, pulvériser sur le sol du purin d'ortie ou une décoction de prêle ; pratiquer régulièrement des fertilisations foliaires à base d'algues marines. En période humide et chaude, saupoudrer (à la rosée) un mélange composé de 50 % de lithothamne et 50 % de fleur de soufre.

Dès l'apparition de la maladie, supprimer et brûler les feuilles atteintes et traiter à la bouillie bordelaise.

La pourriture noire du navet

Les racines prennent une coloration bleu-noir et des crevasses se forment ; les racines finissent par pourrir.

Cette maladie est favorisée par les terres au pH trop basique. Éviter les fumures fraîches ou mal décomposées.

Arracher et brûler les plantes malades. Après l'apparition de la maladie, pratiquer une longue rotation.

La rouille blanche

Les feuilles se couvrent de petits gonflements plats, blancs avec des reflets nacrés.

Cette maladie est assez rare. Dès son apparition, arracher et brûler les pieds atteints. En prévention, pulvériser de la bouillie bordelaise et pratiquer des fertilisations foliaires régulières.

L'altise

Cet insecte perfore les feuilles de nombreux trous.

Voir « La lutte contre les parasites », pages 67-68.

Les mollusques

Abondants par temps humide, ils dévorent les jeunes plants ; les traces de mucus qu'ils laissent sur leur passage trahissent leur présence.

Voir « La lutte contre les parasites », pages 69-70.

La mouche du navet

Ses larves blanchâtres, longues de 7 ou 8 mm, creusent des galeries dans les racines.

Éviter les fumures fraîches ; maintenir le sol humide. En prévention, déposer, entre les rangs de navets, des tailles de tomates et des branches de plantes aromatiques ; leur odeur fera fuir cette mouche. Effectuer régulièrement des fertilisations foliaires à base d'algues marines.

En cas d'attaque, arracher et détruire les pieds envahis. Respecter ensuite une longue rotation.

La piéride du navet

Cette chenille verte, longue d'environ 3 cm, ronge les feuilles.

En prévention, étaler sur le sol des branches de genêt à balai ou des feuilles de fougère qui repoussent les papillons.

Navet 'Rouge plat hâtif à feuille entière'.

Faire ses graines

Lors de la récolte des navets destinés à la conservation, choisir quelques belles racines et les placer en cave, en silo ou dans du sable sec. On peut aussi les garder en jauge pendant l'hiver en les protégeant du froid avec de la paille ou des feuilles sèches et en les découvrant par temps de pluie. Planter les racines en mars, en les espaçant de 50 cm en tous sens, et tuteurer. Pincer les extrémités des tiges florales au début de la floraison, puis couper les tiges avant complète maturité. Les faire sécher quelques jours à l'ombre sur une toile, les battre et ensacher les graines.

- Durée germinative : 5 ans.
- Nombre de graines au gramme : environ 450 à 700 selon les variétés.
- Levée : quelques jours.

Le silphe opale

La larve noire, longue d'un peu plus de 1 cm, ressemble à un cloporte ; elle dévore les jeunes plants. L'insecte type, long d'environ 1 cm, est de couleur noir mat, de forme aplatie ; il s'attaque aux feuilles au mois d'avril.

Effectuer des pulvérisations d'insecticide végétal, de solution nicotinée ou de savon noir.

Lutter très rapidement contre ces coléoptères pour éviter avant tout la ponte des œufs.

La tenthrède

Les feuilles sont rongées jusqu'à la nervure par des larves longues d'environ 1,5 cm, de couleur verdâtre à noirâtre et ressemblant à des chenilles ; les plantes finissent par périr.

Effectuer des pulvérisations d'insecticide végétal ou de solution nicotinée.

Les vers gris et blancs

Ces larves se nourrissent des racines ; les plantes se fanent et meurent.

Voir « La lutte contre les parasites », page 69.

Récolter et conserver

Les variétés de printemps et d'été se récoltent au fur et à mesure des besoins et de leur développement ; elles supportent de rester quelques jours au frais en attendant leur consommation.

Les variétés destinées à la conservation s'arrachent avant les gelées, vers la fin octobre-début novembre.

Les laisser ressuyer sur le sol pendant toute une journée. Ensuite, couper les feuilles au-dessus du collet, supprimer les radicelles et poudrer avec du lithothamne pour faciliter la cicatrisation.

Conserver les navets en silo, en cave, dans du sable sec.

En cuisine

- Crues, les racines jeunes et tendres se consomment râpées, seules ou en mélange avec d'autres crudités.
- Cuites, elles se mangent gratinées, au jus de viande, sautées, à l'anglaise, en soufflé, en purée, farcies avec du parmesan ; elles accompagnent les potées, les potages, le pot-au-feu, divers ragoûts (hochepot, navarin) ; le canard aux navets est très apprécié des gourmets. On prépare parfois les jeunes feuilles cuites à la manière des épinards.

Oca du Pérou

Plante potagère dont les tiges rameuses, qui se couchent souvent sur le sol, se marcottent facilement par des buttages successifs. Ses feuilles charnues sont groupées par 3 comme celles du trèfle, leur couleur va du vert-jaune au rouge pourpre suivant les variétés. L'oca produit des tubercules de la grosseur d'un œuf de pigeon ou d'une noix ; les couleurs diffèrent suivant les variétés. Ses fleurs sont hermaphrodites, stériles, de couleur jaune.

CARTE D'IDENTITÉ

Nom botanique :
(1) et (2) *Oxalis tuberosa* Molina.

Famille : Oxalidacées.

Cycle : plante vivace par ses tubercules, cultivée comme annuelle.

Synonymes latins : *O. crenata* Jacquin ; *O. arracacha* G. Don ; *Acetosella tuberosa* O. Kuntze ; *A. crenata* O. Kuntze ; *A. crassicaulis* O. Kuntze.

Synonymes français :
oca d'Amérique, oxalide, oxalide crénelée, oxalis tubéreux, urelle tubéreuse.

Origine : Pérou.

Noms étrangers :
Anglais : oca, oxalis, tuberous rooted, wood sorrel.
Allemand : gekerbter Sauerk-lee, Oka, Oca.
Espagnol : oka, oca, oxalida.
Italien : ossalide crenata.
Néerlandais : peruaanse klaverzuring.

UN PEU D'HISTOIRE

Arrivé en Angleterre en 1829, l'oca du Pérou fut introduit en France en 1850.

Culture

Par plantation de tubercules

En mars-avril, planter un tubercule par godet rempli d'un mélange de terre, de tourbe et de terreau ; disposer sur couche tiède sous châssis ou en serre. Courant avril-début mai, planter les tubercules en place. Les protéger sous tunnel plastique dans les régions où les gelées sont encore à craindre ; supprimer cette protection dès que la température le permet. Les rangs doivent être distants de 60 à 80 cm (pour faciliter le buttage). Les tubercules se plantent à 4 ou 5 cm de profondeur, espacés de 35 cm sur la ligne.

Par bouturage

Du mois de mars jusqu'au début avril, planter chaque germe (muni d'un léger talon de tubercule) dans un godet rempli de terre et de terreau. Mettre les pots sous châssis ou en serre. Le moment venu, repiquer ; le procédé est ensuite le même que pour la plantation de tubercules.

Planter de préférence en lune décroissante

Les bons mariages

L'oca du Pérou s'entend généralement bien avec les autres espèces, à condition toutefois que les plantes alentour ne lui fassent pas de l'ombre.

Rotation des cultures

Cette plante entre dans la catégorie des plantes exigeantes ou à racines.

Notes du jardinier

- Les sols trop compacts conviennent mal à cette plante.
- Avant la plantation (quand ils commencent à germer), exposer les tubercules à la lumière comme pour les pommes de terre, cette opération durcira les germes.
- Pour activer la tubérisation (plante de jours courts), il suffit, à partir de la fin juillet, de couvrir les plantes d'un plastique noir 2 heures avant la nuit ; l'enlever une fois la nuit tombée.

FICHE DE CULTURE

CLIMAT	EXPOSITION	SOL	PLANTATION	FLORAISON	RÉCOLTE
Chaud ou tempéré : craint le froid et les très fortes chaleurs	Ensoleillée	Léger, bien aéré ; riche en humus et gardant bien la fraîcheur	Plantez en avril ou en mai ; bouturez en mars ou en avril	Juillet-août	Environ 8 mois après la plantation

Oca du Pérou en fleur.

Attendre 3 ou 4 ans avant de la cultiver de nouveau au même endroit.

Fertilisation

Fertilisation normale à la fin de l'automne ou au début du printemps avec un engrais naturel et du compost.

Les fertilisations foliaires ne sont pas indispensables.

Entretien

Procéder à des binages et des sarclages. Arroser si nécessaire. Pailler en cas de sécheresse.

Le buttage

Quand les plantes sont hautes d'environ 15 cm, effectuer un premier buttage en prenant soin de laisser apparaître le sommet des tiges ; augmenter celui-ci au fur et à mesure que les plantes grandissent ; ces opérations peuvent avoir lieu jusqu'à la fin août. Les buttages successifs ont l'avantage de maintenir les tiges qui sont assez fragiles ; ils permettent aussi leur marcottage favorisant ainsi une légère augmentation du rendement.

La protection contre le froid

Avant les premières gelées, en octobre (ou plus tôt, suivant les régions), protéger les plantes avec un tunnel plastique. Si possible, le maintenir en place jusqu'à la mi-novembre, époque de la récolte. L'oca craint, en effet, la moindre gelée, et ses tiges ne résisteraient pas. Il en résulterait une baisse de rendement, la formation des tubercules étant assez tardive (vers la fin septembre). Avant de mettre le tunnel plastique, pailler le sol (paille ou feuilles sèches) pour protéger les tubercules très fragiles du froid parfois précoce.

Maladies et parasites

L'oca du Pérou ne semble pas sujet aux maladies ou parasites.

Récolter et conserver

La récolte s'effectue quand les tiges sont gelées ou avant les grands froids, généralement après la mi-novembre.

Les tubercules se conservent comme les pommes de terre (en silo, en tas à la cave ou dans du sable sec). Veiller à prendre soin de les protéger du froid et de l'humidité. Le rendement par pied est de 300 à 500 grammes, selon les années.

Faire ses graines

L'oca ne donne pas de graines.
Pour la reproduction, repérer les pieds pourvus des plus beaux et des plus nombreux tubercules, puis en sélectionner un certain nombre parmi ceux ayant une taille moyenne. Les conserver en cave ou dans du sable.

- **Levée : les tiges apparaissent parfois une dizaine de jours après la plantation, selon la température et la germination des tubercules.**

Les variétés

'Oca Rouge', 'Oca Rouge caminisé' ('Ekmakou'), 'Oca Jaune' ('Ayka kuru'), 'Oca blanc' ('Lliakou'n'), 'Oca rose à bout blanc' ('K'hriy asunte'), 'Oca violet' ('Oka negra').
L'oca violet et l'oca rouge sont légèrement plus doux.

En cuisine

- Les tubercules sont un peu farineux, mais très agréables au goût. On les consomme cuits, à la façon des pommes de terre : à l'eau, au jus, frits, en salade... L'oca sert à la préparation de nombreux plats, son goût évoquant à la fois celui de la pomme de terre et un peu celui de la patate douce, avec une saveur légèrement acidulée.
- Sa cuisson est plus rapide que celle de la pomme de terre ; une fois cuit, il s'épluche aisément.
- Pour réduire l'acidité des tubercules, il suffit de les exposer au soleil pendant 2 ou 3 jours, puis de les faire cuire en changeant l'eau deux fois.
- Les Péruviens mangent crus les tubercules de certaines variétés.
- Les jeunes feuilles rappellent le goût de l'oseille ; on les mange de la même manière.

Oignon

L'oignon est l'une des plantes condimentaires flambeau de notre pays. Ses feuilles sont cylindriques, tubulaires et renflées vers le milieu. Sa hampe florale, parfois haute de plus de 1 m, se développe en général dès la 2e année de culture.
Elle est creuse, grosse et se termine par une grosse ombelle. Son bulbe diffère suivant les variétés : il est allongé, arrondi ou aplati ; sa couleur varie (blanche, jaune, rose, rouge à rouge violacé). Les fleurs sont hermaphrodites, blanches à vertes, parfois rouges, en grosses ombelles.

Carte d'identité

Nom botanique :
(1) et (2) *Allium cepa* Linné.

Famille : Alliacées (Liliacées).

Cycle : plante bisannuelle.

Synonymes latins : *A. esculentum* Salisbury ; *Porrum cepa* Reichenbach ; *Kepa esculenta* Rafinesque ; *Cepa vulgaris* Renault ; *Cepa esculenta* S. F. Gray.

Synonymes français : oignon commun, oignon des cuisines, oignon des jardins…

Origine : Asie (Afghanistan, Iran, Pakistan).

Noms étrangers :
Anglais : onion.
Allemand : Zwiebel, Küchenzwiebel, gemeine-Zwiebel, echte-Zwiebel.
Espagnol : cebolla.
Italien : cipolla.
Néerlandais : ui siepel.

Un peu d'histoire

La culture de l'oignon remonte à des temps très anciens. Les Égyptiens l'utilisaient beaucoup. Il est arrivé en Europe au cours du Moyen Âge.

Propriétés

Anti-infectieux, antiscorbutique, antiseptique, bactéricide, digestif, diurétique, excitant, nutritif, pectoral, stimulant, tonique, vermifuge, l'oignon contient des vitamines (A, B1, B2, B5, C, E, PP) ainsi que, du baryum, du brome, du calcium, du chlore, du fer, du fluor, de l'iode, du magnésium, du phosphore, du potassium, du sélénium, du silicium, du sodium, du soufre et du zinc. C'est le grand ami du pancréas et du foie.

Culture

Semis de printemps

Les oignons destinés à la conservation se sèment en place en mars (dès que les grands froids ne sont plus à craindre). Espacer les rangs de 25 à 30 cm. Recouvrir les graines d'1 cm de terre.

Éclaircir environ 2 mois et demi après le semis ; d'abord à 5 cm, puis à 10 cm quelques semaines plus tard.

Les oignons verts arrachés serviront dans les salades.

Semis d'automne

Semer en août ou septembre, en pépinière. Les oignons se repiquent en place en octobre-novembre (dans les régions à climat doux) ou en février-mars (dans les régions plus froides).

Semis de petits bulbes

Pour une production de petits bulbes à replanter (oignon de Mulhouse), semer en place vers la fin mai, dans une terre peu travaillée en profondeur et peu riche. Arroser si nécessaire jusqu'à la levée ou jusqu'à la formation des bulbes. Ne pas arroser par la suite. L'entretien peut se limiter au sarclage.

Notes du jardinier

- L'oignon joue un rôle important dans notre nourriture. Dans les pays gros consommateurs d'oignons, certaines maladies sont plus rares et les centenaires plus nombreux… Les diabétiques supportent bien l'oignon, son suc étant directement assimilable.
- Éviter les terres trop compactes et humides.

Fiche de culture

Climat	Exposition	Sol	Plantation	Floraison	Récolte
Tempéré, plutôt doux	Ensoleillée	Fertile, léger et meuble ; riche en humus ; plutôt neutre ou légèrement calcaire	Semez : février-mars ou août-septembre ; plantez les bulbes : février-mars	Mai à septembre, la 2e année de culture	Après 5 à 6 mois ou 7 à 9 mois (selon la période du semis) ; 3 à 4 mois (oig. confits)

On récolte ces petits bulbes courant août : les plus petits seront replantés à la fin de l'hiver ; confire les plus gros au vinaigre.

Plantation de petits bulbes

Planter les petits bulbes en place en mars en les espaçant de 10 cm sur des lignes distantes de 30 cm.

Les bons mariages

L'oignon se marie avec la betterave potagère, la carotte, le concombre, le fraisier, la laitue, le panais et la tomate.

En revanche, il ne supporte pas la présence des légumineuses (fève, gesse, haricot, lentille, pois). Il refusera de grossir en présence de la pomme de terre.

Rotation des cultures

L'oignon entre dans la catégorie des plantes à bulbes. Veiller à pratiquer une alternance de 3 ou 4 ans avant de le faire revenir au même endroit.

Les variétés

- **Oignons d'été** (de courte conservation) : 'de Barletta', 'de Vaugirard', 'de Paris', 'Géant d'Italie', 'Extra-hâtif de Malakoff'...
- **Oignons d'hiver** (de longue conservation) : 'Blanc hâtif de Paris', 'Jaune doré', 'Jaune paille des vertus', 'de Mulhouse', 'de Stuttgart', 'Jaune de Moissac', 'Jaune espagnol', 'Jaune de Lescure', 'Rouge pâle de Niort', 'de Brunswick', 'Rouge gros plat d'Italie'...

Récolte d'oignons blancs.

Semer ou planter les bulbes de préférence en lune décroissante

Fertilisation

Fertilisation normale à la fin de l'automne ou au début du printemps avec un engrais naturel et du compost.

N'apporter que de la fumure décomposée et très peu d'azote (500 g/are au démarrage du printemps).

Environ 2 fois par mois, procéder à une fertilisation foliaire par saupoudrage léger à base de lithothamne, surtout par temps chaud et humide ou après un orage.

Entretien

Effectuer régulièrement des sarclages. Arroser si nécessaire jusqu'à la formation des bulbes.

Laisser les oignons ressuyer 1ou 2 jours au soleil avant de les rentrer.

Note du jardinier

Pour parfumer les plats, les jeunes pousses des oignons (tiges vertes) peuvent remplacer la ciboule ou la ciboulette.

Maladies et parasites

Le charbon de l'oignon

Des taches poussiéreuses, d'abord gris argenté, puis devenant noires, apparaissent sur les feuilles, les tiges et l'enveloppe du bulbe.

Cette maladie, très rare en culture biologique, s'attaque uniquement aux jeunes plants. Pratiquer une bonne rotation. Arracher les pieds atteints et les détruire.

La fonte des semis

Manques à la levée ; les plants ont disparu par endroits.

Cette maladie est souvent due à des terres trop humides ou trop acides. Éviter de semer trop dru. Respecter une bonne rotation.

Le gras de l'oignon

L'enveloppe des bulbes se ternit, l'oignon ne tarde pas à pourrir.

Éviter la culture de l'oignon dans les terres trop humides. Ne pas apporter de fumure fraîche, mais du compost. Pratiquer une bonne rotation. Arracher et détruire les pieds atteints par la maladie.

Le mildiou de l'oignon

Des taches jaunes, de forme allongée, apparaissent sur les feuilles qui se couvrent d'un duvet violacé et poussiéreux.

Effectuer régulièrement des fertilisations foliaires avec du lithothamne, principalement par temps chaud et humide, et surtout aussitôt après un orage. En prévention, pulvériser de la bouillie bordelaise. Pratiquer une bonne rotation.

Détruire rapidement les pieds atteints par la maladie.

La pourriture des bulbes

Les bulbes jaunissent et ramollissent ; par endroits, ils se couvrent d'un feutrage grisâtre puis pourrissent.

Cette maladie est très souvent due à un excès d'humidité. Ne pas apporter de fumures fraîches. Dégager la terre autour des bulbes. Pratiquer une bonne rotation. Rentrer les bulbes bien ressuyés et les stocker dans un local sain, sec et bien aéré. Éliminer les pieds atteints.

La rouille de l'oignon

Des taches jaunes à brunes apparaissent sur les feuilles qui prennent une couleur rouille et finissent par se dessécher.

Procéder régulièrement à des fertilisations foliaires. En prévention, pulvériser de la bouillie bordelaise.

La mouche de l'oignon

Les feuilles attaquées se flétrissent ; la larve blanche pénètre dans le bulbe en creusant des galeries qui font pourrir le bulbe.

Pratiquer une bonne rotation. Éviter les fumures fraîches. L'association carotte-oignon est bénéfique. En prévention, pulvériser une macération de feuilles et de gourmands de tomate. Éliminer immédiatement les pieds atteints.

Le thrips de l'oignon

Cet insecte brun, presque noir, et sa larve attaquent la plante ; les feuilles jaunissent, se couvrent de petites taches blanches, puis se dessèchent et disparaissent.

Les attaques surviennent généralement en période de sécheresse et de chaleur. Respecter les principes élémentaires de l'agriculture biologique.

Dès l'apparition des insectes, pulvériser un insecticide végétal.

Récolter et conserver

Les variétés d'été

La récolte s'effectue en avril-mai-juin, avant complet développement ou à maturité. Laisser les oignons ressuyer 1 ou 2 jours au soleil avant de les rentrer. Leur conservation est limitée à quelques mois seulement.

Les variétés d'hiver

La récolte s'étale du mois de juillet jusqu'au mois de septembre, lorsque les feuilles sont sèches (à maturité). Laisser les oignons ressuyer 1 ou 2 jours au soleil avant de les rentrer.

Les variétés d'hiver se conservent à l'abri de l'humidité, pendues en nattes tressées, en bottes, étalées sur le plancher d'un grenier ou dans des cageots.

Conserver les variétés d'hiver pendues en bottes à l'abri de l'humidité.

Petits bulbes à repiquer.

Faire ses graines

Sélectionner quelques oignons parmi les bulbes les plus sains, gros et réguliers, représentant bien la variété à reproduire. Les planter en février-mars en les espaçant de 40 cm en tous sens et tuteurer les tiges.
Les têtes (ombelles) se récoltent généralement vers la fin juillet-début août, c'est-à-dire lorsqu'elles sont presque à maturité.
Les faire sécher à l'ombre. Extraire ensuite les graines en les battant. Les ensacher et les conserver à l'abri de l'humidité.

- **Durée germinative : 2 ans.**
- **Nombre de graines au gramme : environ 250.**
- **Levée : environ 10 à 12 jours.**

En cuisine

- L'oignon est l'un de nos meilleurs légumes. Son bulbe cuit agrémente la charcuterie, les sauces, les courts-bouillons, les omelettes. On le consomme aussi farci, à la crème, frit, en beignets, en potage (la fameuse soupe à l'oignon, connue des noctambules). Un oignon non épluché, cuit dans la cendre et accompagné d'un morceau de beurre, est un délice. Les diverses tartes à l'oignon sont très appréciées.
- Il s'utilise cru comme condiment dans les crudités, les salades, les marinades, diverses entrées froides... Les petits oignons peuvent se confire au vinaigre.

Oignon de Catawissa

Plante herbacée condimentaire, très curieuse par ses bulbilles aériennes. L'oignon de Catawissa est vivace par sa souche. Il donne très tôt dans la saison (février) des feuilles semblables à celles des oignons ordinaires ; celles-ci sont vertes, dressées, tubulaires, renflées vers le centre. Ses nombreuses tiges, creuses et ventrues, sont hautes d'environ 80 cm ; elles se terminent, selon les cas, par 1, 2 ou 3 étages de bulbilles, généralement groupées par 5 ou 6, atteignant parfois 3 cm de diamètre et de couleur violacée. Les bulbilles situées au 2e et au 3e étage sont plus petites et en moins grand nombre.

CARTE D'IDENTITÉ

Noms botaniques : (1) *Allium cepa* Linné, var. *proliferum* (Moench) Aschers et Graebner ; (2) non mentionné.

Famille : Alliacées (Liliacées).

Cycle : plante vivace par ses bulbes.

Synonymes latins : *A. cepa* var. *proliferum* Regel, Allioni ; *A. proliferum* Schrader (ex) Willdenow ; *Cepa prolifera* Moench Meth.

Synonymes français : ciboule de Catawissa, oignon des familles.

Origine : Asie occidentale.

Noms étrangers :
Anglais : Canada onion.
Allemand : Catawissa-Zwiebel, Sprossenderlauch.
Espagnol : cebolla de Catawissa.
Néerlandais : stengelui.

UN PEU D'HISTOIRE

Jusqu'au XVIIIe siècle, on supposait que l'oignon de Catawissa était originaire d'Amérique.
Or, un missionnaire français, qui publia deux ouvrages sur la Chine en 1696, et le docteur Bretschneider, auteur d'une flore de Chine, émirent un doute qui se révéla fondé : en fait l'origine de cette plante semble bien être la Chine.

Propriétés

Elles sont certainement identiques à celles de l'oignon traditionnel (voir page 296).

Culture

On plante les bulbilles à l'automne (octobre-novembre) ou à la fin de l'hiver (de la mi-février à la fin mars). Les lignes doivent être distantes de 40 cm ; on plante une bulbille tous les 25 cm en l'enfonçant légèrement avec le pouce et l'index.

La 1re année de culture, chaque bulbille donne 2 ou 3 tiges coiffées elles-mêmes de bulbilles à leur sommet.

Planter si possible les bulbilles lorsque la Lune est décroissante

Les bons mariages

Cette plante s'entend favorablement avec la betterave, la carotte, le fraisier, la laitue et la tomate.

Cependant, comme tous les oignons, l'oignon de Catawissa ne se marie pas avec les légumineuses (fève, gesse, haricot, lentille...).

Rotation des cultures

La rotation dépend du nombre d'années de sédentarité de la plante.

Notes du jardinier

- **Bien qu'elle puisse être menée annuellement, on laisse généralement la plantation en place pendant 3 ou 4 ans.**
- **Bien récolter toutes les bulbilles ; celles qui tomberont sur le sol s'enracineront facilement.**

FICHE DE CULTURE

CLIMAT	EXPOSITION	SOL	PLANTATION	FLORAISON	RÉCOLTE
Tempéré ; ne craint pas les grands froids	Ensoleillée	Léger, humifère, ameubli	Plantez les bulbilles en octobre-novembre ou fin février à fin mars	Ne fleurit pas mais donne des bulbilles à partir du mois de juin	Après 5 à 6 mois (plant. de fin d'hiver) ou après 10 à 11 mois (plant. d'automne)

Tiges tubulaires de l'oignon de Catawissa surmontées de leurs bulbilles.

Il faut attendre généralement au moins 4 à 5 ans avant de la faire revenir au même endroit.

Fertilisation

Fertilisation normale à la fin de l'automne ou au début du printemps avec un engrais naturel et du compost.

N'apporter que de la fumure décomposée et très peu d'azote (500 g/are au début du printemps).

Environ 2 fois par mois, procéder à une fertilisation foliaire par saupoudrage léger à base de lithothamne (surtout par temps chaud et humide, ou après un orage).

Entretien

Les binages et les sarclages sont de rigueur. Arroser en cas de sécheresse, en évitant de mouiller les feuilles.

Maladies et parasites

Le mildiou de l'oignon

Peu de temps après un orage, des taches jaunes, allongées, apparaissent sur les tiges.

En prévention, dès la fin d'un orage, saupoudrer du lithothamne ou pulvériser un extrait d'algues brunes additionné de sulfate de cuivre (voir aussi l'« Oignon », page 298).

Récolter et conserver

On ramasse les bulbilles destinées à la conservation en juillet-août ; elles se conservent au frais et au sec jusqu'à la fin de l'hiver, à la manière de l'oignon ordinaire ou de l'échalote.

Les bulbes se récoltent au fur et à mesure des besoins ; ils ne se conservent que peu de temps.

Les variétés

Une autre variété d'oignon bulbifère est certainement plus connue. Il s'agit de l'oignon rocambole ou oignon d'Égypte. Cette variété, aux bulbilles rouge cuivré, est moins rustique. On découvre parfois entre les bulbilles des graines, sans doute stériles. Les tiges ont rarement plus de 2 étages de bulbilles et sont souvent moins grosses que celles de l'oignon de Catawissa.

Faire ses graines

L'oignon de Catawissa ne fleurit pas. Il ne porte donc pas de graines, mais des bulbilles que l'on choisit sur les pieds les plus vigoureux : on les conserve au frais et au sec pendant l'hiver et on les replante soit en automne, soit au début du printemps.

En cuisine

- On utilise les feuilles printanières de l'oignon de Catawissa comme celles de la ciboule.
- Ses bulbes sont employés, comme l'oignon ordinaire ou l'échalote, crus en condiment dans les crudités, les salades, les marinades ; cuits dans les courts-bouillons, dans la charcuterie, les potages, les sauces...
- Les bulbilles sont excellentes confites dans le vinaigre comme les cornichons ; on exploitera les plus grosses comme des bulbes d'échalote.

Oignon patate

Plante condimentaire herbacée ressemblant beaucoup à l'échalote. Elle ne produit pas de tige florale. Ses feuilles, nombreuses, sont tubulaires et hautes de 15 à 20 cm. Sa souche souterraine composée de 7 à 8 bulbes de forme plus ou moins arrondie, est de couleur jaune cuivré.

CARTE D'IDENTITÉ

Noms botaniques : (1) *Allium cepa* Linné, var. *aggregatum* G. Don ; (2) *Allium cepa* Linné, var. *solanum* Alefeld.

Famille : Alliacées (Liliacées).

Cycle : plante vivace par ses bulbes, cultivée comme annuelle.

Synonyme français : oignon sous terre.

Origine : inconnue, mais pourrait venir d'Asie.

Noms étrangers :

Anglais : potato onion.
Allemand : kartoffelzwiebel.
Espagnol : cebolla batata.
Italien : cipolla patata.
Neerlandais : kartoffelzwiebe.

UN PEU D'HISTOIRE

Dans le nord de la France, cette variété d'oignon est encore cultivée sous le nom d'échalote du Nord ; l'oignon patate est également cultivé au Canada.

Propriétés

L'oignon patate contient des vitamines A, B1, B2, B5, C et E. Son jus stimulerait la pousse des cheveux ; sa pelure est utilisée pour fabriquer des colorants.

Culture

On plante les caïeux en février-mars, en les enfonçant avec les doigts à 2 cm de profondeur, en respectant une distance de 12 à 15 cm, sur des rangs espacés de 25 à 30 cm (comme pour l'échalote). La terre doit être bien ameublie pour que les caïeux ne remontent pas à la surface.

Les bons mariages

Comme l'échalote, l'oignon patate s'entend bien avec la betterave potagère, la carotte, le fraisier, la laitue et la tomate. Comme toute les alliacées, il ne supporte pas les fabacées (fève, haricot, lentille, gesse, pois…) qui lui apportent trop d'azote par leurs nodosités (petites boules sur les racines).

Planter les caïeux en lune décroissante, 2 à 3 jours avant la nouvelle lune

Rotation des cultures

L'oignon patate entre dans la catégorie des plantes à bulbes et à fruits. Il n'est pas épuisant mais mieux vaut attendre 3 années pour cultiver une plante de la même famille à la même place.

Fertilisation

Fertilisation normale à la fin de l'automne ou au début du printemps. Lors de la plantation, en mars, apporter un peu d'azote organique, environ 1 kg/are. Éviter la fumure non décomposée.

Entretien

Effectuer régulièrement des binages et des sarclages. Il est possible d'arroser, si nécessaire, avant la formation des gousses.

Notes du jardinier

- Cet oignon est l'intermédiaire entre l'oignon et l'échalote.
- Ne pas l'éplucher à l'avance, car il perdrait une partie de ses qualités gustatives et nutritives.

FICHE DE CULTURE

CLIMAT	EXPOSITION	SOL	PLANTATION	FLORAISON	RÉCOLTE
Plutôt tempéré et doux	Ensoleillée	De préférence léger, meuble et humifère	Plantez les caïeux au printemps ou à l'automne	Aucune	Après 5 mois (plant. de printemps) ou après 9 mois (culture d'automne)

Les variétés

L'oignon patate n'est qu'une variété de l'oignon ordinaire. Il existe cependant quelques variétés d'oignon patate au Canada.

Faire ses graines

L'oignon patate ne produit pas de graines sous notre climat.

Maladies et parasites

Ils sont identiques à ceux de l'oignon (voir pages 298-299).

Récolter et conserver

Lorsque les feuilles jaunissent, puis sèchent entre juillet et début août, les récolter en arrachant les touffes. Les laisser ressuyer sur le sol 2 à 3 jours. En cas de pluie, les mettre à l'abri. Lorsqu'il fait beau, de nouveau les étaler dans des cageots, inclinés sur un petit muret par exemple, pour que l'air y pénètre mieux.

Les stocker dans un local frais, sain et sec, sur des clayettes, en bottes ou étalés sur le parquet d'un grenier.

Les caïeux se conservent environ 9 mois, parfois plus.

En cuisine

Ses bulbes se consomment crus ou cuits. Crus, ils agrémentent salades et crudités ; cuits ils accompagnent certains plats en sauce. Le goût de l'oignon patate est sucré.

Récolte d'oignons patates.

Origan

Plante condimentaire aromatique, médicinale et mellifère, formant une touffe ramifiée haute de 30 à 80 cm. Ses tiges herbacées sont dressées, rameuses, plus ou moins velues, très souvent rougeâtres. Les feuilles sont pétiolées, ovales, arrondies à la base, généralement entières ou légèrement dentées, de couleur vert foncé, jaune ou panachée. Les fleurs sont hermaphrodites, de couleur blanche, rose ou pourpre, en petits épis courts groupés au sommet des rameaux.

Carte d'identité

Nom botanique :
(1) et (2) *Origanum vulgare* Linné.

Famille : Lamiacées (Labiées).

Cycle : plante vivace.

Synonymes latins :
O. orientale Miller ; *O. creticum* Linné ; *O. anglicum* Hill ; *O. officinale* Gueldenst ; *O. floridum* Salisbury.

Synonymes français : grande marjolaine, marjolaine d'Angleterre, m. bâtarde, m. sauvage, m. vivace, pied-de-lit, thé rouge, thym bâtard, thym des bergers.

Origine : Europe et Asie occidentale.

Noms étrangers :
Anglais : wild majoram, common majoram, origan, pot majoram.
Allemand : Wintermajoran, wilder Majoran, Staudenmajoran, Wohlgemuth, Dostkraut, grosser Dost.
Espagnol : oregano.
Italien : origano, maggiorana vivace, regamo.
Néerlandais : wilde marjolijn, orega.

Un peu d'histoire

Plante condimentaire connue depuis l'Antiquité. En Europe et en France, où elle est indigène, elle n'est apparue comme aromate qu'au XVIIe siècle.

Propriétés

Antiseptique, antispasmodique, apéritif, carminatif, digestif, diurétique, emménagogue, expectorant, stimulant, stomachique, tonique, l'origan contient une huile essentielle. Il entre dans la composition de divers bains fortifiants et dans de nombreux parfums.

Culture

Par semis

Les graines se sèment au printemps ou à l'automne en pépinière. Lorsque les plants ont quelques feuilles, les mettre en place en bordures, ou en les espaçant de 30 cm en tous sens. Les graines étant très fines, ne les recouvrir que très légèrement de terre.

Par division de touffes

Diviser les anciennes touffes au printemps ou à l'automne.

Les facteurs lunaires n'ont pas d'influence

Les bons mariages

L'origan semble s'accorder avec toutes les autres plantes.

Rotation des cultures

Il peut rester en place jusqu'à une dizaine d'années. Appliquer ensuite une rotation de 4 ou 5 ans au minimum.

Fertilisation

La fertilisation est normale. Les fertilisations foliaires ne sont pas nécessaires.

Entretien

Les sarclages et les binages sont de rigueur. Arroser si nécessaire. En cas de

Notes du jardinier

- Après le semis, garder le sol suffisamment frais jusqu'à la levée.
- Avant l'hiver, tailler les touffes à 10 ou 15 cm du sol.
- L'origan séché conserve assez bien son arôme.

Fiche de culture

Climat	Exposition	Sol	Semis	Floraison	Récolte
Tempéré : supporte bien la sécheresse et le froid	Chaude et ensoleillée	Léger, fertile, meuble et frais ; riche en humus	Semez les graines ou divisez les touffes au printemps ou à l'automne	Juillet à septembre	2 à 3 mois après le semis ou la division de touffes

grands froids, protéger par prudence les plantes avec de la paille ou des feuilles sèches.

Maladies et parasites

L'origan ne semble pas sensible aux maladies ou parasites.

Récolter et conserver

Cueillir les tiges au fur et à mesure des besoins, de mai à novembre.

Pour la conservation, couper les tiges à quelques centimètres du sol, de préférence au début de la floraison. Les faire sécher à l'ombre et les déposer dans des boîtes hermétiques.

En cuisine

- Les feuilles fraîches ou sèches s'utilisent dans les potages, les sauces, les ragoûts, les pizzas, les farces, avec divers légumes et viandes, les gibiers.
- Elles aromatisent la charcuterie, le riz, les salades, les vinaigres... Ajouter les feuilles d'origan hachées en fin de cuisson. Proche de la marjolaine à coquille, la saveur légèrement amère, poivrée et piquante de l'origan est cependant plus prononcée. L'origan entre dans la composition de certaines liqueurs.
- L'utiliser modérément, l'éviter en cas d'hypertension.

Les variétés

Le type botanique vulgaire. Il y a plusieurs variétés : *O. vulgare* 'Laurie', 'Aureum' (aux feuilles dorées), 'Gold tip' (feuilles panachées de jaune), 'Polyphant' (feuilles bordées de blanc).

Faire ses graines

Ne pas couper les tiges des plantes choisies et récolter les graines en août ou en septembre. Les faire sécher à l'ombre, puis les placer dans des sachets ou des boîtes hermétiques et les conserver à l'abri de l'humidité.

- **Durée germinative : 5 ans.**
- **Nombre de graines au gramme : 12 000.**
- **Levée : 2 ou 3 semaines.**

Origan 'Aureum' en fleur.

Oseille commune

Plante potagère et condimentaire herbacée aux tiges florales creuses, dressées, ramifiées au sommet, rougeâtres, hautes de 30 cm à 1 m. Ses nombreuses feuilles sont entières, pétiolées, ovales ou oblongues, larges, radicales, de couleur vert clair ou rougeâtre, formant une touffe. Ses fleurs sont dioïques, de couleur verte, en panicules longues.

Carte d'identité

Noms botaniques : (1) *Rumex acetosa* var. *hortensis* Linné ; (2) *R. acetosa* Dierb, Heidelb.

Famille : Polygonacées.

Cycle : plante vivace.

Synonymes latins : *Acetosa pratensis* Miller, Gardner ; *A. magna* Gilibert ; *Lapathum acetosa* Scopoli ; *L. pratense* Lamarck ; *Rumex acidus* Salisbury ; *Rumex papillaris* Boissier et Reuter ; *R. sagittifolius* Campd.

Synonymes français : aigrette, Belleville, grande oseille, oseille acide, oseille longue, patience acide, surette, vinette...

Origine : Europe et Asie.

Noms étrangers :
Anglais : common sorrel, garden sorrel.
Allemand : Garten-Sauerampfer, grosser Sauerampfer, französischer Spinat, Wiesensauerampfer.
Espagnol : acedera común, agrilla, vinagrera.
Italien : acedera, acetina, saleggiola.
Néerlandais : Veldzuring.

Un peu d'histoire

L'oseille commune était consommée dans l'Antiquité par les Grecs et les Romains et très appréciée au Moyen Âge. Elle est spontanée dans les régions tempérées du globe.

Propriétés

Antiscorbutique, apéritive, dépurative, diurétique, laxative, nutritive, rafraîchissante et revitalisante, l'oseille contient des vitamines (A, B, C) et des minéraux (calcium, cuivre, fer, magnésium, manganèse, phosphore, potassium, sodium, soufre et zinc). Elle est contre-indiquée aux personnes souffrant de rhumatismes ou de goutte.

Culture

Par semis

Les graines se sèment de mars à juin, en pépinière. Les recouvrir de 1 cm de terreau ; plomber au râteau et tenir le sol frais jusqu'à la levée.

Lorsque les plants ont 4 ou 5 feuilles, les repiquer en place, en bordures (moyen le plus utilisé), ou en lignes espacées de 25 à 30 cm. Par la suite, éclaircir à 15 ou 20 cm sur le rang.

Semer ou planter de préférence en lune décroissante

Par division de touffes

Courant mars ou avril, planter les éclats en procédant comme pour le repiquage des semis.

Les bons mariages

L'oseille semble s'accorder avec toutes les plantes.

Rotation des cultures

Cette plante peu épuisante entre malgré tout dans la catégorie des plantes exigeantes, car elle peut rester en place

Notes du jardinier

- Aussitôt après avoir été piqué par des orties, frictionner l'endroit douloureux avec des feuilles d'oseille ; les démangeaisons disparaissent.
- Couper les tiges florales dès leur apparition pour ne pas épuiser la plante.
- L'oseille étant très acide, la cuire dans un récipient en inox.
- Sa saveur est plus acidulée si elle est cultivée en terrain sec.

Fiche de culture

Climat	Exposition	Sol	Plantation	Floraison	Récolte
Tempéré	Indifférente ; plutôt mi-ombragée en été	Fertile, frais, riche en terreau, plutôt léger ; éviter les terres calcaires	Semez les graines : mars à juin ; divisez les touffes : mars-avril	Mai à septembre	3 à 4 mois après le semis ou 2 mois après la division de touffes

Les escargots sont friands des feuilles de l'oseille.

Les variétés

'Large de Belleville', 'Blonde de Lyon', 'de Chambourcy'. Une autre variété est cultivée : 'Pourpre' (*R. purpurea*).

pendant 4 ou 5 ans. Il faut ensuite pratiquer une alternance d'au moins 3 ou 4 ans.

Fertilisation

La fertilisation est normale. Il est avantageux de faire un apport annuel à base de terreau autour des pieds.

Effectuer 4 ou 5 fertilisations foliaires à base d'algues marines au cours de la saison.

Entretien

Les binages et les sarclages sont de rigueur. Arroser souvent si nécessaire.

Le paillage est parfois recommandé.

Maladies et parasites

La chrysomèle de l'oseille

Les larves noirâtres apparaissent courant mai ; elles rongent les feuilles, puis disparaissent dans le sol en juin.

Couper et brûler les feuilles dont la face inférieure porte des œufs jaunâtres vers la fin avril-début mai, ou dès que la plante est attaquée par les larves.

Les mollusques

Ils dévorent les feuilles, trahissant leur présence par les traces de mucus qu'ils laissent sur leur passage.

Voir « La lutte contre les parasites », pages 69-70.

La mouche de l'oseille

Les larves creusent des galeries dans les feuilles.

Couper et brûler les feuilles dès l'apparition des galeries.

Le puceron de l'oseille

Il suce la sève au niveau du collet de la plante.

Voir « La lutte contre les parasites », page 70.

Récolter et conserver

On cueille les feuilles une à une, à la main et au fur et à mesure des besoins. Choisir parmi les plus avancées autour du collet.

Les consommer de préférence sans attendre, car elles se fanent rapidement. La récolte se prolonge jusqu'aux gelées.

Pour profiter de l'oseille pendant la saison hivernale, il suffit de fabriquer des châssis vitrés adaptés pour les bordures, en aérant le plus possible lorsque le temps le permet.

Faire ses graines

Choisir des pieds vigoureux, représentant bien le type de la variété. Les laisser monter à graines sans cueillir les feuilles, et tuteurer les tiges. Les récolter quand elles prennent une couleur brunâtre, généralement en juillet. Les faire sécher à l'ombre, les battre et ensacher les graines.

- **Durée germinative : environ 2 ans.**
- **Nombre de graines au gramme : 1 000.**
- **Levée : de 6 à 10 jours.**

En cuisine

- Les feuilles tendres se mangent crues, mélangées avec de la salade.
- Cuites, on les déguste en potage, sautées, à la crème, au jus de viande, en mélange avec d'autres légumes comme l'arroche, l'épinard, la tétragone ou encore la pomme de terre...
- Elles accompagnent les omelettes et entrent dans la composition de certaines sauces pour les poissons.

Panais

Plante potagère pouvant atteindre une hauteur de 2 m. Sa tige creuse est striée et ramifiée en son extrémité. Les feuilles dentelées sont découpées jusqu'à la nervure principale. Le panais est cultivé pour sa racine pivotante, charnue, renflée, de couleur blanche. Les fleurs sont hermaphrodites, de couleur jaune pâle, en ombelles.

Carte d'identité

Nom botanique : (1) et (2) *Pastinaca sativa* Linné.

Famille : Apiacées (Ombellifères).

Cycle : plante bisannuelle.

Synonymes latins : *P. sylvestris* Miller et Gardner ; *P. lutea* Gilibert ; *P. esculenta* Salisbury ; *P. opaca* Bernhardi ; *P. pratensis* H. Martius ; *P. angulosa* Dulac ; *Selinum p.* Crantz ; *Selinum p.* E.H.L. Krause ; *Anethum p.* Wibel.

Synonymes français : grand chervis cultivé, pastenade blanche, patenais, racine blanche...

Origine : Europe et Asie ; spontanée en France et en Europe.

Noms étrangers :
Anglais : parsnip.
Allemand : Zuckerwurzel, Pastinake, Pastinak.
Espagnol : chirivia, pastinaca.
Italien : pastinaca.
Néerlandais : pastenaak, pinksternakel.

Un peu d'histoire

Les Anciens ne semblent pas avoir connu le panais, mais il est certain que sa culture était pratiquée dès le haut Moyen Âge.
Le panais était consommé en France avant la venue de la pomme de terre.

Propriétés

Antirhumatismal, diurétique, emménagogue, nutritif, reconstituant, le panais contient des vitamines (C, B) et des sels minéraux (calcium, chlore, magnésium, potassium, phosphore, sodium, soufre).

Culture

Les graines se sèment en place, de mars à juin, en lignes espacées de 30 à 40 cm.

Les recouvrir avec 1 cm de terre fine, puis plomber fortement. Tenir le sol suffisamment humide jusqu'à la levée. Lorsque les plants ont 3 ou 4 feuilles, éclaircir à 15 cm sur le rang. On peut semer en pépinière en mars-avril et repiquer aux mêmes distances quand les plants ont 4 ou 5 feuilles.

Praliner les racines avec une bouillie de lithothamne au moment du repiquage pour favoriser la reprise.

Semer de préférence en lune décroissante

Les bons mariages

Le poireau, l'oignon et le radis s'entendent bien avec le panais.

Rotation des cultures

Le panais entre dans la catégorie des légumes à racines. Attendre 3 ou 4 ans avant de le faire revenir au même endroit.

Fertilisation

Fertilisation normale à la fin de l'automne ou au début du printemps avec un engrais naturel et du compost. Le panais ne supporte pas les fumures organiques non décomposées.

Effectuer des fertilisations foliaires, à base de lithothamne, à raison de 1 ou 2 poudrages chaque mois.

Notes du jardinier

- **Dans les régions à climat doux, il est possible de semer le panais vers la fin septembre. Dans ce cas, les racines se récoltent en mai de l'année suivante.**
- **Éviter de faire voisiner des porte-graines de carottes et des panais destinés à la production de semences.**

Fiche de culture

Climat	Exposition	Sol	Semis	Floraison	Récolte
Doux et humide ; résiste au froid	Ensoleillée	Profond, franc et humifère ; légèrement calcaire et frais	Mars à juin ; fin septembre dans le Midi ou en Bretagne	Mai à septembre	Environ 4 mois après le semis ; après 7 mois pour un semis de septembre-octobre

Inflorescence du panais en juillet.

Les variétés

'Demi-long de Guernesey', 'Exhibition long'...

Faire ses graines

Au moment de l'arrachage, choisir quelques belles racines et les conserver à l'abri, dans du sable sec. Les replanter vers la fin du mois de février en les tuteurant de préférence. Espacer les plantations de 60 cm en tous sens. La floraison a lieu en mai-juin.
Courant juillet, supprimer toutes les petites inflorescences. Récolter les ombelles un peu avant la maturité des graines, c'est-à-dire quand ces dernières deviennent brunâtres. Faire sécher pendant quelques jours à l'ombre dans un local aéré. Battre les ombelles et mettre les graines en sachets.
Il n'est pas indispensable de rentrer les racines des panais (porte-graines) ; ils peuvent rester en place.

- Durée germinative : 1 ou 2 ans.
- Nombre de graines au gramme : 220.
- Levée : 15 jours environ ; capricieuse.

Entretien

N'oublier ni les binages ni les sarclages. Arroser si nécessaire.

Maladies et parasites

Le mildiou

Le dessus des feuilles se couvre de taches brunes, et le dessous de moisissures blanchâtres.

Pulvériser de la bouillie bordelaise dès le début des symptômes. Détruire les pieds atteints.

La rouille

Des taches rougeâtres apparaissent sur les feuilles. Arracher et brûler les plantes atteintes.

Récolter et conserver

La récolte a lieu courant novembre. Couper les feuilles et laisser les racines ressuyer quelques heures sur le sol avant de les rentrer en cave ou en silo.

On peut aussi laisser le panais en place et récolter les racines au fur et à mesure de ses besoins.

Dans ce cas, avant les froids, il est préférable de recouvrir le sol de paille ou de feuilles sèches pour faciliter plus tard l'arrachage. Ne pas oublier de découvrir les plantes lorsqu'il pleut.

En cuisine

- Cuite, la racine du panais accompagne pot-au-feu et potée ; elle parfume les potages. On l'apprécie également frite, sautée ou en purée, à la crème, à la béchamel, en soufflé, en ragoût, gratinée avec des pommes de terre, en chips.
- Crue et râpée, on la consomme seule ou avec d'autres crudités (betterave potagère, carotte, céleri-rave, radis noir...).
- Attention, son parfum étant très prononcé, la doser avec précaution.

Pastèque

Plante potagère herbacée à tiges rampantes, minces, recouvertes de poils denses ; elles portent des vrilles et sont parfois longues de près de 3 m. Les feuilles sont larges, triangulaires et découpées en 3 à 5 lobes profonds, eux-mêmes incisés. La pastèque est cultivée pour ses gros fruits charnus, lisses, de forme cylindrique, ovale ou oblongue, de couleur vert pâle, vert foncé presque noir ou vert marbré. Sa chair est aqueuse, fondante, plus ou moins sucrée, parfois fade, de couleur blanche à verte, rose ou rouge selon les variétés. Ses fleurs sont monoïques, de couleur jaune à légèrement verte, en calices. La culture de la pastèque ne réussit en région parisienne que les années chaudes.

Carte d'identité

Noms botaniques : (1) *Citrullus lanatus* (Thumberg) Mansfeld ; (2) *C. vulgaris* Schrader.

Famille : Cucurbitacées.

Cycle : plante annuelle.

Synonymes latins : *C. gigantea* Salisbury ; *C. pastea* Sageret ; *C. caffer* Schrader ; *C. caffrorum* Schrader ; *C. amarus* Schrader ; *C. edulis* Spach ; *Cucurbita anguria* Duchesne et Lamarck ; *Cucurbita caffra* Eckl et Zey ; *Cucurbita pinnotifida* Schrank ; *Anguria* Miller, Gardner ; *Momordica lanata* Thumberg ; *Cucumis colocynthis* Thumberg ; *Cucumis dissectus* Decaisne.

Synonymes français : batec, citrouille pastèque, melon d'Amérique, melon d'eau, melon de Moscovie...

Origine : Afrique tropicale.

Noms étrangers :
Anglais : water-melon, great water-melon.
Allemand : Wassermelone, grosse Wassermelone.
Espagnol : sandia, melon de agua.
Italien : cocomero, anguria.
Néerlandais : grote water-meloen.

Un peu d'histoire

Avant l'ère chrétienne, la pastèque était cultivée dans la vallée du Nil comme le prouvent les fresques des tombes des pharaons. Elle était également connue des Hébreux.

Propriétés

Antiscorbutique, dépurative et rafraîchissante, la pastèque contient des vitamines (A, B, C, K) et des sels minéraux (calcium, chlore, cuivre, fer, magnésium, phosphore, potassium, sodium et soufre).

Culture

Les graines se sèment courant avril, en serre ou sous châssis, à plus de 20 °C. Déposer 2 ou 3 graines par godet.

Lorsque les plants ont quelques feuilles, ne conserver qu'un seul sujet par godet.

Les mettre en place avec leur motte, vers la mi-mai, dans des poquets enrichis en compost et distants de 1 m en tous sens.

Les bons mariages

La pastèque semble s'accorder avec toutes les autres plantes.

Semer de préférence en lune croissante

Rotation des cultures

La pastèque est assez exigeante ; elle entre dans la catégorie des plantes potagères à fruits.

Attendre 3 ou 4 ans avant de la cultiver à la même place.

Fertilisation

Fertilisation normale à la fin de l'automne ou au début du printemps avec un engrais naturel et du compost.

Cette plante demande beaucoup de compost bien décomposé ; attention, elle n'apprécie pas les fumures fraîches.

Pendant la saison, toutes les 3 semaines environ, procéder à des fertilisations foliaires à base d'algues marines.

Fiche de culture

Climat	Exposition	Sol	Semis	Floraison	Récolte
Chaud ; plante plutôt destinée au midi de la France, car elle craint le gel	Ensoleillée et chaude	Profond, meuble et plutôt sablonneux ; humifère et frais	Avril	Mai à septembre (selon culture et région)	4 à 5 mois après le semis

Les fruits de la pastèque sont appréciés pour leur qualité rafraîchissante.

Entretien

Les binages et les sarclages sont de rigueur. Arroser fréquemment, mais avec de l'eau préalablement réchauffée. Le paillage est recommandé.

Maladies et parasites

La pastèque ne rencontre que rarement des problèmes. Le manque de chaleur est son pire ennemi.

Pastèque 'Moon and Stars' ou 'Lune et étoiles'.

Récolter et conserver

La récolte commence généralement en juillet-août (dans le Midi), ou fin août-début septembre dans les régions moins chaudes.

On cueille les fruits au fur et à mesure de ses besoins, quand ils sont à point : les fruits mûrs perdent un peu de leur couleur brillante et résonnent lorsque l'on tape dessus.

Notes du jardinier

- La pastèque est très prisée dans le Bassin méditerranéen, principalement en Italie, en Espagne et en Afrique du Nord.
- Les fruits de la pastèque se conservent assez longtemps dans un endroit sec, à une température de 10 °C.
- Ne cultiver qu'une seule variété par potager pour éviter l'hybridation. Si ce n'est pas le cas, pratiquer la fécondation artificielle comme pour les courges, le concombre… (voir page 188).

Les variétés

'À graine rouge' (surtout pour la confiture), 'Crimson Sweet', 'Sugar Baby', 'Charleston Gray', 'Moon and Stars' ('Lune et étoiles'), 'Golden Crown'…

Faire ses graines

Sélectionner 1 ou 2 beaux fruits sur des pieds vigoureux et les cueillir lorsqu'ils arrivent à maturité.

Prélever alors les graines et les laver. Les faire sécher à l'ombre pendant quelques jours avant de les ensacher.

- **Durée germinative : 5 ans.**
- **Nombre de graines au gramme : 5 ou 6.**
- **Levée : de 8 à 12 jours sur couche chaude, suivant la température.**

En cuisine

- Les fruits se consomment crus, salés ou sucrés, de la même façon que les melons ; dans les régions chaudes, ils sont très appréciés pour leur qualité rafraîchissante. On en fait une bonne confiture ; dans certains pays, on les coupe en dés que l'on mélange avec de la glace pilée ou avec divers fruits exotiques en salade de fruits.
- Cuite, puis égouttée, on fait parfois gratiner la pastèque au four. Elle accompagne aussi certains couscous.

Patience

Plante potagère. Ses tiges dressées sont parfois hautes de près de 2 m, la racine pivotante s'enfonçant alors de plus de 50 cm dans le sol. La patience est cultivée pour ses feuilles en forme de lance, très développées. C'est la première plante que l'on récolte au jardin, à partir de la fin février ou du début mars (selon la rigueur de l'hiver). Les fleurs sont hermaphrodites, de couleur verte, en panicules.

Carte d'identité

Nom botanique : (1) et (2) *Rumex patientia* Linné.

Famille : Polygonacées.

Cycle : plante vivace par sa souche.

Synonymes latins : *Lapathum hortence* Lamarck ; *Rumex olympicus* Boissier.

Synonymes français : doche, dogue, épinard immortel, épinard perpétuel, fausse oseille, grande parelle, oseille à crapaud, oseille épinard, oseille patience, parelle, parelle des moines, patience des jardins…

Origine : Turquie ou Iran.

Noms étrangers :
Anglais : monks rhubarb, herb patience, patience dock, spinach dock, garden patience.
Allemand : Gartenampfer, englischer Spinat, Winter Spinat.
Espagnol : hierba de la paciencia, acedera espinaca, romaza hortence.
Italien : lapazio, romice.
Néerlandais : patiencekruid, spinazie-zuring.

Un peu d'histoire

La culture de la patience est très ancienne puisque les Grecs et les Romains en consommaient. Jusqu'au XIXe siècle, elle avait sa place dans tous les potagers.

Propriétés

Antidiabétique, antiseptique, astringente, carminative, dépurative, diurétique, laxative, nutritive et tonique, la patience contient principalement de la vitamine C et du fer.

Culture

Par semis

Les graines se sèment au printemps. Deux solutions sont possibles :
- soit en pépinière (repiquer les plants lorsqu'ils sont assez forts pour supporter l'opération) ;
- soit directement en place (ce qui est préférable).

Espacer les rayons de 30 à 40 cm, et déposer 2 ou 3 graines tous les 30 cm. Les recouvrir d'environ 5 mm de terre fine ou de terreau, puis plomber avec un râteau. Par la suite, ne conserver qu'un plant vigoureux tous les 30 cm.

Semer de préférence en lune décroissante

Par division de touffes

Opérer au printemps. Du pourtour des vieux plants, séparer des racines avec leur collet. Praliner celles-ci dans une bouillie de lithothamne. Planter en les espaçant de 30 cm en tous sens.

Les bons mariages

La patience gêne la plupart des plantes se trouvant dans son voisinage.

Rotation des cultures

Cette plante potagère peut rester pendant 4 ou 5 ans à la même place.

Pratiquer une rotation de 4 ans ou plus. Elle se cultive également comme bisannuelle.

Notes du jardinier

- À partir de la 2e année de culture, supprimer les tiges florales au fur et à mesure de leur apparition, car les nombreuses graines de la patience sont envahissantes.
- Un sol trop basique ne lui convient pas plus qu'une terre sèche.
- Cette plante a l'avantage de ne pas fixer les nitrates.

Fiche de culture

Climat	Exposition	Sol	Plantation	Floraison	Récolte
Tempéré : très rustique	Ensoleillée	Profond, légèrement acide ; riche en humus et conservant bien la fraîcheur (sans excès)	Semez les graines ou divisez les touffes au printemps	Mai-juin, à partir de la 2e année de culture	3 à 4 mois après le semis ou la division de touffes

Fertilisation

Fertilisation normale à la fin de l'automne ou au début du printemps avec un engrais naturel et du compost.

En cours de végétation, quelques fertilisations foliaires à base d'algues marines seront bénéfiques.

Entretien

N'oublier ni les binages ni les sarclages. Arroser si nécessaire. En cas de sécheresse, le paillage est conseillé. Si la région est venteuse, il est souhaitable de tuteurer les hampes.

Taille

À partir de la 2e année de culture, supprimer les tiges florales au fur et à mesure de leur apparition, afin de conserver les feuilles tendres.

Maladies et parasites

Les limaces

Elles dévorent les jeunes plants.

Voir « La lutte contre les parasites », pages 69-70.

Faire ses graines

Laisser monter à graines 2 ou 3 belles plantes (suivant les besoins) : en les tuteurant de préférence.
Récolter les graines avec leur tige, à maturité, c'est-à-dire généralement en juillet. Les faire sécher quelques jours à l'ombre sur une toile. Ensuite, ôter les akènes des tiges et les déposer dans des sachets ou des boîtes hermétiques à conserver à l'abri de l'humidité.

- Durée germinative : 4 ans environ.
- Nombre de graines au gramme : environ 450.
- Levée : de 1 à 2 semaines : elle est souvent capricieuse.

Récolter et conserver

Les feuilles se récoltent au fur et à mesure des besoins.

Les consommer le plus tôt possible après leur cueillette.

Les variétés

'À grandes feuilles', 'À petites feuilles' (l'une étant pourvue de feuilles beaucoup plus grandes que l'autre).

En cuisine

- Les grandes feuilles de la patience s'accommodent de la même manière que l'oseille ou l'épinard : au jus, au beurre, à la crème, gratinées ; elles accompagnent les poissons...
- Leur saveur est moins acide que l'oseille. On peut les mélanger avec l'arroche.

Les tiges de la patience peuvent parfois atteindre 2 mètres de hauteur.

Persil

Plante condimentaire herbacée, mellifère, l'une des plus répandues. Ses tiges dressées, parfois hautes de 1 m, sont striées et rameuses, et apparaissent au cours de la 2e année de culture. Ses feuilles triangulaires sont odorantes, pétiolées, très divisées, luisantes, d'un vert foncé, formant une touffe. Les fleurs sont hermaphrodites, de couleur blanc-vert, en ombelles.

Carte d'identité

Noms botaniques : (1) *Petroselinum crispum* (Miller) Nyman ; (2) *P. crispum* Nyman.

Famille : Apiacées (Ombellifères).

Cycle : plante bisannuelle.

Synonymes latins : *P. sativum* Hoffmann ; *P. hortense* Hoffmann ; *P. romanum* Sweet ; *Apium p.* Linné ; *Apium laetum* Salisbury ; *Carum petroselinum* Bentham et Hooker.

Synonymes français : ache persil, guimbert, jambert, persil commun, persil cultivé, persil des jardins, persil odorant, persil plat.

Origine : Europe méridionale.

Noms étrangers :
Anglais : parsley, parsly.
Allemand : Petersilie.
Espagnol : perejil.
Italien : prezzemolo.
Néerlandais : pieterselie

Un peu d'histoire

Les Romains utilisaient le persil comme plante condimentaire et médicinale. Même Charlemagne le faisait cultiver dans ses jardins.

Propriétés

Anti-anémique, antirachitique, antiscorbutique, apéritif, digestif, sédatif, stimulant, tonique..., le persil contient de nombreuses vitamines (A, B1, B2, C, E, PP) et des sels minéraux (cuivre, fer, iode, magnésium, manganèse, phosphore, potasse, sodium, soufre). On en extrait une huile essentielle.

Culture

Semer en place de mars à août, en rayons espacés de 25 à 30 cm. Recouvrir les graines avec un peu de terreau ou de terre fine, puis plomber avec le dos du râteau. Maintenir le sol frais jusqu'à la levée. Éclaircir à 7 ou 8 cm sur la ligne, quand les plants ont 4 ou 5 feuilles.

Pour une production d'hiver, semer fin juillet-début août à très bonne exposition ou sous châssis.

On peut déplanter quelques pieds et les replanter dans des caissettes que l'on placera ensuite sous châssis ou en serre.

Le persil sera ainsi facile à utiliser au cours de l'hiver, lorsque le gel ne permet plus la cueillette au jardin.

Semer de préférence en lune décroissante

Cette plante est souvent cultivée en bordures.

Les bons mariages

Il voisine favorablement avec l'asperge, l'oignon et la tomate. En revanche, il ne supporte pas la laitue.

Rotation des cultures

Le persil entre dans la catégorie des plantes herbacées.

Attendre 3 ou 4 ans avant de le faire revenir au même endroit.

Fertilisation

Fertilisation normale à la fin de l'automne ou au début du printemps avec un engrais naturel et du compost. Le persil n'aime pas la fumure organique non décomposée.

Effectuer tous les mois de l'année 1 ou 2 fertilisations foliaires par poudrage de lithothamne.

Fiche de culture

Climat	Exposition	Sol	Semis	Floraison	Récolte
Indifférent ; assez rustique, il résiste au froid	Ombragée en été ; sinon ensoleillée	Fertile, léger, frais et humifère ; les sols trop argileux ou trop acides sont néfastes	Mars à août	De juin à septembre, à partir de la 2e année de culture	2 à 3 mois après le semis

Touffe de persil frisé au potager.

Maladies et parasites

L'oïdium

Les feuilles se couvrent de taches blanches, puis un duvet blanchâtre ou grisâtre se développe.

Cette maladie est souvent due à un manque d'eau. Tenir le sol suffisamment frais, sans excès. Arracher les pieds atteints et les détruire en les brûlant.

La rouille

Les feuilles se couvrent de taches jaunes, puis brunes.

Respecter les bases essentielles de l'agriculture biologique.

Détruire les pieds atteints par la maladie en les brûlant.

La limace et autres mollusques

Ils dévorent les jeunes plants.

Voir « La lutte contre les parasites », pages 69-70.

Entretien

Ne pas négliger binages et sarclages. Arroser si nécessaire, et pailler en cas de sécheresse. En hiver, penser à protéger les plantes du froid pour poursuivre leur cueillette lors des gelées.

Récolter et conserver

Récolter les plus grandes feuilles une à une, au fur et à mesure des besoins.

Pour la conservation, faire sécher les feuilles à l'ombre, les réduire en fragments grossiers et les déposer dans des boîtes hermétiques (on peut aussi les conserver liés en petites bottes dans des sachets). Avant d'utiliser le persil broyé, le faire tremper quelques minutes dans de l'eau tiède. Conservé de cette façon, il perd malheureusement un peu de son parfum.

Notes du jardinier

- Les feuilles et les graines du persil sont utilisées dans l'industrie pharmaceutique. Le suc frais des feuilles calme efficacement les piqûres d'insectes.
- La levée peut être accélérée en faisant tremper les graines dans de l'eau tiède pendant 48 heures ; les égoutter et les enrober de lithothamne.
- Une prégermination des semences dans des germoirs permet une levée au bout de quelques jours (voir pages 41-42).

Les variétés

'Commun', 'Géant d'Italie', 'Frisé vert foncé', 'Frisé décora', 'Nain frisé mousse'.

Faire ses graines

À l'automne, choisir quelques beaux sujets qui monteront à graines l'année suivante. Les abriter des grands froids avec de la paille ou des feuilles sèches. Il est possible de les repiquer en mars. En août, lorsque les graines prennent une couleur légèrement brunâtre, cueillir les ombelles à la rosée. Les faire sécher à l'ombre. Conserver les graines dans des boîtes hermétiques et à l'abri de l'humidité. Les variétés frisées ayant tendance à dégénérer, choisir soigneusement les porte-graines.

- **Durée germinative : 2 ou 3 ans.**
- **Nombre de graines au gramme : 350.**
- **Levée : de 2 à 4 semaines.**

En cuisine

- Les feuilles fraîches, crues ou cuites, finement hachées ou entières, accompagnent les salades, les crudités, divers plats garnis (viandes, pot-au-feu...) ; elles aromatisent les sauces, les potages, les marinades, les omelettes, les farces, les escargots, les moules farcies, les œufs, les poissons. Généralement, on ajoute le persil en dernière minute (en garniture), mais son arôme supporte la cuisson.
- En grande quantité, le persil est déconseillé aux femmes enceintes et aux personnes souffrant de problèmes rénaux.

Persil à grosse racine

Plante herbacée, potagère et condimentaire, dont la tige florale ramifiée est parfois haute de plus de 1 m. Ses feuilles parfumées sont palmées, et pratiquement identiques à celles du persil commun ; elles s'utilisent de la même manière. Cette plante est cultivée pour sa racine blanchâtre, charnue, renflée, en forme de fuseau, d'une longueur de 15 cm environ ; sa chair ferme est blanche. Son goût est agréable, rappelant à la fois celui du céleri-rave et du panais. Les fleurs sont hermaphrodites, d'un blanc verdâtre à jaunâtre, en ombelles composées.

Carte d'identité

Noms botaniques :
(1) *Petroselinum crispum* Nyman, convar. *radicosum* (Alef) Danert ;
(2) *P. crispum* Nyman, var. *radicosum* Bailey.

Famille : Apiacées (Ombellifères).

Cycle : plante bisannuelle.

Synonymes latins :
P. sativum var. *tuberosum* (Bernhardi), Schubl et Martens ; *P. hortence* var. *radicosum* (Alef) Bailey ; *P. hortence* var. *tuberosum* (Bernh) Thellung ; *Apium tuberosum* Bernhardi.

Synonymes français : persil tubéreux, persil d'Angleterre.

Origine : Europe méridionale, Asie occidentale ou Afrique du Nord.

Noms étrangers :
Anglais : Hamburg parsley, turnip rooted parsley.
Allemand : Petersilienwurzel, Wurzelpetersilie.
Espagnol : perejil grande.
Italien : prezzemolo da radice.
Néerlandais : wortelpieterselie.

Un peu d'histoire

Le persil à grosse racine est connu en Allemagne, en Pologne et en Russie depuis le XVIe siècle.

Culture

Semer directement en place, en mars-avril, en lignes distantes de 35 cm. Recouvrir les graines de 5 mm de terreau ou de terre finement émiettée, puis tasser avec le dos du râteau. Maintenir le sol suffisamment humide jusqu'à la levée. Quand les plants ont 3 ou 4 feuilles, éclaircir à 15 cm.

Les propriétés, les bons mariages, les facteurs lunaires, la rotation des cultures, la fertilisation, l'entretien, les maladies et parasites, faire ses graines : **se reporter au persil, pages 314-315.**

Les variétés

'À grosse racine tardif',
'À grosse racine hâtif'.

Récolter et conserver

À partir de la mi-septembre, récolter les racines selon les besoins. Pour la conservation, les arracher avant les froids (fin octobre-début novembre). Les laisser ressuyer quelques heures sur le sol, puis couper les feuilles juste au-dessus du collet. Poudrer avec du lithothamne. Conserver les racines en silo, en tas à la cave ou, mieux, stratifiées dans du sable sec.

En cuisine

- La racine de ce persil se consomme cuite à la manière du céleri-rave ou du salsifis ; elle accompagne avantageusement le pot-au-feu, ainsi que certains ragoûts.
- Ses feuilles s'utilisent comme le persil courant.

Note du jardinier

On peut conserver les racines en place, en les protégeant du froid avec des feuilles sèches ou de la paille, mais elles deviennent parfois filandreuses.

Fiche de culture

Climat	Exposition	Sol	Semis	Floraison	Récolte
Tempéré	Ensoleillée	Fertile, profond, léger et frais ; humifère	Mars-avril	De mai à juillet, à partir de la 2e année de culture	6 mois après le semis (racines)

Piment fort et piment doux

Plante potagère et condimentaire, dont la tige ramifiée, dressée et en partie ligneuse, est haute de 30 à 70 cm. Ses feuilles simples et alternes sont oblongues, pétiolées, se terminant en pointe. Ses fruits sont retombants ou dressés, de forme sphérique, conique plus ou moins allongée, pyramidale ou carrée. Les fleurs sont hermaphrodites, de couleur blanche, jaune ou verte ; elles sont solitaires, réunies par 2 ou 3, généralement à l'aisselle des feuilles, en calices ; elles sont autogames.

CARTE D'IDENTITÉ

Noms botaniques :
piment fort : (1) *Capsicum frutescens* Linné ; (2) *C. annuum* Linné.
piment doux : (1) *C. annuum* Linné ; (2) *C. annuum* var. *grossum* Sandtner.

Famille : Solanacées.

Cycle : plante annuelle.

Synonyme latin : *C. grossum* Willdenow (piment doux).

Synonymes français :
piment fort : piment de Cayenne, piment enviagé, piment vrai, poivre du Brésil, poivre de Guinée, poivre d'Inde, poivre de Cayenne.
piment doux : paprika, poivron (très utilisé), piment Capsiane, poivre d'Espagne, poivre du Portugal.

Origine : Amérique du Sud.

UN PEU D'HISTOIRE

Cultivé en Amérique du Sud à l'époque précolombienne, le piment aurait été introduit en Europe au cours des XVIe et XVIIe siècles.

Les fruits

Tous les fruits sont creux et plus ou moins charnus ; ils se distinguent aussi par leur saveur qui est douce pour les « poivrons » ou piments doux et très brûlante et piquante pour les piments forts.

Leur taille est fonction de la variété ; les fruits du piment doux (poivrons) sont plus gros que ceux des autres variétés.

À maturité, ils ont tous une couleur jaune, orange ou rouge.

Propriétés

Piment fort

Antiscorbutique, diurétique, excitant et sudorifique, il contient une huile essentielle, des vitamines (A, B, C, E, PP), du fer et du manganèse.

Piment doux

Apéritif, digestif, excitant, stimulant, sudorifique, riche en vitamines A et C, mais aussi B, K et PP, il contient également du cuivre, du fer, du magnésium, du manganèse, du phosphore, du potassium et du zinc.

Semer de préférence en lune croissante

Culture

Les graines se sèment en février-mars, sur couche chaude ou en serre chauffée (à plus de 20 °C), en terrines ou en godets. Après la levée, ne conserver qu'un seul plant par pot. Vers la fin du mois de mai, ou début juin, mettre en place dans un endroit bien exposé. Espacer de 50 cm en tous sens. On peut les replanter plus tôt, sous tunnel plastique. Dans certaines régions, ou selon les années, le tunnel plastique est conseillé la nuit ; dans ce cas, aérer toute la journée, lorsque la température extérieure atteint ou dépasse 15 °C.

FICHE DE CULTURE

Climat	Exposition	Sol	Semis	Floraison	Récolte
Tempéré, chaud : très sensible au froid	Chaude et ensoleillée	Fertile, profond et frais ; humifère et plutôt léger	Semez en février-mars sur couche chaude (en serre à plus de 20 °C)	De mai à août	5 à 6 mois après le semis

Les variétés

- **Piments forts :** 'Rouge long ordinaire', 'de Cayenne', 'de Bresse', 'd'Espelette', 'Jaune du Burkina'...
- **Piments doux :** 'Choco' (excellent), 'Corne de taureau', 'Long des Landes', 'Red Ruffled', 'Sweet Banana'...

Piment doux 'Long des Landes'.

Notes du jardinier

- **Les piments demandent une température élevée au début de leur développement.**
- **Il est prudent de travailler le piment fort avec des gants, car le moindre contact avec les yeux est très douloureux.**
- **Par précaution, séparer de quelques dizaines de mètres les porte-graines de variétés différentes ; pour faire barrage, employer des plantes hautes (haricot à rames, pois à rames, topinambour).**

Dans le sud de la France, semer le piment en pleine terre, à bonne exposition en avril-mai.

Toujours recouvrir peu les graines et tenir le sol frais pour favoriser la levée. Comme les tomates, les piments continuent de prendre de la couleur et de mûrir après avoir été récoltés.

Les bons mariages

Cette plante potagère s'entend bien avec les autres membres de sa famille (la tomate et l'aubergine).

Rotation des cultures

Le piment entre dans la catégorie des plantes potagères à fruits. Pratiquer une alternance de 3 ou 4 ans.

Fertilisation

Fertilisation normale à la fin de l'automne ou au début du printemps avec un engrais naturel et du compost.

Le piment se plaît dans un terreau ou un compost bien préparé. Éviter les fumures fraîches. Il aime la potasse (cendre de bois).

Jusqu'à la floraison, et toutes les 2 ou 3 semaines, procéder à des fertilisations foliaires à base d'algues marines.

Entretien

Les binages et les sarclages sont nécessaires. Arroser régulièrement et pailler en cas de sécheresse. Tuteurer les pieds s'il y a lieu. Réduire le nombre de fruits pour qu'ils deviennent plus gros.

Maladies et parasites

Les piments sont assez rarement malades ou attaqués par les parasites, surtout si l'on pratique une bonne rotation.

Les quelques problèmes qui surviennent semblent dus aux conditions climatiques. Certaines années, ils sont attaqués par les pucerons ou les araignées rouges. Les premiers sucent la sève des feuilles et des tiges, tandis que les secondes s'attaquent au-dessous des feuilles, qui prennent une teinte grisâtre, sèchent et tombent. Dès l'apparition de ces parasites, traiter avec un insecticide végétal.

Récolter et conserver

La récolte s'étale de la fin du mois de juillet jusqu'aux gelées. Les piments doux se récoltent selon les besoins et avant complète maturité : leur couleur doit être verte.

Ils se conservent quelques jours après leur cueillette, mais il est préférable de les consommer rapidement.

Pour la conservation, on cueille les fruits à maturité et on les réunit en bottes, attachés par leur pédoncule. Ensuite, il suffit de les suspendre en les exposant au soleil pour qu'ils sèchent.

Quand on les broie, on obtient une épice appelée « poivre rouge » (piment fort) ou « paprika » (piment doux). On peut les faire sécher rapidement à four très doux (thermostat 1 ou 2 : 50 à 60 °C).

Piment fort 'd'Espelette'.

Noms Étrangers

Anglais : red pepper, chili pepper, chillies (piment fort), sweet pepper, spanish pepper, pod pepper (piment doux).
Allemand : spanischer Pfeffer, türkischer Pfeffer, taschen Pfeffer, Beissbeere, Paprika.
Espagnol : pimiento.
Italien : peperone.
Néerlandais : lombokpeper (piment fort), spaansche peper (piment doux).

Faire ses graines

Sur des pieds vigoureux, laisser venir à complète maturité les fruits choisis. Les cueillir pour en extraire les graines. Laver celles-ci et les faire sécher pendant quelques jours à l'ombre avant de les ensacher.

- **Durée germinative : 4 ans.**
- **Nombre de graines au gramme : environ 150.**
- **Levée : 8 ou 10 jours sur couche chaude ; parfois jusqu'à 15 ou 20 jours, selon la température.**

En cuisine

- Les fruits du **piment fort** relèvent diverses sauces et salades, certaines soupes de poissons, les farces... Après séchage, on obtient du poivre rouge. On confit les fruits crus dans le vinaigre.
- Crus, les fruits du **piment doux** agrémentent les salades, les crudités, le riz, les pâtes... On les confit également dans le vinaigre. Cuits, ils se préparent farcis, frits, grillés, sautés et accompagnent de nombreux plats et légumes dont la ratatouille niçoise, le couscous, le goulasch, les courgettes, les tomates. On en tire le paprika, épice qui parfume de nombreux plats.

Pimprenelle petite

Plante herbacée, aromatique, condimentaire, médicinale et mellifère. Ses tiges hautes de 30 à 50 cm sont de couleur rougeâtre, de forme angulaire, ramifiées, au port dressé et parfois étalé. Ses feuilles sont divisées en folioles, légèrement velues, ovales ou arrondies, de couleur vert clair. Ses fleurs en épis sont verdâtre teintée de pourpre, sur le côté ensoleillé ; elles sont hermaphrodites : mâles à la base, femelles au sommet.

Carte d'identité

Nom botanique : (1) et (2) *Sanguisorba minor* Scopoli.

Famille : Rosacées.

Cycle : vivace.

Synonymes latins : *Poterium sanguisorba* Linné, *P. minus* S.F. Gray, *P. dictyocarpum* Spach, *Sanguisorba poterium* Webb, *S. dictyocarpa* Franchet, *S. sanguisorba* Ascherson-Graener.

Synonymes français : bipinelle, petite sanguisorbe, pimprenelle des jardins...

Origine : Europe Occidentale, spontanée en France surtout en milieux secs et calcaires.

Noms étrangers :
Anglais : Lesser burnet, salad burnet, common salad burnet, burnet pimpernel.
Allemand : Wiesenknont, kleiner kölbel, blutsage.
Espagnol : Pimpinela menor.
Italien : Pimpinella, bibernella, salvastrella.
Néerlandais : Klein sorbenkruld, bloed kruid.

Un peu d'histoire

La pimprenelle fut cultivée par Jean de La Quintinie, au Potager du roi à Versailles, mais elle était déjà connue au Moyen Âge.

Propriétés

Antidiarrhéique, apéritive, astringente, carminative, diurétique, stomachique, tonique.

La pimprenelle est riche en vitamine C et contient une huile essentielle.

Culture

Semer en place en avril-mai ou à la fin de l'été (septembre), en lignes espacées de 30 à 35 cm, recouvrir légèrement les graines, plomber, éclaircir sur le rang tous les 10 à 12 cm. Elle est très souvent cultivée en bordure.

Les bons mariages

Cette plante est la voisine idéale pour la plupart des plantes.

Rotation des cultures

Elle peut rester 2 à 3 années en place sans problème ; en revanche, il faudra effectuer une rotation de 5 à 6 ans.

Semer de préférence en lune décroissante

Fertilisation

Amender la terre et apporter des engrais naturels. Les fertilisations foliaires sont facultatives.

Entretien

Les binages et les sarclages sont nécessaires. Arroser en cas de besoin. Il est conseillé de pailler.

Maladies et parasites

La pimprenelle petite ne semble pas sensible aux maladies ou aux parasites.

Notes du jardinier

- Supprimer les tiges florales dès leur apparition pour éviter d'affaiblir prématurément les plantes.
- Il est préférable de couper environ une fois par mois les feuilles, elles seront ainsi plus tendres.
- La pimprenelle est cultivée avantageusement pour les animaux (lapins, moutons, vaches...).

Fiche de culture

Climat	Exposition	Sol	Semis	Floraison	Récolte
Tempéré. Plante rustique, supporte les grands froids et la chaleur	Ensoleillée	Tous : plutôt humide, profond et riche	En place, en avril-mai ou à la fin de l'été (septembre)	Au printemps	Environ 3 mois après le semis

Récolter et conserver

Les feuilles se coupent selon les besoins depuis le printemps jusqu'en octobre-novembre.

Faire sécher les feuilles à l'ombre sur un grillage, ou suspendues en petites bottes dans un local bien aéré.

On peut les conserver un an dans des boîtes hermétiques.

Fleur de la pimprenelle petite en très gros plan.

Les variétés

Pas d'autre variété que le type botanique. Il existe cependant une autre espèce, la pimprenelle grande (*Sanguisorba hispanica* ou *Sanguisorba officinalis*).

Faire ses graines

Sélectionner quelques beaux sujets, ne pas couper les tiges. Récolter les graines à maturité (de juillet à septembre). Couper les épis et les faire sécher à l'ombre, les égrener en frottant l'épi entre le pouce et l'index. Conserver les graines au frais, dans le noir et à l'abri de l'humidité, dans des boîtes hermétiques.

- **Durée germinative : 2 à 3 ans.**
- **Nombre de graines au gramme : 150 environ.**
- **Levée : après une douzaine de jours environ.**

En cuisine

- Les feuilles fraîches, crues, aromatisent les salades, les crudités, les omelettes, les mayonnaises, les vinaigres, les marinades...
  Elles parfument les sauces, les pâtés, les potages. Elles entrent également dans la composition des fines herbes.
- La plante entière est utilisée en infusions. Il est préférable d'utiliser les feuilles fraîches, car séchées elles perdent un peu leur goût.
- Son goût rappelle celui du concombre.

Pissenlit

Plante potagère, médicinale et mellifère, très connue. Consommée depuis fort longtemps, on la cueillait autrefois à l'état sauvage. Ses feuilles, longues de 20 cm, sont radicales et lancéolées ; elles sont dentées, de couleur vert foncé, disposées en rosette étalée. Ses fleurs sont hermaphrodites, de couleur jaune, en capitules situées au sommet de longs pédoncules.

Carte d'identité

Nom botanique : (1) et (2) *Taraxacum officinale* Weber.

Famille : Astéracées (Composées).

Cycle : plante vivace, généralement cultivée comme annuelle.

Synonymes latins : *T. vulgare* Schrank, Baier, Reise ; *Leontodon taraxacum* Linné ; *L. vulgare* Lamarck.

Synonymes français : barabant, bédane, chicorée laitron, chiroux, chopine, cochet, cœur de lion, couronne de moine, dent de chien, dent de lion, florion d'or, laiteron, laitue de chien, liondent, salade de taupe, salade de Chine, tête de moine...

Origine : indigène des zones tempérées du globe.

Noms étrangers :
Anglais : dandelion, milk gowan, puffball.
Allemand : Löwenzahn, Kuhblume, Kettenblume.
Espagnol : diente de León, amargón.
Italien : diente di Leone, virasole dei prati, stella gialla, pisciacone.
Néerlandais : paardebloem.

Un peu d'histoire

Au Moyen Âge, le pissenlit était utilisé en médecine comme plante diurétique, d'où son nom sans doute.
Il serait cultivé depuis le XIXe siècle.

Propriétés

Apéritif, cholagogue, dépuratif, diurétique, laxatif, revitalisant, tonique, le pissenlit contient une huile essentielle, des vitamines (A, B1, B2, C, PP) ainsi que du calcium, du fer, du magnésium, du manganèse, du phosphore, du potassium, du sodium et du soufre. Il est excellent pour le foie.

Culture

Par semis

Les graines se sèment en place du mois de mars jusqu'à la fin du mois de juin. Les lignes sont distantes de 20 à 30 cm. Après avoir semé, recouvrir les graines avec un peu de terreau et plomber légèrement. Maintenir le sol suffisamment humide jusqu'à la levée.

Lorsque les plants ont quelques feuilles, éclaircir à 10 ou 12 cm sur le rang.

Si l'on sème en pépinière, repiquer quand les plants sont assez forts, soit environ 45 jours après le semis. Les habiller avant le repiquage ; praliner aussi leurs racines dans une bouillie de lithothamne pour faciliter la reprise.

Par bouturage de racines

La plupart du temps, on procède au bouturage courant juillet.

Arracher de vieux pieds et choisir les plus belles racines. Diviser les ramifications à l'aide d'un couteau ; praliner l'extrémité de ces ramifications coupées avec une bouillie de lithothamne pour favoriser la cicatrisation.

Planter les racines à l'aide d'une houe, la coupe vers le haut, et son sommet légèrement recouvert. Espacer les boutures de 12 cm, sur des lignes distantes de 30 cm. Arroser chaque plantation.

Les bons mariages

Le pissenlit est un mauvais compagnon pour les plantes faisant partie de son proche environnement.

Notes du jardinier

- Le blanchiment du pissenlit n'est pas très recommandé ; il perd une partie de ses propriétés.
- Supprimer les boutons floraux (ou les utiliser) ; le pissenlit est en effet une plante qui devient rapidement envahissante.

Fiche de culture

Climat	Exposition	Sol	Plantation	Floraison	Récolte
Indifférent : plante très rustique	Ensoleillée	Plutôt frais et fertile ; humifère et peu calcaire	Semez de mars à fin juin ; bouturez courant juillet	Avril à septembre	10 à 12 mois après le semis ; à l'automne pour un bouturage

Supprimer les boutons floraux pour éviter la dispersion des graines par le vent.

À l'arrachage des anciennes plantes, veiller à ce qu'aucun tronçon de racine ne reste en terre.

L'étiolage (ou blanchiment) se pratique en buttant les pieds en place. Procéder :

- en automne (vers la fin novembre) pour une terre légère ;
- en janvier-février si le terrain est lourd argileux ou humide.

Auparavant couper les feuilles à 1 ou 2 cm au-dessus du collet en gardant le cœur, puis recouvrir les lignes de 20 cm de terre. On peut recouvrir des pieds avec des pots de fleurs renversés ; les déplacer en fonction de la récolte.

Le pissenlit peut être forcé en cave, comme la chicorée 'Witloof' ou la chicorée sauvage 'Barbe-de-Capucin'. Effectuer cette opération sous châssis protégé sous des paillassons ou des plastiques épais de couleur noire.

Semer de préférence en lune décroissante

Rotation des cultures

Plante assez épuisante, le pissenlit entre dans la catégorie des plantes potagères à racines. Attendre 3 ou 4 ans avant de le faire revenir au même endroit.

Fertilisation

Fertilisation normale à la fin de l'automne ou au début du printemps avec un engrais naturel et du compost.

Éviter les fumures fraîches.

Entretien

Procéder à des binages et des sarclages. Arroser en cas de nécessité ; le paillage est bénéfique.

Maladies et parasites

L'oïdium

Les feuilles de pissenlit se couvrent d'un duvet blanchâtre.

Cette maladie apparaît souvent sur des plantes occupant le sol depuis plusieurs années.

En prévention, il suffit de couper les feuilles au ras du sol.

Récolter et conserver

La récolte s'effectue selon les besoins, généralement à la sortie de l'hiver jusqu'à l'apparition des tiges florales. On coupe les touffes au ras du sol.

Les variétés

'Amélioré de Montmagny', 'Amélioré à cœur plein', 'Amélioré très hâtif'.

Faire ses graines

Réserver quelques beaux pieds au cœur large et bien plein, qui passeront l'hiver en place sans aucune protection. Au printemps, ils fleuriront. La récolte des graines s'effectue dès qu'elles sont mûres, généralement à partir de la fin mai. Pour cela, couper le pédoncule sans attendre, car les graines s'envolent facilement grâce à leurs aigrettes. Les faire sécher à l'ombre et les conserver en sachets ou dans des boîtes hermétiques.

- **Durée germinative : 2 ans.**
- **Nombre de graines au gramme : de 900 à 1 700.**
- **Levée : 1 ou 2 semaines à 20 °C.**

En cuisine

- Crues, les feuilles du pissenlit se préparent en salade, seules ou accompagnées de lardons ou d'œufs durs. On les cuit comme des épinards pour confectionner certaines soupes.
- Les fleurs groupées en capitules décorent diverses salades. Les boutons floraux sont employés dans les omelettes pour remplacer les pointes d'asperge ; ils peuvent se confire dans le vinaigre.
- Les feuilles et les racines s'utilisent en infusion.

Poire-melon

Plante potagère, ramifiée, très vigoureuse, haute de 1 m. Buissonnante depuis sa base, sans taille, elle deviendrait un sous-arbrisseau non productif. Ses longues feuilles sont entières, lancéolées, parfois munies de folioles à leur base ; elles sont vert foncé. Les fruits sont ovoïdes, ronds, plus ou moins aplatis ou allongés, voire pointus ; ils sont de couleur vert-jaune doré pâle, avec des stries teintées de pourpre ou de violet (voire noirâtre à maturité et selon les variétés). Certains fruits atteignent près de 2 kg. Les fleurs sont hermaphrodites, à corolle étalée, en bouquets, de couleur bleu violacé, ressemblant à celles de la pomme de terre.

CARTE D'IDENTITÉ

Nom botanique : (1) non mentionné ; (2) *Solanum muricatum* Aiton W.

Famille : Solanacées.

Cycle : plante vivace mais non rustique.

Synonymes latins : *S. wallissi* Carrière ; *S. guatemalense* Hort ; *S. pedunculatum* Roemer et Schultes.

Synonymes français : guayavo, morelle de Wallis, pépino...

Origine : Amérique tropicale (les Andes).

Noms étrangers :
Anglais : melon pear.
Allemand : Birne-melone.
Espagnol : pera-melón.
Italien : pera-melone.

UN PEU D'HISTOIRE

La poire-melon était déjà cultivée en Amérique du Sud avant l'arrivée de Christophe Colomb. Elle a fait son apparition en Europe en 1875.

Propriétés

La poire-melon contient des vitamines et des minéraux. Elle est particulièrement riche en vitamine C.

Culture

Par semis

En janvier-février, semer sur couche chaude ou en serre chauffée à plus de 20 °C. Utiliser des godets. En avril, sous cloche ou sous tunnel plastique, repiquer en place en espaçant de 60 cm en tous sens. Sinon, attendre le mois de mai pour repiquer en plein air.

Par bouturage

Procéder à l'opération en août-septembre, en pleine terre. Rentrer les boutures à l'abri avant les gelées, et les garder dans un mélange de terre, tourbe et terreau. À partir de ces pieds, faire de nouvelles boutures en janvier-février, au chaud et à la lumière. Les mettre en place comme indiqué ci-dessus pour le semis.

Semer de préférence en lune décroissante

Les bons mariages

Les légumineuses (fève, haricot nain, lentille, pois), le panais et le persil semblent s'accorder avec ce légume.

Rotation des cultures

Cette plante entre dans la rotation des légumes-fruits.

Il faut attendre 3 ou 4 ans avant de la faire revenir au même endroit.

Fertilisation

Fertilisation normale à la fin de l'automne ou au début du printemps avec un engrais naturel et du compost.

FICHE DE CULTURE

CLIMAT	EXPOSITION	SOL	PLANTATION	FLORAISON	RÉCOLTE
Tempéré et chaud ; craint les gelées	Chaude et ensoleillée	Humifère, fertile et frais ; supporte bien la sécheresse	Semez en janvier-février ; bouturez en août-septembre, puis janvier-février	Du mois de juin jusqu'aux gelées	6 à 8 mois après le semis ou 6 mois après le bouturage

Récolter les fruits à complète maturité.

Un apport de compost bien décomposé à chaque poquet est conseillé.

Entretien

Effectuer régulièrement des binages et des sarclages. Arroser si nécessaire. Tuteurer la poire-melon qui peut se conduire sur 2 tiges.

Maladies et parasites

Cette plante semble être très résistante aux maladies, mais quelques parasites peuvent cependant l'envahir.

L'araignée rouge

Petit acarien qui s'attaque aux plantes (surtout celles cultivées en serre) en suçant la sève.

Dès son apparition, pulvériser un insecticide végétal sous les feuilles, ou une solution à base de savon noir, de nicotine, d'absinthe, d'ortie…

Le doryphore

Coléoptère de couleur jaune à jaune orangé, marqué de lignes noires, qui s'attaque aux plantes les plus faibles et en dévore les feuilles.

Pulvériser un insecticide végétal dès le début de l'invasion.

Ramasser les insectes adultes et les larves, et les écraser. Vérifier le dos des feuilles ; cueillir celles sur lesquelles des œufs sont collés et les brûler.

Récolter et conserver

Les fruits se récoltent à maturité (si possible). Ils se conservent aisément pendant plusieurs semaines.

Notes du jardinier

- **La culture de la poire-melon est très proche de celle de la tomate ; supprimer très souvent les gourmands, qui repoussent rapidement.**
- **Ne garder, de préférence, que 2 ou 3 fruits par grappe afin qu'ils soient plus gros.**

Les variétés

Il existe plusieurs variétés aux fruits sphériques, allongés ou cordiformes. Leur couleur varie du blanc verdâtre au jaune pâle avec des stries plus ou moins marquées de pourpre. Elles sont cultivées par des jardiniers collectionneurs.

Faire ses graines

Récupérer les graines de fruits bien mûrs se trouvant vers le centre du fruit. Les laver et les sécher. Éviter de faire voisiner plusieurs variétés.

- **Durée germinative : très variable.**
- **Nombre de graines au gramme : environ 1 000.**
- **Levée : souvent difficile, de quelques jours à quelques semaines ; les graines demandent de la chaleur pour germer (de 20 à 30 °C).**

En cuisine

- Cru, le fruit se mange comme un avocat.
- Cuit, il se consomme coupé en tranches fines, sauté et doré à la poêle, et accompagne des poissons et des viandes.
- Il se prépare aussi en sorbet. Sa chair épaisse et douce rappelle à la fois le goût du melon et celui de la poire. Sa peau est très fine.

Poire de terre cochet

Plante potagère d'une hauteur de plus de 1,80 m. Ses tiges sont rameuses et solides. Ses feuilles, vert pâle, sont grandes, triangulaires, rudes et garnies de poils courts sur le dessus. Ses fleurs sont jaunes et rassemblées en bouquets terminaux fleurissant en octobre ; leur apparition est assez rare.
Ses tubercules charnus et rouge pourpre ressemblent à ceux du dahlia, unis au collet, et leur longueur peut atteindre plus de 15 cm. C'est une plante des jours courts ; ses tubercules se développent tardivement.

CARTE D'IDENTITÉ

Nom botanique : (1) et (2) *Polymnia sonchifolia* Poeppig et Endlicher

Famille : Astéracées.

Cycle : plante annuelle.

Synonyme latin : *Polymnia edulis* Weddell.

Origine : Amérique du Sud, certainement du Pérou.

UN PEU D'HISTOIRE

C'est le botaniste Hugh Algernon Weddell (1819-1877) qui a aperçu pour la première fois la poire de terre cochet sur les étals d'un marché de La Paz en 1857. Cette plante a été mentionnée dans sa *Flore du Pérou*. Plusieurs essais de culture ont été effectués en France sans succès. Personnellement, je la cultive depuis de nombreuses années.

Culture

Par division de touffes

De mars à début avril, mettre en pot de 15 à 20 cm de diamètre les éclats de touffes munies de rejets. Fin avril-début mai, les transplanter en les espaçant de 70 cm sur des rangs distants de 1 m. Il est possible de maintenir ces souches hors gel et de les mettre en place de la fin avril à la mi-mai. Pour hâter la culture, les abriter sous une cloche ou un tunnel en plastique.

Par bouturage

Courant octobre prélever des tiges longues de 15 cm environ ; supprimer les feuilles de la base sur la moitié de la bouture, et les mettre dans l'eau avec quelques morceaux de charbon ; les maintenir à 20 °C environ dans un endroit éclairé.

Planter les rejets de la division de la vieille souche en lune décroissante

Lorsque les racines se développent, un petit tubercule apparaît, c'est le moment de les mettre en pot, dans une serre, ou un local clair, en maintenant une température de plus de 15 °C.

À la mi-mai les mettre en place avec leur motte, en les espaçant de 70 cm sur des rangs distants de 1 m.

Les bons mariages

La poire de terre cochet semble s'accorder avec toutes les plantes.

Rotation des cultures

Cette plante très gélive reste en place 7 à 8 mois. Il est préférable d'effectuer une assez longue rotation de 4 à 5 ans avant de la cultiver au même endroit.

FICHE DE CULTURE

CLIMAT	EXPOSITION	SOL	PLANTATION	FLORAISON	RÉCOLTE
Chaud à tempéré	Ensoleillée	Meuble, frais et riche en humus	En pot fin mars-début avril (préservez des gelées) ; en place fin avril-début mai	Octobre	7 à 8 mois après la plantation

Fertilisation

Fertilisation normale lors du travail du sol, en automne ou à la fin de l'hiver, avec un engrais naturel et du compost. Les fertilisations foliaires ne sont pas obligatoires avec un sol équilibré.

Entretien

Les binages et les sarclages sont de rigueur au début de la végétation ; par la suite cette plante couvre le sol et limite ou empêche tout binage ou sarclage. Un paillage est bienvenu.

Maladies et parasites

Cette plante ne se soucie ni des maladies ni des ennemis des cultures.

Récolter et conserver

La récolte se fait le plus tard possible en novembre, avant qu'il ne fasse trop froid cependant.

Récolter la souche entière et la maintenir dans du sable ou de la tourbe en cave ; les tubercules seront exposés au soleil pendant quelques jours avant d'être consommés.

Note du jardinier

La poire de terre cochet est une plante des jours courts, ce qui signifie que la formation de ses tubercules se fait tardivement (elle commence vers la fin septembre) : il vaut mieux la maintenir en place jusqu'à la mi-novembre.
Attention car elle est très sensibles aux gelées.

Les variétés

Il n'existe pas d'autre variété que le type botanique.

Faire ses graines

La poire de terre cochet fleurit rarement sous notre climat et ne produit pas de graines.

En cuisine

Les tubercules se préparent cuits comme les pommes de terre, en ragoût, au lard, à l'étouffée, sautées...

La poire de terre cochet est très sensible aux gelées.

Poireau

Plante potagère herbacée dont la tige florale dépasse parfois 1 m de hauteur. Ses larges feuilles sont longues, planes, en forme de gouttière, retombantes, rétrécies au sommet ; elles s'engainent pour former une fausse tige qu'on appelle fût ; elles sont de couleur vert-gris, vert blond, vert foncé ou vert violacé selon les variétés. Les fleurs sont hermaphrodites, de couleur blanche, verdâtre ou rosée, en grosses ombelles sphériques.

CARTE D'IDENTITÉ

Nom botanique : (1) et (2) *Allium porrum* Linné.

Famille : Alliacées (Liliacées).

Cycle : plante vivace, cultivée comme plante bisannuelle.

Synonymes latins : *Porrum sativum* Miller, Gardner ; *P. sectile* Schultes ; *A. laetum* Salisbury.

Synonymes français : poirée, poirette, porreau, asperge du pauvre.

Origine : Europe méridionale ou Moyen-Orient.

Noms étrangers :
Anglais : leek, porret.
Allemand : Lauch, Porree.
Espagnol : puerro, ajo porro, porro.
Italien : porro.
Néerlandais : prei.

UN PEU D'HISTOIRE

Connu depuis l'Antiquité, le poireau était utilisé par les Romains.

Propriétés

Antiseptique, digestif, diurétique, émollient, expectorant, laxatif, résolutif et tonique, le poireau contient des huiles essentielles, des vitamines (A, B, C, PP) ainsi que du brome, du calcium, du chlore, du cuivre, du fer, du magnésium, du manganèse, du phosphore, du potassium, du silicium, du sodium, du soufre et du zinc.

Culture

Par semis

En effectuant différents semis comme indiqué ci-dessous, les poireaux seront disponibles toute l'année.

- Culture précoce : semer clair, sur couche chaude, début février. Après la levée, aérer le châssis aux belles heures de la journée. Repiquer courant avril, puis récolter du mois de mai jusqu'au mois de juillet.
- Culture ordinaire hâtive : semer en pépinière bien abritée vers début mars-mi-mars. Repiquer courant mai, puis récolter du mois d'août jusqu'au mois de décembre.

Semer et repiquer en lune décroissante

- Culture ordinaire tardive : semer en pépinière (ou alors directement en place) en avril-mai. Repiquer en juillet-août, puis récolter durant l'hiver et une partie du printemps.
- Culture de fin de printemps : semer clair en pépinière, ou directement en place à bonne exposition, vers la mi-août jusque septembre. Repiquer en novembre, puis récolter l'année suivante, d'avril à juin (poireaux « baguette », gros comme le petit doigt).

Conseils

Quel que soit le type de semis, les graines de poireau sont à recouvrir d'environ 5 mm de terreau ou de terre bien émiettée ; plomber avec le dos du râteau. Veiller à tenir le sol suffisamment frais jusqu'à la levée. Lorsque les plants atteignent à peine la grosseur d'un crayon, les repiquer en lignes distantes de 30 à 35 cm et profondes de 5 à 6 cm. Espacer les poireaux de 12 cm sur la ligne.

FICHE DE CULTURE

CLIMAT	EXPOSITION	SOL	PLANTATION	FLORAISON	RÉCOLTE
Tempéré, doux et humide	Ensoleillée	Meuble, profond et frais ; humifère	Semez de février à mai ou plantez des bulbes de la mi-août jusqu'à septembre	Juin à août, à partir de la 2e année de culture	Environ 5 mois après le semis ou la plantation de bulbes

Repiquage des plants de poireau.

Par plantation de bulbes

Cette méthode concerne le poireau perpétuel. Planter les gousses la pointe vers le haut, aux mêmes distances que le poireau ordinaire. Procéder à l'opération de la première quinzaine d'août jusqu'en septembre. Ce poireau se reproduit également par graines (voir plus haut, le semis).

Les bons mariages

Le poireau se cultive entre les rangs de la carotte : son odeur forte repousse la mouche de la carotte et la carotte éloigne la teigne du poireau. Il cohabite également favorablement avec le céleri, le fraisier, l'oignon et la tomate. Penser à éloigner le haricot, le pois, la bette et la betterave.

Rotation des cultures

Le poireau est une plante exigeante. Il ne doit pas revenir au même endroit avant 3 ou 4 ans au moins.

Fertilisation

Comme la plupart des plantes foliacées, le poireau demande de l'azote : en apporter 2 ou 3 kg/are en 2 épandages ; une moitié avant le repiquage et l'autre moitié au moment des premiers binages.

En dehors de cet apport particulier, les doses de fertilisants sont normales. Pas de fumure fraîche.

Procéder à 3 ou 4 fertilisations foliaires à base d'algues marines.

Entretien

Effectuer des binages et des sarclages. Arroser si nécessaire.

Maladies et parasites

Les maladies et parasites principaux sont les mêmes que ceux de l'oignon (voir pages 298-299).

La teigne du poireau

Ce petit papillon gris avec des taches blanches pond sur les feuilles ; les larves pénètrent à l'intérieur, creusent des galeries en descendant jusqu'au cœur de la plante qui finit par pourrir. Plusieurs générations de « vers de poireau » se succèdent, généralement en avril-mai et en juillet-août.

Les plantes attaquées se reconnaissent à leurs feuilles, dont la surface se couvre de traces blanchâtres.

En prévention :

- avant le repiquage (vers la seconde quinzaine de mai et de la mi-juillet jusqu'à la fin août), laisser sécher les plantes pendant environ 48 heures (voir les « Notes du jardinier ») ;
- procéder à des pulvérisations de décoction ou de macération d'absinthe, de tomate, de rhubarbe, d'ortie, de tanaisie ou d'ail (attention, l'ail modifie l'odeur du poireau) ;
- cultiver les poireaux en association avec la carotte.

Dès que le parasite apparaît, couper les tiges des plantes attaquées au-dessous de la galerie creusée par la larve et les brûler. Employer un insecticide végétal.

Récolter et conserver

La récolte se fait au fur et à mesure des besoins. Arracher les poireaux de préférence au dernier moment.

Les variétés

'de Mézières', 'de Gennevilliers', 'Malabare', 'd'Hiver', 'Gros jaune du Poitou', 'Monstrueux de Carentan', 'Bleu de Solaise', 'd'Hiver de Saint-Victor', 'de Liège', 'Monstrueux d'Elbeuf' ('Éléphant'), 'Géant d'hiver race Goliath', 'd'hiver race Vernor', poireau perpétuel...

Notes du jardinier

- Après l'arrachage des poireaux, et avant de les repiquer, il est conseillé de les exposer au soleil pendant 2 ou 3 jours (cela éliminera en outre la larve de la teigne si nécessaire), puis de les habiller en coupant l'extrémité des feuilles et des racines. Enfin, praliner les racines dans une bouillie de lithothamne pour faciliter la reprise.

- La période de consommation du poireau perpétuel arrive à sa fin quand les feuilles gondolent perpendiculairement à son axe (en principe courant mai) ; il va monter à graines.

Poireaux 'Bleu de Solaise' et 'd'Hiver race Vernor' au potager.

Ces légumes assez rustiques résistent facilement aux gelées (jusqu'à - 7 °C) ; certaines variétés supportent même jusqu'à - 20 °C, voire - 25 °C. Dès la venue des grands froids, déposer sur le sol une bonne couche de feuilles sèches ou de paille (découvrir avant les pluies). Cette couverture végétale facilitera leur arrachage en cas de gelées.

Avant les gelées, on peut conserver les poireaux arrachés en creusant une tranchée de 30 cm de profondeur, large comme un fer de bêche environ. Y coucher les poireaux liés en bottes (les placer les unes contre les autres). Combler les intervalles, avec la terre retirée, jusqu'à la moitié des fûts.

En cas de froid, couvrir de paille ou de feuilles sèches ; protéger des pluies à l'aide d'un plastique.

Si aucune précaution n'a été prise avant la venue des froids, procéder de la façon suivante :

- remplir d'eau un arrosoir ;
- arroser légèrement chacun des poireaux devant être arraché ;
- 2 ou 3 minutes plus tard, planter une aiguille à tricoter dans un poireau, écarter les 2 feuilles extérieures et tirer en tournant ; il viendra facilement en laissant dans le sol son enveloppe extérieure et son chevelu ; répéter l'opération pour les autres poireaux ; les laisser progressivement dégeler.

En fin de saison, congeler les poireaux qui menacent de monter.

Faire ses graines

LE POIREAU

Sélectionner quelques beaux poireaux vigoureux, issus d'un semis de mai et représentant bien la variété. Pour libérer le terrain et pratiquer un bêchage, les arracher en novembre (avant les gelées) et les mettre en jauge. Les protéger du froid (paille ou feuilles sèches).

Début mars, les replanter (pas forcément au même endroit) en les espaçant de 50 à 60 cm en tous sens ; tuteurer les tiges. Récolter les ombelles à maturité, généralement en août-septembre. Les faire sécher à l'ombre dans un endroit aéré ; ensacher les ombelles. Les graines se conservent mieux dans leur enveloppe, au frais et à l'abri de l'humidité ; les battre juste avant le semis.

Attention à l'hybridation, ne cultiver qu'une variété reproductrice par jardin.

- Durée germinative : 2 ou 3 ans.
- Nombre de graines au gramme : 400.
- Levée : environ 15 jours, de 8 à 10 jours sur couche chaude.

LE POIREAU PERPÉTUEL

Il suffit de garder quelques dizaines de poireaux et de couper leur hampe florale dès son apparition. Arracher les poireaux et les bulbes quand les feuilles sont sèches, généralement vers la mi-juillet. Les conserver au sec pendant quelques semaines, avant la plantation.

Il est possible de laisser monter à graines quelques poireaux perpétuels, comme il est dit précédemment, mais l'intérêt de ce poireau est sa capacité à être multiplié par gousses.

En cuisine

Le poireau se consomme toujours cuit, accommodé à la vinaigrette, gratiné, à l'anglaise, sauté, à la béchamel, à la crème, en sauce, braisé, en tarte... Cet excellent légume est un ingrédient essentiel des potages, des potées, du pot-au-feu...

Poirée

Plante potagère herbacée dont la tige florale ramifiée peut atteindre 2 m de hauteur. Ses feuilles sont nombreuses, grandes, dressées, entières, ondulées, munies d'un pétiole (côte) et d'une nervure centrale très large, épaisse et charnue, de couleur différente selon les variétés (blanche, jaune, orange, rouge ou pourpre) ; le limbe est vert, blond, rouge vineux ou rouge violacé selon les cultivars. Quelques variétés ont des feuilles moins importantes et des côtes peu développées. Cette plante proche de la betterave possède une racine pivotante mais non renflée. Les fleurs sont hermaphrodites, de couleur verdâtre, en bouquets.

CARTE D'IDENTITÉ

Noms botaniques : (1) *Beta vulgaris* Linné, var. *flavescens* De Candolle et Lamarck ; (2) *B. vulgaris* var. *cicla* Linné.

Famille : Chénopodiacées.

Cycle : plante bisannuelle.

Synonyme latin : *B. crispa* Trattinick.

Synonymes français : bette, bette à cardes, blette, carde, joutte, poirée à cardes...

Origine : Europe méridionale.

Noms étrangers :
Anglais :
- Poirée à cardes : chard, beet, leaf-beet, silver beet, swiss chard (États-Unis).
- Bette-épinard : spinach beet, perpetual spinach.

Allemand :
- Poirée à cardes : Beete, Stielmangold, schweizer Mangold.
- Variétés à couper : Beisskohl, Mangold.

Espagnol : bleda, acelga, beta.
Italien : bieta, bietola.
Néerlandais : snijbeet.

UN PEU D'HISTOIRE

La poirée était utilisée par les Grecs et les Romains. C'est à la fin du XVIe siècle, que la variété aux larges cardes fit son apparition.

Propriétés

Diurétique, émolliente, laxative et rafraîchissante, la poirée contient des vitamines (A, B1, B2, C, K, PP) ainsi que du calcium, du chlore, du fer, du magnésium, du phosphore, du potassium, du sodium, du soufre. Elle est contre-indiquée pour les diabétiques.

Culture

La poirée se sème du mois d'avril jusqu'à la fin mai, de préférence en place, sinon en pépinière. Sur des lignes distantes de 40 cm, déposer 3 à 4 graines tous les 40 cm. Les recouvrir de 1 cm de terre émiettée. Tenir le sol frais jusqu'à la levée. Lorsque les plants ont quelques feuilles, n'en conserver qu'un seul (le plus vigoureux) par poquet.

Les bons mariages

La poirée est l'amie de la carotte, du chou-rave, du haricot nain, du navet et du radis. En revanche, lui éviter le voisinage du poireau.

Semer de préférence en lune décroissante

Rotation des cultures

La poirée entre dans la catégorie des plantes potagères herbacées. Attendre 3 ou 4 ans avant de la cultiver de nouveau au même endroit.

Fertilisation

Fertilisation normale à la fin de l'automne ou au début du printemps avec un engrais naturel et du compost. Éviter les fumures fraîches.

Au cours de la saison, procéder à 3 ou 4 fertilisations foliaires à base d'algues marines.

Entretien

Les binages et les sarclages sont nécessaires. Arroser fréquemment en cas de sécheresse ; le paillage est alors indiqué.

FICHE DE CULTURE

Climat	Exposition	Sol	Semis	Floraison	Récolte
Tempéré ; redoute la sécheresse	Ensoleillée	Frais et profond ; humifère et plutôt argilo-siliceux	Avril à fin mai	De juillet à septembre, à partir de la 2e année de culture	Après 2 mois et demi pour les variétés à cardes ; 2 mois pour la bette-épinard

Maladies et parasites

La cercosporiose

Des petites taches rondes de couleur jaunâtre et entourées d'un cercle rougeâtre apparaissent ; les feuilles atteintes se dessèchent.

La prévention et le traitement sont ceux réservés au mildiou (ci-dessous). Brûler les feuilles atteintes.

La jaunisse de la poirée

Les feuilles du cœur se déforment et prennent une teinte jaune.

Cette maladie est due aux piqûres de pucerons. En prévention, pratiquer des fertilisations foliaires et respecter les rotations. Traiter les pucerons avec un insecticide végétal (roténone, pyrèthre). Brûler les organes atteints.

Le mildiou

Les feuilles sont recouvertes d'une poussière grisâtre.

En prévention (ou dès l'apparition de la maladie) pulvériser de la bouillie bordelaise. Procéder à des poudrages de lithothamne toutes les 3 semaines environ. Respecter les bases essentielles du jardinage (rotation, fertilisation et fumure correctes).

La rouille

Taches de rouille sur les feuilles, qui finissent par dépérir.

La prévention et le traitement sont ceux réservés au mildiou (voir ci-dessus). Brûler les feuilles atteintes. Ne pas utiliser un pied atteint comme porte-graines.

L'altise

Elle perfore les feuilles, arrêtant ainsi la végétation.

Voir « La lutte contre les parasites », pages 67-68.

L'atomaire

Il est responsable de petits trous sur les racines ; les plants peuvent être coupés au niveau du collet.

En prévention, veiller à une bonne aération du sol et au respect des bases du jardinage. Ce parasite est très rare si l'on pratique une bonne rotation.

Le puceron noir

Il s'attaque aux feuilles qui se déforment.

Voir « La lutte contre les parasites », page 70.

Le silphe opaque

De couleur noire, les larves dévorent les feuilles.

Traiter avec des insecticides végétaux.

Le ver blanc

Il s'attaque aux extrémités des racines ; la plante se flétrit et finit par disparaître.

Voir « La lutte contre les parasites », page 69.

Récolter et conserver

La récolte a généralement lieu du mois de juillet jusqu'aux gelées. Cueillir les feuilles une à une avec leur pétiole selon leur maturité et les utiliser le plus rapidement possible. Avant les grands froids, mettre les pieds en jauge ou dans une tranchée.

En cas de forte gelée, les protéger avec de la paille ou des feuilles sèches, ou bien les conserver dans un local hors gel (cave, cellier…) en les replantant dans du sable ou de la terre.

Notes du jardinier

- En cas de repiquage, la poirée a tendance à monter prématurément à graines, aussi est-il préférable de la semer en place.
- La poirée à carde rouge et la poirée à carde orange sont excellentes et d'un très bel effet décoratif au jardin.

Les variétés

- **Variétés à cardes :** 'Verte à carde blanche de Paris', 'Blonde à carde blanche de Lyon', 'Verte à carde blanche d'Ampuis', 'Blonde frisée à carde blanche Lucullus', 'À carde jaune du Chili', 'À carde rouge' ('Bright Lights')…
- **Variétés sans carde (bette-épinard) :** 'Verte à couper', 'Blonde de Trieste à couper'…

Faire ses graines

Sélectionner quelques beaux pieds représentant bien la variété. Les laisser en place ou les arracher pour les mettre à l'abri. Les protéger du froid avec de la paille ou des feuilles sèches : on peut les placer sous châssis.
Au printemps, replanter les pieds en les espaçant 60 cm en tous sens. Tuteurer les tiges et pincer les extrémités des inflorescences.
Quand les graines sont mûres, généralement en août-septembre, couper les tiges. Les faire sécher à l'ombre, puis les battre. Ensacher les graines.

- Durée germinative : 6 ans.
- Nombre de graines au gramme : 60.
- Levée : de 10 à 12 jours.

En cuisine

Les côtes de la poirée se préparent cuites au beurre, en salade, à la crème, au jus de viande, à la béchamel, gratinées… Les feuilles sont essentiellement utilisées cuites dans les potages ou cuisinées à la manière des épinards (au beurre, au jus…).

Pois

Plante potagère aux tiges herbacées, creuses et ramifiées, hautes de 30 à 50 cm (variétés naines) à près de 2 m (variétés grimpantes). Ses feuilles sont composées de 2 ou 3 paires de folioles entières, ovales et opposées. Le pétiole, entouré d'une large stipule, se termine par une vrille accrochante. Les cosses de couleur verte, jaune ou violette (selon les variétés), droites ou légèrement arquées, abritent des grains arrondis, ridés ou lisses. Les fleurs hermaphrodites, généralement autogames, de couleur blanche ou violacée, papilionacées, sont situées, seules ou par deux, aux aisselles des feuilles supérieures.

CARTE D'IDENTITÉ

Nom botanique :
(1) et (2) *Pisum sativum* Linné.

Famille : Fabacées (Légumineuses).

Cycle : plante annuelle.

Synonymes français :
petit pois (très employé), pois cultivé, pois des jardins, pois potager, pois sucré...

Origine : incertaine, probablement Europe méridionale ou Asie occidentale.

Noms étrangers :
Anglais : pea, garden pea, green pea.
Allemand : Erbse, Saaterbse, Schalerbse, Gartenerbse.
Espagnol : guisante, chicharo.
Italien : pisello.
Néerlandais : erwt, doperwt.

UN PEU D'HISTOIRE

Plante cultivée depuis très longtemps en Inde, en Chine et en Europe. Le pois mangetout serait apparu au XVIe siècle.

Propriétés

Antiscorbutique, digestif, énergétique et nutritif, le pois contient des vitamines (A, B1, B2, C, E, PP) ainsi que du calcium, du chlore, du fer, du magnésium, du phosphore, du potassium, du sodium et du soufre. Il est également riche en matière azotée.

Culture

Culture hâtive

Dans les régions à climat doux, semer les variétés à grains ronds de novembre à février.

Culture normale

Les graines se sèment du mois de février jusqu'au mois de juin.

Semer de préférence en lune croissante

On sème d'abord les variétés à grains ronds, puis celles à grains ridés.

Ces dernières sont plus sucrées et ont une meilleure valeur nutritive.

Conseils

La distance entre les rayons diffère selon la variété semée :

- les variétés naines se sèment en rayons distants de 30 cm ;
- les variétés grimpantes se sèment en rayons distants de 40 cm.

Déposer une graine tous les 2 ou 3 cm, à 1 cm ou 1,5 cm de profondeur. On peut les semer en poquets (sauf les variétés à rames). Dans ce cas, préparer les poquets en les espaçant de 30 à 40 cm en tous sens. Déposer de 6 à 8 graines au creux de chacun d'eux.

On sème généralement les variétés de pois mangetout vers la fin du printemps (en mai-juin).

On peut hâter la culture en semant sous un tunnel plastique que l'on enlève lorsque les pois sont bons à butter.

FICHE DE CULTURE

CLIMAT	EXPOSITION	SOL	SEMIS	FLORAISON	RÉCOLTE
Tempéré et frais	Ensoleillée	Léger, frais et bien aéré	De février à juin, selon les variétés	De juin à septembre, selon l'époque du semis	3 mois et demi après le semis : variétés hâtives ; après 4 mois : variétés tardives

Les variétés[1]

• **Pois à grains ronds, nains ou demi-nains :** 'Plein le panier', 'Très hâtif d'Annonay', 'Serpette cent pour un', 'Petit provençal', 'Perle du Rhin'...

• **Pois à grains ridés, nains ou demi-nains :** 'Merveille de Kelvedon', 'Merveille d'Amérique', 'Merveille d'Angleterre', 'Sénateur', 'Téléphone nain', 'Serpette nain vert', 'Télévision'...

• **Pois à grains ridés à rames :** 'Téléphone à rame', 'Roi des halles'.

• **Pois à grains ronds :** 'Serpette d'Auvergne', 'Caractacus', 'Express à longue cosse'...

• **Pois mangetout, nains ou demi-nains :** 'Nain hâtif breton', 'Normand'...

• **Pois mangetout à rames :** 'Corne de bélier', 'Carouby de Maussane', 'Super-mangetout Tézier', 'Géant à larges cosses' (sans parchemin), 'Géant suisse'...

(1) Il existe des variétés à grains blancs ou verts, ridés ou lisses (ronds).

Les bons mariages

Le pois se plaît à côté de la carotte, du céleri, du chou rave, du navet, de la pomme de terre, du radis.

Il est néfaste pour l'ail, l'oignon, l'échalote et il n'apprécie guère le poireau.

Rotation des cultures

C'est une plante améliorante (apportant un peu d'azote au sol). Peu exigeante, elle rentre dans la rotation des légumineuses et engrais vert. Pratiquer une alternance de 3 ou 4 ans de préférence.

Fertilisation

Fertilisation normale à la fin de l'automne ou au début du printemps avec un engrais naturel et du compost.

Éviter les engrais azotés et toutes les fumures fraîches.

Toutes les 3 semaines, procéder à des fertilisations foliaires (poudrage de lithothamne).

Entretien

Effectuer des binages et des sarclages. Les arrosages sont nécessaires. Ils doivent être abondants en cas de sécheresse car le pois n'apprécie pas une terre sèche. Trois semaines après la levée, butter et ramer le pois avec des branches ramifiées (de groseilliers, de cassissiers... taillés l'hiver). On peut aussi ramer les variétés naines.

En cas de sécheresse, recouvrir le sol entre les rangs avec de la paille, des feuilles ou des tontes de pelouse...

Note du jardinier

Les oiseaux mangent les grains des pois au début de la levée. Lors du semis, bien tasser le sol en marchant sur le rayon, ils auront ainsi beaucoup de mal à arracher les semences qui lèvent. Couvrir aussi la planche de fils de nylon (à pêche) ; surpris au dernier moment, les oiseaux fuiront quand ils les effleureront de l'aile. On peut aussi mettre un filet sur chaque planche.

Taille

Certains jardiniers pincent les pois :
- au-dessus du groupe de la 5e fleur, pour les variétés hâtives ;
- au-dessus du 7e ou du 8e bouquet, pour les variétés tardives.

Cette taille a pour seul but d'avancer la période de la cueillette.

Maladies et parasites

L'anthracnose du pois

Les feuilles, les tiges et surtout les gousses se flétrissent et présentent des taches grisâtres plus foncées sur le pourtour.

Maladie assez rare si l'on respecte les principes de l'agriculture biologique. Effectuer des fertilisations foliaires. Traiter la plante de la même façon que pour le mildiou (voir ci-dessous).

Le mildiou

Sur les feuilles apparaît un duvet poussiéreux violacé clair ; les gousses se flétrissent et présentent des taches brun foncé.

Respecter les bases essentielles de l'agriculture biologique. Pratiquer une rotation convenable et procéder à des fertilisations foliaires régulières. Éviter les arrosages trop fréquents ; il vaut mieux arroser profondément mais moins souvent. En prévention, au moment du buttage, pulvériser de la bouillie bordelaise.

L'oïdium

Les feuilles, puis les tiges, se couvrent d'un duvet blanc, arrêtant la végétation.

Cette maladie apparaît principalement sur les variétés tardives d'été. Effectuer régulièrement des poudrages foliaires. En prévention, pulvériser du purin d'ortie ou de la décoction de prêle. Dès l'apparition de la maladie, pulvériser de la bouillie bordelaise ou poudrer avec un mélange constitué de 150 grammes de fleur de soufre et

Ramer les pois avec des branches.

150 grammes de lithothamne (pour 1 are environ).

Opérer de préférence tôt le matin ou tard le soir.

La rouille du pois

Les feuilles se couvrent de taches rougeâtres.

Les remèdes sont les mêmes que pour le mildiou. Supprimer les feuilles qui sont atteintes et les brûler.

La bruche du pois

Elle s'attaque aux gousses, puis aux grains, dans lesquels elle se métamorphose ; elle en sort l'hiver en creusant un trou rond.

Avant de semer, faire tremper les semences et éliminer celles qui flottent. Détruire tous les pois ayant un petit trou. Maintenir les semences pendant quelques jours à – 2 °C, puis les conserver dans le bac à légumes du réfrigérateur (attention les pois doivent être bien secs). En prévention, pulvériser une solution à base d'infusion de tanaisie. En cas d'attaque, traiter avec un insecticide à base de roténone.

La limace et l'escargot

Ils dévorent les jeunes plants.

Voir « La lutte contre les parasites », pages 69-70.

Le puceron vert

Les feuilles sont piquées, jaunissent et se recroquevillent.

Voir « La lutte contre les parasites », page 70.

La pyrale du pois

Larve grisâtre qui dévore les grains à l'intérieur des gousses, les rendant véreux.

En prévention, procéder régulièrement à des fertilisations foliaires à base de lithothamne. Dès l'apparition de l'insecte, pulvériser un insecticide végétal à base de roténone et de pyrèthre.

Le sitone du pois

Petit charançon de teinte grise qui ronge le bord des jeunes feuilles au printemps, ralentissant la croissance de la plante.

En prévention, répandre de la cendre de bois sur le plant (à la rosée).

En cas d'attaque, pulvériser un insecticide végétal.

Le thrips du pois

L'insecte et sa larve s'attaquent aux feuilles et aux gousses qui se recroquevillent et ne se développent plus ; des taches brunes apparaissent.

Tenir le sol suffisamment humide en cas de sécheresse. En cas d'invasion :

- soit pulvériser ou saupoudrer un insecticide végétal à base de roténone ;

- soit pulvériser une macération à base d'absinthe.

Récolter et conserver

Pour **les pois à écosser frais**, récolter quand les grains sont bien formés, les cosses devant toujours être vertes.

Pour **les variétés mangetout**, cueillir les gousses tout au début de la formation des grains. Il est préférable de manger les pois le plus rapidement possible après le ramassage. On peut congeler ou stériliser les excédents de la récolte.

Faire ses graines

Conserver la plus belle rangée (ou une partie seulement), en vue de la production de semences.

Pincer les extrémités des tiges (au-dessus de la 6e ou de la 7e fleur). Récolter les gousses quand elles sont mûres et les faire sécher.

Les écosser, conserver les grains dans des sachets ou des boîtes dans le bas du réfrigérateur (il faut qu'ils soient bien secs) : c'est la meilleure façon de garder les graines de pois sans produits chimiques.

Les premières gousses mûres donnent les meilleures semences.

- **Durée germinative : 2 ou 3 ans (grains ridés) ; 3 ou 4 ans (grains ronds).**
- **Nombre de graines au gramme : de 2 à 6.**
- **Levée : elle varie selon l'époque du semis : 1 mois environ pour un semis d'hiver, de 10 à 20 jours pour un semis de printemps.**

En cuisine

- On consomme les pois en grains frais cuits au naturel, accompagnés de feuilles de laitue, de quelques carottes et d'oignons. On les prépare aussi aux lardons, à la crème, au roux, à la bonne femme, au jambon, au beurre, à l'anglaise, à la paysanne... Ils accompagnent agréablement un pigeon ou un canard et entrent dans la composition de la jardinière de légumes. Les pois frais sont très digestes.
- Les variétés mangetout, dont on consomme les gousses tout au début de la formation des grains, se cuisinent à la manière des haricots verts.
- Les pois en grains secs (pois cassés) s'utilisent en purée ou en soupe.

Pois-asperge

Plante potagère et décorative, haute de 15 à 40 cm, formant une rosette. Les tiges sont d'abord montantes puis étalées. Les feuilles à 3 folioles sont ovales et dressées. Les fruits, ou gousses, sont bordés de 4 ailes membraneuses. Le pois-asperge ne produit pas de vrilles. Il est cultivé pour ses fruits en gousses carrées. Les fleurs sont hermaphrodites, de couleur pourpre foncé, solitaires, papilionacées.

Carte d'identité

Noms botaniques : (1) *Tetragonolobus purpureus* Moench, Meth ; (2) *Lotus tetragonolobus* Linné.

Famille : Fabacées (Légumineuses).

Cycle : plante annuelle.

Synonymes latins : *T. Edulis* Link. *Scandalida rubra* Medikus ;

Synonymes français : lotier cultivé, lotier pourpre, lotier rouge, pois asparagus, pois café, pois carré, pois à quatre ailes, pois sucré...

Origine : Bassin méditerranéen, Sicile probablement.

Noms étrangers :
Anglais : asparagus pea, winged pea, square podded pea.
Allemand : Elügelerbse, Spargelerbse.
Espagnol : bocha cultivada.
Italien : veccia pisella.
Néerlandais : vogelvitse, asperge erwt.

Un peu d'histoire

Anciennement, le pois-asperge était vraisemblablement récolté à l'état sauvage. Sa culture daterait du XVIe siècle. Il est très prisé en Inde.

Culture

Les graines se sèment de la mi-avril à la fin mai. Déposer 2 ou 3 graines tous les 25 cm sur des rayons espacés de 40 cm. Recouvrir de 2 cm de terre fine environ. Lorsque les plants parviennent à 2 ou 3 cm de hauteur, ne conserver que le plus beau sujet.

On peut prolonger la récolte en semant une première fois en avril, puis une seconde fois en mai.

Les bons mariages

La présence du pois-asperge est néfaste à l'ail, l'échalote et l'oignon.

Rotation des cultures

Cette légumineuse fait partie des plantes améliorantes. Effectuer une rotation de 2 ou 3 ans au minimum.

Fertilisation

Fertilisation normale à la fin de l'automne ou au début du printemps avec un engrais naturel et du compost.

Semer de préférence en lune croissante

Éviter les fumures fraîches, apporter peu d'engrais azoté (500 g/are environ).

Jusqu'à la floraison, effectuer quelques fertilisations foliaires à base d'algues marines.

Entretien

Procéder à des binages et des sarclages. Les arrosages sont nécessaires. Garder le sol suffisamment frais, sans excès.

On peut butter légèrement les pieds quand ceux-ci atteignent 5 ou 6 cm de hauteur.

Maladies et parasites

Le pois-asperge craint surtout la sécheresse et les gelées.

Les limaces

Elles s'attaquent aux jeunes plants.

Voir « La lutte contre les parasites », pages 69-70.

Fiche de culture

Climat	Exposition	Sol	Semis	Floraison	Récolte
Tempéré	Ensoleillée	Profond et meuble ; riche en humus et gardant bien la fraîcheur	Mi-avril à fin mai	De juin à août selon l'époque du semis	2 à 3 mois après le semis

La fleur de couleur pourpre foncé du pois-asperge.

Récolter et conserver

La récolte a lieu de la mi-juin à la fin août ; elle peut se prolonger pendant plusieurs semaines selon le nombre de semis. On cueille les gousses au fur et à mesure des besoins, quand elles sont longues de 2 à 3 cm, c'est-à-dire avant la formation des graines ; ne pas attendre davantage car en s'allongeant elles deviennent filandreuses. Attention : après la floraison, les gousses se développent rapidement !

Comme les haricots verts, les gousses du pois-asperge devront être consommées le plus vite possible après la cueillette. Le surplus peut être congelé ou stérilisé.

Les variétés

Pas d'autre variété que le type botanique.

Faire ses graines

Sélectionner les plus belles plantes.
Ne pas cueillir les premières gousses, les laisser venir à maturité (elles sont alors noires et sèches).
Les récolter et les conserver à l'abri de l'humidité.
Les graines, plus petites que celles des pois, se conservent mieux dans leur cosse ou au réfrigérateur (elles doivent être bien sèches).

- Durée germinative : 5 ans.
- Nombre de graines au gramme : 15 à 18.
- Levée : une dizaine de jours environ.

En cuisine

- Cueillies jeunes et tendres, les gousses du pois-asperge se préparent cuites (rapidement), de la même manière que les haricots verts ou les pois mangetout.
- La saveur du pois-asperge rappelle celles de l'asperge et du pois mangetout.

Notes du jardinier

- Cette plante ne doit pas subir d'arrêt végétatif, sinon les cosses deviennent filandreuses et immangeables. Garder le sol frais.
- Elle peut se cultiver en bordures, comme plante décorative.

Pomme de terre

Plante potagère poussant en touffes, aux tiges herbacées, carrées ou ayant des angles, hautes de 40 cm jusqu'à près de 1 m. Ses feuilles sont légèrement pétiolées, découpées en lobes ovales ou oblongs. Ses tubercules souterrains aux formes diverses (ovales, longs, ronds, aplatis, courbés en rognon...) sont de couleur jaune, rose, rouge, bleue, violacée ou noire selon les variétés. La chair des tubercules peut être blanche, jaune, jaune veinée de rouge ou violette. Les fleurs à corolle entière, en bouquets axillaires et terminaux, de couleur blanche, rose, lilas, bleutée ou violacée, sont hermaphrodites.

CARTE D'IDENTITÉ

Nom botanique : (1) et (2) *Solanum tuberosum* Linné.

Famille : Solanacées.

Cycle : plante vivace par ses tubercules, mais cultivée comme annuelle.

Synonymes latins : *S. esculentum* Necker ; *S. aracatscha* Besser ; *Lycopersicon tuberosum* (Linné) Miller, Gardner.

Synonymes français : morelle truffe, morelle tubéreuse, parmentière, patate, patate des jardins, patate de la Manche, patate de Virginie, tartoufle, tartuffe, truffe, truffelle...

Origine : Cordillère des Andes : de la Colombie au Chili.

Noms étrangers :
Anglais : potato.
Allemand : Kartoffel, Erdapfel.
Espagnol : patata.
Italien : patata, pomo di terra.
Néerlandais : aardappel.

UN PEU D'HISTOIRE

La pomme de terre était cultivée au Pérou par les Incas.
Au XVIe siècle, des moines conquérants l'introduisirent en Espagne.
En France, vers 1770, le baron Antoine Parmentier fut le premier à reconnaître les qualités nutritives de ce légume, considéré jusqu'alors comme plante ornementale puis fourragère.

Propriétés

Digestive, énergétique, nourrissante..., la pomme de terre contient des vitamines (B1, B5, B6, C, K, PP) ainsi que du calcium, du chlore, du cuivre, du fer, du magnésium, du manganèse, du phosphore, du potassium, du sodium, du soufre, du zinc...

Ne pas manger les tubercules verts ou trop germés : ils renferment une substance toxique, la solanine.

Culture

Par plantation de tubercules

Les tubercules de la pomme de terre se plantent lorsque les gelées ne sont plus à craindre (certains jardiniers se basent sur la floraison des lilas).

On opère généralement :
- de la fin mars à la mi-avril pour les variétés tardives ;
- de la fin mars au début mai pour les variétés précoces.

Planter les tubercules germés dans des trous profonds de 8 à 12 cm si la terre est lourde, ou profonds de 12 à 15 cm en terre légère. Les disposer en quinconce, espacés de 40 à 50 cm sur des rangs distants de 60 à 70 cm. Il est possible de planter des tubercules en juillet avec des plants de l'année précédente que l'on aura conservés dans un endroit frais (au nord) et lumineux.

La plantation s'effectue à l'aide d'une bêche ou d'une houe, en prenant garde de ne pas casser les germes.

Mise en germination

On procède à la mise en germination 1 ou 2 mois avant la plantation.

Quelques jours avant la plantation, on peut couper les gros tubercules en deux (dans le sens de la longueur) à condition que chaque morceau possède au minimum 2 ou 3 yeux. Poudrer les faces fraîchement coupées avec du lithothamne pour activer la cicatrisation.

Par bouturage de germes

Détacher, à l'aide d'une petite cuillère ou d'un couteau en inox, des germes munis d'un petit fragment de tubercule. Praliner

FICHE DE CULTURE

Climat	Exposition	Sol	Plantation	Floraison	Récolte
Tempéré ; pousse dans toutes les régions ; craint le gel	Ensoleillée de préférence ou mi-ombragée	Profond, fertile, meuble et humifère ; sablonneux, au pH neutre et argilo-siliceux	Plantez les tubercules ou semez en mars-avril ; bouturez en avril	De juin-juillet à septembre	Après 2 à 3 mois (variétés précoces) ; 4 à 5 mois (variétés pour la conservation)

Tubercules germés à planter.

chaque talon avec du lithothamne pour faciliter la cicatrisation.

Planter ces boutures en pépinière, ou en place, en avril-début mai.

Les espacer de 25 cm sur des rangs distants de 50 cm.

Le rendement par germe planté sera de 1 à 4 tubercules ; cette méthode permet de multiplier rapidement une variété tout en la régénérant.

Les boutures obtenues se plantent dans des trous profonds de 4 à 5 cm, le germe vers le haut.

Par semis

Les graines se sèment sur couche en février-mars ou en avril, dans un endroit bien exposé, sous châssis ou sous un tunnel plastique. Les recouvrir de peu de terre, et tenir le sol suffisamment frais pour faciliter la levée.

On peut aussi disposer les semences dans des caissettes sous abri, puis les repiquer sous châssis, dans de gros pots en terre cuite enterrés et placés les uns contre les autres.

Les plants se repiquent quand ils ont 3 feuilles. On les espace de 20 cm sur des rangs distants de 30 cm. Laisser en place et éclaircir aux mêmes distances ; les plants arrachés ne sont pas perdus, ils peuvent se transplanter.

• La sélection de tubercules issus de semis

Chaque pied donnera de petits tubercules allant de la taille d'une noisette à celle d'un œuf de poule.

Lors de la récolte, en choisir 1 ou 2 par pied (les plus beaux). Chaque pied portera un numéro et chaque récolte sera conservée à part.

Au moment de la récolte, éliminer les pieds qui ne correspondent pas à ce que l'on recherche. Les tubercules issus de ce semis seront replantés l'année suivante en séparant bien chaque variété (chaque graine donne une variété différente !). On obtiendra des tubercules de volume normal, à partir de la 3e année de culture.

Les jardiniers amateurs ont rarement recours à cette méthode qui sert, comme indiqué plus loin, à trouver de nouvelles variétés présentant des qualités nutritives et gustatives supérieures (voir comment faire ses graines, page 343).

Les bons mariages

La pomme de terre s'entend favorablement avec les légumineuses (fève, haricot, pois…), le chou-rave, le cresson des jardins, l'épinard, le maïs, le raifort et surtout, le chou pommé et le chou-fleur. En revanche, éviter la proximité de la betterave, de la carotte, des courges, de l'oignon, de la tomate et du tournesol.

Rotation des cultures

La pomme de terre entre dans la catégorie des plantes potagères exigeantes. Cette plante étant gourmande, un précédent à base de légumineuses (trèfle, luzerne, vesce…) est indiqué. Pratiquer une alternance de 3 ou 4 ans, voire plus.

Semer ou planter les tubercules de préférence en lune décroissante

Fertilisation

Cette Solanacée aime bien la potasse (cendre de bois), mais n'apprécie guère les fumures fraîches. Les excès d'engrais azotés lui sont néfastes ; ils favorisent le mildiou et les attaques des insectes. Lui apporter une fumure correcte (compost) et des fertilisants aux doses normales.

Tous les 15 jours environ, surtout après les orages, effectuer des fertilisations foliaires par saupoudrage ou pulvérisation à base de lithothamne.

Entretien

La culture de la pomme de terre demande quelques binages et sarclages avant le buttage que l'on effectue quand les plants atteignent 10 à 15 cm de hauteur. Ne pas attendre plus longtemps pour procéder à cette opération. En effet, si les plantes sont plus fortes, les stolons peuvent être endommagés et le rendement amoindri.

Le buttage favorise le développement des tiges souterraines, maintient les touffes et protège les tubercules de la lumière du jour, qui les rend verts et impropres à la consommation.

Le premier binage s'effectue quelques jours après la levée. Autrefois, lors du dernier binage, les anciens soulevaient légèrement chaque touffe avec la houe, pour aider la plante à s'enraciner.

Notes du jardinier

- **En fauchant les tiges 3 semaines avant la récolte, la conservation et les qualités culinaires seront renforcées. D'après certains jardiniers, le pincement des fleurs avantagerait le rendement.**
- **En Amérique du Sud, diverses espèces de pommes de terre sont cultivées sur les plateaux andins à des altitudes différentes. En France, notre *Solanum tuberosum* doit se situer entre 600 et 1 100 mètres pour ne pas dégénérer.**

Buttage des pommes de terre.

L'arrosage n'est recommandé qu'en cas de sécheresse ; celui-ci se fait en rigole pour ne pas mouiller les feuilles ; un bon paillage s'avère en général plus efficace.

Maladies et parasites

On limitera grandement les maladies de la pomme de terre, autres que celles citées ci-dessous, en respectant les bases essentielles de l'agriculture biologique.

L'enroulement

Les folioles prennent une couleur vert pâle, s'enroulent et deviennent cassantes. Cette maladie est due aux piqûres de pucerons.

Traiter contre les pucerons. Voir « La lutte contre les parasites », page 70.

L'enroulement flasque ou rhizoctone noir

Les feuilles supérieures s'enroulent tout en restant molles, des taches noires ou violacées se forment ; la tige est attaquée au niveau du collet par des taches brunâtres ; parfois un manchon blanchâtre apparaît ; la tige pourrit et les tubercules peuvent se couvrir de petites taches noirâtres ayant l'aspect de croûtes.

Pratiquer une bonne rotation et effectuer régulièrement des fertilisations foliaires. Après le mûrissement complet des plantes, ne pas trop tarder pour les arracher. Éliminer les plants issus de pieds atteints.

La fusariose ou pourriture sèche

Sur les tubercules stockés surviennent des taches blanchâtres, ayant l'aspect de coussinets, et encerclées de petites surfaces brunes et sèches ; les tubercules pourrissent en dégageant une odeur particulièrement désagréable.

Récolter les pommes de terre destinées à la conservation à complète maturité. Désinfecter le local avant d'y entreposer les légumes.

Ne pas stocker de tubercules malades ou mutilés. De temps en temps, les vérifier et éliminer ceux qui s'abîment.

Le vecteur idéal de cette maladie étant l'humidité, remuer le tas de temps en temps et aérer.

Saupoudrer légèrement les tubercules avec du lithothamne lors du stockage ou de l'égermage.

La galle commune

La peau des tubercules attaqués se couvre de taches grisâtres à brunâtres, ressemblant à des croûtes.

Cette maladie apparaît souvent quand la récolte provient d'une terre à pH calcaire ou chaulée.

La mauvaise conservation des tubercules (voir récolter et conserver) et l'épluchage difficile augmentent les pertes. Respecter les rotations et apporter du compost correct.

Le mildiou

Des taches jaunes, puis brunes auréolées de vert pâle, apparaissent sur le feuillage et s'étendent rapidement ; le dessous des feuilles se couvre d'un duvet blanchâtre qui entoure les taches. Les feuilles se dessèchent rapidement, la plante entière finit par disparaître ; les tubercules sont souvent d'abord atteints par des taches superficielles, puis en profondeur, et pourrissent également.

Pratiquer une rotation de 4 ou 5 ans. Tous les 15 jours environ, surtout en période chaude et humide ou aussitôt après un orage, effectuer sur végétation humide, sur et sous les feuilles, une pulvérisation ou un poudrage à base de lithothamne.

Au cours de l'hiver, 1 ou 2 pulvérisations de purin d'ortie sur le sol protègent contre les maladies à champignons. En prévention aussi, ou tout au début de la maladie, on peut pulvériser de la bouillie bordelaise (biodégradable à 100 %) : ne préparer la solution qu'au dernier moment.

Ne pas laisser les fanes atteintes sur le sol, mais les brûler.

La rouille de la pomme de terre

Apparition de taches grisâtres sur les folioles, limitées au bord de celles-ci.

Les traitements préventifs de la rouille sont les mêmes que ceux du mildiou (voir ci-dessus).

Dès le début de la maladie, pulvériser de la bouillie bordelaise.

L'altise de la pomme de terre

Ce petit coléoptère jaune, long d'environ 2,5 mm, dévore les feuilles en morsures arrondies.

Voir « La lutte contre les parasites », pages 67-68.

La courtilière

Orthoptère qui s'attaque aux tubercules en creusant des galeries.

Voir « La lutte contre les parasites », page 68.

Le doryphore

Long de 10 à 12 mm, ce coléoptère jaune à jaune orangé, marqué de lignes noires, bombé, très vorace, s'attaque généralement d'abord aux plantes les plus faibles en dévorant les feuilles. Par la suite, il pond des œufs (de couleur orange) sous les feuilles. Les larves qui en sortent sont rougeâtres, tachetées de noir, prenant plus tard une couleur plus pâle ; elles aussi dévorent les feuilles en commençant par les plus tendres.

En prévention, pratiquer des fertilisations foliaires régulières pour renforcer la résistance des plantes.

Dès le début de l'invasion, pulvériser un insecticide végétal (à base de roténone ou de pyrèthre). Les pulvérisations avec un atomiseur sont nettement plus efficaces. S'il n'y a que quelques adultes et larves, les ramasser et les écraser. Vérifier le dessous des feuilles, cueillir les folioles accueillant les œufs et les écraser aussi.

Les grands ennemis du doryphore sont le faucheur ou faucheux aux longues pattes fines, le carabe, le faisan, le crapaud et certains oiseaux.

Le taupin

La larve de ce coléoptère creuse de longues galeries, assez étroites, dans les tubercules.

Voir « La lutte contre les parasites », pages 70-71.

La teigne de la pomme de terre

Cette chenille d'un petit papillon gris, de couleur blanchâtre ou rougeâtre est longue de 10 mm. Elle creuse des galeries à l'intérieur des tiges et dans les tubercules en y laissant ses excréments.

Ce parasite est très rare en culture biologique. Capturer le papillon avec des pièges à insectes.

Détruire par le feu les tubercules atteints. Pratiquer une longue rotation.

Récolter et conserver

Pour la consommation

La récolte des tubercules se fait généralement à la houe, à la fourche crochue ou, mieux, à la fourche à pierres (à 9 dents). Opérer si possible par temps sec en prenant beaucoup de précautions pour ne pas les abîmer.

Les variétés

- **Variétés précoces :** 'Amandine', 'Apollo', 'Eersteling', 'Manon', 'Resy', 'Belle de Fontenay', 'Hénaut', 'Rosabelle', 'Victor extra-hâtive', 'Sirtema' (très bonne conservation).
- **Variétés semi-précoces :** 'Bintje', 'Prima', 'Claustar', 'BF 15', 'Ratte' ('Corne de bélier' ou 'Quenelle de Lyon'), 'Viola', 'Rosalie', 'Charlotte'... La 'Ratte' est semi-précoce à semi-tardive.
- **Variétés semi-tardives et tardives :** 'Ackersegen', 'Claudia', 'Urgenta', 'Rosa', 'Roseval', 'Rosine', 'Désirée', 'Institut de Beauvais', 'Ratte', 'Ker Pondy', 'Saucisse' ('Reine des Celtes' ; la meilleure de conservation), 'Vitelotte noire' (à peau bleue), ou 'Négresse' (très curieuse, avec sa peau noire et sa chair violette, cette variété ne connaît pas la dégénérescence).

'Vitelotte noire' à la peau bleue (ci-dessous). Récolte de pommes de terre 'Roseval' (à droite).

Au cours du ramassage, éliminer les tubercules douteux ou malades. Ceux qui sont endommagés seront mis à part pour être consommés rapidement. On peut procéder à l'arrachage des tubercules dès que les feuilles commencent à jaunir ; ils sont destinés à une consommation plus ou moins rapide, mais pas à la conservation hivernale.

Pour la plantation

L'arrachage des tubercules destinés à la plantation se fait environ 1 mois avant complète maturité.

Pour la conservation

La récolte s'effectue lorsque le feuillage est à complet dessèchement.

• Le local

On laisse les tubercules ressuyer pendant quelques heures sur le sol pour ne pas les rentrer humides.

Ensuite, les conserver dans un endroit frais, sec, à l'abri de la lumière, du gel et de l'humidité ; si le sol risque d'être humide, placer sur celui-ci des branchages, des planches, des tuiles ou tout autre matériau qui permettra une circulation d'air entre le sol et le tas de pommes de terre. La meilleure température est comprise entre 2 °C et 4 °C.

Le local doit avoir au moins une aération. L'idéal serait qu'il en possède deux, une côté sud que l'on ouvre par temps frais et une autre au nord que l'on ouvre par temps doux ou chaud.

Chaque année, nettoyer et désinfecter le local, puis le blanchir ou le poudrer avec du lithothamne.

La conservation peut se faire en silo, en caissettes…

• L'égermage

L'égermage des tubercules se fait dès l'apparition des germes ; recommencer cette opération si nécessaire. Opérer 4 ou 5 jours avant la nouvelle lune, si possible, les germes repoussent moins rapidement. Saupoudrer les tubercules de lithothamne pour favoriser la cicatrisation des plaies.

De temps en temps, remuer le tas pour éviter la germination et éliminer les tubercules malsains.

• Le froid

Pendant les grands froids, couvrir le tas de pommes de terre avec une bonne couche de paille (le gel est fatal aux tubercules) ; découvrir le tas dès que la température le permet pour éviter la pourriture.

En cuisine

Le goût et l'utilisation des pommes de terre varient selon les espèces.

- Les pommes de terre à chair ferme ('Ratte', 'Belle de Fontenay', 'Rosabelle'…) se consomment sautées, en salade, à l'étouffée, à l'anglaise, à la maître d'hôtel, à la matelote, en frites, à la poulette, à la sauce blanche, au lard, farcies, en ragoût, en soufflé, à la Bretonne, à la Bressane, en gratin dauphinois, en chips, en robe des champs, à la Basquaise, à la Berrichonne, à la Provençale, à la Lyonnaise, à la Normande, en beignets, à la Périgourdine, persillées… Elles accompagnent diverses viandes, poissons ou d'autres légumes.
- Les pommes de terre à chair farineuse ('Bintje', 'Ker Pondy'…) sont délicieuses dans les potages ou en purée.
- Éviter de peler les pommes de terre trop à l'avance et de les conserver longtemps après la préparation.

Panier de pommes de terre 'Belle de Fontenay'.

Faire ses plants et ses graines

Fleurs de pomme de terre.

1. Comment faire sa semence (par tubercules) et éviter la dégénérescence

PREMIÈRE TECHNIQUE

• La première année

Partir avec des plants ne présentant pas de dégénérescence.

Tous les 8 jours, visiter la culture et éliminer (fanes et tubercules) les plantes chétives ou malades pour ne conserver que des pieds sains et exempts de maladie. Veiller à ne pas faire voisiner de variétés différentes.

Arracher les tubercules avant complète maturité, et les laisser ressuyer quelques jours sur le sol. Les conserver ensuite sur des clayettes, à la lumière et au frais : la température idéale se situe entre 2 et 4 °C. Éliminer les tubercules qui pourrissent.

Si le local est peu éclairé, 1 ou 2 mois avant la plantation, exposer les plants à la lumière du jour (au soleil) pour faire durcir les germes qui seront courts et trapus.

• La deuxième année

Replanter les tubercules choisis de chaque touffe, dans la variété désirée ; les séparer par d'autres plantes cultivées. Pratiquer les mêmes soins que pour l'année précédente (élimination des plantes douteuses ou malades…).

• La troisième et la quatrième année

Recommencer la même procédure au cours de la 3e année.

À partir de la 4e année, on obtient en principe des plantes exemptes de maladies si l'on a continué à sélectionner les plus belles touffes pour la reproduction, avec les mêmes précautions et les mêmes soins que précédemment.

Les pommes de terre destinées à la reproduction se cultivent dans une terre humifère, mais peu riche en engrais, surtout azoté : on repère ainsi plus facilement les plantes malades.

Quelques variétés ont des exigences différentes quant à la nature du sol et du climat. Dans certains potagers, il sera parfois difficile de faire une sélection.

Une bonne et longue rotation de 4 ou 5 ans réduira les risques de maladie.

SECONDE TECHNIQUE

Les plants choisis comme reproducteurs lors de l'arrachage sont exposés à même le sol pendant 1 mois et demi, subissant ainsi les différences climatiques (soleil, pluie… mais attention aux gelées).

À l'issue de cette période, les tubercules des plants fragiles ou malades appelés à pourrir prendront une vilaine couleur vert noirâtre : les éliminer.

Cette manière de procéder permet une sélection, évitant ainsi ultérieurement la dégénérescence.

Rentrer alors les tubercules sains et les conserver sur des clayettes, dans un local frais, aéré et lumineux, à température peu élevée et, de préférence, constante (environ 4 °C).

Si les plants sont stockés dans un endroit trop chaud, les germes apparaissent trop rapidement (généralement quelques-uns par tubercule) ; il faut les supprimer immédiatement pour faciliter le développement de nombreux autres germes.

Attention, cette opération ne peut se pratiquer qu'une seule fois.

Certaines variétés supportent mal l'égermage, il est donc préférable de conserver les plants dans un endroit qui leur convient.

Les tubercules idéaux pour la reproduction sont de la taille d'un petit œuf de poule (40 à 50 g environ).

Réaliser ses plants soi-même entraîne inéluctablement une baisse de rendement pour certaines variétés, ce procédé n'est par conséquent valable que pour des sujets rares.

2. Comment faire ses graines

On multiplie une variété de pomme de terre uniquement par plantation de tubercules ou par bouturage de germes. La production de semences a pour seul but de créer des variétés, chaque graine donnant une plante différente.

Il peut être amusant de trouver de nouvelles variétés dont les qualités seront supérieures à celles que l'on possède déjà. L'objectif est de modifier la valeur gustative et nutritive, la tenue à la cuisson (selon ce que l'on recherche), le comportement pendant la conservation et la résistance aux maladies et aux insectes.

LA FÉCONDATION ARTIFICIELLE

Bien que la plupart du temps on laisse faire la nature, l'hybridation naturelle se faisant par les insectes, la pollinisation des fleurs peut se faire par fécondation artificielle.

Le pollen se prélève sur des fleurs d'une même variété. Il peut se conserver pendant quelques jours.

Avant de procéder à l'opération, protéger les fleurs pour que les insectes ne les pollinisent pas, puis sélectionner celles destinées à la reproduction. Par précaution, couper les étamines dès l'ouverture des fleurs.

À l'aide d'un pinceau, déposer le pollen sur le stigmate des fleurs. Attacher un cordon sur celles-ci pour les reconnaître.

RÉCOLTER LES GRAINES

Cueillir les baies verdâtres ou bleuâtres, généralement de forme sphérique, ayant la pulpe molle et renfermant de nombreuses graines aplaties. En retirer les semences et les nettoyer.

Faire sécher celles-ci et les stocker jusqu'au semis.

Il faut savoir que certaines variétés ne fleurissent pas sous notre climat, tandis que d'autres portent des fleurs, mais pas de fruits.

• Durée germinative : très variable.
• Levée : quelques jours.

Pourpier

Plante potagère herbacée, à croissance rapide, formant une touffe. Ses tiges sont charnues, épaisses, grasses, cassantes, étalées ou parfois dressées. Les feuilles de couleur verte ou dorée sont opposées, tendres, grasses, épaisses, entières et charnues, plus ou moins grandes suivant les variétés. Les fleurs sont hermaphrodites, jaunes, petites, situées à l'aisselle des feuilles.

Carte d'identité

Nom botanique : (1) et (2) *Portulaca oleracea* Linné.

Famille : Portulacacées.

Cycle : plante annuelle.

Synonymes latins : *P. officinarum* Crantz ; *P. olitoria* Pallas ; *P. sylvestris* Montandon ; *P. suffruticosa* Thwaites.

Synonymes français : porchaille, porcelaine, porcelin, porcellane, pourpier commun, pourpier potager.

Origine : Eurasie, possible de l'Inde et de l'Iran.

Noms étrangers :
Anglais : purslane, purslain, pursley.
Allemand : Portulak, Kreuzel, Burzelkraut.
Espagnol : verdolaga.
Italien : porcellana.
Néerlandais : wilde postelein.

Un peu d'histoire

Cette plante, que l'on trouve à l'état spontané en Europe, a été beaucoup cultivée dans l'Antiquité, au Moyen Âge et jusqu'au XVIIIe siècle.

Propriétés

Antiscorbutique, apéritif, dépuratif, diurétique, émollient, nutritif, rafraîchissant, sédatif, vermifuge, le pourpier contient des vitamines (A, B, C) et des sels minéraux, dont du calcium, du fer et du phosphore.

Culture

Les graines se sèment en place du mois de mai jusqu'à la fin juillet, à la volée ou mieux en lignes distantes de 25 cm.

Il est aussi possible de semer les graines du mois de janvier jusqu'au mois de mars, sur couche, sous châssis pour obtenir du pourpier dès le printemps. Semer clair, et recouvrir les graines avec très peu de terreau. Plomber légèrement avec le dos du râteau et maintenir le sol suffisamment humide jusqu'à la levée. En effectuant des semis échelonnés, on pourra ainsi disposer de pourpier jusqu'aux gelées.

Semer de préférence en lune décroissante

Les bons mariages

Il semble s'accorder avec les autres plantes.

Rotation des cultures

Le pourpier est une plante peu exigeante, à croissance rapide. Il entre dans la catégorie des plantes potagères à feuilles. Pratiquer une alternance de 2 ou 3 ans.

Fertilisation

Fertilisation normale à la fin de l'automne ou au début du printemps avec un engrais naturel et du compost.

Sur chaque culture, quelques fertilisations foliaires par poudrage de lithothamne suffisent.

Fiche de culture

Climat	Exposition	Sol	Semis	Floraison	Récolte
Tempéré et chaud : craint les gelées, même faibles	Chaude et ensoleillée	Léger et frais	Mai à fin juillet	Mai à octobre	2 mois à 2 mois et demi après le semis

Cueillette de 'Pourpier doré'.

Entretien

Ne pas négliger les binages et les sarclages. Arroser pendant les chaleurs.

Maladies et parasites

Le pourpier ne semble sensible ni aux maladies ni aux parasites.

Récolter et conserver

La récolte se fait au fur et à mesure des besoins. On coupe les tiges feuillues. Pour une même culture, on peut avoir deux coupes, parfois trois.

Le pourpier ne se conserve pas, il faut le consommer dès qu'il est récolté.

Les variétés

'Pourpier doré à larges feuilles', 'Pourpier doré'...

Faire ses graines

Sélectionner quelques beaux pieds d'un semis de mai, ne pas couper les tiges. Récolter les graines à maturité (il faut les surveiller attentivement, car elles tombent facilement). Les faire sécher à l'ombre et les mettre en sachets ou dans des boîtes hermétiques à l'abri de l'humidité.

- **Durée germinative : de 5 à 7 ans.**
- **Nombre de graines au gramme : 2 500.**
- **Levée : quelques jours.**

Notes du jardinier

- **Le pourpier sauvage que l'on rencontre souvent dans nos jardins est aussi comestible et s'utilise de la même façon.**
- **Le pourpier est à consommer modérément, car c'est un coagulant du sang.**

En cuisine

- Crues, les jeunes tiges feuillues et les feuilles se mangent en salade, comme condiment ou en garniture avec du concombre, de la tomate, de la laitue ou d'autres crudités.
- Le pourpier peut s'apprécier seul, en salade ; il aromatise aussi certaines sauces (la mayonnaise entre autres). Les feuilles peuvent se confire dans du vinaigre.
- Cuites, les feuilles et les tiges entrent dans la composition des potages ou s'accommodent à la manière des épinards (au jus, à la crème, au beurre...).

Le pourpier a un goût douceâtre, bien que légèrement acidulé et épicé. C'est un légume très rafraîchissant.

Radis

Plante herbacée potagère, dont la tige florale ramifiée atteint jusqu'à 80 cm de hauteur. Ses feuilles oblongues, velues, dentées, vertes, forment une rosette. Le radis est cultivé principalement pour sa racine charnue, ronde ou longue, petite à grosse, de couleur blanche, jaune, rose, rouge, violacée, noire ou bicolore selon les variétés. C'est une plante à végétation rapide. Les fleurs sont hermaphrodites, de couleur blanche, parfois rose à violacée, en grappes allongées.

CARTE D'IDENTITÉ

Nom botanique :
(1) et (2) *Raphanus sativus* Linné.

Famille : Brassicacées (Crucifères).

Cycle : plante annuelle ; les variétés d'hiver sont bisannuelles.

Synonymes français :
petite rave, radis de Paris, radis des Parisiens, raifort noir (radis noir), rave, tendrette.

Origine : possible d'Europe ou d'Asie méridionale.

Noms étrangers :
Anglais : radish, winter radish (d'hiver), japonese radish (du Japon).
Allemand : Rettich, Radies, Winterrettig (d'hiver), schwarzer Rettich (d'hiver), Radieschen (du Japon).
Espagnol : rabano, rabano de invierno (d'hiver), rabano largo (du Japon).
Italien : ravanello, radice, ravanello giapponese (du Japon).
Néerlandais : radijs, ramenas (d'hiver).

UN PEU D'HISTOIRE

Le radis était cultivé en Chine et au Japon dans l'Antiquité.
Les Égyptiens l'avaient domestiqué avant l'ère chrétienne.

Propriétés

Apéritif, antiscorbutique, dépuratif, digestif, diurétique, expectorant, rafraîchissant, sédatif, stimulant et tonique, le radis contient des vitamines (B, C) ainsi que du calcium, du cuivre, du fer, de l'iode, du magnésium, du manganèse, du phosphore, du sélénium, du sodium, du soufre et du zinc.

Culture

Radis de tous les mois

Ils se sèment directement en place, de préférence en lignes espacées de 20 cm ou à la volée. Recouvrir les graines de 1 cm de terreau ou de terre bien émiettée. Plomber fortement avec le dos du râteau pour un semis en lignes ou rouler pour un semis à la volée.

Dès que les plants ont quelques feuilles, éclaircir à 1 cm sur le rang. Il est donc conseillé de semer clair.

Un semis en janvier-février se fait sur couche, sous châssis ; en mars opérer sous tunnel plastique ; en avril jusqu'à la fin septembre semer en pleine terre. Renouveler souvent les semis pour avoir des radis toujours à sa disposition.

Radis d'été

Les graines se sèment en pleine terre de mars jusqu'à la fin juillet. Éclaircir par la suite à 2 cm.

Radis d'hiver

On sème les radis d'hiver en place depuis le début du mois de mai jusqu'à la fin du mois de juillet.

Les lignes doivent être distantes de 30 à 35 cm.

Dès que les plants ont quelques feuilles, éclaircir à 12 ou 15 cm sur le rang.

Les bons mariages

Le radis de tous les mois cohabite favorablement avec la carotte.

Il s'entend également assez bien avec le chou, le concombre, le cresson, l'épinard, le fraisier, le haricot, la laitue, le persil et le pois.

En revanche, il n'apprécie pas l'hysope, tandis que le cerfeuil rend ses racines plus piquantes.

FICHE DE CULTURE

CLIMAT	EXPOSITION	SOL	SEMIS	FLORAISON	RÉCOLTE
Tempéré	Ensoleillée, un peu ombragée à l'époque des fortes chaleurs	Frais, meuble ; riche en humus	Du printemps à l'automne	Mai à septembre-octobre ; les radis d'hiver fleurissent la 2e année	3 à 4 semaines à au moins 3 mois après le semis, suivant les variétés

Radis 'Noir gros rond d'hiver'.

Radis 'Rose d'hiver de Chine'.

Radis d'hiver 'Green Meat'.

Radis d'hiver 'Violet de Gournay'.

Semer de préférence en lune décroissante

Rotation des cultures

Pour les radis de tous les mois et d'été, une rotation de 2 ans semble raisonnable car ils ont une végétation rapide. Pour le radis d'hiver, il est préférable d'attendre 3 ans avant de le cultiver au même endroit. Il entre dans la catégorie des plantes potagères à racines.

Fertilisation

Fertilisation normale à la fin de l'automne ou au début du printemps avec un engrais naturel et du compost.

Toutes les 2 semaines, effectuer une fertilisation foliaire (poudrage à base d'algues marines).

Entretien

Ne pas négliger les binages et sarclages. Arroser fréquemment si nécessaire. On peut pailler les variétés d'hiver.

Note du jardinier

Les radis n'apprécient pas les arrêts végétatifs dus à une période de sécheresse.

Les variétés

- **Radis de tous les mois :**
'Demi-long à forcer de 18 jours', 'À forcer rond écarlate hâtif', 'Demi-long rouge à bout blanc Pernot', 'Demi-long flamboyant', 'de Sézanne', 'National', 'Rond rose à bout blanc Gaudry' (creuse rarement), 'Rond écarlate', 'Flamino'...

- **Radis d'été :**
'Demi-long de Strasbourg', 'd'Été jaune d'or ovale', 'Noir poids d'horloge', 'Blanc géant de Stuttgart', 'Rave à forcer blanche transparente', 'Red Meat', 'Blanc de Munich' (possible d'hiver), 'd'Ostergrüs'.

- **Radis d'hiver :**
'Violet de Gournay', 'Noir gros long d'hiver de Paris', 'Noir gros rond d'hiver', 'Rose d'hiver de Chine', 'Green Meat'.

- **Daïkons :**
ces variétés de radis japonais sont excellentes. Les variétés d'hiver semblent les plus intéressantes (elles se récoltent un peu plus tôt que les autres). Les feuilles sont retombantes, vert clair ou vert-bleu, leur chair est tendre, ferme et douce ; leur racine, très longue et grosse, pousse souvent (selon les variétés) à moitié dans le sol à moitié hors de terre. On distingue plusieurs noms botaniques, selon les auteurs : *Raphanus acanthiformis* (Morel) ; *R. sativus* var. *acanthiformis* (Makino) ; *R. sativus* var. *longipinnalus* (Bailey).
Les espèces ci-dessus se cultivent comme les radis d'hiver, mais il existe quelques variétés d'été : 'Minowase long', 'Sakurajima', 'Miyashige long', 'Misato Green'.

Radis 'd'Été jaune d'or ovale'.

Maladies et parasites

Les radis ont très peu de maladies et de parasites. Ils peuvent éventuellement rencontrer les mêmes problèmes que le navet (voir pages 292-293).

Récolter et conserver

Radis de tous les mois et d'été

Les radis de tous les mois et d'été se récoltent au fur et à mesure des besoins. Les radis de tous les mois sont en principe suffisamment développés 3 ou 4 semaines après le semis ; les radis d'été le sont après environ 2 mois. Ne pas tarder à les récolter, car certaines variétés creusent rapidement. Comme tous les légumes, il est préférable de les consommer juste après l'arrachage.

Radis d'hiver

Les radis d'hiver destinés à la conservation se récoltent avant les gelées, généralement en octobre ou novembre. Les arracher si possible par temps sec, et les laisser ressuyer sur le sol pendant une journée.

Couper les feuilles au-dessus du collet ; saupoudrer celui-ci de lithothamne pour faciliter la cicatrisation.

Rentrer les racines en silo, en cave ou les conserver dans du sable sec.

En cuisine

- Les racines jeunes et tendres des radis de tous les mois et d'été se mangent crues : au beurre, à la croque au sel, coupées en rondelles en salade. Les feuilles se consomment crues (en salade) ou cuites (comme des épinards ou en potage). La soupe aux « queues et fanes » de radis est excellente.
- Les racines des radis d'hiver s'apprécient crues : coupées en tranches minces, à la croque au sel ou au beurre, râpées à la vinaigrette, seules ou accompagnées d'autres crudités.

Récolte de radis.

Note du jardinier

Il existe une espèce curieuse, le radis serpent (*Raphanus caudatus*) dont les siliques allongées se dégustent fraîches, à la manière des autres radis ordinaires, ou confits dans le vinaigre.

Faire ses graines

RADIS DE TOUS LES MOIS ET D'ÉTÉ

Prélever quelques belles racines d'un semis de septembre et les stratifier dans du sable sec pendant l'hiver. Courant mars, les replanter en les espaçant de 30 cm en tous sens. Tuteurer et pincer l'extrémité des tiges florales au début de la floraison. Les graines mûrissent en juillet-août. Couper les tiges avant complète maturité lorsque les siliques changent de couleur et deviennent blanchâtres. Les faire sécher à l'ombre, les battre, puis ensacher les graines. Il est possible de garder en place ou de repiquer quelques beaux sujets issus d'un semis de mars-avril. Ensuite procéder comme indiqué plus haut.

RADIS D'HIVER

Choisir, lors de la récolte, quelques belles racines. Les abriter des gelées pendant l'hiver (en jauge, stratifiées...). Replanter début mars en les espaçant de 40 à 50 cm en tous sens et procéder comme pour les variétés précédentes. Quelle que soit la variété, protéger les porte-graines par un filet (les oiseaux sont très friands des graines de radis).

- Durée germinative : environ 5 ans.
- Nombre de graines au gramme : 120.
- Levée : de 3 à 5 jours

Raifort sauvage

Plante condimentaire aux très grandes feuilles radicales, allongées, découpées, en forme de lance ; elles sont parfois hautes de plus de 60 cm. Le raifort sauvage est cultivé pour sa racine épaisse, charnue et longue, de couleur jaunâtre à noirâtre, blanche à l'intérieur et de saveur brûlante. Les fleurs sont hermaphrodites, généralement stériles, blanches, à calice.

CARTE D'IDENTITÉ

Nom botanique : (1) et (2) *Armoracia rusticana* Gaertner, Mey, Scherbius.

Famille : Brassicacées (Crucifères).

Cycle : plante vivace par ses racines ; ses feuilles disparaissent l'hiver.

Synonymes latins : *Cochlearia rusticana* Lamarck ; *C. armoracia* Linné ; *Cochlearia lapathifolia* Gilibert ; *C. variifolia* Salisbury ; *Armoracia lapathifolia* Gilibert ; *A. sativa* Bernhardi ; *Raphanis magna* Moench ; *Nasturtium armoracia* Fries ; *Roripa rusticana* Grenier et Godron.

Synonymes français : cran anglais, cran de Bretagne, cranson de Bretagne, faux raifort, grand raifort, herbe au scorbut, moutarde des Allemands, moutarde des capucins, moutarde des moines, radis de cheval, racine forte, rave de campagne, raveluque...

Origine : Europe de l'est (certainement de Sibérie).

Noms étrangers :
Anglais : horse radish, wild horseradish.
Allemand : Meerrettig, Kreen.
Espagnol : rabano picante, rabane rusticano, taramago, rabano silvestre.
Italien : rafano rusticano, rafano tedesco, crenno.
Néerlandais : neeredik, mierikswortel, peperwortel.

UN PEU D'HISTOIRE

Le raifort, connu dans l'Antiquité pour ses propriétés médicinales, s'utilisait

Propriétés

Antiseptique, antiscorbutique, apéritif, digestif, diurétique, cholagogue, expectorant, purgatif, stimulant et stomachique, le raifort contient des vitamines (C – très riche –, B) et des sels minéraux (calcium, cobalt, cuivre, fer, iode, magnésium, potassium, sodium...) ainsi qu'une huile essentielle.

On extrait un sirop antiscorbutique de sa racine.

Culture

Cette plante ne se reproduit que par plantation d'éclats. Choisir des racines moyennes du pourtour des anciennes touffes comportant au moins un bourgeon. Réduire leur longueur à environ 10 cm, puis les planter tous les 40 cm. Laisser le ou les bourgeons apparaître. Prévoir des rangs distants de 60 cm.

Cette opération, qui s'effectue en mars-avril de préférence, est encore possible à l'automne.

Planter les éclats de racines de préférence en lune décroissante

Le raifort se cultive aussi en bordures, mais respecter une distance plus grande (80 cm) entre les plants.

Les bons mariages

Le raifort semble s'accorder avec toutes les autres plantes.

Rotation des cultures

Le raifort entre dans la catégorie des plantes exigeantes. Appliquer une longue alternance de 5 à 10 ans, car il peut rester de 3 à 5 ans en place.

Fertilisation

Fertilisation normale à la fin de l'automne ou au début du printemps avec un engrais naturel et du compost. Tout de suite après un gros orage, effectuer

Notes du jardinier

- Lorsque l'on effectue une nouvelle plantation, ne pas supprimer tout de suite l'ancienne, car il faut attendre de 18 mois à 2 ans avant de récolter les premières racines.
- En attendant sa mise en place à l'automne, le raifort peut s'élever d'abord dans un pot en terre au printemps.

FICHE DE CULTURE

Climat	Exposition	Sol	Plantation	Floraison	Récolte
Très rustique, ne craint ni le froid ni la chaleur	Ensoleillée ; supporte la mi-ombre	Léger et aéré ; riche en humus et plutôt frais	Plantez les éclats en mars-avril ou à l'automne	Mai à juillet	De 18 mois à 2 ans après la plantation

Culture de raifort au potager.

une fertilisation foliaire par saupoudrage ou pulvérisation d'algues marines.

Entretien

Effectuer régulièrement des binages et des sarclages. En été, le paillage est bénéfique. Supprimer les tiges florales dès leur apparition pour ne pas affaiblir la plante prématurément.

Maladies et parasites

Le mildiou

Les feuilles se couvrent de taches qui sont transparentes sur le dessus et blanches au-dessous.

Dès la fin d'un orage, prendre l'habitude de saupoudrer ou pulvériser des algues marines. En prévention, pulvériser de la bouillie bordelaise.

Cette maladie n'a aucun inconvénient sur les racines.

Récolter ou conserver

En Alsace, on dit que le raifort sauvage se récolte au cours des mois en « R », c'est-à-dire de septembre à avril, au fur et à mesure des besoins.

Après leur arrachage, les racines se gardent quelques jours dans un endroit frais.

Pour les conserver plusieurs mois, on peut :
- soit les stratifier dans du sable sec, en cave, après avoir coupé le collet ;
- soit les râper dans des verres à moutarde, puis les couvrir d'huile (de tournesol ou d'olive). Après avoir fermé hermétiquement les verres, les garder au frais en attendant de consommer.

Les variétés

Pas d'autre variété que le type botanique, mais il existerait quelques types très proches en Allemagne et dans les pays de l'Est.

Faire ses graines

Cette plante produit difficilement des semences fertiles sous notre climat.

En cuisine

La racine épluchée et râpée remplace la moutarde dans les crudités et les salades. Réduite en pâte, elle accommode les viandes rôties et certains poissons fumés ; elle entre dans la composition du pot-au-feu et de certaines sauces. Elle est très employée dans l'est de la France, principalement en Alsace, ainsi qu'en Allemagne. Une rondelle de raifort agrémentera les cornichons confits dans le vinaigre. Consommer cette racine avec modération.

Récolte de racines de raifort.

Raiponce cultivée

Plante potagère dont les feuilles sont radicales et oblongues ; ondulées et crénelées, elles forment une rosette ressemblant à une mâche. Sa racine est blanche, charnue, en fuseau. Les fleurs sont campanulées et en clochettes ; de couleur bleue, elles forment des grappes à lobes lancéolés ; elles sont munies d'un rameau court et dressé.

CARTE D'IDENTITÉ

Nom botanique : (1) et (2) *Campanula rapunculus* Linné.

Famille : Campanulacées.

Cycle : plante bisannuelle.

Synonymes latins : *C. coarctata* Gilibert ; *C. esculenta* Salisbury ; *C. decurrens* Thore ; *C. verruculosa* Hoffgg et Link ; *C. virgata* De Candolle ; *C. rapuncula* St Lager.

Synonymes français : bâton de Jacob, cheveux d'évêque, clochette bleue, petite raiponce de Carême, pied-de-sauterelle, rave sauvage...

Origine : Europe, Asie occidentale et Afrique du Nord.

Noms étrangers :
Anglais : rampion.
Allemand : Rapunzel, Rapunzelrübe.
Espagnol : rapónchigo, reponche.
Italien : raperonzolo, raponzalo.
Néerlandais : rapunsel.

UN PEU D'HISTOIRE

Cultivée au XVe siècle, cette plante a disparu trois siècles plus tard. Dans certaines régions de France, on se levait tôt afin de cueillir la raiponce sauvage pour en faire une salade.

Culture

Les graines se sèment en place au mois de novembre. Les déposer dans des rayons peu profonds, espacés de 20 à 25 cm. Opérer par temps calme, les graines étant très fines. Les recouvrir à peine de terreau et tasser avec le dos du râteau ; ne pas les recouvrir de terre. La levée a lieu au printemps. Lorsque les plants ont quelques feuilles, éclaircir à 5 ou 6 cm. Certaines plantes peuvent monter à graines ; couper la tige florale pour éviter cet inconvénient.

Il est possible de semer en juin, bien qu'à cette époque la levée soit plus capricieuse. Dans ce cas, veiller à bien garder le sol humide jusqu'à la levée. En outre, choisir un emplacement à la mi-ombre ou protéger les jeunes plants si le soleil est chaud. Semée en juin, la raiponce offre l'avantage de rarement monter à graines.

Les bons mariages

Elle semble s'accorder avec les autres plantes.

Semer si possible en lune décroissante

Rotation des cultures

La raiponce est une plante peu exigeante qui fait partie des légumes à feuilles. Attendre 2 ou 3 ans avant de la faire revenir au même endroit.

Fertilisation

Fertilisation normale à la fin de l'automne ou au début du printemps avec un engrais naturel et du compost. Les fertilisations foliaires ne sont pas nécessaires.

Entretien

Ne pas oublier les binages et sarclages. Les arrosages sont indispensables en période sèche.

Maladies et parasites

Cette plante ne semble pas sensible aux maladies ou aux parasites.

Note du jardinier

Cette plante est difficile à réussir étant donné la finesse de ses graines ; en revanche elle se ressème facilement d'elle-même.

FICHE DE CULTURE

Climat	Exposition	Sol	Semis	Floraison	Récolte
Tempéré	Ensoleillée ou mi-ombragée	Léger, profond et frais ; humifère et bien ameubli	En novembre ; il est possible de semer à la fin du printemps	Mai à août	Après 5 à 6 mois (semis de printemps) ; après 11 mois (semis d'automne)

Récolter et conserver

La raiponce se récolte en fonction des besoins, depuis le mois d'octobre jusqu'au printemps.

Les variétés

Pas d'autre variété que le type botanique.

Faire ses graines

Couper les grappes dont les clochettes prennent une couleur brune ; les faire sécher sur un linge. Les clochettes s'ouvriront. Les battre délicatement pour récolter les graines qui, parmi toutes celles des plantes potagères, sont les plus petites.

- Durée germinative : environ 4 ou 5 ans.
- Nombre de graines au gramme : environ 25 000, d'où la difficulté à cultiver cette plante.
- Levée : de 4 à 5 mois pour un semis d'automne ; une semaine pour un semis de printemps (en bonne condition).

En cuisine

- Ses feuilles et sa racine se consomment crues en salade, seules ou mélangées avec de la mâche ou de la laitue... Leur goût rappelle légèrement celui de la noisette.
- La raiponce cuite s'accommode de différentes façons.

Rameaux fleuris de la raiponce cultivée.

Rhubarbe

Plante potagère herbacée parfois haute de plus de 1,50 m. Ses grosses tiges cylindriques et creuses portent des rameaux peu développés. Les feuilles sont en forme de cœur ; radicales, ondulées et vert clair, elles mesurent jusqu'à 80 cm de longueur et 60 cm de largeur. Ses pétioles, longs (jusqu'à 40 cm) et larges de 5 à 8 cm, de couleur verte ou rouge, sont tendres, charnus, épais, arrondis au-dessus et aplatis au-dessous. Les fleurs sont hermaphrodites et polygames ; elles sont blanches à verdâtres, très nombreuses, petites et réunies en grosses grappes.

CARTE D'IDENTITÉ

Nom botanique : (1) et (2) *Rheum rhaponticum* Linné.

Famille : Polygonacées.

Cycle : plante vivace par sa souche ; ses feuilles et ses pétioles se dessèchent en hiver.

Synonymes latins : *R. sibericum* Pallas ; *R. esculentum* Salisbury ; *R. rotundatum* Stokes.

Synonymes français : rhapontic, rhubarbe des capucines, rhubarbe des moines, rhubarbe pontique.

Origine : Asie occidentale (de Sibérie).

Noms étrangers :
Anglais : rhubarb, garden rhubarb, rhapontic.
Allemand : Rhabarber, Rhapontik, monchs Rhabarder.
Espagnol : ruibarbo, rapóntico, ruipontico.
Italien : rabarbaro, robarbaro, rapontico.
Néerlandais : rabarber, russieche rabarber, stompe rabarber, gegolfde rabarber.

UN PEU D'HISTOIRE

Le rhizome de cette plante s'employait en médecine chinoise dans l'Antiquité. La rhubarbe fut introduite en Europe vers le XVIe siècle. Le pétiole n'est consommé que depuis le XVIIIe siècle.

Propriétés

Apéritive, astringente, cholagogue, dépurative, laxative, purgative, rafraîchissante, reconstituante, stomachique, tonique et vermifuge, la rhubarbe contient des vitamines (B, C) et des minéraux (calcium, chlore, fer, magnésium et soufre).

Culture

Par division de touffes

La division de touffes a lieu au début du printemps ou en automne. Planter les éclats munis de 2 ou 3 bourgeons. Auparavant, prendre la précaution de praliner des racines avec une bouillie de lithothamne pour activer la reprise et favoriser la cicatrisation des racines sectionnées.

Laisser apparaître les bourgeons au niveau du sol, tasser et arroser. Espacer les plantes de 1 m, sur des rangs distants de 1,50 m.

Semer de préférence en lune décroissante

Par semis

Les graines se sèment en mars-avril, sous châssis froid. Dès que les plants commencent à lever, éclaircir à 10 ou 15 cm. Les replanter en pépinière lorsqu'ils ont 4 ou 5 feuilles.

Deux autres solutions sont possibles :
- semer en godets, en avril-mai, en serre froide ou sous châssis, puis repiquer en pépinière ;
- semer en avril-mai ou en août-septembre en pépinière bien exposée, en rayons espacés de 30 cm ; le moment venu, éclaircir à la même distance.

Dans tous les cas, recouvrir les graines d'1 cm de terre fine ou de terreau, tasser avec le dos du râteau.

La mise en place s'effectue à l'automne ou au printemps de l'année suivante, en

Notes du jardinier

- **Attention, les feuilles sont toxiques en raison de leur teneur élevée en acide oxalique ; en revanche, elles rendent service contre les piqûres d'ortie (il suffit de frotter l'endroit douloureux).**
- **Les feuilles s'utilisent pour traiter la gomme des arbres fruitiers : gratter la partie attaquée et la frotter avec des feuilles de rhubarbe.**

FICHE DE CULTURE

Climat	Exposition	Sol	Plantation	Floraison	Récolte
Tempéré, plutôt frais : supporte les grands froids mais pas les grandes chaleurs	Ensoleillée ; en situation mi-ombragée son rendement est moindre	Frais, meuble et profond ; humifère et un peu acide ; éviter les terres calcaires	Semez en mars-avril sous châssis ; divisez les touffes au printemps ou en automne	Mai-juin	2 ans environ après le semis ; 1 an et demi après la division de touffes

Notes du jardinier

- **Important : couper les tiges florales dès leur apparition pour éviter l'épuisement prématuré des plants.**
- **Les fleurs de la rhubarbe sont hermaphrodites et polygames, c'est-à-dire que la plante porte à la fois des fleurs hermaphrodites, des fleurs mâles et des fleurs femelles.**

Attaque de rouille.

respectant la distance de plantation suivante : rangs distants de 1 m et plants espacés de 1,50 m sur la ligne.

La multiplication par semis ne reproduit pas toujours fidèlement la variété.

La rhubarbe peut se cultiver soit en bordures soit dans un coin du potager ; généralement quelques pieds suffisent pour une famille.

Les bons mariages

La rhubarbe reste célibataire, isolée en raison du développement très important de ses feuilles.

Rotation des cultures

Cette plante pouvant rester en place de 6 à 10 ans, voire plus, pratiquer une longue rotation (6 à 10 ans).

Fertilisation

Fertilisation normale à la fin de l'automne ou au début du printemps avec un engrais naturel et du compost.

Éviter les fumures fraîches. Les fertilisations foliaires ne sont pas nécessaires.

Entretien

L'entretien de cette plante se limite à quelques binages, sarclages et arrosages.

Maladies et parasites

La rouille

Des taches brunes apparaissent sur les feuilles. Cette maladie est assez rare.

Faire des apports corrects et réguliers de compost et bien entretenir les plantes. Renouveler les plantations après 8 à 10 ans.

Pulvériser de la bouillie bordelaise dès l'apparition des premières taches.

Récolter et conserver

La récolte des pétioles commence en mai-juin. Une seconde récolte peut avoir lieu en septembre-octobre.

Cueillir les pétioles au ras du sol. Il est conseillé de laisser quelques feuilles (les plus petites) sur chaque plante.

Faire ses graines

La dernière année de culture, laisser monter les pieds sélectionnés (ceux qui donnent les plus beaux pétioles).
Récolter les graines à maturité, généralement vers la fin juillet-début août. Les faire sécher, puis les mettre en sachets.

- **Durée germinative : de 2 à 4 ans ; il est préférable de semer les graines le plus tôt possible après la récolte.**
- **Nombre de graines au gramme : 40 à 50.**
- **Levée : environ 2 semaines.**

Les variétés

'Rouge monarque', 'Queen rouge', 'Victoria', 'Ondulée d'Amérique', 'Royale Albert', 'Rouge hâtive de Tobolsk à côtes rouges'...
Il existe d'autres espèces dont *R. palmatum*, qui a des feuilles plus grandes.

Jeune feuille de rhubarbe.

En cuisine

Les pétioles cuits s'utilisent en confiture, en compote, en marmelade, en garniture pour les tartes. Le goût de la rhubarbe est acidulé, mais très agréable.

Romarin

Petit arbrisseau très populaire dont la tige ramifiée et buissonnante a des rameaux dressés. Ce sous-arbrisseau condimentaire et médicinal, toujours vert, peut atteindre plus de 1,50 m de hauteur. Ses feuilles très aromatiques sont persistantes, étroites, allongées, épaisses, de couleur verte au-dessus, grisâtre et duvetées en dessous. Les fleurs sont hermaphrodites, de couleur blanche à bleu pâle, parfois un peu violacée ou rose (suivant les variétés), en grappes.

CARTE D'IDENTITÉ

Nom botanique : (1) et (2) *Rosmarinus officinalis* Linné.

Famille : Lamiacées (Labiées).

Cycle : plante vivace.

Synonyme latin : *Salvia rosmarinus* Schleiden.

Synonymes français : encensier, encensoir, herbe aux couronnes, herbe des troubadours, rosemarine.

Origine : Bassin méditerranéen ; indigène dans le sud de la France.

Noms étrangers :
Anglais : rosemary, rosemarin.
Allemand : Rosmarin, gemeiner Rosmarin.
Espagnol : romero, rosmarino.
Italien : rosmarino officinale, romerino.
Néerlandais : rozemarijn.

UN PEU D'HISTOIRE

On se servait autrefois du romarin pour encenser les églises. Il est connu depuis les temps anciens en cuisine et comme plante médicinale.

Propriétés

Antigoutteux, antirhumatismal, antiseptique, antispasmodique, apéritif, bactéricide, carminatif, cholagogue, désinfectant, digestif, diurétique, emménagogue, stimulant et tonique, le romarin contient une huile essentielle.

Les distillats de cette plante aromatique sont précieux pour l'industrie pharmaceutique, en aromathérapie et en parfumerie où ils entrent dans la composition de certains produits pour le bain.

Culture

Les facteurs lunaires n'ont aucune influence

Par semis

Les graines se sèment d'avril à juin en pépinière bien abritée, en terre pauvre de préférence. Repiquer, de nouveau en pépinière, en espaçant de 10 cm en tous sens. Mettre en place au printemps suivant à bonne exposition, en espaçant de 1 m en tous sens.

On peut aussi semer en février-mars en serre dans des godets, puis mettre en place au printemps suivant.

Par bouturage

Planter d'août à octobre des pousses hautes de 15 cm qui ont grandi dans l'année (aoûtées).

Les enterrer de la moitié environ, en plein air ou sous cloche, à l'ombre de préférence. Mettre en place au printemps suivant.

Abriter les jeunes plants des froids. On peut aussi bouturer en mars-avril.

Notes du jardinier

- **Éviter de tailler à l'automne, surtout lorsque les gelées approchent.**
- **Au potager, le romarin éloigne certains ennemis des cultures dont la mouche de la carotte.**
- **Le romarin est également très mellifère et parfois cultivé pour ses qualités ornementales dans les rocailles.**
- **Les fleurs parfument le linge dans les armoires et repoussent les mites.**

FICHE DE CULTURE

Climat	Exposition	Sol	Plantation	Floraison	Récolte
Supporte notre climat à bonne exposition mais ne résiste pas aux grands froids	Chaude et ensoleillée	Léger, sain et perméable ; un peu calcaire	Semez d'avril à juin ; bouturez d'août à octobre ; marcottez au printemps	Mai à juillet (parfois en automne) ; toute l'année en région méditerranéenne	1 an à partir de la 2e année de culture

Cueillette de romarin.

Par marcottage

C'est la méthode de reproduction la plus facile. Au printemps, creuser un trou profond de quelques centimètres (près d'une touffe), coucher un rameau du pied mère sans le détacher. Le fixer en terre à l'aide d'un crochet et redresser le bout du rameau.

À l'automne, séparer le rameau du pied mère. Mettre en place de la fin novembre jusqu'au début avril.

Les bons mariages

Le romarin s'entend bien avec la sauge.

Rotation des cultures

Cet arbuste peut rester plusieurs années en place (8 à 10 ans, parfois plus).

Effectuer une rotation de 5 à 10 ans.

Fertilisation

Fertilisation normale à la fin de l'automne ou au début du printemps avec un engrais naturel et du compost.

Les fertilisations foliaires ne sont pas nécessaires.

Entretien

Effectuer des binages et des sarclages régulièrement. Il faut arroser les jeunes plants en pépinière ou au moment du repiquage.

Ensuite, veiller à arroser seulement en cas de grande sécheresse.

En cas de froid vigoureux, protéger les touffes, de novembre à mars, avec du plastique à bulles, de la paille ou des feuilles sèches.

Taille

On peut éventuellement effectuer une taille en avril.

Maladies et parasites

Le romarin ne semble pas sensible aux maladies ou aux parasites des cultures.

Récolter et conserver

La récolte des feuilles s'étale d'avril à octobre en coupant les rameaux.

Pour la conservation, elle s'effectue avant la floraison, au printemps. Faire sécher à l'ombre et conserver les feuilles dans des boîtes hermétiques ou en bocaux (ne pas les broyer).

Les fleurs se cueillent du printemps au début de l'été.

Les variétés

Principalement, le type botanique amélioré à fleurs bleutées. Il y a aussi d'autres variétés dont : *R. officinalis* var. *albiflorus* (à fleurs blanches), 'Majorca pink' (à fleurs rose pâle), 'Roseus' (à fleurs roses), 'Aureus' (aux feuilles panachées de jaune), le romarin rampant (groupe *prostratus*), moins rustique.

Faire ses graines

Récolter les graines à la rosée, à maturité (généralement du mois de juillet au mois de septembre). Les faire sécher à l'ombre et les ensacher.

- **Durée germinative : de 2 à 4 ans.**
- **Nombre de graines au gramme : 900.**
- **Levée : 2 ou 3 semaines.**

En cuisine

- Les feuilles fraîches ou séchées aromatisent les ragoûts, les poissons, les grillades, les potages, les gibiers, les volailles, les sauces, diverses viandes (mouton, porc, lapin...), les viandes cuites au barbecue, les brochettes, divers légumes (riz, tomate, pomme de terre, ratatouille...), les pâtes. Sa saveur un peu amère, aromatisée, est très agréable ; utiliser le romarin sans excès.
- Les feuilles et les sommités fleuries s'emploient en infusion.

Roquette cultivée

Plante potagère herbacée, haute de 20 à 30 cm. Sa tige dressée et rameuse peut être longue de 80 cm. Ses feuilles épaisses et allongées sont diversement découpées en forme de rosette ; elles ressemblent un peu à celles des radis. Les fleurs sont hermaphrodites, de couleur blanche ou jaune, veinées de violet, en grappes.

Carte d'identité

Nom botanique : (1) et (2) *Eruca sativa* Miller, Gardner.

Famille : Brassicacées (Crucifères).

Cycle : plante annuelle.

Synonymes latins : *E. foetida* Moench ; *E. grandiflora* Cavanilles ; *E. ruchetta* Spach ; *E. glabrescens* Jordan ; *Brassica eruca* Linné ; *B. turgida* Persoon ; *B. erucoides* Roxburgh ; *Sinapis eruca* Clairville Man ; *Euzomun sativum* Link.

Synonymes français : éruce, roquette des jardins, ruce, salade de vingt-quatre heures, sisymbre sauvage.

Origine : indigène ; pousse en Europe et en Asie méridionale, également en Afrique du Nord.

Noms étrangers :
Anglais : hedge mustard, rocket, rocket salat.
Allemand : Obrauke, Rauke, Senfkohl.
Espagnol : roqueta, jaramago, oruga.
Italien : ricola, roca, ruccola, ruchetta, rucola.
Néerlandais : rakette, rokette.

Un peu d'histoire

Dans l'Antiquité, les Romains récoltaient la roquette sauvage pour aromatiser les salades.
Elle était autrefois interdite dans les potagers des monastères en raison de ses vertus aphrodisiaques.

Propriétés

Antiscorbutique, aphrodisiaque, dépurative, diurétique, stimulante et tonique, la roquette contient de la vitamine C et des sels minéraux.

Culture

Semer en place, en pleine terre, du mois de mars au mois de septembre.

Procéder à la volée ou, mieux, en lignes espacées de 25 à 30 cm. Recouvrir légèrement les graines, et plomber avec le dos du râteau.

Le moment venu, éclaircir à 7 ou 8 cm sur le rang.

Les bons mariages

La roquette se cultive avec bénéfice entre les rangs d'asperge, de chou-fleur ou de chou pommé, qui lui apportent de l'ombre pendant l'été.

Rotation des cultures

La roquette entre dans la catégorie des plantes herbacées. Il est préférable d'attendre 3 ou 4 ans avant de la cultiver de nouveau à la même place.

Fertilisation

Fertilisation normale à la fin de l'automne ou au début du printemps avec un engrais naturel et du compost.

Les fertilisations foliaires ne sont pas nécessaires.

Entretien

Procéder régulièrement à des binages et des sarclages. Tenir le sol suffisamment humide.

Arroser fréquemment en cas de sécheresse pour retarder la montée à graines qui est rapide par manque d'eau ; les feuilles en seront plus tendres.

Maladies et parasites

L'altise

Ce petit coléoptère perfore les feuilles.

Voir « La lutte contre les parasites », pages 67-68.

Récolter et conserver

Couper les feuilles au ras du sol en fonction des besoins et régulièrement, les jeunes feuilles étant plus agréables au palais.

Fiche de culture

Climat	Exposition	Sol	Semis	Floraison	Récolte
Indifférent : très rustique	Ensoleillée : ombragée l'été	Frais, fertile et bien aéré	Mars à septembre	Avril à septembre	2 mois après le semis

Cueillette de roquette.

Semer de préférence en lune décroissante

Les variétés

Pas d'autre variété que le type botanique amélioré.

Faire ses graines

Garder quelques belles plantes issues d'un semis tardif d'août-septembre. Elles passeront l'hiver en place.
Les laisser monter à graines, puis couper les tiges en juin-juillet avant leur complète maturité. Les suspendre ou les étaler sur une toile pour les faire sécher. Les battre, puis ensacher les graines.

- Durée germinative : 4 ans.
- Nombre de graines au gramme : environ 550.
- Levée : quelques jours.

En cuisine

- Crues, on mange les jeunes feuilles seules ou mélangées avec d'autres salades ou crudités. Elles peuvent accompagner certaines viandes à la manière du cresson (rosbif, poulet...), dont elles rappellent le goût. Leur saveur est cependant plus forte, âcre et brûlante, tout en demeurant très agréable.
- Cuites, elles entrent dans la composition de divers potages et sauces.
- En Italie, on fait sauter les feuilles très légèrement dans de l'huile d'olive et on les ajoute aux pâtes.
- Les fleurs agrémentent crudités et salades.

Note du jardinier

Ne pas laisser monter les plantes à graines, sinon elles se ressèment et deviennent envahissantes.

Rue officinale

Plante condimentaire, herbacée, répulsive et médicinale. Ses tiges ligneuses, peuvent atteindre 80 cm de hauteur. Son feuillage est persistant. Ses feuilles d'une couleur bleu-vert exhalent une odeur forte et très aromatique. Les fleurs sont hermaphrodites, de couleur jaune, en grappes.

CARTE D'IDENTITÉ

Noms botaniques : (1) *Ruta graveolens* Linné ; (2) *R. altera* Linné.

Famille : Rutacées.

Cycle : plante vivace.

Synonymes latins : *R. officinalis* Pallas ; *R. altera* Miller, Gardner.

Synonymes français : herbe de grâce, rue fétide, rue des jardins, rue puante.

Origine : est du bassin méridional de l'Europe.

Noms étrangers :
Anglais : common rue, garden rue, herb of grace, herbygrass.
Allemand : Raute, Weinraute, Gartenraute, Edelraute.
Espagnol : ruda, armaga.
Italien : ruda.
Néerlandais : wÿnruit.

UN PEU D'HISTOIRE

Au Moyen Âge, elle entrait dans la composition du vinaigre dit des « quatre voleurs », supposé protéger de la peste.

Propriétés

Anti-anémique, antiscorbutique, apéritive, dépurative, digestive, emménagogue, diurétique, stimulante, vermifuge, la rue officinale contient également une huile essentielle et des minéraux.

Culture

Par semis

Au printemps, semer les graines en pépinière à bonne exposition. Repiquer en automne ou au printemps suivant en espaçant de 50 à 60 cm en tous sens. Recouvrir les graines de quelques millimètres de terre fine, puis plomber avec le dos du râteau.

Par plantation d'éclats

Au printemps, diviser les anciennes touffes et repiquer aux mêmes distances que ci-dessus.

Conseils

La reproduction par semis est préférable. La rue est souvent cultivée en bordures.

Bien que cette plante soit très rustique et vigoureuse, les hivers très froids et humides peuvent abîmer ses feuilles.

Les facteurs lunaires n'ont pas d'influence

Les bons mariages

Éviter de semer la rue officinale près du basilic qu'elle inhibe. En revanche, elle s'entend bien avec la sauge.

Rotation des cultures

La rue officinale peut rester à la même place pendant 4 ou 5 ans. Il faut donc pratiquer une rotation assez longue, d'au moins 4 ans.

Fertilisation

Fertilisation normale à la fin de l'automne ou au début du printemps avec un engrais naturel et du compost.

Les engrais azotés ne sont pas nécessaires, et les fertilisations foliaires sont facultatives.

Entretien

Les binages et les sarclages constituent pratiquement le seul entretien.

FICHE DE CULTURE

Climat	Exposition	Sol	Plantation	Floraison	Récolte
Indifférent : très rustique, cette plante supporte la chaleur comme le froid	Chaude et ensoleillée	Sec, aride et sablonneux ou lourd et riche en humus	Semez les graines ou plantez les éclats de touffes au printemps	Juin à septembre	1 an environ après le semis ou la plantation d'éclats

Rue officinale 'Jackman's blue'.

Taille

Elle peut se tailler au printemps.

Maladies et parasites

Elle semble à l'abri des maladies et des parasites.

Récolter et conserver

Cueillir les feuilles au fur et à mesure des besoins, tout au long de l'année.

Les feuilles destinées à la conservation se récoltent de préférence avant la floraison en mai-juin. Les faire sécher à l'ombre et les conserver dans des boîtes hermétiques.

Notes du jardinier

- Chez certaines personnes, cette plante peut provoquer des allergies ou des réactions cutanées : éviter de la toucher, surtout en plein soleil.
- Décorative, la rue repousse aussi certains parasites, d'où l'intérêt d'en avoir quelques touffes dans son jardin :
  - les pucerons (comme les serpents) fuient son odeur ;
  - la macération de feuilles de rue est efficace dans la lutte contre les pucerons (voir « Des recettes naturelles », page 77) ;
  - répandues sur le sol lors de divers semis, les feuilles séchées et réduites en poudre éloigneront certains insectes.
- Quelques feuilles séchées dans les placards repoussent les insectes.

Les variétés

Il existe quelques variétés : 'Jackman's blue', 'Variegata' au feuillage panaché de blanc crème au printemps.

Faire ses graines

Cueillir les graines avec leur capsule au fur et à mesure de leur maturité (les premières graines étant souvent meilleures). Les faire sécher et ensacher.

- Durée germinative : 4 ans.
- Nombre de graines au gramme : environ 500.
- Levée : capricieuse, plus ou moins longue (parfois plusieurs semaines).

En cuisine

- La rue officinale s'utilise, à petites doses, comme condiment. Les feuilles, fraîches de préférence, finement hachées, s'emploient dans les salades.
- En mélange avec d'autres plantes condimentaires, elles parfument certaines viandes dont le gibier, le mouton, les ragoûts... Elles entrent dans la composition de certaines sauces et liqueurs, parfument les cornichons confits dans le vinaigre.
- Les feuilles de la rue s'utilisent avec modération, et s'ajoutent toujours en fin de cuisson. Tout le monde n'apprécie pas leur odeur forte et leur goût âcre et amer.

Salsifis

Plante potagère herbacée. Sa tige, droite, ramifiée à l'approche du sommet, est haute d'environ 1 m. Ses feuilles étroites sont très allongées, en pointe, et forment une rosette ; celles du centre sont dressées, les autres sont en partie étalées ; leur couleur est un vert clair poussiéreux, grisâtre, avec une ligne blanche au centre. Le salsifis est principalement cultivé pour sa racine pivotante, longue, charnue, un peu lisse et légèrement conique, d'un blanc jaunâtre. Ses jolies fleurs hermaphrodites sont d'un bleu violacé ou roses, en capitules.

CARTE D'IDENTITÉ

Nom botanique : (1) et (2) *Tragopogon porrifolius* Linné.

Famille : Astéracées (Composées).

Cycle : plante bisannuelle.

Synonyme latin : *T. porrifolium* J.-F. Gmelin.

Synonymes français : barberon, barbe de bouc, cerifix, salsifis blanc.

Origine : Bassin méditerranéen.

Noms étrangers :
Anglais : salsify, vegetable oyster, oyster plant, meadow salsify, goat's beard.
Allemand : Haferwurzel, Bocksbart.
Espagnol : salsifi blanco, barba cabruna.
Italien : barba di becco, salsefia, salsfrica.
Néerlandais : gele boksbaard, gele morgenster.

UN PEU D'HISTOIRE

Cette plante fut introduite en France vers la moitié du XVIe siècle.
On la trouve à l'état sauvage en Grèce, en Algérie, au Maroc ainsi que dans l'ouest de la France.

Propriétés

Digestif, diurétique, émollient, nutritif, le salsifis contient des vitamines (A et C) ainsi que du calcium, du chlore, du fer, du magnésium, du phosphore, du potassium et du soufre. L'inuline qu'il contient est bien assimilée par les diabétiques.

Culture

Les graines se sèment en place du mois de mars jusqu'au mois de mai. Semer assez clair, en rayons distants de 25 cm. Recouvrir les graines de 1 à 2 cm de terre bien émiettée, puis plomber avec le dos du râteau. Tenir le sol suffisamment frais jusqu'à la levée.

Lorsque les plants ont quelques feuilles, éclaircir en espaçant de 8 à 10 cm sur la ligne. La levée du salsifis étant assez capricieuse, il faut semer lorsque la terre est suffisamment réchauffée et que le temps est doux.

Semer de préférence en lune décroissante

Les bons mariages

Le salsifis apprécie le voisinage de la carotte, la laitue, le poireau et l'oignon.

Rotation des cultures

Le salsifis entre dans la catégorie des plantes potagères à racines.

Attendre 3 ou 4 ans avant de le faire revenir à la même place.

Notes du jardinier

- Si certaines plantes montent à graines au cours de la première année de culture, supprimer la tige florale dès son apparition.
- Avant les grands froids, couper les feuilles au-dessus du collet.
- Pour conserver les racines, les mettre en jauge ou les stratifier dans du sable après l'arrachage.

FICHE DE CULTURE

Climat	Exposition	Sol	Semis	Floraison	Récolte
Tempéré	Chaude et ensoleillée	Frais et profond ; humifère, ameubli et plutôt léger	Mars à mai	Mai à juillet, généralement à partir de la 2e année de culture	7 à 8 mois après le semis

Fertilisation

Fertilisation normale à la fin de l'automne ou au début du printemps avec un engrais naturel et du compost. Éviter les fumures fraîches.

Au cours de la saison, procéder à des fertilisations foliaires à base d'algues marines, toutes les 3 semaines environ.

Entretien

Effectuer régulièrement des binages et des sarclages. Arroser si nécessaire, car il faut tenir le sol suffisamment frais.

Le paillage est tout à fait indiqué en cas de sécheresse.

Maladies et parasites

La rouille

Le dessous des feuilles est envahi de pustules de couleur rouille.

Le traitement est le même que pour la rouille blanche.

La rouille blanche

Les feuilles se couvrent de pustules de couleur blanche ; elles se déforment, puis se dessèchent.

Dès l'apparition de la maladie, couper et brûler les feuilles atteintes et pulvériser de la bouillie bordelaise.

Le puceron

Ce petit insecte de couleur blanchâtre suce la sève des feuilles au niveau du collet.

Cet indésirable apparaît en période de sécheresse, il faut donc maintenir le sol suffisamment frais ; un bon paillage facilite la tâche.

Voir « La lutte contre les parasites », page 70.

Récolter et conserver

On arrache les racines d'octobre à mars, selon les besoins ; elles se conservent quelques jours après la récolte. Pour faciliter l'arrachage lors des froids, couvrir le sol de feuilles sèches ou de paille.

Faire ses graines

Sélectionner quelques beaux pieds. Les laisser en place durant la mauvaise saison : tuteurer les tiges. Les graines se récoltent en juillet, quand elles sont brunes. Les faire sécher à l'ombre, et les conserver au frais, à l'abri de l'humidité. Attention, les oiseaux sont friands de ces graines : les protéger impérativement avec un filet.

- **Durée germinative : 2 ans.**
- **Nombre de graines au gramme : environ 100.**
- **Levée : environ 8 à 10 jours ; parfois difficile, car il faut que le temps soit doux et le sol suffisamment réchauffé.**

Les variétés

'Blanc amélioré', 'Blanc géant de Russie', 'Mammouth à grosse racine'...

En cuisine

- Cuites, les racines se mangent au jus de viande, frites, en salade, au beurre, à la crème, aux fines herbes, gratinées, à la béchamel, sautées...
- Les jeunes feuilles tendres sont délicieuses crues en salade.

Graines de salsifis munies de leurs aigrettes.

Sarriette vivace

Plante herbacée condimentaire, médicinale et aromatique, haute de 20 à 40 cm. Ses tiges sont ligneuses à la base, étalées, très ramifiées. Ses feuilles odorantes sont petites, étroites, luisantes, coriaces, d'une couleur verte. Ses fleurs sont hermaphrodites, de couleur rose ou blanche, parfois violacée ; elles forment des petites grappes situées à l'intérieur de l'aisselle des feuilles. La sarriette est mellifère.

CARTE D'IDENTITÉ

Nom botanique :
(1) et (2) *Satureja montana* Linné.

Famille : Lamiacées (Labiées).

Cycle : plante vivace.

Synonymes latins : *S. illyrica* Host ; *Satureia hyssopifolia* Bertero ; *Micromeria montana* (L.) Reichenbach.

Synonymes français : poivre d'âne, sarriette des montagnes, sarriette sauvage, herbe à fèves.

Origine : Bassin méditerranéen occidental.

Noms étrangers :
Anglais : winter savory, perennial savory.
Allemand : Winterbohnenkraut.
Espagnol : hisopillo, ajedra, tomillo real.
Italien : santo-reggia, segrigiala (vivace).
Néerlandais : boonenkruid.

UN PEU D'HISTOIRE

Les vertus médicinales de la sarriette sont connues depuis l'Antiquité.
Au Moyen Âge, elle était interdite chez les moines en raison de ses propriétés aphrodisiaques.

Propriétés

Antispasmodique, antiseptique, aphrodisiaque, carminative, digestive, expectorante, fortifiante, stimulante, tonique et vermifuge, la sarriette vivace contient une huile essentielle.

Les feuilles sont très utilisées en médecine.

Culture

Par semis

Les graines se sèment clair, en terre pauvre, en pépinière courant avril. Les recouvrir de peu de terre et tenir le sol suffisamment humide jusqu'à la levée. Repiquer en place quand les plants sont assez forts. Espacer les plants de 25 cm sur des lignes distantes de 40 à 50 cm.

Il est aussi possible de semer en place en avril, à exposition chaude. Éclaircir aux mêmes distances.

Par division de touffes

Au printemps ou en automne, replanter les éclats des vieilles touffes.

Les facteurs lunaires n'ont pas d'influence

Supprimer ces dernières, car elles perdent peu à peu de leur parfum après 3 années de vie.

Par bouturage

Au printemps, planter des tiges aoûtées (c'est-à-dire les pousses de l'année) en pépinière, à l'ombre de préférence.

À l'automne, les replanter en place avec la motte.

Les bons mariages

La sarriette vivace entretient de bonnes relations avec le haricot et l'oignon.

Rotation des cultures

Cette plante peut rester en place pendant 5 ans ; on la classe donc parmi les plantes exigeantes. Appliquer une rotation de 4 ou 5 ans au moins avant de la faire revenir au même endroit.

Notes du jardinier

- La sarriette vivace est souvent cultivée en bordures et parfois comme plante ornementale dans les rocailles.
- Après une piqûre d'insecte, frotter la partie douloureuse avec quelques feuilles de cette plante.
- La sarriette éloigne certains insectes et autres parasites du potager.

FICHE DE CULTURE

CLIMAT	EXPOSITION	SOL	PLANTATION	FLORAISON	RÉCOLTE
Indifférent	Ensoleillée	Sain, léger et perméable ; humifère et légèrement calcaire	Semez courant avril ; divisez les touffes (printemps, automne) ; bouturez (printemps)	Juillet à octobre	Semis et bouturage : après 1 an ; division de touffes : après 2 à 6 mois

Buisson de sarriette au jardin.

Faire ses graines

Sélectionner des plantes parmi les plus vigoureuses. Ne pas couper les tiges, qui fleurissent en juillet-août.
Les graines se récoltent à maturité (à la rosée), en septembre-octobre. Les faire sécher quelques jours à l'ombre et les conserver dans des sachets ou boîtes hermétiques.

- **Durée germinative : 3 ou 4 ans.**
- **Nombre de graines au gramme : 2 500.**
- **Levée : très capricieuse, surtout si la terre n'est pas suffisamment réchauffée au printemps.**

Fertilisation

Fertilisation normale à la fin de l'automne ou au début du printemps avec un engrais naturel et du compost.

Les fertilisations foliaires ne sont pas nécessaires.

Entretien

Effectuer régulièrement des binages et des sarclages. Arroser seulement en cas de sécheresse.

À l'automne, protéger les plantes avec de la paille ou des feuilles sèches, ou des cloches en cas de fortes gelées.

Couper les tiges à 10 ou 12 cm du sol avant les grands froids.

Taille

Une taille à l'automne favorisera la venue de nombreuses nouvelles pousses pour l'année suivante.

Maladies et parasites

La sarriette vivace ne semble pas sensible aux maladies ou aux parasites.

Récolter et conserver

La récolte s'effectue au fur et à mesure des besoins, du mois de mai jusqu'au mois de septembre.

Pour la conservation, couper les tiges au printemps, de préférence au début de la floraison. Les faire sécher quelques jours à l'ombre.

Déposer les tiges et les feuilles, sans les broyer, dans des boîtes hermétiques ou des bocaux.

Les variétés

Pas d'autre variété que le type botanique, mais il existe d'autres espèces vivaces : la sarriette rampante (*S. spicigera* ou *S. repanda*), la sarriette citronnée (*S. montana* ssp. *citriodora*) ; et une espèce annuelle commune (*S. hortensis*).

En cuisine

- Les feuilles fraîches ou sèches, hachées, s'emploient dans diverses salades, des crudités, des sauces, des farces, des marinades, avec certains légumes (fève, haricot sec, pois, lentille, pomme de terre, choucroute...) ; elles relèvent le goût du lapin, du porc, du gibier, des rôtis, du pot-au-feu, des poissons, du mouton, des ragoûts et des potages. Ajouter la sarriette en fin de cuisson. Les feuilles entrent aussi dans la composition de certaines liqueurs et aromatisent les vinaigres.
- Les fleurs s'emploient en infusion.

La saveur de la sarriette vivace est piquante, légèrement amère, très agréable, plus pénétrante que celle de l'espèce annuelle.

Note du jardinier

La sarriette rampante (vivace) et la sarriette des jardins (annuelle) ont les mêmes utilisations.

Sauge officinale

Genre de sous-arbrisseau formant un petit buisson pouvant atteindre plus de 60 cm de hauteur. Ses tiges sont ligneuses à la base. Ses feuilles sont persistantes, entières, finement dentelées et légèrement duvetées ; les couleurs diffèrent selon les variétés. Les fleurs sont hermaphrodites, bleu violacé, parfois blanches ou roses, en épis.

Carte d'identité

Nom botanique : (1) et (2) *Salvia officinalis* Linné.

Famille : Lamiacées (Labiées).

Cycle : plante vivace.

Synonyme latin : *S. triloba* Linné.

Synonymes français : grande sauge, herbe sacrée, herbe sauge, sauge commune, sauge franche, salel, serve, thé d'Europe, thé de France, thé de Grèce, thé de Provence, thé sacré.

Origine : Bassin méditerranéen ; possible d'Asie occidentale et d'Afrique du Nord.

Noms étrangers :
Anglais : sage, save, garden save, garden sage, red sage.
Allemand : Salbei, Garten Salbei, edel Salbei.
Espagnol : salvia oficinal, salvia real, salvia del moncayo.
Italien : salvia officinale.
Néerlandais : salie.

Un peu d'histoire

L'utilisation de la sauge officinale remonte à l'Antiquité où elle était connue comme plante médicinale et aromatique. Les Grecs et les Romains l'employaient contre les morsures de serpent. Les Égyptiens appréciaient ses vertus pour embaumer leurs morts.

Propriétés

Antiseptique, antisudorale, astringente, antispasmodique, apéritive, cicatrisante, dépurative, digestive, diurétique, emménagogue, fortifiante, stimulante et tonique, la sauge officinale contient une huile essentielle. C'est une plante médicinale très réputée. Les asthmatiques peuvent fumer les feuilles séchées.

Culture

Par semis

Les graines se sèment en place, de préférence en avril, sinon en septembre. Déposer quelques graines tous les 40 cm sur des lignes distantes de 80 cm. Après la levée, ne conserver qu'un seul plant par poquet.

On peut aussi semer en pépinière (en avril) et mettre en place en juin-juillet.

Par division de touffes

Au printemps, diviser les vieilles souches en gardant les éclats du pourtour. Replanter chaque éclat muni de bourgeons et de racines en respectant une distance de 40 cm au moins.

Les facteurs lunaires n'ont aucune influence

Par bouturage

Au printemps, cueillir des tiges de l'année, quand elles sont hautes de 8 à 10 cm. Les planter en pépinière en laissant sortir quelques feuilles de terre. Mettre en place à l'automne avec la motte. Espacer les plants de 40 à 50 cm, sur des lignes distantes de 80 cm.

Par marcottage (le plus facile)

La sauge se marcotte d'elle-même. Il suffit de sélectionner des tiges rampantes munies de racines et de les planter en place au printemps (au mois de mars ou au mois d'avril).

Les bons mariages

Le romarin et la sauge font très bon ménage.

Rotation des cultures

La sauge officinale entre dans la catégorie des plantes exigeantes.

Fiche de culture

Climat	Exposition	Sol	Plantation	Floraison	Récolte
Indifférent ; craint les grands froids et l'excès d'humidité	Ensoleillée	Chaud de préférence ; fertile, léger ou perméable	Semez en avril ; divisez les touffes, bouturez ou marcottez au printemps	Juin-juillet, à partir de la 2e année de culture	1 an après semis ou bouturage ; qq. mois après div. de touffes ou marcottage

Appliquer une rotation de 4 ou 5 ans au moins avant de la faire revenir au même endroit.

Fertilisation

Fertilisation normale à la fin de l'automne ou au début du printemps avec un engrais naturel et du compost.

Les fertilisations foliaires ne sont pas nécessaires.

Entretien

Pratiquer régulièrement des binages et des sarclages. Les arrosages sont rares. En cas de grands froids, protéger les touffes avec de la paille ou des feuilles sèches ; découvrir lorsque le temps se radoucit.

À la fin de l'hiver, il est préférable de couper les tiges à 15 cm au-dessus du sol pour limiter le développement de la touffe. Sinon, elle deviendra envahissante si l'emplacement lui convient.

Maladies et parasites

La sauge officinale ne semble pas sensible aux maladies ou aux parasites.

Récolter et conserver

Les feuilles se cueillent au fur et à mesure des besoins en toute saison.

Pour la conservation, récolter les tiges avant la floraison et les faire sécher à l'ombre. Placer les feuilles, non broyées, à l'abri de l'air et de l'humidité dans des boîtes hermétiques ou dans des bocaux.

Faire ses graines

À partir de la 2e année de culture, la sauge officinale fleurit en juin-juillet. Récolter les graines à maturité, généralement en août-septembre (opérer à la rosée). Les faire sécher à l'ombre et ensacher.

- **Durée germinative : 3 ou 4 ans.**
- **Nombre de graines au gramme : 250.**
- **Levée : 3 semaines environ.**

Sauge officinale en fleur.

Les variétés

Elles sont nombreuses : 'Berggarten' (couvre-sol), 'Icterina' (panachée), 'Tricolor' (panachée avec du pourpre), 'Purpurascens' (pourpre), 'Albiflora' (à fleurs blanches), 'Rosea' (à fleurs roses)... Une autre espèce, *S. lavandulifolia*, est l'une des plus parfumées.

En cuisine

- Les feuilles fraîches ou séchées assaisonnent les ragoûts, les poissons, les volailles (canards, oies...), les viandes, (principalement mouton et porc), le gibier, les sauces, les potages, les farces, divers légumes (riz, fève, haricot, pomme de terre rissolée...). Elles parfument la charcuterie. La sauge s'ajoute en fin de cuisson ou après celle-ci.
- Quelques feuilles jetées dans l'eau de cuisson des haricots, des topinambours et des fèves facilitent leur digestion.
- La sauge officinale est conseillée aux diabétiques, mais les femmes allaitant, les enfants en bas âge et les tempéraments sanguins doivent l'écarter. Dans tous les cas, il ne faut l'utiliser que modérément.
- Les feuilles et les fleurs s'utilisent en tisane ou dans les bains.

Notes du jardinier

- **Cette plante est précieuse au potager, car elle repousse certains parasites des cultures et notamment la piéride du chou.**
- **Elle est souvent cultivée en bordures ; 1 ou 2 touffes suffisent pour une famille.**
- **Parfois, la sauge sert de plante ornementale en rocaille.**
- **La sauge entre dans la composition des dentifrices à l'argile.**
- **Les feuilles froissées calment les effets des piqûres d'insecte (moustique, guêpe...).**

Sauge sclarée

Plante condimentaire, originale et surprenante par la taille de ses feuilles qui sont velues, rugueuses, de couleur vert-gris, ovales ou en forme de cœur. Elle est parfois haute de plus de 1 m en raison de sa grande tige florale carrée. Également remarquable par ses épis de fleurs, la sauge sclarée a largement sa place comme plante ornementale. Ses fleurs sont hermaphrodites, de couleur blanche lavée de bleu, en verticilles formant une panicule.

CARTE D'IDENTITÉ

Nom botanique :
(1) et (2) *Salvia sclarea* Linné.

Famille : Lamiacées (Labiées).

Cycle : plante bisannuelle à trisannuelle ; les feuilles et la tige se dessèchent en hiver.

Synonymes latins : *S. bracteata* Simson ; *S. haematodes* Scopoli ; *S. simsiana* Roemer ; *Sclarea vulgaris* Miller ; *Æthiopis sclarea* Fourreau.

Synonymes français : herbe carrée, orvale, sclarée, toute bonne.

Origine : Bassin méditerranéen ; spontanée dans le Midi, en Corse, en Asie occidentale tempérée et Afrique du Nord.

Noms étrangers :
Anglais : garden clary, clary sage, clary wort, muxatel sage.
Allemand : Muskatellersalbei, Scharlachkraut.
Espagnol : amaro, almaro, salvia romana.
Italien : sclarea, erba mascatella, scanderona.
Néerlandais : muscaatsalie, scharlei.

UN PEU D'HISTOIRE

Dans le passé, la sauge sclarée aurait aidé à la falsification de certains vins blancs auxquels, incorporée en infusion, elle donnait le goût du muscat.

Propriétés

Antiseptique, antispasmodique, antisudorale, digestive, diurétique, emménagogue, stimulante, stomachique et tonique, la sauge sclarée contient une huile essentielle. Elle entre dans la composition de divers parfums.

Culture

Par semis

Les graines se sèment en pépinière en mars-avril. Les recouvrir de peu de terre. Mettre les plantes en place à partir de la mi-mai. La sauge se plante la plupart du temps en bordures. Sinon, prévoir des rayons distants de 40 cm, et espacer les plants de 30 cm sur le rang.

Par division de touffes

Diviser les anciennes touffes au printemps et replanter aux mêmes distances que celles indiquées ci-dessus.

Les facteurs lunaires n'ont pas d'influence

Au repiquage, praliner les racines avec une bouillie de lithothamne pour favoriser la reprise.

Les bons mariages

La sauge sclarée semble s'accorder avec toutes les autres plantes.

Rotation des cultures

Cette plante peut rester 2 ou 3 ans à la même place. Il est conseillé d'appliquer une rotation de 3 ou 4 ans ou plus.

Fertilisation

Fertilisation normale à la fin de l'automne ou au début du printemps avec un engrais naturel et du compost.

Notes du jardinier

- **Début novembre, couper les tiges des plantes à quelques centimètres du sol.**
- **Pendant les très grands froids, par prudence, recouvrir les pieds de paille ou de feuilles sèches ; découvrir quand les pluies apparaissent.**

FICHE DE CULTURE

CLIMAT	EXPOSITION	SOL	PLANTATION	FLORAISON	RÉCOLTE
Tempéré, chaud	Chaude et ensoleillée ; surtout dans le nord de la France	Pas trop humide ; légèrement calcaire et plutôt léger	Semez en mars-avril ou divisez les touffes au printemps	Juin à septembre, à partir de la 2e année de culture	4 à 5 mois après le semis ou la division de touffes

Les fertilisations foliaires ne sont pas indispensables.

Entretien

Effectuer régulièrement des binages et des sarclages. Arroser en cas de sécheresse prolongée.

Maladies et parasites

La sauge sclarée semble ignorer les maladies et les parasites.

Récolter et conserver

La récolte commence quand les feuilles sont suffisamment développées. Elle se fait au fur et à mesure des besoins.

Pour la conservation, cueillir les feuilles avant ou au début de la floraison (généralement en juin-juillet).

Les faire sécher à l'ombre et les garder, sans les broyer, dans des boîtes hermétiques, à l'abri de l'humidité.

Détail de la fleur de sauge sclarée, très mellifère.

Sauge sclarée en fleur.

Faire ses graines

Lors de la floraison, en juin-juillet, repérer les plus beaux pieds.
Récolter les capsules en forme de clochette dès qu'elles arrivent à maturité (généralement de la fin juillet jusqu'à août-septembre). Ne pas attendre. Chacune d'entre elles renferme 2 ou 3 graines. Les décortiquer pour récupérer les semences. Faire sécher ces dernières, les ensacher et les conserver à l'abri de l'humidité.

- **Durée germinative : 3 ou 4 ans.**
- **Nombre de graines au gramme : environ 200.**
- **Levée : 1 ou 2 semaines.**

Les variétés

En dehors du type botanique, il existe une variété à fleurs blanches.

En cuisine

- Les feuilles fraîches ou séchées de la sauge sclarée aromatisent principalement les viandes de veau, de porc et de mouton ainsi que les gibiers, les volailles et certains poissons.
- Elles s'utilisent pour parfumer certaines soupes, sauces et légumes... La sauge sclarée a une saveur plus forte et amère que la sauge officinale ; son odeur est musquée.
- Les feuilles de cette plante s'emploient aussi en tisane.

Sauges américaines

Ces plantes sont avant tout décoratives, mais peuvent être utilisées en cuisine. On distinguera parmi les sauges américaines : les sauges ananas, *Salvia elegans* et *Salvia rutilans* ; la sauge cassis ou *Salvia discolor* ; la sauge à feuilles de tilleul, *Salvia tiliifolia* ; la sauge odorante, *Salvia grahamii* ou *Salvia microphylla* ; la sauge odorante à odeur de cassis, *Salvia microphylla Wislizenii* et enfin la sauge uligineuse, *Salvia uliginosa*.

CARTE D'IDENTITÉ

Noms botaniques : *Salvia* ssp.
- Sauge ananas (2 espèces) : *Salvia elegans* et *S. rutilans* Vahl.
- Sauge cassis : *Salvia discolor* Kunth.
- Sauge à feuilles de tilleul : *Salvia tiliifolia* Vahl.
- Sauge odorante : *Salvia grahamii* ou *S. microphylla* Kunth.
- Sauge odorante à odeur de cassis : *S. microphylla* var. *Wislizenii* Gray.
- Sauge uligineuse : *Salvia uliginosa* Bentham.

Famille : Lamiacées, labiées ou labiacées.

Cycle : plantes vivaces. Les sauges *S. elegans*, *S. rutilans* et *S. discolor* sont à rentrer l'hiver et à conserver hors gel. Les autres espèces supportent le froid entre – 10 et – 15 °C. L'espèce *S. tiliifolia* est annuelle.

Origine : Amérique du Nord (Mexique) sauf *S. discolor* (Pérou) et *S. uliginosa* (Brésil).

UN PEU D'HISTOIRE

Dans le monde, il y a plus de 900 espèces de sauges, dont plus de 300 en Europe (avec les sauges méditerranéennes). Les sauges américaines sont assez récentes sur notre continent.
Elles étaient rarement cultivées il y a une cinquantaine d'années.

Les facteurs lunaires n'ont pas d'importance

Les différentes espèces

Les sauges ananas

Salvia elegans fleurit du mois de septembre jusqu'aux gelées ; ses feuilles et ses épis sont plus longs que *S. rutilans*. Ces deux espèces ont une odeur d'ananas et portent des fleurs rouges. Elles atteignent des hauteurs comprises entre 1 m et 1,20 m. *S. rutilans* fleurit du mois de juin jusqu'en octobre.

La sauge cassis

Salvia discolor à un feuillage blanc en dessous des feuilles ; les jeunes pousses de l'année sont collantes. Sa hauteur est d'environ 50 cm. Ses fleurs sont noires. la plante se distingue par son parfum de cassis. Elle fleurit de mai-juin à novembre.

La sauge à feuilles de tilleul

L'annuelle *Salvia tiliifolia* a un très beau feuillage en forme de cœur. Sa hauteur est de 70 cm environ. Ses feuilles, hautes de 7 cm en moyenne, sont nervurées à gaufrées. Ses petites fleurs bleues forment un épi ; elles sont hermaphrodites. La floraison s'étale du mois de juin jusqu'aux gelées.

Les sauges odorantes

Les sauges odorantes, *Salvia microphylla*, atteignent entre 60 à 80 cm de hauteur. Ce sont des sauges arbustives (à tiges ligneuses), aux petites feuilles oblongues portant une multitude de petites fleurs plus ou moins rouges (selon les espèces). Elles sont très ornementales. *S. microphylla* a un parfum rappelant à la fois le souci et la pâquerette. *S. microphylla* var. *Wislizenii* a une odeur de cassis.

Elles fleurissent de mai-juin jusqu'au mois de novembre.

La sauge uligineuse

Salvia uliginosa est l'une des plus belles sauges, elle peut atteindre une hauteur 1,50 m ; ses feuilles sont allongées, dentées. Ses fleurs d'un beau bleu sont opposées et forment un très bel épi de 15 cm de hauteur. Elle fleurit du mois de juillet jusqu'au mois de novembre.

FICHE DE CULTURE

CLIMAT	EXPOSITION	SOL	PLANTATION	FLORAISON	RÉCOLTE
Tempéré à chaud	Ensoleillée	Frais, plutôt léger, riche en humus, profond et peu humide	Bouturez en mai-juin, divisez les touffes au printemps, semez en février	Du mois de mai jusqu'aux gelées, selon les espèces	10 mois après le bouturage, 2 à 3 mois après la division de touffe et le semis

Sauge uligineuse.

Sauge à feuilles de tilleul.

Les variétés

En dehors des variétés déjà citées, il existe beaucoup d'espèces ornementales (*S. argentea, S. buchananii, S. darcyi, S. guarannitica, S. pratensis, S. repens, S. sylvestris, S. verticillata*....) Parmi les sauges arbustives, les plus connues sont : *S. chamaedryoides, S. fulgens, S. greggii, S. lanceolata, S. microphylla* (avec de nombreuses variétés).

Culture

Par bouturage

Bouturer de préférence en mai-juin. Les sauges arbustives peuvent se bouturer jusqu'en septembre.

Sélectionner des boutures herbacées bien molles, supprimer les feuilles du bas sur la moitié de la hauteur, et l'éventuel bouton floral. Planter dans des godets remplis d'un mélange de sable de rivière et de bon terreau. Placez les godets dans un endroit chaud et lumineux, mais pas ensoleillé.

Les maintenir tout l'hiver hors gel et les mettre en place en avril-mai en bordures, rocailles, le long d'un mur, dans de grands pots ou en bacs.

Les distances entre les plantations varient selon les espèces :
- Les sauges ananas se plantent entre 50 cm à 60 cm en tous sens ;
- La sauge cassis à 60 cm en tous sens ;
- La sauge à feuilles de tilleul à 40 cm en tous sens ;
- Les sauges odorantes entre 1 m à 1,20 m en tous sens ;
- La sauge uligineuse à 80 cm en tous sens.

Par division de touffes

Au printemps, diviser l'ancienne souche et mettre en place les éclats à 60 cm en tous sens. C'est principalement la sauge uligineuse qui se reproduit ainsi.

Par semis

La sauge à feuilles de tilleul peut également se reproduire par semis. Les graines se sèment en godet, en février, dans un local chauffé et bien éclairé. Le repiquage s'effectue lorsque les gelées ne sont plus à craindre.

Les bons mariages

Les sauges américaines semblent s'entendre avec toutes les plantes lorsqu'elles ne sont pas trop proches.

Rotation des cultures

Plus la plante reste en place, plus la rotation doit être longue. Pour les espèces vivaces, la rotation doit se prolonger entre 5 à 6 ans. L'espèce annuelle (*S. tiliifolia*), quant à elle, peut revenir au même endroit au bout de 2 à 3 ans.

Fertilisation

Lors de la préparation du sol (à l'automne ou à la fin de l'hiver) amender la terre et apporter des engrais naturels. Les fertilisations foliaires sont facultatives.

Entretien

Les binages et les sarclages se pratiquent régulièrement. Les arrosages sont nécessaires pour les plantes en pots ; en fonction des besoins de la plante, dans les autres cas.

Avant les grands froids, il est conseiller de protéger les touffes d'un plastique à bulles puis d'une cloche, ou d'un paillage sec recouvert de plastique.

Taille

Les espèces de sauges herbacées (*S. elegans, S. rutilans, S. uliginosa*) se taillent à l'automne lorsque les tiges sont sèches ; on les coupe au ras du sol.

Chez les espèces arbustives (*S. microphylla*), supprimer une partie des tiges aériennes en préservant celles du bas.

Cette opération s'effectue en mars.

Supprimer une partie des branches de la sauge *S. discolor* en avril.

Maladies et parasites

En terrain sain, équilibré et fertile, ces plantes sont rarement atteintes par les maladies et parasites des cultures.

Récolter et conserver

Les feuilles se ramassent fraîches selon les besoins.

Faire ses graines

Pour la sauge à feuilles de tilleul : ramasser les graines à maturité, les faire sécher à l'ombre ; ensacher et conserver au frais, mais au sec, à l'abri de la lumière.

- **Durée germinative : 2 ans.**
- **Nombre de graines au gramme : 2 500.**
- **Levée : 2 à 4 semaines.**

Les autres espèces ne produisent pas de graines sous notre climat.

Fleurs bleues en épis de la sauge uligineuse.

Notes du jardinier

- Pour réussir plus facilement les boutures, les faire tremper pendant quelques jours dans une infusion de bourgeons de ronces (refroidie), avant de les mettre en godets.
- Les sauges cultivées en pots (*S. elegans, S. rutilans, S. discolor*) sont plus faciles à rentrer à l'abri des froids. Il est également possible de cultiver en pots les sauges odorantes (*S. microphylla*).
- La sauge à feuilles de tilleul s'utilise très bien en bordure ou en plate-bande.

En cuisine

- **Sauges ananas (*S. elegans* et *S. rutilans*) :** les feuilles finement découpées parfument les viandes de porc et de canard, les gâteaux, les salades de fruits, les boissons, les sorbets... Les fleurs peuvent décorer certains desserts. Elles ont l'odeur et le goût de l'ananas.
- **Sauge à feuilles de tilleul (*S. tiliifolia*) :** ses graines préalablement germées peuvent être utilisées dans les salades.
- **Sauge odorante (*S. microphylla*) :** ses feuilles fraîches peuvent être utilisées, finement ciselées, dans les salades et les crudités. Leur goût est piquant, leur saveur rappelle le souci (*Calendula officinalis*) et la pâquerette (*Bellis perennis*).
- **Sauge odorante à odeur de cassis (*S. microphylla* var. *wislizenii*) et sauge cassis (*S. discolor*) :** les feuilles fraîches, finement découpées, agrémentent les sauces de gibiers et dans les salades de fruits ; leur parfum rappelle les baies de cassis.
- **Sauge uligineuse (*S. uliginosa*) :** ses feuilles fraîches, découpées, peuvent aromatiser certaines salades de fruits (pêches ou fraises) ; son parfum est épicé et assez fort.

Scolyme d'Espagne

Plante potagère herbacée dont la tige, très ramifiée et dressée, peut atteindre une hauteur de 80 cm. Les feuilles sont alternes, oblongues, dentées, très épineuses, non pétiolées, de couleur vert foncé, panachées de vert pâle. Sa longue racine pivotante est de couleur blanchâtre, charnue, assez grosse ; ramifiée à la pointe, elle est parfois fibreuse au centre. Les fleurs du scolyme d'Espagne sont hermaphrodites, de couleur jaune, en capitules.

Carte d'identité

Nom botanique : (1) et (2) *Scolymus hispanicus* Linné.

Famille : Astéracées (Composées).

Cycle : plante bisannuelle.

Synonymes latins : *S. congestus* Lamarck ; *Myscolus microcephalus* Cassini ; *M. hispanicus* Cassini.

Synonymes français : cardouille, cardoufle, cardousse, épine jaune...

Origine : Europe méridionale ; indigène dans le Bassin méditerranéen.

Noms étrangers :
Anglais : golden thistle, spanish oyster plant, scolymus.
Allemand : Goldwurzel, Golddistel.
Espagnol : escolimo, cardillo (de comer).
Italien : barba gentile, cardo scolimo.
Néerlandais : varkens distel.

Un peu d'histoire

Anciennement, le scolyme d'Espagne semble avoir été cultivé par les Grecs qui consommaient sa racine.

Propriétés

Cette plante contient de l'inuline et convient bien aux personnes diabétiques.

Culture

Les graines se sèment en place, de la mi-mai jusqu'à la mi-juin, en rayons espacés de 30 cm. De préférence, faire tremper celles-ci auparavant dans de l'eau tiède pendant 5 ou 6 heures, puis les enrober avec du lithothamne.

Le semis terminé, recouvrir très légèrement les graines avec du terreau ou de la terre bien émiettée.

Tenir le sol suffisamment frais pour favoriser la levée. Quand les plants ont 4 ou 5 feuilles, éclaircir à 10 cm.

Semé plus tôt, le scolyme d'Espagne monte souvent à graines dès la 1re année de culture et sa racine est moins tendre.

Semer de préférence en lune décroissante

Les bons mariages

Le scolyme d'Espagne semble s'accorder avec toutes les autres plantes.

Rotation des cultures

Il entre dans la catégorie des plantes potagères à racines. Pratiquer une rotation de 3 ou 4 ans avant de le faire revenir au même endroit.

Fertilisation

Fertilisation normale à la fin de l'automne ou au début du printemps avec un engrais naturel et du compost.

Éviter les fumures fraîches. Pendant

Note du jardinier

Supprimer les tiges florales apparaissant lors de la 1re année de culture. Cet inconvénient est souvent dû à un semis trop hâtif.

Fiche de culture

Climat	Exposition	Sol	Semis	Floraison	Récolte
Tempéré à chaud ; résiste au froid jusqu'à - 15 °C en terre légère	Ensoleillée	Fertile, ameubli et profond ; humifère et plutôt léger	Mi-mai à mi-juin	Fin juin à septembre, à partir de la 2e année de culture	4 mois après le semis

la saison, effectuer quelques fertilisations foliaires à base d'algues marines.

Entretien

Effectuer des binages et des sarclages. Arroser en cas de sécheresse.

Maladies et parasites

Le scolyme d'Espagne semble insensible aux maladies et aux parasites.

Récolter et conserver

La récolte s'étend de la fin octobre jusqu'en mars.

On arrache en principe les racines au fur et à mesure des besoins, car elles ne se conservent que quelques jours.

Pour l'hiver, dans les régions à grands froids, arracher les racines de préférence pendant le mois de novembre et les conserver stratifiées dans du sable ou en jauge abritée.

Dans les autres régions, couvrir les planches, au début des gelées, avec de la paille ou avec des feuilles sèches pour faciliter ultérieurement l'arrachage.

Faire ses graines

Au moment de l'arrachage, choisir quelques beaux pieds. Mettre leurs racines en jauge pendant l'hiver ou les stratifier dans du sable. Les replanter vers la mi-mars en les espaçant de 40 cm en tous sens. Cueillir les akènes au fur et à mesure qu'ils mûrissent en les coupant à l'aide de ciseaux (attention : qui s'y frotte s'y pique !). Les faire sécher à l'ombre, puis les battre. Ensacher les graines et les conserver au sec.

- **Durée germinative : 3 ans.**
- **Nombre de graines au gramme : environ 200.**
- **Levée : de 8 à 10 jours ; capricieuse.**

Les variétés

Pas d'autre variété que le type botanique.

En cuisine

Les racines du scolyme d'Espagne se consomment cuites, préparées à la façon des salsifis, au jus de viande, au beurre, frites, gratinées, à la sauce béchamel.

Scolyme d'Espagne en fleur.

Scorsonère

Plante potagère herbacée ayant une tige florale ramifiée supérieurement, parfois haute de plus de 1 m. Ses feuilles sont ovales, oblongues, lancéolées, raides et radicales. Plus larges que celles du salsifis, elles sont de couleur verte, sans bande médiane blanche. Sa très longue racine (parfois plus de 30 cm dans des sols profonds), de couleur noirâtre, est pivotante, cylindrique, droite et charnue. Les fleurs sont hermaphrodites, de couleur jaune vif, en capitules.

Carte d'identité

Nom botanique : (1) et (2) *Scorzonera hispanica* Linné.

Famille : Astéracées (Composées).

Cycle : plante vivace, cultivée comme annuelle ou bisannuelle.

Synonymes latins : *S. denticulata* Lamarck ; *S. sativa* Gatereau ; *S. graminifolia* Hoffmann ; *S. edulis* Moench ; *S. glastifolia* Willdenow ; *S. taurica* Bieberstein ; *S. montana* Mutel ; *S. dentata* Kitaibel.

Synonymes français : écorce noire, scorsonère d'Espagne, scorsonère géante de Russie, salsifis noir...

Origine : Europe méridionale (très certainement d'Espagne).

Noms étrangers :
Anglais : scorsonera, black salsify, spanishy salsify, viper's grass.
Allemand : Schwarzwurzel, Scorsoner.
Espagnol : salsifi negro, escorzonera.
Italien : scorzonera, scorzobianca, viperaria, scorzonera di Spagna.
Néerlandais : schorseneel.

Un peu d'histoire

Cette plante est cultivée depuis le XVIIe siècle. Elle a presque disparu de nos marchés en raison du suc contenu dans sa racine qui tache fortement les mains au grattage.

Propriétés

Dépurative, diurétique, fébrifuge, laxative, rafraîchissante, stomachique, sudorifique et tonique, la scorsonère contient des vitamines (A et C) et de nombreux sels minéraux (calcium, chlore, fer, magnésium, phosphore, potassium et soufre). Elle renferme de l'inuline (hydrate de carbone), substance qui convient bien au régime des personnes diabétiques.

Culture

La scorsonère se sème principalement de mars jusqu'à fin avril. Espacer les rayons de 30 cm et semer clair.

Semer de préférence en lune décroissante

Recouvrir les semences de 2 cm de terre émiettée, puis plomber légèrement avec le dos du râteau. Tenir le sol frais pour favoriser la levée. Lorsque les plants ont de 3 à 5 feuilles, éclaircir en espaçant de 8 à 10 cm. Il est parfois bénéfique de semer sous tunnel plastique.

La scorsonère se sème aussi courant août. Dans ce cas, la récolte n'aura lieu qu'à l'automne de l'année suivante.

Les bons mariages

La scorsonère se marie avec la carotte, l'oignon et le poireau.

Rotation des cultures

Attendre 3 ou 4 ans avant de la cultiver de nouveau au même endroit.

Notes du jardinier

- Pour obtenir des racines plus grosses, laisser les plants en place pendant 2 ans et couper les tiges florales dès leur apparition. Le seul inconvénient est l'occupation du sol pendant 2 années !
- Protéger les porte-graines avec un filet, car les oiseaux sont friands de ces semences.

Fiche de culture

Climat	Exposition	Sol	Semis	Floraison	Récolte
Tempéré ; très résistant au froid	Ensoleillée	Profond, frais, humifère, ameubli, sablonneux et léger	Mars à fin avril	Mai à septembre, généralement la 2e année de culture	7 à 8 mois après le semis

Faire ses graines

Conserver quelques beaux pieds au cours de la végétation. Les tuteurer et les laisser monter à graines.
Récolter les graines courant juillet (lorsqu'elles prennent une couleur brunâtre). Les faire sécher et les conserver au frais (réfrigérateur).

- Durée germinative : 2 ans environ.
- Nombre de graines au gramme : 90.
- Levée : de 8 à 10 jours.

Les variétés

'Géante noire de Russie',
'Géante noire annuelle',
'Géante Westlandia Négro'.

Fertilisation

Fertilisation normale à la fin de l'automne ou au début du printemps avec un engrais naturel et du compost.

Éviter les fumures fraîches. Effectuer 3 ou 4 fertilisations foliaires au cours de la saison.

Entretien

Procéder régulièrement à des binages et des sarclages.

Arroser si nécessaire et pailler en cas de sécheresse. Éliminer la tige florale dès son apparition.

Maladies et parasites

La rouille

Le dessous des feuilles est envahi de pustules de couleur rouille.

Le traitement est le même que pour la rouille blanche.

La rouille blanche

Les feuilles se couvrent de pustules blanches ; elles se déforment, puis se dessèchent.

Dès l'apparition de la maladie, couper et brûler les feuilles atteintes, puis pulvériser une solution de bouillie bordelaise.

Le puceron

Ce petit insecte de couleur blanchâtre suce la sève des feuilles au niveau du collet.

Cet indésirable apparaît en cas de sécheresse, il faut donc maintenir le sol suffisamment frais ; un bon paillage facilite la tâche, voir aussi « La lutte contre les parasites », page 70.

Récolter et conserver

La scorsonère se conservant en place dans le sol, la récolte s'effectue au fur et à mesure des besoins, d'octobre à mars. Les racines se gardent quelques jours à l'abri de l'air.

Pour la conservation, il est possible de stratifier ces racines dans du sable sec après l'arrachage et de les mettre en jauge abritée avant l'apparition des grands froids.

En cuisine

Les racines se consomment cuites, accommodées au jus de viande, au beurre, à la crème, gratinées, frites, en salade, sautées...

Graines du scorsonère et leurs aigrettes.

Soja

Plante potagère aux tiges dressées ou légèrement couchées et rameuses, pouvant atteindre près d'un mètre. Les feuilles sont généralement composées de trois folioles ovales se terminant en pointe ; elles ressemblent à celles des haricots nains. Ses gousses velues sont cependant plus courtes et légèrement courbées ; elles contiennent de 2 à 5 graines et poussent à l'aisselle des feuilles. Les fleurs en grappes sont petites, leur couleur va du blanc au violet ou du verdâtre au jaune ; elles sont hermaphrodites et autogames.

Carte d'identité

Nom botanique : (1 et 2) *Glycine soja* Siebold et Zuccarini.

Famille : Fabacées (Légumineuses).

Cycle : plante annuelle.

Synonymes latins : *Glycine hispida* Maximowicz, *G. Maxima* Mérill, *G. ussuriensis* Regel et Maack, *Dolichos soja* Linné, *Phaseolus max* Linné, *P. sordidus* Salisbury, *Soja japonica* Savi, *Soja Soja* Karsten, *Glycine hispida* Miquel, *Soja hispida* Moench...

Synonymes français : ache végétale, soya.

Origine : Asie (possible du Japon, de Chine ou d'Indonésie).

Noms étrangers :
Anglais : soya (bean).
Allemand : sojabohne.
Espagnol : soja.
Italien : soia.
Hollandais : sojaboon.

Un peu d'histoire

Les plus grands pays cultivant traditionnellement le soja sont l'Argentine, le Brésil et les États Unis, devant la Chine. Il paraît peu cultivé en Afrique. Le soja est certainement l'une des plantes potagères les plus utiles pour le bien-être de l'homme, grâce à ses qualités nutritives.

Propriétés

Principalement anticancéreux, anticholestérol, digestif, nutritif... Le soja contient des vitamines B1, B2, B3, B5, B6, B9, C et E, ainsi que des sels minéraux : calcium (très peu), cuivre, fer, iode, magnésium, manganèse, phosphore, potassium, sélénium, sodium, vanadium et zinc.

Le soja participe du bon fonctionnement du foie, et c'est l'une des légumineuses les plus riches en protéines parmi les plantes cultivées, après le lupin.

Il contient des substances toxiques qui sont neutralisées par la cuisson de ses graines.

Culture

La culture est identique à celle des haricots nains (voir pages 244-245). Semer directement en place dès que la terre se réchauffe, c'est-à-dire du 15 avril jusque début juin. Déposer 5 à 6 graines tous les 40 cm en tous sens et recouvrir de 2 à 3 cm de terre fine. Il est préférable d'arroser le fond du rayon avant le semis.

Semer en lune croissante, quelques jours avant la pleine lune

Les bons mariages

Lui éviter tous les *Allium* (ail, oignon, échalote...) ; en revanche les choux, les pommes de terre et la tomate semblent de bons voisins. Le soja est un bon nettoyant du sol par sa croissance assez rapide.

Rotation des cultures

Comme toutes les fabacées (pois, haricot, fève), c'est une plante améliorante : sa croissance assez rapide en fait une plante nettoyante. Elle peut être replantée à la même place au bout de 3 ans.

Fertilisation

Fertilisation normale avec des engrais naturels et du compost.

Fiche de culture

Climat	Exposition	Sol	Semis	Floraison	Récolte
Chaud à tempéré	Ensoleillée	Plutôt sablonneux, riche en humus, profond et frais	Printemps	Juin à début juillet	Entre 3 et 5 mois après le semis

Graines de soja.

Entretien

Les binages, les sarclages et le buttage sont nécessaires. Arroser en fonction des besoins.

Maladies et parasites

Le soja est rarement atteint pas les maladies ou parasites. Les conditions climatiques jouent un rôle important.

Il peut être envahi par les pucerons.

Voir « La lutte contre les parasites », page 70.

Récolter et conserver

Faire sécher les pieds, récoltés à maturité, et les battre pour récupérer les graines. À conserver au frais, au sec et à l'abri de l'humidité.

Gousses de soja.

Notes du jardinier

- Lorsque ses tiges deviennent trop longues certaines années, il est recommandé de les pincer.
- Dans le commerce, vous trouverez des germoirs pour les graines de soja, de blé, de lentille... ayant généralement 3 étages.

Les variétés

'À grain jaune d'Étampes', 'Mandarin précoce', 'Ysuzumi', 'Ogemaw', 'Black jet à grain noir hâtif' et 'Hudson manchu'.

Faire ses graines

Battre les cosses à maturité, pour extraire les graines que l'on conservera à l'abri de l'humidité, dans un endroit frais et sec.

- Durée germinative : 2 ans.
- Nombre de graines au gramme : 7 à 8.
- Levée : une dizaine de jours.

En cuisine

- Les graines se préparent cuites à la vapeur, en pâté végétal, en soupe, en salade, en purée, et peuvent entrer dans la confection de divers gâteaux.
- Les germes sont surtout préparés en salade, ou sautés. Lorsque les germes atteignent 5 à 6 cm de longueur, les cuire légèrement avant de les cuisiner.
- Du soja, on fait de l'huile et du lait. En Asie, il est très utilisé pour les sauces, les pâtes et les desserts.

CARTE D'IDENTITÉ

Nom botanique : (1) et (2) *Cyperus esculentus* Linné.

Famille : Cypéracées.

Cycle : plante vivace par ses tubercules (climat doux), cultivée comme annuelle.

Synonymes latins : *C. aureus* Tenore ; *C. tenorri* Presl ; *C. tenorianus* Schulter ; *C. pallidus* Savi ; *C. retusus* Nees von Esenberck ; *Chlarocyperus aureus* Pallas.

Synonymes français : amande de terre, gland de terre, noisette de terre, souchet sultan, souchet tubéreux.

Origine : Europe méridionale ou Afrique du Nord.

Noms étrangers :
Anglais : earth almond, rush nut, chufa, chufa flat sedge.
Allemand : Chufa, Erdmandelzypergras, Erdmandel, Kaffeewurzel.
Espagnol : chufa, cotufa, juncia avellanade.
Italien : mandorla diterra, dolcicchini.
Néerlandais : aardmandel.

UN PEU D'HISTOIRE

Les petits rhizomes tubéreux du souchet étaient consommés au cours du Moyen Âge. Cependant, leur utilisation remonterait à des temps encore plus anciens, puisque des tubercules auraient été retrouvés dans des tombes égyptiennes datant d'environ 2 000 ans avant J.-C.

Souchet comestible

Plante à boisson et à amuse-bouche, haute de 20 à 40 cm. Elle forme des touffes de feuilles raides, assez longues, ressemblant à celles de l'herbe commune. On cultive le souchet comestible pour ses nombreux petits tubercules bruns, légèrement allongés et écailleux, adhérant aux racines ; leur grosseur varie de celle d'un pois à celle d'une noisette. Les fleurs sont hermaphrodites, à épillets de couleur roux doré. Il ne produit pas de graines au nord de la Loire.

Propriétés

Les tubercules renfermeraient environ 28 % d'huile.

Culture

Par plantation de tubercules

La plantation en poquets a lieu du mois de mars jusqu'à la fin avril (suivant les régions). Creuser des poquets tous les 30 cm sur des rayons distants de 40 cm. Planter de 3 à 6 tubercules dans chacun d'eux ; les recouvrir avec 2 ou 3 cm de terre fine. Il est possible de planter un tubercule tous les 5 à 6 cm dans un rayon profond de 3 cm.

Par division de touffes

Dans les régions ne craignant pas les gelées, laisser en place quelques touffes qui passeront l'hiver en plein air sans problème. Diviser celles-ci au printemps

Planter les tubercules si possible en lune décroissante

et les planter aux mêmes distances que celles indiquées pour la plantation des tubercules.

Pour activer la levée :
- faire tremper les tubercules dans l'eau pendant quelques heures ;
- les égoutter légèrement ;
- enfin, avant de les planter, les enrober de lithothamne.

Les bons mariages

Le souchet comestible semble s'accorder avec toutes les autres plantes.

Rotation des cultures

Le souchet comestible entre dans la catégorie des plantes à racines. Il n'est pas exigeant, mais il est préférable

Notes du jardinier

- **Pendant les périodes chaudes et sèches, pailler pour conserver la fraîcheur ; le souchet comestible aime avoir les pieds dans l'eau et la tête au soleil...**
- **Cette plante croît spontanément en Provence et en Corse. On la cultive dans la région de Valence, en Espagne.**

FICHE DE CULTURE

Climat	Exposition	Sol	Plantation	Floraison	Récolte
Tempéré, chaud et humide	Ensoleillée	Léger, frais, riche en humus, bien ameubli ; les sols lourds et compacts sont néfastes	Plantez les tubercules de mars à fin avril ; divisez les touffes au printemps	Août à novembre : ne fleurit généralement pas en région parisienne	Environ 7 mois après la plantation

d'attendre 3 ou 4 ans, voire plus, avant de le faire revenir au même endroit.

Fertilisation

Fertilisation normale à la fin de l'automne ou au début du printemps avec un engrais naturel et du compost.

Les fertilisations foliaires sont inutiles.

Entretien

Procéder aux binages et aux sarclages en prenant soin de ne pas endommager les nouvelles pousses qui se trouvent autour des touffes.

En cas de grosse chaleur ou de sécheresse, effectuer des arrosages profonds plutôt que fréquents. On peut butter les touffes quand les feuilles sont hautes d'environ 15 cm.

Maladies et parasites

Cette plante ne semble pas sensible aux maladies ni aux parasites.

Récolter et conserver

La récolte des tubercules se fait en octobre-début novembre.

Arracher les touffes à l'aide d'une fourche-bêche ; les secouer au-dessus d'un tamis grossier, pour éliminer la terre et récupérer les tubercules. Laver ceux-ci et les étaler au soleil, sur une toile, pendant 1 ou 2 jours.

Les conserver dans un sac en toile ou une boîte en bois à l'abri de la lumière et de l'humidité.

Faire ses graines

Pour la reproduction, réserver des tubercules de la récolte précédente en évitant de les laver. Les conserver à l'abri de l'humidité en attendant de les planter.

- **Levée : quelques semaines après la plantation des tubercules.**

Souchet comestible muni de ses petits tubercules.

Les variétés

Pas d'autre variété que le type botanique.

En cuisine

- Les tubercules s'utilisent de différentes façons : crus ou grillés, ils peuvent servir d'amuse-gueule pour l'apéritif ; en pâtisserie, ils remplacent les amandes. Les Italiens en tirent une huile de table, les Espagnols une boisson appelée horchata (genre de sirop d'orgeat).
- Le goût du souchet rappelle à la fois celui de l'amande, de la noisette et de la cacahuète. En faisant sécher les tubercules au préalable, on obtiendra une saveur plus douce. En Espagne ou dans le Midi, on ajoute un peu d'horchata dans le pastis.

Tétragone cornue

Plante potagère aux tiges ramifiées, étalées, rampantes, parfois longues de plus de 1 m. Elle est cultivée pour ses feuilles entières, triangulaires, épaisses et charnues. Ses fleurs, situées à l'aisselle des feuilles, sont hermaphrodites, solitaires, de couleur verdâtre à jaunâtre, sans pétales.

Carte d'identité

Nom botanique : (1) et (2) *Tetragonia tetragonoides* O. Kuntze.

Famille : Aizoacées.

Cycle : plante annuelle.

Synonymes latins : *Tetragonia expansa* Murray ; *T. cornuta* Gaertner.

Synonymes français : épinard de Nouvelle-Zélande, épinard des pauvres, tétragone étalée.

Origine : Nouvelle-Zélande.

Noms étrangers :
Anglais : New Zealand spinach.
Allemand : neuseeländischer Spinat.
Espagnol : espinaca de Nueva Zelandia, tetragona.
Italien : tetragona.
Néerlandais : vierhouk.

Un peu d'histoire

Cultivée en Angleterre depuis le début du XIXe siècle, la tétragone cornue reste une plante appréciée des jardiniers amateurs.

Semer de préférence en lune décroissante

Propriétés

Antiscorbutique, nourrissante, rafraîchissante et revitalisante, la tétragone cornue contient de la vitamine C.

Culture

Les graines se sèment en mai (lorsque les gelées ne sont plus à craindre). On procède directement en place, en poquets préparés avec du compost et du terreau. La distance de plantation est de 80 cm en tous sens. Déposer 3 ou 4 graines par poquet à 1 cm de profondeur. Lorsque les plants ont quelques feuilles, ne conserver que 2 pieds par poquet.

La tétragone peut aussi se semer en mars-avril en godets, sur couche, sous châssis ou en serre. Dans ce cas, déposer 3 ou 4 graines par godet. Mettre en place quand les gelées ne sont plus à craindre, en respectant les mêmes distances de plantation que ci-dessus.

La germination des graines (capsules) est difficile : avant de semer, il est conseillé de les faire tremper dans de l'eau tiède pendant 24 à 36 h, puis de les enrober de poudre de lithothamne.

Les bons mariages

Éviter si possible le voisinage des plantes qui pourraient lui apporter trop d'ombre.

Rotation des cultures

Cette plante peu épuisante entre dans la catégorie des plantes potagères herbacées. Elle peut revenir à la même place après une période de 3 ans.

Fertilisation

Fertilisation normale à la fin de l'automne ou au début du printemps avec un engrais naturel et du compost.

Au cours de la végétation, effectuer quelques fertilisations foliaires par saupoudrage de lithothamne.

Note du jardinier

Pincer les extrémités des tiges lors des récoltes : les feuilles seront plus grandes et la ramification sera favorisée.

Fiche de culture

Climat	Exposition	Sol	Semis	Floraison	Récolte
Chaud ; résiste à la sécheresse qui arrête sa végétation ; craint le froid	Chaude et ensoleillée	Frais, léger, bien aéré et fertile ; pas trop acide et riche en humus	Mars à mai	Juillet à août	Environ 3 mois après le semis

Tétragone cornue aux feuilles épaisses et charnues.

Entretien

Procéder régulièrement à des binages et des sarclages. Arroser en cas de sécheresse car, malgré sa résistance, la tétragone redoute le manque d'eau. Le paillage est conseillé.

Maladies et parasites

Les limaces

Ces mollusques dévorent les jeunes plants.

Voir « La lutte contre les parasites », pages 69-70.

Récolter et conserver

La récolte se fait au fur et à mesure des besoins.

On cueille en premier les grandes feuilles puis, de temps en temps, l'extrémité des tiges.

Le ramassage a lieu jusqu'aux gelées. En cas d'abondance, le surplus peut être congelé.

Les variétés

Pas d'autre variété que le type botanique.

Faire ses graines

Choisir quelques beaux sujets semés en godets et repiqués fin avril-début mai, sous tunnel plastique ou châssis. Ne pas récolter les feuilles, car les graines se trouvent à l'aisselle de celles-ci.

Tuteurer pour éviter que les fleurs ne traînent sur le sol et favoriser l'ensoleillement. Récolter les capsules à maturité, c'est-à-dire en septembre-octobre. Les faire sécher et les ensacher.

- **Durée germinative : 3 ou 4 ans.**
- **Nombre de graines au gramme : entre 10 et 12.**
- **Levée : de 10 jours à plusieurs semaines s'il ne fait pas assez chaud.**

En cuisine

- La tétragone est un succédané de l'épinard, dont elle rappelle un peu le goût. Cuites et hachées, les feuilles et les parties tendres des tiges se consomment à l'identique : au beurre, à la crème, au jus, en potage, gratinées, sautées à la poêle avec ail, échalote et un peu de crème fraîche.
- Les jeunes feuilles tendres se mangent crues en salade, en accompagnement d'œufs mimosa ou de petits lardons.
- Ajouter quelques feuilles d'oseille à celles de la tétragone, elles relèveront le goût du plat. La tétragone cornue remplace avantageusement l'épinard pendant l'été.

Thym des Antilles

Plante grasse et condimentaire aux tiges parfois couchées, retombantes, et ramifiées à la base, mesurant environ 70 cm. Les tiges de couleur vert clair sont légèrement blanchâtres, rondes, velues, presque ligneuses à la base, mais assez fragiles. Ses feuilles sont très aromatiques. Un peu gaufrées, nervurées, recroquevillées vers le centre (comme une cuillère), elles sont pétiolées, épaisses, charnues à cartilagineuses, et velues en dessous ; elles sont en forme de cœur et régulièrement dentées. Les feuilles de la base sont un peu plus longues et pointues.

CARTE D'IDENTITÉ

Nom botanique : (1 et 2) *Coleus amboinicus* Loureiro.

Famille : Labiées, labiacées ou lamiacées.

Cycle : plante vivace, mais ne supporte pas le froid et l'humidité en hiver ; à rentrer et disposer près d'une fenêtre.

Synonymes latins : *Coleus aromaticus* Bentham, *Coleus crassifolius* Bentham, *Coleus subfrutectosus* Summerhayes, *Majana amboinica* Kuntze, *Marrubium album amboinicus* Rumph, *Plectranthus aromaticus* Roxburgh, *P. amboinensis* Sprunner, *P. amboinicus* (Loureiro) Launert.

Synonymes français : Gros thym, gros baume (créole).

Origine : probablement d'Asie, sûrement de l'Inde ou de Malaisie.

UN PEU D'HISTOIRE

Plante assez connue en Asie, aux Seychelles, dans les pays tropicaux où elle est très répandue.

Culture

De mars à septembre, prélever les boutures à l'extrémité des ramifications et enlever les feuilles aux trois quarts de la bouture (partie enterrée). Planter dans des pots remplis de sable de rivière mélangé avec de la terre légère, du bon terreau et du compost. Couvrir les pots avec un sac plastique, le plus hermétique possible, et les conserver autour de 20 °C, près d'une fenêtre. La reprise est assez rapide.

Par la suite, les planter avec leur motte dans des pots de 17 cm de diamètre au minimum. En été, cette plante peut être cultivée sur un balcon ou sur le rebord d'une fenêtre.

Les facteurs lunaires n'ont pas d'influence

Les bons mariages

Généralement cette plante est cultivée seule, en pot ou en grande jardinière.

Rotation des cultures

Après plusieurs années de culture, il faut renouveler la plante et la composition de son pot.

Fertilisation

Au printemps et dans le courant de l'été, apporter quelques pincées d'engrais naturels et un peu de compost en remuant légèrement la terre.

Entretien

De temps à autre, aérer légèrement la terre du pot. Arroser une fois par semaine à l'automne et en hiver, un peu plus souvent en été.

Note du jardinier

Cette plante peut également remplacer le thym dans les tisanes. Cette aromatique est très surprenante et ne supporte pas une atmosphère humide.

FICHE DE CULTURE

CLIMAT	EXPOSITION	SOL	PLANTATION	FLORAISON	RÉCOLTE
Chaud	Mi-ombragée	Léger et humifère	Bouturage de mars à septembre	Ne fleurit pas sous notre climat	2 mois après le bouturage

En été, le thym des Antilles peut être cultivé en extérieur.

Maladies et parasites

Le thym des Antilles ne se connaît aucun ennemi.

Récolter et conserver

Selon les besoins prélever une ou deux feuilles en toutes saisons.

Les variétés

Il n'existe que le type botanique. et quelques espèces ornementales.

Faire ses graines

Le thym des Antilles ne fait pas de graines sous notre climat.

En cuisine

- Le thym des Antilles s'emploie dans les courts-bouillons, dans les marinades, sur les grillades, dans les ragoûts, et pour parfumer les volailles, certains gibiers et divers poissons.
- Ses feuilles sont utilisées pour remplacer une branche de thym, sa saveur est plus accentuée et plus forte.

Thym commun

Cette plante condimentaire, médicinale et aromatique, très mellifère, est l'une des plus connues. Haute de 20 à 40 cm, elle forme un petit arbrisseau aux tiges feuillues, dressées, rameuses et ligneuses. Ses feuilles persistantes sont aromatiques, étroites, enroulées sur les bords, de couleur verte au-dessus et grisâtre au-dessous. Les fleurs en bouquets, situées à l'aisselle des plus grandes feuilles, de couleur blanche ou rose, sont hermaphrodites.

Carte d'identité

Nom botanique : (1) et (2) *Thymus vulgaris* Linné.

Famille : Lamiacées (Labiées).

Cycle : plante vivace.

Synonyme latin : *T. collinus* Salisbury.

Synonymes français : barigoule, faligoule, farigoule, marjolaine citronnée (thym citronné), frigoule, grand serpolet, mignotise du Genevois, pote, pouilleux, sintabon, thym français, thym des jardins, thym ordinaire, thym vrai, thym vulgaire.

Origine : Bassin méditerranéen ; spontané dans le Midi.

Noms étrangers :
Anglais : french thyme, common thyme, garden thyme.
Allemand : Thymian, Gartenthymian, französischer Thymian.
Espagnol : tomillo común, tomillo salsero, tomillo fino.
Italien : timo, timo comune, pepolino.
Néerlandais : tijm.

Un peu d'histoire

Dans l'Antiquité, cette plante condimentaire et médicinale était considérée comme sacrée. Au Moyen Âge, le thym s'utilisait en France comme plante condimentaire.

Propriétés

Antiseptique, antirhumatismal, antispasmodique, apéritif, bactéricide, balsamique, digestif, diurétique, emménagogue, tonique, stimulant et vermifuge, le thym contient une huile essentielle.

Culture

Par semis

Les graines se sèment d'avril à mai, en pépinière. Les recouvrir de peu de terre et plomber le sol avec un râteau.

Repiquer quand les plants sont suffisamment forts, généralement du mois de décembre à la mi-avril. Le thym se plante le plus souvent en bordures, en espaçant les plants de 20 cm. Sinon, prévoir des rangs espacés de 40 à 50 cm, toujours en respectant une distance de 20 cm entre les plants.

Les facteurs lunaires n'ont pas d'influence

On peut aussi semer directement en place. Le moment venu, il suffira d'éclaircir aux mêmes distances.

Par division de touffes

Planter les éclats des vieilles souches en mars-avril ou en septembre, en enfonçant les tiges assez profondément.

Ainsi, ces éclats produiront de nouvelles racines très près de la ramification du feuillage ; elles se développeront plus vigoureusement que les anciennes.

Par bouturage

Planter de jeunes rameaux, courant juillet de préférence, aux deux tiers de leur longueur (20 cm environ).

Bien tasser la terre au pied de chaque bouture, puis arroser régulièrement.

Notes du jardinier

- Le thym craint les grands froids en terrain humide.
- Son odeur repousse certains insectes parasites du potager.
- Taillé après sa floraison, il prendra une plus jolie forme.
- Il est parfois cultivé comme plante ornementale dans les rocailles.
- Le thym s'utilise en parfumerie, dans les bains, dans les dentifrices, dans la fabrication de certaines liqueurs.

Fiche de culture

Climat	Exposition	Sol	Plantation	Floraison	Récolte
Indifférent à bonne exposition	Abritée, chaude et ensoleillée	Léger, chaud, sain, meuble ; le thym s'accommode de toutes les terres non humides	Semez d'avril à mai ; divisez les touffes (printemps-automne) ; bouturez en juillet	Mai à octobre	Après 12-15 mois : semis ; quelques mois : division de touffes ; 10-12 mois : bouturage

Thym serpolet.

Compter environ 2 mois pour un bon enracinement. La mise en place se fait généralement au printemps.

Le bouturage doit se faire dans un endroit abrité, sinon il faut protéger les jeunes plants des fortes gelées.

Avec la division de touffes, le bouturage est le mode de reproduction le plus fréquemment utilisé.

Les bons mariages

Le thym éloigne certaines chenilles, dont la piéride du chou. Éviter d'installer une pépinière à ses côtés, car il réduit ou arrête la germination de certaines graines.

Rotation des cultures

Les touffes de thym peuvent rester en place pendant 3 ou 4 ans.

Faire ses graines

À partir de la 2e année de culture, on récolte les graines au fur et à mesure lorsqu'elles mûrissent. Surtout, ne pas couper les tiges des producteurs de semences avant la montée à graines.

- **Durée germinative : 3 ans.**
- **Nombre de graines au gramme : 6 000.**
- **Levée : 1 semaine environ.**

Il faudra attendre autant de temps avant de le faire revenir au même endroit.

Fertilisation

Fertilisation normale à la fin de l'automne ou au début du printemps avec un engrais naturel et du compost.

Les fertilisations foliaires ne sont pas nécessaires.

Entretien

Procéder à des binages et des sarclages. Arroser en cas de sécheresse. Couper légèrement les tiges au printemps.

Maladies et parasites

Le thym n'est sensible ni aux maladies ni aux parasites.

Récolter et conserver

On récolte pratiquement toute l'année, selon les besoins.

Le meilleur moment pour récolter le thym destiné à la conservation est le début de la floraison. Couper les tiges, les réunir en petites bottes, puis les suspendre la tête en bas dans un local aéré pour les faire sécher. Ranger les tiges dans des boîtes hermétiques.

Les variétés

Il existe plusieurs dizaines d'espèces : le thym commun (*Thymus vulgaris*), le thym odorant (*T. fragrantissimus*) rappelant l'odeur et la saveur de l'orange, le thym laineux (*T. paecox* var. *pseudolanuginosus*), rampant, le thym citronné (*T.* x *citriodorus*), le thym citronné doré (*T.* x *citriodorus* 'Aureus'), le thym citronné panaché blanc ('Doone Valley'), le thym corse (*T. herba-barona*) à l'odeur de cumin, le thym argenté (*T.* x *citriodorus* 'Variegatus'), le serpolet ou thym sauvage (*T. serpyllum*)...

En cuisine

- Les feuilles fraîches ou sèches des jeunes pousses parfument les salades, les sauces, les marinades, les grillades, les ragoûts, les courts-bouillons, les poissons, les rôtis, divers potages... ; elles parfument la charcuterie, le gibier, les volailles, le lapin, certains légumes (pomme de terre, légumes secs...). Elles entrent dans la composition des bouquets garnis. La saveur du thym est légèrement piquante, mais très agréable.
- Les feuilles et les sommités fleuries s'emploient en infusion.

Tomate

Plante potagère herbacée, haute de 40 cm à plus de 2 m selon les variétés. C'est la plus consommée au monde ! Ses feuilles odorantes sont composées de plusieurs folioles irrégulières. La tomate est cultivée pour ses fruits de formes diverses (ronds, en poire, oblongs, aplatis, allongés) et de couleurs variées (rouge, jaune, orange, verte, rose violacé, blanche, rouge à stries jaunes) ; leur grosseur diffère selon les variétés, les plus petits pèsent 1 gramme, les plus gros dépassent largement le kilo. Les fleurs sont hermaphrodites et autogames, de couleur jaune, en grappes.

Carte d'identité

Nom botanique : (1) et (2) *Lycopersicon esculentum* Miller, Gardner.

Famille : Solanacées.

Cycle : plante annuelle.

Synonymes latins : *Lycopersicum solanum* Medikus ; *L. pomumamoris* Moench ; *L. Lycopersicon* (L.) Farvell.

Synonymes français : pomme d'amour, pomme d'or, pomme du Pérou.

Origine : Mexique (des vallées montagneuses).

Noms étrangers :
Anglais : tomato, love apple.
Allemand : Tomate, Liebesapfel.
Espagnol : tomate.
Italien : pomo d'oro ou pomodoro.
Néerlandais : tomaat.

Un peu d'histoire

La tomate fut rapportée en Europe, par les conquistadors, vers le XVIe siècle. En France, on la cultiva tout d'abord comme plante ornementale. Longtemps considérée comme vénéneuse, il a fallu attendre près de deux siècles pour qu'elle soit reconnue comme plante potagère.

Propriétés

Anti-infectieuse, antiscorbutique, apéritive, digestive, dépurative, diurétique, énergétique, rafraîchissante, revitalisante, la tomate contient des vitamines (A, B1, B2, B3, B5, B6, B8, C, E, K, U) ainsi que du brome, du calcium, du cobalt, du cuivre, du fer, de l'iode, du magnésium, du manganèse, du nickel, du phosphore, du potassium, du silicium, du sodium, du soufre et du zinc.

Variété 'Raisin vert'.

Culture

Par semis

En février-mars, semer sur couche chaude, sous châssis, ou bien en godets (3 à 4 graines par pot) en serre chauffée (température d'environ 20 °C).

Recouvrir les graines avec peu de terreau ou de compost mélangés à de la terre fine. Par la suite, ne garder que le sujet le plus robuste.

Pour un semis en caissettes, repiquer les jeunes plants dès qu'ils ont 2 feuilles. Procéder sur couche, en pépinière ou en godets.

S'il gèle, couvrir les châssis avec des paillassons. Quand les beaux jours arrivent, penser à aérer si la température est clémente.

Fiche de culture

Climat	Exposition	Sol	Semis	Floraison	Récolte
Tempéré, chaud ; redoute le froid (température idéale entre 15 et 27 °C)	Ensoleillée ; le soleil du matin est nécessaire pour sécher la rosée	Léger, frais, humifère, bien ameubli ; pas de terres humides compactes et peu profondes	Février-mars en godets, sur couche chaude ou en serre	Mai à septembre	4 mois et demi à 5 mois après le semis

Variété 'Green Zebra'.

Variété 'Prune jaune'.

On repique les plants de tomate en place dès que les gelées ne sont plus à craindre et qu'ils atteignent une hauteur de 12 à 15 cm. S'ils sont trop longs, les coucher dans le trou en laissant la tête sortir de terre. Les plants en godets seront repiqués avec la motte. Espacer les pieds de 50 cm sur des lignes distantes de 70 à 80 cm. Pour les variétés à petits fruits, il est préférable d'écarter un peu plus les plantations et de ne faire qu'un seul rang à cause de leurs tiges buissonnantes.

Avant la plantation, installer un tuteur (jusqu'à 1,50 m de hauteur si nécessaire) pour chaque pied, surtout pour les variétés à gros fruits.

Pour faciliter la reprise, praliner les racines des plants issus de pépinière (lorsqu'ils sont à racines nues) avec une bouillie de lithothamne.

Lors de la plantation, il est très important d'incorporer dans le sol environnant des feuilles d'ortie hachées : elles protégeront, au moins en partie, les pieds de tomate contre les maladies cryptogamiques.

Par bouturage

Installer quelques plants de tomate en avril-début mai, sous châssis ou tunnel plastique. Conserver les gourmands et les planter aux mêmes distances que ci-dessus (pieds espacés de 50 cm sur des lignes distantes de 70 à 80 cm). Tenir le sol frais jusqu'à la levée. Ces plants issus de boutures vont se développer assez vite et donner de nombreux fruits en septembre-octobre.

Par temps très calme, on facilitera la pollinisation en secouant légèrement les bouquets de fleurs.

Les bons mariages

La tomate s'entend bien avec l'ail, l'asperge, la carotte, la mâche, l'oignon, le persil. Le basilic et le céleri méritent, quant à eux, d'être plantés entre les pieds de tomate.

En revanche, le concombre, le chou-rave, le fenouil, le haricot ou la pomme de terre lui sont néfastes.

Rotation des cultures

La tomate entre dans la catégorie des plantes potagères à fruits. Il est préférable d'attendre 3 ou 4 ans avant de la cultiver de nouveau à la même place. Sans maladie, elle peut se cultiver longtemps au même endroit.

Fertilisation

Fertilisation normale à la fin de l'automne ou au début du printemps avec un engrais naturel et du compost. Toutes les 2 ou 3 semaines, effectuer une fertilisation foliaire à base d'algues marines (saupoudrage ou pulvérisation).

Les variétés

Il existe plus de 1 500 variétés (non hybrides) et 2 espèces cultivées : *Lycopersicon esculentum* et *L. pimpinellifolium* (tomate groseille) d'où sont issues quelques variétés. Parmi les variétés *L. esculentum*, une grande majorité est à croissance indéterminée, c'est-à-dire se développant sans arrêt tant que les conditions climatiques sont favorables.

- **À fruits blancs :** (1) 'Cherry Gost', (2) 'Beauté blanche', 'Blanche Yan', 'Pêche blanche'...
- **À fruits roses :** (1) 'Thaï pink', (2) 'Rose de Berne', 'Violette du Portugal', 'New Zealand pear', Soldaki'...
- **À fruits noirs :** (2) 'Black Prince', 'Noire de Russie', 'Noire de Crimée', 'Southern Nights'.
- **À fruits jaunes :** (1) 'Poire jaune', 'Prune jaune', (2) 'Marmande jaune', 'Négib', 'Jaune plissée'...
- **À fruits orange :** (1) 'Cerise orange', 'Soleil d'or'... (2) 'Rayon de soleil', 'Valencia', 'Persimon'...
- **À fruits verts :** (1) 'Raisin vert', 'Green Grape'... (2) 'Evergreen', 'Green Pineapple', 'Green Zebra' (verte zébrée).
- **À fruits rouges :** (1) 'Barbaniaka', 'Délice du jardinier', (2) 'des Andes', 'Opalska', 'Grosse rouge plate du Portugal', 'Marianne', 'Willamette'...
- **À fruits striés ou bigarrés :** (1) 'Tonnelet', 'Marizol Gold Cherry'... (2) 'Tigerella', 'Ananas', 'Big Rainbow', 'Marvel Striped', 'Striped German'...

(1) à petits fruits ; ces variétés ont les meilleures saveurs.
(2) à fruits gros ou moyens.

Certaines des variétés citées sont cultivées par des jardiniers collectionneurs.

Semer de préférence en lune croissante

Entretien

Effectuer des binages et des sarclages. Arroser si nécessaire ; pailler en cas de sécheresse ; ne pas arroser les feuilles. Tuteurer chaque pied. Supprimer les gourmands. Il est bénéfique de semer du trèfle blanc nain entre les rangs de tomates. En fin de saison, ne pas supprimer toutes les feuilles, seulement les plus gênantes ou celles qui jaunissent (du bas surtout).

Taille

Pour une plante à une seule tige, la taille consiste à pincer la tige principale :
- une feuille au-dessus du 3e bouquet pour une variété hâtive ;
- une feuille au-dessus du 4e ou du 5e bouquet pour une variété ordinaire.
- pour le pincement du dernier bouquet, qui s'effectue vers la mi-août, pincer juste au-dessus du bouquet.

Supprimer les gourmands à l'aisselle des feuilles.

La taille sur des plantes à plusieurs tiges (2 en général) commence par le pincement de la tige principale (quand la plante a bien repris) au-dessus des 2 premières feuilles.

Par la suite, 2 tiges vont se développer qu'il faudra tuteurer. Supprimer les bourgeons latéraux, et procéder comme pour la taille à tige unique.

Maladies et parasites

Le chancre

Naissance sur le bas des tiges de taches grisâtres puis noirâtres, de forme allongée, nombreuses, donnant l'aspect d'un chancre.

Cette maladie peut apparaître dans les terres trop humides et lourdes.

Éliminer les pieds atteints en les brûlant ; traiter à la bouillie bordelaise (voir, plus loin, le mildiou).

L'enroulement des feuilles

Les folioles s'enroulent vers le haut et deviennent cassantes.

Cette maladie, généralement peu dangereuse, est due aux pucerons. Pulvériser des macérations d'orties.

Éliminer les feuilles atteintes et les brûler. Voir « La lutte contre les parasites », page 70.

La gangrène des fruits

Des taches, brun foncé à noires, se développent assez rapidement sur les fruits encore verts.

Cette maladie est souvent due à une humidité prolongée. En période de sécheresse, éviter d'arroser trop souvent (il vaut mieux pailler) surtout avec de l'eau trop froide (l'exposer auparavant au soleil). Éviter l'arrosage des feuilles.

Variété 'Big rainbow'.

Éliminer et brûler les fruits atteints.

La maladie fauve

Les feuilles jaunissent (le dessous se couvre d'un duvet jaune à brun), se dessèchent et meurent.

Cette maladie survient surtout en serre.

En prévention, pulvériser de la bouillie bordelaise. Veiller à ce que les plantes ne souffrent ni de la sécheresse ni de l'humidité. Éliminer les premières feuilles atteintes et les brûler.

Le mildiou

Le dessous des feuilles est atteint de taches brunes, irrégulières ; elles finissent par se dessécher ; les fruits aussi sont attaqués, des taches jaunâtres et marbrées apparaissent, qui deviennent noirâtres ; ils sont alors bosselés. Le fruit est souvent touché au pédoncule et finit par pourrir.

Le mildiou apparaît souvent en fin de saison, lors des pluies du début d'automne. Pratiquer régulièrement des fertilisations foliaires (notamment avec un mélange de 20 grammes par litre d'eau de sel marin). Incorporer au sol des feuilles d'ortie hachées lors de la plantation. Installer un fil de cuivre (au préalable, enlever le vernis au papier de verre) en

Taille de la tomate

Pour une variété hâtive, pincement au-dessus du 3e bouquet.

Culture sur 2 tiges (1er pincement).

travers de la tige principale. Pratiquer une bonne rotation et des fumures correctes.

En prévention, au début de la formation des fruits, effectuer des pulvérisations de bouillie bordelaise à 1,5 %. Opérer à raison de 1 à 3 pulvérisations à 3 ou 4 semaines d'intervalle (ce traitement implique de bien laver les fruits avant consommation). Éliminer les pieds malades et les brûler.

La courtilière

Orthoptère qui s'attaque aux racines.

Voir « La lutte contre les parasites », page 68.

Le doryphore

Il ronge les feuilles.

Ramasser les adultes, les larves et les œufs et les détruire. Pulvériser un insecticide à base de roténone (voir la « Pomme de terre », page 341).

La noctuelle de la tomate

La chenille perfore les feuilles et les fruits ; ces derniers finissent par tomber.

Pulvériser un insecticide végétal. Placer des pièges à insectes pour capturer les papillons. Détruire les larves du ver gris lors des travaux du sol.

Récolter et conserver

Les fruits sont plus savoureux lorsqu'ils viennent juste d'être récoltés.

Ils se conservent malgré tout quelques jours s'ils ne sont pas cueillis trop mûrs. Dans ce cas, les exposer au soleil sur le rebord d'une fenêtre.

En fin de saison, les derniers fruits, sains mais pas tout à fait mûrs, seront cueillis et conservés dans un local entre 12 et 15 °C de préférence. On suspendra les pieds entiers (variétés à petits fruits) attachés par la racine. La plupart des fruits finiront de mûrir, mais ils perdront un peu de leur saveur.

Notes du jardinier

- Les variétés à petits fruits (cerise, groseille, prune, poire...), ainsi que les variétés à croissance déterminée, ne se taillent pas.
- Les feuilles et les gourmands de tomates macérés s'emploient contre les altises et les pucerons (voir « Des recettes naturelles », page 77).
- Après la mise en place des plants, les arroser, 3 fois à 3 semaines d'intervalle, avec une solution de purin d'ortie (sur sol humide).
- Les feuilles de tomate fraîches et froissées sont un très bon remède contre les effets des piqûres d'insectes (frotter l'endroit atteint).

Pincement des gourmands.

En cuisine

- Crus, les fruits se consomment en salade, au sel, en tarte ; ils accompagnent de nombreux plats en entrée.
- Cuits, ils sont employés dans les potages, en soufflé, farcis de différentes manières, en coulis, sautés, gratinés et entrent dans la composition de nombreuses sauces et divers plats de légumes comme la ratatouille ; ils sont délicieux avec les poissons, les viandes, les omelettes, les quiches...
- Les fruits encore verts se mangent en confiture. Les tomates des variétés à petits fruits peuvent se confire dans le vinaigre à la manière des cornichons. Le jus de tomate donne d'excellentes boissons.

Faire ses graines

Sélectionner quelques pieds parmi les plus vigoureux des différentes variétés. Conserver les plus beaux fruits qui seront récoltés bien mûrs : les semences des premiers fruits sont supérieures.

LA PRÉPARATION

Couper les fruits choisis en morceaux. Récupérer le jus (très important) et les graines dans un verre. Les laisser reposer sans y toucher, pendant plusieurs jours (suivant la température), jusqu'à l'apparition d'une moisissure blanche à noirâtre en surface.

LE NETTOYAGE

Les graines sont prêtes à être nettoyées :
- jeter la moisissure, verser les graines et le jus dans une passoire fine ;
- faire couler l'eau du robinet pour laver les semences, frotter légèrement celles-ci avec le bout des doigts ;
- égoutter, et éponger si possible ;
- les étaler sur des couvercles en matière plastique (elles ne colleront pas).

Trouver un local suffisamment chaud (15 à 20 °C) pour qu'elles sèchent rapidement, sinon elles risquent de moisir.

Si certaines sont collées entre elles, les déposer dans le creux de la main et les frotter avec l'autre main ; quelques mouvements suffiront. Les semences seront ensuite étonnamment propres.

LA CONSERVATION

Ensacher les graines et les conserver dans des boîtes en métal, de préférence dans le bas du réfrigérateur.

- Durée germinative : 4 ans.
- Nombre de graines au gramme : de 300 à 400 (selon les variétés).
- Levée : de 6 à 10 jours.

Tomate en arbre

Joli arbuste, parfois haut de plus de 5 m en Amérique du Sud, et plus de 3 m sous nos climats. Sa tige, dressée et ramifiée, a l'aspect d'un véritable tronc d'arbre. Ses très grandes feuilles ornementales sont pétiolées, entières, charnues, en forme de cœur, d'un vert luisant. La tomate en arbre est cultivée pour ses fruits de couleur rouge pourpre ou jaune orangé (à maturité) ; ils ont la forme et la grosseur d'un œuf de pintade ou de poule de Cayenne. Les fleurs, en longues grappes, de couleur verdâtre à rose, sont hermaphrodites.

Carte d'identité

Nom botanique : (1) et (2) *Cyphomandra betacea* Sendtner.

Famille : Solanacées.

Cycle : plante vivace (sous serre).

Synonymes latins : *Solanum betaceum* Cavanilles ; *S. crassifolium* Ortega ; *S. crassifolia* (Ortega) Kuntze.

Synonymes français : tomate arbustive, tomate de La Paz.

Origine : Amérique du Sud (régions montagneuses du sud de la Bolivie et du nord-ouest de l'Argentine).

Noms étrangers :
Anglais : tree tomato, tamarillo.
Allemand : Baumtomate.
Espagnol : tomate árbol, tomatera arbórea, palo de tomate.
Italien : pomodoro arboreo.
Néerlandais : tomaten boom.

Un peu d'histoire

La tomate en arbre était déjà cultivée avant la découverte de l'Amérique.

Propriétés

Antiscorbutiques et rafraîchissants, les fruits contiennent des vitamines (A, B, C, E) et des sels minéraux.

Culture

Plante de culture méridionale ou de grande serre, puisqu'elle atteint environ 3 m de hauteur. Pendant les froids, la température ne doit jamais descendre au-dessous de 2 °C.

Semer en février-mars, en godets remplis de terreau sablonneux, sur couche ou en serre chauffée (20 °C).

Déposer 2 ou 3 graines par godet, les recouvrir d'un peu de terreau.

Maintenir la terre suffisamment fraîche pour favoriser la levée.

Quand les plants peuvent supporter la transplantation, les repiquer avec leur motte dans de très grands pots ou bacs (diamètre minimum : de 70 à 80 cm). Préparer ceux-ci avec un mélange de terre, de terreau de feuilles et de compost.

Semer de préférence en lune croissante

La tomate en arbre se reproduit aussi par bouturage printanier, sous mini-serre, sous cloche ou encore à l'étouffée : déposer les boutures dans des pots remplis d'un mélange terreux et recouvrir d'un plastique épousant la forme du pot (à maintenir à l'aide d'un élastique). Cette méthode favorise le développements des racines.

Les bons mariages

Elle semble s'accorder avec les autres plantes.

Rotation des cultures

Pour les plantes cultivées en pots, le problème ne se pose pas. En cas de culture en pleine terre, attendre 4 ou 5 ans avant de cultiver à nouveau la tomate en arbre au même endroit.

Fiche de culture

Climat	Exposition	Sol	Plantation	Floraison	Récolte
Chaud : à cultiver dans le Sud ; rentrer en serre l'hiver	Chaude et ensoleillée	Très humifère, ameubli et frais	Semez (février-mars) en godets, sur couche ou en serre chauffée ; bouturez (printemps)	Avril à juin, à partir de la 2e année de culture	21 ou 22 mois après le semis

Tomate en arbre à fruits pourpres.

Fertilisation

Fertilisation normale à la fin de l'automne ou au début du printemps avec un engrais naturel et surtout du compost bien décomposé. Au cours de l'année, effectuer 3 ou 4 fertilisations foliaires à base de lithothamne, en les espaçant de 3 semaines environ.

Entretien

Procéder régulièrement à des binages et des sarclages. Arroser.

Maladies et parasites

L'aleurode

Petite mouche blanche, dont la larve suce la sève au-dessous des feuilles.

Traiter avec une solution nicotinée, une infusion de tanaisie, avec un insecticide végétal à base de roténone et de pyrèthre, ou avec une macération d'absinthe. Bien aérer la serre.

Voir « La lutte contre les parasites », page 67.

L'araignée rouge

Petit acarien rouge suçant la sève sous les feuilles.

Éviter les excès d'engrais azoté. Maintenir le sol humide.

Pulvériser un insecticide végétal, une solution nicotinée ou une solution à base de savon noir ou d'absinthe.

Récolter et conserver

La récolte s'étale de novembre à janvier. On choisit les fruits mûrs, quand ils prennent une couleur rouge vermillon ou jaune orangé. Ils se conservent plusieurs semaines au frais.

Notes du jardinier

- La tomate en arbre est dotée d'une végétation particulièrement rapide, puisqu'elle peut atteindre près de 2 m en 1 an.
- En raison du grand développement de cette plante, il est possible de couper les tiges secondaires à 15 ou 20 cm à la fin de l'hiver ; de nouvelles tiges apparaîtront rapidement.
- À la belle saison, sortir si possible les plantes en plein air, en les exposant dans un endroit abrité. Les rentrer dès que les nuits deviennent fraîches.

Les variétés

Il existe de nombreuses espèces en Amérique du Sud à fruits orangés striés de pourpre ou à fruits pourpres.

Faire ses graines

Prélever les graines de fruits cueillis bien mûrs et issus d'arbustes parmi les plus vigoureux. Laver les graines, les faire sécher à l'ombre et les ensacher.

- **Durée germinative : 3 ou 4 ans, voire davantage.**
- **Nombre de graines au gramme : 240 à 290.**
- **Levée : 1 ou 2 semaines environ.**

En cuisine

Une fois la peau (qui est amère) et les graines retirées, les fruits s'utilisent cuits dans les salades de fruits, en confiture, en compote ; ils accompagnent aussi les poissons... Leur pulpe légèrement sucrée, parfumée, et un peu acidulée est très rafraîchissante.

Panaché de tomates à fruits pourpres et orangés.

Topinambour

Plante potagère et fourragère ressemblant au tournesol, parfois haute de plus de 2,50 m. Ses tiges annuelles sont dressées, fortes, ramifiées à la base, très vigoureuses. Ses feuilles sont ovales, alternes, pointues, pétiolées, garnies de poils rudes au toucher. Le topinambour est cultivé pour ses tubercules ; ils sont irréguliers, difformes ou lisses, de couleur rouge ou jaune (selon les variétés), se renflant à partir de la fin de l'automne. Les fleurs sont hermaphrodites, jaunes, en capitules ; elles ne produisent pas de graines sous notre climat.

Carte d'identité

Nom botanique : (1) et (2) *Helianthus tuberosus* Linné.

Famille : Astéracées (Composées).

Cycle : plante annuelle.

Synonyme latin : *Helianthus mollissimus* E. E. Watson.

Synonymes français : artichaut du Canada, artichaut de Jérusalem, artichaut de terre, poire de terre, pomme du Canada, soleil vivace.

Origine : Amérique du Nord (de l'Indiana).

Noms étrangers :
Anglais : sunflower artichoke, Jerusalem artichoke, topinambur.
Allemand : Erdbirne, Topinambur, Erdapfel, Saukartoffel.
Espagnol : aguaturma, alcachofa de tierra, criadilla de tierra, pataca, topinambo, namara, girasol tuberoso.
Italien : girasole del Canada, tartufoli, pero di terra, tartufo di canna.
Néerlandais : aardpeer, Jeruzalemartisjok.

Un peu d'histoire

En France, la culture du topinambour date du XVIIe siècle. Il a malheureusement acquis une mauvaise réputation au cours de la Seconde Guerre mondiale, revenant trop souvent sur la table à cette époque. Aujourd'hui, on doit lui rendre le mérite d'avoir maintenu beaucoup de Français en bonne santé, grâce à sa bonne valeur nutritive.

Propriétés

Désinfectant, énergétique et nutritif, le topinambour contient des vitamines (A, C, PP) ainsi que du calcium, du cuivre, du fer, du magnésium, du phosphore, du potassium, du sodium, du soufre et du zinc.

Le topinambour est l'ami du foie et favorise la sécrétion lactée. Sa richesse en inuline (hydrate de carbone) en fait un aliment recommandé aux personnes diabétiques.

Culture

Planter les tubercules depuis le début mars jusqu'à la mi-avril. Les espacer de 60 cm sur des lignes distantes de 70 cm. Les enfoncer de 8 à 10 cm dans le sol.

Il est avantageux de semer du trèfle blanc nain entre les rangs (au mois d'avril) ; celui-ci empêchera la prolifération des herbes sauvages et enrichira le sol en azote.

Planter les tubercules en lune décroissante

Les bons mariages

Très haut, le topinambour donne beaucoup trop d'ombre pour être le voisin idéal des plantes du potager.

Il est préférable de le cultiver à l'écart, dans un coin du jardin, ou bien de l'utiliser comme brise-vent pour protéger certaines cultures.

Rotation des cultures

Cette plante épuisante entre dans la catégorie des plantes potagères exigeantes. Cultiver le topinambour de préférence derrière des plantes améliorantes (légumineuses). Pratiquer une alternance de 3 ou 4 ans, ou plus.

Fertilisation

Fertilisation normale à la fin de l'automne ou au début du printemps avec un engrais naturel et du compost.

Fiche de culture

Climat	Exposition	Sol	Plantation	Floraison	Récolte
Indifférent : très rustique, résiste aux grands froids comme à la sécheresse	Ensoleillée, mais peut donner satisfaction à la mi-ombre	De préférence riche en humus et pas trop humide	Plantez les tubercules du début mars au 15 avril	En septembre-octobre : fleurit peu, parfois pas du tout	7 mois après la plantation (quand le feuillage se dessèche)

Les variétés

'Commun blanc' (tubercules jaunes au très bon rendement et très parfumés), 'Violet commun' (tubercules rouge violacé, ayant les mêmes qualités que la variété précédente), 'Fuseau rouge' (tubercules en fuseau, lisses, roses, de saveur fine, mais plus fades), 'Patate' (tubercules jaunes, gros, obtus aux deux extrémités, moins déformés que les deux premières variétés), 'Violet de Rennes' (tubercules violacés, ronds, assez lisses, de grosseur moyenne), 'Fuseau blanc' (tubercules lisses, identiques au rouge), 'Fuseau gris de Rennes'.

Effectuer, éventuellement, quelques fertilisations foliaires, par saupoudrage de lithothamne, pendant les premiers mois de la culture.

Entretien

Effectuer régulièrement des binages et des sarclages. Pailler en cas de sécheresse, si l'on n'a pas semé de trèfle blanc nain entre les rangs.

Il est parfois avantageux de butter les rangs, pour rendre les plantes plus résistantes contre le vent.

Maladies et parasites

Son plus grand ennemi est le vent.

Récolter et conserver

Récolter les tubercules en fonction des besoins (de novembre à la fin mars).

Les utiliser le plus tôt possible après l'arrachage, ils seront plus digestes.

Pour les arracher facilement pendant les grands froids, couvrir le sol de paille ou de feuilles sèches.

Faire ses graines

Le topinambour ne produit pas de graines sous notre climat. On le multiplie par plantation de tubercules que l'on arrache pendant la saison de la récolte (de novembre à mars) et que l'on replante aussitôt.

Notes du jardinier

- **C'est une plante envahissante, car le moindre fragment de rhizome restant en terre repousse l'année suivante.**
- **Afin de limiter la prise au vent, on peut procéder à l'étêtage des plantes quand celles-ci atteignent environ 1,50 m de hauteur.**
- **Pour conserver les tubercules après l'arrachage (pour les expédier dans un colis, en vue de leur plantation, par exemple), les placer dans de la tourbe ; les tubercules arriveront intacts à destination.**

En cuisine

- Cuits, les tubercules sont consommés à la vinaigrette, en purée, en beignets, à la crème, frits, en matelote, au beurre, gratinés, à l'étouffée, sous la cendre puis au beurre (comme des pommes de terre). Il est préférable de cuire les tubercules à l'eau salée, en y ajoutant 2 ou 3 feuilles de sauge officinale pour faciliter la digestion. Le goût du topinambour cuit se rapproche de celui du fond d'artichaut.
- On peut également utiliser les tubercules crus, râpés ou coupés en petits carrés, associés avec d'autres crudités.

Cette plante potagère sert aussi pour l'alimentation des animaux. Ne leur donner que des tubercules fraîchement arrachés et avec modération. Les tiges et les feuilles vertes plaisent aux lapins.

Arrachage des tubercules.

Verveine citronnelle

Plante condimentaire et aromatique, ramifiée et buissonnante, c'est un genre de petit arbuste ligneux, d'une hauteur de 60 cm à plus de 1,50 m. Ses feuilles, caduques, étroites, longues et nervurées se terminent en pointe ; de couleur vert clair, elles poussent par étages le long des tiges, généralement par groupe de 3 (voire 4) feuilles. Lorsqu'on les froisse, elles dégagent une forte odeur de citron. Ses fleurs de couleur légèrement violacé clair à blanche, petites, disposées en grappes, forment des sortes d'épis détendus.

Carte d'identité

Noms botaniques : (1) *Lippia triphylla* L'Héritier de Brutelle, (2) *Lippia citriodora* Humboldt, Bonplant et Kunth.

Famille : Verbénacées.

Cycle : plante vivace.

Synonymes latins : *Aloysia citriodora* Ortega (Persoon), *A. triphylla* Britton, *Verbena triphylla* L'héritier de Brutelle, *V. citriodora* Cavanilles, *Zapania citriodora* Lamarck...

Synonymes français : citronnelle, verveine odorante, verveine à 3 feuilles, verveine des Indes, aloyse citronnée.

Origine : : Amérique du Sud, sûrement du Chili, du Pérou ou d'Argentine.

Noms étrangers :
Anglais : lemon verbena, sweet-scented.
Allemand : zitronenstrauch, zitronenverbene.
Espagnol : hierba luisa, cedrón.
Italien : limoncina, cedrina.
Néerlandais : citronenkruid.

Un peu d'histoire

Dans le passé, cette plante était cultivée autour des châteaux, des maisons bourgeoises ou de la noblesse pour son parfum. Elle fut importée pour la première fois en Europe en 1784.

Propriétés

Antinévralgique, antispasmodique, calmante, digestive, diurétique, sédative, stimulante, stomachique... elle contient une huile essentielle.

Culture

Par semis

Les semences importées des pays chauds se sèment au printemps, en pots, godets ou terrines remplis d'un mélange terreux (compost, terre, tourbe et terreau), dans un endroit chaud (20 °C environ) et lumineux. Lorsque les plants sont assez forts, les mettre dans des pots de 9 à 10 cm de diamètre remplis de terre légère, de tourbe, de sable de rivière et de compost.

Les conserver 2 ans à l'abri des gelées ; au printemps de la 3ᵉ année, les repiquer en place, dans une terre légère et bien humifère.

Par bouturage

En juillet-août, prélever des boutures herbacées d'une dizaine de centimètres, enlever les feuilles sauf les 5 à 6 dernières du sommet. Planter les tiges, effeuillées aux trois quarts, dans une terre légère mélangée de bon terreau et d'un peu de compost, dans des pots d'un diamètre de 9 à 10 cm que l'on couvrira à l'aide d'un sac plastique transparent et le plus étanche possible (culture à l'étouffée). Enlever le sac après la prise de la bouture et maintenir la fraîcheur sans excès. Les garder 2 ans à l'abri du gel.

Planter définitivement au printemps de la 3ᵉ année, contre un mur ou dans un endroit abrité (pergola...) ; l'idéal est de les planter dans de gros pots (27 cm minimum de diamètre), dans de grands bacs ou jardinières. Cultivée ainsi la plante sera plus facile à rentrer à l'abri des gelées.

Les facteurs lunaires ont peu d'importance

Les bons mariages

La verveine citronnelle ne semble pas avoir de problème de voisinage, mais elle est très souvent cultivée en isolé.

Fiche de culture

Climat	Exposition	Sol	Plantation	Floraison	Récolte
Chaud : non rustique, à rentrer à l'abri du gel	Ensoleillée ou mi-ombragée et surtout abritée	Riche en humus, léger et frais	Semis : mars ou début avril ; bouturage : juillet-août	Insignifiante : généralement fin de l'été à octobre	3 ans après le semis ; 2 ans après le bouturage

Les feuilles poussent par étages le long des tiges.

Rotation des cultures

Cette plante peut rester 5 à 6 années en place ; il faudra attendre 5 à 6 années avant de la cultiver à nouveau au même endroit.

En pots, bacs ou jardinières, lorsque l'on plantera une nouvelle plante, il faudra changer complètement le mélange terreux.

Fertilisation

Lors du travail de la terre, à l'automne ou à la fin de l'hiver, ou lors de l'aération des pots, bacs ou jardinières, effectuer une fertilisation normale avec du compost et un engrais naturel. Les fertilisations foliaires ne sont pas nécessaires.

Entretien

Binages, sarclages ou aération des pots, bacs ou jardinières, sont nécessaires de temps en temps, dès que le besoin s'en fait sentir.

Taille

À l'automne tailler légèrement les branches. Au printemps, effectuer une taille plus sérieuse : supprimer les branches mortes, les branches ramifiées à trois yeux du bois ancien et tailler la tige principale à environ 30 cm du sol pour favoriser la pousse des feuilles.

Maladies et parasites

Cette plante est peu sensible aux maladies et parasites ; elle peut parfois être envahie de mouches blanches (aleurodes) qui sucent la sève des feuilles sur la face intérieure. Lorsqu'elles s'envolent, elles forment un petit nuage blanc.

Maintenir le sol suffisamment frais. Effectuer des traitements à la pyrèthre et à la roténone, en pulvérisation très fine, surtout en dessous des feuilles ; renouveler si nécessaire. Mettre à proximité de l'arbuste des plaques jaunes anti-insectes engluées.

Une plante cultivée dans de bonnes conditions, équilibrée, est rarement atteinte par les parasites des cultures.

Récolter et conserver

Les feuilles fraîches se récoltent au fur et à mesure des besoins, lorsqu'elles sont bien développées et avant qu'elles ne se fanent.

Pour la conservation, il est préférable de cueillir les feuilles avant la floraison, généralement début juin. Les sécher sur un grillage à petites mailles, entre deux supports en bois pour que le séchage soit le plus rapide possible ; cette opération doit s'effectuer à l'ombre.

Les conserver dans des sacs en toile de jute ou de papier, ou bien dans des boîtes hermétiques, au frais, au sec et à l'abri de la lumière du jour.

Les variétés

On ne connaît que le type botanique.

Faire ses graines

Sous notre climat, cette plante ne donne pas de graines.

En cuisine

- Les feuilles fraîches ou séchées, finement découpées, aromatisent les sauces citronnées, les marinades, les volailles, les viandes, les poissons, les salades de fruit, les gâteaux, les glaces, les sorbets, les crèmes, les boissons et les confiseries.
- Elles donnent un parfum citronné aux vinaigres et aux huiles.
- On en fait une excellente infusion. Elles entrent dans la composition de certaines liqueurs dont la verveine du Velay. En parfumerie elle est présente dans la fabrication de l'eau de Cologne.

Il ne faut pas abuser de cette plante qui peut irriter l'estomac.

Notes du jardinier

- **Cette plante peut être cultivée comme décorative.**
- **Les feuilles séchées peuvent garder leur saveur plusieurs années, correctement ensachées ou conservées dans des boîtes hermétiques.**
- **L'odeur de la verveine citronnelle limiterait les aboiements des chiens !**

Annexes

Les mots du potager

Adventices : herbes sauvages appelées mauvaises herbes.
Aérobie : se dit des micro-organismes vivant dans le premier centimètre du sol car ils ont besoin d'oxygène pour se développer.
Akène : fruit sec ne s'ouvrant pas et dont la graine n'adhère pas à son enveloppe (par exemple, la semence de la chicorée).
Amendement : apport de matières organiques ou minérales destiné à accroître la faculté végétative d'un sol (argile, sable, cendres…).
Anaérobie : se dit des micro-organismes qui prélèvent l'oxygène sur les matières organiques et se développent sans air dans les couches plus profondes du sol.
Anthère : partie de l'étamine d'une fleur renfermant le pollen.
Aoûtée (pousse) : pousse de l'année.
Autogame : se dit d'une fleur dont le pistil se féconde par son propre pollen.

Bassiner : action d'arroser légèrement en pluie fine.
Billon : bande de terre disposée en dos d'âne.
Blanchir : opération qui consiste à placer les plantes dans l'obscurité pour les décolorer et leur donner une saveur plus douce (par exemple, les endives).
Bouturer : opération consistant à faire enraciner une tige ou une racine en vue d'une multiplication de la plante.
Bractées : petites feuilles entourant les fleurs de certaines plantes (par exemple, l'artichaut).
Bulbe : renflement souterrain et raciné de la base de la tige de certaines plantes. Il est entouré de nombreuses feuilles épaisses en forme d'écailles appliquées les unes sur les autres (ail, oignon…).
Bulbille : petit bulbe.
Butter : action de relever la terre autour d'une plante pour la protéger du froid et favoriser son enracinement. Cela permet aussi de maintenir les tiges et d'éviter qu'elles ne se couchent sur le sol.

Caïeux : petits bourgeons qui se forment sur le côté du bulbe principal. Ils donnent naissance à d'autres bulbes indépendants, plus ou moins reliés à leurs racines.
Capitule : mode d'inflorescence ; plusieurs fleurs sont groupées au sommet d'un pédoncule commun.
Classification : en botanique, pour faire une classification naturelle, on réunit les végétaux en familles, les familles en genres, les genres en espèces, et les espèces en variétés… La classification sert à distinguer et à retenir les caractères essentiels de chaque plante (par exemple : les pommes de terre sont de la famille des Solanacées ; le genre : *Solanum* ; l'espèce : *tuberosum* ; une variété : 'Bintje').
Collet : partie de la plante qui unit la tige ou les feuilles aux racines.
Cordiforme : en forme de cœur.
Coulant : voir *stolon*.
Cultivar : variété obtenue par sélection horticole.

Débutter : retirer les buttes.
Déchausser : retirer la terre amoncelée à la base d'une plante (voir *débutter*).
Dioïque : plante qui porte sur des pieds distincts, soit des fleurs mâles, soit des fleurs femelles.
Dolomie : roche formée de calcaire et de carbonate de magnésie en parties égales.

Éclat : fragment de plante muni de racines et obtenu par la division de touffes.
Éclaircir : rendre les plants moins épais ; éliminer des plants pour respecter la distance sur la ligne en ne gardant que les plus vigoureux.
Engrais verts : culture de plantes fourragères à base de légumineuses qui fixent l'azote atmosphérique sur leurs racines.
En tous sens : planter ou semer en respectant une distance identique entre les lignes et entre les plants ou les graines (par exemple, plants espacés de 30 cm sur des lignes distantes de 30 cm également).
Épandre : éparpiller sur le sol (engrais, fumier…).
Espèce : en botanique, végétal appartenant à un genre au sein duquel il a sa forme et son type d'organisation propre.
Étioler : voir *blanchir*.

Famille : réunion d'un certain nombre de genres, pourvus de caractères communs plus importants que ceux qui constituent chaque genre.
Fécondation artificielle : intervention effectuée de la main de l'homme destinée à faciliter la fécondation d'une plante.
Fécondation croisée : fécondation opérée par une plante différente de celle qui porte les graines.
Fertilisation foliaire : mode de fertilisation permettant l'absorption des engrais directement par les tissus des feuilles, et non par le sol.
Fertilisation normale : désigne les produits (engrais naturels, compost…) que l'on incorpore dans le sol pour en améliorer la fertilité.
Foliole : partie d'une feuille composée.
Forçage : traitement appliqué à une plante pour hâter sa végétation.

Gélif : sensible à la gelée.
Genre : réunion de plantes d'espèces différentes (par exemple, les tomates, de la famille des Solanacées, sont réunies sous le genre : *Lycopersicum*).
Girobroyer : broyer un engrais vert avec une tondeuse.
Graines stratifiées : graines conservées dans du sable, de l'automne jusqu'au printemps, afin qu'elles ne perdent pas leur faculté germinative.

Habiller les plants : opération qui consiste à couper l'extrémité des racines et des feuilles de certains végétaux à replanter (par exemple, le poireau).

Hampe florale : tige dénuée de feuilles et de branches se terminant par des fleurs.
Hermaphrodite : se dit d'une fleur qui renferme les organes des deux sexes (les étamines et le pistil).
Hybridation artificielle : procéder à la création d'hybrides (croisement d'espèces du même genre).

Inflorescence : disposition des fleurs sur la tige d'une plante (en épi, en grappe, en capitule, en ombelle…).

Jauge (mettre en) : disposer provisoirement une plante dans une tranchée pour sa conservation.

Lancéolé : se dit de toute partie d'une plante dont les extrémités se terminent en pointe comme une lance (feuilles, pétales, bractées, stipule…).
Lessivé : se dit du sol lorsqu'il est raviné par les pluies.
Limbe : partie d'une feuille ou d'une foliole formée par l'épanouissement du pétiole.
Lithothamne : végétal marin riche en calcium, magnésium et oligo-éléments (plus de 30). Il s'emploie finement broyé à froid, conservant ainsi ses propriétés intactes.

Mellifère : se dit d'une plante dont les abeilles recueillent le pollen en vue de produire du miel.
Monogame : se dit d'une fleur composée qui renferme d'autres fleurs, toutes du même sexe.
Monoïque : plante qui porte sur le même pied, à la fois des fleurs seulement mâles et d'autres seulement femelles.
Montaison : élongation de la tige d'une plante ; présage de la floraison.
Mulch : couverture végétale à base de paille, paillette de lin, tonte de gazon…

Nom botanique : le premier nom indique le genre, le second indique l'espèce. Le nom botanique est identique pour tous les pays.
Nom latin : carte d'identité de tous les êtres vivants indiquant le genre et l'espèce. Il est identique pour tous les pays.

Ombelle : disposition des fleurs en forme de parasol.
Oxalates : sels formés par l'acide oxalique bien connu dans l'oseille.

Panicule : inflorescence en grappe composée ; sa forme est généralement pyramidale, allant en décroissant de la base au sommet.
Pédicelle : ramification du pédoncule formant comme une petite queue de la fleur dans certaines inflorescences.
Pédoncule : support de la fleur et attache principale d'un fruit.
Pétiole : base étroite de certaines feuilles (queue) unissant le limbe à la tige.
Planche : parcelle de terre, en principe plus longue que large, où l'on cultive les légumes.
Plomber : tasser la terre (après un semis) avec le dos d'un râteau, d'un rouleau ou d'une planche pour lui donner davantage de consistance.
Pollinisation : transport du pollen de l'anthère sur le stigmate, notamment par les abeilles.
Pollinisation artificielle : transport du pollen effectué par les mains de l'homme.
Polygame : plante qui porte des fleurs tantôt mâles, tantôt femelles, tantôt hermaphrodites (soit sur le même pied, soit sur des pieds séparés).
Poquet : petit trou dans lequel on sème quelques graines (généralement 4 ou 5) en les éparpillant légèrement.

Ramer : piquer en terre de longs tuteurs (bois…) pour servir de point d'appui à certaines plantes comme le haricot, par exemple.
Rayons : lignes tracées parallèlement (sillons) pour y disposer des plantes ou y semer des graines.
Repiquer en rigole : repiquer au fond d'un sillon.
Ressuyer : sécher.
Roténone : insecticide à base de légumineuses tropicales agissant par contact ou ingestion sur la plupart des insectes parasites des plantes.

Sclérotes : amas de filaments se formant sur le mycélium d'un champignon, et apportant une résistance aux intempéries.
Semer clair : bien disperser les graines, sans les mettre en tas.
Semer en bordure : semer pour délimiter une plate-bande ou une allée.
Semer en place : semer les graines directement au jardin, dans la terre.
Semi-ligneux : ayant en partie la consistance du bois.
Semis sur couche : semis effectué sur une planche relevée, constituée de fumier et de terre, et recouverte par un châssis vitré.
Semis en poquets : semis effectués dans des petits trous préparés à l'avance et creusés à une certaine distance les uns des autres en fonction de la plante.
Silicule : fruit sec arrondi, s'ouvrant verticalement et ne contenant qu'une ou deux graines.
Silique : fructification sèche, allongée, cylindrique, s'ouvrant en deux valves et contenant plusieurs graines.
Silo : système de conservation, en terrain sec et à température constante et fraîche, des légumes ; on les place en tas, recouverts de paille ou de terre.
Sol profond : sol qui a de la profondeur ; il permet aux racines de puiser leur nourriture en profondeur.
Stigmate : extrémité supérieure du pistil servant à nourrir le grain de pollen.
Stipule : petit appendice situé au point d'origine des feuilles sur la tige ; elles sont généralement au nombre de deux, une de chaque côté du pétiole.
Stolon : tige rampante, appelée également coulant, qui s'enracine au niveau de chaque nœud de plante ; il donne un nouveau plant muni de feuilles et de racines (par exemple, le fraisier).
Stratifier : voir *Graines stratifiées*.
Subspontanée : espèce issue de culture et se développant dans une région comme une plante indigène.

Talon : empâtement d'un rameau conservé pour les boutures.
Turion : bourgeon souterrain d'une plante vivace naissant directement sur la souche (par exemple, l'asperge).

Variété : plante qui diffère des individus de son espèce (par exemple, par sa forme ou par sa couleur).

La répartition des plantes par famille

Le classement des plantes potagères par familles permet, lors de la rotation des cultures, d'éviter de faire se succéder des plantes d'une même famille sur une même parcelle. C'est le principe de l'alternance, tel qu'il est décrit dans « La ronde des légumes », page 35.

Aizoacées

Ficoïde glaciale
Tétragone cornue

Alliacées (liliacées)

Ail ordinaire
Ail d'orient
Ail rocambole
Ciboule de Chine
Ciboule commune
Ciboule de Saint-Jacques
Ciboulette
Échalote
Oignon
Oignon de Catawissa
Oignon patate
Poireau

Amarantacées

Amarante

Apiacées (ombellifères)

Aneth
Angélique officinale
Carotte
Carvi
Céleri à côtes
Céleri-rave
Cerfeuil
Cerfeuil musqué
Cerfeuil tubéreux
Chervis
Coriandre
Fenouil bulbeux
Fenouil officinal
Livèche
Maceron
Panais
Persil
Persil à grosse racine

Asparagacées (liliacées)

Asperge

Astéracées (composées)

Absinthe
Artichaut
Balsamite
Cardon
Chicorées
Cresson de para
Chrysanthème comestible
Estragon
Hélianti
Immortelle jaune
Laitue
Pissenlit
Poire de terre cochet
Salsifis
Scolyme d'Espagne
Scorsonère
Topinambour

Borraginacées (borraginées)

Bourrache officinale
Bourrache orientale

Brassicacées (crucifères)

Chou brocoli
Chou de Bruxelles
Chou de chine
Chou-fleur
Chou frisé non pommé
Chou-navet
Chou pommé
Chou-rave
Crambe
Cresson alénois
Cresson des jardins

Moutarde de Chine à feuilles de chou
Navet
Radis
Raifort sauvage
Roquette

Campanulacées
Raiponce cultivée

Chénopodiacées
Ansérine bon-henri
Arroche
Betterave potagère
Épinard
Poirée

Cucurbitacées
Calebasse ou gourde
Chayote
Concombre, cornichon
Concombre des Antilles
Concombre végétal [ou serpent végétal]
Courge, courgette, citrouille, giraumon, pâtisson, potiron
Courge éponge cylindrique
Courge musquée
Courge de Siam
Cyclanthère à feuilles digitées
Margose à piquants
Melon
Pastèque

Cypéracées
Souchet comestible

Dioscoréacées
Igname

Fabacées (légumineuses)
Fève
Gesse commune
Haricot commun
Haricot d'Espagne
Lentille
Pois
Pois-asperge
Soja

Lamiacées (labiées)
Agastache de Corée
Basilic
Crosne du Japon
Hysope
Lavande officinale
Mélisse officinale
Mélisse turque
Menthe
Monarde écarlate
Origan
Romarin
Sarriette
Sauges américaines
Sauge officinale
Sauge sclarée
Thym des Antilles
Thym commun

Martyniacées
Martynie de Louisiane

Onagracées
Énothère [ou œnothère] bisannuelle ou onagre

Oxalidacées
Oca du Pérou

Poacées (graminées)
Maïs sucré et à éclater

Polygonacées
Oseille commune
Patience
Rhubarbe

Portulacacées
Claytone de Cuba
Pourpier

Rosacées
Fraisier
Pimprenelle petite

Rutacées
Rue officinale

Solanacées
Aubergine
Coqueret du Pérou
Morelle de Balbis
Piment doux ou fort
Poire-melon
Pomme de terre
Tomate
Tomate en arbre

Valérianacées
Mâche

Verbénacées
Verveine citronnelle

Modes et périodes de multiplication des légumes

Plantes	Modes de multiplication	Périodes	Pages
Absinthe	semis en pépinière division de touffes	printemps printemps ou automne	90
Agastache de Corée	semis en godets au chaud (sous châssis, en serre ou sous cloche) bouturage	fin février à mi-avril mi-août à mi-septembre	92
Ail ordinaire	plantation de caïeux	février-mars ou automne	94
Ail d'Orient	plantation de caïeux ou de bulbilles	mi-octobre à fin novembre	97
Ail rocambole	plantation de caïeux ou de bulbilles	février-mars ou automne	99
Amarante	semis sur couche semis en place	début avril avril-mai	100
Aneth	semis en pépinière semis en place	printemps avril-mai	102
Angélique officinale	semis en pépinière ou en place (graines stratifiées)	juillet à septembre ou mars-avril	104
Ansérine bon-henri	semis en place ou pépinière division de touffes	automne ou printemps printemps	106
Arroche	semis en place	mars à août	108
Artichaut	semis sur couche en godets œilletonnage	février-mars mars-avril (sept.-oct. dans le Midi)	110
Asperge	semis en pépinière plantation de griffes	mars à juin mars	114
Aubergine	semis sur couche	fin février-avril (février dans le Midi)	117
Balsamite	semis en pépinière division de touffes	printemps printemps ou automne	120
Basilic	semis sur couche	mars-avril	122
Bette (voir poirée)			331
Betterave potagère	semis sur couche semis en pépinière semis en place	mars début avril mai	124
Bourrache officinale	semis en pépinière ou en place	mars à juin	127
Bourrache orientale	division de touffes	avril	129
Calebasse ou gourde	semis en godets, sur couche ou en serre semis en place (sous cloche)	mars-avril avril-mai	130
Cardon	semis en godets, sous châssis ou en serre semis en place	avril mai	132
Carotte	semis sous châssis semis en place	fin février-avril mi-mai à fin juin	134
Carvi	semis en place	mi-mai à septembre	138
Céleri à côtes	semis sur couche chaude, en caissette, en serre semis en pépinière	février à avril mi-avril à fin mai	140
Céleri-rave	semis sur couche chaude, en caissette, en serre semis en pépinière	février à avril mi-avril à fin mai	142

Plantes	Modes de multiplication	Périodes	Pages
Cerfeuil	semis sous châssis	début octobre (pour l'hiver)	144
	semis en place	fin février à septembre	
Cerfeuil musqué	semis en pépinière	septembre	146
	division de touffes	printemps ou automne	
Cerfeuil tubéreux	semis en place	novembre	148
Chayote	plantation du fruit entier en pot	fin février ou début mars	150
Chervis	semis en place ou en pépinière	automne ou mars-avril	152
	division de touffes	mars-début avril	
Chicorées			154
– *'Pain de sucre'*	semer en place	avril à août	
– *'Frisée et scarole'*	semis en pépinière ou en place	juin à mi-juillet	
– *Chicorée 'Witloof'*	semis en place	mai à mi-juin	
– *Chicorées italiennes*	semis en place	juin à fin août (mi-juillet	
		en région parisienne)	
Chou brocoli	semis en pépinière ou en place	mi-avril à fin juin	158
Chou de Bruxelles	semis en pépinière	mars à juin	160
Chou de Chine	semis en place	mi-juillet à mi-août	162
Chou-fleur			164
– *de printemps*	semis en pépinière ou sous châssis (régions froides)	mi-août à mi-septembre	
– *d'été*	semis sous châssis	février-mars	
	semis en pépinière	mars à juin	
– *d'automne et d'hiver*	semis en pépinière	mai-juin	
Chou frisé (non pommé)	semis en pépinière	avril à juin	166
Chou-navet	semis en pépinière	avril-mai	168
	semis en place	mai	
Chou pommé			170
– *de printemps*	semis sous châssis	février-mars	
	semis en pépinière	mi-août à fin septembre	
– *d'été et d'automne*	semis sous châssis	février-mars	
	semis en pépinière	mars à juin	
– *d'hiver*	semis en pépinière	mars à juin	
Chou-rave	semis sous châssis, tunnel plastique ou en serre	mi-mars à mi-avril	174
	semis en pépinière	mi-avril à mi-mai	
	semis en place	mi-mai à fin juin (mi-juillet	
		pour les variétés hâtives)	
Chrysanthème comestible	semis en place	mai	176
	semis en godets sous abri (sous châssis, en serre	fin mars ou avril	
	ou sous tunnel plastique)		
Ciboule de Chine	semis sur couche ou sous abri	printemps	178
	semis en place	automne	
	division de touffes	automne ou fin de l'hiver	
Ciboule commune	semis en place ou en pépinière	début mars à fin avril	180
		(possible en juillet)	
	division de touffes	mars ou octobre	
Ciboule de Saint-Jacques	plantation de bulbes	mi-juillet	182
Ciboulette	semis en pépinière ou en place	printemps	184
	division de touffes	mars ou octobre	
Claytone de Cuba	semis en place	avril à fin juillet	185
Concombre et cornichon	semis en godets sous abri (sous châssis, en serre)	mars-avril	187
	semis en place	mai	

Plantes	Modes de multiplication	Périodes	Pages
Concombre des Antilles	semis en godets (sous châssis ou en serre)	vers la mi-avril	190
Concombre végétal	semis en godet	mars	192
Coqueret du Pérou	semis en godets sous abri (sous châssis ou en serre à 18-20 °C)	mars-avril	194
Coriandre	semis en place	avril-mai ou septembre	196
Courge, courgette, citrouille, pâtisson	semis sous abri (à plus de 12 °C) semis en place	avril mi-mai à fin mai (avril dans le Midi)	198
Courge, potiron, giraumon	(se reporter à courge… pâtisson, ci-dessus)		202
Courge éponge cylindrique	semis en godets (à plus de 20 °C)	avril	203
Courge musquée	(se reporter à courge… pâtisson, ci-dessus)		205
Courge de Siam	(se reporter à courge… pâtisson, ci-dessus)		206
Crambe	semis en place ou en pépinière bouturage de racines division de touffes	mars à fin mai printemps printemps	208
Cresson alénois	semis en place	mars à septembre	210
Cresson des jardins	semis en place	mi-mars à fin août	212
Cresson de Para	semis en godets (en serre ou sous châssis) semis en place	début avril mi-mai à mi-juin	214
Crosne du Japon	plantation de rhizomes	mars-avril	216
Cyclanthère à feuilles digitées	semis en godets sous abri semis en place	début avril vers la mi-mai	218
Échalote	plantation de bulbes (caïeux) plantation de bulbes (caïeux)	octobre-janvier (variété grise) février-mars (autres variétés)	220
Énothère bisannuelle ou onagre	semis sur couche semis en place	mars-avril septembre-octobre ou avril	223
Épinard	semis en place	mars-avril et août-septembre	225
Estragon	division de touffes bouturage marcottage	avril mai août printemps	227
Fenouil bulbeux	semis sur couche semis en pépinière semis en place	mars avril avril à mai	229
Fenouil doux officinal	semis en place semis en pépinière	août ou mars-avril (fenouil doux) mars-avril (fenouil amer)	231
Fève	semis en place	février-mars (octobre à février dans le Midi)	233
Ficoïde glaciale	semis en godets (sur couche chaude ou en serre chauffée) semis en place	février-mars mi-mai à début juillet	235
Fraisier	semis en caissettes, terrines… division de touffes (variété des 4 saisons) stolons	juillet ou décembre fin septembre août à octobre	237
Gesse commune	semis en place	mars-avril	242
Haricot commun	semis en place	mi-mai à fin juillet (en mars-avril dans le Midi)	244
Haricot d'Espagne	semis en place	mi-mai à début juin	248
Hélianti	plantation de rhizomes en place	février-mars	249

Plantes	Modes de multiplication	Périodes	Pages
Hysope	semis sur couche chaude semis en pépinière division de touffes bouturage	février-mars avril-mai printemps ou automne début printemps et automne	251
Igname de Chine	bouturage par tronçons de racines plantation de bulbilles bouturage par tronçons de tiges	avril avril juillet	253
Immortelle jaune	bouturage de bois vert (à l'étouffé) bouturage de bois plus ligneux (à l'étouffé)	printemps été ou début de l'automne	255
Laitue – *de printemps* – *d'été et d'automne* – *d'hiver*	 semis sous châssis semis en pépinière ou en place semis en pépinière	 février-mars mars à juin août-septembre	257
Lavande officinale	division de touffes semis en godets (sous châssis ou en pépinière) bouturage	mars avril à juin juillet à septembre	262
Lentille	semis en place	mars-avril (en automne dans le Midi)	264
Livèche	division de touffes semis en place semis en pépinière	mars-avril mars à juin août	266
Maceron	semis en place	mars-avril ou mi-août à mi-octobre	268
Mâche	semis en place	juillet à septembre	270
Maïs sucré et à éclater	semis en godets sous abri semis en place sous tunnel semis en plein air	mars avril mai	272
Margose à piquants	semis en godets (25-30 °C) semis en place (sous cloche)	mars-début avril mi-avril à mi-mai	274
Martynie de Louisiane	semis en godets sur couche chaude ou serre chauffée	avril	276
Mélisse officinale	semis en pépinière division de touffes	fin avril à début juin automne ou début printemps	278
Mélisse turque	semis en place	avril-mai	280
Melon	semis en godets (à plus de 20 °C)	mi-mars à mi-mai	281
Menthe	semis en place (peu courant) division de touffes bouturage plantation de fragments de rhizomes	printemps printemps août-septembre octobre-novembre ou mars	284
Monarde écarlate	semis en pépinière, sous châssis, ou en serre division des touffes	printemps automne ou printemps	286
Morelle de Balbis	semis en godets (au chaud, à bonne exposition)	mars	288
Moutarde de Chine à feuilles de chou	semis en place	août ou début septembre	289
Navet – *de printemps et d'été* – *autres variétés*	 semis en place semis en place semis sur couche ou sous châssis	 mars à juin mi-juillet à mi-août janvier-février	291

Plantes	Modes de multiplication	Périodes	Pages
Oca du Pérou	plantation de tubercules en pot, sous abri plantation en place	avril-mai mai	294
Oignon – *longue conservation* – *oignon blanc* – *petits bulbes à replanter*	 semis en place semis en place ou en pépinière semis en place plantation des petits bulbes	 mars août-septembre fin mai mars	296
Oignon de Catawissa	plantation de bulbilles en place	octobre-novembre ou mi-février à fin mars	300
Oignon patate	plantation de caïeux	printemps ou automne	302
Origan	semis en pépinière division de touffes	printemps ou automne printemps ou automne	304
Oseille commune	semis en pépinière division de touffes	mars à juin mars-avril	306
Panais	semis en place semis en pépinière	mars à juin mars-avril	308
Pastèque	semis en godets (à plus de 20 °C)	mi-mars à mi-avril	310
Patience	semis en pépinière ou en place division de touffes	printemps printemps	312
Persil	semis en place	mars à août	314
Persil à grosse racine	semis en place	mars-avril	316
Piment fort et piment doux	semis en godets en serre chauffée à plus de 20 °C	février-mars	317
Pimprenelle petite	semis en place	avril-mai ou fin de l'été (septembre)	320
Pissenlit	semis en pépinière ou en place bouturage de racines	mars à fin juin juillet	322
Poire-melon	semis en godets (à plus de 20 °C) bouturage (en plein air)	janvier-février août-septembre	324
Poire de terre cochet	division de touffes bouturage des tiges	fin mars-début avril octobre	326
Poireau	semis sur couche semis en pépinière semis en pépinière ou en place	début février début mars avril-mai ou vers mi-août	328
Poirée	semis de préférence en place	avril à fin mai	331
Pois	semis en place (culture hâtive) semis en place (culture normale) semis en place (mangetout)	novembre à février février à juin mai-juin	333
Pois-asperge	semis en place	mi-avril à fin mai	336
Pomme de terre	plantation de tubercules en place bouturage de germes en place semis sur couche semis en place sous tunnel	mi-mars à mi-avril avril-début mai février-mars avril	338
Pourpier	semis sur couche sous châssis semis en place	janvier à mars mai à fin juillet	344
Radis – *de tous les mois* – *d'été* – *d'hiver*	 semis en place, sur couche, châssis semis en place sous tunnel semis en place semis en place semis en place	 février mars avril à septembre mars à fin juillet mai à fin juillet	346

Plantes	Modes de multiplication	Périodes	Pages
Raifort sauvage	plantation d'éclats ou division de touffes	mars-avril (possible en automne)	349
Raiponce cultivée	semis en place	novembre ou juin	351
Rhubarbe	semis en pépinière semis sous châssis froid semis en godet (sous châssis ou en serre) division de touffes	avril-mai ou août-septembre mars-avril avril-mai printemps ou automne	353
Romarin	semis en pépinière bouturage marcottage	avril à juin août à octobre printemps	355
Roquette cultivée	semis en place	mars à septembre	357
Rue officinale	semis en pépinière plantation d'éclats	printemps printemps	359
Salsifis	semis en place	mars à mai	361
Sarriette vivace	semis en pépinière, ou en place à exposition chaude bouturage division de touffes	avril printemps printemps ou automne	363
Sauge officinale	semis en place semis en pépinière division de touffes bouturage en pépinière marcottage	avril ou septembre avril printemps printemps printemps	365
Sauge sclarée	semis en pépinière division de touffes	mars-avril printemps	367
Sauges américaines	bouturage division de touffes semis en godets (sauge tilleul uniquement)	mai-juin printemps février	369
Scolyme d'Espagne	semis en place	mi-mai à mi-juin	372
Scorsonère	semis en place	mars-avril (possible en août)	374
Soja	semis en place	mi-avril à début juin	376
Souchet comestible	plantation de tubercules division de touffes	mars à fin avril printemps (régions sans gelées)	378
Tétragone cornue	semis en godets, sous châssis ou en serre semis en place	mars-avril mai	380
Thym des Antilles	bouturage	mars à septembre	382
Thym commun	semis en pépinière division de touffes bouturage	avril mars-avril ou septembre juillet	384
Tomate	semis en godets (sous châssis, sur couche chaude, en serre à 20 °C)	février-mars	386
Tomate en arbre	semis en godets, en serre bouturage à l'étouffée (sous plastique à 20 °C)	février-mars printemps	390
Topinambour	plantation de tubercules en place	début mars à mi-avril	392
Verveine citronnelle	semis (en godets, pots ou terrines à 20 °C)	printemps	394

Bibliographie

Quelques ouvrages des mêmes auteurs

Christian Dudouet

Éditions Dudouet

- *Zootechnique générale, alimentation, reproduction, sélection, hygiène* (4e édition), 416 pages, 1999.
- *Manuel d'agriculture : zootechnie et phytotechnie*, 592 pages, 1997.
- *Les Manipulations et interventions chez les ovins* (2e édition), 304 pages, 1993.
- *Conduite d'un troupeau allaitant*, 326 pages, 1991.
- *Comment réaliser son bilan fourrager, bovins et ovins* (3e édition), 48 pages, 1990.
- *L'Alimentation minérale bovine, ovine*, 64 pages, 1987. *Les Manipulations et interventions chez les bovins* (2e édition), 396 pages, 1987.
- *L'Insémination artificielle, bovine, ovine, porcine, caprine*, 126 pages, 1986.
- *Les Manipulations et interventions chez les porcins*, 216 pages, 1986.

Éditions France-Agricole

- *La Production des bovins allaitants*, 384 pages, 1999.
- *La Production du mouton*, 285 pages, 1997.
- *Manipuler et contenir les bovins*, 224 pages, 1995.

Victor Renaud

- *Composts, engrais et traitements bio*, Éditions Rustica, 96 pages, 2008.
- *Les Tomates qui ont du goût*, Éditions Ulmer, 95 pages, 2006.
- *Les Courges* (avec la collaboration de J.-B et N. Prades), Éditions Rustica, 168 pages, 2004.
- *Parasites : les traitements bio*, Éditions Rustica, 80 pages, 2004.
- *Tous les légumes*, Éditions Ulmer, 224 pages, 2003.
- *Le Potager au naturel*, Éditions Camugli, 304 pages, 1982.

Ouvrages de référence

- *Agriculture biologique (L')*, Cl. Aubert, Le Courrier du livre, Paris, 1981.
- *Bon jardinier (Le)*, 3 volumes, La Maison Rustique, 1993.
- *Ce qu'il faut savoir des maladies des plantes cultivées et leurs ennemis,* 2 volumes, J. Lhoste, Paul Lechevalier, 1947.
- *Docteur légume,* Paul Vincent, France-Empire, 1985.
- *Légumes (Les)*, R. Phillips et M. Rix, La Maison Rustique, 1994.
- *Mon jardin sans engrais chimique*, A. Biard, Agriculture et Vie, 1981.
- *Origine des plantes cultivées (L')*, De Candolle, Germer-Baillière, 1883, réédition Jeanne Lafitte, 1984.
- *Plantes alimentaires chez tous les peuples et à travers les âges (Les)*, tome I, D. Bois, 1927-1937, Paul Lechevalier.
- *Plantes potagères (Les)*, Vilmorin-Andrieux, réédition de l'ouvrage de 1904 aux Éditions 1900, 1989.
- *Potager d'un curieux (Le)*, Pailleux et Bois, La Maison Rustique, 1899, réédition Jeanne Lafitte, 1984.
- *Précis de culture biologique*, J. Boucher, Agriculture et vie, 1968, réédition Les Pionniers de l'agriculture biologique, 2000.
- *Ravageurs et maladies au jardin, les solutions biologiques*, O. Schmid et S. Henggeler, Terre vivante, 1982.
- *Retrouver les légumes oubliés,* F. Couplan, La Maison Rustique, 1986.
- *RHS Plant Finder 2000-2001,* A. Dorling Kindersley Book (distribué par La Maison Rustique).
- *Traitement des maladies par les légumes, les fruits et les céréales,* docteur J. Valnet, Maloine, 1972.
- *Vous ne pouvez plus ignorer l'agriculture biologique,* J.-C. Rodet, Camugli, 1978.

Revues et périodiques

- *Détente jardin*, bimestriel, 24, rue du Gouverneur-Général-Éboué 92130 Issy-les-Moulineaux
- *Rustica l'hebdo jardin* 15-27 rue Moussorgski 75895 Paris Cedex 18
- *Jardins de France*, mensuel (revue de la Société nationale d'horticulture de France), 84, rue de Grenelle – 75007 Paris
- *Pour nos jardins*, 10 numéros par an (revue des Jardiniers de France), 40, route d'Aulnoy – BP 559 59308 Valenciennes Cedex
- *Les Quatre Saisons du jardinage*, bimestriel (revue de jardinage bio) Domaine de Raud – 38710 Mens
- *La Vie du jardin et des jardiniers* (revue de l'association « Le jardin du cheminot ») 23, rue Yves Toudic – 75481 Paris Cedex 10

Adresses utiles

Amendements et fertilisants destinés à la culture biologique (vente par correspondance)

- **La ferme de Sainte-Marthe** BP 70404 – 49004 Angers Cedex 1 *(amendements, engrais, engrais verts, insecticides…)*
- **Victor le jardinier – « Profertyl »** Z.I. de la Sphère – avenue de Dubna 14209 Hérouville-Saint-Clair Cedex *(vente aussi en jardineries, magasins bio et grandes surfaces : compost, engrais, engrais verts, produits de traitement, paillette de lin…)*
- **Magellan S.A.** Z.I. les Landes 24290 – La Chapelle-au-Bar *(amendements, engrais, engrais verts, insecticides, filets anti-insectes, fongicides...)*
- **Solidor** rue Gustave Eiffel, Z.I. de Kerandre 56700 Hennebont *(amendements et fertilisants)*
- **Solabiol** 160 route de la Valentine, BP 10121 13371 Marseille Cedex 11 *(amendements, engrais, terreaux, produits de traitement…)*

Semences biologiques (vente par correspondance)

- **La Ferme de Sainte-Marthe** BP 70404 – 49004 Angers Cedex 1
- **Le potager d'un curieux** La Molière – 84400 Saignon.
- **Le biau germe** 47630 Montpezat-d'Agen
- **Germinance** Les Rétifs – 49150 Saint-Martin-d'Arcé
- **Association Kokopelli** Oasis, 131 impasse des Palmiers – 30100 Ales
- **Magellan S.A.** Z.I. les Landes 24290 – La Chapelle-au-Bar
- **Baumaux** BP 100 – 54062 Nancy Cedex *(graines bio et non bio, rares et courantes)*

Outils pour travailler la terre sans retournement

- **Association Ferronat** Guerlédan – 22810 Plounevez Moedec *(bio-bêches)*
- **Alpes Jura Services** *(fourches à bêcher)* 71 chemin Moulin Carron – 69570 Dardilly
- **Association Arts de Vie et Jardins** 63710 Sailles-Saint-Nectaire *(fourches à bêcher en T)*

Paillages ou couvertures végétales des sols

- **Profertyl** BP 204 – 14209 Hérouville-Saint-Clair Cedex *(paillette de lin)*
- **Biolandes** 40420 Le Sen *(écorces de pin, aiguillesde pin, paillette de chanvre, paillette de lin, copeaux de bois...)*
- **Need Sarl** Centre Alphasis, Bât. D2 35769 Saint-Grégoire *(cosses de sarrasin)*
- **Société J3C Agri** 267 rue de Venise – 49270 Saint-Christophe-la-Couperie *(cosses de sarrasin, bois broyé BFR)*

Divers

- **Association des Pionniers de l'Agriculture Biologique** Elicath, 81 l'Ove – 69700 Chassagny *(association défendant l'agriculture biologique)*
- **Centre Pilote Euroéen** Ferme Sainte-Marthe – 41200 Millancay *(stages d'agrobiologie)*

Index

R

S

T

V-Z

Remerciements

À nos lecteurs, à tous ceux qui se battent pour conserver notre patrimoine horticole, à ceux qui font l'effort de nous apporter une grande diversité de plantes légumières, malgré les obstacles !

Nous adressons un grand merci aux collectionneurs « fous de plantes », aux hommes conscients de la dérive alimentaire, de la pollution des sols, de l'eau...

À Michel Lis pour sa gentille préface.

Victor Renaud et Christian Dudouet

Crédits iconographiques

COUVERTURE

Page 1 : **C. Lambert/BIOS** : 1 h ; **M. Gunther/BIOS** : 1bd ; **C. Hochet/Rustica** : 1 bg
Dos : **MG de Saint Venant/Jardins de Valmer/BIOS**
Page 4 : **C. Hochet/Rustica** : 4 hg, 4 hd, 4 mg, 4 bg ; **P. Huguet/BIOS** : 4 md

Illustrations

Toutes les illustrations sont de **Joël Bordier**.

Agences photographiques

BIOS

A. Agelet : 138, 243 ; **T. Bertani** : 103 ; **M. Bolton** : 105, 127 ; **B. Borrell** : 65 b ; **M. Breuer** : 71 ; **D. Bringard** : 70, 90, 187, 357 ; **C. Burrows/GPL** : 303 ; **R. Cavignaux** : 23, 24 ; **J.-P. Chatagnon** : 75 b ; **P. Debois/GAP** : 262, 389 d, 396-397 ; **F. Didillon** : 341 d ; **J. Douillet** : 28, 139, 171 h, 202, 226 b, 241, 246 d, 258 g, 331, 392 ; **J. Frebet** : 144, 246 g, 395 ; **Gayo** : 160 ; **F. Gilson** : 74, 95 h, 305 ; **P. Giraud** : 63 d, 65 h, 198, 199 mg, 199 md, 245, 343 ; **G. Glynn-Smith/GPL** : 29 ; **J.-M. Groult** : 63 g, 275, 377 b ; **M. Gunther** : 156 m, 247, 264 ; **D. Halleux** : 128 h, 251 ; **M. Harpur/GAP** : 286 ; **M. Harvey** : 77 b, 287 ; **M. Hazan** : 39 h, 41, 50, 94, 195, 219, 233, 235, 238 d, 274, 288, 321 ; **J. Héras** : 69 h ; **D. Heuclin** : 390, 391 h ; **G. Hoefer/Lavendelfoto** : 186 ; **P. Huguet** : 231, 346 ; **J.-L. Klein et M.-L. Hubert** : 78, 261 ; **C. Lambert** : 88-89, 386 h, 386 b ; **B. Laurier** : 113 ; **M. Le Fèvre** : 75 h ; **J.-L. Le Moigne** : 72 ; **H. Lenain** : 76, 109 g, 157, 167, 170, 215 ; **G. Lopez** : 117 ; **A. et J.-C. Malausa** : 56, 67, 224, 267, 374, 377 h ; **A. Matt** : 6, 77 h, 79, 92, 119 b, 171 b, 184, 189, 234, 259 g, 279, 335, 385 ; **J. Mayet** : 309 ; **G. Mermet** : 232 ; **V. Meunier** : 22, 55, 62, 95 b ; **M G de Saint Venant/Jardins de Valmer** : 199 hg, 199 hd, 199 bg, 199 bd, 200 h, 327 ; **T. Montford** : 190 ; **H. Mueller/Lavendelfoto** :106 ; **J.-F. Mutzig** : 130, 150 ; **B. Pambour** : 206 b ; **E. Panais** : 110, 237 ; **J. Pteska/UNEP/Still Pictures** : 37 ;

H. Reinhard/Okapia : 115 ; **T. Roger** : 66 ; **C. Ruoso** : 180 ; **A. Thaïs** : 19, 31, 39 b, 49 b, 54, 61, 131 g, 135, 140, 171 mh, 171 mb, 175, 201 h, 201 b/Jardins de Valmer, 205 h, 205 b/ Jardins de Valmer, 216, 217, 221, 229, 239, 248, 252, 257, 259 d, 282 mg, 282 md, 294, 320, 339 ; **J. Venot** : 73 ; **C. Vidal** : 33, 226 h, 366 ; **G. Villareal** : 359 ; **J.-L. et F. Ziegler** : 293, 394

PHONE

J.-P. Ferrero : 369 ; **J.-M. Labat** : 96 b ; **J.-M. Labat/F. Rouquette** : 3, 69 b, 134 g ; **C. Thiriet** : 376

MAP

A. Descat : 111 g, 111 m ; **F. Didillon** : 133 b, 141 g, 342 ; **Hugues** : 111 d ; **NOUN** : 81, 196 ; **NOUN et F. Didillon** : 169

Rustica : 123, 125, 228 d, 282 h, 299 b, 311 h ; **P. Asseray** : 68, 99 b, 310, 314, 328, 337, 350 h ; **F. Boucourt** : 14, 15, 26/Boisemont, 43, 44 b, 46, 48, 96 h, 125 b, 141 d, 155, 159, 165, 197, 220 d, 329, 345, 358 ; **É. Brenckle** : 36, 104, 112, 121, 132, 166, 172, 200 b, 266, 304, 315, 344 h, 349, 353, 354 g, 356, 364 ; **C. Hochet** : 8, 45 h, 51, 99 h/Jardin du Ranquet, 122, 134 d, 161 bd, 174, 227, 281, 285, 296, 299 h, 300, 324, 347 bd/ Jardin du Ranquet, 355, 379/Jardin du Ranquet, 381/Jardin du Ranquet, 384 ; **J. Lebret** : 181, 268, 322, 360, 367, 368 b ; **F. Marre** : 4, 21, 38, 44 h, 45 b, 49 h, 53, 59, 126, 137, 145, 161 bg, 178, 208, 213, 218, 228 g, 244, 253, 258 d, 270, 284, 289, 297, 301, 306, 307, 317, 318, 319, 338, 348 b, 380, 393/Jardin d'Hubert ; **A. Petzold** : 12-13, 47, 93, 123, 124, 142, 147, 153, 154 g, 154 d, 158, 163, 230, 238 g, 249, 278, 291, 298, 323, 330, 333, 340, 341 g, 354 d, 363, 365 ; **M.-P. Samael** : 16

Photographes indépendants

Lamontagne : 203, 265, 389 g

Victor Renaud : 42 g, 42 d, 57, 58, 91, 97, 98, 100, 102, 107, 108, 109 d, 114, 116, 118, 119 hg, 119 hd, 120, 125 hg, 125 hd, 125 mg, 125 md, 128 b, 129, 131 d, 133 h, 136 hg, 136 hd, 136 bg, 136 bd, 146, 148, 149, 151, 152, 156 g, 156 d, 162, 164, 168, 176, 177, 179, 182, 183, 185, 188, 191, 192, 193, 194, 204, 207, 210, 211, 212, 214, 220 g, 223, 225, 236 g, 236 d, 242, 250 g, 250 d, 255, 256, 269, 271, 272, 276, 277, 280, 282 b, 290, 292, 295, 302, 308, 311 b, 312, 313, 316, 325, 326, 336, 344 b, 347 hg, 347 hd, 347 bg, 348 h, 350 b, 351, 352, 361, 362, 368 h, 370 g, 370 d, 371, 372, 373, 375, 378, 382, 383, 387 g, 387 d, 388, 391 b

P. Starosta : 64

D.R. : 101, 206 h

Achevé d'imprimer en juin 2008 sur les presses de l'imprimerie Graficas Estella (Espagne)